齐世荣 著

齐世荣文集

首都师范大学出版社
CAPITAL NORMAL UNIVERSITY PRESS

图书在版编目(CIP)数据

齐世荣文集/齐世荣著．—北京：首都师范大学出版社，2018.12
ISBN 978-7-5656-3177-1

Ⅰ.①齐…　Ⅱ.①齐…　Ⅲ.①社会科学—文集　Ⅳ.①C53

中国版本图书馆 CIP 数据核字(2016)第 223481 号

QISHIRONG WENJI
齐世荣文集
齐世荣　著

责任编辑：马　岩　王　静
首都师范大学出版社出版发行
地　　址　北京西三环北路 105 号
邮　　编　100048
电　　话　68418523(总编室)　68982468(发行部)
网　　址　http://cnupn.cnu.edu.cn
印　　刷　北京盛通印刷股份有限公司
经　　销　全国新华书店
版　　次　2018 年 12 月第 1 版
印　　次　2018 年 12 月第 1 次印刷
开　　本　710mm×1000mm　1/16
印　　张　44
字　　数　764 千
定　　价　93.80 元

齐世荣文集·序

齐世荣先生是我的业师，我学术成长的每一步都浸透着他的心血。如今先生驾鹤西去已近3载，手捧即将出版的先生的文集，再次感到先生在学术上筚路蓝缕的艰辛探索，在培养提携后人方面的良苦用心。现根据先生自己编纂的文集，梳理先生的重要史学思想和教书育人付出的心血，作为对先生的永久怀念。

齐先生是新中国成长起来的第一代世界史大家，中国世界史学界的领军人物，对中国世界史学发展的贡献是巨大的、具有开拓性的。

第一，现代国际关系史研究。

齐先生专长于现代国际关系史研究，尤侧重于两次世界大战之间的国际关系。先生认为，严格意义上的国际关系，是从资本主义时代开始的，今天整个世界已连成一片，研究国际关系史的重要性也就更显突出。要提高国际关系史的研究水平，一个关键问题是不仅要注意研究国际关系的政治方面，而且要注意研究其经济与文化方面，并将这些方面综合起来加以考察，找出它们之间的相互影响。多年来，先生以上述思想为指导，对现代国际关系史上事关全局的重大问题，撰写了多篇学术论文，提出了自己的独到见解。

1. 绥靖政策研究。20世纪30年代，英法资产阶级民主国家面对德、意、日法西斯国家的侵略扩张所采取的绥靖政策，是二战前史中的一个重大问题，各国学者对它的研究兴趣至今不衰。改革开放后，先生在国内率先利用原始档案，对20世纪30年代国际关系史上的一些重大历史现象进行了系统研究，撰写了一系列论文，如《20世纪30年代英国的重整军备与绥靖外交》《意埃战争与英国的"双重政策"》《1936年7月至1938年11月英国对意大利的外交政策》《论"不干涉"政策的创始者及其动机》《慕尼黑危机的真相不容歪曲——评西方资产阶级史学著作中的几个流行论点》《论1939年3月英国对波兰保证的原因及其破产》《现代国际关系史的一个"热门"——评介西方学者关于绥靖政策形成原因的研究》《"绥靖"一次的由来、含义演变和译名商榷》等，并在此基础上对绥靖政策提出了自己的定义：绥靖政策是日益衰落的英、法帝国主义面临德、意、日法西斯国家的挑战，为了保存自己的既得利益，采取的一种以牺牲其他国家利益为手段换取与对手妥协的政策，是导致二战提前爆发的错误政策。先生为绥靖政策所下的定义，已经成为国内学界公认的定义；先生撰写的上述论文，已经成为经典之作。

2. 中国抗日战争在第二次世界大战中的地位和作用研究。齐先生认为，中国抗日战争在第二次世界大战中的地位和作用，是一个值得深入研究的重大课题。西方学者对中国抗战的地位和作用往往估计不足，甚至有意贬低，因此中国史学家负有义不容辞的责任去阐明这一重大问题。先生在提交给1985年第16届国际历史科学大会的《论中国抗日战争在第二次世界大战中的地位和作用》的长篇学术论文中，充分利用战后出版的中、日、英、美、苏各国的文献资料和各国最新研究成果，以世界全局的眼光，运用宏观与微观、世界史与中国史相结合的研究方法，把中国的抗日战争放在全球反法西斯的第二次世界大战的巨幅画面中进行全过程的考察，东西兼顾，详细说明了中国战场在使苏联避免两线作战，从而能集中力量打击纳粹德国方面；在推迟德意日三国同盟形成，从而大大减轻英法在远东受到的打击并有利于欧洲和北非战场的盟军行动方面；在推迟太平洋战争爆发使美英争取到更多的备战时间方面；以及在太平洋战场上中国牵制日本百万大军方面所起到的至关重要的作用。这篇论文深刻揭示了中国抗日战争对当时整个国际局势和各主要交战国的战略部署的深远影响，令人信服地证明了中国人民艰苦卓绝的十四年抗战为最终战胜德意日法西斯集团做出了不可磨灭的贡献。先生的研究及其在大会上所做的报告，获得与会各国学者的重视与好评。日本茨城大学教授伊集院立在日文杂志《历史学研究》(1986年第6期)上撰文评论道："这个报告是把中国历史中的抗日斗争放到世界史中而做的分析。齐的报告把中国人民对欧洲、东亚及美洲大陆的国际反法西斯战线所作的贡献及所占的地位进行了冷静的分析论述。这一分析，给予人们深刻的印象。”随后，先生又连续发表《中国抗日战争在世界反法西斯战争中的重要地位》《中国抗日战争与国际关系(1931～1945)》等文章，多次阐述自己的观点。先生的观点已经成为今天中国学者对这一问题的代表性看法。

第二，世界通史与世界现代史研究。

齐先生长期从事世界历史的教学与研究，虽着重于世界现代史和现代国际关系史，但对世界通史和世界现代史之间的关系，有着深刻的见解。在多年的治学实践中，他对世界史和世界现代史学科的研究对象和学科特点，以及它们之间的内在联系，逐渐形成了自己的一套看法。先生撰写了《世界史和世界现代史——古老的历史学中两个年轻的分支学科》《四卷本〈世界史〉前言》等文章阐述自己的看法。先生认为，世界史是古老的历史学中的一门自成体系的、独立的分支学科。这门学科在我国是从20世纪五六十年代才建立起来的。先生从唯物史观出发，认为人类历史是从低级到高级，从原始、孤立、分散的人群最终走向全球一体化的过程。与此相适应，历史学也是先有国别史、地区史，然后才有世界史。人类进入20世纪，特别是第二次世界大战后，世界在政治、经济、文化各个方面日益密切联系成为一个整体，而欧洲由于其二战后的整体衰落，“欧洲中心论”的世界史体系也开始面临严重挑战，因此直到此时，撰写世界史才成为时代的迫切需要。先生还认为，尽管世界史作为历史学中一门新兴的分支学科，中外史学家对它的研究对象、范围、意义等只是进行了一些初步探讨，但还是达成了一些共识：世界历史本身是一个有机的统一体；研究世界历史，应运用全球观点(或称世界全局观点)去综合考察各地区、各国、各民族的历史，运用全球观点去看待某一地区、国家、民族在整个世界史中的地位；世界史的主要内容应是那些具有世界性影响的运动和世界各地的相互关系；在全球一体化的时代，不了解其他国家、民族的历史，将会导致灾难；撰写世界史可以有多种范式或角度。

世界现代史是齐世荣先生的专攻对象。他在《六卷本〈世界史〉现代卷前言》中认为，现代指的是大约从20世纪初到今天的这段时间。20世纪是人类历史的一个特殊阶段，这个阶段的主要特征是世界在政治、经济、文化各个方面联系成为一个息息相关而又充满矛盾的整体。因此，世界现代史的研究对象应该是从20世纪初到今天世界走向整体化的过程，研究者应当抓住世界一体化这个总趋势，看人类社会如何在互相依存、互相渗透、互相斗争、互相影响的矛盾运动中曲折前进。这样才能使人民从真实的历史中获得清醒的认识，从而增加面对现实的勇气和沿着社会主义道路前进的信心。

关于世界通史与世界现代史的关系，齐先生还有非常独到的看法，他认为：世界一体化的过程虽然萌芽于15、16世纪，发展于17至19世纪，但只有进入20世纪后，人类社会才联系成为一个息息相关的整体，世界历史才最终形成。因此，在这个意义上，我们可以说，世界史就是现代史；反过来看，现代史又只有用全球一体化的眼光才能认清它的特质，因此在这个意义上，现代史就是世界史。先生在晚年所写的《我和世界现代史与世界通史研究》一文中，对世界通史和世界现代史的关系有着自己的总结。

齐先生的看法从本质上弄清了世界通史与世界现代史的关系，是很深刻的。正是由于先生的这种认识，20世纪80年代中期，齐先生和吴于廑先生受国家教委（即教育部）委托，共同主编了一套新的世界通史——《世界史》（6卷）。这套通史构建了世界从分散到一体的全新的世界历史叙事体系，做出了"新的体系性突破工作"（周一良先生语），至今发行已超过百万册。以后先生又自己主编了《世界史》（4卷），发行也已数万册。今天，两位先生都已故去，但这些教材蜚声海内外，不仅引领了一代代学子进入世界史学习与研究的殿堂，更重要的是这种以马克思主义世界史观为基础的历史教材有助于年青一代形成正确的历史观和世界观。

第三，史学理论和史学方法研究。

齐先生对西方史学具有较深造诣，最值得称道的是先生对德国历史哲学家奥斯瓦尔德·斯宾格勒的代表著作《西方的没落》（齐世荣先生与戚国淦等先生合译）一书的介绍与研究。先生指出，该书是一部以比较文化形态为理论体系的历史哲学著作，但其中也包含着一系列政治主张，中心内容是说明德意志民族统治世界的历史"宿命"；作者宣扬的是一种改头换面的"西欧中心论"，更确切些说，是“德意志中心论”。正由于此，斯宾格勒的历史哲学以及由这种哲学导出的政治主张，才能成为纳粹意识形态的一个来源。对于历史学家来说，该书的积极意义在于它扩大了历史学家的视野，使他们更加宏观地观察历史。

在历史理论方面，齐先生主张历史研究必须把科学性与革命性内在地、不可分割地结合起来。由于历史科学本身的特点，为现实服务的途径应该是总结人类历史的发展规律，帮助人们树立共产主义的世界观，通过总结人类阶级斗争、生产斗争等方面的经验，作为无产阶级政党制定路线、方针和政策时的借鉴。先生在1980年发表了论文《列宁论无产阶级专政的实质》一文中指出：列宁关于无产阶级专政非有暴力不可的论点，是人们所熟知的，但列宁关于无产阶级专政的实质主要不在于暴力的论点，却被许多人忽略了。先生引用列宁的文字：“无产阶级专政不只是对剥削者使用的暴力，甚至主要的不是暴力。这种革命暴力的经济基础，它的生命力和成功的保证，就在于无产阶级代表着并实现着比资本主义更高类型的社会劳动组织。实质就在这里。共产主义的力量源泉和必获全胜的保证就在这里。”(《列宁选集》第4卷，人民出版社1995年第9—10页)先生认为，列宁的精辟论述，对于在革命前经济、文化比较落后的国家尤其具有特殊的重要意义。落后国家在建立无产阶级专政后，应当清醒地看到自己向社会主义过渡的长期性和特殊困难，更有必要竭尽一切努力不断完善新的社会劳动组织，大力发展生产力，体现出社会主义的优越性。在当时许多人经常强调无产阶级专政的暴力作用的时候，齐先生敢于提出上述见解，是需要一定勇气的。

齐先生还多次强调研究国际关系史要注意史料的收集与辨析，强调要全面、大量占有史料，特别要密切注意国外新出版的史料，研究者还要不断提高理论水平，改进研究方法，从马克思主义理论的高度，从浩如烟海的史料中去粗取精，去伪存真，以求研究新问题，做出新解释，不断提升世界史的研究水平。在这方面，先生身体力行。早在1982年，齐先生就撰写了长篇论文《1917年年底至1918年年初真假和平的斗争》，对这段时期列宁领导的苏维埃俄国同德国、英国、美国帝国主义国家围绕战争与和平所进行的错综复杂的斗争做了细致深入的分析。在当时国内世界史方面的外文资料还很缺乏的情况下，先生在搜集材料方面下了很大功夫，力求做到言必有据，不做空泛议论。这一点在当时颇受中青年同行的注意，引起了他们对史料的关注。

齐先生不仅自己重视史料的运用，而且特别重视资料建设。为了解决当时原始资料严重缺乏的问题，先生精心主编了《世界通史资料选辑·现代部分》(3册)、《当代世界史资料选辑》(3册)、《世界史资料丛刊·现代部分》等资料集，为世界现代史学科的基本建设做出了开拓性、奠基性的贡献。齐先生一贯重视史学方法的研究和教学。1989年，先生发表论文《杨妃入道之年考读后——兼论考据在史学研究中的作用和地位》，对20世纪40年代中国一南一北两大史学家陈寅恪、陈垣先生各自对杨妃入道之年的考证不谋而合，做出了同样的结论一事，做出了深入论述，特别是总结了两位大师严谨的治学精神和精确的考证方法，以及这些方法在今天的具体应用。先生总结出广集证据，正史、杂史多种史料参用，利用习见的材料，考据应具通识四点考据方法，具体说明了考据与整个历史研究的关系，对青年学子启发很大。此后，先生又写出《略说文字史料的两类：官府文书和私家记载》《谈日记的史料价值》《谈私人信函的史料价值》《谈小说的史料价值》等文章，详细论述了各种史料的价值以及应当如何利用这些不同的史料。他在88岁高龄出版的《史料五讲》，为后学留下了宝贵的治史心得。

第四，世界史学科建设的贡献。

中国的世界史学科在改革开放以后得到了发展机遇。在建设世界史学科的过程中，齐先生是真正的学科领军人。先生于20世纪80年代初就参加国务院学位委员会学科评议组的工作，对我国的学位制度、世界史硕士点和博士点的布点工作贡献颇多。他很早就撰写了《我国世界史学科的发展历史及前景》，回顾历史、展望未来，还不断对青年学者提出希望，如《继承与创新——在“变革时代的史学与史学家座谈会”上的发言》《漫谈科学研究与学科带头人问题——在首都师范大学1999年科研工作会议上的讲话》《漫谈学风问题和学术批评问题》《教学札记三则》《后继有人　后来居上——祝〈新生代历史学者访谈录〉出版》等，对年轻一代严格要求，百般关爱，提供机会，扶持有加，为世界史学科培养了很多后继之人，使之能够代代相传。

第五，对编写中学历史教科书的特殊贡献。

齐先生是史学特别是世界史学大家，这是史学界同仁所公认的。然而，先生对中学历史教科书的编写也做出了极为重要的贡献。先生年轻时曾当过中学历史和政治教师，对历史教材建设非常重视。后来他到高校任教，仍十分关注中学历史教学和历史教材。他曾先后四次参加中学历史教科书的编写工作，其中有两次教材编写在我国中学历史教科书编写史上具有重要影响。一次是在1978年。“文化大革命”时期，中学历史教学和历史教材遭到严重破坏。“四人帮”垮台后，百业待兴，中学历史教材的建设也迫在眉睫。为此，1977年年初，中央决定从全国各地抽调专业人员，负责中小学各科教材的编写，并要求1978年秋季开学使用。齐先生参加了这次历史教材的世界现代史部分的编写工作。经过三个月左右的努力，新版高中世界历史教科书出版了。这是“文革”结束后编写的第一套中学历史教科书，重建了我国中学历史教科书的体系和内容，起到了拨乱反正、正本清源、开拓未来的作用，在我国中学历史教科书编写史上占有重要地位。此后一直到90年代初，中学历史教科书虽经过多次修改，但基本上是以这套教科书为基础的。

再一次就是2007年至2015年由齐先生任总顾问的义务教育历史课程标准的修订工作，以及其后由齐先生任总主编的部编初中历史教科书编写工作。当时，80多岁的齐先生老当益壮，勇担国家重任。为了将这套教材编成精品，先生对民国时期和新中国成立后出版的各种版本的中学历史教科书进行研究，并在此基础上亲自制定编写体例。实际上，早在先生接受此任务之前，就发表了《关于编写中学历史教材的几点意见》，提出了编写中学教材要遵循服务于时代要求、中外历史相互联系、历史唯物主义三条内容标准，以及文字表达方面的准确性，通俗易懂、生动活泼，寓论断于叙事之中，不做空论，少发议论等要求。在接受任务之后，齐先生更是反复思考中学历史教科书的编写原则。为此，他又专门写了《略论中学历史教材编写方法的几个原则》一文，就中学历史教材的体例顺序、文字表达、初高中教材的衔接、中外历史的联系等再次提出原则性的见解。在该文的最后，先生写道：“编写中学历史教材是很有意义但又十分困难的事情，其难度不亚于撰写专著和论文，甚或过之。但是，只要我们大家努力，总会编得越来越好的。”在整个编写过程中，先生亲自组建力量雄厚的编写人员队伍，拟定编写体例，审查编写样章，认真核对史料和史实，对敏感问题把握政治方向和论述分寸，亲自操刀动笔撰写，对各方提出的五花八门甚至截然相反的意见，认真考虑，反复修改，为这套教科书耗尽了最后的心血。2015 年年底，这套教科书终于走完了所有的程序，包括最后的审查，开始了试教试讲工作。八年的编写工作，也终于有了一个结果。然而，正是在这个时刻，先生离开了我们。先生没有看到这套教材的出版，甚至连样书都没有看到。这是多么令先生家人、也令我们大家举头长叹、遗憾万分的事情啊！

今天，我继承着齐先生的遗志，不仅在教学与科研方面继续努力前行，而且承担着编写教育部统编高中历史教科书的工作，先生的榜样一直在天堂引领着我、照耀着我，不断前进。

徐　蓝

2018 年 9 月

目录

齐世荣
文集

20 世纪 30 年代英国的重整军备与绥靖外交*

20 世纪 30 年代英国的重整军备，是世界现代史上的一件大事。它不仅关系到英国本身的安危，而且对第二次世界大战前的国际关系和大战的爆发都有重要影响。本文的重点在于分析英国重整军备不力的原因，附带论及它与绥靖外交的关系。

一

1919 年 8 月，英国内阁制定了“十年规则”，即军事部门在拟订军事计划和预算时，应以 10 年内不会发生重大战争的假定为依据。1931 年日本侵略中国东北，特别是 1932 年 1 月日军侵犯上海后，英国感到自己在远东的利益受到了威胁。1932 年 3 月，英国内阁通过了取消“十年规则”的决定。1933 年 1 月，纳粹党在德国攫取政权，接着德国政府便在 10 月宣布退出裁军会议和国际联盟，毫不掩饰地进行扩军。鉴于国际形势的恶化，英国内阁在 1933 年 11 月决定在帝国国防委员会下成立一个名叫国防需要委员会的机构，由它草拟一份弥补国防缺陷的计划。1934 年 2 月 28 日，国防需要委员会提出了它的第一个报告，经过修改后，在同年 7 月底得到内阁的批准。报告指出，日本虽然是最直接的敌人，但它对英国的威胁已不如德国那样严重，德国才是“我们的‘长远’防御政策必须针对的最大的潜在敌人”。意大利这时尚未被当作敌国看待。为了弥补陆海空三军的缺陷，国防需要委员会要求在 1934 年至 1939 年 5 年

* 原载《历史研究》1984 年第 2 期。

内增加军费 7500 万英镑(海军造舰经费除外)。由于财政大臣张伯伦坚持削减，内阁最后批准的数额是 5000 多万英镑，只相当原来的 2/3。这是英国走向重整军备的第一步。①

此后，日本在 1934 年 12 月 19 日声明废除 1922 年的《华盛顿海军协定》。1935 年 3 月 16 日，德国正式废除《凡尔赛条约》中关于解除德国武装的条款，重新实行征兵制。同年 10 月，意大利开始侵略埃塞俄比亚，英国感到在地中海方面也受到了威胁。在这样的背景下，国防需要委员会于 1935 年 11 月 21 日提出了第三个报告，即所谓的"理想方案"，经过修改后在 1936 年 2 月底得到内阁的批准。这个方案要求为 1936 年到 1940 年 5 年的军事预算再增加 4 亿英镑。从此，英国的重整军备才稍具规模②。1933 年英国军费实际开支为 107684767 英镑，占政府总支出的 14%。1934 年、1935 年两年军费略有增加。1936 年的实际开支为 185987216 英镑，占政府总开支的 21%，自 1930 年以来第一次超过 20%的比例。③

此后，英国军事预算不断修改，实际支出逐年增加。1937 年增为 256367177 英镑，1938 年再增到 397479977 英镑。从 1933 年到 1938 年，英国军费累计约 12 亿英镑(约合 1741000 多万帝国马克)，这个数目当然不少，但同期德国军费则高达 517 亿帝国马克，相形之下英国未免见绌。如果以各自的军费在国民生产总值中所占的比例来看，1938 年英国军费占国民生产总值的 7%，德国占 17%；1939 年英国军费猛增至国民生产总值的 18%，但仍低于德国的 23%④。

从三军的情况来看，1939 年 9 月第二次世界大战爆发时，德国陆军共有 105 个师，而英国只有 32 个师(正规军 6 个师，地方自卫队 26 个师)，其中能

---

① 霍华德：《大陆义务》(M. Howard, *The Continental Commitment*)，105 页，伦敦，1972；吉布斯：《大战略》，第 1 卷，《重整军备政策》(N. H. Gibbs, *Grand Strategy*, vol. 1, *Rearmament Policy*)，127 页，伦敦，1976。

② 吉布斯：《大战略》，第 1 卷，《重整军备政策》，254、275 页，伦敦，1976。

③ 小谢伊：《30 年代英国的重整军备》(R. P. Shay, Jr., *British Rearmament in the Thirties*)，297 页，普林斯顿，1977。

④ 卡罗尔：《总体战计划》(B. A. Carroll, *Design for Total War*)，184 页，海牙，1968；汤因比：《1939 年 3 月的世界》(A. Toynbee, *The World in March 1939*)，454 页，伦敦，1953。1938 年 1 英镑折合 13.5 帝国马克，1933～1937 年 1 英镑平均折合 15 帝国马克。

够立即派往法国参战的不过4个师。空军方面，德国有第一线飞机4320架，英国有1660架。只是在海军方面，英国由于基础雄厚，才占优势。英国有战列舰和战列巡洋舰共15艘，潜水艇58艘；德国有战列巡洋舰和袖珍战列舰共5艘，潜水艇57艘①。总之，英国的重整军备严重地落在了德国的后面。

二

英国重整军备不力的原因不止一端，但主要是经济、政治和战略这三方面的原因。经济方面，最根本的一点，就是日益没落的英国资产阶级一心要保住既得经济利益，贪图眼前的便宜，而不肯在国防方面花更多的钱和采取更有力的措施。

英国政府在重整军备的过程中，突出强调经济力量的重要作用，把它比作"第四个军种"，并以此作为压缩国防经费的理由。1937年12月，国防协调大臣英斯基普在《关于未来年代的国防预算》这份报告(即"中间报告")中指出，英国的真正资源是由人力、生产能力、维持信用的力量和贸易的总平衡组成的。英国本土缺乏原料和食品，特别依赖进口，为偿付进口，必须有足够的出口。维持信用和贸易平衡，不仅在平时是重要的，而且为了战争的目的也是重要的。加以英国不可能用突然的打击战胜其主要敌人，而只能在一场长期的战争中取得最终的胜利，于是经济力量就显得尤为重要。从这个意义上讲，"经济稳定……可以恰当地看作国防的第四个军种"，没有它，单纯的军事努力是无效的②。英斯基普的报告后来得到内阁的批准，因此上述看法可以说是代表整个政府的。

这些看法，不能说没有一定的道理。因为在现代战争中，经济力量的大小强弱确实是决定胜负的一个重要因素。但是，经济力量与国防力量之间的关系以及国防开支究竟应在全部政府开支中占多大比例等问题，是必须根据具体的历史条件来确定的。英国当时处于非常时期，面对的情况是：德国的威胁十分严重，战争日益逼近；英国的军备状况不佳，陆军尤差。当务之急是加速和加大规模地重整军备。但是英国政府却见不及此，虽然口口声声说重视经济稳定

① 吉布斯：《大战略》，第1卷，《重整军备政策》，599页，伦敦，1976；丘吉尔：《第二次世界大战回忆录》(W. Churchill, *The Second World War*)，第9版，第1卷，621页，伦敦，1967；科利尔：《第二次世界大战：军事史》(B. Collier, *The Second World War: A Military History*)，553～554页，纽约，1976。

② 吉布斯：《大战略》，第1卷，《重整军备政策》，283～284页，伦敦，1976。

就是为了加强国防，其实则是把资产阶级的经济利益摆在首位，把民族存亡的根本利害置于从属的地位。这从下面的一系列事实可以得到证明。

第一，英国政府规定重整军备不得干扰正常的工商业。国防需要委员会在1935年11月提出的第三个报告中，要求在增强军需储备时，“不得干扰或减少民用的出口贸易。从生产的观点来看，这使问题变得非常复杂，但是任何这样的干扰将对国家的普遍繁荣产生不利的影响，并从而削弱我们为军事计划提供必需基金的能力。”①1936年3月2日，内阁进一步做出决定：在完成国防需要计划时，“国家的一般工业和商业必须予以保持”②。

为了弄清上述规定的真正意图，我们有必要对两次大战间英国经济的基本情况做一扼要的分析。众所周知，英国虽然赢得了第一次世界大战，但战争严重打击了英国经济。战后，英国丧失了长期保持的海上霸权，也失去了世界金融中心的地位。20年代英国经济长期停滞不前。1929年爆发的世界经济危机很快波及英国，1932年第三季度危机达到最顶点。工业生产下降，失业人数接近300万。国际金融界对英镑稳定性的信任大大减弱，1931年7月底英格兰银行平均每天流失黄金约250万英镑③。1931年9月，英国不得不放弃金本位，实行英镑贬值。1932年3月，通过《进口税法》，放弃了传统的自由贸易政策。1933年以后，英国经济开始复苏。1934年英国开始重整军备的时候，也正是英国经济摆脱危机走向好转的时候。面对德国的威胁，英国政府虽然不得不扩充军备，但它主要考虑的是如何从复苏走向繁荣，如何加强英国资本主义在世界市场上的竞争能力。英国资产阶级已经没落了，它根本不敢抱有战胜德国的奢望，甚至对英德战争的可能后果忧心忡忡，因此，只想取得英德和解，以便大做生意，大发其财。英国在德国有巨额投资，德国还是英国商品的大买主。1938年，德国进口的英国货物总值2060万英镑。英国希望，德国如果放弃自给自足政策，那么这个“世界上最大的进口市场”就能从英国及其帝国购买更多的货物④。因此，迟至1939年2月22日，英国首相张伯伦还说：自

① 小谢伊：《30年代英国的重整军备》，99页，普林斯顿，1977。

② 丹尼斯：《过错的决定》(P. Dennis, *Decision by Default*)，81页，伦敦，1972。

③ 小谢伊：《30年代英国的重整军备》，13页，普林斯顿，1977。

④ 麦克唐纳：《经济绥靖与德国的“稳健派”1937～1939年》(D. C. Mac Donald, *Economic Appeasement and the German “Moderates”* 1937～1939)，载《过去和现在》(*Past and Present*)，1972年8月号。

从希特勒1月30日表示希望和平与加快结束在西班牙的战争后，贸易已经有了增进。“其他一些迹象”使他认为这种贸易的改进在1939年这一年将得到进一步的发展而“不受政治忧虑的阻碍”①。更由于英国本国资源有限，特别依赖海外贸易，这就使得它比其他大国更利于维持现存的国际秩序，而不愿冒世界大战的风险。

1923年11月，英国首相鲍尔温说：“不列颠帝国在外国的利益首先是经济的和商业的。当我们谈到和平是最大的英国利益时，我们指的是英国的商业和贸易，这对我国人民的生活是重要的，并在和平的条件下最为兴旺。”②1926年，英国外交部的一份备忘录写道：“我们已经得到了我们想要的一切——或者更多一些。我们唯一的目标是保持我们所要的东西并平平安安地过日子……事实是战争和关于战争、争吵和摩擦的谣言，无论发生在世界上哪一个角落，都给英国的贸易和财政利益带来损失和损害……英国的贸易和英国的财政是如此的多方面和无处不在的，以致不论扰乱和平的后果此外还有哪些，我们终归将是遭到损失的人。”③这两段话是很有代表性的。它们提出的时间虽然都在20年代，但同样可用于说明30年代英国资产阶级为什么在战火即将烧到自己头上的时候，仍然坚持重整军备不得影响平时的工商业。

1938年3月，德国吞并奥地利，国际形势更加紧张，英内阁不得不在22日做出决定：不干扰贸易，不再构成国防计划的基础。但这不过是一种原则上的规定而已，实际上的变化并不大。两天以后张伯伦又宣布政府对工业不会采取强制或命令办法④。尤其值得注意的是：军需部一直拖到1939年5月才告成立，这是因为资本家害怕它的权力过大，对工业实行管制。军需部真正发挥作用，是在8月1日以后，这时距大战爆发只有一个月。

第二，英国政府曾想采取一些办法，增加收入，以支付日益增加的军费，但由于侵犯了资本家的利益而遭到反对，不得不作罢。这在国防税的问题上表现得最为突出。重整军备给工业界带来了巨大利润。张伯伦计划把利润率定为6%，对超过这个比例的利润征收累进税，以供国防需要。1937年4月20日，政府在预算报告中向议会宣布了征收新税的打算。准备征收的数目其实不大，

---

① 金奇：《未进行的战斗》(J. Kimche，*The Unfought Battle*)，13页，纽约，1968。

② 肯尼迪：《外交后面的现实》(P. Kennedy，*The Realities behind Diplomacy*)，229页，伦敦，1981。

③ 同上书，256页。

④ 丹尼斯：《过错的决定》，127～128页，伦敦，1972。

用张伯伦的话来说："仅仅是(国防预算)水面上的微波而已。"①张伯伦之所以要征收这种国防税，还有一个更重要的政治目的，即做出一种姿态给工人看，资本家虽然从重整军备中获得巨大利润，但政府也要他们承受更大的负担。这样就可避免工人要求增加工资，举行罢工。尽管拟议征收的国防税数额不大，资本家仍然极为不满，指责它带有社会主义的性质，是"要把迄今为止的稳妥的和适当的预算变成一种社会主义的预算"。在资本家的操纵下，证券交易所股票价格暴跌，这是对政府的一个警告。在议会方面，政府也遭到反对。十分讽刺的是，在600多名议员中，只有共产党议员加拉赫一人表示支持。他在1937年4月27日的演说中，一针见血地指出："今晚我们看到了一种性质上既有趣又有益的表演。当利润成为争执的问题时，爱国主义消失了，这一点非常清楚地向下院和全国显示了出来。"②6月1日，张伯伦(这时已出任首相)被迫宣布撤销这种国防税。以后得到通过的办法，是按照工业资本家的建议，对一切利润抽税5%，而不是对超额利润征收累进税③。

再如，1937年2月，英国政府要求议会批准国防借款4亿英镑。

4月，财政部发行了第一批国防公债8千万英镑。但企业界购买极不踊跃，因为公债的利率只有3%，而当时的利润率一般在10%到15%左右。最后，英格兰银行用发行纸币的办法，从政府手中买去无人认购的公债，这自然引起了一定程度的通货膨胀。以上事实说明，利润才是英国资产阶级最崇敬的上帝，在这位至尊之神面前，国家安全就微不足道了。

第三，英国政府规定了对三军"定额分配"经费的原则。从重整军备一开始，财政部与三军之间就为经费问题不断进行斗争。1937年2月，根据财政部的意见，国防白皮书宣布三军在5年内(1937～1942)的开支总额为15亿英镑。同年，财政大臣张伯伦几次表示，要为三军规定一个必须遵守的限额。6月，新上任的财政大臣西蒙提出了一整套审查和分配三军经费的财政程序，这套程序后来就形成为所谓的"定额分配"制。按照这种制度，在为三军制定预算

① 小谢伊：《30年代英国的重整军备》，149页，普林斯顿，1977。

② 同上书，152页。

③ 关于国防税问题，参见加拉赫：《雷声隆隆》，193～196页，北京，世界知识出版社，1956；佩登：《英国的重整军备和财政部：1932～1939年》(G. C. Peden, *British Rearmament and the Treasury*: 1932～1939)，87、105页，爱丁堡，1979；法伊林：《尼维尔·张伯伦的生平》(K. Feiling, *The Life of Neville Chamberlain*)，292页，伦敦，1946。

时，必须使国防需要服从财政的支付能力，而不是最大限度地挖掘财源，以满足迫切的国防需要。海军大臣达夫·库珀在打算呈交内阁的一份文件草稿(1938年4月28日)中批评这种制度说："一个政府的首要职责是保证国家有充分的防御"，低估国防需要的危险要比低估财政资源的重要性的危险更大，因为前者会"导致战争的失败和彻底毁灭"，而后者只能"导致严重的困难、重税、生活水平的降低和社会服务的减少"。在1938年7月24日的内阁会议上，他尖锐指出，"限额分配"的办法简直是在限制国家保卫自己的能力①。

第四，英国政府在重整军备过程中不愿取得工会的支持，唯恐工人乘机提出增加工资的要求。职工大会的领袖们在1936年、1937年一再表示，工会愿意在重整军备的问题上与政府合作，但是后者还是采取冷淡和疏远的态度。国防政策和需要委员会所信任的顾问、工业资本家韦尔反对政府与职工大会接触，而主张由劳资双方去谈判。劳工部赞同韦尔的观点，它的一个高级官员亨伯特·沃尔夫在1936年2月写的一份札记中也反对事先与职工大会协商的建议，因为他认为"这样的协商只会意味着，职工大会将为他们的合作在条件和工资方面要求一种非常高的代价。"②一直到1938年晚春，英国政府迫于需要，才不得不与工会方面协商。

以上种种事实说明，英国资产阶级把经济利益看得高于国防利益，"第四个军种"实际上变成了凌驾三军之上的特殊军种。最后，必须指出的是：英国政府的财政状况绝非已到破产的边缘，以致再也拿不出钱来扩充军备了。英国真正大规模地扩军是从1939年年初才开始的。1938年，军费仍只占国民生产总值的7%，并没有像德国那样处于战争经济状态。因此，就连一向主张绥靖政策的外交大臣哈里法克斯也认为财政部"采取了过于悲观的看法。一切事情都是相对的。如果我们的处境是困难的，那么德国的处境就一场长期战争的掌握来说很可能是更困难的"③。1939年7月中旬，距大战爆发不到两个月，英

---

① 小谢伊：《30年代英国的重整军备》，201～203页，普林斯顿，1977。

② 帕克：《1936～1939英国的重整军备：财政部、工会和熟练劳工》(R. A. C. Parker, British Rearmament 1936～1939: Treasury, Trade Unions and Skilled Labour)，载《英国历史评论》(*English Historical Review*)，1981年4月号。

③ 帕克：《经济、重整军备和外交政策：1939年以前的联合王国——初步研究》(R. A. C. Parker, Economics, Rearmament and Foreign Policy: The United Kingdom before 1939——*A Preliminary Study*)，载《现代史杂志》(*Journal of Contemporary History*)，1975年10月号。

国在与德国的秘密谈判中，为了实行经济绥靖，还打算贷款给德国①。既然有钱借给敌人，如何能说没有钱武装自己呢？

三

英国重整军备之所以不力，政治方面的原因，归结到一点，就是英国统治阶级认为英德战争如果爆发，只会对革命势力有利，故根本上就不愿对德作战，从而也就不肯全力扩充军备了。

首先，英国统治阶级害怕对德战争引起本国的革命。第一次世界大战中以及大战后在俄国、德国、匈牙利等国相继发生的革命，震撼了世界，也震撼了英国。英国统治阶级惊魂未定，1926 年在本土又爆发了一次规模空前浩大的总罢工。鲍尔温惊呼它是“对议会的挑战……走向无政府和毁灭的道路”②。张伯伦则把镇压罢工看作一场你死我活的斗争。他写道：“立宪政府正在为它的生存而斗争；如果我们失败了，就会爆发革命，因为名义上的领袖会被立刻赶跑”③。30 年代，在法国和西班牙出现了强大的人民阵线运动并成立了人民阵线政府。这一系列的革命斗争，使英国资产阶级越想越怕。有人向鲍尔温进言，如果伦敦被连续轰炸三夜，什么也不能防止一场革命。他对此深信不疑，并在下院对议员们说：“当下一次战争到来时，欧洲文明就将被消灭。”④鲍尔温的忧惧，在英国大臣中是相当普遍的。1937 年 4 月 19 日，在国防计划(政策)委员会开会时，当时担任内政大臣的西蒙说，如果德国希望在英国引起惊恐，它可以首先诱使英国政府把野战军派往法国，然后把它的全部空军力量用来轰炸英国无备的居民。空军大臣斯温顿对这种极端悲观的论调反驳说，如果把野战军的五个师都留在家里来防止平民的恐慌，前途才真正是可怕的⑤。艾恩赛德将军在 1938 年 1 月 20 日的日记中透露了一件十分值得注意的事：“内阁已经秘密地决定，要求地方自卫队在英格兰维持安宁并在空袭时恢复法律与

① 《1918～1945 年德国外交政策文件汇编》，D 辑，第 6 卷(*Documents on German Foreign Policy*, Series D, vol. 6)，983 页，伦敦，1956。

② 乔治：《偏见》(M. George, *The Warped Vision*)，24 页，匹兹堡，1965。

③ 法伊林：《尼维尔·张伯伦的生平》，157 页，伦敦，1946。

④ 乔治：《偏见》，52 页，匹兹堡，1965。

⑤ 邦德：《两次大战间的英国军事政策》(B. Bond, *British Military Policy between the Two World Wars*)，265 页，牛津，1980。

秩序。他们不敢公开宣布这件事，因为这会是不得人心的。”①

“恐赤症”是 30 年代英国统治阶级的一种流行病。著名的国民工党议员哈罗德·尼科尔森在 1938 年 5 月 18 日的一则日记中写道，他在回家途中碰上三个年轻的上院议员，他们说：“他们宁愿在伦敦看到希特勒，而不愿看到一个社会主义政府。”当尼科尔森迟迟不能入睡时，他“沉思不列颠帝国的衰亡”②。的确，靠这样的人是不能保住帝国的。反共的阶级仇恨使他们陷入了卖国主义、失败主义的泥坑。

其次，英国统治阶级把纳粹德国看作防止共产主义在欧洲扩散的屏障。在这个意义上，希特勒非但不是打击的对象，反倒是必须联合的盟友。

当年担任过张伯伦私人议会秘书的道格拉斯-霍姆在 1962 年 9 月对记者说：“张伯伦像许多其他人一样，把共产主义看作主要的危险。他恨希特勒和德国法西斯主义，但他觉得一般说来，欧洲，特别是英国，受到来自共产主义方面的更加严重的威胁。”③这是一种“两害相权取其轻”的解释。实际上，英国统治阶级对希特勒的评价要比这高得多。哈里法克斯（时任枢密院院长）在 1937 年 11 月 19 日拜会希特勒时，称赞他“由于防止共产主义进入他自己的国家……从而阻塞了共产主义进一步通往西欧的道路”，还说“德国是西方反布尔什维主义的屏障”④。这并非一般的当面客套，而确实是这位英国要员的由衷之言。“克来夫登”集团的骨干分子、《泰晤士报》主笔道森也认为“纳粹德国起着防止共产主义在西欧扩散的屏障作用”⑤。明了了英国统治阶级对于纳粹德国的基本看法，对 30 年代英国对德政策的许多看似非常荒唐的做法，就不难理解了。例如，当 1936 年 3 月德军进驻莱茵非武装区时，英国为什么不履行《洛迦诺公约》，援助法国，反而对法国求援的呼吁十分反感呢？鲍尔温生气的是：法国人竟愚蠢到看不出“一个被法国和俄国征服的德国将是一个共产主义

① 《艾恩赛德日记 1937～1940 年》（*Ironside Diaries* 1937～1940），46 页，纽约，1963。

② 尼科尔森：《日记和书信 1930～1964 年》（H. Nicolson, *Diaries and Letters 1930～1964*），126 页，纽约，1980。

③ 乔治：《偏见》，130 页，匹兹堡，1965。

④ 《1918～1945 年德国外交政策文件汇编》，D 辑，第 1 卷，56、70 页，伦敦，1949。

⑤ 伦奇：《杰佛里·道森和我们的时代》（J. E. Wrench, *Geoffrey Dawson and Our Times*），376 页，伦敦，1955。

的德国"①。这就是说，打击纳粹，就等于帮助德国赤化；而由于法国和苏联订有互助条约，又等于帮助苏联征服德国。按照这种逻辑，对希特勒是决不可以动武的。尼科尔森在1938年6月6日写的另一则日记中有一段十分中肯的分析："我们已经丧失了我们的意志力……统治阶级的人们只想到他们自己的财富，这意味着对赤色分子的仇恨。这在我们自己和希特勒之间产生了一种十分不自然的但在当前却是最有效的秘密结合。"②

最后，英国统治阶级认为英德相争，只能为苏联所利用，因此必须避免。

1938年3月20日，张伯伦在日记中写道："俄国人偷偷地和狡猾地在暗中操纵，想使我们卷入战争。"③同年8月22日，张伯伦的亲信威尔逊对德国驻英代办科尔特说：英国人和德国人"这两个主要白色人种如果在战争中互相消灭，那将是极端愚蠢的。布尔什维主义将因此而成为唯一的获利者"④。英国统治者不愿自己和纳粹冲突起来，却盼望苏联和纳粹之间爆发战争。鲍尔温在1936年7月29日对丘吉尔说："假如一定要打仗的话，我希望看到布尔什维克和纳粹打起来。"⑤

四

英国重整军备不力，还由于受到消极防御战略的影响。毛泽东曾经深刻指出："只有最愚蠢的人，或者最狂妄的人，才捧了消极防御当法宝。然而世上偏有这样的人，做出这样的事。"⑥张伯伦以及英国一些高级将领，也是这种把消极防御当作法宝的蠢人。

30年代后期，英国在战略上有一个基本估计，就是它没有力量同时对付

---

① 杨：《斯坦利·鲍尔温》(G. M. Young, *Stanley Baldwin*)，223页，伦敦，1952。

② 尼科尔森：《日记和书信1930～1964年》，127～128页，纽约，1980。

③ 法伊林：《尼维尔·张伯伦的生平》，347页，伦敦，1946。

④ 《1918～1945年德国外交政策文件汇编》，D辑，第2卷，608～609页，伦敦，1950。

⑤ 米德尔马斯：《幻想的外交》(K. Middlemas, *Diplomacy of Illusion*)，54页注，伦敦，1972。

⑥ 《中国革命的战略问题》，见《毛泽东选集》，第1卷，199页，北京，人民出版社，1991。

德国、日本和意大利三个敌人①。1937 年 11 月 12 日，参谋长委员会在一份报告中写道："我们没有忽视我们希望从法国以及可能从其他盟国获得的援助，但我们不能预见我们的国防力量什么时候才会强大到足以保卫我国的贸易、领土和重大利益不受德、意、日三国同时的威胁。"②1938 年 2 月，英斯基普在《关于未来年代的国防预算》的最终报告中也表示："不可含糊的明显事实是：在和平时期提供适当的供应以保卫英帝国，在三个不同的战争场所抵抗三个不同的国家，这是我国的资源所做不到的事情。"③同年 10 月，参谋长委员会再次重申："在 1938 年同时对日、德、意作战，是我国国防部队的当前的和预计中的力量都不打算面对的一种义务，纵使我们同法国与俄国结成同盟的话。"④

必须指出：30 年代英国文武高级官员大多数充满了失败主义情绪。他们在提出上述这些报告时，预先断定德、意、日一定会联合起来对付英国，而从未认真分析过它们之间有什么矛盾以及它们各自都有哪些弱点；预先断定敌人的力量无比强大，英国即使与法国、苏联这样的大国联合起来，仍然对付不了三个法西斯国家⑤。但实际上，德国高级将领恰恰最怕的就是英、法、俄的联盟，而且他们并不认为自己是不可战胜的。1938 年 5 月 5 日，德国参谋总长贝克在呈陆军总司令勃劳希契的一份备忘录中说：德国面临着英、法、俄三国的敌对。英国还能得到美国工业的帮助。在德国和捷克斯洛伐克的战争中，法国和英国一定会站到捷克斯洛伐克一边作战。对抗这一联盟，德国过于软弱，以致不能从事一场长期战争。在这样一场战争中，意大利作为同盟国是没有用的⑥。

英国政府既然认定无力同时对付三个敌人，就必然要采取一种单纯防御即

---

① 最初，意大利不被当作敌人看待。1935 年意大利侵略埃塞俄比亚后，对英国构成了第三个威胁。1937 年 7 月 14 日，英内阁批准了帝国国防委员会关于不再把意大利当作"可靠朋友"看待的建议。见巴尼特：《英国势力的崩溃》(C. Barnett, *The Collapse of British Power*)，381 页，伦敦，1972。

② 《英国外交政策文件汇编 1919～1939 年》(*Documents on British Foreign Policy 1919～1939*)，第 2 辑，第 19 卷，513 页。以下简称 *DBFP*。

③ 小谢伊：《30 年代英国的重整军备》，192 页，普林斯顿，1977。

④ 霍华德：《大陆义务》，122 页，伦敦，1972。

⑤ 前引《未进行的战斗》一书对英国当时夸大纳粹德国武力的种种情况，有很好的揭露。

⑥ 瓦特：《事关重大》(D. C. Watt, *Too Serious a Business*)，125 页，伦敦，1975。

消极防御的战略方针。1936 年夏，参谋长委员会在一份报告中强调指出："我们的帝国战略经常依据的广泛原则不应忘记，历史的教训也不应忽视。我们对欧洲承担的义务越大，我们保护我们帝国及其交通的能力就越小。"①1937 年 12 月，英国防务的优先次序被正式确定下来。第一，保持联合王国的安全，这是"国防政策的基础"；第二，保护英国进口粮食和原料的贸易通道；第三，守卫英国的海外领土；第四，即最后一个目标才是"协力防卫英国在战时可能有的任何盟国的领土"②。英国的战略决策者看不到自己与法国之间唇亡齿寒的关系，于是目光短浅地把大陆义务摆在了末位。1939 年 2 月 21 日，张伯伦更在议会中说："我们的军备尽管是巨大的，但它们是为了防御，而且只是为了防御。"③同年 7 月 23 日，他在一封家信中又写道："你不需要足以赢得一场击溃敌人的胜利的进攻力量。你所需要的是强大到足以使另一方不可能获胜的防御力量，除非对方要付出使这种胜利成为不值得的代价。"④这种不要盟国、孤立自己，以为躲在海峡一边就能自保的消极防御战略，给重整军备带来了严重的不利影响。

陆军遭受的打击最大，它是"三军中的灰姑娘"⑤。张伯伦始终认为，维持一支庞大的陆军，是既费钱，又无必要的。他在 1936 年 2 月 9 日的日记中写道："我们的资源用于空中和海上，要比用于建设庞大的陆军，更为有益。"⑥1937 年 5 月 5 日，他在一次内阁会议上说："我们在陆地上的贡献应当基于有限的规模。假定下一次战争将由我们单独对德作战，是错误的。如果我们必须战斗，我们应当拥有同盟者，它们必须无论如何维持庞大的陆军。"⑦张伯伦的

---

① 吉布斯：《大战略》，第 1 卷，《重整军备政策》，613 页，伦敦，1976。

② 这是英斯基普在上述中间报告中提出并得到内阁批准的。1938 年 3 月 7 日，张伯伦在下院提出国防白皮书时进一步做了说明。同上书，287～288 页；张伯伦：《为和平而奋斗》(N. Chamberlain, *The Struggle for Peace*)，111～112 页，伦敦，1939。

③ 米德尔马斯：《幻想的外交》，422 页，伦敦，1972。

④ 戴维·迪尔克斯：《"不需要的战争"？1931～1939 年大不列颠的军事建议和外交政策》(D. Dilks, "The Unnecessary War"? Military Advice and Foreign Policy in Great Britain, 1931～1939)，载普雷斯顿编：《第二次世界大战前的总参谋长与外交》[A. Preston (ed.), *General Staff and Diplomacy before the Second World War*]，127 页，伦敦，1978。

⑤ 邦德：《两次大战间的英国军事政策》，206 页，牛津，1980。

⑥ 法伊林：《尼维尔·张伯伦的生平》，314 页，伦敦，1946。

⑦ 丹尼斯：《过错的决定》，98 页，伦敦，1972。

这种"有限义务"论，即英国重整军备的努力应集中于空军和海军，陆地的战斗任务则由法国去承担，得到英国多数大臣的赞同。在1937年5月31日张伯伦出任首相前，"大陆义务"在形式上还是得到承认的，但由于陆军经费屡被削减，实际上执行的还是"有限义务"。张伯伦出任首相后，"有限义务"被正式确定下来。在上述1937年12月英斯基普的报告中，由于防卫盟国领土的任务被排在末位，于是正规陆军的首要任务也相应地变为"保卫帝国的义务，包括本土的防空"①。慕尼黑会议结束后不久，张伯伦自命他的政策已经获得成功，遂在1938年11月1日对下院说："必须记住：我们今天所处的地位与1914年的地位是不同的，这在于我们现在不考虑在大陆(作战)的规模上装备一支陆军。"②

但是，英国在签订《慕尼黑协定》和《英德互不侵犯宣言》后，并没有从纳粹德国方面得到多少好处。1939年1月下旬，不断传来德国即将进攻比利时与荷兰的情报。法国方面也一再施加压力，要求英方承担大陆义务。英内阁这才不得不在2月22日做出决定：把野战军的4个步兵师和两个机动师在大陆作战的规模上充分装备起来并配以后备部队。4个地方自卫师也应得到充分的作战装备和后备部队，其他的地方自卫师则给以充分的训练装备③。"大陆义务"终于获得了承认。3月15日，德军占领布拉格，吞并了整个捷克斯洛伐克。为了应付国内各方的压力，也为了做出强硬的姿态给德国看，以便让德国重新回到谈判桌上，张伯伦与陆军大臣霍尔-贝利沙两人仓促决定，把地方自卫队从13个师扩大一倍为26个师。这个决定于3月29日向上下两院宣布，事先甚至连三军参谋长的意见也未征求④。4月26日，张伯伦政府向上下两院宣布了另一个更为重要的决定：实行征兵制，把20岁的男子征召入伍⑤。这一系列的突然变化，并不能使陆军真正得到增强。人数增加了，但派不出足够的军官去训练新兵，也没有武器发给他们。正如军事作战和情报主任波纳尔在

---

① 吉布斯：《大战略》，第1卷，《重整军备政策》，468页，伦敦，1976。

② 张伯伦：《为和平而奋斗》，344页，伦敦，1939。

③ 邦德：《两次大战间的英国军事政策》，300页，牛津，1980；霍华德：《大陆义务》，127页，伦敦，1972；布赖恩·邦德编：《参谋长：陆军中将亨利·博纳尔爵士的日记》[Brian Bond (ed.), *Chief of Staff: The Diaries of Lt. General Sir Henry Pownall*]，第1卷，188～189页，伦敦，1972。

④ 霍华德：《大陆义务》，129页，伦敦，1972。

⑤ 吉布斯：《大战略》，第1卷，《重整军备政策》，521页，伦敦，1976。

1939年4月17日的一则日记中所指出的："他们终于这样做了！……迟做总比永远不做好，……但它的确太迟了，因为至少要用8个月，更可能要用两年，才能使这支纸上的军队成为一支活生生的军队。"①大战爆发初期统帅英国第三师的蒙哥马利在回忆录中说："在战争爆发前的数年里，英格兰没有举行过大规模的军事演习……野战军的通讯系统也不完善，没有后勤支持，没有设立高级指挥机构。而这些在总动员中都只能临时凑合……我们派陆军参加最现代化的战争，而配备它的却是极不适当的武器和装备，这不能不说是我们的耻辱。"②

英国海军所受的待遇，要比陆军好一些。英国为了维护它的庞大的殖民帝国和海外贸易，自然要相当重视海军。1938年以前，在整个30年代，海军开支一直占三军的首位。1938年，空军开支第一次超过海军，前者为143499642英镑，后者为132437403英镑，陆军则为121542932英镑，居第三位③。限于篇幅，海军重整军备的情况这里从略。

空军最受重视，因为它被当作防卫英国本土的最有效的军种。二三十年代，英国许多文武官员都相信空军能给以"致命打击"的理论，即轰炸能在平民中引起惊恐，能造成工业的混乱，并摧毁遭受这种打击的国家的民心和士气，使之丧失自卫的意志。1932年鲍尔温在下院说：他要普通百姓了解，"地球上没有力量能保护他免遭轰炸。不管人们会告诉他什么，轰炸机永远能到达目标。唯一的防御是进攻，这意味着你必须比敌人更迅速地杀死妇女和儿童，如果你希望自救的话"④。张伯伦也认为，"我们的最好防御将是一种威慑力量的存在，它要强大到使进攻的胜利十分成问题，以致是不值得的"⑤。实现这个目标的办法，就是建立一支其规模和效率足以引起敌人敬畏的空军。英国官方对于轰炸机的威力竟然达到了迷信的程度，以致在1936年联合计划委员会的一份报告中，估计德国对英国的空袭在战争的第一周就能造成15万人的伤亡⑥。

① 《波纳尔日记》，第1卷，199～200页。

② 《蒙哥马利元帅回忆录》，34～35页，上海，上海译文出版社，1982。

③ 小谢伊：《30年代英国的重整军备》，297页，普林斯顿，1977。

④ 同上书，37页。

⑤ 霍华德：《大陆义务》，109页，伦敦，1972。

⑥ 韦伯斯特爵士和弗兰克兰：《1939～1945年对德国的空军战略进攻》(S. C. Webster & N. Frankland, *The Strategic Air Offensive Against Germany* 1939～1945)，第1卷，89页，伦敦，1961。估计显然是错误的。实际上，在将近六年的大战中，英国因空袭而遭受的平民伤亡人数总共才有295000人，其中死亡60000人。

英国政府基于上述认识，在1934～1937年这一阶段把轰炸机看作最有效的威慑力量，主张予以重点发展。例如，根据1935年11月提出的“F”计划，英国到1939年将拥有第一线飞机1736架，其中轰炸机1022架，战斗机420架①，其他为侦察机等。但是到了1937年年底，优先生产战斗机的主张逐渐占了上风。英斯基普在1937年12月9日的一份备忘录中写道：英国可在本土用战斗机去摧毁德国的轰炸机。如果在战争开始后的最初几周内德国的致命打击能被击退，英国就能赢得时间，通过长期的消耗过程来战胜敌人。因此，他建议减少轰炸机的生产，而尽可能加强战斗机的力量②。内阁同意英斯基普的主张，因为生产战斗机更便宜(生产一架轰炸机的费用等于生产四架战斗机的费用)，更容易。1938年4月空军部提出了“L”计划，预计到1939年3月将拥有第一线战斗机608架，与2月份提出的“K”计划相比，增加76架；第一线轰炸机将有1360架，与“K”计划的数字一样③。同年10月提出的“M”计划，仍然强调增加战斗机的生产。空军扩军计划的重点从以轰炸机为威慑手段到以战斗机为自卫手段，反映了英国战略思想更加趋于消极保守。如果说从1934到1937年这一阶段的空军战略方针是以攻为守的话，那么1938年以后就是纯粹的防守了。

但是，不论是在优先生产轰炸机的阶段，还是在优先生产战斗机的阶段，英国政府对空军所要求的经费总是尽量拨给的。1936年，空军实际开支49995697英镑，在三军中居末位(海军80976124英镑，陆军55015395英镑)。1937年，空军实际开支81799260英镑，超过陆军，居第二位(海军101892397英镑，陆军72675520英镑)。1938年，空军实际开支跃居首位(数字见前)。1939年，空军的实际开支继续占第一位④。由于政府的大力扶植，空军的发展较快。1938年，飞机月产量平均200多架，1939年增到600多架。那些认为英国重整军备获得成功的人，往往以空军的成就为例。但是，空军的发展是靠牺牲其他两个军种，特别是陆军得来的。在1940年的不列颠之战中，空军固然发挥了重要作用，但是如果在战争开始时英国就能派出一支纵使数量不大但具有机械化装备的精锐部队到大陆去，它对法国的支持将是很大的，不列颠

---

① 吉布斯：《大战略》，第1卷，《重整军备政策》，565页，伦敦，1976。

② 韦伯斯特爵士和弗兰克兰：《1939～1945年对德国的空军战略进攻》，第1卷，76～77页，伦敦，1961。

③ 佩登：《英国的重整军备和财政部：1932～1939年》，132页，爱丁堡，1979。

④ 小谢伊：《30年代英国的重整军备》，297页，普林斯顿，1977。

上空的殊死战斗或许就不会发生。

五

英国政府自觉软弱，又不肯大规模地扩军，便企图通过绥靖外交，弥补国防力量的不足。1935年11月21日，国防需要委员会在它的第三个报告中提出：我们认为"我国和帝国安全的主要需要是：我们的外交政策应当运用得可以避免这样一种形势的可能发展，即我们可能同时面对东方的日本、西方的德国和介于东西方之间交通要道的任何国家的公开的或隐蔽的敌意"①。1936年11月14日，张伯伦在一封信中表示："我不认为(战争)已迫在眉睫。我相信，通过运用小心谨慎的外交活动，我们可以防止战争，也许可以无限期地防止。"②英国的军方也持大致相同的看法。1937年11月12日，参谋长委员会在一份报告中写道："从帝国防务的观点来看，对于为了减少我们的潜在敌人和获得潜在的盟国的援助所能采取的任何政治上或国际上的行动的重要性，怎么强调也不算过分。"③

在对德斗争中，运用外交手段，是完全必要的。但是，第一，像英国执政者那样不去努力充实自己的国防，而一味心存侥幸地企图通过外交活动"无限期地防止"战争，这是根本办不到的。外交可以起相当的作用，但无论如何起不了绥靖主义分子所妄想的那种作用。就连一些较有远见的资产阶级政治家，例如曾任英国外交部次官的克兰伯恩勋爵也认识到：绥靖政策不能代替重整军备，怀柔不能代替坚定④。第二，要看运用的是一种什么性质的外交。英国既然总是觉得自己兵力不足，那就更应加强与同盟者的合作并力争联合一切反法西斯的力量，依靠集体安全去制止战争。但张伯伦之流偏偏认为此路是不通的。对于法国，英国军方一再强调它的"极端软弱"和"非常不可靠的军事状况"⑤。在政治上，法国也不受信任。在1935年5月法苏签订互助条约后，英国统治阶级中有相当一部分人认为如果与法国结盟去共同反对德国，就等于间

① 吉布斯：《大战略》，第1卷，《重整军备政策》，256页，伦敦，1976。

② 米德尔马斯：《幻想的外交》，56～57页，伦敦，1972。

③ *DBFP*，第2辑，第19卷，513页。

④ 罗克：《在考验中的绥靖政策：1938～1939年的英国外交政策及其批判者》(W. R. Rock, *Appeasement on Trial: British Foreign Policy and Its Critics*, 1938～1939)，146页，哈姆登，1966。

⑤ 邦德：《两次大战间的英国军事政策》，235页，牛津，1980。

接与那个要“把布尔什维主义强加给一个破碎的欧洲”①的苏联结成同盟，这自然是大逆不道的事情。1936年6月，法国成立人民阵线政府后，英国统治阶级越发感到“赤祸”的威胁。1936年7月20日，英内阁秘书兼帝国国防委员会秘书汉基说：“在欧洲目前的情况下，由于法国和西班牙受到布尔什维主义的威胁，不久我们同德国和意大利共命运可能对我们是有利的，这并非不可想象的。”②对于大西洋彼岸的美国，英国认为它内部的孤立主义势力十分强大，因而也是不可依靠的。至于欧洲那些中小国家，英国当局根本不把它们放在眼里，甚至怀着厌恶的心情觉得它们老是用一些琐碎事情干扰英国的外交③。总之，英国认为没有可以依靠的同盟力量。

英国既认为自己无力对付德、意、日，又荒谬地断定自己孤立无援，便企图用牺牲其他国家利益的办法，满足法西斯三国的要求，来换取与敌人的妥协。英国绥靖外交的主要对象是德国。迟至1939年6月，张伯伦仍对一个负有特殊使命访问伦敦的德国人说：“从他出任首相的那一天起，就一直认为只有通过柏林和伦敦这条线才能解决欧洲问题。”④英国政府相信，把中欧和东南欧让给德国，必要时再在非洲划给德国一些殖民地，就能平息它的不满，实现英德和解。⑤1937年11月26日，张伯伦在一封信中写道：“我不明白为什么我们不该对德国说：‘请给我们以满意的保证，表明你们将不用武力对待奥地利人和捷克斯洛伐克人，我们也愿意给你们同样的保证，表明我们将不用武力阻止你们所需要的变更，只要你们能够以和平手段来取得这些变更。’”⑥后来，英国政府确实满足了德国的许多要求，直到在慕尼黑会议上把捷克斯洛伐克出卖给了希特勒。

---

① 考林：《希特勒的影响》(M. Cowling, *The Impact of Hitler*)，161页，伦敦，1975。

② 普拉特：《马耳他以东，苏伊士以西》(L. R. Pratt, *East of Malta, West of Suez*)，39页，伦敦，1975。

③ 例如英国在1939年3月准备搞英、法、俄、波四国宣言时，张伯伦就坚决反对再让其他小国参加，以免它们要求磋商那些“次要事情”。

④ 《1918～1945年德国外交政策文件汇编》，D辑，第6卷，682页。

⑤ 参见《1918～1945年德国外交政策文件汇编》，D辑，第2卷，608～609页；*DBFP*，第3辑，第3卷，251～253页；米德尔马斯：《幻想的外交》，113页，伦敦，1972。

⑥ 基思·法伊林：《尼维尔·张伯伦的生平》，333页，伦敦，1946。

英国最怕德国，但也怕日本和意大利。1937 年，参谋长委员会在年度评论中把日本列为第二号敌人，把意大利列为第三号敌人，但主张为了集中力量对付德国，必须在远东绥靖日本，在地中海绥靖意大利①。1937 年 5 月底，张伯伦就任首相后不久，就在内阁的一次会议上说："现在不断有这种危险，即欧洲的纷争可能为日本提供在远东采取某种不利于我们的措施的机会。"由于英国没有力量反击日本，因此应争取与它达成谅解②。1937 年 11 月，布鲁塞尔会议休会期间，张伯伦在伦敦对艾登厉声说："我绝不搞制裁。"③1938 年 3 月 21 日，参谋长委员会在一份研究德国侵略捷克斯洛伐克的影响的报告中，强调日本如加入德、意方面对英作战，"就会产生一种我国国防部队的当前力量和预计力量都未打算应付的一种形势"④。

意大利的军事力量和经济力量都很弱，但英国仍然感到在地中海和中东方面受到它的威胁。1937 年 2 月 22 日，参谋长委员会在《帝国防务评论》的报告中指出："我们现在所处的地位，在帝国的两端受到德国和日本两个强大的军事国家的威胁，而由于在意大利出现了一种侵略精神，伴之以它的军事力量的增加，我们在中间已经丧失了我们传统的安全。只要那种地位在外交上依然没有解决，只有非常巨大的军事和财政力量才能给帝国以安全。"⑤同年 7 月初，张伯伦在帝国国防委员会上说："如果德国正在考虑敌对行动或从事反对我们的战争，毫无疑问的是：意大利将加入并利用机会趁火打劫。"⑥英国害怕意大利可能从利比亚向埃及进攻，夺取苏伊士运河。1937 年 11 月 2 日，帝国国防委员会秘书汉基对外交部常务次长范西塔特说："除非外交部能告诉我们：我们在一两年内没有同德国作战的危险(我确信你们不能)，在埃及冒可怕的危险看来是不可避免的。"结论是："我们必须同意大利友好。"⑦其实，意大利并不

---

① 吉布斯：《1918～1939 年英国的战略理论》(N. H. Gibbs, British Strategic Doctrine 1918～1939)，载霍华德编：《战争的理论和实践》[M. Howard (ed.), *The Theory and Practice of War*]，207 页，卡塞尔，1965；巴尼特：《英国势力的崩溃》(C. Barnett, *The Collapse of British Power*)，444 页，伦敦，1972。

② 巴尼特：《英国势力的崩溃》，445 页，伦敦，1972。

③ 艾登：《面对独裁者》(A. Eden, *Facing the Dictators*)，539 页，伦敦，1962。

④ 巴尼特：《英国势力的崩溃》，509 页，伦敦，1972。

⑤ 普拉特：《马耳他以东，苏伊士以西》，4 页，伦敦，1975。

⑥ 同上书，78 页。

⑦ 同上书，95 页。

具备进攻埃及的力量，而且法国在突尼斯驻有14个师，墨索里尼是不敢轻举妄动的。英国急于绥靖意大利的另一个原因，是企图分化轴心国，把意大利从德国方面拉过来。

总之，张伯伦政府认为对德国，对日本，对意大利，都必须采取绥靖政策，一一安抚它们。英国本想通过推行绥靖外交，弥补国防力量的不足，"无限期地防止"战争，但结果适得其反①。绥靖外交推行得越彻底，欧洲的均势就越遭到破坏，英国的战略地位也就越恶化。在张伯伦自视最为成功的慕尼黑会议后，捷克斯洛伐克的装备精良的四十几个师消失了，巨大的斯科达兵工厂也归德国了。仅就这两项损失而论，英国要用好多年重整军备的努力才能抵补。更不用说德国占据了捷克斯洛伐克这个有利的战略地位后，整个东南欧都处于它的威胁之下。在经济方面，英国的损失同样严重。张伯伦政府把英国的经济力量一向看作"第四个军种"，是在一场长期战争中可赖以支持自己、战胜敌人的有效武器。但是，德国在侵占欧洲大片领土后，掠夺了许多资源，获得了许多劳动力，从而大大地增强了它的作战经济实力。与此相反，从慕尼黑会议结束到1939年6月，英国在9个月内共丧失黄金储备1亿5千万英镑。②外国投资者对英国地位的日益恶化感到担忧，便从英国银行大量抽走了资金。这个事例说明，英国政府最为珍视的"第四个军种"，同样受到绥靖政策的削弱。纳粹德国看准了英国绥靖外交的虚弱，越发猖獗而无所顾忌，战争遂终于不可避免，而且加速到来了。

第一次世界大战后，英帝国主义日益衰落。30年代，英国面对德国以及日本和意大利的挑战，忧心忡忡。它害怕战争破坏经济的复兴，害怕战争引起革命。国民工党议员尼科尔森在1938年9月11日的日记中有一则记载，很能说明英国统治阶级的这种精神状态。他写道，奥利弗·斯坦利(贸易大臣)对他叹息说，一旦战争打起来，"不论我们胜利还是失败，我们所拥护的每一件事都将毁灭"。尼科尔森特别指出，斯坦利所说的"我们"，"显然指的是资产阶级"③。因此，英国政府不肯全力重整军备，而把绥靖外交作为避免英德战争，实现两国和解的最有效的手段。万一战争爆发，英国就准备采取守势，首先保

① 本文只是从重整军备的角度涉及绥靖外交，故对绥靖外交的形成原因不做全面讨论。

② 帕克：《经济、重整军备和外交政策：1939年以前的联合王国——初步探究》，载《现代史杂志》，1975年10月号。

③ 尼科尔森：《日记和书信1930～1964年》，132页，纽约，1980。

住本土，然后再在长期的消耗战中与敌人较量。总之，它在军事上做了最坏的、最悲观的估计，以致未战而先已气馁；它在外交上做了最好的、最乐观的估计，以致蒙蔽了自己的眼睛。1939 年 12 月 16 日，在大战爆发三个半月以后，张伯伦在视察英国远征军第三师时，还执迷不悟地对师长蒙哥马利说："我不相信德国人有任何进攻我们的意图。"①就这样，英国在军备十分不足的情况下被拖入了战争。二次大战初期英国一系列的惨败，都不能不归咎于 30 年代历届英国政府的错误的军备政策和绥靖外交。后来，英国非常勉强地作为胜利者走出了战争，但已精疲力竭，满身创伤。战后，它不仅不能恢复 19 世纪大英帝国鼎盛时期的"荣光"，就连 30 年代的那种地位也可望而不可即了。英国的衰落是不可避免的历史趋势，但张伯伦之流的愚蠢政策则加速和加深了衰落的过程。

① 《蒙哥马利元帅回忆录》，43 页，上海，上海译文出版社，1982。

意埃战争与英国的“双重政策”*

英国在意埃战争期间推行了一种“双重政策”，即“同意大利协商和忠于国联”的政策。本文指出：“同意大利协商”才是“双重政策”的真正目标，而“忠于国联”则是迫不得已采取的策略。西方学者关于英国绥靖政策的研究一向以英德关系为重点，而对英意关系的研究则相当薄弱，专门涉及“双重政策”者更为罕见。本文根据大量第一手史料，透彻分析了“双重政策”的实质及其危害，做到了有理有据。下文《1936 年 7 月至 1938 年 11 月英国对意大利的外交政策》，可视为本文的续篇。

1935～1936 年意大利侵略埃塞俄比亚以及英、法对意大利的纵容，是继日本侵占中国东北之后对集体安全体系的又一次严重打击。它引起了一系列的连锁反应，成为导致第二次世界大战的一个重要因素。埃塞俄比亚危机期间，法国处处袒护意大利，劣迹十分明显；而英国由于推行了一种“双重政策”，它的真正企图却一时不易分辨清楚。1935 年 10 月战争爆发以前的 10 个月，是最为关键的一个阶段。英、法如果真想制止战争，在此期间是完全可以办到的。错过了这个机会，就再无弭兵的可能了。因此，本文拟以意埃战争前夕英国的“双重政策”为重点，兼及以后的两个阶段，分析一下这种政策的实施经过、原因和后果，借以看出英国资产阶级外交

* 原载军事科学院军事历史研究部世界军事历史研究室编：《三十年代世界主要国家的战略与军备》，北京，军事科学出版社，1990。

是如何狡猾，以及素以老谋深算著称的英国资产阶级政治家，在总的方向上犯了错误时，又是如何自食恶果的。至于法国的态度则仅附带提到。

1935年12月5日，英国外交大臣霍尔在下院辩论外交政策时说，英国“一贯坚定地遵循国联与下院屡次批准的双重方针”，即“一方面我们充分参加盟约所规定的集体行动，另一方面我们继续致力于和平解决”。① 他在回忆录中又把这种“双重方针”称之为“双重政策”，概括为“同意大利协商和忠于国联”。② 这究竟是一种什么样的政策呢？从1934年12月5日瓦尔瓦尔事件爆发到1935年10月3日意军侵入埃塞俄比亚，战前这一阶段共长达10个月。我们试把这一阶段的事态演变择要予以分析，就可看出“同意大利协商”才是“双重政策”的真正目标，而“忠于国联”则是迫不得已采取的策略。

意大利企图征服埃塞俄比亚，蓄谋已久，挑起瓦尔瓦尔事件不过是寻找借口而已，这一点英国当局从一开始就是清楚的。1935年2月18日，英国驻亚的斯亚贝巴公使在呈外交大臣西蒙的电报中写道：“只有一个实际的问题，那就是埃塞俄比亚的独立。”③2月26日，艾登(时任外交部政务次长)在致西蒙的一份备忘录中也写道：“很难相信意大利的野心仅限于几口水井。现在看来，意大利的目标至少是要一口一口地吞并埃塞俄比亚。”④但是，英国政府从一开始就抱定决不开罪意大利的宗旨。2月21日，外交大臣西蒙上呈英王，说埃塞俄比亚问题可能后果严重，但“这必须处理得不致对英意关系产生有害的影响”。⑤ 2月25日，外交部常务次长范西塔特在一份备忘录中主张：“我们应力劝意大利不要走极端……但这一切必须以最平稳的、最友好的方式去做。”为了“保持欧洲和平”，英国“是禁不住同意大利争吵并把它赶到德国怀抱的”。他甚

---

① 希尔德编：《1935年国际事务文件集》[S. Heald(ed.), *Documents on International Affairs* 1935]，第2卷，344页，伦敦，1937。霍尔于1935年6月7日继西蒙出任外交大臣，12月18日辞职。

② 坦普尔伍德子爵：《动乱的九年》(V. Templewood, *Nine Troubled Years*)，177页，伦敦，1954。

③ *DBFP*，第2辑，第14卷，158页，伦敦，1976。

④ 艾登：《面对独裁者》，上卷，362页，北京，商务印书馆，1977。

⑤ 帕克：《大不列颠、法国与1935～1936年埃塞俄比亚危机》(R. A. Parker, Great Britain, France and the Ethiopian Crisis 1935～1936)，载《英国历史评论》(*The English Historical Review*)，1974年4月号。

至抱怨：“我们没有在1919年让意大利拥有一块德国殖民地，实为憾事。”①

在4月11日至14日举行的英、法、意斯特莱沙会议上，埃塞俄比亚问题未列入议事日程，但英、意双方负责埃塞俄比亚事务的外交部官员曾在会下进行过非正式的讨论，意方明确表示：“不能排除用武力解决阿比西尼亚问题的可能。”②在最后发表的会议公报中，三国表示完全同意“以一切实际手段反对任何可能危害欧洲和平的单方违约行为”。过去广泛流行的说法是：草案中原来只提“危害和平”，墨索里尼坚持要加上“欧洲”这样一个重要的地区限制，以便在埃塞俄比亚取得行动自由，英、法没有反对。《英国外交政策文件汇编》的编者梅德利科特等认为此说不能成立，因为在公报的草稿中早已写上了“欧洲的”这样几个字。③ 不论如何，在斯特莱沙会议上，英国为了拉拢意大利，没有提出埃塞俄比亚问题，会下也未对意大利的野心表示明显反对，墨索里尼对此是心领神会的。④ 于是，意大利驻英大使格兰迪在5月3日会晤西蒙，正式传来墨索里尼的口信，呼吁英国政府对意大利在埃塞俄比亚的行动采取“最友好和最有帮助的态度”。格兰迪明确承认意大利想获得新的领土，并把局势比作必须切除的肿瘤，面对这种明目张胆的要求，西蒙不仅未予驳斥，反而软弱地恳请对方考虑一下意大利的行动将对英国舆论产生什么样的影响，并说最近下院已多次就意大利对埃塞俄比亚的政策向他提出质询，使他十分为难。西蒙甚至荒谬地请求格兰迪设身处地想一想“英王陛下政府应该如何回答议会的质询”。⑤

5月11日，西蒙在提供内阁决策之用的一份备忘录中，认为英国政府正“面临一种极端困难的决定”。西蒙十分担忧的困难决定是怎样产生的呢？瓦尔瓦尔事件爆发后不久，埃塞俄比亚即向国联报告，3月17日复正式呼吁国联行政院根据盟约第15条处理意埃纠纷。意大利极力反对国联过问，主张由双

---

① *DBFP*，第2辑，第14卷，166～167页。凡引文中原作“阿比西尼亚”者，均照录，其他各处一律作埃塞俄比亚。

② 同上书，220页。

③ 参见*DBFP*，第2辑，第14卷，222页。与文件编者持相同意见的还有克罗斯：《赛缪尔·霍尔爵士：政治传记》(J. A. Cross，*Sir Samuel Hoare: a Political Biography*)，199页，伦敦，1977。

④ 1935年5月21日，墨索里尼对英国驻意大使说：“集体安全必须限于欧洲，这在斯特莱莎已经特别强调了。”见*DBFP*，第2辑，第14卷，280页。

⑤ *DBFP*，第2辑，第14卷，239～241页。

方自行解决。英、法袒护意大利，4月15日行政院会议以双方都同意采取和平解决的程序为借口，拒绝讨论意、埃冲突问题，而把它推迟到5月份的下次会议议程。在这种形势下，西蒙感到英国进退维谷。如果支持国联原则的实施而反对意大利，则定将大大损害英、意关系，严重影响欧洲局势，有利于德国，意大利还有可能退出国联。另一方面，如果英国默认滥用国联机构使其行动为意大利所接受而显然对埃塞俄比亚不公的话，英国政府将无疑遭到舆论的严厉批评。此外，如果对埃塞俄比亚的呼吁一再以令人难以相信的口实拖延不理，而同时意大利的军事准备正在完成，则将证明国联无力为小国主持公道。① 面对这个两难命题，5月17日的英内阁会议决定采取如下的方针："极端重要的是：(国联)行政院会议的议事进程应使联合王国作为行政院一员的义务得到充分履行，但在一切问题上都不要丝毫损害联合王国和意大利之间的友好合作。"②这个决定值得十分注意。当意大利正在准备武装入侵的时候，英国政府既要履行国联会员国的义务，但又要与侵略者维持友好合作关系，而且是"在一切问题上"，还得"丝毫无损"，可见"充分履行义务"不过是准备在国联做出的姿态，而不惜一切代价与意大利合作才是英国的真正目的。

6月18日，以英国殖民部常务次官马菲为首的委员会完成了一份机密报告。报告认为：英国在埃塞俄比亚没有生死攸关的利益使之必须抵抗意大利对埃塞俄比亚的征服；从帝国防御的观点来看，一个独立的埃塞俄比亚要比意属埃塞俄比亚更为可取，但对英国利益的威胁是遥远将来的事情，并取决于不大可能发生的对意战争；英国在埃塞俄比亚的最重要的利益是塔纳湖和青尼罗河的河水。③ 这份报告充分反映了英国统治者的目光短浅，他们居然认为意大利吞并埃塞俄比亚对英帝国利益的威胁是遥远将来的事情，而且还要在英、意之间发生战争的情况下，可是英、意之战在他们看来又是不大可能的。意大利政府后来从英国驻罗马使馆窃取到报告的一份复本，墨索里尼阅后当然更加有恃无恐了。6月19日，新任外交大臣霍尔在内阁会议上说，形势已严重恶化，大批意军正开往红海。英国的处境进退两难：或者提出无效的抗议，这将激怒

---

① *DBFP*，第2辑，第14卷，251～252页。

② 哈迪：《阿比西尼亚危机》(F. Hardie, *The Abyssinian Crisis*)，122页，伦敦，1974。

③ 马菲委员会由殖民部、外交部、陆军部、海军部和空军部的七名官员组成，1935年3月6日开始起草报告，6月18日完成，8月初正式送呈内阁。报告全文见*DBFP*，第2辑，第14卷附录Ⅱ。

墨索里尼并可能迫使他退出国联和投入德国的怀抱，或者不提抗议，显出胆怯的样子。作为摆脱这种进退两难困境的办法，霍尔主张向意大利提出如下建议，即埃塞俄比亚把南部奥加登省的部分割让给意大利，而从英国手中得到英属索马里兰的泽拉港及连接内地的一条走廊。① 内阁批准了霍尔的方案，决定派新上任的国联事务大臣艾登出使罗马，当面向墨索里尼提出解决意埃冲突的建议。

6 月 24、25 日，艾登两次会晤墨索里尼，但英国的建议被完全拒绝。墨索里尼的胃口很大，他要占领所有那些并非埃塞俄比亚本土但曾经被埃塞俄比亚人征服的地区，埃塞俄比亚本部也要由意大利控制。埃塞俄比亚的地位应类似伊拉克或埃及或摩洛哥的地位。至于把泽拉港让给埃塞俄比亚，将使它可以进口武器，更加强大，况且泽拉港通往内地的走廊又是位于英国势力范围之内的，故不能接受。如果一定要给埃塞俄比亚一个出海口，那只能是便于意大利控制的阿萨布港。墨索里尼还威胁说：“唯一能使阿比西尼亚人接受解决的办法是让他们亲眼看到意大利的师团、意大利的飞机和坦克。”②会谈以失败而告终。对于艾登出使罗马之行，还有两点必须指出。一是艾登此行的使命事先未同法国商量。事后赖伐尔从意方得知英国的条件后，十分愤怒，因为泽拉港作为埃塞俄比亚的出海口后，将大大损害法国人在吉布提港的利益。二是此行证明英国想自己包揽解决意埃冲突的任务，既背着法国，也绕过它标榜忠于的国际联盟。上面已经提到，埃塞俄比亚早在 3 月 17 日已正式向国联提出申诉，但一直到 5 月 25 日国联行政院才通过两项决议：①确定双方在 1935 年 8 月 25 日以前完成调解与仲裁的程序；②如因四个仲裁者（按意、埃双方各出两人）未能就解决争端达成协议，到 7 月 25 日他们对第五个仲裁者的选择仍未达成谅解时，行政院将再次举行会议；如到 8 月 25 日通过调解与仲裁而未能解决争端时，行政院也将举行会议研究局势。6 月 6 日至 7 日，意、埃调解与仲裁委员会在米兰举行预备会议，随后休会将近三个星期，以便搜集有关文件。就在这时，英国未同任何国联会员国进行磋商，就抢先派艾登奔赴罗马，但不料墨索里尼对英国送上门来的礼物毫不领情，他要自己把征服者的桂冠戴在头上。

---

① 哈迪：《阿比西尼亚危机》，124 页，伦敦，1974。

② 艾登：《面对独裁者》，上卷，402～425 页，北京，商务印书馆，1977；*DBFP*，第 2 辑，第 14 卷，第 235 号、320 号文件；罗伯逊：《作为帝国建立者的墨索里尼》(E. M. Robertson, *Mussolini as Empire Builder*)，148 页，纽约，1977。

6月27日，艾登回到伦敦。同日，由国际联盟协会组织的和平投票宣布结果。这实际上是一次全国性的非官方的公民投票，参加者约有1155万人。和平投票一共提出了五个问题，对于第一个问题“英国是否应该仍为国际联盟的会员国”，1109万多票赞成，35万多票反对。对于第五个问题“假如一个国家坚持进攻另一个国家”时，1002万多票赞成采取经济的制裁手段，63万多票反对；678万多票赞成采取军事的制裁手段，235万多票反对。民意如此，英国政府自然不敢不予重视，这是“双重政策”标榜“忠于国联”、英国执政者不敢赤裸裸地牺牲埃塞俄比亚的一个重要原因。1935年7月23日，鲍尔温(此时已任首相)在接见一个代表团时说：“政府的外交政策是建立在国际联盟的基础之上的”；“国际联盟依然是……英国政策的最后依靠”。①

7月3日，英国内阁举行会议，详细讨论了意、埃争端问题。两难命题再一次出现。对埃塞俄比亚的侵略势必要求国联成员国根据盟约第16条履行集体义务。如果忽视或逃避这些义务，则“欧洲战后体系赖以建立的一切公约和协定均将受到沉重打击。这等于承认：使国联具有强制力量的企图是一个错误”。这种承认将加剧国外现已存在的混乱并对国内的舆论产生严重影响。但另一方面，履行盟约第16条的责任是沉重的，因为“这不仅涉及当前的争端以及同意大利的关系，而且涉及现存的整个国际体系”。如何摆脱困境呢？英国内阁这次想到了一条出路，即把责任推到法国身上。“如果法国准备尊重它的义务，其他国家可能追随。没有法国的合作，实施盟约第16条是不可能的。”②艾登在回忆录中批评说：“政府的结论是一切取决于法国的态度。……但这一结论是消极的。”③

艾登碰壁以后，英国并不死心。7月11日，霍尔在下院发表了一篇体现“双重政策”精神的演说。他先是大讲国联和集体安全的重要性：“我越展望前景，不论是近景还是远景，我越相信，集体安全体系对于和平与稳定是必要的；而且国联最好地提供了必需的机构。如果正在以极大的关怀和耐心逐渐建立的集体安全体系受到摧毁，如果国联变得如此软弱和无用，以致对事件的进程不发生真正影响，那么与集体安全相反的老的联盟体系必将以其所有旧式的扰乱和阴谋重现。”随后他就把话头一转，向意大利表示友好：“我们过去一直

① 汤因比：《1935年国际事务概览》，第2卷，51～53页，伦敦，1936。

② 克罗斯：《赛缪尔·霍尔爵士：政治传记》，206～207页，伦敦，1977。

③ 艾登：《面对独裁者》，上卷，432页，北京，商务印书馆，1977。

理解，现在也充分理解意大利向海外扩张的愿望……在当前的交涉中我们表示愿意努力通过与阿比西尼亚的合情合理的安排来保证意大利获得某种领土方面的满足。”他劝意大利不要动武，可以运用 1906 年英、法、意三国协定或通过国联获得解决，实即告诉意大利只要采取“和平”手段，它的领土要求是一定能够得到满足的。① 在这篇亲意演说的鼓励下，墨索里尼于 7 月 15 日下令再动员两个师到东非服役。这样一来，意大利动员在国外服役的军队已有 5 个正规师和 5 个民兵师，外加 7 个营。

7 月 25 日，英国政府宣布对意大利和埃塞俄比亚双方将不再颁发出口武器的许可证，这表面上看来不偏不倚，但实际上是对意大利一方有利的。7 月 29 日，埃皇海尔·塞拉西听到这个消息时，愤慨地说埃塞俄比亚已被剥夺了进行自卫的手段。

7 月很快过去了。在这至关重要的一个月时间里，意大利加紧备战，英国却剥夺了埃塞俄比亚购买武器的自卫权利。英国执政者仍然执迷不悟地幻想意大利以“和平”手段实现兼并，这样就可使自己甩掉维护国联盟约的沉重包袱，但他们越是示弱，墨索里尼越要炫耀武力。

8 月份有两件大事，一是 7 月 31 日至 8 月 3 日举行的行政院特别会议。在行政院特别会议召开前，英、法对埃塞俄比亚施加压力，后者被迫同意不向行政院提出讨论意埃关系的正式要求。8 月 3 日，通过了两项决议。第一项决议是意、埃调解与仲裁委员会不讨论边界问题；意、埃双方同意四个仲裁者应即选择第五个仲裁者，双方在 9 月 4 日以前向行政院报告结果。② 第二项决议是行政院无论如何在 9 月 4 日开会，研究意大利和埃塞俄比亚关系的各个方面。此外，艾登代表英国在会上宣布：英、法、意根据 1906 年条约将尽早召开会议讨论解决意埃分歧问题。艾登在回忆录中企图说明三国会议是经过行政院批准的，但这与事实不符。③ 召开三国会议的建议，并不在上述两个决议之中。艾登发言后，会议主席表示对此项安排满意并祝其成功，仅此而已。援引 1906 年英、法、意三国划分在埃塞俄比亚势力范围的伦敦条约对待一个国联会员国，是完全错误的，而且“把这个问题从行政院移到一个小集团(包括在这

---

① 希尔德：《1935 年国际事务文件集》，第 1 卷，194 页；第 2 卷，37 页。

② 8 月 8 日，希腊驻巴黎公使波利提斯被推举为第五个仲裁者。9 月 3 日，意、埃调解与仲裁委员会达成一致同意的结论：意、埃双方都不对 1934 年 12 月 5 日的瓦尔瓦尔事件负有责任。

③ 艾登：《面对独裁者》，上卷，450 页，北京，商务印书馆，1977。

个集团内的是未来的侵略者而不是未来的牺牲者），显然是违背盟约的精神和文字的”①。

第二件大事是8月15日至18日的三国巴黎会议。英、法的方案要求埃塞俄比亚改组国家的政治、经济各个方面，由英、法、意委派顾问，还要“特别考虑意大利的权益”。此外，埃塞俄比亚应再割让几处领土给意大利。但墨索里尼悍然拒绝了这一方案。8月22日，英内阁举行了一次十分重要的会议，首先由艾登报告会谈情况，最后就即将在9月初召开的行政院会议决定了如下的对策。内阁授权英国代表在会议上重申英国打算履行自己义务的声明，这自然是应有的官样文章。真正的意图是尽量避免在这次会议上通过制裁意大利的决定，英国绝对不可起带头作用，而应跟在其他国家的后面，看它们（特别是法国）如何行事。决议(b)说：“他们（指英国代表）应与法国政府的政策步调一致，尤其在制裁问题上，他们应避免承担法国不准备同样承担的任何义务。”决议(d)说：“他们应旨在严格遵照盟约所规定的程序，而不要本着任何空想不切实际的精神，并充分考虑到种种困难。他们应小心避免企图强迫其他国家超越它们所愿迈出的限度，并应一般说明制裁问题是一个国联各会员国必须协同研究和要采取集体行动的问题。他们应提防其他国家或许实际上不履行其义务的可能性。”②英国在公开场合口口声声忠于国联盟约，而其内阁的暗中决策却不仅是自己推卸责任，而且要拖住别人的手脚。

关于英国政府的立场，1935年8月24日霍尔在致英国驻法大使克拉克的密信中讲得最为露骨。关于制裁问题，英国打算卸责于国联：“宣布制裁不能实行的，必须是国际联盟而不是英国政府，并且英国政府一定不可蒙受我们没有竭力使之可行的指责。”对于表面上一再强调的英、法合作问题，英国实际上并不积极，而准备采取一种若即若离的态度：“我十分切望既不要向法国人示意过多，也不要示意过少。既不要过多到表示：不论审查的结果可能证明制裁是无益的，我们仍决心实施制裁；也不要过少到向他们示意：我们已经得出这样的看法，即制裁是不能实行的。”③

9月是意大利发动侵略战争前国际调解阶段中最重要的一个月。9月4日，

① 华尔脱斯：《国际联盟史》，下卷，203页，北京，商务印书馆，1964。埃塞俄比亚危机期间，华尔脱斯任国联助理秘书长。

② *DBFP*，第2辑，第14卷，535～536页。

③ 同上。

国联行政院召开会议，6 日通过决议：由英、法、波兰、西班牙、土耳其组成五国委员会，研究意埃关系并寻求和平解决办法。9 日，国联第 16 次大会开幕。10 日至 11 日，霍尔与赖伐尔一共举行了三次会议，在三次会谈中英、法交换了彼此的意见，并决定了它们共同采取的方针。赖伐尔说，墨索里尼请他设法阻止在日内瓦讨论制裁，尤其要防止英意冲突。一旦发生这种冲突，意大利将从勃伦纳山口撤防，这将给德国以期待的机会。赖伐尔还说：“问题在于把对国联的忠诚同与意大利的密切一致调和起来，而不要把意大利赶到德国阵营去。”①霍尔对此没有表示不同意见。霍尔在三次会谈中的讲话可以归纳为三个要点。一是他认为德国的重整军备是当前形势中压倒一切的新因素。“在整个阿比西尼亚冲突中，他一直考虑的不是意大利与一个落后国家的争端，而是这一争端与欧洲局势的关系”。② 二是透露了英国支持国联和集体安全的真正原因在于应付国内舆论和威慑德国。德国的威胁使英国舆论迫切需要置于国联保护之下的集体安全。霍尔特别指出，这与其说是极端分子、狂热分子或感情用事者的看法，不如说是大多数中间派的看法。他还说：“如果他的讲话(指 11 日在大会上发表的讲话——笔者)有意强烈地支持国联和集体安全，他这样做是因为他相信这是防止德国从事某些侵略行动的唯一威慑因素。”③三是决不同意大利作战，即使将来实行制裁，也要尽可能温和。霍尔说：关于根据盟约第 16 条实施“经济压力”问题，英国政府不认为“从极端措施开始是明智的”，应尽可能不带有刺激性，例如，不需要用“制裁”这样的字眼，他自己在历次演说中就从未使用过。④ 他在回忆录中也明确写道：我们双方“都排除了同意大利作战的想法，因为这对欧洲的未来太危险，而且具有好坏两方面的影响。我们还一致同意……国联集体决定的任何经济压力都应谨慎地并分阶段地实施”。⑤ 关于对待意大利的态度，赖伐尔后来在 12 月 28 日对法国众议院的演说中讲得最为具体：我们立即一致同意“排除军事制裁，不采取任何海军封锁的措施，决不考虑封闭苏伊士运河。一句话，排除一切可能导致战争的事

---

① *DBFP*，607 页。按：1934 年 7 月 25 日，纳粹分子举行暴动，刺杀奥地利总理陶尔斐斯。意大利出兵 4 师至勃伦纳出口，迫使德国暂时退却。

② 同上书，596 页。

③ 同上书，597、598～599、619～620 页。

④ 同上。

⑤ 坦普尔伍德子爵：《动乱的九年》，168～169 页，伦敦，1954。

情”。① 根据上述的英国外交文件关于三次会谈的记录、霍尔的回忆录以及下面就要讲到的9月23日霍尔致墨索里尼的信件，赖伐尔的说明是符合事实的。

9月11日，霍尔在国联大会上发表了一篇重要讲话。他说：“国际联盟恪守它的明确的和鲜明的义务，支持集体维护盟约的完整，特别支持对一切未经挑衅的侵略行为进行坚决的集体抵抗，而我们的国家是和国际联盟站在一起的。英国民族过去几周的态度清楚地说明了这样一个事实：这不是变化不定的、靠不住的感情，而是他们和他们的政府坚决、持久、完全坚持的一项国际行为准则。”②霍尔的声明一时迷惑了许多人，比利时代表伊芒斯的反映十分典型：“英国已下决心要阻止墨索里尼，甚至不惜使用武力。”③伊芒斯对霍尔讲话的高度评价，反映了小国对英国的过深期望，因而在听到这番冠冕堂皇的宣言后，便产生了误解。其实，英国的态度并非那么强硬的。霍尔有一段强调集体责任的话，特别值得注意：“如果要承担责任，必须集体承担。如果要为和平冒险，必须大家冒险。多数国家的安全不能只由几个国家的努力来保证，不管这些国家多么强大。……尽管有这些困难，英王陛下政府在它的能力范围内，在打算履行国联盟约加给它的义务方面，绝不亚于任何别的国家。”④英国在国联中起着举足轻重的作用，却说什么在打算履行国联盟约的义务方面不亚于任何其他国家，自居于尾巴的地位，这样的强调集体责任，分明是为了逃避英国的特殊责任，其后果必然使国联陷于无所作为的境地。霍尔在演说中侈谈拥护国联和集体安全，首先是为了国内选举的需要。1935年9月，鲍尔温政府正在酝酿举行大选。鉴于国内舆论的倾向，保守党在选举中必须打出支持国联的旗号。霍尔演说后不久，财政大臣张伯伦对保守党议员艾默里说：“为了国内政治的原因，我们应该试验一下国联。”⑤其次，霍尔还希望他的演说能起到恐吓意大利，以迫其接受谈判的作用。“在最好的情况下，它可能揭开重振国联的新篇章；在最坏的情况下，它也可能借显示国联的热情来制止墨索里尼。如果其中有吓唬人的因素，那是因为在此刻恐吓不仅是正当的，而且是不

① 哈迪：《阿比西尼亚危机》，140页，伦敦，1974。

② *DBFP*，第2辑，第14卷，附录Ⅳ。

③ 艾登：《面对独裁者》，上卷，477页，北京，商务印书馆，1977。

④ *DBFP*，第2辑，第14卷，附录Ⅳ。

⑤ 汤普森：《反绥靖主义者》(N. Thompson, *The Anti-Appeasers*)，76页，牛津，1971。大选于1935年11月14日举行，保守党获胜。

可避免的。”①这反映了英国统治者的一种侥幸心理，其实虚张声势是无济于事的。

霍尔演说的次日即9月12日，英国本土舰队的两艘战列巡洋舰、3艘巡洋舰和6艘驱逐舰奉调增援地中海舰队，于9月17日到达直布罗陀。② 这更加深了人们的印象，以为英国决心以武力维护国联原则，但实际上这不过是一种预防意大利对英国地中海舰队和基地发动突然袭击的措施。9月16日，霍尔通知在日内瓦的艾登：“近来意大利有许多狂暴的和威胁性的谈论，以致我们觉得必须谨慎从事并采取某些预防措施。”③对于英国海军的调动，意大利统治集团在未彻底弄清它的意图以前，是相当恐慌的。巴多利奥元帅在与一些海军将领磋商后，上书墨索里尼：“(英国舰队)代表这样一支力量，它与我们的相比只能说明为具有‘压倒的优势’。在我国海军只有一队小型的先头舰只的情况下，在一场战斗中战胜(英国)这样一支力量的任何希望都是不可能的。……(同英国的战争)将把我们引向一场真正的灾难。”墨索里尼后来写道：“当9月份英国舰队驶进地中海时，巴多利奥元帅的心绪十分烦乱，并认为一切都完了。”④其实，墨索里尼本人也并不那么镇静。9月18日，意大利外交副大臣苏维奇对法国驻意大使德尚布伦说，墨索里尼乐于得到这样一种保证，即“可能考虑的对意大利的制裁，其性质不会是在军事上或经济上构成对意大利生存的威胁”。如果能得到这样的保证，墨索里尼将放弃他因害怕与英国的冲突而原先采取的一些军事预防措施。⑤ 9月20日，赖伐尔把这个建议转告艾登。为了让墨索里尼放心，霍尔赶忙于23日写信给墨索里尼，向他解释英国海军调动是“预防措施”，“它们决非挑衅性的”。霍尔还保证：“关于将来，我一直非常小心避免使用制裁这个字眼，而且没有讨论过封锁苏伊士运河或军事制裁。”⑥这封信壮了墨索里尼的胆，使他敢于放手发动战争，同时也增强了墨索里尼的统治地位，排除了统治集团内部对他的反对。

---

① 坦普尔伍德子爵：《动乱的九年》，166页，伦敦，1954。

② 马德：《从达达尼尔到奥兰》(A. J. Marder, *From the Dardanelles to Oran*)，71页，伦敦，1974。

③ 同上书，73页。

④ 贝尔：《意大利—埃塞俄比亚战争的来临》(G. W. Baer, *The Coming of the Italy-Ethiopian War*)，359～361页，哈佛大学出版社，1967。

⑤ *DBFP*，第2辑，第14卷，647页。

⑥ 同上书，679页。

在英法关系上，9月份的几次交涉是具有关键性的。埃塞俄比亚危机发生后，赖伐尔政府一直站在意大利一方，在国联内外为墨索里尼奔走效劳。赖伐尔政府十分重视利用法意合作，以对抗德国对法国的威胁。英国如想在埃塞俄比亚问题上得到法国的支持，首先必须保证法国在欧洲的安全。9月10日，法国驻英大使正式提出询问：在欧洲发生武力违反盟约的情况时，例如德国可能受到意大利榜样的激励去攻击奥地利，"在这种情况下英王陛下政府关于制裁问题将采取他们在阿比西尼亚事件中采取的同样态度吗？"①9月26日，霍尔在致法国驻英大使的信中做了答复：国联盟约第16条仅适用于未经挑衅的侵略的积极行动，而不适用于没有履行条约义务的消极行动。而且，在使用武力的情况下，有罪的程度和侵略的程度显然会有不同，因而实施盟约第16条时所宜采取的行动性质也应根据每一特殊情况而有所不同。信的结尾再次引用了9月11日霍尔讲话中的两句："如果要为和平冒险，必须大家冒险。"②从这样的回答中法国自然会得出结论：英国不仅目前不愿采取单独行动，而且如果将来德国不履行《洛迦诺条约》时，英国一定会认为实行制裁的理由是不充分的。总之，英国既然不肯承担大陆义务，赖伐尔政府也就不会在埃塞俄比亚问题上为英国所利用。

9月18日，五国委员会提出了如下的建议，即由国联行政院任命外国顾问帮助埃塞俄比亚进行改造；英、法愿让出索马里海岸的领土，给予埃塞俄比亚一个出海口，以便利意大利与埃塞俄比亚的领土交换；英、法在其现存的权利得到保证的情况下，准备承认意大利在埃塞俄比亚的经济发展方面享有特殊的利益。这个方案的实质是在承认意大利享有特殊利益的条件下对埃塞俄比亚实行国际共管。9月22日，意大利拒绝了五国委员会的建议。墨索里尼从这个建议中再一次看出英、法旨在妥协，9月23日霍尔的信件更使他坚信英国不会动武，于是意大利军队在10月3日未经宣战就侵入了埃塞俄比亚。

从1935年10月3日意大利发动军事侵略到12月8日英、法制定霍尔-赖伐尔计划，是埃塞俄比亚危机的第二阶段。在这为时极短的两个月里，英国维护国联和集体安全的假面具由它自己的绥靖行动撕掉了。

根据国联行政院1935年10月5日的决议，成立了一个由英、法、智利、丹麦、葡萄牙和罗马尼亚组成的六国委员会，负责研究形势的发展。10月7

---

① *DBFP*，第2辑，第14卷，588页。

② 同上书，713页。

日，行政院会议一致(意大利除外)通过六国委员会的报告：“意大利政府无视它根据国联盟约第12条所定的契约，诉诸战争。”两天以后，英国内阁急忙召集会议，会后霍尔立即写信给艾登，告诉他：“贸易部和海军部对于不让意大利船只使用国联成员国的港口感到非常紧张不安。他们认为这是一种十分刺激性的行动方针，而且实际上不使用武力就不可能把意大利船只逐回。”内阁训示艾登在表示任何明确意见以前，都必须把有关禁运问题的任何建议向伦敦请示。内阁还要求艾登讨论由国联提出的制裁建议，从而可使英国首先提出建议的必要性得以避免。① 这说明英国是害怕对意大利禁运的，并力求避免起带头作用。

10月9日至11日，国联大会举行。在出席会议的54个会员国中，有50个赞成行政院的决议。它们组成了一个协调委员会，在其下又设立了一个十八国委员会(通称制裁委员会)，作为协调委员会的执行机构，实际负责组织制裁的工作。从10月12日到19日，十八国委员会一共通过了五项建议，包括解除对埃塞俄比亚的武器禁运和对意大利实施武器禁运；对意大利的财政制裁；禁止进口意大利货物；禁止向意大利输出某些货物；组织相互援助。虽然解除了对埃塞俄比亚的武器禁运，但已为时过晚。即使解除以后，到11月底，英国仅批准了三份向埃塞俄比亚出口武器的许可证。这些不过是少量军刀、指挥刀和两百万发子弹而已。海尔·塞拉西关于购买步枪和飞机的请求，遭到拒绝。② 英国的这种行为，再一次证明它根本不想制止意大利的侵略。由于英、法的阻挠，制裁到11月18日才开始实行。

虽然决定的制裁是经济性质的，英国仍然惶惶不安。10月16日，霍尔把内阁的决定电告艾登，要他尽量放慢制裁的速度，并尽少采取主动。③ 10月17日，霍尔要求英国驻意大使立即会见墨索里尼，告以英国政府希望避免英、意争吵，霍尔还将同意大利驻英大使葛兰迪讨论削减地中海军事力量问题。对于霍尔的这一举动，甚至英外交部阿比西尼亚司司长彼得森也提出了批评，说这样的消息固然可以减轻对意战争的危险，但它必定在更大程度上减少了意大利停止其对埃战争的机会。④

11月2日，协调委员会举行会议。赖伐尔说，必须尽快地和解争执，霍

① *DBFP*，第2辑，第15卷，66～67页；艾登：《面对独裁者》，上卷，507页，北京，商务印书馆，1977。

② 艾登：《面对独裁者》，上卷，527页，北京，商务印书馆，1977。

③ *DBFP*，第2辑，第15卷，103页。

④ 同上书，117～118页。

尔表示赞同。比利时代表范齐兰在英、法的授意下，继赖伐尔、霍尔之后提议委托英、法两国去寻求解决冲突的办法。会前，赖伐尔和霍尔对范齐兰做了劝说工作，以期由一个赞成制裁的小国代表提出由英、法继续谈判的建议，便有可能阻止其他支持集体安全的小国的反对。波兰、罗马尼亚和苏联的代表都不赞成。结果，范齐兰的建议未被提交表决。主席瓦塞斯孔洛斯只说会议注意到了比利时代表的建议，并以一般礼貌的口吻表示赞赏这个建议。① 后来，霍尔、艾登都说英、法谈判是得到协调委员会批准的，显然与事实不符。上述事实说明：刚刚通过制裁的决定，英、法就想与意大利谈判，可见它们的参加制裁不是出于本意的。

由于英、法的主张，禁止向意大利输出的物资，不包括石油、钢和铁的制成品、铜、铅、锌、煤等重要战略物资。这种软弱无力的制裁只能起激怒意大利的作用，却不能真正制止侵略战争。11 月 2 日，加拿大代表里德尔建议把石油等列入禁运清单之内。11 月 22 日，十八国委员会决定将在 11 月 29 日开会讨论石油制裁问题。赖伐尔以议会有事为借口，要求延期，得到英国的支持。最后决定推迟到 12 月 12 日讨论。

11 月 14 日，英国举行大选。选举前，鲍尔温政府为了争取选票，继续打出拥护国联的旗号，提出了如下的宣言："一如既往，国际联盟仍然是英国外交政策的基石。防止战争和建立世界和平应永远是英国人民的最根本利益。……我们要继续尽我们的力量来维护国际联盟，保持和提高国联的效能。目前意大利和阿比西尼亚之间不幸发生争端，我们一贯采取的政策不会因此有所动摇。我们不会采取孤立行动，但我们准备参加国际联盟决定的，交由其成员国分担的任何集体行动。"②结果，保守党作为及其支持者的一些小党派共得 432 席，获得胜利。保守党议员艾默里讥讽说："调子喊得比联合到一起的反对派都高，扮演集体安全的真正战士在一阵正直的义愤浪潮中重新执政。这种诱惑是无法抵抗的。"③

12 月 2 日，英国内阁举行特别会议，批准霍尔赴巴黎与赖伐尔会谈，以

---

① 汤因比：《1935 年国际事务概览》，285～286 页，伦敦，1936；罗伯逊：《霍尔—赖伐尔计划》(J. C. Robertson, *The Hoare-Laval Plan*)，载《现代史杂志》1975 年 7 月号。

② 丘吉尔：《第二次世界大战回忆录》，第一卷上部，第一分册，261 页，北京，商务印书馆，1974；《反绥靖主义者》，77 页，牛津，1971。

③ 《麦克米伦回忆录》(1)，441 页，北京，商务印书馆，1983。

避免立即实行石油制裁。保守党认为自己在大选中获得胜利，已可控制国内局势，遂决定加速谈判。12 月 7～8 日，霍尔与赖伐尔在巴黎会谈，拟定了“意大利-埃塞俄比亚冲突的共同解决提纲”(通称霍尔-赖伐尔协定)。① 按照这个协定，埃塞俄比亚将把欧加登省和提格雷省的一部分土地割让给意大利；埃塞俄比亚还应将南部划为意大利经济发展和居留的地区。作为补偿，埃塞俄比亚接受意属厄里特里亚的一条狭小的沿海地带及一个出海口阿萨布港。就连坚决主张对意让步的范西塔特也不得不说这样的条件是：“侵略者得到的东西比他已经得到的还要多一些，虽然比他希望得到的要少一些。”②

9 日下午英内阁举行特别会议，一致同意支持外交大臣的政策。10 日中午再次开会，肯定了 9 日的决定，竟无耻地认为巴黎的条件是“从阿比西尼亚的观点来看能够从意大利获得的最好条件”，并同意艾登应在日内瓦维护它们。③但是，英国政府没有料到，在 9 日法、英报纸相继披露协定的内容以后，国内外舆论哗然。在国内，议员们纷纷收到愤怒的来信。艾德里代表工党提出了这样的动议：“英王陛下政府作为意阿和解的基础所提出的条件，奖赏公然的侵略者而牺牲受害者，摧毁集体安全并与我们明确表示的意志和国联盟约相冲突。”④在国外，12 月 12 日艾登自日内瓦发回电报：“巴黎方案对此间舆论所造成的印象比我预料的还糟。……(十八国)委员会成员国感到恼怒和惊慌，普遍的评论是：‘为什么要我们这些国家实行制裁，承担贸易上的损失和其他方面的不便，而唯一的结果却是，法国和英国给予意大利许多利益，也许比它自己在即使没有受到制裁时能够得到的利益更多?’”⑤1935 年 12 月 15 日，张伯伦在一封家信中说：“我国外交事务上的全部威信在国内外像一座纸糊的房子一样倒塌下来。如果我们必须再次竞选，我们很可能被击败。”⑥12 月 18 日，英内阁决定牺牲霍尔，让他承认错误，自己承担责任，或者辞职。同日，霍尔辞

① 全文见齐世荣主编：《世界通史资料选辑·现代部分》，第一分册，96～98 页，北京，商务印书馆，1980。

② 米德尔马斯、巴恩斯：《鲍尔温传》(K. Middlemas & Barnes, *Baldwin: A Biography*)，885 页，伦敦，1969。

③ 克罗斯：《赛缪尔·霍尔爵士：政治传记》，248 页，伦敦，1977。

④ 哈迪：《阿比西尼亚危机》，190 页，伦敦，1974。

⑤ 艾登：《面对独裁者》，上卷，559 页，北京，商务印书馆，1977。

⑥ 法伊林：《尼维尔·张伯伦的生平》(K. Feiling, *The Life of Neville Chamberlain*)，274 页，伦敦，1946。

职；艾登在日内瓦发表声明，撤销霍尔-赖伐尔方案。

从霍尔-赖伐尔协定失败，到1936年7月15日结束制裁，可看作危机的尾声阶段。

到12月12日十八国委员会举行会议时，已有10个国家同意禁止向意大利输出石油，其中伊拉克、荷兰、罗马尼亚、苏联四国供应意大利的石油就占其所需总量的74.3%。英、法两国没有答复。12月13日，制裁委员会接受英、法的建议，决定在知道霍尔-赖伐尔方案的结局以前，延期讨论石油制裁问题。此后，由于英、法的阻挠，石油制裁一拖再拖，直到埃塞俄比亚灭亡，也未实施。后来在慕尼黑会议前夕，墨索里尼对希特勒说："如果国联……把经济制裁扩大到包括石油在内，那我就不得不在一个星期内撤出阿比西尼亚。这对我将是个无可估量的灾难。"①

希特勒始终注视着埃塞俄比亚危机的发展。正如艾登所说："我们对墨索里尼无可奈何，一定使他增强了信心。"②1936年3月7日，德军开进莱茵非武装区，欧洲局势顿时紧张起来。法、英的注意力集中于莱茵兰事件，墨索里尼利用欧洲危机重新集结了他的军队，加紧了进攻。1936年5月5日，意军攻入亚的斯亚贝巴。5月9日，意大利国王自封为埃塞俄比亚皇帝。

莱茵兰危机爆发以后不久，1936年4月22日，英海军副参谋长在一份备忘录中写道："我们必须恢复我们同意大利的关系……为了欧洲的稳定，必须说服意大利回到与法国的军事同盟。难道我们现在不应该采取措施去贯彻这种恢复政策吗？"③1936年6月10日，财政大臣张伯伦在保守党的"1900俱乐部"发表了一篇"爆炸性"的演说，反对继续制裁，认为"这简直是发疯到了极点"。④ 7月1日，英国外交大臣艾登(1935年12月22日继霍尔出任此职)在国联建议取消对意制裁。7月4日，国联大会以44票赞成、1票反对、4票弃权通过终止制裁。7月6日，协调委员会决定制裁应于1936年7月15日终止。至此，英、法演完了牺牲埃塞俄比亚的最后一幕。

综上所述，可以看出：英国同意大利妥协，满足它对埃塞俄比亚的领土要

---

① 保·施密特：《我是希特勒的译员》，49页，上海，上海人民出版社，1982。

② 艾登：《面对独裁者》，下卷，596页，北京，商务印书馆，1977。

③ 马德：《从达达尼尔到奥兰》，596页，伦敦，1974。

④ 值得注意的是：张伯伦发表演说前，仅同霍尔(此时已回到政府，出任海军大臣)一人商量过，见彼得斯：《安东尼·艾登在外交部1931～1938年》(A. R. Peters, *Anthony Eden at the Foreign Office* 1931～1938)，203页，纽约，1986。

求，是“双重政策”的根本目的。之所以要打出“忠于国联”的旗号，一是为了应付国内舆论，争取大选胜利；二是为了应付国际舆论，安抚欧洲小国；三是怀着侥幸的心理，去恫吓意大利和德国。如能成功，则既可达到勾结意大利的目的，又能扮演国联卫士的英雄角色，一箭双雕，可谓得计。要实现这一政策，必须有两个先决条件。一个是国联中的大多数小国都屈从英国的意志，但这恰是它们所不愿的，因为如果这次同意一个大国用武力吞并一个小国，同样的命运不久即将降临在自己的身上。另一个是意大利同意“和平接管”。但英、法的一再妥协退让，使墨索里尼看清了动武绝无危险，遂决意开战，以炫耀武功。战争的爆发，加速了“双重政策”的破产。要“忠于国联”，就得坚决实行制裁，而这正是英国所最害怕的。“与意大利协商”，对方已经关上了谈判的大门，墨索里尼到这时是无论如何不肯罢兵议和了。

30 年代英国尚称强大，为什么对一个实力不过中等水平的意大利竟如此软弱呢？一种最流行的解释是：英国对意让步，是为了争取它共同对抗德国。这样讲，似是而非。其实，英国拉拢意大利，是企图借以壮大自己的声势，增加自己与德国达成协议的资本，而不是真的要同意大利组成一个坚强的联合阵线，去制止德国的对外扩张。如果意大利“投入德国的怀抱”，对方阵营扩大，谈判就更加困难了。早在斯特莱沙会议前夕，英内阁于 1935 年 4 月 8 日举行了两次会议，一致认为：“如果法国和意大利要求我们终止与德国的谈判，并仅仅表示我们与法国和意大利坚定站在一起的企图，我们不应表示同意；虽则我们应当坦率承认：有许多证据显示不能说服德国达成满意的协定，但我们必须说清楚的是，在做出更进一步的探索以前，我们并不最后确信情况就是如此。”①紧接着，英国就背着法国和意大利与德国在 6 月 18 日缔结了海军协定。斯特莱沙阵线本来就不成其为阵线，但即使这个徒有虚名的阵线也被英国用英德海军协定摧毁了。法国的亲意势力大大利用了这个协定。《巴黎回声报》等报刊说，鉴于英国的“背叛国联原则”，再无任何理由主张法国应在将来以国联原则的名义去反对意大利在阿比西尼亚的野心。②

到了 1935～1936 年意埃战争期间，英国政府主要关心的仍然是德国问题，

① 帕克：《大不列颠、法国与 1935～1936 年埃塞俄比亚危机》，载《英国历史评论》，1974 年 4 月号。

② 沃思：《法国的命运》(A. Werth, *The Destiny of France*)，172 页，伦敦，1937。

但它从来也没有考虑过如何扼制它的对外扩张，而是设计了各种与德国妥协的方案。1935 年 11 月 21 日，英国外交部两位负责中欧事务的官员起草了一份很长的备忘录，其中提出了三种可供英国政府选择的政策。第一种是听任形势发展的“放任自流政策”。第二种是“包围德国的政策”。执行这种政策，“我们可能成为一个披着集体安全外衣的反修正(指修正凡尔赛体系——笔者)集团的中心力量”，但它可能激起对抗集团的形成。备忘录认为一、二两种政策都不可取，因为它们是“消极和绝望的政策”。第三种是“与德国达成协议的政策”。这种政策的“基本思想自然是前协约国应与德国达成协议，以便在德国再度擅自行动以前通过友好安排和互相让步的过程消除不满。这是欧洲易于接受的唯一建设性的政策”。这份备忘录引起了纷纷议论。经济关系处主张对德国给以经济援助，因为“一个虚弱的、歇斯底里的但重新武装起来的人，对他自己和他人都是危险的。从纯粹的商业观点看，一个强大的德国将成为我们最好的顾客之一”。范西塔特则主张归还德国的殖民地，认为这是为了同德国达成协议必须付出的一种代价。霍尔对这些文件十分重视，在他 1935 年 12 月初启程赴瑞士路经巴黎会晤赖伐尔的途中，就携带着它们。① 需要指出的是：这份备忘录中所提出的第三种政策确实体现了英国当局的外交意图，张伯伦出任首相后加紧推行，至慕尼黑会议时达于顶点。1936 年 3 月德国进入莱茵非武装区前夕，英国已料到它的发生，但英国不是把它作为推翻纳粹政权的最后机会，而是作为与德国达成有利交易的最后机会。1936 年 2 月 15 日，艾登和他的顾问向内阁提出了一份准备与德国达成全面协议的备忘录，其中的一项内容就是由英、法承认德国在中欧和东欧享有特殊利益。② 总之，英、德和解是 30 年代英国绥靖外交始终追求的最高目标。拉拢墨索里尼是为了不致影响这一目标的实现，而绝非出于联意制德的强硬意图。

第二种解释说，英国之所以未能强硬到底，是由于单独对意，孤立无援。霍尔在 1935 年 12 月 19 日的辞职演说中是这样讲的：“我们独自采取了这些军事预防措施。在地中海有英国舰队；在埃及、马耳他和亚丁有英国的增援力量。其他任何成员国都没有出动一条船，一台机器，一个人。……没有这种积

① *DBFP*，第 2 辑，第 15 卷，附录Ⅰ。

② 梅德利科特：《英国与德国：1930～1937 年的寻求协议》(W. N. Medlicott, *Britain and Germany: The Search for Agreement 1930～1937*)，21～22 页，伦敦大学，1969。

极的合作，集体安全是不可能的。”①事实究竟如何呢？首先看法国。赖伐尔政府的态度是亲意的，这毫无问题。但英国是否认真争取过法国的合作呢？如上所述，从来没有。英、法如果真正联合起来，就一定能制止意大利发动战争。可是它们互相猜忌，互相推卸责任。英国要法国带头，法国要英国带头，谁也不肯先迈一步，多迈一步，结果都在原地踏步不前，坐失时机。其实，法国的不肯合作，正是英国所需要的。1935 年 8 月，张伯伦对前任英国驻埃及高级专员劳埃德说：“他要首先做到不能指责(英国)政府抛弃国联。无论如何，法国不愿实施制裁，而这将是大不列颠拒绝单独行动的机会。”②再看小国的态度。为了自身的安全，它们真心希望国联成为维护和平的有力工具。1935 年 8 月 29 日，丹麦、芬兰、挪威和瑞典四国外交部长发表了忠于国联的宣言。8 月 30 日，捷克斯洛伐克、南斯拉夫和罗马尼亚发表了更加有力的声明：“不论将来发生什么事情，小协约国将依然忠于国联，它们继续认为国联是它们的和平政策的唯一工具。”有些国家，如希腊、南斯拉夫和土耳其，还可能直接卷入军事冲突，但它们都不顾危险，保证给英国以支持。艾登说：“许多国家唯伦敦马首是瞻。”③关键是身为国联领袖的英国却不肯带头。它实际需要的是尽快与意大利和解，而不是联合其他国联成员国一道去制裁墨索里尼。

第三种解释是鲍尔温政府害怕墨索里尼铤而走险，对英国发动进攻，引起一场欧洲大战，而英国的军事力量在当时尚不足以战胜意大利。例如，夸尔塔拉罗写道：“英国在 1935～1936 年不能保卫埃及或苏伊士运河，更不用说为保卫盟约而战。在地中海危机期间，英国在地中海、埃及和中东的地位遭到意大利的陆海空军的严重挑战。”④作者的这个结论，当然也有文献根据。但是，埃塞俄比亚危机期间英国文武要员对于英意双方力量对比的估计是十分混乱的，甚至一个人的看法前后也不一致。关键在于我们如何把握住主要因素，予以全面分析。

意大利在经济上和军事上都有严重的弱点。在经济上，意大利进口的

---

① 希尔德：《1935 年国际事务文件集》，第 2 卷，391 页。

② 萨尔维米尼：《第二次世界大战的序曲》(G. Salvemini, *Prelude to World War* Ⅱ)，259 页，纽约，1954。

③ 艾登：《面对独裁者》，上卷，467 页，北京，商务印书馆，1977。

④ 夸尔塔拉罗：《埃塞俄比亚危机前夕英帝国在地中海的防御(1935 年 7～10 月)》(R. Quartararo, Imperial Defence in the Mediterranean on the Eve of the Ethiopian Crisis July～October 1935)，载《历史杂志》(*The Historical Journal*)，1977 年第 1 期。

86%以上来自地中海，彻底封锁将给它的经济以毁灭性打击。而且，意大利对外贸易的70%是同国联会员国之间进行的。① 1935 年 10 月 20 日以后，意大利银行停止公布黄金储备数字。11 月 27 日，里拉贬值 25%左右。② 意大利发动侵埃战争，需要把几十万军队和几百万吨的装备运往东非，行程长达 2000 多英里，供应线很长，是易被切断的。

在军事上，英、意双方各有长短，但总的说来英方是占上风的。1935 年 9 月 3 日，英国第一海务大臣兼海军参谋长查特菲尔德(此时兼任三军参谋长委员会主席)在一份备忘录中写道："以我们驻在直布罗陀和埃及的兵力，它(指意大利)的主要交通联络能为我们以较小的努力切断，而它要采取任何反击我们行动的措施(除非用潜水艇)，都必须把它的兵力派到远离其基地的地方……这种战略上的优势如此巨大，以致意大利不可能做出任何认真的尝试，以海军力量去干扰我们对地中海两个出口的控制，除非是采取潜水艇行动，但它不能成为决定性的。"③张伯伦认为，意大利根本不可能对英国作战："墨索里尼把他的庞大军队摆在苏伊士运河的另一边，从而就把绞索套在自己的脖子上，并把伸出的尾端留给任何拥有一支海军力量的国家去牵曳。在这样一种形势下，他竟敢攻击我们，这看来是不可思议的。"④事实上，意大利也从未打算与英国作战，迟至 1936 年 2 月新任命的意大利舰队总司令皮拉伊诺还在罗马等待指示。⑤ 单以双方军舰吨位计算，1935 年 9 月下半月英国在直布罗陀、亚历山大里亚和亚丁集结了 144 艘各种军舰，总计约 80 万吨，而意大利全部军舰的吨位只有 41 万多吨。⑥

英国军方有时又说，如果与意大利发生战争，就不能保卫英国在远东的利益以抵抗日本。1935 年 10 月 10 日，三军参谋长委员会在一份报告中写道："我们在远东的战略计划，是以可能同日益强大的日本发生冲突为根据的……当欧洲的纠纷需要保留我们的一部分或全部舰队时，面临一场远东战争的前

① 贝尔：《意大利—埃塞俄比亚战争的来临》(G. W. Baer, *The Coming of the Italy-Ethiopian War*)，356、374 页，哈佛大学出版社，1967。

② 《鲍尔温传》，873 页，伦敦，1969。

③ 马德：《从达达尼尔到奥兰》，77 页，伦敦，1974。

④ 法伊林：《尼维尔·张伯伦的生平》，273 页，伦敦，1946。

⑤ 贝尔：《意大利—埃塞俄比亚战争的来临》，352～353 页，哈佛大学出版社，1967。

⑥ 同上书，355 页。

景，是具有最严重意义的。”①实际上，1935～1936 年期间日本正在全力攫取中国华北，是不会愚蠢到先在远东进攻英国的。1935 年日本制定的“李滋-罗斯关系根本方针”说：“英国方面的根本方针，是依靠日本的帮助，力图在中国保住英国的既得利益，而日本从目前的国际形势尤其是从对苏关系上考虑，对这种日英提携没有任何异议，而且这必定有利于排除中国的以夷制夷的政策。”②

总之，英国既非无力在地中海与意大利决战，也非害怕日本在远东发动进攻。说到底，英国根本不想同任何法西斯侵略者打仗。1934 年 6 月 4 日，查特菲尔德在致英国财政部常务次长费希尔的一封信中写道：“我们处于不需要同任何人争吵的出色地位，因为我们已经得到了世界的大部分，或者它的最好部分，我们只需要保持我们已经得到的并阻止他人从我们手里夺走它。”③走向没落的英国统治阶级竭力避免与法西斯国家发生冲突，而把绥靖外交看作保存帝国利益的最好方法。以英、德为核心，英、德、法、意四国共同主宰欧洲，是 30 年代英国外交的一个极其重要的目标。英国在意埃战争中只想同意大利妥协，而决不肯同它作战的根本原因，就在于此。

英国推行“双重政策”的后果是十分严重的：壮大了敌人，削弱了自己。

第一，它使意大利向德国靠拢。英国参加经济制裁是迫不得已的，但仍然激怒了意大利。德意之间在奥地利问题上本来有很大矛盾。意大利陷入侵埃战争后，力量严重削弱，不得不把奥地利放弃给德国。德国方面，则在 1936 年 7 月很快地承认了意大利对埃塞俄比亚的吞并。德、意都有利用对方的需要，又见到英、法懦弱可欺，遂结成了罗马-柏林轴心。墨索里尼于 1936 年 11 月 1 日在米兰首次予以宣布。1937 年 11 月 6 日，意大利又加入了德、日反共产国际协定。意大利本来是《洛迦诺公约》的保证国，又是斯特莱沙阵线的一员，一向被英国看作友国，现在终于成为敌人了。1937 年 7 月 14 日，英内阁批准了帝国国防委员会关于不再把意大利当作“可靠朋友”看待的建议。④

第二，助长了德国的侵略野心。希特勒始终注视着意埃战争的进程。正如

---

① 马德：《从达达尼尔到奥兰》，83 页，伦敦，1974。

② 《日本外交年表及主要文书》，下卷，334～335 页，东京，1976。

③ 普拉特：《马耳他以东，苏伊士以西》，3 页，伦敦，1975；还有一些类似的重要材料，参见拙文：《20 世纪 30 年代英国的重整军备与绥靖外交》，载《历史研究》1984 年第 2 期。

④ 巴尼特：《英国势力的崩溃》(Correlli Barnett, *The Collapse of British Power*)，381 页，伦敦，1972。

艾登所说："我们对墨索里尼无可奈何，一定使他增强了信心。"①1936年3月，德军开进莱茵非武装区，未受惩罚，西方国家不过发出有气无力的抗议而已。这次严重冒险成功后，德国更加蔑视英国。1936年10月24日，希特勒对齐亚诺说："今天治理英国的只是些不称职的人罢了。"②英国自己对此也有所觉察。英国在巴伐利亚的一位代表写道："这里各方面的人谈到英国时的轻蔑语调，给我留下深刻的印象。"③此后，德、意共同干涉西班牙内战，德国吞并奥地利，肢解捷克斯洛伐克，进攻波兰，直到挑起第二次世界大战，步步升级，无所顾忌，都是出于对英、法不会干涉的判断。

第三，加深了英、法之间的矛盾。埃塞俄比亚危机期间，英、法极尽钩心斗角之能事。英国抱怨赖伐尔政府处处掣肘，不予合作，但鲍尔温内阁始终不肯在欧洲安全问题上给法国以毫不含糊的、明确的保证，也是不容否认的事实。莱茵兰危机时，英国一再要法国保持冷静，置法国安危于不顾，而仅以有名无实的英法参谋会谈聊做安慰，法国又如何能不愤慨呢？总之，经过埃塞俄比亚危机以后，英、法之间的互相猜忌可以说是更深了。英国驻巴黎大使克拉克在1935年10月16日的一封信中写道："这里有一种歇斯底里和故意曲解的气氛……那不仅本身是可悲的，而且正在两国之间制造分歧，这种分歧如果不很快和解，将对……欧洲的和平具有悲惨的后果。"④鲍尔温则对他的一个密友说："当我辞去公职时使我告慰的一件事就是：我不必再同法国政治家打交道了。"⑤

第四，摧毁了集体安全体系，使欧洲的一些小国不得不到国联以外去寻找出路。欧洲的一些小国本来是大力支持国联的，因为如果国联能够保护埃塞俄比亚抵抗意大利，那么将来国联也一定能够保护它们抵抗其他的侵略者。但是

① 艾登：《面对独裁者》，下卷，596页，北京，商务印书馆，1977。

② 艾伦·布洛克：《大独裁者希特勒(暴政研究)》，上册，349页，北京，北京出版社，1986。

③ 丘吉尔：《第二次世界大战回忆录》，第一卷上部，第一分册，274页，北京，商务印书馆，1974。

④ 亚当斯维特：《法国与第二次世界大战的来临1936～1939年》(A. Adamthwaite, *France and the Coming of the Second World War* 1936～1939)，36页，伦敦，1977。

⑤ 琼斯：《1931～1950年：日记及书信》(T. Jones, *A Diary with Letters* 1931～1950)，538页，伦敦，1954。

英、法的对意妥协，使它们大失所望。1936年5月，希腊首相梅塔克塞斯明确表示：希腊不会承认巴尔干半岛以外的任何义务。同年7月1日，斯堪的纳维亚的四个国家以及荷兰、西班牙和瑞士等国的外交部长签署了一项联合声明，表示如果将来运用任何制裁手段，他们不拟接受。10月14日，比利时废除了与法国的军事同盟。1937年3月25日，南斯拉夫与意大利签订了互不侵犯和仲裁条约，从此与罗马-柏林轴心紧密联系在一起。罗马尼亚也在1936年8月外交大臣蒂图列斯库去职以后日益向德、意靠拢。法国著名政治家保罗-邦库(曾任外交部长等职)写道："欧洲的小国失去了对国联的信任。……它们忠实地实施了制裁——其中一些国家如南斯拉夫，它们的国民经济受到了亏损——并且招来了意大利的恶感。这一切都徒劳无益。它们决定再不上当了。"①

"双重政策"彻底失败了。埃塞俄比亚危机过去以后，英国统治阶级没有正确地总结教训，反而得出了错误的结论，他们认为国联连累了英国，集体安全再也要不得。意埃战争刚一爆发，范西塔特、查特菲尔德、汉基(英内阁秘书、帝国国防委员会秘书)就立即抱怨说："国联使我们(英国)卷入了争吵，如果没有它的存在，这些争吵是不会影响我们的。"②战争结束后，1936年7月3日，英国三军参谋长委员会下属的联合计划分委员会认为："国联盟约所引起的不确定的义务对我们具有巨大危险"，建议"从我们现在遵照国联盟约而带来的模糊的、大规模的、很不可预测的军事义务"中摆脱出来。③ 鲍尔温的继承人张伯伦主张改弦更张，采取同法西斯国家分别交涉，进行"地区安排"的办法。他在1936年4月27日的日记中写道："国联未能制止战争，或保护受害者，因而显示了集体安全的失败……我们必须找到维护和平的某种实际方法。我的建议是我们必须放弃国联能在当前使用武力的想法……为了和平我们应当依赖种由国联记录在案和认可的地区协定的体系。"④同年6月10日，他在保守党的"1900俱乐部"发表了一篇"爆炸性"的演说，其中有这样的话："制裁政策包含着战争的危险，我且不说包含着战争，这不是很明显的吗？……从已发生的情况看，在面临这样的危险时，除非各国的根本利益受到威胁，否则不能指望

---

① 萨尔维米尼：《第二次世界大战的序曲》，488页，纽约，1954。

② 罗斯托：《1934～1936年英法关系》(N. Rostow, *Anglo-French Relations* 1934～1936)，219页，伦敦，1984。

③ 马德：《从达达尼尔到奥兰》，101页，伦敦，1974。

④ 法伊林：《尼维尔·张伯伦的生平》，295页，伦敦，1946。

采取战争的最后手段，这不也是很明显的吗?”他认为聪明的办法是“探索把世界的危险地点局部化的各种可能性并试图找到通过地区安排去获得和平的更为实际的方法，这种地区安排可由国联批准，但必须只由那些其利益与这些危险地带生死攸关的国家去保证”。① 总之，英国统治阶级没有得出这样的正确结论，即纵容了较小的侵略者，势必鼓励更大的侵略者。他们反而认为这次由于集体安全的牵累未能安抚墨索里尼，今后则应抛开国联更好地去安抚希特勒。张伯伦出任首相后，积极推行“地区安排”政策，把西班牙、奥地利、捷克斯洛伐克一一牺牲给法西斯侵略者。世界危险地点的“局部化”似乎成功了，但世界大战在总体上却更加迫近了。1939 年 9 月 1 日，德国进攻波兰；9 月 3 日，英、法被迫宣战，第二次世界大战终于全面爆发。

① 福克斯尔：《尼维尔·张伯伦和绥靖政策》(L. W. Fuchser，*Neville Chamberlain and Appeasement*)，57 页，纽约，1982。

1936年7月至1938年11月英国对意大利的外交政策*

纳粹德国崛起后，英国力图拉拢意大利，英、法、意三国于1935年4月一度组成了所谓的“斯特莱沙”阵线，但这一徒有虚名的“阵线”不久即因意埃战争的爆发而瓦解了。关于英国在意埃战争期间执行的“双重政策”，笔者曾撰文论述①，本文是该文的续篇，旨在说明自意埃战争结束后到1938年11月英意协定生效这一期间英国对意大利的外交政策。前文内容已详者，本文从略。

一

1936年5月5日，意大利侵略军攻占亚的斯亚贝巴，意埃战争基本结束。由于英国的提议，国际联盟于1936年7月15日终止了对意大利的制裁。同年7月27日，英国外交大臣艾登又在下院宣布：英国在1935年12月对希腊、土耳其和南斯拉夫的保证(如因对意制裁而受到攻击，英国将给以援助)，不再是必需的。在采取这些措施后，英国希望尽快恢复与意大利的友好关系，以免意大利与德国接近。1936年7月29日，英国三军参谋长委员会在一份备忘录(内阁传阅)中写道：“从战略观点看，首要的是一个安全的地中海。这意味着，恢复我们先前与意大利的友好关系，应作为基本

* 原载《历史研究》2002年第1期。

① 齐世荣：《意埃战争与英国的“双重政策”》，载齐世荣主编：《绥靖政策研究》，81～109页，北京，首都师范大学出版社，1998。

考虑。”①维持地中海的安全，搞好同意大利的关系，是英国全球战略的一个组成部分。贯串30年代，英国内阁中一些最有势力的成员和三军高级将领大都认为，英国面对德国、意大利和日本三个主要敌人，是无力与它们同时作战的。德国是力量最强、最可怕的敌人，其次是日本，再次是意大利②。为了同德国达成全面的谅解，就要拉拢意大利，以免它投入德国的怀抱，增加绥靖德国的困难。英国外交部常务次长范西塔特在1936年5月21日的备忘录中写道：“无论如何，我们必须同墨索里尼妥协，因为如果我们持久地与次要的独裁者(指墨索里尼)不和，我们就永远不能与首要的独裁者(指希特勒)妥协，甚或不能同他安全共处。”③他们还认为，日本在远东构成英帝国的最大威胁，远东绝对不能放弃，放弃远东将是帝国解体的开始，因而保持地中海这条通往东方的交通要道的安全是十分必要的，为此就必须与意大利搞好关系④。

恢复与意大利的友好关系，首先碰到的最大障碍是西班牙内战。1936年7月16日西班牙内战爆发后，意大利和德国立即给叛军以援助。意大利久有称霸地中海的野心，再加上对于西班牙人民阵线政府的敌视，这时认为良机已到。7月30日，9架意大利“萨伏伊”S81型飞机到达西属摩洛哥佛朗哥叛军的总部，其余3架在中途出了事故。8月7日，意大利再向叛军送去27架飞机，此外还有坦克、高射炮、机关枪以及弹药等⑤。德国既敌视西班牙人民阵线政府，还企图把英、法的注意力吸引到西班牙，以便放手扩军并在中欧动手，也立即着手支援叛军。7月28日，德国30架容克运输机飞抵西属摩洛哥。

① *DBFP*，第2辑，第17卷，第35号文件，39页。

② 吉布斯：《1918～1939年英国的战略理论》(N. H. Gibbs，British Strategic Doctrine 1918～1939)，载霍华德编：《战争的理论和实践》[M. Howard(ed.)，*The Theory and Practice of War*]，207页，卡塞尔，1965。

③ 查姆莱：《张伯伦与失去的和平》(J. Charmley，*Chamberlain and the Lost Peace*)，22页，伦敦，1989。

④ 普拉特：《马耳他以东，苏伊士以西》(L. R. Pratt，*East of Malta*，*West of Suez*)，30～34页，伦敦，1975；吉布斯：《大战略》第1卷，《重整军备政策》(G. H. Gibbs，*Grand Strategy*，vol. 1，*Rearmament Policy*)，254～256页，伦敦，1976。

⑤ 科弗代尔：《意大利对西班牙内战的干涉》(J. F. Coverdale，*Italian Intervention in the Spanish Civil War*)，74、87页，普林斯顿，1975；托马斯：《西班牙内战》(H. Thomas，*The Spanish Civil War*)，363～364页，纽约，1977。

与德、意的做法相反，法、英共同炮制了“不干涉”政策①。8月15日，法、英两国政府互换关于“不干涉”西班牙内战的照会。以后陆续参加“不干涉”协定的国家有意大利、苏联、德国等，总计27个国家。对于意大利支援佛朗哥的行为，英国是十分清楚的。8月17日，英国驻意使馆一等秘书英格拉姆向意大利外交大臣齐亚诺抱怨说，意大利政府现在几乎是禁止向西班牙出口武器的国际协定的唯一障碍，齐亚诺当即坚决否认意大利政府或任何意大利人同佛朗哥有任何交易②。对于这种否认的真实性，英国政府自然是心中有数的。但英国为什么仍然要坚决推行“不干涉”政策，并继续争取与意大利友好相处呢？除了上述总的战略考虑外，还因为：第一，出于对共产主义的仇视。英国执政者认为，如果西班牙人民阵线政府胜利，就等于共产主义在西班牙的胜利，随后还会增强法国人民阵线政府的力量，最终将导致“赤祸”蔓延整个欧洲。西班牙内战爆发后不久，英国首相鲍尔温就在7月26日对艾登说，决不可以为了法国人或者什么其他的人，使英国站在俄国人方面作战③。外交部助理次官奥姆·萨金特8月12日指出：“我们应当用种种方法阻止法国在西班牙内战的影响下，‘变为布尔什维克’。”他还建议：“我们应当使意大利从阿比西尼亚事件留给它的孤立和受伤的感情中摆脱出来。”④大多数的英国外交官都是“非常殷切地倾向于西班牙右派的……(把他们)看做反对布尔什维主义的屏障”⑤。第二，1936年3月德军进入莱茵非武装区并废除了洛迦诺公约。英国急于达成一项新的决定，遂于1936年7月23日同法国和比利时会晤于伦敦，并向德国和意大利发出邀请，拟在这年秋季举行五国会议。意大利原则上表示同意，德国则把会议推迟到1937年(以后永未举行)。在这种情况下，英国当然不会因意大利干涉西班牙内战而与意大利疏远。英国内阁秘书兼帝国国防委员会秘书、在政治上很有势力的汉基在1936年7月提出了如下的主张：“在欧洲的目前情况下，由于法国和西班牙受到布尔什维主义的威胁，不久以后与德

① 参见拙文：《论“不干涉”政策的创始者及其动机》，载《绥靖政策研究》，130～155页。

② *DBFP*，第2辑，第17卷，第103号文件，110页。

③ 琼斯：《1931～1950年日记及书信》(T. Jones, *A Diary with Letters* 1931～1950)，231页，伦敦，1954。

④ *DBFP*，第2辑，第17卷，第84号文件，91页。

⑤ 这是一个在内战期间驻西班牙的新闻记者亨利·巴克利的观察。参见利特尔：《恶意的中立》(D. Little, *Malevolent Neutrality*)，226页，伦敦，1985。

国和意大利共命运可能对我们是有利的"①。

正在英国不顾意大利对西班牙内战的干涉，仍然准备恢复对意友好关系时，传来了齐亚诺在10月访问德国的消息，这使英国感到不安。德国与意大利在争夺奥地利的问题上本来有很大矛盾。但自意埃战争发生后，德意关系开始缓和，并逐渐接近。德国没有参加国际联盟对意大利的制裁，而且在制裁实施后，增加了对意大利的战略物资，特别是煤炭的供应。1935年，意大利自德国进口的煤炭占进口总量的51.1%；1936年自德国进口的煤炭增至进口总量的63.9%②。在意大利吞并埃塞俄比亚后，英、法迟迟不予承认，而德国则早在1936年6月下旬就把准备承认的意图通知了罗马。意大利对德国的上述措施感到满意，再加上自身在侵埃战争中消耗了大量的兵力、财力，只得把奥地利放弃给德国了。1936年7月11日，德奥协定签字，当天墨索里尼召见德国驻意大使冯·哈塞尔，表示支持，并说这个协定最终消除了在德意关系的道路上存在的最后的也是唯一的障碍。意大利干涉西班牙内战后，未能取得速胜，越陷越深，不得不更加依靠德国。于是，经过一系列的准备后，齐亚诺于10月21～25日访问德国。

10月24日，希特勒与齐亚诺会谈，主要内容有：(1)划分势力范围，希特勒表示"地中海是意大利的海"，德国则在"东方和波罗的海有行动自由"。(2)德、意共同反对布尔什维主义，并以反对布尔什维主义为策略，把其他国家团结在德、意周围。(3)反击英国的"包围"。齐亚诺把两份意大利窃自英国驻外使馆的英方文件交给了希特勒，借以挑起希特勒对英国的敌意。这两份文件一是艾登写的《德国的危险》，另一是英国驻柏林大使菲普斯致英国外交部的电报，在电报中称德国政府是冒险家。希特勒阅后说："按照英国的看法，今天世界上有两个国家是由冒险家领导的，即德国和意大利。但英国在建立帝国的时候也是由冒险家领导的。今天统治英国的只是些不称职的人罢了。"表示了对这时英国执政者的蔑视。(4)共同干涉西班牙内战，摧毁共和政府③。1936

① 普拉特：《马耳他以东，苏伊士以西》，39页，伦敦，1975。

② 威斯克曼：《罗马-柏林轴心》(Elizabeth Wiskemann, *The Rome-Berlin Axis*)，76页，伦敦，1966。

③ 马格里奇编：《齐亚诺外交文件》[M. Muggeridge (ed.), *Ciano's Diplomatic Papers*]，56～58页，伦敦，1984；格哈特·温伯格：《希特勒德国的对外政策》上编，474～447页，北京，商务印书馆，1992。自1933年起，意大利就窃取英、法驻意使馆的文件。

年10月24日，德国宣布承认意大利的埃塞俄比亚帝国。11月18日，德国和意大利承认了佛朗哥政府。

墨索里尼受到齐亚诺访问的鼓励，11月1日在米兰宣称：柏林会谈使意、德两国在一些特定的问题上取得了一致意见。“从柏林到罗马的这一条垂直线不是区分线，而是一个轴心，所有怀着合作与和平愿望的欧洲国家都可以围绕这个轴心运转。”后来常说的轴心国一词，即来源于此。同时，墨索里尼谈到了地中海的形势，说意大利是“地中海的一个岛”。如果对大不列颠来说，地中海是“一条通道，是许多通道中的一条，更确切地说是一条大英帝国能够迅速达到其海外领土的捷径”，那么，对意大利来说，地中海则是“生命”。讲到这里，他向英国发出了谈判的呼吁，表示意大利不想“威胁那条通道，不想截断它；但另一方面我们要求我们的权利和切身利益受到尊重”。如果想避免英、意两国之间的冲突，解决的办法只有一个，“就是在承认相互利益的基础上达成真诚、迅速和彻底的协定”①。墨索里尼为什么在示威性地炫耀他与德国新结成的“轴心”的同时，又向英国伸出谈判之手呢？这是他精心运用的一种策略，即一方面借德国以自重，以便从英、法方面取得更多的让步；另一方面又打算同英国缔结一个协定，提高自己的身价，反转过来增加自己对德国的影响。

针对墨索里尼的这篇讲话，艾登于11月5日在下院说：“对于我们，地中海不是一条捷径，而是一条主要的干线……我们并不反对墨索里尼先生所说对意大利而言‘地中海是它的生命线’，但我们申明，在这些水域的自由通航，对英联邦各国而言也完全具有重要的利害关系。……我们注意到而且欢迎墨索里尼先生做出的这一保证：意大利不想威胁它，也不想截断它。我们也不打算这样做。”最后艾登表示，“在这样的条件下，两国都有可能继续维护各自在地中海的利益，不仅不相互冲突，甚至还可互利。”②艾登虽然不信任墨索里尼的承诺，认为同他打交道应当谨慎行事，但这不等于无所作为。出于策略上的考虑，他主张对墨索里尼的呼吁给以“及早的、慎重的但并非不大度的回应”，以有助于地中海区域局势的缓和，避免意大利对英国造成伤害，同时加紧重整军备③。艾登之终于同意谈判，也是英国军方和内阁中重要成员施加压力的结

① 马格里奇编：《齐亚诺外交文件》，60～61页，伦敦，1984。

② *DBFP*，第2辑，第17卷，第353号文件注②，514～515页。

③ *DBFP*，第2辑，第17卷，第352号文件注，513～514页；艾登：《面对独裁者》，下卷，769～771页，北京，商务印书馆，1977。

果。“多数政府成员以及三军参谋长认为我们必须把意大利从那些我们可能不得不认真对付的国家的名单上勾掉。”①枢密院院长哈里法克斯于1936年11月3日在上院的演说讲得特别清楚。他说，争论英、意两国谁在地中海的利益更重要，是无益的。过去的历史证明：两国的利益不是背道而驰的，而是互补的。对两国而言，最大的利益就是“和平的利益”②。

1937年1月2日，“联合王国和意大利关于地中海西部维持现状的宣言”在罗马签字。“宣言”声称：“承认地中海上进出口和过境的自由对英帝国各部分和意大利都具有至关重要的利益并且这种利益绝非互不调和的”，两国政府“无意变更……地中海区域内关于国家领土主权方面的现状”。在1936年12月31日的换文中，英国驻意大使德拉蒙德在致意大利外交大臣齐亚诺的照会中表示：“英王陛下政府认为就意大利而言，西班牙目前领土的完整应在一切情况下继续维持原状并不予变更。”齐亚诺在复照中予以确认③。

二

“宣言”签字后，英方一度甚表乐观。艾登在1937年1月2日写道：“这是令人非常满意的……特别令人满意的是，我们得到了我们关于西班牙的处理办法。”范西塔特也写道：“这是成功的和令人满意的。”他认为，即使在谈判中英国从未谈到使意大利与德国分开的问题，而只是利用了这一胜利，英国“将自动地松开意大利同德国结成的纽带，从而可以同一个更有理智的或无论如何也是更顺从的德国去打交道”。④ 但是，他们的这种自我陶醉很快就被意大利的一系列违约行为惊醒了。首先，意大利继续增兵西班牙。就在1937年1月的第一个星期，又有7000名意军进入西班牙。1月1日，派去3500人；1月5

---

① 艾登：《面对独裁者》，下卷，766～767页，北京，商务印书馆，1977。*DBFP*，第2辑，第17卷，第361号文件“参谋长委员会1936年11月9日的报告”。

② *DBFP*，第2辑，第17卷，第353号文件，515页注③。

③ 同上书，754～756页。“宣言”连同换文，又称“君子协定”。1936年11月5日，墨索里尼在接见《每日邮报》记者沃德·普赖斯的访问时，说到同英国缔结“君子协定”的可能性，强调英、意两国在地中海的利益是互补的而非对抗性的。（11月9日见报）此即“君子协定”一名的由来。*DBFP*，第2辑，第17卷，第376号文件注①，547页。

④ *DBFP*，第2辑，第17卷，第527号文件注⑤，752页。

日，再派去3500人①。到1937年2月18日，意大利共向西班牙派去48800多人②。第二，意大利在中近东地区继续反英宣传。除巴里电台的阿语广播外，墨索里尼本人于1937年3月12～21日访问了利比亚。18日，他在一次约2000人的群众集会上，从一个阿拉伯人手中接过赠予的“阿拉伯之剑”。当天，他还发表演讲，鼓惑性地说：“穆斯林可以确信意大利将永远是全世界穆斯林的朋友和保护者”，用以挑起阿拉伯人的反英情绪③。第三，意大利不断增加在利比亚的驻军，等等。总之，1937年1月的“君子协定”对英国并未起到维持地中海现状这一起码的作用，更不用说恢复英、意“友好”关系了。艾登后来不能不承认这是一个失败④。

“君子协定”签订后不久，1937年2月11日举行的英帝国国防委员会建议：“意大利不能列为一个可靠的朋友，但在目前情况下也不需要看作一个可能的敌人。”1937年2月24日，英内阁批准了这一建议⑤。这是把意大利作为介于敌友之间的一种角色来看待。1937年5月28日，张伯伦继鲍尔温出任英国首相。张伯伦是30年代英国大臣中推行绥靖政策最坚决的一个人。他上台后，要做自己的外交大臣，直接掌管外交事务。在新内阁中，艾登继续担任外交大臣。最初，两人尚无明显的不和。6月15日，英国外交部在一份关于对意大利作战的可能性的备忘录中列举了自1937年1月2日以前特别是以后意大利一系列不尊重英国合法利益的行为后，得出结论：“在意大利目前外交政策的整个倾向中，确有恶意的明显证据。”因此，艾登建议修改1937年2月11日帝国国防委员会对于意大利的定性，而改为“意大利不能认作一个可靠的朋友，必须在一段不限定的时间内视为一个可能的敌人，特别是如果它能指望德国的善意和潜在支持，或者如果联合王国在其他地方陷入困难”。⑥ 随后，在1937年7月5日的帝国国防委员会上，张伯伦认为英国无力单独同三个联合

① *DBFP*，第2辑，第18卷，第2号文件，4页。

② 科弗代尔：《意大利对西班牙内战的干涉》(John F. Coverdale, *Italian Intervention in the Spanish Civil War*)，175页，普林斯顿，1975。

③ 《英国外交事务文件》(*British Documents on Foreign Affairs*)，第Ⅱ部，F辑，第13卷，26页；彼得斯：《安东尼·艾登在外交部1931～1938年》(A. R. Peters, *Anthony Eden at the Foreign Office* 1931～1938)，236页，纽约，1986。

④ 艾登：《面对独裁者》，下卷，778页，北京，商务印书馆，1977。

⑤ *DBFP*，第2辑，第18卷，第615号文件，890页。

⑥ 同上书，890～896页。

起来的强大国家(指德、日、意)作战，而法国当前又处于一种不是很强的地位，不能给英国以有效的援助。德国是最大的潜在敌人，防御准备应首先用于对付德国，不必害怕意大利对英国的进攻，除非它确信得到德国的支持。根据张伯伦的建议，帝国国防委员会做出如下的结论：意大利不能认作一个可靠的朋友，并不应再与美国和法国一样列为一个对之无需有特别防御措施的国家(按：1933 年 11 月 15 日，英内阁决定美、法、意都属于这类国家)。艾登所提出的视“意大利为一个可能的敌人”的建议未被采纳，但除重申不再把意大利当作可靠的朋友外，更进一步明确不把意大利看作与法国、美国同一范畴的国家。这反映了张伯伦与艾登对于意大利的看法的最初分歧。7 月 14 日，英内阁批准了上述结论。①

张伯伦最害怕的是德国，他认为“只要我们能够与德国人达成协议，我就一点也不在乎墨索里尼”②。但是，原定于 6 月下旬德国外长牛赖特对英国的访问，被德国借故取消了。张伯伦只好转过头来再去拉拢意大利。他企图以承认意大利吞并埃塞俄比亚为代价，把 1937 年 1 月的“君子协定”变成一个综合的、持久的协定，使英、意关系恢复到 1935 年意埃战争以前的状况。7 月 27 日、8 月 2 日，他两次会见了意大利驻英大使格兰迪，并与墨索里尼交换了信件。在 7 月 27 日的会见中，张伯伦把一封他写给墨索里尼的信交给了格兰迪，内称：“我愿向你保证：本政府……准备在任何时候开始谈判，以便澄清整个形势并扫除怀疑与误解的一切原因。”③8 月 2 日，格兰迪把墨索里尼的复信面交张伯伦，信中说：“我急于让你知道，同你个人会面并同阁下讨论有关事项，也是我最热诚的愿望。……意大利与大不列颠的利益在地中海或其他地方都不是对立的。”④张伯伦对于即将开始的英、意谈判是如此的充满自信，以致狂妄到以救世主自命的程度。他在 1937 年 8 月 8 日致其妹的信中写道：“每当我回顾自我第一次见到格兰迪以来紧张局势出现的那种令人惊异的缓和，我就感到十分满意。格兰迪自己也说，这种缓和百分之九十应归功于我，它使人产生了一种首相职位所赋予的妙不可言的力量感。作为财政大臣，我简直连一小块石

① *DBFP*，第 2 辑，第 19 卷，第 15 号文件，22～30 页。

② 见 1937 年 7 月 4 日张伯伦致其妹艾达的信。彼得斯：《安东尼·艾登在外交部 1931～1938 年》，277 页，纽约，1986。

③ *DBFP*，第 2 辑，第 19 卷，第 65 号文件，120 页。

④ 同上书，第 81 号文件，145 页。

子也挪动不了；而现在我只要抬一抬手指，整个欧洲的面貌就改变了。"①英意谈判预定于8月底或9月初开始。但艾登不赞成张伯伦这种操之过急的做法，他主张："我们要尽量表示出愿意会谈的姿态，但不要匆匆忙忙地向独裁者的祭坛上进香。"②

就在张伯伦盼望的英意谈判即将开始时，意大利在地中海发动了潜艇战。从8月中旬到9月初，意大利的潜水艇和飞机攻击了法、苏、英、希腊、丹麦、西班牙(共和政府方面)等国的船只。9月1日，英国驱逐舰"哈沃克号"遭到意大利潜艇"伊里德号"的攻击。9月2日，英国油船"伍德福德号"被鱼雷击沉③。意大利的海盗行径激怒了英国舆论。例如，《曼彻斯特卫报》9月2日的社论明确指出这些海盗行为来源于意大利，意大利必须懂得，它"不能愚弄国际协定并公然违背正义和法律的一切原则"④。在这种情况下，英意谈判当然不能如期举行。8月30日，法国驻英代办康邦向英国发出了一份详细照会，呼吁英国和法国驻国联的代表安排一次地中海国家的会议，来考虑保护它们在地中海航行的措施。照会强调，"只有英国和法国的共同行动才能导致意大利态度的改正"。如果没有这样的共同决心，法国政府将研究不干涉协定所依据的基础，并恢复"它的彻底行动自由的权利"⑤。9月2日，英国举行大臣会议，原则上同意了法国的建议。关于邀请哪些国家参加的问题，英、法一度发生分歧。英国主张只让地中海国家参加，不要苏联。法国因与苏联订有法苏互助条

---

① 特尔福德·泰勒：《慕尼黑：和平的代价》，下册，863～864页，北京，新华出版社，1984。

② 艾登：《面对独裁者》，下卷，817页，北京，商务印书馆，1977。

③ 格雷顿：《尼翁会议——海军方面》(P. Gretton, The Nyon Conference—The Naval Aspect)，载《英国历史评论》(*The English Historical Review*)，1975年1月号；拉姆：《墨索里尼与英国人》(R. Lamb, *Mussolini and the British*)，186页，伦敦，1997；《1937～1938年齐亚诺日记》(*Ciano's Diary* 1937～1938)，7～8页，伦敦，1952。

④ 米尔斯：《尼翁会议：尼维尔·张伯伦、安东尼·艾登与1937年对意大利的绥靖》(W. C. Mills, The Nyon Conference: Neville Chamberlain, Anthony Eden, and the Appeasement of Italy in 1937)，载《国际关系史评论》(*The International History Review*)，1993年2月号。

⑤ 肖罗克：《从同盟到敌人》(W. I. Shorrock, *From Ally to Enemy*)，208页，肯特，1988；*DBFP*，第2辑，第19卷，第108号文件，198～201页；110号文件，203～205页。

约的缘故，坚持要苏联参加，而不要意大利。最后达成协议，共向阿尔巴尼亚、保加利亚、埃及、德国、希腊、意大利、罗马尼亚、苏联、土耳其和南斯拉夫10个地中海和黑海国家发出邀请，请它们于9月10日在尼翁(日内瓦附近一小城)聚会，以“终止地中海当前的不安全状态，并保证国际法有关海上航行的规则得到严格的执行”。意大利、德国、阿尔巴尼亚借故拒绝参加。

9月10日，尼翁会议开幕。9月14日，与会9国达成协议，同日生效。9月17日，又签订了补充协定，也于同日生效。尼翁协定建立了海上巡逻的体系，规定对攻击不属于西班牙纷争任何一方的商船的潜艇都予以消灭。参加协定的国家的潜艇均不得在地中海活动，除非有一艘水面舰只陪同。补充协定把攻击商船的范围扩大到水面船舰和航空器。协定建立了巡逻区体系，英、法共同巡逻地中海的主要航道，从苏伊士运河到直布罗陀海峡，从达达尼尔海峡到直布罗陀海峡以及从北非港口到马赛。地中海东部国家则担负自己领海的巡逻任务①。协定生效后，意大利的海盗行为被制止了。事后，艾登夸耀说，“尼翁协定对英法的威望和影响都起了极好的作用。”②但其实这只能算作一个小小的胜利，而且有两点特别值得注意。

第一，英国明明知道海盗行为是意大利干的，但在意大利拒绝参加会议后，仍然极力想把它拉入巡逻体系。最初准备给意大利的巡逻范围是第勒尼安海，意大利认为范围太小，受到了侮辱，未与其他地中海国家享有平等待遇。9月30日，英、法、意达成协议，意大利的巡逻范围除第勒尼安海外，还包括墨西拿海峡、图卜鲁格海、亚得里亚海、爱奥尼亚海③。实际上，这给了意大利继续向佛朗哥叛军提供援助而不被发觉的便利。让海上强盗参加海上巡逻，这是绝大的讽刺。无怪乎齐亚诺得意地说：“这是一次卓越的胜利。从被怀疑的海盗变为地中海的警察——而且船只被我们击沉的俄国人被排除在外。”④英国之所以无论如何也不愿过分得罪意大利，就是因为仍然想搞好英意关系，把意大利从德国方面拉过来。因此，尼翁协定从根本来说并不违背英国对意大利的绥靖政策，它只不过是推行这种政策中的一个插曲而已。

---

① 《国际条约集(1934～1944)》，149～153页，北京，世界知识出版社，1961；艾登：《面对独裁者》，下卷，828～840页，北京，商务印书馆，1977。

② 艾登：《面对独裁者》，下卷，841页，北京，商务印书馆，1977。

③ 拉姆：《墨索里尼与英国人》，188页，伦敦，1997。

④ 《1937～1938年齐亚诺日记》，15页，伦敦，1952。

第二，尼翁协定把苏联排除在外。如前所述，在会议筹备阶段，英国就不想让苏联参加。不得不邀请苏联后，原拟分配给苏联的巡逻范围是北爱琴海。但土耳其等东地中海国家反对与苏联合作。其实这正是英国的愿望。后来决定爱琴海区域也由英、法承担巡逻任务，而由小国和苏联予以协助。这为苏联保留了面子，但实际上把它排除在外。艾登认为这是一次胜利，因为它使会议避免了“一种反法西斯的倾向”，并“起到欢迎意大利参加的效果”①。9 月 14 日，艾登在致张伯伦的信中写道：“我在去尼翁的时候，主要的忧虑就是(我想你也是如此)唯恐我们显得在建立一个以意识形态为基础的英、法、苏集团。甚至德国和意大利的报刊也承认我们已经避免了这一事件。”②

英国虽然力图避免因尼翁协定而得罪意大利，并不使意大利投入德国的怀抱，但就在会议刚刚结束 10 天以后，墨索里尼便于 9 月 25 日开始了为期 5 天的对德访问。访问期间，德国的军事力量和经济力量给墨索里尼以深刻的印象，但双方没有签订任何公开的或秘密的协定。只是在访问后，德国外交部通知德国驻外使馆：双方同意意大利在地中海可自由行动，德国则在奥地利可自由行动③。访问后不久，意大利于 11 月 6 日加入了德、日反共产国际协定。齐亚诺说，这个“三国公约，在理论上是反共产主义的，但实际上明白无误地是反对英国的”④。11 月 11 日，意大利拒绝参加解决远东危机的会议。12 月 11 日，意大利退出了国际联盟。意大利的这一系列行动，不仅没有引起张伯伦的警惕，反而被他看作更应努力与意大利修好的理由。他对尼翁会议的结果并不满意，认为“我们在尼翁会议取得了很大的成功，但损害了英意关系”⑤。此后，张伯伦与艾登在对意政策上的分歧越来越大，终于导致了 1938 年 2 月艾登的辞职。

直接导致艾登辞职的有两件事。首先是因美国总统罗斯福 1938 年 1 月的建议而引起的。罗斯福准备在 1 月 23 日召集各国驻美使节到白宫，共同商讨国际行为的准则，如何能使裁军实现和使各国人民经济机会均等的双重手段。在会议召开以前，罗斯福希望能得到英国的支持，便于 1 月 11 日把他的计划

---

① *DBFP*，第 2 辑，第 19 卷，第 207 号文件，340～341 页。

② 普拉特：《马耳他以东，苏伊士以西》，91 页，伦敦，1975。

③ 威斯克曼：《罗马-柏林轴心》，106 页，伦敦，1966。

④ 《1937～1938 年齐亚诺日记》，27 页，伦敦，1952。

⑤ 法伊林：《尼维尔·张伯伦的生平》(K. Feiling, *The Life of Neville Chamberlain*)，331 页，伦敦，1946。

通知张伯伦。张伯伦对罗斯福的这个计划十分反感，在日记中写道："这个计划在我看来是荒谬的，并可能引起德国和意大利的嘲笑。他们甚至可能利用这个计划推迟同我们的会谈，而且如果我们赞同这个计划，它们就会认为这是民主国家集团陷害独裁者的又一个图谋。"①张伯伦未与艾登商量，便于1月13日复信罗斯福，建议他推迟他的和平倡议，等到英国同意大利和德国的谈判取得进展以后再行提出。在谈到意大利时，张伯伦复信说，如果能获得国联的同意，"英王陛下政府准备……在法律上承认意大利对阿比西尼亚的征服(墨索里尼对此是极为重视的)"。如果意大利愿意恢复友好关系，英国还将采取其他行动②。17日，艾登在与张伯伦会见时，发生了冲突。艾登主张，"我们应双管齐下，尽力改善英美关系，同时准备与德意谈判。"他的"整个意向是反对现在在法律上承认墨索里尼对阿比西尼亚的征服"。③ 1月17日，罗斯福复电张伯伦，同意推迟他的计划，但强烈指出在法律上承认意大利的征服是十分危险的，英国此时如果放弃不承认的原则，将鼓励日本在远东的侵略，并对美国舆论产生严重的影响④。

第二件事是张伯伦通过他的嫂子(其兄奥斯汀·张伯伦的遗孀)去搞私人外交。艾维·张伯伦在1938年2月1日由齐亚诺陪同，在罗马拜会了墨索里尼，并给墨索里尼看了一封据说是张伯伦首相写给她私人的信件，内容有两点：一是英国准备正式承认意大利帝国；二是英意谈判可在2月底以前开始。墨索里尼当即表示同意⑤。艾登对于张伯伦绕过外交部去搞私人外交十分气愤，指责张伯伦的这种做法使他处于极困难的境地。

1938年2月6日，英驻意大使珀思致电艾登，报告了墨索里尼关于与英国缔结协定应包括的四点内容：宣传、地中海、殖民地和经济；谈判何时开始，由张伯伦决定⑥。见到这封电报后，张伯伦不顾艾登的反对，决定立即召

---

① *DBFP*，第2辑，第19卷，附录1，1140页。

② 同上书，第430号文件，737～739页。

③ 艾登：《面对独裁者》，下卷，990页，北京，商务印书馆，1977。

④ *DBFP*，第2辑，第19卷，第446号文件，755～757页。

⑤ 据《1937～1938年齐亚诺日记》，68页，会见的日期是2月1日。但据英驻意大使给予艾登的电报，则在2月4日或5日。*DBFP*，第2辑，第19卷，第495号文件，863页。

⑥ *DBFP*，第2辑，第19卷，第497号文件，865页。珀思即德拉蒙德。德拉蒙德在其兄逝世后，袭爵，成为珀思勋爵。

见意驻英大使格兰迪。2月18日上午，张伯伦和艾登共同会见了格兰迪，并约定下午继续会谈。格兰迪退出后，艾登仍然反对与意大利开始谈判，张伯伦坚持必须举行，责备艾登“已经放过一次又一次促进和平的机会；他还有一次机会，可能是最后一次机会，而他却要把它抛弃”。① 两人相持不下，于是在2月19日召开了内阁会议。据张伯伦的日记，共有20人出席，除他自己和艾登外，有14人毫无保留地支持他，有4人有保留或有条件地支持他，没有一个人支持艾登。但艾登在回忆录中说，印度事务大臣泽特兰是支持他的②。总之，艾登只得到个别人的支持，于是在2月20日辞去外交大臣一职，继任者是哈里法克斯。

艾登在回忆录中把自己吹嘘为一个面对独裁者，坚决与之斗争的英雄，这与事实真相是相距甚远的。必须指出的是，在总的绥靖政策上，张伯伦与艾登的看法并无本质的区别。首先，两人都主张把德国放在第一位。张伯伦一贯认为，“德国是问题的真正关键”。艾登也是这样看的。艾登的私人秘书哈维在1937年12月7日的日记中写道：“安东尼·艾登同首相进行了一次非常满意的谈话，他们关于德国的看法是绝对一致的，即除非取得普遍的欧洲和解，没有任何和解可言。”③1938年1月31日，艾登对张伯伦说：“我完全同意：我们必须尽一切努力与德国达成协议。”④在对待意大利问题上，他们也不是没有共同之处。例如，他们都赞成取消对意大利的制裁；都赞成对西班牙内战实行“不干涉”政策，等等。不同的是，张伯伦主张要不失时机地与意大利开始谈判，要相信墨索里尼，相信能同他达成协议，而不必提出什么先决条件。1937年9月12日，张伯伦在给他妹妹的信中批评外交部说：“我对于在我看来是没有想象力和没有勇气的外交部，不是很喜欢的。……我非常担心我们会让英意之间的形势倒退到我过问此事以前的状况。外交部坚持把墨索里尼仅仅看作一个为实现恶毒的野心而戴上友好的假面具的马基雅维里式的人物。如果我们这

---

① 艾登：《面对独裁者》，下卷，1039页，北京，商务印书馆，1977；*DBFP*，第2辑，第19卷附录1，1142页。

② *DBFP*，第2辑，第19卷，附录1，1143页；艾登：《面对独裁者》，下卷，1053页，北京，商务印书馆，1977。

③ 哈维编：《1937～1940年奥利弗·哈维的外交日记》，63页，纽约，1970。

④ 帕克：《张伯伦与绥靖：英国政策与第二次世界大战的来临》(R. A. C. Parker, *Chamberlain and Appeasement: British Policy and the Coming of the Second World War*)，95页，伦敦，1993。

样对待他，我们就不能同他达成任何协议，我们将不得不花费可怕的费用用于地中海的防务，这就是为我们的不信任而付出的代价。”①张伯伦虽然认为对德关系最重要，但仍坚持对德、对意谈判应同时进行②。艾登则认为墨索里尼是一个“十足的恶棍”，“他的诺言一文不值”③，英国不能无条件地在法律上承认意大利的埃塞俄比亚帝国。意方必须有一些实际的表现，如从西班牙撤军，停止反英宣传，等等。总之，张伯伦和艾登的分歧不是战略上的，而是策略上的。张伯伦主张对德、对意都要搞缓和，如果能先同意大利成交，也很不错。艾登则认为意大利的重要性远逊于德国，不值得做出过分的让步。

三

艾登辞职后不久，就在张伯伦急于同意大利开始谈判时，德国于 1938 年 3 月 13 日进军维也纳，吞并了奥地利。出兵前，希特勒分析了国际形势，认定有关列强不会干涉。1938 年 2 月 12 日，他对奥地利总理舒士尼格咆哮说：“片刻也不要以为世界上有任何人能使我放弃我的决定。意大利？我同墨索里尼是意见一致的，最亲密的友谊联系把我同意大利结合在一起。英国？英国不会为奥地利动一动指头。……不，你不能期望从英国那里得到任何帮助。那么法国呢？三年以前我们只用几营人进军莱茵兰时，那是我最冒险的时刻。……但现在对法国来说太晚了。”④

欧洲发生的这件大事，对意大利，对英国，对英意关系，都有重要的影响。对意大利而言，自它在侵略埃塞俄比亚和干涉西班牙的战争中大大削弱以后，再也无力与德国争夺奥地利，只得吞下这颗苦果。1937 年 11 月 6 日，墨索里尼对里宾特洛甫说：“就种族、语言和文化而言，奥地利都是一个德意志国家。奥地利问题不应看作一个影响意大利和德国的问题。……他为奥地利的独立‘站岗’感到厌烦了。”⑤墨索里尼从德国吞并奥地利这一事件中，看到了德国的强硬，也看到了英、法的软弱，从而在以后只得更向德国靠拢。但他不甘

① 彼得斯：《安东尼·艾登在外交部 1931～1938 年》，289 页，纽约，1986。

② *DBFP*，第 2 辑，第 19 卷，第 433 号文件，742 页；法伊林：《尼维尔·张伯伦的生平》，324 页，伦敦，1946。

③ *DBFP*，第 2 辑，第 19 卷，第 418 号文件，723 页。

④ 尤班克编：《通往第二次世界大战的道路：文献史》[K. Eubank(ed.)，*The Road to World War Ⅱ, A Documentary History*]，92 页，纽约，1973。

⑤ 马格里奇编：《齐亚诺外交文件》，146 页，伦敦，1984。

心只当德国的一个驯服的侍从，他要再一次打英国牌，反转过来提高自己在德国心目中的地位。此外，德国吞并奥地利在意大利民众中是不得人心的，意大利政府收到了一大堆匿名的抗议信件①。墨索里尼为了挽回面子，也需要在对英谈判中获得成功。就英国而言，这是意料中的事。1937年11月19日，哈里法克斯(时任枢密院长)会见希特勒时，已经表示："所有一切其他问题，归纳起来可以说是关于大概迟早定会发生的欧洲秩序变更的问题，这些问题也就是指但泽、奥地利和捷克斯洛伐克而言。英国所关心的只是这些变更必须经过和平演变来实现，以便避免可以引起进一步震荡的手段。"②但令张伯伦失望的是：在英国还未来得及利用奥地利作为筹码，就"欧洲秩序的变更"同德国谈妥条件以前，希特勒竟先行下手吞并了奥地利，而且用的是武力手段。张伯伦在德军进入维也纳的当天写给他妹妹的信中，发泄了他的恼怒心情："想起来是很可悲的，如果我在写信给墨索里尼时(按指1937年7月27日他致墨索里尼的信，前已述及——笔者)，在外交部的是哈里法克斯而不是安东尼，这件事就很可能被阻止了。"张伯伦对于绥靖政策的追求，已经到了痴迷的程度，以为换一个外交大臣就能解决问题。他想不通，为什么他每一次对法西斯国家的让步都得不到相应的回报。他不懂得，他的让步越大，对方就越是得寸进尺。这次，他在德国那里又一次受到挫折后，更想同意大利快点谈判了。在上述的信中，他写道："目前我们必须放弃同德国的谈判。……我们必须静悄悄地并不断地进行我们与意大利的对话。"③张伯伦在奥地利问题上丢了分，为了在政治上挽回声誉，急需同意大利的谈判获得成功，以证明他的绥靖政策并未失败。

1938年4月16日，英意协定在罗马签字，共包括一个议定书、八个附件和一些互换的照会④。最重要的内容是：意大利政府保证实行外国志愿人员按比例从西班牙撤退的办法，如果在西班牙内战终止时，此项撤退尚未完毕，则全体剩留的意大利志愿人员将立即离开西班牙领土。意大利还保证对西班牙本土或其海外属地没有领土或政治企图，亦不追求任何经济特权。英国政府认为

---

① 《1937～1938年齐亚诺日记》，90页，伦敦，1952。

② 齐世荣主编：《世界通史资料选辑·现代部分》，第一分册，130～131页，北京，商务印书馆，1998。

③ 法伊林：《尼维尔·张伯伦的生平》，342页，伦敦，1946。

④ 《国际条约集(1934～1944)》，175～191页。此协定又称复活节协定。1998年5月16日珀思呈哈里法克斯的报告，对协定内容有详细的说明。见*DBFP*，第2辑，第19卷，第662号文件，1084～1124页。

西班牙问题解决后，英国即承认意大利对埃塞俄比亚的主权，届时协定将予生效。目前英国愿在国际联盟采取步骤，扫除会员国承认意大利对埃塞俄比亚主权的障碍。由于工党、自由党以及保守党内部有相当部分议员反对签订英意协定，还由于张伯伦政府虽然不怕佛朗哥获胜(毋宁说欢迎他获胜)，但害怕意军盘踞西班牙不肯撤退，所以英国坚持以西班牙问题的解决作为承认意大利对埃塞俄比亚主权的先决条件。此外，英意双方这时都对西班牙内战的形势做了错误估计，以为佛朗哥方面很快就会获胜，故对协定的生效时间未做过多的考虑。其他内容还有：意大利允诺减少在利比亚的驻军，每星期召回一千人，直到意军降到平时兵力为止；英意双方不做损害另一方利益的宣传，等等。

1938 年 5 月 12 日，哈里法克斯在国联行政院提出建议：每个会员国可以自由决定自己是否承认意大利对埃塞俄比亚的主权。会议主席没有采取通过正式决议的办法，而是说辩论表明大多数认为每个国联会员国在这个问题上可以按自己认为是正确的方针自由行事①。英国用这种不光彩的手段扫除了会员国承认意大利对埃塞俄比亚主权的障碍，给意大利的侵略行为披上了合法的外衣。

特别需要说明的是：在英、意的谈判过程中，意大利为了离间英、法关系，坚决不让法国参加，而这也正是英国的打算。艾登辞职后，在英、意谈判加速进行时，法国外交部长德尔博斯训令法国驻英大使，要从英国新任外交大臣哈里法克斯那里了解谈判的细节，并对英国事先未同法国商量表示不满。1938 年 2 月 25 日，哈里法克斯训令英国驻法大使菲普斯向德尔博斯提示，既然进行谈判的是英国政府，它必须是谈判进程和策略的唯一裁决者；既然讨论的主要是涉及英意两国的问题，英国就不能同法国政府讨论谈判的细节。哈里法克斯只答应就影响英法共同利益的问题，如西班牙、地中海和法律上承认意大利对埃塞俄比亚的主权，同巴黎保持接触②。这件事充分暴露了英国的自私和短见：为了和意大利达成交易，不惜把盟友法国抛到一边，实际上是在法西斯集团的面前孤立了自己。

协定签字后，张伯伦非常得意，在 5 月 2 日下院辩论时说："这个协定的

① 华尔脱斯：《国际联盟史》，下卷，358～359 页，北京，商务印书馆，1964；汤因比：《1938 年国际事务概览》，第 1 卷(A. J. Toynbee, *Survey of International Affairs*, 1938) Ⅰ, 152 页，伦敦，1941。

② *DBFP*，第 2 辑，第 19 卷，第 589 号文件，966 页。

签订已经彻底地影响了我们两国之间的关系。不信任和猜疑的阴影已被驱除。"他甚至认为，这个协定对意英两国而言"标志着一个新时代的开始"①。但是实际结果如何呢？6、7两月，意大利又向西班牙派去6000名军队。意大利还加强了对西班牙共和政府城市的轰炸和对船只的袭击。从1938年4月中旬到6月中旬，在同西班牙共和政府进行贸易的140艘英国商船中，有22艘受到攻击，其中一半或沉没或严重受损。21名英国海员和7名不干涉委员会的观察员丧生②。墨索里尼看到英国软弱可欺，故敢公然违反协定蛮干。他对齐亚诺说："我们丝毫不改变我们对佛朗哥的政策。至于同伦敦的协定，随便它什么时候生效好了，如果有一天它确能生效的话。"③6月3日，齐亚诺召见珀思，要求协定生效，理由是意大利方面已经彻底地履行了它的诺言。这时，英国舆论对意大利的暴行十分愤怒，甚至原来倾向政府、支持英意协定的一些报刊也改变了态度。6月6日，《每日邮报》写道："终止不加选择的空中轰炸的暴行，对所有文明国家肯定都是有利的。"就连《泰晤士报》6月10日也承认："舆论对这种日益加剧的滥用空军威力十分忧虑。"④在这种情况下，珀思奉哈里法克斯之命于6月20日拜会齐亚诺，向他递交了一份备忘录，说明由于对城镇和船只的轰炸，形势已经明显恶化，英国公众认为意大利空军至少应负部分责任。随后，珀思就解决西班牙问题提出了三点供意大利选择的建议：各方按比例撤军；意大利单方面撤军；西班牙交战双方停火⑤。7月2日，齐亚诺把一份墨索里尼写的备忘录交给珀思，表示停火是不可能接受的，"除非赤色分子无条件投降"。意大利单方面撤退志愿人员也是不能接受的。剩余的最后一种办法，则将拖延时间，损害英意协定的道义影响，但这不是由于意大利方面的原因。

---

① 张伯伦：《为和平而斗争》(N. Chamberlain, *The Struggle for Peace*)，189、194页，伦敦，1939。协定以316票对108票通过。

② 罗伯茨：《神圣的狐狸：哈里法克斯勋爵的生平》(A. Roberts, *The Holy Fox: The life of Lord Halifax*)，100页，伦敦，1991。哈里法克斯经常去教堂礼拜，又喜打猎，其为人计谋多端，故丘吉尔给他起一个外号"神圣的狐狸"。

③ 《1937～1938年齐亚诺日记》，130页，伦敦，1952。

④ 罗克：《在考验中的绥靖政策：英国对外政策及其批评者1938～1939年》(W. R. Rock, *Appeasement on Trial. British Policy and Its Critics* 1938～1939)，85～86页，哈姆登，1966。

⑤ *DBFP*，第2辑，第19卷，第644号文件，1127～1129页；《齐亚诺外交文件》，216～218页，伦敦，1984。

谈话最严厉的内容就是墨索里尼让齐亚诺告诉珀思，“他(指墨索里尼)保留恢复彻底的自由行动的权利”，例如停止从利比亚撤军①。

意大利的答复蛮横无理，哈维在日记(7月4日)中称之为“讹诈”，说他“很少看到这样无礼的信件”②。外交部常务次长卡多根则称之为“一封可怕的电报”③。张伯伦在给妹妹的信中抱怨说：“墨索里尼的所作所为就像一个被宠坏了的孩子，难以知道究竟如何同他打交道。”④张伯伦用他的绥靖政策宠坏了墨索里尼，现在却不知如何是好了。总之，1938年4月的英意协定是张伯伦推行绥靖政策的又一次失败。他企图保持地中海安全的目的没有达到。他企图拉拢意大利使之疏远德国的目的也没有达到。反之，意大利在协定的掩护下继续干涉西班牙内战，直到佛朗哥战胜为止。意大利还利用协定，打英国这张牌，提高了自己在德国方面的地位。由于协定排斥法国参加，法国在欧洲更加孤立，英国通过自己的手削弱了与自己唇齿相依的盟友。

到7月，协议的生效问题陷入僵局。一直到慕尼黑会议以后，英国政府才于1938年11月16日宣布协定生效。如上所述，当哈里法克斯会晤希特勒时，已向希特勒表明英国不会阻挠德国实现它对奥地利和捷克斯洛伐克的领土野心。因此，希特勒便在吞并奥地利后，肆无忌惮地威胁捷克斯洛伐克，制造如不满足德国要求战争将不可避免的紧张空气。1938年9月15日，张伯伦飞往德国，会晤希特勒。墨索里尼在听到这个消息后，对齐亚诺的秘书安富索说，张伯伦此举等于“给野兽尝尝鲜血的味道”；捷克斯洛伐克只是一个开端，希特勒不会就此罢手，定要对凡尔赛条约全面复仇的⑤。墨索里尼看到有机可乘，决心把赌注押在德国一边。9月18日，他在的里雅斯特发表演说，表示支持

---

① *DBFP*，第2辑，第19卷，第655号文件，1129～1133页；《齐亚诺外交文件》，221～223页，1984。

② 哈维编：《1937～1940年奥利弗·哈维的外交日记》，159页，纽约，1970。

③ 迪尔克斯编：《1938～1945年亚历山大·卡多根爵士日记》[D. Dilks(ed.)，*The Diaries of Sir Alexander Cadogan* 1938～1945]，85页，纽约，1972。

④ 莫伍德：《1935～1940年英意在地中海和中东的对抗》(S. Morewood，Anglo-Italian Rivalry in the Mediterranean and Middle East 1935～1940)，载博伊斯与罗伯逊合编：《通向战争的道路》[R. Boyce & E. M. Roberson(ed.)，*Path to War*]，180页，伦敦，1989。

⑤ 柯克帕特里克：《墨索里尼：一个煽动者的研究》(I. Kirkpatric，*Mussolini*，*Study of a Demagogue*)，359页，伦敦，1964。

德国，并说战争一旦爆发，意大利知道自己将站在哪一边①。9 月 21 日，墨索里尼又在特雷维索演讲，说所谓的捷克斯洛伐克应叫作捷克-德意志-波兰-马扎尔-斯洛伐克，它是不能在现有形式下继续存在下去的②。但在另一方面，意大利又怕德国在把捷克斯洛伐克拿到手后，进一步向南斯拉夫和东欧扩张势力。1938 年 8 月 19 日，齐亚诺在日记中写道："通过政治渠道没有告诉我们一句话。因此我们应该坚持五月(按指五月危机——笔者)时的立场，那时我们得到保证：至少在若干年内诉诸武力能够排除。"③直到 9 月 27 日，墨索里尼还对英、法将采取什么态度以及一旦战争爆发英、法将采取什么军事策略感到困惑不安④。正在这时，张伯伦于 9 月 28 日写信向墨索里尼求援，请他斡旋。"我相信阁下将通知德国总理，说你愿意出席会议并且敦促他同意我所提出的将会使我们各国人民免遭战祸的建议。我已经保证过，捷克人的诺言定将实现，我感到有把握在一星期之内达成完全协议。"⑤

墨索里尼喜出望外，接受邀请，出席了慕尼黑会议。会议期间，张伯伦与墨索里尼会谈，双方同意英国承认意大利对埃塞俄比亚的主权，意大利自西班牙撤出 1 万志愿人员，在此基础上英意协定生效。慕尼黑会议后，张伯伦于 1938 年 10 月 3 日在下院盛赞墨索里尼在解决捷克斯洛伐克问题上的"功劳"，说"他的贡献无疑是显著的或许是决定性的"⑥。1938 年 11 月 2 日，张伯伦请求议会批准英意协定生效，理由是：意大利已经从西班牙撤出了 1 万志愿人员⑦，而且保证其余的部队也将撤退，因此英国政府关于协定生效的先决条件，即西班牙问题的解决，已经实现了。他特别强调在捷克斯洛伐克危机中，欧洲各国已经避免了一场大灾难，既然西班牙问题不再构成对欧洲和平的威

① 柯克帕特里克：《墨索里尼：一个煽动者的研究》(I. Kirkpatric, *Mussolini, Study of a Demagogue*)，359 页，伦敦，1964。

② 里德利：《墨索里尼》(J. Ridley, *Mussolini*)，295 页，伦敦，1997。

③ 《1937～1938 年齐亚诺日记》，145 页，伦敦，1952。5 月，捷克斯洛伐克曾局部动员。德国因尚未做好准备，暂时收敛。

④ 同上书，163 页。

⑤ *DBFP*，第 3 辑，第 2 卷，第 1159 号文件，587～588 页。

⑥ 张伯伦：《为和平而斗争》，313 页，伦敦，1939。

⑦ 1938 年 10 月 15 日意大利自西班牙撤出 1 万部队，因为墨索里尼看到佛朗哥的胜利已无问题。科弗代尔：《意大利对西班牙内战的干涉》，371 页，普林斯顿，1975。

胁，就应及时使英意协定生效①。结果，下院以345票对138票通过了政府的提议。1938年11月16日，英意协定生效。英国同时承认了意大利对埃塞俄比亚的吞并。张伯伦这时认为，他在慕尼黑会议上已经取得了绥靖德国的成功，如果再能与意大利实现和解，那么欧洲的普遍和平就有了保障，大英帝国的安全也就不成问题了。但是令他大为惊讶的是：来年德国便于3月吞并了整个捷克斯洛伐克；4月意大利也吞并了阿尔巴尼亚。5月22日，德国和意大利结成钢铁同盟。1939年9月，第二次世界大战终于爆发，张伯伦的绥靖政策彻底破产了。

四

最后，我们要就英国对意关系中两个根本性的问题做一番集中的讨论。第一个问题就是：意大利的实力究竟如何？是否足以构成对英国的威胁？在经济上，意大利是一个穷国，弱点很多。意大利帝国主义被人们谑称为"穷汉帝国主义版"②。它的自然资源贫乏，工业原料及燃料如煤炭、石油、铁矿等严重依赖进口。意大利总进口的76%依靠海上贸易，其中62%通过直布罗陀海峡，3%通过苏伊士运河，其余11%来自地中海和黑海国家。一旦战争爆发，英国在直布罗陀和亚历山大里亚的海军就能切断意大利的海上交通③。意大利的工业基础在欧洲列强中最为薄弱，1939年它的钢产量仅有240万吨，而英国有1340万吨，德国有2250万吨④。在侵略埃塞俄比亚和干涉西班牙的战争中，意大利遭到严重削弱。征服埃塞俄比亚，使预算赤字从25亿里拉涨至160亿里拉⑤。干涉西班牙内战，使意大利花去了储备不多的外汇的一半，财政上的损失超过半年的税收收入⑥。第二次世界大战爆发前夕，齐亚诺在1939年8月6日的日记中写道："我们的黄金储备已近枯竭，金属储备也将耗尽，远未

① 张伯伦：《为和平而斗争》，353～354页，伦敦，1939。

② 《列宁全集》，中文第2版，第27卷，20～21页，北京，人民出版社，1990。

③ 吉布斯：《大战略》，第1卷，193页，伦敦，1976。

④ 诺克斯：《得到放纵的墨索里尼1939～1941》(M. Knox, *Mussolini Unleashed 1939～1941*)

⑤ 奥弗里及惠特克罗夫特：《通向战争的道路》，168页，伦敦，1989。

⑥ 丹尼斯·麦克·史密斯：《墨索里尼其人》，300页，北京，军事译文出版社，1985。

完成在独裁政治和军事方面的准备工作。”①

那么，意大利的军事力量又如何呢？在陆海空三军中，陆军最差。1940年，意大利正规军共有73个师，约150余万人，而不是墨索里尼所吹嘘的800万人。装备很差，在1500辆坦克中没有重型坦克，只有70辆中型坦克，其余都是3吨重的被部队不屑一顾的“沙丁鱼罐头”。各种类型的大炮大都是第一次世界大战遗留下来的旧炮。步兵配备的枪支是1891年型的来复枪②。墨索里尼对武器的落后非但不予重视，反而强调人口的数量最重要。1939年3月他宣称：战争的潜力等于一个国家的人口③。意大利的海军力量比陆军强。1939年，意大利拥有主力舰4艘(其中新建的一艘到1940年才能投入使用)、重巡洋舰7艘、轻巡洋舰12艘、驱逐舰65艘、潜水艇106艘，无航空母舰。④ 数量虽不算少，但训练不足，特别是高级海军将领有严重的畏战心理。1935年埃塞俄比亚危机期间，当9月英国舰队驶入地中海时，意大利军方十分惊恐，墨索里尼本人亦不例外⑤。墨索里尼最为自豪的是他的空军，每当有人对意大利的空军力量有任何怀疑时，他都答以他的空军能够遮暗太阳⑥。实际的情况是：到1940年意大利参战时，空军大致拥有轰炸机1132架(约900架有作战能力)，歼击机和攻击机1100架(约700架有作战能力)，此外还有数百架运输机和侦察机⑦。但空军驾驶员的训练差，作战能力低。意大利的空军数量常被墨索里尼任意夸大，向无精确的统计。1939年9月18日，齐亚诺在日记中写道：“他(指墨索里尼)对我们的军用飞机吹了一通。他有瓦莱(意大利航空事务部长)给他的一些荒唐的乐观数字。我劝他通过地方行政长官们进行

---

① 《齐亚诺日记1939～1943年》，162页，北京，商务印书馆，1983。

② 惠塔姆：《意大利总参谋部与第二次世界大战的来临》(J. Whittam, The Italian General Staff and the Coming of the Second World War)，载普雷斯顿编：《总参谋部与第二次世界大战前的外交》[A. Preston(ed.), *General Staff and Diplomacy before the Second World War*]，93～94页，伦敦，1978。

③ 默里：《1938～1939年欧洲均势的变化》(W. Murray, *The Change in the European Balance of Power*)，114页，普林斯顿，1984。

④ 同上书，115～116页。

⑤ 萨尔维米尼：《第二次世界大战的序曲》(C. Salvemini, *Prelude to World War* Ⅱ)，256页，纽约，1954；贝尔：《意大利—埃塞俄比亚战争的来临》(G. W. Baer, *The Coming of the Italian-Ethiopian War*)，359～361页，哈佛大学出版社，1967。

⑥ 普雷斯顿编：《总参谋部与第二次世界大战前的外交》，91页，伦敦，1978。

⑦ 朱庭光主编：《法西斯体制研究》，357页，上海，上海人民出版社，1995。

一番调查：清查飞机库里的飞机，然后求出飞机的总和。这不应该是无法办到的事。然而，我们至今尚未查明实际情况。”①对于意大利的军事情况，由于英国政府密码部门已经掌握并破译了意大利外交、殖民、陆海空三军等方面的若干密码簿，故英国对意大利的军事情况及弱点是清楚的②。

尤其需要指出的是：意大利的军事弱点及其无能在两场战争中暴露得十分明显，是世人皆知的。1935 年 10 月意大利发动侵略埃塞俄比亚的战争时，以为唾手可得，但不料面对武器极端陈旧的埃塞俄比亚军队（许多士兵连步枪都没有，手执长矛大刀），却久攻不下，最后违反国际公法大规模使用毒气，才于 1936 年 5 月取胜，用时共 7 个月。即使在吞并埃塞俄比亚后，意大利仍不得不驻扎 7 万重兵，以镇压当地人民的继续反抗。在干涉西班牙的战争中，意军在 1937 年 3 月 17 日至 23 日的瓜达拉哈拉战役中大败③，成为举世嘲笑的对象。尼翁会议后，意大利的海盗行为一时停止，也说明意大利的外强中干。总之，意大利不能构成对英国的严重威胁。1938 年 2 月 21 日，英三军参谋长委员会分析，如与意大利单独较量，则由于英国的巨大资源、海上优势和对地中海进出口的控制，意大利显然处于劣势，英国必操胜算④。在德、日、意三国中，英国始终最怕的是德国，其次是日本，最后才是意大利。1939 年春季以前，在英国的全球战争计划中，地中海战略地位的重要性一直低于远东⑤。尽管如此，英国仍然把意大利当作一个可怕的敌人，那是因为英国害怕德、日、意联合起来对付英国。这就涉及我们下面就要讨论的第二个问题。

第二个问题就是：30 年代英国面临德、日、意三个法西斯国家，所采取

---

① 《齐亚诺日记 1939～1943 年》，193 页，伦敦，1952。原译文“司令长官”一词，误，应作地方行政长官或省长(Civilian Perfects)。

② 欣斯雷、托马斯、兰塞姆、奈特：《第二次世界大战中的英国情报机构》(F. H. Hinsley, E. E. Thomas, C. F. G. Ransom & R. C. Knight, *British Intelligence in the Second World War*)，第 1 卷，199～200 页，伦敦，1979。

③ 此役意军的死伤数字，有各种统计。最高估计死 3000 人，伤 4000 人；最低估计死 400 人，伤 1500 人。《意大利对西班牙内战的干涉》，249 页，普林斯顿，1975。

④ 普拉特：《马尔他以东，苏伊士以西》，113～114 页，伦敦，1975。

⑤ 奥米西：《1935～1936 年英国全球战略中的地中海和中东》(D. Omissi, The Mediterranean and the Middle East in British Global Strategy, 1935～1936)，载科恩与科林斯基合编：《30 年代的英国与中东：1935～1939 年的安全问题》[M. J. Cohen and Martin Kolinsky(ed.), *Britain and the Middle East in the* 1930s: *Security Problems*, 1935～1939]，1992。

的战略方针和外交方针是否正确？

1937 年 11 月 12 日，英国三军参谋长委员会在一份题为《1938 年 1 月时大不列颠的力量与某些其他国家的力量对比》的文件中写道："我们海陆空三军的目前发展情况仍然远远不足以适应我们所承担的从西欧经地中海到远东的防御义务。……我们没有忽视我们希望从法国以及可能从其他盟国获得的援助，但我们不能预见我们的国防力量什么时候才会强大到足以保卫我国的领土、贸易和重大利益不受德国、意大利和日本的同时威胁。因此，从帝国国防的观点看，对于为了减少我们的潜在敌人和获得潜在的盟国的援助所能采取的任何政治上或国际上的行动的重要性，怎么强调也不算过分。"①12 月 8 日，内阁认可了这份文件。这是一份经常被引用的十分重要的文件，它的内容既包括对总的战略形势的估计，也包括适应这种形势所应采取的外交对策。对于构成这个文件的几个相互关联的论点，我们需要结合历史事实予以一一分析。

第一，文件关于德、意、日三个国家会同时与英国作战的论点，是一种悲观的、完全错误的判断。试举几件大事来看。在埃塞俄比亚危机期间，英国始终未对意大利采取封闭苏伊士运河之类的军事制裁手段。英国军方解释说，如果与意大利发生战争，就不能保卫英国在远东的利益以对抗日本。其实，1935～1936 年日本正在全力攫取中国华北，是不会同时在远东与英国为敌的。恰恰相反，日本估计"英国方面的根本方针，是依靠日本的帮助，力图在中国保住英国的既得利益"，而日本从当前的国际形势考虑，"对这种日英提携没有任何异议"②。再如，在慕尼黑危机期间，意大利虽然宣称一旦战争爆发，它将站在德国一边，但实际它是没有力量与德国一道出兵的。这时，意大利的几万军队还在西班牙战场，征服埃塞俄比亚和出兵西班牙消耗了大量的财力、物力和兵力，根本不可能再参加一场后果难料、要冒极大风险的欧洲大战。日本则自发动全面侵华战争后，百万大军陷于中国战场，1938 年 9 月正在紧张进行整个中日战争中日本动用兵力最大的武汉战役，如何能够配合德国与英法作战呢？

1939 年 9 月欧战爆发的情况最能说明问题。9 月 1 日，德军侵入波兰后，

① *DBFP*，第 2 辑，第 19 卷，第 361 号文件，513 页。张伯伦经常发表与此文件内容相同的看法。1937 年 7 月 5 日，他在帝国国防委员会上说："我们的物力和财力都有限，企图单独对三个联合起来的最强大的国家作战，是不足取的。"见 *DBFP*，第 2 辑，第 19 卷，第 15 号文件，25 页。

② 《日本外交年表及主要文书》，下卷，334～335 页，东京，1976。

意大利并未配合德国立即参战，而是宣布进入“非交战状态”，直到眼看法国败局已定，才匆忙于1940年6月10日正式对英、法宣战，这时距德国出兵已9个多月了。德国的另一个盟国日本同样采取观望态度，阿部内阁发表声明：“帝国不介入，专注于中国事变。”1939年12月28日，由日本外、陆、海三相签署的《对外政策的方针纲要》指出：在欧战爆发、国际形势发生遽变的时候，日本的对策应根据不介入的方针，充分利用“中立立场”，“以有利于促进处理中国事变，同时采取措施，造成对建设东亚新秩序(包括南方在内)的有利形势”。① 直到1940年6月22日法国投降后，日本估计欧战将很快结束，必须利用德国的胜利，“不要误了公共汽车”，才于7月最后决定了南进的方针政策。此外，还有许多说明德、意、日三国钩心斗角、互不相谋的事实。1939年8月23日，德国与苏联缔结了互不侵犯条约，事先根本没有通知日本。日本陷于被动。8月28日，平沼内阁以“欧洲的天地发生了复杂离奇的新形势”为由而总辞职②。意大利也被蒙在鼓里。8月11日，齐亚诺在日记中发泄他的牢骚：“每当我问及德国行动计划时，冯·里宾特洛甫往往闪烁其词。……我开始意识到，我们在德国人的心目中是多么渺小。”③又如，1941年6月22日德国发动侵苏战争后，迫切要求日本夹击苏联，但日本权衡利害后，却做出了“继续向南方扩张”的决定。

总之，30年代英国文武要员关于英国将面临与德、意、日三国同时作战的危险的判断，是既无历史根据，亦无现实根据的，而且他们从来也未就这个重大问题做过详细的、严谨的论证。再者，英国资产阶级素以“老练”、“狡猾”、“机灵”著称④，当然懂得国与国之间是不可能没有矛盾的，德、意、日法西斯集团也绝非铁板一块，总会协调行动。既然如此，他们为什么还要反复强调这一点呢？这是因为，英国虽然是第一次世界大战的战胜国，但从总的趋势看，英国已经走向没落，国力日衰，没有足够的力量维护庞大的帝国。英国统治阶级力求平安地保住既得利益，害怕冒战争的风险，所以在战略上极端保守，总是过高地估计敌人的力量，过低地估计自己的力量，时时处处从最坏的结果着想，认为战端一起，德、意、日就会联合起来对付英国。以这样总的估

① 复旦大学历史系日本史编译组：《日本帝国主义对外侵略史料选编》，297～298页，上海，上海人民出版社，1975。

② 信夫清三郎：《日本外交史》，下册，639页，北京，商务印书馆，1992。

③ 《齐亚诺日记1939～1943年》，164页，北京，商务印书馆，1983。

④ 参见《列宁全集》，第39卷，79页；第42卷，93页。

计为出发点，自然要乞灵于绥靖外交了①。

第二，文件主张为了减少潜在的敌人，要尽最大力量采取外交行动。张伯伦等人对德、意、日三个敌人都怕，更怕他们联合行动，因而主张对每一个都要采取绥靖政策。1938 年 2 月 19 日，张伯伦在日记中写道："从一开始我就试图改善与两个风暴中心柏林与罗马的关系。在我看来，我们正在不知不觉地陷入同它们越来越坏的处境，前景是最终同时面对两个敌人。"②张伯伦的对策是竭力向他们一一求和，最希望的是与德国达成和解。他在德国那里碰壁之后就来找意大利，继而在意大利那里碰壁之后反过头来再去找德国，如此在两个敌人之间疲于奔命。意大利本来是两个当中比较软弱的一个，但张伯伦对它也委曲迁就，结果墨索里尼的要价越来越高，对英国的鄙视也越来越甚。为《1937～1938 年齐亚诺日记》作序的马尔科姆·马格里奇说得好："像所有沉溺于权力的人一样，墨索里尼只记住力量。每一次妥协的努力在他看来都是软弱的表现，从而只使他坚信：为了侵略的目的，坚持与希特勒结盟是有利的。"③英国对日本也采取绥靖政策，这个问题已超出本文范围，故从略。

第三，文件主张尽力争取潜在的盟友，这纯属虚应故事，言不由衷。法国与英国有唇齿相依的关系，本应是英国首先争取的对象。但目光短浅的张伯伦政府非但不去力争法国的合作，反而在英意交涉中处处排斥法国，这在上面所述的英意缔结 1937 年 1 月和 1938 年 4 月两个协定的过程中已经说明。美国虽然远在另一大陆，但其经济力量居世界第一，无疑也应力争它的援助。然而张伯伦却以极其厌恶的态度对待美国过问欧洲事务，这在前面亦已谈到。1937 年 12 月 8 日，张伯伦在一次内阁会议上就争取盟国问题做了实质上全面否定的发言。他表面上说法国是英国最重要的朋友，并承认它有强大的陆军，但又强调法国空军远非令人满意，在法国能在空中给英国以重大帮助以前，很长段时间已经流逝了。美国是有最大力量的国家，但谁要是把自己的估计建筑在美国的援助上，"他就是一个轻率的人"。对于小国，张伯伦非常轻视，说它们对英国的攻防力量都不会有多大帮助。在平时小国的援助是用的，但在战时就要差多了④。1937～1938 年冬季，英国三军参谋长反对与法国进行任何参谋

---

① 英国统治阶级害怕战争的原因是多方面的，详见拙文《20 世纪 30 年代英国的重整军备与绥靖外交》，载《绥靖政策研究》，北京，首都师范大学出版社，1998。

② *DBFP*，第 2 辑，第 19 卷，附录Ⅰ，1138 页。

③ 《1937～1938 年齐亚诺日记》，序，Ⅹ页，伦敦，1952。

④ *DBFP*，第 2 辑，第 19 卷，第 378 号文件，656 页。

谈判，害怕会因此引起疏远德国的结果，这激起了艾登的反感。他在1938年1月31日致张伯伦的信中称三军参谋长是“失败主义者”，并讽刺说：“我不得不认为，三军参谋长真正愿做的事就是重新定向我国的外交政策，并同独裁者们一起爬上领头的乐队车，即使这种办法意味着与法国分手和疏远我们与美国的关系。”①

英国轻视小国，不把它们当作潜在的盟友，不仅因为看不起它们的力量，而且因为英国已决定牺牲它们，以换取与德国的和解。1936年1月，英国海军大臣蒙塞尔对法国人说，日本人对英国远东属地的一次行动，要比德国在东欧的任何行动，都更值得关切。1937年2月，在三军参谋长委员会的会议上，第一海务大臣兼海军参谋长查特菲尔德建议：让德国人把自己缠在东欧是一件好事，他怀疑德国在吞并捷克斯洛伐克以后会统治欧洲的主张②。慕尼黑会议后，哈里法克斯在1938年11月1日给菲普斯的信中说，由于地理上和经济上的原因，德国在东欧的支配地位是不可避免的。“让德国在中欧扩张是一回事，这在我看来是正常的和自然的，但是我们必须能够抵抗德国在西欧的扩张”。③

至于苏联，如果英国真想与法西斯集团对抗，则非联苏莫办，但这恰恰是张伯伦所最反对的。1939年3月26日，他在日记中写道：“我必须承认对俄国极度的不信任。我不相信它有任何能力去维持有效的攻势，即使它想这样做。而且，我怀疑它的动机，在我看来，这些动机同我们的自由观念几乎没有任何联系，并且只关心把别人搞得人人不和。”④1939年7月10日，艾恩赛德将军对张伯伦说，与俄国达成谅解是他们唯一能做的事，张伯伦断然回答道：“这是唯一我们不能做的事。”⑤法国、美国、苏联以及各小国家既然都不能依靠，唯一的出路自然就是向德、意、日乞和了。

总之，在30年代英国文武要员的眼中看不到一个可以依靠的朋友，所见者只有三个可怕的敌人，即使对其中最弱的意大利，他们也怀有畏惧之心。英国绥靖意大利有两个主要目的：一是分化德、意并利用意大利去牵制德国，二

① 瓦特：《事关重大》(D. C. Watt, *Too Serious a Business*)，129页，伦敦，1975；卡尔顿：《安东尼·艾登》(D. Carlton, *Anthony Eden*)，118页，伦敦，1981。

② 默里：《1938～1939年欧洲均势的变化》，66页，普林斯顿，1984。

③ *DBFP*，第3辑，第3卷，第285号文件，252页。

④ 法伊林：《尼维尔·张伯伦的生平》，403页，伦敦，1946。

⑤ 霍华德：《大陆义务》(M. Howard, *The Continental Commitment*)，132页，伦敦，1972。

是维持地中海的现状，保持地中海的稳定，结果一个也未实现。英国在战略上做了最坏的打算，在外交上却做了最好的打算。它在绥靖外交上的每一次失败，在当时都被当作胜利而自慰，张伯伦政府就在这种对和平的幻想中走向了战争。悲观主义的战略估计加上机会主义的外交政策，使英国在第二次世界大战开始后不久即遭惨败，几乎亡国，后赖与原先认为指望不上的美国、苏联以及十分看不起的中小国家结成同盟，才终于转败为胜。但是曾经称霸世界的大英帝国在战后已降为偏居西欧一隅的二等国家了。

论“不干涉”政策的创始者及其动机*

关于“不干涉”政策的起源，西方一派学者认为这一政策是法国主动提出来的，另一派则认为它的真正策源地是伦敦。这两派的看法都有片面性。本文分析了英、法外交文件和当事人的回忆录等大量史料，指出就实质而论，英、法两国是这一政策的共同创始者。这一论断是本文作者的独到见解。

“不干涉”政策的起源，从 20 世纪 30 年代直到今天，始终是史学界争论不休的一个问题。“不干涉”政策的创始者究竟是谁？制定这一政策的动机又是什么呢？这两点尤其是问题的关键所在。本文也拟提出作者的一些浅见，求教于读者。

“不干涉”政策的创始者是谁？

关于“不干涉”政策的创始者，历来有两种看法。一派认为它是法国政府主动提出的①；另一派认为它的真正策源地是伦敦。勃鲁

* 原载《北京师范学院学报》1982 年第 2 期。

① D. 卡尔顿最坚持这种看法，认为英国从未施加压力。见《艾登、勃鲁姆和不干涉政策的起源》(D. Calton, Eden, Blum, and the Origins of Non Intervention)，载《现代史杂志》(*Journal of Contemporary History*)，1971 年 7 月号，40～55 页。斯蒂芬·罗斯基尔完全不赞同卡尔顿的观点，见《汉基：机要人物》(S. W. Roskill, *Hankey: Man of Secrets*)，第 3 卷，243 页，伦敦，1974。杰佛里·沃纳也属于这一派，但不像卡尔顿那样极端，见《法国和不干涉西班牙，1936 年 7～8 月》(G. Warner, France and Non Intervention in Spain July-August 1936) 一文，载《国际事务》(*International Affairs*)，1962 年 4 月号，203～220 页。

姆在保守党人的强大压力下不得不改变初衷，走上"不干涉"的道路。① 事实的真相到底如何呢?

1936年7月20日，法国总理勃鲁姆接到西班牙共和国总理吉拉尔的一封求援电报："危险的军事政变发生，不胜惊愕。请你立即给我们以武器和飞机的援助。"②根据国际法的惯例，一个合法政府遇到国内发生叛乱时，本来就有权向其他国家购买武器和军用物资③，何况法国与西班牙政府在1935年12月还签订过一个商务协定，其中所附的秘密照会规定西班牙可以向法国购买价值两千万法郎的军用物资。

7月21日，勃鲁姆与外交部长德尔博斯、国防部长达拉第、航空部长科特一同商议援助西班牙共和国的问题。据科特说，勃鲁姆"没有犹豫"地接受了西班牙政府的请求，他还指示达拉第和科特研究如何最好地满足西班牙的需求。④ 参照一些其他史料，科特的这种说法，某些部分可以得到证实。7月23日，德国驻法大使韦尔兹克打电报给德国外交部，说法国政府准备给西班牙政府运去大约30架轰炸机、几千枚炸弹以及相当数量的75毫米的炮。当晚七点，他又打电话报告他已从法国一位阁员那里证实了上述事实。⑤ 同日，亨利·德凯里利斯根据西班牙驻法武官巴罗索(同情佛朗哥)提供的消息，在《巴黎回声报》上披露了法国政府准备援助西班牙共和国的全部细节。二次大战后，科特在1960年6月20日对一位访问他的历史学家说，法国右翼报纸当年有关这个方面的报道基本上是准确的。⑥ 根据以上史料，说勃鲁姆在最初的时候一度有过援助西班牙政府的打算，是可以的。但科特把他的态度描写为"没有犹

---

① 休·托马斯：《西班牙内战》(Hugh Thomas, *The Spanish Civil War*)，388～389页，纽约，1977，增订版；阿瑟·H. 弗尼阿：《绥靖外交》(Athur H. Furnia, *The Diplomacy of Appeasement*)，213页注㊴，华盛顿，1960。苏联学者一般认为"不干涉"政策导源于英国鲍尔温内阁，而由勃鲁姆为首的法国政府宣布。见德波林主编：《第二次世界大战史(1939—1945)》，第2卷，40页，上海，上海译文出版社，1981。

② 休·托马斯：《西班牙内战》，337页，纽约，1977，增订版。

③ 诺曼·J. 帕德尔福德：《西班牙内乱中的国际法与外交》(N. J. Padelford, *International Law and Diplomacy in the Spanish Civil Strife*)，4页，纽约，1939。

④ 皮埃尔·科特：《叛逆的胜利》(P. Cot, *Triumph of Treason*)，338页，芝加哥，1944。

⑤ 《1918～1945年德国外交政策文件汇编》(*Documents on German Foreign Policy 1918～1945*)，D辑，第3卷，4页，伦敦，1951。

⑥ 沃纳：《法国和不干涉西班牙，1936年7～8月》，204页注①。

豫”的，那就未免夸大其词了。实际上，法国的几个部长在 21 日会商的时候是顾虑重重的。他们力求尽可能秘密地办理援助西班牙政府的事项，唯恐给法国右翼报纸增加新的刺激。① 勃鲁姆是靠人民阵线运动上台的，西班牙问题又事关法国本身的安全，他不可能在一开始的时候就拒绝吉拉尔的请求。

7 月 23 日，勃鲁姆继德尔博斯之后离开巴黎，赴伦敦参加英、法、比三国会议。关于勃鲁姆的伦敦之行，有过一种流行的解释，即他是在英国的压力下被迫前往的。1936 年 7 月 27 日，美国驻法大使斯特劳斯在致国务卿的报告中写道：“7 月 22 日，法国驻伦敦大使科尔班亲自打电话给勃鲁姆，提醒他注意，英国政府对这一意外事件极端焦虑。科尔班力劝勃鲁姆尽快来访并与鲍尔温和艾登一道讨论形势。这样，科尔班的请求就成为勃鲁姆迅速决定来伦敦的主要原因，他的此行并非像一般所认为的那样，是来参加那时正在举行的三方会议。”②美国国务卿赫尔在他的回忆录中，也谈到了勃鲁姆的伦敦之行，材料来源仍然是斯特劳斯的报告，但在具体叙述上又有所发展。赫尔说：“英国首相斯坦利·鲍尔温要求勃鲁姆来伦敦讨论西班牙问题，并在这里向他强调了英国政府的意见，即法国对西班牙的任何援助都可能导致一场国际危机。”③沿用斯特劳斯的报告以立论的，还有托马斯、弗尼阿等史学家。④ 美国驻法大使自称他的消息来自一位可靠的新闻界人士，而后者又是从法国国防最高委员会的一位成员那里探听到的。但是，上述解释至今在英、法档案中得不到佐证，因此只可暂备一说，以俟续考。比较清楚的是：英、法、比三国伦敦会议是在 7 月初西班牙内战爆发前计划召开的，目的是研究德国重占莱茵非武装区的后果和国际形势问题。叛乱发生后，原定的议程虽然未变，但勃鲁姆急于借此机会探明英国政府对于这场内战的态度，则是很自然的事。⑤ 还有一种说法，就是勃鲁姆之所以亲赴伦敦参加会议，是接受了他颇为倚重的法国外交部秘书长莱热的劝告。莱热惊慌地看到法国人民阵线政府和法国的工潮已经在英国引起了

---

① 约翰·E. 德赖福特：《伊冯·德尔博斯在外交部》(J. E. Dreifort, *Yvon Delbos at the Quai d'Orsay*)，35 页，堪萨斯，1973。

② 《美国对外关系：1936 年外交文件》(*Foreign Relation of the United States: Diplomatic Papers* 1936)，第 2 卷，447～448 页，华盛顿，1954。

③ 《赫尔回忆录》(*The Memoirs of Cordell Hull*)，第 1 卷，476 页，纽约，1948。

④ 休·托马斯：《西班牙内战》，343～344 页，纽约，1977，增订版；弗尼阿：《绥靖外交》(A. H. Furnia, *The Diplomacy of Appeasement*)，209～210 页，华盛顿，1960。

⑤ 皮埃尔·科特：《叛逆的胜利》，338～339 页，芝加哥，1944。

一种“赤祸”感，生怕英国与白色西班牙、德国和意大利结成“一种梅特涅式的新神圣同盟”。他认为，除非法国放弃向合法的西班牙政府输送武器和志愿人员，英国的中立就无保证。① 综上所述，我们虽然还不能肯定勃鲁姆是在英国的压力下前往伦敦的，但也必须看到他是十分重视并急于查明英国的立场的。

法国总理在伦敦一共逗留了两天(23 日、24 日)。在 23 日会议的正式讨论中没有涉及西班牙问题，但勃鲁姆通过会外的接触仍然了解了英国的立场。他到达后不久，法国著名记者佩蒂纳克斯就警告他说：“你要知道，这里不是很善意地看待这件事情(指援助西班牙政府——笔者)的。”②法国驻英大使科尔班也向勃鲁姆表示：鲍尔温内阁对反叛分子有强烈的同情；内阁十分自然地反映了保守党集团的意见，他们在财政上和社会地位上是与西班牙保守派亲密地结合在一起的。③ 在英国显贵中，勃鲁姆会见了艾登、霍尔和鲍尔温。据勃鲁姆回忆，英国外交大臣艾登在送行时当面问他：“你们正在准备向西班牙共和国输送武器吗?”在得到肯定的答复后，艾登警告说：“这是你们的事情，但是我要求你一件事。要谨慎。”④当时担任海军大臣的霍尔，是勃鲁姆会见的另一位保守党要人。据说，他曾做过这样的表示，即他“希望有这样一场战争，在它的进行过程中法西斯分子和布尔什维克将互相消灭”。⑤ 至于鲍尔温首相，则

---

① 伊丽莎白·R. 卡梅伦：《亚历克西·圣莱热·莱热》，载戈登·A. 克雷格、费利克斯·吉尔伯特合编：《1919 -1939 年的外交家们》[G. A. Craig & F. Gilbert(ed.), *The Diplomats* 1919～1939]，391 页，普林斯顿，1953。

② 约翰·E. 德赖福特：《伊冯·德尔博斯在外交部》，37 页，堪萨斯，1973。

③ 皮埃尔·科特：《叛逆的胜利》，338～339 页，芝加哥，1944。

④ 吉尔·爱德华兹：《英国政府与 1936～1939 年的西班牙内战》(J. Edwards, *The British Government and the Spanish Civil War* 1936～1939)，17 页，伦敦，1979。1964 年 8 月，法国国民议会成立了专门委员会，调查法国在 1940 年失败的原因。调查后出版了《1933～1945 年在法国发生的事情》一书，包括许多政治活动家的证词、文件和材料。上面所引艾登的话，就是勃鲁姆在接受调查时所说的。安东尼·艾登在《面对独裁者》这部回忆录中(730 页，北京，商务印书馆，1977)，没有提到这次谈话，但也未加否认，仅明确表示在三国会谈期间没有讨论过西班牙问题。

⑤ 沃纳：《法国和不干涉西班牙，1936 年 7～8 月》，205 页。他的这条材料取自曾任勃鲁姆总理府办公厅主任的布吕梅尔的一篇未发表的文章。据托马斯·琼斯说，在鲍尔温款待法国总理的一次午宴上，霍尔曾出席作陪。霍尔想谈欧洲政治，勃鲁姆却宁愿谈艺术、书籍和古董。以上是鲍尔温当面告诉他的。至于霍尔所谈欧洲政治的具体内容，鲍尔温未再指出。见琼斯《1931～1950 年日记及书信》(T. Jones, *A Diary with Letters* 1931～1950)，231 页，伦敦，1954。

有人说他讲过，如果法国对西班牙的干涉激起了与意大利的冲突，英国将守中立。① 总之，通过上述种种接触，勃鲁姆对于保守党政府反对援助西班牙共和政府一点已无疑问。

7月24日，勃鲁姆一行回到巴黎。他后来回顾当时的形势时，写道："7月24日我一从伦敦回来，就发现自己面临着政府的极端分裂、剧烈的新闻攻势和一种议会的反叛。"②在机场上，前来迎接的副总理肖当立即把国民议会反对援助西班牙的情况向勃鲁姆做了汇报。随后，勃鲁姆很快会见了参议院议长让纳内。让纳内要勃鲁姆注意：当3月7日德国重新占领莱茵兰时，这直接涉及法国本身的安全，然而法国最后还是屈服了。现在如果因为西班牙事件而卷入一场战争，这种主意是没有人能够理解的。让纳内断言："英国不会跟着我们干。"③勃鲁姆还发现，在他离开巴黎的这两天，《巴黎回声报》和《法兰西行动报》已经把准备援助西班牙政府的情节做了详细报道。7月23日，莫里斯·皮若在《法兰西行动报》上发表文章，要求知道勃鲁姆和科特是否"有权使法国从事这种不光彩的冒险行动，它将向其他国家提供一个合法的先例和榜样，它们有朝一日也会被诱使干涉我们自己的事情"。④ 第二天，夏尔·莫拉斯也表示反对给西班牙政府以任何种类的军事援助。他利用法国当时相当流行的害怕战争的心理，恐吓说这种援助将导致德国和意大利的干涉，从而西班牙的内部冲突将演变为一场普遍战争。⑤

7月24日晚10点，勃鲁姆在家里召集了一次小型会议。与会者有德尔博斯、达拉第、科特和财政部长奥里奥尔。西班牙政府派往法国办理有关输送援助物资的特使费尔南多·德洛斯里奥斯也在场。据科特说，在出席的四名部长

① 吉尔·爱德华兹：《英国政府与1936～1939年的西班牙内战》，16页，伦敦，1979。

② 加拉赫：《莱昂·勃鲁姆与西班牙内战》(Gallagher, *Leon Blum and the Spanish Civil War*)，载《现代史杂志》，1971年7月号，58～59页。

③ 沃纳：《法国和不干涉西班牙，1936年7～8月》，206页；威廉·L. 夏伊勒：《第三帝国的崩溃》(William L. Shirer, *The Collapse of the Third Republic*)，299页，纽约，1969。

④ 德赖福特：《伊冯·德尔博斯在外交部》，35页，堪萨斯，1973。

⑤ 尤金·韦伯：《法兰西行动：20世纪法国的保皇主义与反动》(E. Weber, *Action Francaise: Royalism and Reaction in Twentieth Century France*)，381页，斯坦福，1962。

中，仅德尔博斯有所保留。他因受到与英国人谈话的影响，要求谨慎，切勿不必要地震惊国际舆论。但科特又说，德尔博斯与勃鲁姆一样坚决地认为，应当把西班牙所要求的武器送去。这样的叙述不仅前后矛盾，而且和德尔博斯以后的表现也不符合。①

在7月25日召开内阁会议前，勃鲁姆在早晨晋谒了共和国总统勒布伦。勒布伦警告说，向西班牙输送武器，"可能意味着战争或法国的革命"。② 后来，勃鲁姆又同国民议会议长赫里欧交换了意见。赫里欧激动地说："啊！我请求你，我的好朋友"，"请不要去参与这样的事情。"他还说，输送武器可能引起德国和意大利以更大数量的武器供应反叛分子。③ 就在这一天，右派的新闻攻势达到了新的高潮。《巴黎回声报》再一次刊登了德凯里利斯的一篇文章，他诬蔑"马德里不再有一个正规的政府"，造谣说"西班牙首都已经落在了共产党——无政府主义分子的苏维埃手中。莱昂·勃鲁姆先生、皮埃尔·科特先生和爱德华·达拉第先生实际上正在把物资送给共产党分子"④。

7月25日下午，法国内阁举行会议。在会上，德尔博斯报告了英国大臣们的意见，肖当则把右翼报纸的宣传攻势对于参议院保守集团所产生的影响做了介绍。科特说，反对援助共和西班牙的人是极少数。与此类似的一个材料说得更具体一些，即只有肖当、德尔博斯和另一个激进党人。⑤ 但上述两种说法都值得怀疑，因为最后通过的决议是：(1)着手收集并准备装运西班牙政府所请求的武器，这需要8至10天的时间；(2)利用这段时间在国民议会辩论外交政策，以便全世界，特别是英国，可以了解法国公众由其代表们所表示的真正立场；(3)派海军上将达尔朗去英国，向英国当局说明法国的生死攸关的利益不允许西班牙共和政府被一个具有法西斯倾向的政府所代替；(4)在国民议会辩论外交政策后，内阁将重新研究对西班牙的政策，除非德国或意大利对反叛分子的输送装备使法国必须加速自己的供应，以便防止西班牙共和国的失

① 皮埃尔·科特：《叛逆的胜利》，339页，芝加哥，1944。

② 沃纳：《法国和不干涉西班牙，1936年7～8月》，207页。

③ 同上。

④ 皮埃尔·科特：《叛逆的胜利》，339页，芝加哥，1944。

⑤ 同上书，340页；沃纳：《法国和不干涉西班牙，1936年7～8月》(G. Warner, *France and Non Intervention in Spain July-August* 1936)，208页及注②。沃纳的材料来自1960年6月22日他对那位愿意保持匿名的"另一激进党人"的访问。

败。① 这就是说，勃鲁姆政府决定暂停对西班牙共和国的援助，在国内要观望一下议会的态度，在国外要观望一下英国的态度。此外，还要以德国和意大利的行动为转移。会后发表了一份半官方的新闻公报，声明法国政府“一致决定不以任何方式干涉西班牙的内部冲突”。7 月 26 日，德尔博斯通知奥里奥尔，禁止向西班牙输出一切军用物资。没有武器的飞机可以批准由私人企业运交西班牙政府。② 至此，可以说法国政府已经朝着“不干涉”政策的方向迈出了有重要意义的第一步，虽然这时执行的“不干涉”政策还是部分的，而不是包罗一切的。如果只就形式来看，也可以勉强说是暂时的、有条件的，而不是最后确定的、无条件的。

7 月 26 日，鲍尔温明确指示艾登，决不可以为了法国人或者什么其他的人，使英国站在俄国人方面作战。鲍尔温把他的这个决定在 7 月 27 日当面告诉了他的亲信托马斯·琼斯。后者随即提醒他注意美国驻苏大使布立特两个月前所做的预言：莫斯科盼望在三个月内在西班牙成立一个共产党政府。③ 实际上，西班牙共产党人这时在全国的影响还很小，而援助共和政府更谈不上是为苏联而战。鲍尔温和他的亲信竟这样提出问题，足证他们从一开始就是怀着对于共产党，对于社会主义国家的敌视和阶级偏见来看待西班牙问题的。

7 月 30 日，两架意大利飞机在开往西班牙属摩洛哥的途中，因缺油而被迫降落在法属北非。经过调查后，证实它们是意大利政府派往支援佛朗哥的军用飞机。意大利援助叛军既然已经证据确凿，按照法国内阁 7 月 25 日会议通过的决议，法国应当立即停止禁运，加速支援西班牙共和政府。但是它并没有这样做。

8 月 1 日，法国内阁再次举行会议。这次会议时间很长，从早晨直开到下午一点半。科特认为意大利援助叛军的事实，证明不干涉政策已经失败。德尔博斯则继续强调英国内阁的立场：保守党人宁要反叛分子，而不要共和派，并且以英法友好的名义，非正式地建议法国不要偏袒一方，而应遵守严格的中立。经过长时间的争论后，会议采纳了德尔博斯的建议，决定向欧洲各国发出呼吁，希望它们采纳“不干涉的共同原则”。外交部的公报声明：法国政府决定

① 皮埃尔·科特：《叛逆的胜利》，340 页，芝加哥，1944。

② 约翰·E. 德赖福特：《伊冯·德尔博斯在外交部》，40～41 页，堪萨斯，1973。

③ 琼斯：《1931～1950 年日记及书信》，231 页，伦敦，1954。琼斯曾任英国内阁副秘书，1930 年退休后，与政界仍保持密切联系，是“克莱夫顿”集团的一员。

“向有关主要政府发出紧急呼吁，迅速采取并严格遵守不干涉西班牙的共同准则”；法国政府没有输送任何武器，甚至没有履行冲突爆发前已经签订的合同；鉴于反叛分子正在从国外得到军事援助，法国政府对实施上述决定保留判断的自由。① 有些史学家把公报看作主张“不干涉”政策和反对“不干涉”政策两派妥协的结果，这未免过于从形式上看问题。其实，占上风的还是主张“不干涉”政策的那一派。因为，所谓“保留判断的自由”云云，并不具有什么新的重要意义，类似的决定在7月25日的内阁会议上已经做过一次了。在意大利飞机事件发生后，仍然旧调重弹，而不敢见诸行动，只能证明法国当局对于法西斯国家的姑息和纵容。至此，“不干涉”政策又向前迈进了一步，即从法国一国宣布的政策正在演变为一个国际协定。

此后，法国展开了一系列的外交活动，首先同英国和意大利，随后再同德国和苏联进行交涉，希望这些国家也接受不干涉西班牙的原则，并共同参加一个协定。

从8月1日到8月8日举行另一次内阁会议，这期间有两件大事，史学家们的看法有很大分歧。其一是达尔朗访英；另一是克拉克拜会德尔博斯。

8月5日，法国海军上将达尔朗奉勃鲁姆之命，赴伦敦拜会英国第一海务大臣查特菲尔德勋爵。根据查特菲尔德事后所写的一份备忘录，达尔朗表示法国“既不希望在西班牙出现一个法西斯政府，也不希望出现一个共产党政府，然而二者当中必有一个，看来是不可避免的”。但不论最终哪一方获得胜利，西班牙将处于一种软弱的地位，从而不能抵抗意大利和德国的掠夺行动。法国“害怕的是：意大利将利用这种形势夺取巴利阿里群岛，德国将夺取加那利群岛”。这对法国和英国都非常危险。法国海军参谋部是非常忧虑的，英国觉得如何？查特菲尔德没有正面回答，而是反问道：如果法国感到忧虑，是否打算派军舰监视巴利阿里群岛和加那利群岛呢？达尔朗说：“如果你们愿意这样做，我们也愿意这样做，但是我们不愿单独派法国船舰到那里。我们希望你们怎样做，我们就跟着你们干。”查特菲尔德当即表明，英国海军部在这些问题上仅仅根据外交部的指示去做，没有自己的政策。他还诡称没有得到类似达尔朗所告诉他的消息，但如果法国海军部确实认为形势十分严重，那么恰当的步骤应当

① 皮埃尔·科特：《叛逆的胜利》，343页，芝加哥，1944；休·托马斯：《西班牙内战》，364页，纽约，1977；沃纳：《法国和不干涉西班牙，1936年7～8月》，210～211页。

由法国外交部通知英国驻巴黎大使。当达尔朗要求会见英国内阁秘书兼帝国国防委员会秘书莫里斯·汉基爵士时，查特菲尔德表示没有必要，并说汉基正在休假之中。① 关于这次会谈，法国方面的记载有一些英方所无的内容。据法国外交文件，查特菲尔德曾经提到英国政府不愿“以任何方式干涉西班牙内战”。达尔朗跟着问道：在坚持不干涉的同时，英国和法国是否可以试图在敌对双方之间进行调解，以期保证建立“一个民主的政府”。查特菲尔德对“这种主意非常怀疑”，并认为调解成功的可能性是极小的。②

达尔朗访英，未获任何结果而返，这对法国此后的决策究竟有多大影响呢？勃鲁姆本人认为达尔朗访英的结果，对法国政府 8 月 8 日停止向西班牙输送武器的“最后决定有相当大的影响”。③ 一些史学家如加拉赫等也认为达尔朗使命的失败有“显著的影响”。勃鲁姆为了与伦敦保持一致立场，不得不改变支援西班牙的原来决定，开始采取“不干涉”的方针。但卡尔顿则认为查特菲尔德的行为无可指责，英国没有施加任何压力，法国应自行负责。事实上，双方的立场是一致的。在达尔朗访英前，法国内阁已经在 8 月 1 日做出“不干涉”的决定，而且随即同有关国家就此进行了交涉。但西班牙问题毕竟关系法国的安全，受到国内各方人士的注视，因此勃鲁姆不得不派达尔朗赴英一行。如果英国赞成援助西班牙共和国，不怕开罪德国和意大利（勃鲁姆明知这种可能性是极小的），法国自然乐得跟着干。如果英国反对干涉，那就为法国政府的“不干涉”政策提供了最有力的论据。达尔朗在同查特菲尔德的谈话中毫不掩饰地表示了法国在西班牙问题上唯英国马首是瞻的态度，这种态度无论如何不能不使人得出法国有意推卸责任的结论。另一方面，查特菲尔德明确表示英国反对以任何方式干涉西班牙内战，他甚至拒绝了达尔朗要见汉基一面的请求，理由之一竟然是汉基正在休假！可见，双方的态度在本质上并没有什么区别。我们大可不必像卡尔顿那样一味替英国开脱责任，但也不必像加拉赫那样替法国洗刷背信弃义的污点。

8 月 7 日下午，英国驻法大使克拉克拜会了法国外长德尔博斯。根据克拉克本人写给外交部的报告，他希望法国同西班牙的贸易，即使是私人性质的，

---

① *DBFP*，第 2 辑，第 17 卷，61～62 页，伦敦，1979。

② 安东尼·亚当思维特：《法国和第二次世界大战的来临》（A. Adamthwaite, *France and the Coming of the Second World War*），43～44 页，伦敦，1977。

③ 同上。

也要“尽可能地予以限制和阻止”。他进一步警告法国不要对冲突的一方采取偏袒的态度，并威胁说，这样的行动“会使我们两国之间的密切合作更加困难，而这种合作正是这场危机所要求的。”在谈话中，克拉克还诬蔑马德里的政府不是真正的政府，而是一座掩护“最极端的无政府主义分子”的屏障。①

关于克拉克这次拜会所起的作用，如同达尔朗访英事件一样，也有两种截然不同的评价。竭力否认它的重要性的，以卡尔顿的文章最有代表性。他的理由是，克拉克已经一再声明他的访问是“纯粹私人性质的并自己负责”。既然不代表英国政府，法方也就可能认为克拉克所讲的话是无关紧要的。但是德尔博斯的说法却与克拉克完全相反。德尔博斯在他关于同英国大使谈话的摘记中写道：克拉克“不含糊地表示了他的政府对于西班牙事件的关切”，并强调在严格遵守对西班牙禁运武器的同时，有必要促成一个不干涉协定。② 退一步说，即使没有德尔博斯的不同记载，一位大使在关键时刻拜会驻在国外交部长时所讲的话，无论他自己怎样表白纯属私人性质，也不会被这样看待的。这不过是资产阶级外交上常用的一种既能达到目的又可使本国政府不负责任的手法而已。至于这次访问所起的作用，英国外交部自己是给予积极评价的，认为它“似乎已经产生了好的结果”。③ 与卡尔顿持对立观点的历史学家有托马斯、德赖福特等，他们都强调英国大使的压力和勃鲁姆政府的屈服。但是，法国真的唯英国之命是从吗？1936 年 8 月 11 日，英国驻法大使馆公使休·劳埃德·托马斯在呈外交部副次长卡多根的秘密报告中所讲的一件事，值得我们注意。8 月 7 日晨，法国外交部的一名官员巴热东来英国大使馆，告诉托马斯：“德尔博斯、肖当以及政府中其他更有理智的成员的地位是非常不稳的；我们(指英国——笔者)所能做的任何有助于加强德尔博斯的地位的事情，都是最受欢迎的”。④ 这就清楚地说明，英国的压力是法国内阁中主张“不干涉”一派所需要的。而克拉克在向英国外交部陈述他访问德尔博斯的目的时，也恰恰这样说：“我有理由相信(法国)政府中的极端分子正在对勃鲁姆先生施加压力，我确实感到我所

---

① *DBFP*，第 2 辑，第 17 卷，71～72 页。

② 吉尔·爱德华兹：《英国政府与 1936～1939 年的西班牙内战》，26 页，伦敦，1979。

③ *DBFP*，第 2 辑，第 17 卷，72 页。

④ 吉尔·爱德华兹：《英国政府与 1936～1939 年的西班牙内战》，26 页，伦敦，1979。卡多根于 1936～1937 年任副次长，1938 年 1 月至 1946 年 2 月任常务次长。

说的话可能加强稳健而有理智的人们的地位。"①二者之间是不谋而合呢？还是像爱德华兹所分析的那样，或许在巴热东访问后，托马斯立即把法国的请求打电话报告了英国外交部，它随即指示克拉克拜会德尔博斯，给以对方所需要的支援。② 这自然只是一种推测，无法在档案材料中找到证据。但不论如何，我们不能不承认：克拉克的访问再一次证明了英法两国政府在对待西班牙问题上具有共同的立场，甚至可以说它们互相配合得很好。

8月8日下午，法国内阁会议就西班牙问题做出了最后的决定。据科特说，内阁分成了三派。一派拥护不干涉政策，但是微弱的少数；另一派反对不干涉政策，人数较第一派略多，但也是少数；第三派人数最多，他们犹豫不决，最后倒向第一派。③ 德赖福特在参考了勃鲁姆的亲信顾问们的著作并亲自做了访问以后，得出的结论是：赞成不干涉政策者10人，其中社会党人6名，激进党人4名；反对不干涉政策者9人，其中社会党人5名，激进党人4名。双方的人数大致相等，赞成"不干涉"的一派虽然从人数上来看只多一名，但拥有像勃鲁姆、福尔、达拉第、肖当、德尔博斯等有更大政治影响的人物。④ 会议最后决定对西班牙停止一切武器输出，但保留重新考虑的权利。8月9日，法国的武器禁运开始生效。这一天，法国外交部发出指示："预定向西班牙及其属地输出的军用物资，在颁布新的指示前，必须毫无例外地予以禁止。"⑤到这时，虽然德、意两个法西斯国家仍在继续援助佛朗哥叛军，甚至在形式上也未同意"不干涉"政策，但勃鲁姆政府已经迫不及待地单方宣布并开始执行了"不干涉"政策。科特认为，法国在这次会议上"朝着不干涉迈出了决定性的一步"，"改变了它在8月2日所采取的立场"，⑥ 这是不对的。8月8日会议是7月25日和8月1日会议的继续和发展，与这两者并无本质上的不同。如果说

---

① *DBFP*，第2辑，第17卷，72页。

② 吉尔·爱德华兹：《英国政府与1936～1939年的西班牙内战》，26页，伦敦，1979。

③ 皮埃尔·科特：《叛逆的胜利》，344～345页，芝加哥，1944。

④ 约翰·E. 德赖福特：《伊冯·德尔博斯在外交部》，49页。作者在1969年8月28日访问了曾任勃鲁姆总理办公厅秘书长的莫克；还参考了曾任总理办公厅主任的布吕梅的文章《不干涉西班牙》。

⑤ 同上书，49页。

⑥ 皮埃尔·科特：《叛逆的胜利》，344～345页，芝加哥，1944。科特把8月1日的会议误记为2日。

有什么区别的话，那就是从前关于“不干涉”的决定是临时性的，现在则最后确定下来了。从前是有条件的和有保留的，就是以德、意的行动为转移，现在表面上仍是这样，但自此以后不论德、意如何大规模地增援叛军，法国照旧对西班牙共和政府实行禁运，因此这种“有条件的”和“有保留的”实际上也就变成了无条件的和无保留的。

8月15日，法国政府向英国驻法大使发出照会，声明如下：“1. 就法国政府而言，法国政府禁止将一切武器、弹药、军用物资以及一切装配的或拆散的航空器和一切作战船只直接或间接输出、再输出和运至西班牙、西班牙属地或摩洛哥西属地区的某一目的地；2. 此项禁令适用于正在履行中的契约；3. 法国政府将以其使本声明生效的一切措施随时通知参加本协议的其他政府。”①同日，英国驻法大使将本国照会递交法国外长德尔博斯，内容与法国照会基本相同。

8月19日，英国外交大臣艾登宣布，英国将不等待其他国家就实行对西班牙的武器禁运。以后陆续参加“不干涉”协定的国家有意大利(8月21日)、苏联(8月23日)、德国(8月24日)等。② 8月26日，法国政府建议在伦敦成立不干涉委员会。9月9日，实施关于不干涉西班牙协定的国际委员会在伦敦召开了第一次会议。直到此时为止，德、意虽然形式上参加了委员会，但在行动上并没有停止对叛军的援助，法国和英国对这一点是清清楚楚的。那么，它们匆忙成立这个委员会的目的又是什么呢？德国驻英代办俾斯麦在第一次会后给德国外交部所写的一份报告中，对此做了中肯的分析。他说，这次会议给他留下的印象，就法、英两国来说，“与其说是一个立即采取实际步骤的问题，毋宁说是一个通过成立这样一个委员会来安慰两国国内左派各政党的激动情绪的问题。”他还说，他在9月9日和英国外交部常务次长范西塔特的一次谈话中，感到“英国政府希望通过委员会的建立为法国总理缓和国内的政治局势”。③ 确实，有了这个委员会，英、法两国政府既可借以掩饰自己剥夺西班牙政府购买武器的合法权利的行为，又可借以掩饰德、意武装援助叛军的行

---

① 诺曼·J. 帕德尔福德：《西班牙内乱中的国际法与外交》(N. J. Padelford, *International Law and Diplomacy in the Spanish Civil Strife*)，205～206页，纽约，1939。

② “不干涉”协定不是缔约各国共同在其上签字的一个正式条约，而是由一系列的个别宣言、照会和法令组成的。

③ 《1918～1945年德国外交政策文件汇编》，D辑，第3卷，84页。

为。科特说得好：不干涉政策实际上是对西班牙事件的干涉，因为它“拒不允许合法政府行使它购买武器的权利，并把这种拒绝建立在一个内政的问题上”①。英国著名军事学家利德尔·哈特则从另一个角度深刻指出：“我们的政策迄今实际上更像是对那些正在实行干涉的人的不干涉。”②就连德国驻英大使李宾特罗甫后来也嘲讽地说，不干涉委员会应当把自己命名为“干涉委员会”。③

以上简述了“不干涉”政策的起源。现在我们可以回答本文开头所提出的问题。“不干涉”政策的创始者究竟是谁？我认为：就实质而论，法、英两国是这一政策的共同创始者。把英国看作主谋和幕后操纵者的一派，没有足够地考虑法国内部的因素。法国的右派势力、勃鲁姆内阁的许多部长们（包括总理本人）以及国民议会和参议院的许多议员们，他们本身就主张“不干涉”政策。英国的压力正是他们所欢迎的，可以用来作为压服反对一方的有力武器。把法国看作唯一的创始者，而把英国摆在赞助者这种配角地位的另一派，则不顾这样的基本事实，即英国坚决反对法国援助西班牙共和国，而如无英国的支持，法国决不敢冒单独对抗德、意的危险。因此，把法、英两国看作“不干涉”政策的共同创始者，才是比较妥当的。自然，如果单从形式上来看，首先提出这一政策的无疑是法国。法国曾经同西班牙订过商务协定，西班牙是直接向法国求援的。勃鲁姆政府无法回避这一问题。而英国也愿意由法国出面提出“不干涉”政策。如果由英国带头提出，必然遭到法国人民阵线政府中不少人的反对，在这种情况下勃鲁姆势难同意。反之，如果由法国带头提出，鲍尔温政府就能利用法国社会党领袖是首倡者这一点，比较容易地应付国内的工人运动。勃鲁姆曾经对英国工党多尔顿说过：首先提出不干涉的是他，而不是像某些人所说的那样是艾登。④ 抛开实质不谈，仅就提出的程序而论，他的这个说法才是可以接受的。

---

① 皮埃尔·科特：《叛逆的胜利》，342页，芝加哥，1944。

② 《利德尔·哈特上尉回忆录》(C. L. Hart, *Memoirs*)，第2卷，132页，伦敦，1965。

③ 威廉·L. 夏伊勒：《第三共和国的崩溃》(W. L. Shirer, *The Collapse of the Third Republic*)，304页，纽约，1969。

④ 休·多尔顿：《命运攸关的年代：1931～1945年回忆录》(H. Dalton, *The Fateful Years: Memoirs 1931～1945*)，95页，伦敦，1957。

创始者的动机是什么?

英、法两国之所以推行“不干涉”政策，是绝非偶然的。我们在前面说明这一政策的起源时，已经部分地涉及它们的动机问题，现在再来集中探讨一下。前面已经引用过的材料，一概从略。

艾登说：提出不干涉政策，是为了“使这场冲突局部化”，“因为如果西班牙的战事一旦国际化，其结局将无法控制”。① 但这种官方解释显然是不能成立的。因为德、意的干涉一天也没有停止过，“局部化”的状态从来就不曾存在。可见，真正的原因另有所在。

第一，鲍尔温政府和法国右派对西班牙人民阵线政府的出现十分反感，而且由于他们对共产党和社会主义国家素怀疑惧，于是便把前者的兴起和发展归咎于后者的操纵，更加决心扼杀西班牙人民阵线政府。

西班牙内战初起时，西班牙共产党的力量还很小。1936 年，全国党员仅 10000 人。在政府中没有一名共产党部长，在议会的 473 个议席中共产党只占 14 个。西班牙是实行共和政体的资产阶级国家，人民阵线政府不是社会主义政府。尽管如此，英、法统治阶级从一开始就站在反共的立场上看待西班牙内战。1936 年 8 月，英国外交部主管西欧和国联司的助理次官乔治·蒙西在一份内部材料中写道：“从表面上看西班牙现政府像是根据宪法所任命的政府……有理由担心该政府本身是听凭过激分子摆布的，其目标是一旦政府对反叛者占了上风时，就推翻现政府并代之以无政府的统治，这将是和一切英国的立宪民主观念全不谐调一致的。”②艾登同样害怕内战的结果出现一个共产党政府，他说：“如果那里建立了一个共产党或法西斯的政府，我们便再也不能保有通过地中海或取道大西洋的交通安全了。这是实行不干涉政策的一个强有力的理由。”③但鲍尔温内阁的实际行动表明，他们真正害怕的只是共产党掌权。正由于此，佛朗哥便成了英、法统治阶级的宠儿。英国海军的高级将领大都同情叛军。第一海务大臣查特菲尔德盼望佛朗哥获得胜利，说“他比赤色分子有

---

① 艾登：《面对独裁者》，722 页，北京，商务印书馆，1977。

② 吉尔·爱德华兹：《英国政府与 1936～1939 年的西班牙内战》，32 页，伦敦，1979。

③ 艾登：《面对独裁者》，759～760 页，北京，商务印书馆，1977。

高贵得多的目标”。[①] 英国驻法大使克拉克也认为反叛分子是“唯一能够抵抗无政府主义和苏维埃影响的人。”[②]法国大多数反动派，甚至许多温和的保守派都把佛朗哥看作“捍卫秩序的战士”。[③] 勃鲁姆指出：“在法国议会中，某些有势力的政治家是佛朗哥的代表。”[④]1936 年 7 月 31 日国民议会在举行外交辩论时，一些议员称赞叛军将领“正在同那种使他们国家苏维埃化的企图进行斗争”。[⑤]

英、法统治阶级之所以反对西班牙共和国，还因为他们害怕人民阵线政府一旦取得胜利，势必对法国政局产生巨大的影响。英国外交部助理次官奥姆·萨金特在讨论和分析英国对西班牙的立场时，指出：“我们应当用种种方法阻止法国在西班牙内战的影响下‘布尔什维克化’。”[⑥]“克莱夫顿”集团的重要分子沃尔多夫·阿斯特同样十分担心“在莱昂·勃鲁姆的人民阵线之后，法国可能也布尔什维克化”，他强调“对基督教世界的真正危险不是来自右边，而是来自左边。”[⑦]法国这时的政府也是人民阵线政府。尽管勃鲁姆一再声明他的政府不是社会主义政府，他打算在现存的资本主义制度下执政，但仍然不能取得大资产阶级的信任，他们用“资金外逃”的办法从经济上进行破坏。法国右派不能容忍西班牙人民阵线的存在，认为“苏维埃在西班牙的胜利将可能引起巴黎的共产主义”。[⑧] 他们大骂勃鲁姆是“第一号公敌”，攻击科特把法国空军急需的最新式飞机首先供给了西班牙的无政府主义者和共产党，甚至在报刊上公开诬告

---

① 劳伦斯·R. 普拉特：《马耳他以东，苏伊士以西》(L. R. Pratt, *East of Malta, West of Suez*)，43～44 页，伦敦，1975。

② 卡尔顿：《艾登、勃鲁姆和不干涉政策的起源》(D. Calton, Eden, Blum, and the Origins of Non Intervention)，载《现代史杂志》(*Journal of Contemporary History*)，1971 年 7 月号，52 页。

③ 爱德华·R. 坦纳鲍姆：《法兰西行动：20 世纪法国的死硬反动派》(E. R. Tannenbaum, *The Action Francaise: Die-hard Reactionaries in Twentieth Century France*)，218 页，纽约，1962。

④ 皮埃尔·布鲁埃与埃米尔·泰米梅合著：《革命与西班牙内战》(P. Broue & E. Tememe, *The Revolution and the Civil War in Spain*)，329 页，伦敦，1970。

⑤ 皮埃尔·科特：《叛逆的胜利》，341 页，芝加哥，1944。

⑥ *DBFP*，第 2 辑，第 17 卷，91 页。

⑦ 沃尔多夫·阿斯特的儿子迈克尔·阿斯特说他父亲有这种看法，见《种族的感情》(M. Astor, *Tribal Feeling*)，144 页，伦敦，1963。

⑧ 赛缪尔·M. 奥古斯德：《人民阵线：来自右派的看法》，载《社会史国际评论》(*International Review of Social History*)，第 9 卷，第Ⅱ部分，195 页，1964。

内政部长社会党人罗热·萨朗格罗在第一次世界大战中曾开小差，终于迫使他在1936年11月走上了自杀的绝路。① 在这种威胁下，右派社会党人勃鲁姆表现了十足的惊慌失措。1942年，他在一封给他妻子的信中对当年的形势做了这样的描写：“……我们一定会有佛朗哥叛乱的翻版。在任何对外战争以前，法国就会发生内战，而共和国获胜的机会是非常小的。”②法国内部的阶级斗争这时确实相当尖锐，但决非到了内战一触即发的地步，更不是内战的结果只能是法西斯势力的胜利。勃鲁姆不敢依靠工人阶级的力量，所以才做出了这样悲观的估计，并用禁运的办法来讨好右派。然而，已往的事实证明：在团结一致的工人阶级铁拳的打击下，1934年2月的法西斯政变很快就被粉碎了。在此以后，没有新的迹象预示另一次政变正在成熟之中。

西班牙内战爆发时，苏联根本没有介入。1936年10月，苏联才运去了援助共和国的第一批武器，这时意大利和德国的干涉早已开始，法国和英国对人民阵线政府的禁运也已实行。但是，英、法统治阶级出于对社会主义国家的敌视和疑惧，一直认为谁要主张援助西班牙共和国，谁就是在为苏联效劳。法国右派皮埃尔·加克索特写道：“法国对西班牙的干涉，将是莫斯科所希望的欧洲大祸的开始。”③英国驻西班牙的外交官，还在内战爆发前夕就诬蔑苏联插手了西班牙内政。1936年4月，鲍尔温收到了亚瑟·布赖恩送呈的一份领事报告：“在西班牙，事情比此间所了解的坏得多。在大城市和名胜地方，革命是隐蔽着的，但在其他所有地方革命正在开始。我在西班牙旅行了5000英里，除加泰罗尼亚外，在我所访问的每一个村庄的墙上都看到了锤子和镰刀的象征，并在街上看到了强烈的阶级仇恨的毫不掩饰的迹象，这种仇恨是由苏联间谍的日益加剧的煽动所挑起的。”④战争爆发以后，英国政府不怕德、意援助叛军，只怕苏联援助共和国。霍尔在一份评论达尔朗访问的内部文件中，讲了一

---

① 赛缪尔·M. 奥古斯德：《人民阵线：来自右派的看法》，载《社会史国际评论》(*International Review of Social History*)，第9卷，第Ⅱ部分，196页；皮埃尔·科特：《叛逆的胜利》，349页，芝加哥，1944。

② K.D. 加拉赫：《莱昂·勃鲁姆与西班牙内战》(M.D. Gallagher, Leon Blum and the Spanish Civil War)，载《现代史杂志》，1971年7月号，63页。

③ 赛缪尔·M. 奥古斯德：《人民阵线：来自右派的看法》，载《社会史国际评论》，第9卷，第Ⅱ部分，195页，1964。

④ 吉尔·爱德华兹：《英国政府与1936～1939年的西班牙内战》，5页，伦敦，1979。

段涉及苏联的话："当我谈到'中立'时，我指的是严格的中立，那就是说，俄国人既未正式地也未非正式地给(西班牙)共产党以援助的一种形势。我们决不做任何在西班牙支撑共产主义的事情。"①

深谙英、法统治阶级反共心理的希特勒在1936年10月对意大利外交大臣齐亚诺说，对那些因恐惧泛德意志主义或意大利帝国主义而怀疑意-德友谊的许多国家，"如果它们领会到意-德的团结是反对国内外布尔什维克威胁的屏障，就将会结合起来同我们站在一起"②。他的这个判断是准确的。

有一种观点，认为英国和法国，特别是英国，在西班牙有大量的投资，它们害怕人民阵线政府把矿山和重工业国有化，因而支持佛朗哥分子，把他们看作自己投资的可靠的保护人。③ 确实，在英国外部有人担心："共产主义的西班牙将意味着英国在西班牙全部投资的丧失和英国资本主义企业在半岛的结束，并将导致共产主义在法国(的胜利)。"④但是，如果把经济利益看作形成"不干涉"政策的决定性原因，那就未免夸大了。它是服从于反共这个根本的政治因素的。英国在西班牙的投资共约4千万英镑。1936年英国在全世界的投资为336400万英镑，对西投资只占1.1%，比重并不大。⑤ 下面的事实尤其能够说明问题。1936年8月26日，叛军占领了英国里奥·廷托公司的矿山，随即颁发了征用命令，但宣布保护公司的权利。征用的黄铁矿石大量运往德国。叛军用比塞塔付款，按42个比塞塔折合1英镑计算。里奥·廷托公司的主席格迪斯认为接受这种没有价值的货币，是巨大的财政损失。他主张采取外交行动，必要时动用武力予以支持。他在1937年2月24日致英国外交部常务次长范西塔特的信中说："我个人认为，如果要把这件事干到底，就要至少包括显示，可能还要使用海军力量。"⑥艾登赞成格迪斯采取强硬措施的建议，主张英

① 吉尔·爱德华兹：《英国政府与1936～1939年的西班牙内战》，23页，伦敦，1979。

② 《齐亚诺外交文件》(*Ciano's Diplomatic Papers*)，57页，伦敦，1948。

③ 何塞·桑多瓦尔、曼努埃尔·阿斯卡拉特：《1936～1939年的西班牙》[J. Sandoval & M. Azcarate, *Spain*(1936～1939)]，50页，伦敦，1963；德波林编：《第二次世界大战史》，第2卷，44页，上海，上海译文出版社，1981。

④ 吉尔·爱德华兹：《英国政府与1936～1939年的西班牙内战》，67页，伦敦，1979。

⑤ 同上书，65页。

⑥ 吉尔·爱德华兹：《英国政府与1936～1939年的西班牙内战》，87页，伦敦，1979。

国军舰在海上巡逻，拦截任何离开韦尔瓦，把矿石运往德国和意大利的船只。霍尔以违反国际法和可能导致战争为理由，坚决反对。结果，3月3日的内阁会议否决了艾登的主张。另一方面，西班牙共和国保护外国资本不受侵犯，英国商人逐渐了解到同人民阵线政府是能够比较好地做生意的。可见，英国在西班牙的直接经济利益不是它同情佛朗哥的主要原因。

英、法的第二个动机是他们这时都想绥靖德、意，缔结新的洛迦诺公约，因而力求避免在西班牙问题上和后者冲突起来。1936年3月7日，德国重占莱茵非武装区，废除了《洛迦诺公约》。1936年5月9日，意大利正式宣布吞并埃塞俄比亚全境，意大利国王兼有“埃塞俄比亚皇帝”的称号。面对德、意咄咄逼人的形势，英、法非但没有认真地采取对策，反而错误地认为对方已经得到相当的满足，绥靖的良机正在到来。英、法、比1936年7月23日三国会议后发表的公报强调指出，与会国家的主要意图是“用普遍谅解的办法巩固和平”，并说：“这样的谅解只能通过有关各国的自由合作来达到，而对这样一种谅解的希望的危害，莫过于欧洲分裂成敌对的集团，不论这种分裂是表面上的还是实际上存在的。”英、法、比提议召开一次包括德、意在内的五国会议。“他们认为，首要的任务必须是谈判缔结一个新的协定，以代替洛迦诺的莱茵公约。”①这种新协定所要巩固的“和平”，说穿了，就是英、法、德、意四国主宰欧洲的一种局面。

佛朗哥与德、意法西斯的勾结，对法国的威胁实际上最大。一旦战争爆发，它将三面受敌，而且有被切断与北非属地的联系的危险。但是，法国当政者却怀着侥幸的心理，希望与德、意达成谅解，以苟安一时。1936年8月底，当德国经济部长沙赫特访问巴黎时，勃鲁姆向他表示，法国不仅需要德、法双方之间的公约，而且需要欧洲的和解。他还说，他不认为研究德国的殖民地要求是不可能的。同年12月23日，德尔博斯向德国驻法大使韦尔兹克提出建议：“在隔绝和消灭西班牙战火方面合作”；“讨论和满足德国的愿望，并在同时解决洛迦诺问题”。德尔博斯表示，德国“应拥有原料、殖民地和贷款”，作为报偿对它的唯一要求就是“和平”。② 正当西班牙人民浴血奋战的时候，勃鲁姆政府却拿他们做交易，换取与希特勒德国的合作。对于意大利，据勃鲁姆的

① 约翰·E. 德赖福特：《伊冯·德尔博斯在外交部》，37、87页，堪萨斯，1973。

② 《1918～1945年德国外交政策文件汇编》，D辑，第3卷，180～181页。

亲信布吕梅尔说，法国在1936～1937年同它进行了三次非正式的接触。

英国保守党政府尤其热衷于联合德国和意大利，缔结新的洛迦诺公约。1936年7月20日，汉基提出了如下的主张："在欧洲的目前情况下，由于法国和西班牙受到布尔什维主义的威胁，不久以后与德国和意大利共命运可能对我们是有利的，这并非不可想象的。"①霍尔曲意结好德、意，唯恐得罪它们。8月5日，他在评论达尔朗对查特菲尔德的访问时写道："在双方政府都同意参加新的洛迦诺谈判并在意大利似乎急于恢复同法国和我们自己的友好关系的时刻，如果其中的任何一方政府竟打算采取这样的行动(指派军舰巡视西班牙海岸——笔者)，我(无论如何)要感到惊讶的。"②英国国内舰队司令巴克豪斯海军上将甚至提议英国与德、意联合起来，共同镇压西班牙革命。③

在英国保守党内，有一股亲德疏法，甚至仇法的势力。他们认为法西斯德国不仅在国内消灭了共产主义运动，而且起到了防止布尔什维主义向莱茵河扩张的壁垒作用。对比之下，法国政局不稳，出现了人民阵线政府，又同苏联缔结过可恶的法苏互助条约。1936年3月28日，奥斯汀·张伯伦在一封致法国友人的信中说："我们某些右翼政治家和你们的一样对法苏公约十分敏感。他们认为它几乎像是对我们西方文明的背叛。"④保守党的这股亲德势力，对于任何援助西班牙共和国的行为都是深恶痛绝的。丘吉尔在1936年7月31日致法国驻英大使科尔班的信中指出："如果法国把飞机等武器运给现时的马德里政府，而德国和意大利则参加另一方，那么，我可以肯定，此间(指英国——笔者)占优势的力量就一定会同德、意两国亲近，而与法国疏远。"⑤

对于意大利，英国有很大的幻想，总以为能够比较容易地把它从德国方面拉过来，为己所用。1936年8月13日，奥姆·萨金特建议："我们应当使意大利摆脱孤立和易受伤害的感情，这是阿比西尼亚事件遗留给它的。"⑥1937

---

① 劳伦斯·R. 普拉特：《马耳他以东，苏伊士以西》，39页，伦敦，1975。

② 吉尔·爱德华兹：《英国政府与1936～1939年的西班牙内战》，23页，伦敦，1979。

③ 劳伦斯·R. 普拉特：《马耳他以东，苏伊士以西》，43页，伦敦，1975。

④ 安东尼·亚当思维特：《法国和第二次世界大战的来临》，51页，伦敦，1977。

⑤ 丘吉尔：《第二次世界大战回忆录》，第一卷上部，第二分册，319页，北京，商务印书馆，1974。

⑥ 吉尔·爱德华兹：《英国政府与1936～1939年的西班牙内战》，33页，伦敦，1979。

年1月2日，英、意双方缔结了君子协定。意大利保证不改变地中海西部的现状，不对西班牙领土的任何部分实行永远的军事占领。作为交换条件，英国实际上为意大利军事援助佛朗哥开了绿灯。协定缔结后，意大利把更多的黑衫队派往西班牙，准备马拉加和瓜达拉哈拉战役。

有一种非常流行的说法，即英、法制定“不干涉”政策是为了避免一场欧洲战争。勃鲁姆、德尔博斯、艾登等当事人是这样说的，一些西方历史学家也是这样看的。① 但是，英、法避战的原因究竟是什么呢？这需要进行认真的分析。

是因为英、法觉得德、意的武力很强，作战决心很大，一场欧洲战争随时可能爆发吗？不是的。意大利外强中干，在侵略埃塞俄比亚的战争中已经表现出来，在干涉西班牙的战争中又在瓜达拉哈拉一役的惨败中原形毕露。德国虽然比意大利强大，但这时的实力也有限。它无意立刻打一场欧洲战争，而只想利用西班牙战场为未来的大战做一些军事实验。希特勒派去的兵力并不大，② 因为他想把这场战争拖延下去，以保持地中海的紧张局势。③ 这样，让英、法、意三国把注意力集中到西班牙，他就可以放手去侵略中欧了。最足以证明不存在立刻爆发欧洲大战危险的一件事，就是1937年9月的尼翁会议。这次会议通过的协定一实行，意大利在地中海上袭击商船的海盗行为立即停止。这表明了意大利绝对没有力量抵抗英、法海军的联合力量。但是，只要不直接侵犯英、法本身的利益，它们对于德、意继续援助叛军的活动依旧是放任的。而且，张伯伦在日记中还不无遗憾地写道：“我们在尼翁取得了巨大胜利，但牺牲了英意关系。”④

---

① 约翰·E. 德赖福特：《伊冯·德尔博斯在外交部》，52页，堪萨斯，1973；加拉赫：《莱昂·勃鲁姆与西班牙内战》(Gallagher, Leon Blum and the Spanish Civil War)，载《现代史杂志》，1971年7月号，62～63页；艾登：《面对独裁者》，722页，北京，商务印书馆，1977。

② 西方公认的研究西班牙内战的权威托马斯定为10000人，如将文职人员包括在内，则达16000多人。(《西班牙内战》，977页)还有30000、50000等说法。

③ 1937年11月5日希特勒的讲话。阿诺德·J. 汤因比等编：《1939～1946年国际事务文件》[Arnold J. Toynbee (ed.), *Documents on International Affairs* 1939～1946]，第1卷，23页，伦敦，1951。

④ 基思·法伊林：《尼维尔·张伯伦的生平》(Keith Feiling, *The Life of Neville Chamberlain*)，331页，伦敦，1946。

英、法确实不愿为了西班牙问题而与德、意冲突起来。但真正的原因还在于英、法这时的外交目标是缔结一个新的洛迦诺公约，实现英、法、德、意四国主宰欧洲的局面。英、法统治阶级认为，这种局面出现后，定会大大有助于繁荣两国不景气的资本主义经济和稳定两国不巩固的资本主义统治秩序。这是他们的根本利益。为此，即使爆发欧洲大战的可能性不大，他们也不愿意去冒风险。鲍尔温最怕战争引起革命。有人警告他，如果伦敦连续被轰炸三夜，什么也不能防止一场革命。他同意这种看法，曾在下院说："当下一次战争来临时，欧洲文明将被消灭。"①英国外交部常务次长范西塔特也赞成这样的看法，认为德国和英法之间的战争将摧毁"我们所了解的社会秩序"。② 英、法还怕它们和德国的冲突将为苏联所利用。1937 年 6 月 1 日，艾登对美国驻英大使宾厄姆说，看来苏联希望英国为它火中取栗。如果英、法两国人民与德国人之间的战争使俄国人在东方得以自由行动的话，莫斯科是不会不高兴的。③

历史上有许多弄巧成拙、害人祸己的事件，"不干涉"政策可算是其中一个十分典型的例子。

法国推行"不干涉"政策给自己带来了极大的危害。法国内部更加分裂，右派势力益形嚣张，以致在 1940 年出现了贝当卖国政府。在外交上，欧洲的一些中小国家看到法国任凭德国援助佛朗哥，建立亲德仇法的政权而不问，自然对法国不敢再加信任和依靠。1936 年 8 月 29 日，罗马尼亚右派集团迫使亲法的外相蒂图列斯库辞职。同年 10 月 14 日，比利时为了避免与德国发生冲突，废除了与法国的军事同盟。1937 年 3 月 25 日，南斯拉夫打破了与法国的传统联系，与意大利签订为期 5 年的互不侵犯与仲裁条约。第一次世界大战以来法国对外政策赖以为基础的整个同盟体系终于瓦解。

英国一度十分得意，它在外交上所要达到的各个目标似乎正在实现或已经实现。西班牙人民阵线政府被推翻了，法国人民阵线政府也垮台了。英、德共同主宰欧洲的前景即将在望。但是，西班牙共和国的灭亡，尤其是法国的削弱，实际上使英国在德国面前孤立了自己。

希特勒和墨索里尼欲壑难填。他们得寸进尺，更加肆无忌惮地对外进行侵

① 玛格丽特·乔治：《偏见》(Margaret George, *The Warped Vision*)，52 页，匹兹堡，1965。

② 莫里斯·考林：《希特勒的影响》(Maurice Cowling, *The Impact of Hitler*)，158 页，伦敦，1975。

③ 《美国对外关系：1937 年外交文件》，第 1 卷，317～318 页，华盛顿，1954。

略和扩张。他们对法国十分蔑视，认为它是一个已经相当腐烂的国家。对英国原来略有几分畏意，但后来看到保守党政府对他们一味屈从，便觉得大英帝国掌握在张伯伦之流不肖子孙的手中，也没有什么可怕了。

1939 年 9 月 1 日，德国进攻波兰，第二次世界大战终于爆发。这距离马德里的陷落，为时还不到半年。1940 年 5 月 12 日德军在色当越过马斯河，6 月 22 日法国投降，号称欧洲陆军第一强国的法国在 6 个星期内就被打败了。英国如果不是幸仗与大陆有海峡之隔，也难逃法国的下场。英、法推行“不干涉”政策的结果，引来了德国对它们自己的干涉。不，不是干涉，而是对法兰西的迅速征服和对不列颠的猛烈轰炸。

慕尼黑危机的真相不容歪曲

——评西方资产阶级史学著作中的几个流行论点*

1938年英、法、德、意四国肢解捷克斯洛伐克的慕尼黑协定，已经被历史永远钉在耻辱柱上。一位资产阶级历史学家懊丧地说："'绥靖'是一个令人厌恶的字眼。"①正是由于慕尼黑协定彻底暴露了英、法帝国主义纵容侵略战争的阴谋，西方的卫道士为了维护帝国主义统治者的"荣誉"，一直殚精竭虑地在为绥靖政策进行辩护，为张伯伦、达拉第之流开脱罪名。

慕尼黑会议后，几十年来西方资产阶级作者发表了大量论述"慕尼黑"和绥靖政策的论文与专著。它们涉及的问题很多，但如果只就慕尼黑危机前后英、法对德政策这个角度来看，我们不妨大体上把它们分做四类②。第一类是全盘肯定慕尼黑协定，彻头彻尾为绥靖政策进行辩护的。1944年，第二次世界大战临近结束时，曾任张伯伦内阁大法官的莫姆出版了《慕尼黑危机的真相》一书。作者不顾最基本的历史事实，硬说："慕尼黑协定是正直的捷克政治家们也能正当地加以接受的一个协定。""他们这样做无疑拯救了千千万万捷克人的生命，节省了千百万捷克克朗的钱财，保全了大量的

* 原载《世界历史》1979年第1期。

① 尤班克：《慕尼黑》(K. Eubank, *Munich*)，序言，诺曼，1963。

② 本文只拟从慕尼黑危机前后英、法对德政策这个角度分析近30年来西方(主要是英国)资产阶级的历史著作，至于在此期间德国对英、法的政策以及美国的对德政策，则不在讨论之列。

财产。"①《星期日泰晤士报》的编辑、张伯伦的朋友哈德利在《慕尼黑前后》一书中，也同莫姆唱一个调子，认为慕尼黑协定的结果"拯救了捷克人"。他还把绥靖主义分子美化为站在坚定立场，同法西斯国家打交道的人，说什么"用以实行这种政策的耐心和坚持，不是软弱的表现，而是力量的表现"。②

第一类著作为绥靖政策所做的辩护固然彻底，但手法过于笨拙，而其内容又是以论为主，缺乏史料根据，难以取信于读者。因此，不久就产生了第二类著作。这类著作大都由历史学家撰写，材料比较丰富，特点是在若干具体问题上对绥靖政策颇能予以"谴责"，甚至并不讳言慕尼黑协定是"西方民主国家的奇耻大辱"③。它们不仅不像第一类著作那样硬说慕尼黑协定拯救了捷克斯洛伐克，反而敢于承认英国为了自己脱身而"被迫把一个小国献上了奴役的祭坛"④。但是在根本问题上，它们却为绥靖政策进行精心的辩护，例如强调它的本意在于维持欧洲和平，极力说明慕尼黑协定由于种种客观历史条件而不可避免，等等。这类著作貌似公正，褒贬得宜，实际上则是对英、法帝国主义的"小骂大帮忙"。1948 年，英国著名的资产阶级历史学家纳米叶发表了《外交序曲 1938～1939 年》一书⑤，同年稍晚时候，惠勒-贝内特又出版了《慕尼黑：悲剧的序幕》。由这两部著作开创的论述绥靖政策的学派被称为"正统学派"，至今在西方资产阶级史学界仍占有重要地位，追随者不乏其人。瓦特在《绥靖：一个修正学派的兴起?》一文中⑥，把布洛克、韦伯斯特、拉芬、莫厄特、吉尔伯特、戈特等人都列入了这一学派。应当承认，这些历史学家辛勤搜集了不少史料，他们对某些具体问题所做的分析，也是不无参考价值的。

---

① 莫姆：《慕尼黑危机的真相》(F. Maugham, *The Truth about the Munich Crisis*)，55 页，伦敦，1944。

② 哈德利：《慕尼黑前后》(W. W. Hadley, *Munich: Before and After*)，91、147、150 页，伦敦，1944。

③ 约翰·惠勒-贝内特：《慕尼黑：悲剧的序幕》(J. W. Wheeler-Bennett, *Munich: Prologue to Tragedy*)，212 页，北京，北京出版社，1978。本书是"正统学派"的代表作，它于 1948 年出版，1962 年再版时未做任何修改，但直到今天仍然受到资产阶级学术界的重视和好评。

④ 同上书，再版序言。

⑤ 纳米叶：《外交序曲 1938～1939 年》(L. B. Namier, *Diplomatic Prelude 1938～1939*)，伦敦，1948。

⑥ 瓦特：《绥靖：一个修正学派的兴起?》(D. C. Watt, *Appeasement: The Rise of a Revisionist School?*)，载《政治季刊》，1965 年 4 月至 6 月号。

第二类著作的观点在西方资产阶级史学界流行相当长一段时间后，到1961年首次遭到了泰勒的“挑战”，于是又出现了所谓的“修正学派”。以泰勒和梅德利科特为首的这一学派近年来喧嚣一时。他们的观点被某些评论者大肆宣扬，似乎是学术界什么了不起的新成就①，其实“修正学派”和“正统学派”对于绥靖政策的解释在本质上并没有什么区别。二者都强调绥靖政策的“和平”性质，都力图把张伯伦、达拉第之流打扮成“和平人士”，所不同的只是“修正学派”甚至连“正统学派”对绥靖政策所做的并不涉及实质的批评也不能容忍，而要给以最高的评价，称之为“外交语汇中最高尚的字眼”②。最为惊人的是：梅德利科特在《英国现代史 1914—1964》一书中居然声称，他在全书中使用“绥靖”这个词时(除特殊指出者外)，其含义都是指的“积极的调解”，而绝不含有任何“对威胁的投降”或“安抚侵略者”的意思。他说：“从这个角度讲，‘绥靖主义者’的对立面是‘战争贩子’，而不是‘抵抗主义者’。”③“修正学派”实际上又回到了第一类作者全盘肯定绥靖政策的老路④，即把绥靖政策看作一种类似从实力出发进行谈判的积极政策，而不是一种“以让步求得和平”的消极政策。但莫姆之流是30年代的绥靖主义分子，给人的印象是为自己失败的过去强作辩解；而泰勒等人则是久负盛名的史学家，他们的著作有较浓的学术味道，在人们的心目中容易造成言必有据、堪称信史的假象，因而也就值得我们予以更认真的剖析。

第四类著作可以舒曼的《欧洲前夕》一书为代表，它们在西方资产阶级史学界中为数极少。舒曼尖锐地抨击绥靖政策，无情地揭露张伯伦与希特勒的种种勾结，以致引起了惠勒-贝内特的愤愤不平⑤。

---

① 瓦特：《绥靖：一个修正学派的兴起?》(D. C. Watt, *Appeasement: The Rise of a Revisionist School?*)，载《政治季刊》，1965年4月至6月号。泰勒(A. J. P. Taylor)关于绥靖政策的论述，主要见《第二次世界大战的起源》，上海，华东师范大学出版社，1991；《英国史，1914～1945年》(*English History*, 1914～1945)，伦敦，1966。梅德利科特(W. N. Medlicott)关于绥靖政策的论述，主要见《英国现代史 1914—1964》，北京，商务印书馆，1990。

② 泰勒：《慕尼黑二十年以后》(A. J. P. Taylor, Munich Twenty Years after)，载《曼彻斯特卫报周刊》，1958年9月30日。

③ 梅德利科特：《英国现代史 1914—1964》，227页注③，北京，商务印书馆，1990。

④ 例如，早在1938年年底，莫姆就把反对绥靖政策的人叫作“战争贩子”。

⑤ 舒曼：《欧洲前夕》(F. L. Schuman, *Europe on the Eve.*)，纽约，1942。本书对张伯伦的阴谋伎俩有许多深刻的揭露。约翰·惠勒-贝内特极为不满地说：“弗雷德里克·舒曼教授是一个对英国政策的特别严厉、格外罕见的不准确的批评家。”见约翰·惠勒-贝内特：《慕尼黑：悲剧的序幕》，459页注①，北京，北京出版社，1978。

综上所述，除第四类著作外，其他三类基本上可以归纳为两类，即一类是对慕尼黑协定和绥靖政策“小骂大帮忙”的，另一类是全盘肯定的。70年代，在西方继续出版了一些涉及绥靖政策的书籍，但说来说去，仍然跳不出上述两类的圈子①。由于这两类著作小异而大同，因此我们准备就它们所论及的几个共同的重要问题，予以综合评论。

维护和平，还是纵容战争？

慕尼黑危机期间，英、法的对德政策究竟是维护和平的政策，还是纵容战争的政策呢？西方资产阶级作者对有关慕尼黑危机的一些具体问题尽管解释不同，但在这个重大问题上却是基本一致的，都断言绥靖政策是维护和平的政策。何以证明呢？有些史学家企图用英、法最高执政者经历过第一次世界大战这一点，来说明绥靖主义者的和平动机。洛温海姆说：“张伯伦是一个深深爱好和平的人物……当他历历在目地回想起1914至1918年世界大战的恐怖和损失时，他深深相信，另一次大战对大不列颠和欧洲都是一场大灾难，因此必须几乎不惜一切代价地避免它。”②库克也说，张伯伦的政策基于“对战争的十足仇恨”③。对于达拉第，惠勒-贝内特简直把他描写成了一个人道主义者，说他在第一次世界大战中当过军官，他对战争的恐惧，“是一个目睹法国在1914至1918年被榨干了鲜血的法国士兵所具有的恐惧”④。但这种论证方法是经不起推敲的，因为经历过第一次世界大战的人，仍然可能嗜血好杀，例如希特勒就是如此。关键还要看一个人站在什么立场来对待战争。张伯伦和达拉第不是普通的老百姓，而是英、法两大帝国主义国家的最高执政者，他们执行的政策是英、法垄断资产阶级的阶级政策，而不是他们个人的政策。历史事实已经证

---

① 如科尔文：《张伯伦内阁》(I. Colvin，*The Chamberlain Cabinet*)，纽约，1971；库克：《尼维尔·张伯伦》(C. Cook，Neville Chamberlain)，见塔尔编：《首相们》[H. V. Thal(ed.)，*The Prime Ministers*]，第2卷，伦敦，1975；迪尔克思：《鲍尔温和张伯伦》(D. Dilks，Baldwin and Chamberlain)，见巴特勒勋爵编：《保守党人》(L. Butler (ed.)，*The Conservatives*)，伦敦，1977。

② 洛温海姆：《和平，还是绥靖?》(Francis Loewenhein，*Peace or Appeasement?*)，18页，波士顿，1965。

③ 塔尔编：《首相们》，第2卷，294页，伦敦，1975。

④ 约翰·惠勒-贝内特：《慕尼黑：悲剧的序幕》，70页，北京，北京出版社，1978。

明，张伯伦和达拉第是伙同希特勒宰割捷克斯洛伐克的屠夫，有什么理由一定要把他们看作慈悲为怀的善士呢？

另一种论证方法是企图从英国力求弥补凡尔赛条约对德国的不公正待遇这个角度，来说明绥靖政策的和平性质。泰勒说："负疚之心无疑是最强烈的因素：一种弥补过去错误的愿望和这种弥补会解决问题的希望。"①吉尔伯特和戈特同样认为："凡尔赛条约的遗产是德国的苦难和英国的犯罪感"；"对他们(按指英国人)过去的所作所为感到羞耻，他们探求……改正之法。……改正之法就是绥靖。"②这种观点在英国资产阶级史学界是特别流行的，但在美国也有市场，例如拉摩尔斯就说，英国人"对德国有一种产生于凡尔赛(条约)的强烈的犯罪感"③。

但是，30年代的英国保守党人真的像泰勒所说的那样，不再是"第一次世界大战的好斗的帝国主义者"④，而居然变成了一心要"赎罪"的道德君子吗？

历史的真相完全不是这样。第一次世界大战是由于帝国主义国家重新瓜分世界而引起的。战胜了的英帝国主义当然要在巴黎和会上为自己捞到更多的赃物，凡尔赛条约对德国的苛刻待遇并不是由于劳合·乔治的心肠特别凶狠，也不是由于当时的英国政治家犯了"错误"。战后，英帝国主义一方面想控制德国，另一方面又想利用德国去反对新生的社会主义国家苏联。20年代的洛迦诺公约和道威斯计划，就是这种打算的具体体现。法帝国主义在占领鲁尔失败后，对德国也不再采取蛮干的办法。

1933年希特勒上台后，英、法帝国主义基于反对社会主义国家苏联的需要，基于镇压欧洲工人运动的需要，对纳粹德国在政治上和经济上予以大力扶植。他们这样做，当然不是像上面提到的几位资产阶级历史学家所说的那样，是出于道德上的考虑。但是纳粹德国实力增强后，反转过来又构成了对英、法的威胁。1937年，德国工业生产在资本主义世界所占的比重为11%，英国为10%，法国为5%。德国的工业生产已经超过了英、法，居资本主义世界第二

---

① 泰勒：《英国史，1914～1945年》，417页，伦敦，1966。

② 吉尔伯特、戈特：《绥靖主义者》(M. Gilbert & R. Gott, *The Appeasers*)，21页，伦敦，1963。

③ 拉摩尔斯：《解释慕尼黑》(D. N. Lammers, *Explaining Munich*)，24页，斯坦福，1966。

④ 泰勒：《英国史，1914～1945年》，417页，伦敦，1966。

位，仅次于美国①。英德垄断资本之间的矛盾尤其尖锐。在煤、生铁、钢、机器设备、化学产品和运输工具等输出方面，德国都成为英国的危险的竞争者。德国采用倾销、给出口商以国家津贴等办法，扩大出口，夺去了英国相当大的市场。例如，从 1933 年到 1937 年，英国的煤炭出口额竟下降了 20%②。因此，英帝国主义便想用牺牲奥地利、捷克斯洛伐克等小国的办法，挑动德国进一步向东去侵略苏联，借以缓和它自己与德国的尖锐矛盾。慕尼黑会议前若干年，英国朝野的重要政治家纷纷走访希特勒，早已将这种意图告诉了他。例如，1937 年 11 月哈里法克斯在同希特勒会谈时，就称颂纳粹德国是“西方反布尔什维主义的屏障”，并在献上奥地利、捷克斯洛伐克和波兰的同时，向希特勒提出缔结排除苏联在外的英、法、德、意四国公约，实即反苏同盟的建议③。这次会谈十分重要，它使希特勒从张伯伦内阁的一位重要成员那里摸到了英国决心出卖捷克斯洛伐克等小国的底。但是，这件事使一些资产阶级史学家十分为难，他们无法加以否认，只好说：“这次访问没有什么成就。”④艾登在他的回忆录中，虽然承认哈里法克斯的话使希特勒能够把它理解为“给他行事的自由”，但又硬说哈里法克斯的原意并非如此⑤。

英帝国主义出卖捷克斯洛伐克的这种阴谋计划，10 个月后在慕尼黑会议上终于实现了。又过了 5 个多月，德国在 1939 年 3 月 15 日吞并了整个捷克斯洛伐克。1939 年以后的局势，又朝着什么方向发展呢？一些资产阶级学者把两天后(3 月 17 日)张伯伦在伯明翰发表演说的日期看作英国外交政策的转折点。约翰·惠勒-贝内特认为，英国从此开始了“外交革命”，“结束了绥靖政策”⑥。

---

① 《主要资本主义国家经济统计集(1948～1960 年)》，2 页，北京，世界知识出版社，1962。

② 麦克唐纳：《经济绥靖和德国的“稳健派”1937～1939 年》(C. A. Mc-Donald, *Economic Appeasement and the German “Moderates”* 1937～1939)，载《过去和现在》，1972 年 8 月号，115、120 等页。

③ 《第二次世界大战前夜的文件和材料》，第 1 卷，1948 年中文版，莫斯科外文书籍出版局。

④ 莫厄特：《两次大战间的英国》(C. L. Mowat, *Britain between the Wars*)，596 页，伦敦，1956。

⑤ 艾登：《面对独裁者》，下卷，925 页，北京，商务印书馆，1977。

⑥ 约翰·惠勒-贝内特：《慕尼黑：悲剧的序幕》，378、387 页，北京，北京出版社，1978。

其实，张伯伦在演说中不过表示：如果以为英国“在受到挑战时也不会尽其全力抵抗，那就大错特错了”。事实恰恰相反，英帝国主义继续朝着绥靖主义的道路走去，并没有什么“外交革命”。1939 年 7 月 20 日，英国外贸部大臣哈德森在同德国经济专家、戈林的主要助手之一沃塔特会谈时，居然提出了瓜分世界市场的建议，表示“目前世界上还存在有可能使德英两国大量运用本身力量的三个广大地区：英吉利帝国、中国和俄国。”①这里提到英帝国，当然不是要德国打入这个市场，而是要德国提供不侵犯英帝国利益的保证。瓜分苏联和中国市场，才是这项建议的真正目的。由于英德垄断资本之间的矛盾过于尖锐，双方的谈判才没有成功。

法帝国主义者的反苏反共程度也绝不亚于英帝国主义者。1938 年 9 月 7 日达拉第对德国驻法代办说，法国希望避免对德战争，因为“战争的结果将爆发革命，它将把胜利者和战败者同样吞噬……由于欧洲大陆将被削弱，苏俄不会丢掉把世界革命带到我们这些国家的机会”②。因此，达拉第不愿对德作战，而宁愿牺牲捷克斯洛伐克。

仅从以上所举的一些历史事实，已经不难看出，绥靖政策绝非维护和平的政策，而是“纵容战争、挑拨战争、扩大战争的政策”③。

英、法帝国主义由于出卖了捷克斯洛伐克，更加助长了纳粹德国的侵略气焰，终于导致了第二次世界大战。不管“慕尼黑”的西方辩护士如何舞文弄墨，客观历史本身已经做出的结论是任何人也推翻不了的。

上当受骗，还是嫁祸于人？

慕尼黑危机期间，英、法最高执政者翻云覆雨，背信弃义，事实是如此的明显，以致给西方资产阶级历史学家留下了一个很大的难题，即如何给绥靖主义者披上一幅圣洁的纱幕，以便继续保持帝国主义统治者在普通百姓面前的尊严。

所谓“正统学派”的办法是把张伯伦打扮成一个天真无知、误信坏人、缺乏勇气的“老好人”，借以掩盖他的阴谋。惠勒-贝内特说：张伯伦“不会随机应

① 《第二次世界大战前夜的文件和材料》，第 2 卷，65～66 页。参见《绥靖主义者》，218～221 页；《英国外交政策文件》，第 3 辑，第 6 卷，第 370 号文件。

② 转引自鲍里索夫：《首先是慕尼黑，随后就是战争》(Y. Borisov, First Munich, Then the War)，载《国际事务》1963 年第 2 期。

③ 《毛泽东选集》，第 2 卷，594 页，北京，人民出版社，1991。

变，不敏捷，也不是外交家。他的一个突出的特点是头脑呆板。"①特罗弗-罗珀则说："尼维尔·张伯伦的确不能相信，希特勒基本上是与他自己不同的"，"如果张伯伦希望和平，那么希特勒也一定如此。"②所谓"修正学派"由于要给绥靖政策以最高的评价，不同意"正统学派"关于张伯伦"无知"、"胆小"等说法③，但在主张张伯伦为人忠诚，执行绥靖政策严肃认真，毫无欺诈成分在内这一点上，却是和"正统学派"一致的。

马克思说："个人既然是国家职能和权力的承担者，那就应该按照他们的社会特质，而不应该按照他们的私人特质来考察他们。"④对于张伯伦，我们也应当采用这样的分析方法。那么，在他们身上究竟体现了什么样的社会特质呢？列宁对英国资产阶级做过多次深刻的分析，他指出英国资产阶级是世界上"最老练的"资产阶级，"很有头脑，很有经验"；"很狡猾、机灵、阴险"。⑤ 张伯伦既然爬上了大英帝国首相的高位，就必然会体现英国统治阶级的这种阶级特质，而绝不可能是个天真无邪、易为人欺的"老好人"。事实上，张伯伦对希特勒的侵略意图早就一清二楚，从来也没有被他欺骗过。1937 年 3 月 26 日，当张伯伦担任财政大臣时，他在致美国财政部长摩根索的回信中，就曾明确指出欧洲动荡不安的责任在于德国。他还指出，能使德国放弃侵略计划的唯一办法，就是使德国确信，"它获得武力优势的努力，注定要遭到失败，因为如果它打算发动侵略，更强大的武力将与它对抗"⑥。1938 年五月危机期间，张伯

---

① 约翰·惠勒-贝内特：《慕尼黑：悲剧的序幕》(J. W. Wheeler-Bennett, *Munich: Prologue to Tragedy*)，44 页，北京，北京出版社，1978。

② 特罗弗-罗珀：《慕尼黑——十年以后的教训》(Trevor Roper, *Munich ——Its Lessons Ten Years later*)，载《纽约时报专刊》，1948 年 8 月 8 日。

③ 瓦特：《绥靖：一个修正学派的兴起?》(D. C. Watt, *Appeasement: The Rise of a Revisionist School?*)，载《政治季刊》，1965 年 4 月至 6 月号；梅德利科特：《英国现代史 1914—1964》，417 页，北京，商务印书馆，1990。"修正学派"对"慕尼黑"史学如果说有什么贡献的话，就在于它驳倒了"正统学派"关于张伯伦不懂外交、胆小怕事等无稽之谈。

④ 《马克思恩格斯全集》中文第 1 版，第 1 卷，270 页，北京，人民出版社，1960。

⑤ 《列宁全集》中文第 2 版，第 39 卷，79 页，1986 年，北京，人民出版社；第 42 卷，93 页，1987 年，北京，人民出版社。

⑥ 布卢姆：《摩根索日记摘编，危机的年代》(J. M. Blum, *From the Morgenthou Diaries, Years of Crisis*)，464 页，波士顿，1959。张伯伦的复信是由外交部起草的，但有关德国的那一段是他亲笔写的。

伦又在日记中写道："这一事件表明，德国政府是如何地完全不能信任和不诚实。"①此外，还应指出的是：在慕尼黑危机期间，英国政府是不断从德国内部反希特勒的保守派人士那里得到情报的。1938 年 8 月 18 日，埃尔瓦德·冯·克莱斯特到达伦敦，把希特勒已定好日子发动对捷侵略的消息告诉了英国官方以及在野的有势力人物如丘吉尔等②。9 月 25 日，当英、法政府举行会谈时，法国参谋总长甘末林将军也将法方得到的德国即将发动对捷进攻的消息告诉了英方。据说，张伯伦竟然做了这样的回答："但是，谁将给我们以保证，德国以后不会布尔什维克化呢？"③反共的阶级仇恨，使张伯伦不仅不愿对德作战，而且很怕一旦战争爆发，纳粹党战败垮台，引起德国国内革命。这就使得他一意推行绥靖政策，百般挑动德国去侵略捷克斯洛伐克。说什么张伯伦不了解希特勒的侵略意图，误信了希特勒的和平保证，纯粹是无稽之谈。

张伯伦不仅未曾被希特勒欺骗，而且是欺骗别人的能手。他欺骗捷克斯洛伐克人民。在慕尼黑协定中，英、法政府承诺在捷克斯洛伐克新疆界面临无端侵略时给予保证。但这是极端虚伪的。英国的保证究竟是什么意思，张伯伦在慕尼黑会议前英国内阁的一次会议上对陆军大臣霍尔-贝利沙透露了出来："关于这项保证使我们负责维持捷克斯洛伐克现存疆界的假定，是不正确的。保证仅仅涉及无端的侵略。"④不久，到了 1939 年 3 月德国吞并整个捷克斯洛伐克时，张伯伦就以斯洛伐克宣告"独立"(他当然知道这种"独立"是由德国导演的)为理由，无耻地表示捷克斯洛伐克由于"内部的分裂"而"归于灭亡"，也就是说它并未遭受无端的侵略，因此英国政府也就"不再受该项义务之约束"⑤。这就是张伯伦的"诚实"！

让我们再看一看张伯伦怎样"诚实"地对待法国吧。五月危机期间，英国外交大臣哈里法克斯在 5 月 21 日接见德国驻英大使，向他声明，如果由于苏台

---

① 基思·法伊林：《尼维尔·张伯伦的生平》(K. Feiling, *The Life of Neville Chamberlain*)，354 页，伦敦，1946。

② 里特尔：《德国的抵抗》(G. Ritter, *The German Resistance*)，95～96 页，伦敦，1958。

③ 贾克希：《欧洲到波茨坦之路》(W. Jacksch, *Europe's Road to Postdam*)，302 页，伦敦，1963。

④ 科尔文：《张伯伦内阁》，160 页，纽约，1971。

⑤ 张伯伦：《为和平而斗争》(N. Chamberlain, *The Struggle for Peace*)，406～407 页，伦敦，1939。

德危机而爆发法德战争，则英德战争不在排除之列。但是过了一天，他就密令英国驻法大使菲普斯往见法国外长，警告他不要夸大英国对德警告的含义。菲普斯说，英国将永远履行对法国的义务，但这并不意味着“英国政府将同(法国政府)一道立即采取联合的军事行动去保护捷克斯洛伐克，抵御德国的侵略。”①张伯伦政府类似的两面派外交行为是屡见不鲜的。

以上事实说明，张伯伦既未受骗，更不忠诚老实，而是阴谋家。

正如毛泽东所说的：“世界上多少人被张伯伦及其伙伴的甜言蜜语所蒙蔽，而不知道他们笑里藏刀的可怕。”②

达拉第是和张伯伦一样的阴谋家，但在西方资产阶级历史家中有人却对他特别偏爱。弗尔尼亚在其所著《绥靖外交：英法关系和第二次世界大战的序曲》一书中③，一方面对张伯伦尽情揭露，另一方面则对达拉第颂扬备至，把他捧作忠诚捍卫捷克斯洛伐克独立的战士。的确，达拉第曾经信誓旦旦地表示过一定要履行法国对捷的条约义务，而且说过这样的“豪言壮语”：“如果德国军队越过捷克斯洛伐克边界，法国人将像一个人一样进军”④。但是到了真正应当动手的时候，他的勇气却不是用来对付德国，而是用来对付自己的盟友。在慕尼黑会议上，他宰割捷克斯洛伐克的劲头，看来比张伯伦还要凶狠。当张伯伦假惺惺地为行将迁出苏台德区的捷克农民争取带走他们的牲畜的权利而唠叨不休时，达拉第粗暴地说：“我们不应当为这件事而容许战争，捷克人就是必须让步。我们的确必须强迫他们接受割让。”⑤达拉第也像张伯伦一样，惯于骗人。慕尼黑会议后，他在接见美国驻法大使时说：“我不赞同张伯伦的观点，他刚才声称慕尼黑‘是我们一代人的和平’。我一点也不相信德国的话。”⑥可是在公开场合，当他在 1938 年 10 月 4 日登上法国国民议会的讲坛时，竟大谈特

---

① *DBFP*，第 3 辑，第 1 卷，第 271 号文件，伦敦，1949。

② 《毛泽东选集》，第 2 卷，595 页，北京，人民出版社，1991。

③ 弗尔尼亚：《绥靖外交：英法关系和第二次世界大战的序曲》(A. H. Furnia. *The Diplomacy of Appeasement*: *Anglo-French Relations and the Prelude to World War* Ⅱ)，华盛顿，1960。

④ *DBFP*，第 3 辑，第 2 卷，第 807 号文件。

⑤ 郭尔里茨编：《凯特尔元帅的回忆录》[W. Gorlitz (ed.), *The Memoirs of Field-Marshal Keitel*]，71 页，伦敦，1965。

⑥ 塔布伊：《外交上“引人不安”的二十年》(G. Tabouis, *Vingt ans de “suspense” diplomatique*)，373 页，巴黎，1958。

谈他的慕尼黑之行是为了“把许多人认为肯定要丧失的和平拯救过来”①。总之，达拉第也是一个口蜜腹剑式的人物。

不堪一战，还是足以制敌？

西方资产阶级历史学家为慕尼黑协定辩护的另一个理由是：由于当时民主国家军事力量薄弱，不得不暂做让步，以图后举。惠勒-贝内特说：“慕尼黑协定是无法逃避的”，因为“那时英国的军备和防务都缺乏准备，国内和英联邦又不够团结，法国人的士气低落，俄国的作战能力不能肯定”②。库克则说：“张伯伦遵循坎宁外交的教训：威胁而不具备手段或不具备实行你的威胁的决心，是一种致命的外交行为。”③

但是，在1938年，民主国家真的不堪一战吗？让我们看一看双方军事力量的对比究竟如何。捷克斯洛伐克虽然是一个小国，但在欧洲小国中是军事力量较强的一个。它拥有陆军40多个师④，空军第一线飞机660架⑤。捷军装备精良，训练有素。法国驻捷军事代表团团长福舍将军对捷军的评价很高，称赞它有“优良的士兵。优良的军官团。优良的装备”⑥。人民群众坚决反对投降，誓死捍卫祖国的口号遍及全国。捷克斯洛伐克的重工业有相当基础，斯科达兵工厂在1938年8月到1939年9月间的生产量，几乎等于同期英国各兵工厂的总和⑦。捷克斯洛伐克的防御工事也十分坚固，德国军官后来在接收时为之惊愕不已，他们在庆幸冒险成功的同时，犹心有余悸。

---

① 转引自约翰·惠勒-贝内特：《慕尼黑：悲剧的序幕》，203页，北京，北京出版社，1978。

② 同上书，再版序言。

③ 塔尔编：《首相们》，第2卷，296页，伦敦，1975。

④ 贾克希：《欧洲到波茨坦之路》，310页，伦敦，1963；里普卡：《慕尼黑前后》，297页及注①，伦敦，1939。另一估计是38个正规师，其中步兵师17个、机动师4个，充分动员后还有17个后备步兵师。见科特里尔·本-艾里：《“慕尼黑”时期的捷克斯洛伐克：军事形势》(K. Ben-Arie, Czechoslovakia at the Time of “Munich”: The Military Situation)，载《现代史杂志》(*Journal of Contemporary History*)，1990年月10月号。

⑤ 贾克希：《欧洲到波茨坦之路》，343页注⑲，伦敦，1963。

⑥ 里普卡：《慕尼黑前后》，296～297页，伦敦，1939。

⑦ 丘吉尔：《第二次世界大战回忆录》，第一卷上部，第二分册，499页，北京，商务印书馆，1974。

捷克的盟友法国的陆军素称是欧洲最强大的。甘末林将军在1938年9月26日英法会谈时报告，法国陆军有500万人，战事开始时可出动100个师①。法国的空军力量薄弱，第一线飞机只有700架左右②。不过就陆军而言，如果战争一旦爆发，即使英国不派远征军到大陆来，单是法、捷两国力量的总和，已经超过了德国不少。法军的士气，诚如惠勒-贝内特所说，是低落的，但这正是法国统治阶级长期推行绥靖政策所造成的恶果。如果改变这种政策，士气是可以振作起来的。

德国的陆军在1938年晚秋有55个师左右的兵力③，准备用于进攻捷克斯洛伐克的是39个师，实力并不太雄厚。德国人民厌战，士气不振(慕尼黑冒险成功后有变化)，高级将领中还有一些人反对希特勒铤而走险。德国的空军力量确实比较强大，据戈林估计，1938年年底德国第一线空军的力量等于英、法两国的总和④。尽管如此，德国的空军当时也不像英、法绥靖主义分子故意夸大的那样，威力无穷，甚至在60天内就能给英国造成近200万人的伤亡⑤。二次大战后，在纽伦堡审判德国战犯时，一些德国将领供认，如果当年在慕尼黑危机期间真正爆发了战争，德国是会战败的。凯特尔说："我们特别高兴的是，没有发生军事行动，因为在整个准备期间，我们始终认为，我们攻击捷克斯洛伐克边境防御工事的手段是不足的。"⑥既然德国进攻捷克斯洛伐克的兵力

---

① 夏伊勒：《第三共和国的崩溃》(W. L. Shirer, *The Collapse of the Third Republic*)，376页，纽约，1969。

② 同上书，388页。

③ 这是德军将领约德尔提供的数字，见《主要战犯的审讯》(*Trial of the Major War Criminals*)，第15卷，369页，纽伦堡，1947～1949。另一估计为45个正规师，其中步兵师38个、装甲师3个、山地师3个、轻武装师1个。用于对付捷方的是37个师。参见科特里尔·本-艾里，前引文。

④ 拉凡等人合著：《1938年国际事务综览》(R. G. L. Laffan and others, *Survey of International Affairs* 1938)，第3卷，587页注⑤，伦敦，1953。又据莫厄特著《两次大战间的英国》(C. L. Mowat, *Britain between the Wars*)，伦敦，1956年版，631页，1938年德国第一线飞机为2847架，英国为1854架。连同前面所说的法国第一线飞机700架，英法共有2500多架，略少于德国。

⑤ 1937年，英国专家估计，德国延续60天的轰炸，可造成60万人死亡，120万人受伤。实际上，在将近6年的大战中，英国因空袭而遭受的平民伤亡人数总共才有29万5千人，其中死亡6万人。见泰勒：《英国史，1914～1945年》，410～411页。

⑥ 《主要战犯的审讯》，第10卷，509页，纽伦堡，1947～1949。

尚嫌不足，那么，如果捷克斯洛伐克的盟友法国认真履行其条约义务而出兵的话，德军的处境肯定就更加不妙了。德国的齐格菲防线当时尚未完成，主要建构在1938年年初夏才开始；德军在西线只配备有5个作战师和7个后备师，要以这样的兵力挡住法国100个师的进攻，“是完全谈不上的”，“在军事上是不可能的”①。

所谓“俄国的作战能力不能肯定”的说法，是否能够成立呢？这其实是“俄国军队软弱无力”的一种变相说法。这种论调在慕尼黑危机期间曾经在西方盛行一时，根源在于英、法当权者极端仇视共产主义，最怕的是苏联卷入欧洲政局，最爱听的是苏联军事力量软弱、援捷动机可疑之类的说法。实际上，如果作为捷克斯洛伐克的同盟者法国肯于履行条约义务的话，苏联也会出兵援助的。1938年9月26日英、法会谈时，甘末林将军从苏联驻法武官那里收到了伏罗希洛夫元帅关于苏军准备在西线进行干预的通知：苏联准备派出30个步兵师和一些骑兵师②。这样的一支兵力，对于捷克斯洛伐克的援助，无论如何也不应低估吧。

以上谈的是军事方面。至于在经济方面，英、法、捷、苏几国人力、物力总和之远远超过德国，更是不待言的。

英国资产阶级历史学家还特别爱强调一点，即慕尼黑协定为英国赢得了特别宝贵的一年时间。麦克劳德在《尼维尔·张伯伦》一书中，历数英国陆、海、空军在慕尼黑协定后一年内的进展情况，认为这都是驳不倒的历史事实，大有真理在握，孰能诘难的架势③。梅德利科特也认为在此一年内英国重整军备大有进展，因而到了1939年夏季，“英国此时可以从实力地位进行谈判和绥靖”了④。

对于这种似是而非的说法，我们不禁要问：在慕尼黑会议后的一年里，德国的军事力量与英、法的军事力量相比，究竟谁增长得更快呢？答案只能是德国增长得快得多。首先，捷克斯洛伐克这个分量相当重的砝码落到了天平上德国的一方。捷克斯洛伐克的40几个师不再与德国为敌了；它的经济资源与人力归德国支配了；多年积存的军事物资也由德国占有了。1939年4月28日，

---

① 《主要战犯的审讯》，第15卷，361页，纽伦堡，1947～1949。

② 《慕尼黑历史的新文件》，60页，北京，世界知识出版社，1962。

③ 麦克劳德：《张伯伦传》(I. Macloed, *Neville Chamberlain*)，247～255页，北京，商务印书馆，1990。

④ 梅德利科特：《英国现代史1914～1964》，424页，北京，商务印书馆，1990。

希特勒狂喜地对德国议员说："我不禁要让你们对中欧这个国际火药库的真正巨大数量有一个概念：

空军：飞机1582架；高射炮501门。

陆军：轻重大炮2175门；掷弹筒785个；坦克469辆；机关枪43875挺；手枪114000支；步枪1090000支。

弹药：步兵弹药10亿余发；炮弹300余万发……"①

英、法的军事力量在此期间固然有所增长，但远逊于德国。德国的陆军在数量上有所增长(1939年增至106个师)，质量上也有所提高，而法国的陆军却没有同样的进展和扩充，尤其严重的是由于慕尼黑协定的结果，士气更加低落了。德国武器的产量也超过英、法，将近它们总和的3倍。只是在空军方面，英国的进展较大，从1938年的月产量240架增至1939年的月产量660架。

"争取到一年宝贵时间"的说法是如此的难于成立，以致从丘吉尔到一些资产阶级历史学家(如特罗弗-罗珀、吉尔伯特、戈特、韦伯斯特等)都表示反对②。

总之，英、法对于德国侵略行为的纵容，并不是由于英、法力量薄弱。无论在经济方面和军事方面，英、法、捷克斯洛伐克(纵使不把苏联包括在内)的力量加在一起，都要超过德国。1938年慕尼黑危机期间，英、法统治阶级之所以不愿对德开战，主要原因是政治上的，而非军事上的。法国右派蒂埃里·穆尼埃的一段话，最足以代表英、法绥靖主义分子的心理："不仅法国可能战败和遭受蹂躏，而且德国的战败也会意味着一种可信赖的制度的瓦解，这种制度是防止共产主义革命，也许还是防止欧洲立即布尔什维克化的主要壁垒。换句话说，法国的胜利，实际上会成为法国的失败。"③他这里说的是法国，其实也完全适用于英国。以贝奈斯为首的捷克斯洛伐克统治者，基于同样的反动立场，始终一味依赖英、法的"调解"，而不肯依靠本国的武装力量和人民的支

① 《1939～1946年国际事务文件》，第1卷，228页，伦敦，1951。

② 丘吉尔：《第二次世界大战回忆录》，第一卷上部，第二分册，497～500页；特罗弗-罗珀：《慕尼黑——十年以后的教训》；吉尔伯特、戈特：《绥靖主义者》，11～13页，伦敦，1963；韦伯斯特：《重新考虑慕尼黑》(C. Webster, Munich Reconsidered)，载《国际事务》，1961年4月号。

③ 约翰·惠勒-贝内特：《慕尼黑：悲剧的序幕》，318页，北京，北京出版社，1978。

持，去抵抗德国的侵略。

慕尼黑事件过去40多年了。当年的绥靖主义分子张伯伦、达拉第之流的尸体早已腐烂，但是一些资产阶级学者仍在重翻旧案，妄图给绥靖政策恢复“声誉”，发掘其中的“积极”因素。不过，饱学的西方辩护士们却忘记了这样简单的一件事实：慕尼黑协定签字后不到两年，法兰西第三共和国就灭亡了；而英国历史学家们最为津津乐道的“不列颠之战”，如果没有慕尼黑协定，没有荷兰、比利时和法国的灭亡，德国的轰炸机又如何能肆虐不列颠列岛呢？

论1939年3月英国对波兰保证的原因及其破产*

本文有很强的论战性。西方学者大多数认为1939年3月英国对波兰的保证结束了绥靖外交。本文从"应付国内的压力"、"防止德国的西进"、"勾结德国的新策略"几个方面，有力地说明了英国在宣布保证波兰的独立后，在军事上和经济上都未给波兰以实际援助，而且一再要求波兰对德国做出让步。因此，"结束绥靖外交"一说，不过是西方学者为破产的绥靖政策所做的一种无力辩护而已。

第二次世界大战前夕英国对波兰的保证，是现代国际关系史上有名的难断公案。西方学者多半赞扬它结束了绥靖外交①，苏联学者则一律指斥它是反苏政策的继续②。毁誉不一，至今仍是热烈争论的题目。问题确实难解：1938年9月29日，英国使用种种压力，好不容易才把捷克斯洛伐克押上祭坛，献给纳粹德国，为什么刚刚过了半年，就在1939年3月31日迫不及待地、主动地宣布保证波兰的独立呢？有些西方学者干脆端出不可知论，例如英国著名军事史家利德尔-哈特就说："张伯伦这样贸然行事，是出于公愤的压力呢，还是出于内心的愤慨，或是因为他受希特勒愚弄而感到愤怒，

---

* 原载《北京师范学院学报》1981年第1期。

① 例如C. L. 莫厄特：《两次大战间的英国》(C. L. Mowat, *Britain between the Wars*)，639页，伦敦，1956；C. 巴尼特：《英国势力的崩溃》(C. Barnett, *The Collapse of British Power*)，557～558页，伦敦，1972。

② 例如德波林主编：《第二次世界大战史(1939～1945)》，第2卷，211～212页，上海，上海人民出版社，1981。

或是因为他在本国人民的眼中已像傻瓜而失面子？究竟什么是主要影响，那是无法估计的。”①英国前保守党议员布思比一直到战争结束后仍然困惑不解地说：“直到今天，我也无法设想他们（指张伯伦等人——笔者）为什么这样做。”②

应付国内的压力

英国对波兰的保证，是在经历了十分曲折复杂的一段过程以后才做出的，它首先是由于张伯伦政府受到了国内的巨大压力。1939 年 3 月 15 日下午，当德国军队正在长驱直入波希米亚和摩拉维亚时，张伯伦在下院发表了一篇充满“慕尼黑精神”的演说。他表示，虽然英国政府允诺过在捷克斯洛伐克遭遇无端侵略时给予保证，但是“自从斯洛伐克议会宣告斯洛伐克独立以后，我们认为，情况已经根本变化了。由于这一宣告，结果使我们曾建议担保其边界的那个国家，因内部分裂而消灭了。……既然如此，英王陛下政府也就不再受该项义务的约束。”③这是无耻地为英国的背信弃义强做辩解，也是为纳粹德国的侵略行为开脱罪责。更为严重的是，他还表示，尽管发生了最近的事变，“但我们决不可因此而离开我们的轨道。我们应该记得，世界各国人民的意愿仍然集中在和平的希望上”④。这也就是说，他要不顾一切地把绥靖政策贯彻到底。

但是张伯伦万万没有料到自己的讲话竟会在国内引起强烈的反对。听了他的讲话的英国外交部常务次官卡多根立即敏锐地感觉到，张伯伦表示要继续他的绥靖政策，这是“致命的”⑤。事实正是这样。在下院随即举行的辩论中，工

---

① 利德尔·哈特：《第二次世界大战史》，13 页，上海，上海译文出版社，1978。威廉·R. 罗克也认为，“外交政策决定在其形成过程中的晦暗不明”，以及历史学家“要以令人满意的精确性作出解释的困难”，几乎没有能超过英国对波保证这一事件的了。见罗克：《1939 年 3 月英国对波兰的保证》(W. R. Rock, The British Guarantee to Poland, March 1939)，载《南大西洋季刊》(*South Atlantic Quarterly*)，1966 年春季号。

② 玛格丽特·乔治：《偏见》(M. George, *The Warped Vision*)，202 页，匹兹堡，1965。

③ 张伯伦：《为和平而斗争》(N. Chamberlain, *The Struggle for Peace*)，407 页，伦敦，1939。

④ 同上书，410 页。

⑤ 这是卡多根在当天日记中写下的评论。见大卫·迪尔克斯编：《亚历山大·卡多根爵士的日记(1938～1945)》[D. Dilks(ed.), *The Diaries of Sir Alexander Cadogen 1938～1945*]，157 页，纽约，1972。

党议员格伦费尔尖锐指出，由于政府"对威胁和暴力到处让步"，恶果已十分明显。他要求政府采取坚定的立场，"现在不是再做妥协的时候了。我们必须力图把一切愿为善意与和平而效劳的力量团结起来，并用这种办法给所有人带来和平"①。自由党议员辛克莱则谴责绥靖政策"无非是奉行最不抵抗的方针，既不考虑道德原则，也不考虑把有力的地位和巨大的资源交给这些可怕的侵略国家去掌握的后果"②。张伯伦的讲话也在保守党内引起了不满。艾登认为英国正面临一场近乎悲剧的严重局势，并主张同所有与英国意见相同的国家共商应当在何时何地开始抵抗，而且"一经决定，便立即同他们订出军事计划，实行我们的决定"③。总之，议会中的情绪正如国民工党议员哈罗德·尼科尔森在他 3 月 17 日的日记中所写的那样："议会走廊里的情绪是张伯伦要么必须下台，要么彻底改变他的政策。除非他在今晚的演说中承认他错了，他们感到辞职是唯一可供选择的办法。……反对党绝对拒绝做他的僚属。意见是哈里法克斯应成为首相，艾登担任下院领袖。"④

舆论界的反映同样对张伯伦不利。《每日电讯》《每日快报》等报刊纷纷谴责纳粹德国的新暴行，就连一向极力鼓吹绥靖政策的《泰晤士报》也不得不说："纳粹政策的目标越来越表现为十足的扩张和残暴的统治。"⑤另一家支持绥靖政策的《观察家报》(主编加文是张伯伦的一位密友)，这时也摇身一变，要求英国政府的趋向应有根本的变化⑥。

工党、自由党、保守党内反对派以及资产阶级新闻界的不满，反映了英国统治阶级当中一部分人此时对于绥靖政策的失望。慕尼黑会议后，英、德之间的全面合作基本上没有实现。德国在英国的全力支持下宰割了捷克斯洛伐克一大块领土，而给对方的报酬却很小。英国唯一的重大收获是英、德两国煤矿主

---

① 《下院辩论录》，1939 年 3 月 15 日，第 5 辑，第 345 卷，445 页。

② 同上书，456 页。

③ 艾登：《艾登回忆录：清算》，85～87 页，北京，商务印书馆，1976。

④ 西蒙·纽曼：《1939 年 3 月英国对波兰的保证：英国外交政策延续的研究》(Simon Newman, *March* 1939: *The British Guarantee to Poland*: *A Study in the Continuity of British Foreign Policy*)，103 页，伦敦，1976。

⑤ 弗雷德里克·L. 舒曼：《夜晚降临欧洲》(F. L. Schuman, *Night Over Europe*)，110 页，纽约，1941。

⑥ 威廉·R. 罗克：《20 世纪 30 年代英国的绥靖政策》(W. R. Rock, *British Appeasement in the* 1930s)，82 页，伦敦，1977。

在1939年1月底缔结了瓜分世界市场的煤炭卡特尔协定，规定德国煤炭出口占欧洲所有出口煤炭国家的总额的32%，英国占46%①。3月15日，英国工业联合会同帝国工业委员会又在杜塞尔多夫签订了合作协定②，但这只是在原则上初步达成协议，具体的实施办法还有待于进一步的磋商，而德国在同一天未经英国同意就自行吞并了整个捷克斯洛伐克，则预示着这个协定颇有流产的可能(后来也确实流产了)。

群众的愤怒更是可想而知。不久以前，许多真诚相信过慕尼黑协定会带来"我们时代的和平"的人们，现在大失所望，感到受了欺骗。希特勒不是说过，苏台德区是他"在欧洲的最后一次的领土要求"，他"不想要一个捷克人"吗？但曾几何时就吞并了整个捷克斯洛伐克，把1000万左右的捷克人和斯洛伐克人置于他的血腥统治之下。对于这样丝毫不讲信义的恶魔，政府为什么还一再容忍呢？普通的群众要求立即行动，反对拖延不决，苟安的心理较前大大削弱。

在这样的形势下，即使十分顽固的张伯伦也不能不有所考虑。3月17日晚，他在故乡伯明翰发表了一篇专谈外交政策的演说。他本来是要谈国内问题，特别是社会福利问题的，在外交大臣哈里法克斯和首席工业顾问威尔逊的劝告下，匆忙改变了内容。这篇被许多资产阶级学者吹捧为宣布英国"外交革命"③的演说究竟讲了一些什么东西呢？张伯伦首先为3月15日的演说进行辩解，说是由于当时得到的消息是"不充分的"和"非官方的"，不能形成"深思熟虑的意见"，从而向下院做了"有点失之于冷淡和客观的声明"，"引起了误解"，他"希望在今晚纠正那个错误"。讲话中最"强硬"的部分大概要算以下这几句话了："然而如果以为我国认为战争是一件无谓而残酷的事情因而已失尽血性，以致在受到挑战的时候也不会尽其全力予以抵抗，那就是大错特错了。"④但必须指出的是，就在这段话的前面，张伯伦还讲了一句十分值得注意的话：英国"不准备在无法预见的形势下使我国承担新的不明确的义务"。此外，他还以大

---

① 参见《德国外交政策文件汇编》(*Documents on German Foreign Policy*)，D辑，第4卷，397页，伦敦，1951；*DBFP*，第3辑，第4卷，138页注①，伦敦，1951。

② 参见阿柏特·诺尔登：《德国历史的教训》，247～248页，北京，生活·读书·新知三联书店，1958；《德国外交政策文件汇编》，D辑，第4卷，430页注①。

③ 例如惠勒-贝内特：《慕尼黑：悲剧的序幕》，378页，北京，北京出版社，1978；约翰·卢卡斯：《欧洲的最后一战》(John Lukacs, *The last European War: September* 1939—*December* 1941)，35页，伦敦，1976。

④ 张伯伦：《为和平而斗争》，413～414、419～420页，伦敦，1939。

即对德国的公开宣布的挑战①。挑战的意思实际没有，取得公开宣传的效果倒是真正的意图。

四国宣言既已告吹，而在此期间德国的势力却日益增长，实力对比对英国更加不利。3 月 22 日，德国占领默默尔。3 月 23 日，又连续发生了两起事件：一是斯洛伐克和德国签订条约，正式成为德国的保护国；二是罗马尼亚与德国签订经济协定，沦为德国的农业原料附庸。英国国内对于张伯伦在外交上坐失时机，迟迟拿不出什么像样的对策，深感不满。哈罗德·尼科尔森在 3 月 27 日所写的日记典型地反映了这种情绪："3 月 15 日以后，两周过去了，德国正在威胁波兰。下院存在着严重的忧虑，同时交织着这样的情绪，即张伯伦正在失去全国的信任。"他还写道，反对党"渴望去掉张伯伦"。② 内外交迫，张伯伦不能不另做他图。

3 月 27 日，英国政府又搞出了一个新方案，即如果波兰的独立受到德国的威胁而准备积极抵抗，英国将给予援助。作为交换条件，如果罗马尼亚受到威胁，波兰也应给它以援助；如英、法受到德国攻击，或者英、法因抵抗德国对西欧任一国家或南斯拉夫的侵略而卷入对德战争，波兰都要给英、法以援助。当晚，哈里法克斯把新方案的内容电告英国驻波大使肯纳德，但训令他在接到进一步的指示前不要采取行动。③ 这时，对波保证的问题才算正式提上了日程④。但条件是互惠的，而且连张伯伦自己也认为对波兰的要求过高，估计对方未必答应。

哈里法克斯的电报刚刚发出，第二天德国报纸就发动了对波兰的猛烈攻击，大骂波兰虐待境内的德意志少数民族。这被许多人看作德国即将入侵波兰的先兆，因为这是纳粹惯用的伎俩，慕尼黑会议前夕德国新闻界几乎无日不在做此类的宣传。3 月 28 日，美国驻英大使送来消息，说美国驻波大使比德尔得到情报，里宾特罗甫正在敦促希特勒立即对波兰采取行动⑤。29 日下午，英国《新闻记事报》驻柏林记者科尔文返国报警，说他所得到的一切情报都表

---

① 西蒙·纽曼：《1939 年 3 月英国对波兰的保证：英国外交政策延续的研究》，147 页，伦敦，1976。

② 同上书，176 页。

③ *DBFP*，第 3 辑，第 4 卷，515～517 页。

④ 最早可以溯源到 1939 年 3 月 21 日至 22 日英、法在伦敦举行的会谈。那时已提出了与 27 日的建议近似的内容。参见 *DBFP*，第 3 辑，第 4 卷，459～460 页。

⑤ *DBFP*，第 3 辑，第 4 卷，547 页。

明，对波兰的进攻在“12小时、3天、1周或2周内”即将发生①。但是，另一方面波兰人自己却从未告急，外长贝克上校直到3月30日还对英国驻波大使说：“德国政府没有提出任何最后通牒性质的要求”，“没有迹象说明他们打算在最近的将来采取更有威胁性的行动。”②英国陆军情报部门迟至31日也仍然说：“尚无具体迹象说明德国决心强行立即解决但泽问题”③。英国当局获得的情报十分矛盾，执政者举棋不定，但是来自国内各方面的压力却迫使张伯伦政府在外交上立即拿出点具体成果不可。

从27日起，英国报刊上不断披露有关德国调动军队和即将入侵波兰的惊人消息。3月28日，艾登集团和丘吉尔等36名议员（除3人外均为保守党员）在下院提出议案，要求成立由保守党、自由党和工党三党联合组成的国民政府，并“授予这个政府以调动全国工业、财富和人力的全权，使我国能在最短期间做出最大的军事努力”④。这个提案反映了保守党内反对派不满情绪的加剧，甚至意味着准备更换首相，哈里法克斯可能是继任的人选⑤。同日，《金融新闻》发表了一篇题为《为什么帮助德国武装?》的重要社论，打中了张伯伦政府经济绥靖政策的要害⑥。30日，哈罗德·尼科尔森在他的日记中写道：“下院会客厅里正在焦虑不安地嗡嗡议论，意见的唯一分歧似乎是德国致波兰的最后通牒是一份限24小时的答复呢，还是一份限48小时的答复？我从来没有见过下院会客厅处于这样一种激动和慌张的状态。”⑦

在29日晚，哈里法克斯已经拍电给肯纳德，指示他按照27日电令的内容行动，向波兰政府递交英国政府提出的新方针。可是，由于上述的种种紧迫情

---

① 西德尼·阿斯特：《1939年：第二次世界大战的形成》(S. Aster, 1939: *The Making of the Second World War*)，100页，伦敦，1973。

② *DBFP*，第3辑，第4卷，548页。

③ 西蒙·纽曼：《1939年3月英国对波兰的保证：英国外交政策延续的研究》，201页，伦敦，1976。

④ 艾登：《回忆录：清算》，89页，北京，商务印书馆，1976。

⑤ 西蒙·纽曼：《1939年3月英国对波兰的保证：英国外交政策延续的研究》，103页，伦敦，1976。

⑥ 在此以前，《泰晤士报》已于1939年3月20日登出亚历山大·罗杰爵士的一封来信，建议所有民主国家停止对德贸易。参见阿诺德·汤因比、维罗尼卡·M. 汤因比合编：《大战前夕，1939年》，87页，上海，上海译文出版社，1984。

⑦ 西蒙·纽曼：《1939年3月英国对波兰的保证：英国外交政策延续的研究》，194页，伦敦，1976。

况，再加上下院定于 31 日开会，准备提出在德国即将进攻波兰的情况下政府将采取什么行动的质询，因而到了 30 日上午英国内阁开会的时候，这个新方针就被另一个更新的方针代替了。英国估计到波兰肯定不会轻易地同意 27 日的方案，便干脆放弃互相援助的条件，由英国单方宣布给波兰以保证。30 日下午 4 时 20 分，哈里法克斯急电肯纳德，命他于当晚即征求波兰政府的意见，是否同意英国单方保证的办法。但这封电报到达华沙英国大使馆时，肯纳德已经往见贝克，正在遵照哈里法克斯 27 日、29 日两次来电的指示向贝克面陈英国的方案。就在谈话进行的过程中，英国大使馆一等秘书汉基跑来，打断了谈话，把伦敦的新指示交给了肯纳德，于是肯纳德又按 30 日来电的内容征询贝克的意见。贝克对于这种单方面的保证自然不再反对，便予以接受①。

3 月 31 日，张伯伦终于向下院宣布："如果一旦发生任何明显地威胁到波兰独立的行动，而波兰政府因此也认为亟须动员全国力量以进行抵抗时，英王陛下政府将认为自己有义务立即给波兰政府以全力支持。"②

以上我们着重说明了在国内各个方面的巨大压力下，张伯伦政府终于走上了一条违反自己初衷的道路，对一个比捷克斯洛伐克更为"遥远"的国家承担保证的义务③，而且是单方面的。但这并不是唯一的原因。

防止德国的西进

张伯伦政府还有一种打算，即企图利用波兰组成"东线"，使德国不敢首先西进。

慕尼黑会议后，直到 1939 年最初几周，英、法方面曾经估计德国将立即向东挺进，占领乌克兰。这自然是他们盼望已久、梦寐以求的事情。1938 年 11 月 17 日，哈里法克斯对罗马尼亚外交大臣柯木南说："我们一定不可留下一点点印象，就是英国正在试图建立阻止德国向东扩张的障碍。"④12 月 15 日，

---

① L. B. 纳密尔：《1938～1939 年外交序曲》(L. B. Namier, *Diplomatic Prelude*, 1938～1939)，107 页，伦敦，1948。

② 张伯伦：《为和平而斗争》，423 页，伦敦，1939。

③ 1938 年 9 月 27 日，张伯伦在一次广播演说中以捷克斯洛伐克是一个距离英国"遥远"而且英国"对之毫无所知"的国家为借口，认为不值得为它而战。波兰比捷克斯洛伐克距离英国更远，但现在英国却不得不仓促地宣布对它的保证了。

④ R. G. D. 拉凡等合编：《1938 年国际事务概览》(R. G. D. Luffan and others, *Survey of International Affairs* 1938)，第 3 卷，429 页，伦敦，1953。

法国驻德大使考伦德雷在呈外交部长的报告中写道，纳粹的目的是“建立一个将成为德国谷仓的大乌克兰。为了达到这一目的，必须征服罗马尼亚，争取波兰，撵走苏俄；……在军事集团中，他们已经议论起向高加索和巴库进军来了。”①1939年1月19日，卡多根的私人秘书杰布在一份备忘录中也写道：“向东推进——特别是乌克兰——提到议事日程。”②

但是，英国很快就得到了德国准备首先进攻西方的惊人消息。1939年1月21日，德国国内的反对派以格德勒③的名义送来情报，说希特勒为了逃避经济困难，将入侵比利时与荷兰，并利用比、荷两国作为进攻英国的空军和潜水艇基地④。1月24日，哈里法克斯训令英国驻美大使馆通知美国，说在去年看来希特勒考虑的是向东扩张，建立一个独立的乌克兰作为德国的附庸，但“此后报告指出：希特勒……正在打算进攻西方国家，作为随后在东方采取军事行动的预备步骤”。希特勒可能“以发动对荷兰的进攻开始”，还可能“毫无借口地对英国突然空袭，并在这种最初的突然袭击之后，随即对西方国家从陆地和海上展开军事行动”。⑤ 法国方面也在分析德国的动向。达拉第认为，“如果希特勒先生决定进攻西方，最可能的似乎是一个同时突破荷兰、瑞士和突尼斯的非常全面的计划”⑥。英国感到局势严重，自身的安全受到威胁，于是在2月1日的内阁会议上决定：如果德国进攻荷兰或瑞士，则这一事件即构成宣战的理由。

3月15日，纳粹德国吞并了整个捷克斯洛伐克。下一步进军乌克兰的前景似乎又出现在英、法的眼前。可是，就在第二天，匈牙利宣布合并喀尔巴阡乌克兰，这又使英、法的希望顿时破灭。喀尔巴阡乌克兰位于捷克斯洛伐克的东端，德国如占有此地，就能据以进一步侵入苏维埃乌克兰。但现在它把如此重要的一块地方让给匈牙利，这显然表明德国不打算立刻与苏联发生冲突。我们知道，3月10日，斯大林在联共(布)第十八次代表大会上曾经发出严厉的

---

① 法国外交部编：《1938至1939年外交文件》，英文版，41页，伦敦。

② 西德尼·阿斯特：《1939年：第二次世界大战的形成》，42页，伦敦，1973。

③ 反对派的首领之一，曾任莱比锡市长等职。

④ C. A. 麦克唐纳：《经济绥靖和德国的“稳健派”1937～1939年》(C. A. MacDonald, Economic Appeasement and the German “Moderates”1937～1939)，载《过去和现在》(*Past and Present*)，1972年8月号。

⑤ *DBFP*，第3辑，第4卷，4～6页。

⑥ 同上书，49页。

警告："英法和北美的报刊就苏维埃乌克兰问题发出的叫嚣很值得注意。这些报界人物声嘶力竭地叫喊道：德国人正在向苏维埃乌克兰进军……当然在德国完全可能有一些疯子梦想把苏维埃乌克兰这头大象合并到所谓喀尔巴阡乌克兰这只小甲虫那里去。如果在德国确实有这样的疯子，那么可以肯定地讲，在我国就一定能够为这些疯子找到必要数量的拘束衣。"①苏联捍卫自己领土的坚定立场，使德国不敢贸然过早发动侵苏战争。因此，在 3 月 13 日，德国驻匈牙利公使拜会霍尔蒂摄政和切列基首相，通知他们希特勒同意匈牙利占领喀尔巴阡乌克兰，并要求匈军立即行动，与德军即将在波希米亚与摩拉维亚采取的行动相配合②。这样，匈牙利便在 3 月 15 日出兵占领了喀尔巴阡乌克兰。

英国对于德国究竟首先东进，还是首先西进的问题既然捉摸不透③，但又不敢也不愿同德国进行针锋相对的斗争，于是便心存侥幸地拟定了一种廉价的"转危为安"的计划，即联合波兰，组成"东线"，使德国有后顾之忧，从而不敢西进。3 月 18 日，英内阁举行会议，一致同意迫使德国在两线作战的重要性。但是对如何组成东线的问题，从这时起直到 8 月底英、法、苏谈判破裂，始终有两种意见。

以张伯伦为首的统治集团基于反苏反共的立场，宁肯选择波兰，而不要苏联。他们极力夸大波军的力量，而贬低苏军的作用。3 月 18 日上午，英国三军参谋长委员会根据国防协调大臣的要求所提出的报告指出，必须迫使德国在东西两线同时作战，英国才有取胜的希望。但东线只包括波兰是不够的，它已被德国三面包围，仅能限于防守。与俄国联盟而波兰守中立，要比与波兰联盟而俄国守中立，在军事上更为有利。④ 对于这样的建议，张伯伦当然听不进

① 斯大林：《列宁主义问题》，667 页，北京，人民出版社，1973。

② 波赫丹·B. 布杜罗维兹：《1932～1939 年波苏关系》(B. B. Budurowycz, *Polish-Soviet Relations* 1932～1939)，143 页，纽约，1963。

③ 直至 1939 年 4 月 3 日，英国驻德大使馆还送来情报，说德国意图的首先迹象是"对英国舰队的闪电般的进攻"，事先既无最后通牒，也无宣战。*DBFP*，第 3 辑，第 4 卷，582 页。

④ 西蒙·纽曼：《1939 年 3 月英国对波兰的保证：英国外交政策延续的研究》，118～119 页，伦敦，1976；罗伯特·曼内：《1939 年 5 月英国与俄国联盟的决定》(Robert Manne, The British Decision for Alliance with Russia May 1939)，载《现代史杂志》(*Journal of Contemporary History*)，1974 年第 5 期。

去。在同日下午召开的内阁会议上，他硬说“波兰很可能是局势的关键”①，而未提出任何理由加以说明。3 月 22 日，英国驻波兰大使馆发出了武官索德中校的一份分析波兰军事形势的长篇报告。索德认为波军训练良好，坚忍顽强，但缺乏重炮和高射炮。它投入战场的兵力或可达 54 个师左右，不过它的物质资源实不足以维持这批部队进行一场持久的战争。索德还指出了波兰三面受到德国包围的极为不利的战略地位。对于苏联，他估计可投入战场一百多个师，苏军的防御能力应认真看待，但它能否发动一场进攻性的战争并获得最后胜利，是值得怀疑的②。在此以前，英国驻苏大使馆在 3 月 6 日发出了武官法尔布雷斯上校的一份备忘录，它同样低估苏军的作用，认为“在一场进攻性的战争中它只有很小一点的价值”③。哈里法克斯对上述有关波、苏两国的军事情报和军事分析进行了有倾向的选择后，在 3 月 27 日召开的英内阁外交政策委员会上说，波兰的 50 师军队可以做出“有益的贡献”，苏联发动攻势的价值很小，“如果我们必须在波兰和苏俄之间作一选择，看来波兰显然能够给以更大的帮助”④。

丘吉尔、艾登和前首相劳合·乔治等人则力主联合苏联。1938 至 1939 年，丘吉尔一直提倡建立一个抵抗纳粹侵略的“大同盟”。他正确指出：“‘大同盟’的关键就是同俄国达成谅解。”“没有俄国的积极援助，就无法维持一条反对纳粹侵略的东战线。”⑤劳合·乔治也尖锐地抨击张伯伦政府排斥苏联的政策。3 月 31 日，张伯伦在宣布对波兰的保证后，曾与劳合·乔治交换意见。张伯伦说，无论是德国总参谋部，还是希特勒，如果他们知道必须同时在东西两线作战，就不敢冒险发动战争。劳合·乔治问他“第二条战线”在哪里。当张伯伦回答在波兰时，劳合·乔治突然大笑起来，并毫不客气地向张伯伦指出：“你今天的声明是一场不负责任的碰运气的游戏，它的下场会是很坏的。”⑥

值得注意的是：在张伯伦内阁中，一些大臣(如国防协调大臣查特菲尔德)也是主张联苏的。甚至“四巨头”之一的内政大臣霍尔这时也看清了形势，他在

---

① 伊恩·科尔文：《张伯伦内阁》，189 页，纽约，1971。

② *DBFP*，第 3 辑，第 4 卷，477～481 页。

③ 同上书，195 页。

④ C. 巴尼特：《英国势力的崩溃》，559 页，伦敦，1972。

⑤ 丘吉尔：《第二次世界大战回忆录》，第一卷上部，第二分册，518、541 页，北京，商务印书馆，1974。

⑥ 西德尼·阿斯特：《1939 年：第二次世界大战的形成》，115 页，伦敦，1973。

3 月 27 日的外交政策委员会上发言说："俄国是在东方反对德国侵略的最大的威慑因素。"①

赞成联苏一派的理由自然正当，稍具军事常识的人都能知道波兰的兵力远逊于苏联，张伯伦集团还不至于愚蠢到连这一点也不懂得。但是他们出于仇苏的动机，更加上根本就不想认真对抗德国的侵略，所以仍然坚持由波兰构成东线的主张。哈里法克斯曾对罗马尼亚外交大臣加芬库表示，他要谨慎地避免可以被德国解释为挑衅的任何行动。战争或许是不可避免的，但必需像它可以避免地那样行事。他就是按照这种精神来考虑波兰问题的②。

张伯伦政府急于拉拢波兰，还由于对正在进行中的德、波谈判的情况始终不明，唯恐波兰背着英国与德国达成交易。最坏的一种结果是波兰与德国结成同盟，其次是波兰在可能发生的英、德冲突中保持中立。波兰即使仅守中立，情况也很不妙。哈里法克斯认为，这将使德国无东顾之忧，从而得以或通过匈牙利进攻罗马尼亚，或进攻西方。这种可能性决不可以排除，因此必须与波兰结盟③。

波兰吸取了捷克斯洛伐克灭亡的教训，决不再一味地信赖英国，而相反是向它隐瞒德、波谈判的真相④。每当英国询及这方面的情况时，波方总是闪烁其词，因为贝克深知，如果英国获悉德、波谈判陷入了僵局，它就不敢再接近波兰了。英国越是得不到有关德、波谈判的确切情报，就越是疑虑不安。3 月 30 日，张伯伦在内阁会议上表示："采取一切可能的步骤查明在这些谈判中正在发生什么事情，是极端重要的。"他担心，英国驻波大使之所以得不到有关德、波谈判进展情况的消息，"一种可能的但非常令人厌恶的解释就是，波兰

---

① J. A. 克罗斯：《塞缪尔·霍尔爵士：政治传记》(J. A. Cross, *Sir Samuel Hoare: A political Biography*)，296 页，伦敦，1977。"四巨头"是张伯伦、哈里法克斯、西蒙和霍尔。

② C. 加芬库：《欧洲末日》(C. Cafencu, *The Last Day of Europe*)，117 页，纽黑文，1948。

③ 西蒙·纽曼：《1939 年 3 月英国对波兰的保证：英国外交政策延续的研究》，147 页，伦敦，1976。

④ 例如，德国在 1939 年 3 月 21 日向波兰提出了割让但泽和通过波兰走廊修筑一条公路和一条双轨铁路(二者都要享有治外法权)的要求。但直到 4 月 1 日，波兰驻英大使还说德国政府对但泽和走廊都未提出过确定的要求，最多偶或有一些试探而已。见 *DBFP*，第 3 辑，第 5 卷，416 页，伦敦，1952。

的谈判人实际上正在向德国作出让步”①。张伯伦当然不是从根本上反对波兰对德国让步，而是要求这种让步必须通过英国之手，作为英国的礼物送给德国，以便换取相应的酬谢。为了不让波兰被德国拉过去，一向吝于对弱小国家承担义务的英国政府就不得不抛出单方保证这一诱饵了。

这里有必要附带讨论一下苏联学者的一种流行观点，即英国对波保证的矛头仍然是对准苏联的。从根本上说来，张伯伦集团直到此时并未放弃反苏政策，这是不错的。但就对波保证这一具体事件来说，认为英国的目的在于牺牲波兰，挑动德国去进攻苏联，就未免有些牵强，把复杂的问题搞成了一个简单的反苏公式。如上所述，英国虽曾一度指望德国东进，但旋即发现德国并不准备立即攻占乌克兰，却有可能首先侵入西方，因此英国才极力拉拢波兰，企图组成“东线”，借以“威慑”德国。这种计划虽然是不切实际的，而且最终是失败的，但英国确有这种打算，则是有不少文献可资证明的。如果英国真正抱有苏联学者所说的那种目的，它就会像压迫捷克斯洛伐克一样地压迫波兰，逼它答应德国所提出的一切要求。可是，英国这时并不想把整个波兰立刻送礼，而相反倒是怕它投入德国的怀抱，因为慕尼黑会议后英、德没有达成总的谅解，而且德国步步紧逼，英国自己也岌岌可危，不能不在对德策略上有所变化。总之，反苏因素只能说在决定对波保证中占有一定的分量(由波兰而不由苏联组成东线)，但进攻苏联则决非对波保证此举的直接目标。牺牲波兰是张伯伦政府准备去做，但不是立刻去做的事情。它要等待时机和谈判条件，换取一定的代价。现在就让我们看一看英国是如何把波兰作为对德交易中的筹码来使用的。

勾结德国的新策略

英国对德的总战略是什么？波兰在其中又占有什么样的地位呢？

第二次世界大战爆发前夕，英、德垄断资本之间的矛盾是十分尖锐的。英国工业在技术上和组织上都已落后，劳动生产率很低。到 1937 年，德国的工业生产已经超过了英、法，居资本主义世界第二位，仅次于美国。在煤、生铁、钢、机器设备、化学产品和运输工具等输出方面，德国都是英国的危险的

① 西蒙·纽曼：《英国对波兰的保证：英国外交政策延续的研究》(S. Newman, *The British Guarantee to Poland: A Study in the Continuity of British Foreign Policy*)，194 页，伦敦，1976。

竞争者。德国采用削价倾销、给出口商以国家津贴等办法，扩大出口，夺去了英国相当大的市场，甚至打入了英属殖民地的市场。以煤为例，英国在世界市场的销售自 1933 年以来减少了 20%，德国则增加了 1/3；英国煤的出口与德国相比，在 1933 年是 5∶3，到 1937 年变为 1∶1①。1935 年以后，英国连年出现贸易逆差。1935 年，进出口贸易顺差 3200 万英镑。次年，出现了逆差 1800 万英镑。1937 年，出口虽然增长 14.2%，但进口更增长 19.3%，到年底逆差达到 5600 万英镑。1938 年，逆差仍然有增无减，竟达 7000 万英镑之多。②

德国疯狂扩军备战。1938 年军费达 160 亿帝国马克，1933 年至 1938 年的军费总计达 516 亿帝国马克。英国也在扩军，1938 年的军费为 39100 万英镑(合 52 亿 7850 万帝国马克)，1933 年至 1938 年累计达 12 亿英镑(约合 1741350 万帝国马克)③。在激烈的军备竞赛中，英国居于下风，颇有不支之势。

英国垄断资本一方面受到德国垄断资本的威胁，但另一方面又把德国当作一个重要的投资市场和销售市场。英国在纳粹德国的投资约有 2 亿马克④，每年收取一大笔利息。德国还是英国商品的大主顾，1938 年进口的英国货物总值 2060 万英镑⑤。

英、德垄断资本既互相争夺，又互相勾结。英国由于经济力量的日益衰落，根本不敢有压倒德国的奢望，而但求妥协以自保。哈里法克斯主张，英、法的目标应当是“保持它们在西欧的优势地位……它们还必须坚决维持住它们对地中海和近东的控制……还要牢固掌握它们的殖民帝国”⑥。1939 年 3 月 18

---

① 以上数字是 1938 年 11 月英、德经济谈判时英方在一份名为《煤出口贸易问题》的备忘录中提出的。见《德国外交政策文件汇编》，D 辑，第 4 卷，325 页。

② D. 巴特勒与 J. 弗里曼合编：《1900～1960 年英国政治事实》(D. Butler & J. Freeman, *British Political Facts*, 1900～1960)，225 页，伦敦，1963。

③ 阿诺德·汤因比等：《1939 年 3 月的世界》，752 页，上海，上海译文出版社，1990。1938 年 1 英镑折合 13.5 帝国马克；1933～1937 年 1 英镑平均折合 15 帝国马克。

④ 瓦·巴特尔：《法西斯专政时期的德国》，149 页，北京，中国社会科学出版社，1980。

⑤ C. A. 麦克唐纳：《经济绥靖和德国的“稳健派”1937～1939 年》，载《过去和现在》，1972 年 8 月号。

⑥ *DBFP*，第 3 辑，第 3 卷，252 页，伦敦，1950。

日，在英内阁的紧急会议上，有一派认为，舍近东而试图制止希特勒，毫无用处。抵抗德国的战线应该从土耳其，经叙利亚、巴勒斯坦，划到埃及①。总之，保住西欧、中东、地中海和海外殖民地，是处于守势的英帝国的基本要求。英国还希望德国放弃国家补助出口这种“非经济的”竞争方法，缓和军备竞赛，等等。作为交换条件，英国准备给德国以巨额贷款，并把中欧和东南欧划作德国的势力范围；任其扩张。最后，英国更希望与德国达成瓜分世界市场的协议。

把东南欧、巴尔干半岛划作德国的势力范围，是英国早已决定的政策。1938 年 8 月，张伯伦的首席工业顾问威尔逊在同德国驻英代办谈话时，就曾露骨地表示：“对捷克斯洛伐克问题用和平方法做建设性的解决，将为德国在东南欧实行大规模的政策扫清道路……英国也没有反对德国经济朝东南欧方向发展的任何意图。英国唯一的希望是，它在该地区的贸易不应受到阻碍。”②慕尼黑会议期间，张伯伦当面对希特勒说，英国不愿同德国争夺巴尔干地区的优势，并问希特勒对巴尔干贸易的看法如何，显然希望希特勒给以不在该地区组织自给自足的排他性集团的保证③。10 月 18 日，在秘密举行的英、德经济谈判中，英国外交部首席经济顾问利思-罗斯爵士更具体地提出建议：由英、法、荷兰给德国一大笔外汇，德国可用以偿付从巴尔干国家的进口，然后巴尔干国家就有能力购买英国及其殖民地的产品。这样一来，世界贸易就活跃起来了④。一句话，英国承认德国在东南欧享有经济优势，但不希望建立一个庞大的政治帝国。只要在该地区实行“门户开放”，让英国享有一杯羹，它就满足了。

综上所述，英国对德的总战略是求和自保，东南欧国家可以让作德国的势力范围。既然如此，为什么还要给波兰以保证呢？这是因为，德国在慕尼黑协定后得寸进尺，咄咄逼人，英国为了自身的利益与安全，不能不另筹对策。新的策略就是一面公开地做出强硬姿态，给德国以警告，另一面则在暗地里（有时也公开地）继续推行绥靖政策，让德国知道：英国现在不能再毫无代价地送

---

① 约翰·惠勒-贝内特：《慕尼黑：悲剧的序幕》，389 页，北京，北京出版社，1978。

② 《德国外交政策文件汇编》，D 辑，第 2 卷，608～609 页，伦敦，1950。

③ C. A. 麦克唐纳：《经济绥靖和德国的“稳健派”1937～1939 年》，载《过去和现在》，1972 年 8 月号。

④ 《德国外交政策文件汇编》，D 辑，第 4 卷，316 页。

掉波兰，但是如果英德合作的大目标能够实现，波兰也不是不可以牺牲的。

1939 年 4 月 1 日，在英国宣布对波保证的第二天，《泰晤士报》就发表社论说："本国昨天承担的新义务并没有约束英国去捍卫波兰现有边界的每一寸土地。宣言中的关键字眼不是'完整'，而是'独立'。……张伯伦先生的声明并不含有盲目承认现状的意思。相反，他反复提到自由磋商，就意味着还有仍然必需调整的问题。"①波兰方面极为愤慨，驻英大使要求对这篇社论做出解释。英国外交部立即发表了一篇否认声明，对"伦敦竟有人企图贬低首相在下院的声明"表示惊讶。但实际上，正如张伯伦对哈里法克斯所说的："那恰好是我的意思。"②5 月 11 日，张伯伦在一次讲话时表示："让我现在说，一如我以前所说过的那样，我们从来没有想过孤立德国或阻碍它对中欧与东南欧的贸易的自然和正当的扩张。"③6 月 29 日，哈里法克斯也发表了一篇引人注目的演说。他否认英国的对外政策有孤立德国的意图，并说如果德国放弃使用武力而采取和平解决的办法，则"殖民地问题，原料、贸易障碍问题，生存空间、限制军备问题以及任何其他影响欧洲各国公民的问题"，都可以讨论④。以上是官方的和半官方的公开表态。在私下里，7 月 20 日英、德举行秘密谈判时，英国海外贸易大臣赫德森又当面对德国四年计划办公厅专员沃塔特说："但泽在一个动员起来的欧洲是一回事，在一个裁军的和从事经济合作的欧洲则是另一回事。"⑤根据德方的记录，威尔逊说得要更为直率一些。他向沃塔特指出，英、德缔结互不侵犯协定后，英国"就能卸脱它对波兰所承担的义务。这样一来，

---

① 转引自 H. 多尔顿：《命运攸关的年代》(H. Dalton, *The Fateful Years*) 239 页注①，1957。

② 这篇社论的撰稿人是记者 A.L. 肯尼迪。他是完全根据他在 3 月 30 日同外交部常务次官卡多根的一次谈话的方针来写的。"不是'完整'"，这几个字是《泰晤士报》主笔、张伯伦的支持者道森插入的。见阿斯特，前引书，192 页。

③ 阿诺德·汤因比、维罗尼卡·M. 汤因比合编：《大战前夕，1939 年》，342 页，上海，上海译文出版社，1984。译文略有变动。

④ H. H. E. 克拉斯特编：《哈里法克斯关于外交政策的演说》[H. H. E. Craster (ed.), *Viscount Halifax: Speeches on Foreign Affairs*]，296 页，伦敦，1940。

⑤ *DBFP*，第 3 辑，第 6 卷，410 页，伦敦，1953。

波兰问题就会大大缓和下去”①。上述事实说明，英国在对波兰做出保证以后并不像西方一些学者所说的那样结束了绥靖政策。这种政策基本上没有改变，改变的只是用以推行它的策略和方法。德国驻英大使狄克逊一针见血地指出，英国所采取的“包围”政策（德国称英国对波兰、希腊和罗马尼亚等国的保证为包围政策——笔者）是一种“两面”政策。“英国想用扩张军备和获得同盟国的手段加强自己去与轴心国抗衡，但同时它又企图用谈判的方法去同德国达到亲善的协定并甘愿为此而担受种种牺牲：如在殖民地、原料来源、生存空间、经济利益范围等问题上。”他还看出，“一部分数量不多而势力很大的人物认为包围阵线本身并不是目的，而不过是一种达到目的的手段”②。

英国用自己的行动，使德国看穿了它的“威慑”政策并不可怕，希特勒更加放心大胆地对波兰下手了。

没有威力的“威慑”必然破产

继 3 月 31 日对波兰做出保证以后，英国又在 4 月 13 日宣布保证希腊和罗马尼亚的独立；5 月 12 日复签订了英土互助协定。张伯伦政府认为，有了这一系列的保证以后，德国大概不敢进攻西方了，英、德之间的全面合作也可以实现了。因此，从 3 月底到大战爆发，它没有认真采取对抗德国的措施。

第一，英国在宣布保证波兰的独立以后，在军事上和经济上都未给以实际的援助。在军事上，英国没有任何具体的应变计划。5 月 31 日，贝克请英国政府更确切地说明它打算采取什么样的军事预防措施。这使英国非常为难。6 月 8 日，帝国国防委员会秘书伊斯梅建议以三军的逐步动员来答复贝克。至于英、法的协同措施，则根本谈不上，因为英、法军事谈判从未讨论过一旦德国在但泽采取行动时应如何反击的问题③。在经济上，英国也吝于援助。1939 年 4 月至 6 月，波兰不断请求给以贷款，并派出了一个以波兰银行总裁为团长的代表团专程赴英谈判。波方提出的数字是 6000 万英镑，英国只允给 800 万英镑，而且附有一些苛刻的条件，如贷款必须用以购买英国商品或原料；贷款

---

① 《第二次世界大战前夜的文件和材料》，1948 年中文版，第 2 卷，69 页，莫斯科，1948。此件未注明谈话日期。据《德国外交政策文件汇编》，D 辑，第 6 卷，第 716 号文件，威尔逊与沃塔特在 1939 年 7 月 18 日和 7 月 21 日举行了两次会谈。但据 *DBFP*，第 3 辑，第 6 卷，第 354 号文件，则他们两人的会谈只有 7 月 18 日这一次。

② 《第二次世界大战前夜的文件和材料》，第 2 卷，177、178 页。

③ *DBFP*，第 3 辑，第 6 卷，85 页，伦敦，1953。

不得换成其他国家的货币；兹罗提(波兰货币)必须贬值，等等①。波兰难以接受，谈判终于破裂。柏林方面认为，这证明"包围是建筑在泥土的基础之上"②的。

英国不仅在军事上和经济上未给波兰以援助，而且一再要波兰对德国做出让步。英国固然不愿波兰投入德国的怀抱，但更怕波兰仗恃英国的保证，不肯妥协，以致惹怒德国，爆发大战。因此，自英国做出保证之日起直到战争爆发前夕，5 个月中它多次要求波兰继续与德国谈判，力求"和平地"解决问题。1939 年 3 月 31 日上午，英国外交政策委员会集会时，大臣们一致同意训令英国驻波大使，要他警告波兰人，英国的保证是有两个附带条件的：一是波兰自己必须抵抗对它的独立的任何威胁；二是"它不可纵情采取挑衅的行为，也不可一般地或在但泽这个特殊问题上愚蠢地固执己见"③。4 月 28 日，德国宣布废除 1934 年的德波互不侵犯和谅解宣言。英国外交部很怕波兰对德国的答复过于尖锐，便于 5 月 3 日训令驻波大使告诫贝克，"波兰不可轻率地拒绝公平的解决办法，因为它感到它会在任何继此种拒绝之后而发生的战争中得到英王陛下政府的支持"④。值得注意的是：英国还多次要求波兰及时把德、波谈判的情况通知自己，并说英国既然对波兰承担了保证义务，就理所当然地有权知道这方面的情况。这实际上就是要控制波、德谈判，用波兰的对德让步换取英、德之间的总谅解。

第二，英国在 3 月 31 日以后仍然不积极争取苏联的援助。当时，英国不少有识之士指出，对波保证如无苏联的合作，将因毫无军事上的价值而必然落空。5 月 4 日，丘吉尔说："阻止希特勒对东欧的图谋，是同俄国的利益有着密切的关系的。现在仍然有可能把波罗的海到黑海之间各个国家和民族联合成一个坚固的阵线，以反对新的暴行或侵略。这条阵线，如果以坚定的信念建立起来，进行坚决果断而有效率的军事部署，再同西欧国家的力量联合在一起，就足以对付希特勒……及其同伙，其力量还可以使德国人民不愿随便挑战。"⑤ 5 月 19 日，艾登在下院的外交辩论中，也力主建立英、法、苏三国同盟。他

---

① 汤因比：《大战前夕，1939 年》，285～290 页，上海，上海译文出版社，1984。

② *DBFP*，第 3 辑，第 6 卷，529 页。

③ 西德尼·阿斯特：《1939 年：第二次世界大战的形成》，109 页，伦敦，1973。

④ *DBFP*，第 3 辑，第 5 卷，401 页。

⑤ 丘吉尔：《第二次世界大战回忆录》，第一卷上部，第二分册，541～542 页，北京，商务印书馆，1974。

坚信："如果英、法、俄能够达成谅解，就是和平的一大收获，协定越快，越全面，影响越大，就越好。"①这些意见虽然是十分正确的，无奈张伯伦听不进去。但是，只要英国不与苏联结盟，它的"威慑"政策就毫不可怕。里宾特罗甫说："在你发现英国把俄国当作盟国之前，你无须担心英国。只有在它们结盟时，才意味着它真正要打仗了。"②

第三，英国本身的备战措施虽然较以前有所加强，但仍很缓慢，并缺乏效率。1939年4月，军需部终于成立，但直到8月1日才开始发挥作用，而且只管陆军，不管海军和空军。任命的军需大臣是一个无足轻重的人。4月26日，通过了征兵制，不过仅限于20岁和21岁的人。到9月战争爆发时，英国刚刚准备好4个远征师。据丘吉尔分析："在战争爆发时，军队具有的准备程度远不及25年前约翰·弗伦奇爵士的军队所达到的水准。在国内，军队已有好几年没有受到相当规模的操练。正规军较编制缺少2万人，其中包括军官5000名。"③

总之，英国的"威慑"是没有实力做后盾的，而没有威力的"威慑"不过是虚张声势，非但不能使德国有所戒惧，反而使它看穿了英国的虚弱，更加肆无忌惮地进行侵略。1939年7月6日，德国军官施威林对英国中将马歇尔-康沃尔说："希特勒不重视空话，而只重视行动。"④事实正是这样。在英国宣布对波保证以后三天，希特勒就在4月3日批准了"白色方案"，命令必须做好准备，"能在1939年9月1日以后的任何时间内发动军事行动"⑤。5月23日，希特勒又在三军将领的秘密会议上宣布，他已经做出决定："一遇适当时机就进攻波兰。"⑥。

1939年3月31日在两次大战间的英国外交史上是一个关系重大的日子。这并非因为英国从此结束了绥靖政策，而相反恰恰因为它在大祸临头时仍然不肯放弃绥靖政策，企图侥幸地用一纸空文的对波保证吓退强敌，与之议和。张

---

① 艾登：《艾登回忆录：清算》，979页，北京，商务印书馆，1976。

② 约翰·惠勒-贝内特：《慕尼黑：悲剧的序幕》，410页，北京，北京出版社，1978。

③ 丘吉尔：《第二次世界大战回忆录》，第一卷下部，第三分册，706页，北京，商务印书馆，1974。弗伦奇是第一次世界大战期间英军总司令。

④ *DBFP*，第3辑，第6卷，296页。

⑤ 《德国外交政策文件汇编》，D辑，第6卷，187页，伦敦，1956。

⑥ 同上书，576页。

伯伦选择的这条道路，是不是当时唯一可行的道路呢？并非如此。还有另一条道路可走，那就是丘吉尔等人所主张的建立英、法、苏抗德同盟的道路。第一流的政治家应有大战略的眼光。他要能够判明当前的主要敌人，还要能够根据形势的变化，及时地、果断地重新组织力量，团结盟国，甚至不惜联合自己的宿敌。丘吉尔就不愧为这样的一个政治家。他是反共的老手，曾经组织过进攻苏维埃政权的十四国联军。但在希特勒上台后，他越来越认识到纳粹德国是大英帝国的头号敌人，于是便转而主张与苏联结盟。按照丘吉尔的主张去做，纵然不能完全制止德国的对外侵略，但至少可以不让它扩张得像后来那样厉害。与丘吉尔相比，张伯伦目光短浅，褊狭固执，死死抱住绥靖政策不放，直到德国打到自己的头上①。1939 年 9 月 1 日，德军侵入波兰。张伯伦既然已经对波兰做出保证，这时纵欲翻悔，英国人民也决不允许他重演慕尼黑惨案了。9 月 3 日，他发表了宣战演说。但这不是一篇激励人心的战斗檄文，而是一阵自怨自艾的哀鸣。他说："这对我们大家都是一个可悲的日子，而对任何人都没有比对我更可悲的。我曾为之努力过的一切事情，我曾希望过的一切事情，在我的公务生活中我曾信奉过的一切事情，都毁灭了。"②是的，他想牺牲别人，结果害了自己；他向敌人乞求和平，结果挨了痛打。在无限懊丧中，张伯伦于 1940 年 11 月 9 日带着彻底破产的绥靖政策进入了坟墓。

---

① 迟至 1939 年 8 月 7 日，7 名英国实业家在征得哈里法克斯的同意后，与戈林在石勒苏益格-荷尔斯泰因举行了会谈，详细讨论了英德关系、但泽和波兰走廊等问题。次日早晨，英方提议应尽快举行英、德、法、意四国代表会谈，这实际上是要重演慕尼黑会议。见《主要战犯的审讯》(*Trial of the Major War Criminals*)，第 9 卷，460～461 页，纽伦堡，1947。

② 《1939 年至 1946 年国际事务文件》，第 1 卷，526 页。

现代国际关系史的一个“热门”

——评介西方学者关于绥靖政策形成原因的研究*

从20世纪40年代到今天，西方史学家对绥靖政策的研究兴趣始终不衰。就以其中的“慕尼黑”这样一个题目来看，尽管已经出版了大量的专著和论文，可是在1979年又有特尔福德·泰勒的巨著问世。① 绥靖政策为什么成了西方史学界的一个研究“热门”呢？我想主要是由于以下两点原因。

第一，西方资产阶级学者企图通过总结20世纪30年代绥靖外交的历史教训，为现实的国际斗争服务。我们知道，很多资产阶级学者都是标榜“为历史而历史”的，但实际上他们都有自己的政治立场，而且有些人的政治倾向是很明显、很强烈的。已故英国著名史学家惠勒-贝内特就是一个代表人物。他在《慕尼黑：悲剧的序幕》一书的“绪论”中说：“在用‘和平变革’与和平解决的方法解决问题和争端方面，绥靖有它合理的、适当的地位，但是在对待侵略的时候，绥靖是不能允许的。世界是不是已经吸取了教训，还是我们实际上只是在‘度日如年地等死’呢？”在“尾声”中他又说：“慕尼黑事件的突出之处与其说是它的直接重要性，不如说是它作为世界各国领袖和人民在两次大战期间所患政治近视症的病历分析的意义，因为那时提出的问题同现在摆在我们面前的问题是一样的——并且依然没有解决。……我们已经积累了两次世界大战的经验，我们能不

---

* 原载《世界史研究动态》1984年第3期。

① 特尔福德·泰勒：《慕尼黑：和平的代价》(T. Taylor, *Munich, The Price of Peace*)，纽约，1979。

能有意识地和下意识地承认这一基本真理，就是：和平是一个不可分割的整体，而且在我们‘为寻求并争取和平’而努力的过程中，我们必须认识到对任何国家的和平的威胁就是对我们自己的威胁——而且必须照这样来看待这一基本真理?”①惠勒-贝内特的著作是在1948年出版的，那时正是“冷战”激烈进行的年代。作者的上述两段话都是针对当时的社会主义国家苏联的。他的意思是说，30年代英、法对德实行绥靖政策，吃了大亏。现在英、美当局不应再犯过去的错误，必须对苏联采取强硬态度。再如，战后不少美国史学家批评雅尔塔会议是“傻瓜的交易”，“战时的慕尼黑”，罗斯福对斯大林实行绥靖，“出卖”了美国的利益，等等。他们也是为“冷战”服务的。

第二，为了替英、法帝国主义开脱战争责任。第二次世界大战固然是由德、意、日三个法西斯国家发动的，但战前英、法所推行的纵容战争、挑拨战争的绥靖政策无疑也是促成世界大战爆发的一个重要原因。因此，替绥靖政策“洗刷”污点，便成了资产阶级政治家和历史学家的一种政治任务了。尽人皆知，30年代丘吉尔在某些问题上曾经反对过张伯伦的绥靖政策，但他在张伯伦死后却对他的前任备致赞颂之词，说什么：“不管历史对这些惊心动魄的岁月可能说些什么或不说什么，但是，我们确信，尼维尔·张伯伦曾经十分诚实地按照他的智慧，最大限度地运用他那巨大的能力和权力，竭力从我们目前正在进行的涂炭生灵的可怕的战争中把世界拯救出来。”②为张伯伦辩护，归根结底还是为了美化英帝国主义的外交政策。

西方资产阶级史学家也是为了替30年代英、法帝国主义历史上这可耻的一页“恢复名誉”而写作的。他们的办法基本上是两种。第一种是把第二次世界大战的爆发归咎于《苏德互不侵犯条约》，归咎于苏、德的“勾结”。1948年，在华盛顿出版了桑塔格和贝迪合编的《1939～1941年纳粹与苏联的关系》文件集。③

第二种办法是对绥靖政策的形成原因做种种解释。四五十年代，有关绥靖政策的读物已经出版了不少。1967年，英国政府把档案的保密期限从50年缩

---

① 约翰·惠勒-贝内特：《慕尼黑：悲剧的序幕》，7、460页，北京，北京出版社，1978。

② 丘吉尔：《第二次世界大战回忆录》，第二卷下部，第四分册，821页，北京，商务印书馆，1975。

③ 桑塔格、贝迪编：《1939～1941年纳粹与苏联的关系》[R. T. Sontag and J. S. Beddie(ed.), *Nazi-Soviet Relation* 1939～1941]，华盛顿，1948。

短为30年。从那时起到今天，20多年来西方史学家利用过去未能看到的材料，又撰写了大量的专著和论文。有的著作甚至专引新公开的档案材料，以示自己研究的不依傍前人和可靠可信。①

但在阶级偏见的影响下，资产阶级学者总是不肯也不能正视绥靖政策的实质，因而讲来讲去，材料虽然有所更新，但观点却没有多大变化，自然也不是全无新意。下面我们介绍几种常见的解释，并略做一些说明。本文只谈英、法的绥靖政策，美国的绥靖政策与英、法的有较大区别，不在讨论之列。

（一）“维护和平”说。持这种看法的人最多，“正统派”、“修正派”在这一点上是一致的。它可以说是各种解释的核心。

惠勒-贝内特说：“历史的悲剧性的讽刺在于：正是这种和平意志成了导致第二次世界大战的最重要的因素之一。……英、法因为害怕想到以战争作为最后手段，于是裁减了军备，忽略了国防。因为它们拿不定主意究竟什么是它们的‘根本利益’，所以它们认识不到——或者不愿认识到——它们自己受到德国重新武装的威胁，受到（德国）重占莱茵区的威胁，受到单方面废除洛迦诺公约、吞并奥地利、肢解捷克斯洛伐克等等的威胁。它们以和平的名义、绥靖的名义宽恕德国的不义和侵略……”②作者在1948年定下的这个调子，至今仍有影响。《外交事务50年书目》在评介“正统派”的这部代表作时，推崇说：“虽然自1948年本书首次问世以来又有了许多新的证据，而本书的第二版也未做重大修改，惠勒-贝内特的《慕尼黑》一书依然是英文著作中有关这次危机的最生动和思想最丰富的叙述。”③“思想丰富”在什么地方呢？就是因为这位权威的西方资产阶级史学家善于用“小骂大帮忙”的办法，表面上对绥靖政策做了许多谴责，但抓住“和平意志”一点紧紧不放，再配上诸如力量软弱、国内不团结等其他理由，从而就为绥靖政策找到了一套相当巧妙并有一定说服力的解释。

大卫·狄尔克斯说：绥靖政策是“企图通过让步维持和平的政策”。④

---

① 例如，道格拉斯：《在慕尼黑这一年》(R. Douglas, *In the Year of Munich*)，伦敦，1977。

② 约翰·惠勒-贝内特：《慕尼黑：悲剧的序幕》，5页，北京，北京出版社，1978。

③ 德克斯特编：《外交事务50年书目》[B. Dexter(ed.), *The Foreign Affairs 50-year Bibliography*]，297页，纽约，1972。

④ 巴特勒勋爵编：《保守党人，自其起源至1965年的历史》[L. Butler(ed.), *The Conservatives, A History from Their Origins to* 1965]，388页，伦敦，1977。

罗兹说：张伯伦、西门、霍尔等是"'和平人士'，即对于对抗暴力、欺诈、邪恶全无用处的人。……不管怎样，他们不具有昔日18世纪贵族的胆量——他们是具有和平主义背景的中产阶级人物，对欧洲及其历史、语言，对外交一无所知，更不用说战略或战争了。"①张伯伦之流代表的是没落了的大英帝国的统治阶级，他们是狡猾的政客。说他们不具有18世纪英国贵族的那种冒险精神是对的，但说他们是"和平人士"就不对了。

特尔福德·泰勒说："尼维尔·张伯伦是一个果断的人。他还是一个勇敢的人，支配他的行动的是这样一种向往，即他希望能缔造一个对全体人类更安全和更幸福的世界。"②这简直把张伯伦打扮成了一个"和平天使"。

还有一些历史学家专门替法国的外交政策进行辩护。弗尔尼亚把达拉第吹捧为一个"抵抗张伯伦的绥靖政策"、坚决捍卫捷克斯洛伐克独立的"和平战士"。③ 巴特沃思还写了一篇很长的文章，竭力替达拉第开脱责任。④

(二)"军事力量软弱"说。持这种解释的历史学家强调英、法由于军事力量软弱，不能不对德妥协。绥靖是唯一出路。

贝蒂说："军方的劝告增强了他(指张伯伦)自己的信念，即英国的军备状况排除了有效地干涉欧洲的可能性；法国显然不愿(而且或许不能)采取一种坚定的立场。"⑤惠勒-贝内特说："慕尼黑协定是无法逃避的。那时，英国的军备和防务都缺乏准备，国内和英联邦又不够团结，法国人的士气衰落，俄国人的作战能力不能肯定。张伯伦先生面对这种形势，除了像当时那样做以外，别无其他办法。"⑥

---

① 罗兹：《绥靖政策：1933～1939年政治没落的研究》(A. L. Rowse, *Appeasement: A Study in Political Decline* 1933～1939)，19～20页，纽约，1961。

② 特尔福德·泰勒：《慕尼黑：和平的代价》，680页，纽约，1979。

③ 弗尔尼亚：《绥靖外交：英法关系和第二次世界大战的序幕(1931～1938年)》(A. H. Furnia, *The Diplomacy of Appeasement: Anglo-French Relation and the Prelude to World War* Ⅱ 1931～1938)，301、306～308页，华盛顿，1960。

④ 巴特沃思：《达拉第与慕尼黑危机：重新评价》(S. B. Butterworth, Daladier and the Munich Crisis: An Appraisal)，载《现代史杂志》(*Journal of Contemporary History*)，1974年7月号。

⑤ 麦金托什编：《20世纪的英国首相们》[J. Mackintosh (ed.), *British Prime Ministers in the Twentieth Century*]，第1卷，255页，伦敦，1977。

⑥ 约翰·惠勒-贝内特：《慕尼黑：悲剧的序幕》，1页，北京，北京出版社，1978。

罗克说："张伯伦对于捷克斯洛伐克危机的一般政策，甚至他的导致备受鄙视的慕尼黑协定的行动，根据英国自己的军事状况，根据来自英国三军参谋长的反对战争的强烈警告……不仅是可以理解的，而且是可以辩护的。他是站在软弱的阵地上进行谈判，而且他知道这一点。"①

亚当思维特说："军事上的理由不仅是无所行动和投降的借口。当庞纳在5月16日对布立特说，为了捷克斯洛伐克的战争'将意味着法国的失败和瓦解'时，毫无疑问他是真诚的。……显然，在说明英、法政策的长远设计时，军事因素也是重要的。"②不过，作者又指出慕尼黑危机时期法国的军事力量纵使更强大一些，捷克斯洛伐克仍不可避免地要丧失领土，至多能免于慕尼黑协定的某些耻辱而已。他认为，重整军备与绥靖外交不是互相代替的战略，而是同一政策的不同方面。英、法的重整军备只是为了更便于实现欧洲的缓和，而不是为了形成制止希特勒的"大同盟"。

如何估计30年代后期英、法的军事力量，是一个十分复杂的问题。至少有三点需要深入研究。首先，30年代后期，特别是慕尼黑危机期间，英、法等西方民主国家的军事力量，与德、意法西斯国家的军事力量相比，究竟孰强孰弱？应对双方陆、海、空军的数量和质量进行细致的比较和分析，还应对双方的战略思想进行对比研究。一般说来，纳粹德国的重整军备的规模固然很大，速度很快，但它的兵力并不像当时的绥靖主义分子和后来的某些历史学家所夸张的那样强大。瓦特在其所著《事关重大》一书的第五章"不愿打仗的战士：1938～1939年欧洲的参谋长们及其对战争的恐惧"中，生动地描述了意、法、德、英四国高级军官的畏战情绪。③ 另一本值得注意的书，是金奇所写的《没有进行的战斗》。④ 它对德国方面的种种弱点做了深刻的揭露。抛开慕尼黑危机期间的情况不谈，在此以前，在意大利侵略埃塞俄比亚时，在德国进军莱茵

① 罗克：《尼维尔·张伯伦》(R. Rock，*Neville Chamberlain*)，211～212页，纽约，1969。

② 亚当思维特：《法国与第二次世界大战的来临1936～1939年》(A. P. Adamthwaite，*France and the Coming of the Second World War* 1936～1939)，243页，伦敦，1977。

③ 瓦特：《事关重大·欧洲的武装力量与第二次世界大战的临近》(D. C. Watt，*Too Serious a Business. European Armed Forces and the Approach to the Second World War*)，伦敦，1975。

④ 金奇：《没有进行的战斗》(J. Kimche，*The Unfought Battle*)，纽约，1968。

非武装区时，在德、意干涉西班牙内战时，英、法的兵力无论如何要比德、意强大(最低限度不弱于德、意)。可是，在1935～1937年期间，英、法已经实行了绥靖政策。用军事力量软弱这个因素来解释1935～1937年的绥靖外交，显然是说不通的。

其次，英、法是否已经尽了自己的最大力量去扩军备战？近几年出现了一批专门研究英国重整军备的专著和论文。一些作家认为英国由于财力、物力不足，不可能更大规模地扩军，从而不得不实行绥靖政策；英国财政部对于三军采取“定额分配”经费的政策，是正确的、成功的，否则将引起经济破产。佩登的《英国的重整军备与财政部：1932～1939年》①，是这种观点的一部代表作。与佩登不同，小谢伊的《30年代英国的重整军备》②则对英国财政部颇多指责。介于二者之间的，是邦德的观点，他认为财政部既有值得肯定的方面，也有应当批评的方面。③

关于法国重整军备的情况，一些历史学家认为：除空军外，法军的装备在大战爆发前夕并不弱于德国。1940年战败的主要原因，在于军事思想的落后。④

最后，假定“军事力量软弱”说能够成立，那么军事弱点是不是制定绥靖政策的主要原因呢？作为张伯伦内阁“四巨头”之一的霍尔的看法颇值得注意。他说：“我们的军事弱点是慕尼黑协定的主要原因的说法，是不正确的。张伯伦及其同僚的压倒一切的考虑是：捷克斯洛伐克的十分复杂的问题不应导致一场世界大战，而必须几乎不惜一切代价地以和平手段解决。”⑤

---

① 佩登：《英国的重整军备与财政部：1932～1939年》(G. C. Peden, *British Rearmament and the Treasury*：1932～1939)，爱丁堡，1979。

② 小谢伊：《30年代英国的重整军备》(R. P. Shay, Jr., *British Rearmament in the Thirties*)，普林斯顿，1977。

③ 邦德：《两次大战间英国的军事政策》(B. Bond, *British Militay Policy between the Two World Wars*)，牛津，1980。

④ 哈维：《法国战略的现代概念》(D. J. Harvey, Contemporary Concepts of French Strategy)，载厄尔编：《近代法国》[Edward Mead Earle(ed.), *Modern France*]，第2版，405～420页，纽约，1952；杨：《失败的准备：两次世界大战间的法国军事学说》(Young, Preparations for Defeat: French War Doctrine in the Inter-War Period)，载《欧洲研究杂志》(*Journal of European Studies*)，1972年第2期。

⑤ 坦普尔伍德子爵：《动乱的九年》(V. Templeuood, *Nine Troubled Years*)，289页，伦敦，1954。

（三）“舆论反战”说。这种说法认为，英、法在第一次世界大战中伤亡惨重，因而战后人心厌战，和平主义盛行。在这种情况下，英、法政府只得采取绥靖政策。

米德尔马斯说：“1918 年以后，要计划另一次战争似乎是不可想象的。对于 20 世纪 30 年代的人们来说，那时的战争同今天的热核战争一样，是一种可怕的前景。……战争被视为一桩绝对的坏事。”①

哈德利说：“舆论不会赞成一个使我们置身于战争，以抵抗苏台德区转移给德国的宣言。”②

麦克劳德说：“无人能够反驳的是：在 1938 年避免战争，是符合英国舆论的压倒情绪的。”③

说英、法在 30 年代存在着反战舆论是不错的。问题在于：只有这样一种笼统的认识是远远不够的。首先，要对“舆论”进行分析。一种是群众自发的对于战争的厌恶和恐惧；另一种是英国的《泰晤士报》《观察家报》、法国的《法兰西行动报》《巴黎回声报》之类的报刊，它们实际上是右派的喉舌，用战争的恐怖恫吓人民，为推行绥靖政策制造舆论。有关这个问题的著作，值得注意的有：《英国报刊与德国：1936～1939 年》《杰佛里·道森和我们的时代》《法兰西行动：20 世纪法国的保皇主义与反动》等。④

其次，舆论是否一致赞成绥靖政策？近年来，一些史学家提出了新的看法。伊特韦尔分析了 1938 年 10 月至 11 月的 7 次补缺选举，指出在这 7 次补选中，外交政策都是人们十分关心的问题，最后的结果是保守党在两处丧失了席位，在其他 5 处反对派所得票数的百分比也有所增加。这证明舆论在慕尼黑

① 基思·米德尔马斯：《绥靖战略》，23 页，上海，上海译文出版社，1978。

② 哈德利：《慕尼黑前后》(W. W. Hadley, *Munich: Before and After*)，144 页，伦敦，1944。

③ 麦克劳德：《尼维尔·张伯伦》(I. Macleod, *Neville Chamberlain*)，268 页，伦敦，1961。

④ 甘农：《英国报刊与德国，1936～1939 年》(F. R. Gannon, *The British Press and Germany*, 1936～1939)，牛津，1971；伦奇：《杰佛里·道森和我们的时代》(J. E. Wrench, *Geoffrey Dawson and Our Times*)，伦敦，1954；韦伯：《法兰西行动：20 世纪法国的保皇主义与反动》(E. Weber, *Action Francaise: Roylism and Reaction in Twentieth Century France*)，斯坦福，1962。

会议结束后不久就发生了变化。[①] 还有人对 1933 年 10 月英国富勒姆东区的补缺选举重新做了研究，认为舆论并不像当时的保守党政治家和后来他们的辩护者所说的那样反对重整军备。[②]

最后，张伯伦之流是否真正由于舆论的压力才推行绥靖政策呢？福克斯尔正确指出：“张伯伦经常归因于他所同情的舆论”，虽然他拿不出真正的证据来支持他所说的话。[③]

（四）“经济因素至关重要”说。从经济方面研究绥靖政策的西方学者，人数很少，但近年来也取得了一些显著成绩。

麦克唐纳在《经济绥靖与德国的“稳健派”1937～1939 年》一文中说：“经济绥靖是 1937 年至 1939 年间英国政策的核心。”[④]这篇文章把沙赫特，甚至戈林都算作德国的“稳健派”，并详细论述了张伯伦政府争取他们的过程。本文发掘了不少过去未被注意到的有关经济绥靖的材料，这是它的优点。缺点则在于：第一，过分美化了“稳健派”并夸大了他们同“极端派”的矛盾；第二，把英国对德实行经济绥靖的失败，不是归之于英、德垄断资本之间的尖锐矛盾及其不可调和，而是归之于张伯伦不理解在纳粹主义这样一种本质上无理性的制度下，有理性的因素是无能为力的。麦克唐纳在 1981 年又发表了一部新著《美国、英国与绥靖，1936～1939 年》[⑤]，详细论述了 1936～1939 年美国的外交政策及其对英国的影响。

有关经济绥靖的著作，应以德国人温德所写的《经济绥靖，1933～1939 年

① 伊特韦尔：《慕尼黑、舆论和人民阵线》(R. Eastwell, Munich, Public Opinion, and Popular Front)，载《现代史杂志》(*Journal Contemporary History*)，1971 年第 4 期。

② 赫勒：《重新考察富勒姆东区问题》(R. Heller, East Fulham Revisited)，载《现代史杂志》，1971 年第 3 期。

③ 福克斯尔：《尼维尔·张伯伦和绥靖政策》(L. W. Fuchser, *Neville Chamberlain and Appeasement*)，66 页，纽约，1982。

④ 麦克唐纳：《经济绥靖与德国的“稳健派”1937～1939 年》(D. C. Mac Donald, Economic Appeasement and the German “Moderates”1937～1939)，载《过去和现在》(*Past and Present*)，1972 年 8 月号。

⑤ 麦克唐纳：《美国、英国与绥靖，1936～1939 年》(D. C. Mac Donald, *The United States, Britain and Appeasement* 1936～1939)，伦敦，1981。

英国对德政策中的贸易和财政》①一书最为重要。就材料的丰富而言，其他著作都不如它。作者认为50年代经济绥靖的中心问题是：或者英国准备给德国以经济援助，或者让纳粹自作自受，以便随后从希特勒那里得到更大的政治和经济让步。前者的危险是只会增强德国而并未保证永久的解决。后者的危险是希特勒可能冒险发动战争，而不是被动地注视日益恶化的国内形势。张伯伦政府采取的是前一种办法。德国是"欧洲贸易的轴心"。如果"世界上最大的进口市场"放弃自给自足经济，这就能从英国国购买更多的货物。作者还有一部著作，名为《1938年的绥靖政策》②。由于发表时间较早，未能利用1967年以后才公开的英国国家档案局的文件。

除麦克唐纳、温德二人的著作外，吉尔伯特和戈特在他们合著的《绥靖主义者》③一书中，有几章专门论述殖民绥靖和经济绥靖。

（五）"反苏反共"说。在西方资产阶级学者中，多数人否认英、法的绥靖政策是为了反苏反共。拉摩尔斯写了一本论战性的小册子——《解释慕尼黑》，认为"反对赤色分子"的假说是不能成立的④。

但是也有少数学者能够正视历史事实。美国女史学家玛格雷特·乔治在《偏见》⑤一书中，用大量的材料证明保守党的外交政策的动机就是维持英国统治阶级的特权地位，使之免受布尔什维主义和苏联的威胁。这本书在一定程度上打中了绥靖主义分子的要害，因而受到资产阶级偏见很深的史学家(如D.C.瓦特)的批评，被贬之为"过于简单的看法"。英国进步史学家罗斯坦的《慕尼黑阴谋》⑥一书，则与苏联学者的看法基本一样，特别强调绥靖政策的反苏反共

① 温德：《经济绥靖，1933～1939年英国对德政策中的贸易和财政》(B. Jurgen Wendt，*Economic Appeasement*，*Handel und Finanz in der Britischen Deutschland Politik* 1933～1939)，杜塞尔多夫，1971。

② 温德：《1938年的绥靖政策》(B. Jürgen Wendt，*Appeasement* 1938)，汉堡，1968。

③ 吉尔伯特、戈特：《绥靖主义者》(M. Gilbert & R. Gott，*The Appeasers*)，伦敦，1963。

④ 拉摩尔斯：《解释慕尼黑：探求英国政策的动机》(D. H. Lammers，*Explaining Munich*：*The Search for Motive in British Policy*)，50～51页，斯坦福，1966。

⑤ 玛格雷特·乔治：《偏见，1933～1939年英国外交政策》(M. George，*The Warped Vision*. *British Foreign Policy* 1933～1939)，匹兹堡，1965。

⑥ 罗斯坦：《慕尼黑阴谋》(A. Rothstein，*The Munich Conspiracy*)，伦敦，1958。

目的。此书很受苏联重视，已于1959年译成俄文在莫斯科出版。

无论资产阶级学者承认与否，反苏反共毕竟是英、法统治阶级制定绥靖政策的一个重要动机，虽然不是唯一的动机。其实，我们从30年代资产阶级政治家、作家自己所写的书中，就能找到不少有关这方面的第一手材料。鲍尔温的亲信、曾任英国内阁副秘书的琼斯的《日记及书信，1931～1950年》①、国民工党议员尼科尔森的《日记和书信，1930～1962年》②、前法国总理雷诺的《在战斗的最激烈处》③、法国名记者珀蒂纳克斯的《法国的掘墓人》④、30年代美国驻法大使布立特的《呈总统亲启密件》⑤，等等，都是我们研究这个问题时应当利用的。

（六）"赎罪"说。持此说者，认为绥靖政策是为了弥补《凡尔赛条约》对德国的不公正待遇而制定的。

泰勒说："'绥靖'起源于一种公正地补偿德国的委曲的高尚意图。"⑥吉尔伯特和戈特说："《凡尔赛条约》的遗产是德国的苦难和英国的犯罪感"；"对他们（按指英国人）过去的所作所为感到羞耻，他们寻找替罪羊和改正之法"。替罪羊是法国；改正之法就是绥靖。⑦

这些说法当然是十分荒唐的。英国在凡尔赛会议上苛刻地对待德国以及后来又扶德抑法，都是从英帝国主义的利益出发的。

（七）"误信敌人"说。

让-巴蒂斯特·迪罗塞尔说："慕尼黑会议的唯一后果就是用一种虚假的合法形式来代替希特勒无论如何要进行的武力进攻……这个虚假的合法形式是建

---

① 琼斯：《1931～1950年日记及书信》（T. Jones, *A Diary with Letters* 1931～1950），牛津，1954。

② 尼科尔森：《日记和书信1930～1962年》（S. H. Nicolson, *Diaries and Letters* 1930～1962），共3卷，纽约，1966～1968。有关本问题见第一卷。

③ 雷诺：《在战斗的最激烈处》（P. Reynold, *In the Thick of the Fight*），纽约，1955。

④ 珀蒂纳克斯：《法国的掘墓人》（Pertinax, *The Gravediggers of France*），纽约，1944。

⑤ 奥维尔·H. 布立特编：《呈总统亲启密件——罗斯福与布立特之间的通信》[O. H. Bullitt (ed.), *For the President: Personal and Secret Correspondence between Franklin D. Roosevelt and William C. Bullitt*]，波士顿，1972。

⑥ 泰勒：《第二次世界大战的起源》，170页，伦敦，1961。

⑦ 吉尔伯特、戈特：《绥靖主义者》，21页，伦敦，1963。

立在对希特勒的幻想上的，因为他们(指英、法领导人)幻想希特勒至少总会遵守他自己签订的条约。”①

尤班克说：“绥靖今天意味着对敌人不战而降。这决非张伯伦的意图，因为他打算通过谈判消除冲突的可能原因。他假定希特勒方面的善良意图和对和平与繁荣的共同愿望。”②

这种解释把张伯伦、达拉第之流打扮成天真无邪的傻好人，根本不值一驳。

以上列举了西方学者关于绥靖政策的形成原因的几种常见的解释。有的人强调其中的一种而辅之以其他若干种，也有的人并列其中的几种。他们的解释可以说是五花八门，但目标则始终如一：替绥靖政策开脱历史罪责。不过，这个任务是太困难了，以致他们对自己的解释也总是感到不够圆满，有的人甚至主张以后索性不要用“绥靖”这个词了。这十足地反映了他们对于真理的恐惧和在科学上的软弱无力。当然，他们的研究为我们提供了大量的材料，他们对于某些具体问题的解释也是值得参考的。

最后，谈一点个人不成熟的建议。我觉得，我们马克思主义者在绥靖政策的形成原因上应当首先抓住两个问题开展研究。第一，要深入研究英、法垄断资本与德国垄断资本之间，特别是英、德垄断资本之间的既互相勾结又互相竞争的情况。列宁在谈到第一次世界大战时说：“要知道，能够证明战争的真实社会性质，确切些说，证明战争的真实阶级性质的，自然不是战争的外交史，而是对所有交战大国统治阶级的客观情况的分析。为了说明这种客观情况，应当利用的，不是一些例子和个别的材料(社会生活现象极其复杂，随时都可以找到任何数量的例子或个别的材料来证实任何一个论点)，而必须是关于所有交战大国和全世界的经济生活基础的材料的总和。”③这当然不是说外交史的研究不重要，而是说首先要搞清楚外交斗争的深刻的经济背景。列宁的这段话，对于我们研究绥靖政策，同样是有重大指导意义的。我们应当写出比温德的《经济绥靖》一书的水平更高的著作。

第二，要深入研究绥靖外交与英、法内政的关系。列宁深刻指出：“把‘对

---

① 让-巴蒂斯特·迪罗塞尔：《外交史(1917～1978年)》，上册，236页，上海，上海译文出版社，1982。

② 尤班克：《慕尼黑》(K. Eubank, *Munich*)，298页，诺曼，1963。

③ 《列宁选集》，中文第3版，第2卷，577～578页，北京，人民出版社，1995。

外政策’和一般政策分开，或者甚至把对外政策和对内政策对立起来，是根本错误的、非马克思主义的、非科学的想法。”①1917年年底至1918年年初把反苏反共当作绥靖政策的唯一成因，固然有片面性，但如果根本否认或轻视这一因素，那就不仅是片面性的问题，而且是原则性的错误。在这方面，还有许多工作可做，并不是一切都研究透了。例如，“克来夫顿”集团究竟有没有，如何恰如其分地估计它的作用，就是一个很值得搞清楚的问题。再如，英、法军事集团对于绥靖政策的态度，也很有研究的必要。70年代以前，史学家一般以为英国文官反对“大陆义务”，后来才知道英国高级将领也不赞成派远征军援法。

总之，我们应该而且一定能够对绥靖政策的形成原因，做出科学的、符合历史真相的解释。

① 《列宁全集》，中文第2版，第28卷，133页，北京，人民出版社，1991。

“绥靖”一词的由来、含义演变和译名商榷*

20 世纪二三十年代西方资产阶级政治家、作家最初使用“绥靖”(Appeasement)这一词时，是把它当作一个正面字眼的。当时的英国统治者出于扶德抑法和扶德反苏的动机，认为德国有理由对现状表示不满，有理由要求修改《凡尔赛和约》，等等。因此，他们主张对德国采取“安抚”、“平息其不满”的政策，是为“绥靖”一词的由来及其最初含义。艾登在《面对独裁者》这部回忆录中说，他当初使用“Appeasement”这一字眼时，“根据的是《牛津英语词典》中该词的第一含义：‘讲和、调解(纠纷，等等)’(to bring to peace, settle strife, etc.)。直到数年以后，当张伯伦先生奉行的外交政策的后果看得越来越明显时，人们才更加确定地用这一词典中该词的最后一个含义来理解这一字眼，即‘用满足要求的方法息事宁人’(Policy by satisfying demand)”。① 慕尼黑会议是绥靖政策的顶点，英法出卖捷克斯洛伐克的罪行实在难以洗刷，以致在今天西方的权威字典中也对 Appeasement(名词，动词为 Appease)这个词做了贬义的解释。1976 年出版的《简明牛津词典》第 6 版的解释是：第一含义——“使安静，平息”；第二含义——“(政治)试图用让步的办法安抚或收买潜在的敌人，通常含有牺牲原则的意思(try to conciliate or bribe (potential enemy) by making concessions, freqently with implication of sacrifice of principles)。”第二次世界大战后，一些著

* 原载《绥靖政策研究》，430～431 页，北京，首都师范大学出版社，1998。

① 艾登：《面对独裁者》，上卷，586 页，北京，商务印书馆，1977。

名的资产阶级历史学家企图旧案重翻，不仅要为慕尼黑叛卖洗刷罪行，而且还要找出绥靖政策的积极意义。泰勒说：绥靖是"外交语汇中最高尚的字眼"。①梅德利科特说：绥靖主义"绝非面对威胁而举手投降或讨好安抚侵略者的概念"。他甚至说："从这个角度讲，'绥靖主义者'的对立面是'战争贩子'，而不是'抵抗主义者'。"②

马克思主义者认为绥靖政策是纵容法西斯国家扩张侵略的政策，是在贬义上使用这个词的。所以，如按绥靖政策的实质来论，可把 Appeasement Policy 译为"姑息政策"或"纵容政策"。如按绥靖主义者使用这一词的最初意思，可译为"安抚政策"。现在通行的译法"绥靖政策"，其中"绥靖"一词的中文含义是"安定平服"或"安抚平定"之类的意思，用以对译 Appeasement Policy，并不妥帖。因为按西方资产阶级政治家的原意，并无"平服"、"平定"的想法；如按实质来讲，那就更不合适了。由于"绥靖政策"的译名已经沿用多年，读者久已习惯，故本文集一仍旧译，不再改动。

① 泰勒：《制造麻烦的人》(A. J. P. Taylor，*The Trouble Makers*)，18 页，伦敦，1957。

② 梅德利科特：《英语现代史 1914—1964》，第 227 页注③，北京，商务印书馆，1990。

1917年年底至1918年年初真假和平的斗争*

本文对1917年年底至1918年年初苏俄在战争与和平问题上同德、英、美等帝国主义国家所进行的错综复杂的斗争做了细致深入的分析。本文写于1982年年初，当时世界史方面的外文资料还很少，作者在搜集材料方面下了很大的功夫，力求做到言必有据，不作空泛的议论。此点颇受一些中青年同行的注意，引起了他们对史料的重视。

实现和平，还是继续战争，是1917年年底至1918年年初举世瞩目的头等大事。1917年11月8日(10月26日①)，布尔什维克在夺取政权后的第二天就提出了和平法令，以最快的速度展开了争取和平的斗争。和平法令深深打动了交战各国劳动人民的心弦，以致两大帝国主义集团的统治者都不得不唱起和平的高调，借以欺骗群众，为掠夺战争继续搜罗“炮灰”。于是，在国际政治舞台上便展开了一场真假和平的斗争，这场斗争十分激烈而又复杂，它的一些教训至今值得我们记取。

布尔什维克的和平纲领

反对帝国主义战争，缔结民主和约，是布尔什维克党的一贯主张。早在1915年10月13日，布尔什维克党就在日内瓦出版的《社

---

* 原载《世界历史》1982年第1、2期。

① 括号内的日期是俄历，下同。

会民主党人报》上发表了自己的和平纲领，其中指出："在目前这场战争中，如果革命使无产阶级政党掌握了政权……我们要向各交战国建议媾和，条件是解放殖民地和所有从属的、受压迫的、没有充分权利的民族。"①1917 年 3 月 25 日，列宁又在第四封《远方来信》中将这一纲领归纳为六个要点②。十月革命胜利后，布尔什维克党立即提出了和平法令，以实际行动履行了自己的诺言。和平法令掀开了世界外交史上崭新的一页。本文不拟对它进行全面的论述，这里只着重说明它在当时最使帝国主义国家恐惧的几点内容。

第一，和平法令进一步发展了布尔什维克关于民族自决权的思想，为兼并下了一个精确的定义："凡是把一个没有明确而自愿地表示同意和希望归并的弱民族或小民族并入一个大国或强国，就是兼并或侵占别国领土，不管这种强制归并发生在什么时候，不管这个被强制归并或强制留在该国疆界内的民族的发达或落后程度如何，也不管这个民族是居住在欧洲还是居住在远隔重洋的国家，都是一样。"③大战爆发后，由于布尔什维克和各国的国际主义者的不断宣传，缔结"不兼并、不赔款"的民主和约的思想已经深入人心，以致一些帝国主义分子也接过了这一口号。例如，德国国会在 1917 年 7 月 19 日通过的"和平决议"中就写道："本国会的目的在于实现国家之间的谅解与永久修好的和平。强制的领土获得和政治上的、经济上的或财政上的侵犯是同这样的和平不相容的。"④但是，正如列宁一针见血地指出的那样："没有比这个词(指兼并——笔者)用得更乱更含混不清的了。……在有政治自由的国家里，向人民提和平问题只能提没有兼并的和约问题。因此只好拥护没有兼并的和约，只好用模糊兼并这个概念的办法来撒谎或者回避这个问题。"⑤实际上，帝国主义分子在侈谈"反对"兼并时，或者指的是"保持战前状态"，即归还各个列强在战时失去的东西；或者指的是自己的竞争者所兼并的土地，而对自己已经兼并的土地则避而不谈。和平法令为兼并一词所下的精确定义戳穿了帝国主义分子在这个问题上所玩弄的种种骗人把戏，粉碎了他们为殖民侵略和压迫弱小民族的政

① 《列宁全集》，中文第 2 版，第 27 卷，55 页，北京，人民出版社，1990。

② 《列宁全集》，中文第 2 版，第 29 卷，50～51 页，北京，人民出版社，1985。

③ 《列宁选集》，中文第 3 版，第 3 卷，341 页，北京，人民出版社，1995。以下引自和平法令的地方，不再注明出处。

④ 奈特-帕特森：《德国从战败到征服》(W. M. Knight-Patterson, *Germany from Defeat to Conquest*)，113 页，伦敦，1945。

⑤ 《列宁全集》，中文第 2 版，第 29 卷，385～386 页，北京，人民出版社，1985。

策进行辩护的一切论据。正由于此，不仅拥有殖民地最多的英帝国主义十分恐惧，就连后起的美帝国主义也惴惴不安。美国总统威尔逊反对把民族自决权的原则普遍应用，他在1918年1月3日对卸任的英国驻美大使赖斯爵士说："推到极端，这个原则将意味着现存各个政府的解体，达到一种难以确定的程度。"①

第二，苏维埃政府宣布废除秘密外交，立刻着手公布沙皇政府和临时政府所缔结的秘密条约，并无条件地予以废除。布尔什维克夺取政权前虽然一再揭露大战的帝国主义性质，但那时还未掌握有关帝国主义之间秘密勾结的第一手材料。前外交部档案被接管后，《消息报》和《真理报》从1917年11月23(10)日起开始公布秘密条约，这些条约"使全世界看到，让几百万人牺牲生命是为了什么"②。这自然使资产阶级老爷们狼狈不堪。1917年11月29日，当有人在英国下院询问政府关于布尔什维克公布的文件真伪如何时，外交部次官罗伯特·塞西尔只得闪烁其词，说什么"其中一些可能是真的，一些可能不是真的"③。公布秘密条约直接打击的是协约国集团，同盟国集团固然可以幸灾乐祸于一时，但是它们本国的人民不是傻子，他们不会不发出这样的疑问：既然协约国之间暗地里缔结了许多分赃条约，我们国家难道就那么清白吗？

第三，和平法令既向各国政府呼吁，也向各国人民呼吁，特别向英、法、德三国的工人呼吁，坚信他们"定会从各方面奋力采取果敢的行动，帮助我们把和平事业以及使被剥削劳动群众摆脱一切奴役和一切剥削的事业有成效地进行到底"。过去，外交都是在各国政府之间进行的，从来不许人民参与。现在，苏维埃政府直接向交战各国人民发出呼吁，这使帝国主义统治者感到极大的威胁。他们深恐本国已在进行反战斗争的人民更进一步效法布尔什维克的榜样，以革命的手段结束战争。这个问题，我们后面还要谈到。

继和平法令之后，人民委员会于1917年11月15(2)日发表了《俄罗斯各族人民权利宣言》；12月3日(11月20日)又公布了《告俄罗斯和东方全体伊斯兰教劳动人民书》。和平法令以及上述一系列文件的发表，不能不引起交战各国的人民穷究这样的问题：我们到底为什么而战？为谁而战？为了对抗布尔什

① 凯南：《俄国退出战争》(G. F. Kennan, *Russia Leaves the War*)，249页，普林斯顿，1956。

② 《列宁全集》，中文第2版，第38卷，184页，北京，人民出版社，1986。

③ 厄尔曼：《干涉与战争》(R. H. Ullman, *Intervention and War*)，21页注⑳，普林斯顿，1961。

维克的和平建议，消除它的巨大影响，同盟国与协约国各自筹划了一套对策。

一场史无前例的外交斗争

1917 年 11 月 20(7)日深夜，人民委员会拍电报给俄军总司令杜鹤宁，命令他立即向协约国和德国集团双方所有交战国家提出停战建议。11 月 21(8)日，苏俄外交人民委员托洛茨基照会各协约国大使，通知他们人民委员会已经成立，并正式建议立即在各条战线上停战，开始和平谈判。11 月 22(9)日，杜鹤宁因拒绝执行苏维埃政府的命令而被免职，克雷连柯被任命为新的总司令。11 月 23(10)日，托洛茨基又请挪威等中立国外交代表把苏维埃政府关于立即停战和开始和平谈判的建议转达敌国政府。

协约国驻彼得格勒的外交代表于 11 月 22(9)日下午集会，一致决定对苏维埃政府的照会不予理睬。次日，英、法、意等国军事代表团团长向已被撤职的杜鹤宁递交照会，强烈抗议俄国违反 1914 年 9 月 5 日的条约中关于不得单独停战的规定，并威胁说，对于条约的违反必将引起“严重的后果”。

11 月 26(13)日，苏维埃政府因未得到协约国的答复，遂通过前线军使向德军司令部提议进行停战谈判。11 月 27(14)日，德国答复同意。次日，人民委员会发表告交战各国人民书，声明将于 12 月 1 日举行和平谈判，如协约国不派出它们的代表，则将单独同德国进行。但协约国仍拒不回答。12 月 3 日(11 月 20 日)，苏维埃代表团与同盟国的代表团在布列斯特-立托夫斯克开始了停战谈判。

德国阵营为什么接受了苏维埃政府的建议呢？首先，同盟国内部的情况十分严重。奥匈帝国、保加利亚和土耳其都已濒于崩溃，无力继续作战。1917 年 11 月 17 日，奥地利外交大臣切尔宁在一封致友人的信中说：“尽早地实现和平，对于我们自己的得救来说是必需的。”①德国虽然仍拥有相当强的军事力量，但因受到英、法的封锁，经济形势恶化，工业原料和粮食都很缺乏。在德累斯顿、美因茨、柏林、汉堡和杜伊斯堡等城市都爆发了示威，支持苏维埃政府的和平建议，要求结束战争。为了应付国内人民的压力，同盟国的统治者不得不同意和谈。其次，德国企图在实现停战后，把部队从东线撤出，加强西线

① 惠勒-贝内特：《布列斯特-立托夫斯克：被遗忘了的 1918 年 3 月和约》(J. Wheeler-Bennett, *Brest-Litovsk: The Forgotten Peace, March* 1918)，80 页，伦敦，1956。

的攻势。最后，争取舆论，把拖延战争的责任推给协约国一方。例如，德国外交大臣屈尔曼在一次演说中就强调指出德国的战争目的是“有节制”的，并指责协约国一味“要求胜利，只有胜利”，而它们打算如何利用这种胜利，则从俄国政府公布的秘密文件中可以看出①。

12月15(2)日，以俄国为一方和以德国、奥匈帝国、保加利亚、土耳其为另一方，签订了为期28天的停战协定，自1917年12月17(4)日起，至1918年1月14(1)日止。停战期间，不得从波罗的海和黑海之间的战线上调动军队，但在停战协定签字以前已经开始者除外。停战期间还允许双方部队之间的“有组织的交往”，但每次每方参加的人数不得超过25人；还允许交换意见、报纸和公开信件等②。由于双方士兵之间的联欢实际上已在进行，苏俄方面的宣传品已在德国士兵当中传播，德方为了加强控制，才同意做出上述规定。

12月22(9)日，和平谈判正式开始。在22日的第一次会议上，苏维埃代表团要求会议公开进行，各方有权公布会议记录。同盟国方面为了表示自己没有不可告人的目的，只好接受这一建议。随后苏维埃代表团团长越飞提出了六点原则，作为谈判的基础。(1)对战时被侵占的领土不得进行任何强迫合并；占领上述领土的军队应在最短期间内撤出；(2)凡在这次战争期间丧失政治独立的各国人民，其政治独立应完全恢复；(3)保证在战前未享有政治独立的各个民族集团有机会通过全民投票自由地决定归属哪个国家的问题或成为独立国家的问题；(4)在若干民族聚居的地区，少数民族的权利应得到专门法律的保障，即保证其享有文化上的民族独立，如有实际可能，并保证享有行政自治；(5)任何一个交战国都无义务向其他国家支付所谓的“战争费用”，已经缴付的赔款应予退还；(6)殖民地问题应按照上述(1)、(2)、(3)和(4)款所定原则处理③。

12月25(12)日，奥匈帝国代表团团长切尔宁伯爵代表四国同盟发言，表示“同意立即缔结不进行强迫兼并和不赔款的普遍和约”，并“同意俄国代表团的意见，谴责纯粹为了征服目的而继续战争”④。掠夺野心极大的德国集团居

---

① 凯南：《俄国退出战争》(G. F. Kennan, *Russia Leaves the War*)，144页，普林斯顿，1956。

② 《苏联对外政策文件汇编》，第1卷，47～51页，莫斯科，1957。

③ 同上书，60～61页。

④ 斯科特编：《1916年12月至1918年11月期间有关战争目的与和平建议的官方声明》[J. B. Scott (ed.), *Official Statements of War Aims and Peace Proposals, Dec. 1916 to Nov. 1918*]，221页，华盛顿，1921。

然同意了“不兼并、不赔款”的原则，看来似乎不可思议。其实，这是因为这个原则已经如此深入人心，以致同盟国的代表也不得不在公开的场合做出和平姿态，以便取得宣传上的效果。但在第二天，德国代表团成员之一霍夫曼将军就在一个非正式的场合向俄方代表露出了霸占波兰、库尔兰和立陶宛的真正意图。他厚颜无耻地说，俄国人对“不兼并”的解释显然有所误会。同盟国认为，前俄罗斯帝国的某些部分如果出于自愿决定脱离俄国，无论实行独立，还是处于受德意志帝国保护的状态，都不算强迫兼并。因为俄国人自己在1917年11月15日的法令中就主张直到分离的民族自决权，而波兰、库尔兰和立陶宛不过行使了这种权利而已①。

12月27(14)日，苏维埃代表团就占领区撤军问题提出了如下的建议，即俄国从它在奥匈帝国、土耳其和波斯的占领区撤出自己的军队；四国同盟则从波兰、立陶宛、库尔兰以及俄国其他地区撤出它们的军队。苏维埃政府根据民族自决原则，允许上述地区的居民在最近的将来自由决定他们与某一国家联合或成立独立国家的问题②。28(15)日，德国代表团团长屈尔曼提出了反建议，其中第一条规定：一俟同俄国签订和约和俄军复员完毕，德国即撤出它现在所占领的俄国地区，但不得与第二条所做出的推论相违背。第二条是：“俄国政府根据自己的原则，业已宣布所有居于俄罗斯帝国之内的民族毫无例外地享有直到完全分离的自决权，注意到表现于波兰、立陶宛、库尔兰以及部分爱沙尼亚和里夫兰人民的意志的决定，即他们要求完全的国家独立和脱离俄罗斯帝国。俄国政府承认，在当前情况下，这些声明应看作人民意志的表现，并准备由此做出结论。”③德帝国主义者再度利用民族自决权，来掩盖他们对波兰和波罗的海沿岸地区的占领。但是这种手法过于拙劣，以致后来继赫特林出任德国首相的巴登亲王玛克斯也懊丧地承认：“在1917年12月28日，我们犯了不可弥补的错误。我们给予全世界和德国群众的印象是：与俄国的态度相反，我们

---

① 惠勒-贝内特：《布列斯特-立托夫斯克：被遗忘了的1918年3月和约》，125页，伦敦，1956。

② 德格拉斯编：《苏联外交政策文件汇编》[J. Degras(ed.), *Soviet Documents on Foreign Policy*]，第1卷，23页，伦敦，1951。

③ 马格奈斯编：《俄国和德国在布列斯特-立托夫斯克》[J. L. Magnes(ed.), *Russia and Germany at Brest-Litovsk*]，36～37页，纽约，1919。

对民族自决权的同意是不诚恳的；隐藏在它后面的是兼并主义的图谋。”①

28日，双方同意休会10日，以便苏维埃政府再一次向协约国发出参加和谈的邀请。30(17)日，苏俄外交人民委员向协约国的人民和政府又一次发出呼吁，但仍然没有得到答复。

在谈判的第二阶段[1918年1月9日(1917年12月27日)至2月10日(1月23日)]，双方围绕着民族自决权问题，继续展开了斗争。德国仍然拒绝考虑撤军问题，硬说德国占领区的居民已经表示了他们的“自决”意志。2月9日(1月27日)，四国同盟与乌克兰民族主义者的组织中央拉达签订了和约，在德国刺刀保护下成立的“乌克兰人民共和国”实际上沦为德国的谷仓和货栈。10天以后，德国国会开始就这一条约进行辩论，除独立社会民主党外，绝大多数党派都投票赞成。副议长帕舍面对掠夺到的赃物，不禁狂喜地说：“这一大块富饶的领土的巨大经济价值，对于我们未来的经济发展将具有极大的重要性。”但接下去他竟厚着脸皮说：“这个和约已经证明，我们正在认真对待皇帝的话——‘我们不是进行一场征服战争’。”中央党的费伦巴赫也以伪善的词句表示了吞并更多领土的野心。他“希望同乌克兰缔结的这一和约将成为更多的和约的先驱”，即希望与立陶宛发生“友好关系”，还希望看到在库尔兰、拉脱维亚和爱沙尼亚形成这样的政治机构，它们“在自己的政治独立上是自由的，但对我们德意志帝国采取友好的态度”。“让我们显示只有我们保护和巩固弱小国家，而无任何征服目的”。② 这是另一头披着羊皮的狼。

就在德国同乌克兰中央拉达签订和约的这一天，屈尔曼强硬地提出了媾和条件，要求俄国放弃波兰、立陶宛以及爱沙尼亚、拉脱维亚、乌克兰、白俄罗斯的部分土地。屈尔曼的声明虽然强硬，但暂时还不具有最后通牒的性质，可是苏维埃代表团团长托洛茨基(在谈判第二阶段代替越飞)却于2月10日(1月28日)发表声明：“俄国拒绝在割地条约上签字，并单方面宣布结束同德国、奥匈帝国、土耳其和保加利亚的战争状态。同时向全线的俄国部队发出全面复员的命令。”③

---

① 《巴登亲王玛克斯回忆录》(*The Memoris of Prince Max of Baden*)，第1卷，208页，纽约，1928。

② 奈特-帕特森：《德国从战败到征服》，147、148页，伦敦，1945。

③ 《俄共(布)第七次紧急代表大会速记记录》，283页，莫斯科，1962。布尔什维克党内的斗争，因不属于本题范围，故从略。但这里需要指出的是：托洛茨基这时的行为是犯了严重错误，而非故意的叛卖。

2 月 18 日，德军从波罗的海到黑海发动了全线进攻。19 日，人民委员会向德国政府发出电报，同意根据德方提出的条件，正式签订和约。但德军为了扩大战果，继续进攻。直到 23 日，苏维埃政府才收到了德国 21 日发出的限 48 小时内答复的最后通牒，条件比原来的更为苛刻。23 日，布尔什维克党中央委员会通过了列宁关于立即接受德国条件的提案。

3 月 1 日，开始了谈判的第三阶段。3 月 3 日，以苏俄为一方，以同盟国为另一方，签订了和约。《布列斯特和约》的条件非常苛刻，使俄国丧失了将近 100 万平方公里的土地和 4600 万居民。

3 月 18 日至 22 日，德国国会就《布列斯特和约》进行了辩论。首相赫特林首先发言。他说："你们第一眼就可看出，条约没有包含使俄国丢脸的条件，没有强制性的赔款，也没有把俄国的领土强行据为己有。"

那么，波兰、库尔兰、立陶宛等地区为德国吞并又如何解释呢？赫特林狡辩说："一些毗邻国家从俄国的政治机构分离出去这一事实，是根据这些国家的意志，而这是俄国所承认的。"中央党的埃茨贝格尔也表示，他"坚决反对把第一个伟大的和平条约解释为一种暴力行为"。社会民主党的头子最为狡猾，谢德曼声明他们对条约内容的主要部分不能同意，但又说因为这个条约结束了东方的战争状态，所以也不想予以否认①。在付诸表决时，除独立社会民主党反对外，其他所有政党都一致同意。多数派社会民主党鉴于条约的掠夺性过于明显，采取了弃权的办法。那个在 1917 年 7 月曾经通过"和平决议"，信誓旦旦地表示反对"强制地获得领土"的德国国会，现在终于做了一次彻底的自我暴露。

德帝国主义通过《布列斯特和约》的签订，在军事上一度取得了重大胜利。但是，不久以后，它就发现在胜利中包含着苦果。布尔什维克通过联欢、散发宣传品等办法②，给德国士兵以深刻的革命影响。素以遵守纪律闻名的德国士兵现在也不那么驯服听命了。战后，霍夫曼对一个美国记者说："在征服那些布尔什维克以后，我们立即被他们征服了。""我们东线胜利的军队由于布尔什

① 以上各人的发言，见奈特-帕特森：《德国从战败到征服》，163～168 页，伦敦，1945。

② 在外交人民委员部下设立了一个新闻局，其中有一处专门负责国际宣传。用德文出版的《火炬》报每日印行约 50 万份，通过正式的联欢以及其他秘密途径在德国士兵中广为散发。见默尔·芬索德：《国际社会主义与世界大战》(M. Fainsord, *International Socialism and the World War*)，170 页，纽约，1973。

维主义变得不中用了。我们已经达到不敢把我们东线的某些师转移到西线去的程度。”①德国工人也深受布尔什维克和平纲领的影响，柏林 40 万军火工人在布列斯特谈判期间举行了政治罢工。1918 年 1 月 29 日，他们提出了七项要求，其中第一项就是：“按照俄国人民代表在布列斯特-立托夫斯克提出的条件，立即提出不兼并、不赔偿战费、以民族自决权为基础的和约。”②《布列斯特和约》签订后八个月，德国革命爆发，霍亨索伦王朝被推翻了。

苏维埃俄国割地赔款，暂时遭到了挫折。但是，由于和约的签订，布尔什维克赢得了时间来巩固新生的无产阶级政权。列宁深刻指出：“布列斯特和约的重大意义，在于我们能够在困难重重的情况下第一次在很大的范围里利用了帝国主义者之间的矛盾，从而归根到底有利于社会主义。……我们向德帝国主义作了极大的让步，我们向一个帝国主义作了让步，一下子就避开了两个帝国主义的夹攻。”③

对于布尔什维克的和平建议，协约国十分恼怒，因为它们恐怕俄国退出战争后，德国不再有东顾之忧，势将加强对西线的攻势。它们还怕俄国的退出战争将在自己的国家内引起连锁反应。因此，它们对苏维埃政府多次提出的和平建议一概不予答复，并拒绝承认苏维埃政府。

协约各国政府为了尽可能消除布尔什维克的和平主张对它们国内劳动人民的影响，采取了新闻检查的办法，竭力封锁关于苏俄的客观报道。各家资产阶级报刊对于苏俄公布秘密条约的举动，或默不作声，或酌登节录。只有英国的《曼彻斯特卫报》和美国的《晚邮报》才予以全文转载。英国政府对《告俄罗斯和东方全体伊斯兰教劳动人民书》尤其害怕，下令不许各报转载。甚至训令驻美大使提请美国国务院也采取同样措施④。但在同时，一些资产阶级报刊却大肆散布关于红色俄国的种种谣言。1917 年 11 月 11 日，法国《时报》诬蔑布尔什维克的和平纲领像是“在威廉街(指德国外交部——笔者)草拟出来的”，并坚决

---

① 惠勒-贝内特：《布列斯特-立托夫斯克：被遗忘了的 1918 年 3 月和约》，352 页，伦敦，1956。

② 鲁格与舒曼合编：《德国史文献(1917～1919 年)》[W. Ruge & W. Schumann (ed.), *Dokumente zur deutschen Geschichte* 1917～1919]，32 页，柏林，1975。

③ 《列宁全集》，中文第 2 版，第 40 卷，59～60 页，北京，人民出版社，1986。

④ 厄尔曼：《干涉与战争》(R. H. Ullman, *Intervention and War*)，29 页，普林斯顿，1961。

反对"同凶手媾和"①。11月23日，英国《泰晤士报》以更下流的语言谩骂列宁及其他布尔什维克领袖是"德国犹太人血统的冒险家而且是受德国雇用的"②。

自然，协约国还要采取更严厉的打击手段。1917年12月21日，英国内阁通过了一份关于干涉俄国的备忘录。它表示协约国应尽可能地"保持与乌克兰、哥萨克、芬兰、西伯利亚、高加索等的接触"，除了给予财政援助外，还要向这些"地方政府"及其军队派遣代表和军官。为了掩饰这个肢解俄国的计划，备忘录强调指出："这必须尽可能悄悄地去做，以便尽我们的可能去避免那种指责，即我们正在对布尔什维克进行战争。"备忘录还献计说："我们必须不断地重申我们准备接受自决的原则以及从属于它的不兼并、不赔款的原则。""我们必须告诉布尔什维克：我们一点也不想干涉俄国的内政"。③ 这份备忘录可以说十分典型地反映了英国资产阶级外交政策的一个特点——伪善。12月23日，英、法领导人在巴黎举行的联席会议上通过了这份备忘录，并秘密签订了瓜分俄国的协定。哥萨克地区、高加索地区、亚美尼亚、格鲁吉亚、库尔德斯坦划作英国的势力范围；比萨拉比亚、乌克兰、克里米亚划作法国的势力范围④。

但是，不予答复、拒不承认、封锁消息、造谣中伤，直到武装干涉，这一切都属于对苏维埃政权及其媾和活动的破坏措施。协约国的统治者认为还必须在战争目的这个问题上大作文章，树立起自己的"和平"形象，才能争取群众，把战争进行到底。于是，劳合·乔治和威尔逊就亲自出台，表演一番。

劳合·乔治关于战争目的的声明

1918年1月5日，英国首相劳合·乔治就战争目的问题在职工大会上发表了声明。他的这篇演说既是出于内政方面的需要，也是出于外交方面的需要。在国内，战争已经进行了三年，人民生活极端困苦，士兵大量伤亡，反战情绪日益增长。1917年11月29日，社会党的机关报《呼唤》写道："社会主义

---

① 迈耶：《威尔逊对列宁》(A. J. Mayer, *Wilson vs. Lenin*)，7页，克利夫兰，1963。

② 同上书，277页。

③ 劳合·乔治：《战争回忆录》(L. George, *War Memoirs*)，1917～1918年卷，118～120页，波士顿，1936。

④ 齐世荣主编：《世界通史资料选辑·现代部分》，第一分册，15～16页，北京，商务印书馆，1980。

者——真正的而不是伪装的社会主义者——已经夺得了政权……列宁及其战友为了他们的同胞和为了全世界苦难大众，正在设法镇压战争牟利者和贪得无厌的地主，正在设法取得和平与面包。我们是不是应当帮助他们呢?”①12 月，《社会党人》报也写道：“我们社会主义工党向俄国多数派致意并祝他们成功。我们的俄国同志已经着手以正确的办法停止战争。”②恰恰在这时，英国需要把很多的兵力投入战场，而新兵的主要来源又是工厂，这就迫使劳合·乔治非在工人面前把参战目的粉饰一番不可。在《和约真相》一书中，他承认：“俄国工人政府的态度对我们工厂工人所产生的影响是非常扰乱人心的。因此，我们认为需要就协约国的战争目的发表一个详尽的、精心制定的和权威性的声明，以便消除公众的疑虑。”③

在国外，俄、德谈判正在进行。协约国由于一再拒绝参加和谈，已经引起了不少责难。为了在国际上争取舆论，抵消布尔什维克和平建议的影响，劳合·乔治也需要发表声明。

列宁曾经指出：“劳合-乔治是一个第一流的资产阶级生意人和滑头政客，是一个颇有声誉的演说家，他善于在工人听众面前乱吹一通，甚至讲一些最最革命的词句……”④在 1 月 5 日的演说中，他再一次表演了这种本领。

劳合·乔治一开始就说明英国参战的目的不是为了侵略德国，也不是为了摧毁奥匈帝国或夺取土耳其的首都及其富饶的小亚细亚和色雷斯，而是为了自卫。他接着批评 1917 年 12 月 25 日切尔宁代表同盟国关于战争目的所作的声明模糊不清，并装腔作势地指责对方“仅仅口头上高喊不兼并和赔款或自决权的公式是没有用的”，似乎英国真想实行这个原则一样。

在陈述英国的战争目的时，劳合·乔治提出了恢复比利时的独立、阿尔萨斯和洛林归还法国等要求。但最值得注意的还是他关于俄国问题和民族自决权问题的态度。

在谈到俄国时，他首先说不打算涉及目前德国占领下的俄国领土问题，采

---

① 莫尔顿、台德：《英国工人运动史》，290～291 页，北京，生活·读书·新知三联书店，1962。

② 阿诺特：《俄国革命对英国的影响》(R. P. Arnot, *The Impact of the Russian Revolution in Britain*)，115 页，伦敦，1967。

③ 劳合·乔治：《和约真相》(L. George, *The Truth about the Peace Treaties*)，第 1 卷，67 页，伦敦，1938。

④ 《列宁全集》，中文第 2 版，第 28 卷，82 页，北京，人民出版社，1991。

取了回避态度。对于布列斯特和平谈判，他避而不谈苏维埃政府的多次邀请和协约国的一再拒绝参加，反而指责俄国进行了单方面的媾和活动。他表示，协约国愿意同俄国的新民主政府并肩战斗到底，但是“如果俄国目前的统治者采取独立于协约国之外的行动，那么我们没有办法进行干预，以防止肯定要降临在他们国家头上的大祸。俄国只能靠它自己的人民来拯救。”①这段话的实质是要牺牲俄国，但以资产阶级惯用的外交辞令曲折地表达出来。鉴于苏维埃政权在军事上的软弱，同盟国自然易于把这段话解释为一种暗示，即英国打算允许德国在东方自由行动，以换取它在西方和殖民地问题上降低要求。英国也确实有这种意图。1917年12月28日，劳合·乔治告诉《曼彻斯特卫报》的编辑斯科特说：“在战时内阁中有许多人表示同情和平。”斯科特得到的印象是：劳合·乔治“正在倾向于在东方补偿德国以换取(它)在西方让步的方案”②。1918年1月2日，英国财政大臣博纳·劳在与英国参谋总长亨利·威尔逊爵士谈话时，也表示正在考虑和平条件问题，并相信如果让德国在俄国方面便宜行事，那么它会愿意把阿尔萨斯和洛林归还法国并做出其他让步③。直到1918年夏季协约国在军事上取得明显优势时，这种用牺牲俄国换取对德妥协的计划才最终被放弃。

关于民族自决的原则，劳合·乔治表面上也是竭诚拥护的，但在实际运用时却玩弄了许多花招。他建议给予奥斯曼帝国的非土耳其人居住地区——阿拉伯、亚美尼亚、美索不达米亚、叙利亚和巴勒斯坦以自治权，而其真正含义则是由英、法两国来瓜分它们当中的大部分。对于德国的殖民地，这个原则也同样适用，意思是它们在战后不再归还德国。对于奥匈帝国，劳合·乔治谈得比较含混。他一方面主张允许奥匈帝国统治下的各民族建立真正自治的政府，但另一方面又再次强调分裂奥匈绝非英国战争目的的组成部分。由于英国这时正打算与奥匈帝国单独媾和，所以对它的态度比较“宽大”④。总之，民族自决权的原则对于敌方是适用的，但是对于大英帝国自己，那就完全是另一回事了。爱尔兰、印度、埃及的前途问题，根本没有涉及。在这里，劳合·乔治就连说

---

① 劳合·乔治1918年1月5日演说的全文，见《战争回忆录》，1917～1918年卷，63～73页。以下凡引自这篇演说中的话，不再注明出处。

② 卡尔：《1917～1923年布尔什维克革命》(E. H. Carr，*The Bolshevik Revolution 1917～1923*)，第3卷，24页，伦敦，1953。

③ 厄尔曼：《干涉与战争》，66页注㉛，普林斯顿，1961。

④ 1917年12月，史末资将军与切尔宁的代表门斯多尔夫伯爵在瑞士举行了谈判。

几句漂亮话的勇气也鼓不起来了。

总的说来，劳合·乔治1月5日的演说，并不如英国统治者所预期的那样有效。几天以后，《泰晤士报》驻彼得格勒的记者拍来电报说，俄国士兵对于英国的宣传是绝对不感兴趣的。英国是世界上最大的殖民帝国，在战争中又掠夺了大量赃物，而且身受许多秘密条约的束缚，这一切就决定了劳合·乔治无论有多大本领，也不可能把和平调子唱得十分响亮。例如，他在演说中根本不敢碰秘密条约的问题，甚至连秘密条约这个词也避免使用，只是吞吞吐吐地说什么："新的情况，如俄国的崩溃和俄国的单独谈判，已经改变了做出那些安排的条件"，所以"准备与我们的盟国讨论它们"。

劳合·乔治的调子既然还不足以打动人心，威尔逊便唱出了他的迷魂曲。

威尔逊的"十四点"

第一次世界大战爆发后，美国坐山观虎斗，等待时机，终于在1917年4月参加了协约国一方。在所有交战国家中，美国的"和平"调子唱得最响。美帝国主义是一个暴发户，不像英、法等老牌帝国主义那样拥有许多殖民地，也没有被许多秘密条约束缚住手脚，所以它有资本把自己的作战目的粉饰得更加漂亮一些。1917年4月2日，威尔逊向国会建议对德宣战时，竭力标榜美国是为了"世界的最终和平"、"世界各民族的解放"而战的，"没有自私的目的"。"我们不想征服别人，也不想统治别人。我们不为自己索取赔款，对我们行将自愿做出的牺牲不要物质上的赔偿。"①

十月革命推翻了美国大力支持的俄国临时政府，打乱了协约国的作战计划。对于新生的苏维埃政权，美帝国主义自然是十分仇视的。1917年11月19日，美国驻俄大使佛兰西斯发表了《告俄国人民书》，一面以德国的侵略恫吓俄国人民，要他们继续对德作战，一面表白美国政府"没有缔结与这次战争有关的秘密条约。我们是和我们的盟国团结在一个荣誉的联盟之中的"②。

美国除与其他协约国一道拒绝承认苏维埃政府外，更以金元帝国的特殊身份进行了利诱。1917年11月25日，美国驻俄军事代表团团长贾德森向彼得

① 斯科特编：《1916年12月至1918年11月期间有关战争目的与和平建议的官方声明》，91页，华盛顿，1921。

② 佛兰西斯：《从美国大使馆看俄国》(D. R. Francis, *Russia from the American Embassy*)，177页，纽约，1921。

格勒的俄军参谋总长穆拉谢夫斯基递交了一份照会，声称他从美国报刊上获悉了如下的新闻报道：对俄国的军援和粮食供应业已实行禁运。只有在俄国建立了一个得到美国承认的稳定的政府以后，对它的输出才会恢复。如果布尔什维克继续掌权并将通过他们的对德媾和计划，那么目前对俄国的禁止输出将继续有效。在他引用的消息中还特别提到，美国对临时政府的贷款截至此时为止共达3亿2500万美元，已经拨出的只有1亿9100万美元。贾德森最后强调指出：尽管他和美国大使尚未从美国得到与上述新闻报道类似的训令或消息，但他仍然认为这份报道正确地陈述了美国政府的态度①。贾德森的照会公然用临时政府尚未花完的1亿3400万美元②作为诱饵。《消息报》对此做了义正辞严的驳斥："北美的财阀们……准备用火车头来换俄国士兵的脑袋"，"俄国人民对于同协约国建立经济和政治上的关系是感兴趣的，但是他们不愿为此付出鲜血的代价，来满足克里孟梭和纽约的军火工业大王们"。③

1917年12月3日，布列斯特谈判开始。次日，威尔逊发表演说，建议国会通过对奥匈宣战的决议。他指责德国玩弄阴谋，利用"没有兼并、没有贡纳、没有惩罚性的赔款"的套话，"把俄国人民引上歧途"。但他又说，一种正确的思想遭到错误的利用这一事实，并非不应予以正确运用的理由。"它应当置于其他的真正的朋友的保护之下"，俨然摆出只有美国才能实现这一原则的架势。这篇演说还反映了美帝国主义头子的一种错误估计，即协约国如果及早发表战争的自由目的，则十月革命可以避免。威尔逊说："我不禁想，如果它们(指战争的自由目的——笔者)在一开始就说得清清楚楚，协约国方面就会一劳永逸地获得俄国人民的同情和热忱，怀疑和不信任就会一扫而光……如果他们(指俄国人民——笔者)在进行革命的时刻相信了这些事情并从那时起坚定了这种信念，那么……那种与自由人民的有秩序的和稳定的政府背道而驰的悲惨事件

① 实际的过程是，已被撤职但尚赖在莫吉利夫大本营的杜鹤宁首先从监听西方无线电广播中得到上述新闻，然后通过军用电话告诉了彼得格勒的穆拉谢夫斯基(这时尚未被撤职)。后者随即派人转告贾德森并建议由美方将此新闻正式通知苏维埃政府，认为这将有助于大本营俄国军官们的事业。穆拉谢夫斯基收到贾德森的照会后，立即转给了外交人民委员托洛茨基。见凯南：《俄国退出战争》(G. F. Kennan, *Russia Leaves the War*)，101～103页，普林斯顿，1956。

② 据凯南讲，实际上尚余1亿3770万美元。

③ 沃思：《协约国与俄国革命》(R. D. Warth, *The Allies and the Russian Revolution*)，172页，达勒姆，1954。

就会避免了。"①这段话也透露了不久以后威尔逊发表"十四点"的一个动机，即通过美化合众国的战争目的，"感动"俄国人，使之重新为协约国卖命。

此后，美国政府一面暗中策划援助白匪卡列金，一面加紧为威尔逊准备一篇公开阐明美国参战目的的演说。1918年1月8日，在劳合·乔治发表声明后的第三天，威尔逊在国会两院联席会议上发表了建立世界和平的纲领，即所谓的"十四点"。

"十四点"是美国政府经过长期准备以后抛出的。早在1917年秋天，就由威尔逊的亲密顾问豪斯上校组织了一批专家学者，成立了一个半官方的研究机构，名为"和平问题调查社"。当年12月22日，调查社拟好了一份关于战争目的与和平条件的备忘录，1918年1月4日由豪斯交给了威尔逊。它是"十四点"的一个主要依据。此外，美国驻俄大使和其他驻外机构的代表、英国外交大臣以及前临时政府的官员也纷纷为美国出谋划策。综合美国朝野内外的意见，可以看出发表"十四点"的目的有以下几点：

第一，在于消除布尔什维克争取和平的斗争在世界各国人民当中的巨大影响。1918年1月3日，威尔逊对卸任的英国大使赖斯爵士说：布尔什维克向世界各国发出了一个呼吁，它在意大利肯定发生了影响，在英国和法国可能也发生了影响。"在美国，活跃的鼓动正在进行"。它的成效如何，做出明确的判断为时尚早。但"如果布尔什维克的呼吁继续得不到答复，如果丝毫不去抵制它，那么它的影响就会扩大和加强起来。这是显然的"。② 英国外交大臣巴尔福也持同样的看法。1918年1月5日他在致豪斯上校的电报中写道："鉴于布尔什维克对世界各国人民的呼吁，如果总统亲自发表一份声明，阐述他自己的看法，这可能是一个吸引人的方针。"③

第二，破坏俄、德之间的媾和谈判，妄图让俄国重新加入协约国方面作战。上述威尔逊1917年12月4日的演说就表现了这种意图。这也是美国驻俄大使佛兰西斯的看法。1918年1月3日，他在拍给威尔逊的电报中建议说：

---

① 斯科特编：《1916年12月至1918年11月期间有关战争目的与和平建议的官方声明》，195、198页，华盛顿，1921。

② 凯南：《俄国退出战争》，249页，普林斯顿，1956。威尔逊指的是1917年12月30日苏俄外交人民委员的《告协约国各国人民和政府书》，这封呼吁书的日期在西方著作中均作12月29日。

③ 西摩编：《豪斯上校秘录》[C. Seymour(ed.), *The Intimate Papers of Colonel House*]，第3卷，340页，波士顿，1928。

“这个国家的疲倦的人民不愿为领土……为商业利益……为他们已经推翻了的政府所订的条约而战，但是如果由一个其无私动机得到他们承认的国家向他们发出呼吁，他们可能为民主的和平而战。”①佛兰西斯的看法，在某种程度上也受了一些白俄的影响。潜伏在国内的前克伦斯基政府的劳工部长斯阔别列夫就曾在1917年11月20日向美国大使献计，说只有当他们能够告诉军队，“协约国准备讨论和平条件，以期迅速结束战争”时，推翻布尔什维克和恢复部队士气的企图才有成功的可能②。列宁在揭露英、法资产阶级企图把俄国拖入对德战争时，深刻指出：“为什么它们一定希望这样，这是很明显的：第一，因为这样，我们就会牵制住一部分德国兵力；第二，因为苏维埃政权同德帝国主义进行不合时宜的军事搏斗，就最容易遭到毁灭。”③

第三，同德国争夺和平的旗帜，并为德国内部的“反对派”撑腰打气。“和平问题调查社”的备忘录曾谈到在政治上有一些无形的难以捉摸的因素，但“如予以巧妙地利用”，则可有利于协约国方面。其中第一种因素就是“对和平的普遍渴望，这在当前的情况下一定不可让给德国作为他们去利用的某种东西”④。在国务院内部，威廉·布立特对德国内部的反对力量进行了彻底分析后，提出总统有一个“罕见的机会”可以利用，即发表声明，阐述战争的自由目的，以“联合俄国反对德国政府并在德国内部促成对政府的反叛”⑤。这个问题我们在后面还要进一步讲到。

第四，争夺世界霸权。早在1917年7月21日，威尔逊在致豪斯上校的信中就透露了美帝国主义企图在战后称霸世界的野心。他说，英、法对和平的看法与美国不同。“战争过去后，我们就能迫使它们接受我们的想法。因为到那时，除其他事情以外，它们在财政上还将受我们的支配。”⑥豪斯上校在威尔逊发表演说后的第二天，在日记中得意洋洋地写道：这篇演说将使他成为“协约国的代言人，而且的确是全世界自由主义者的代言人”；它“定会盖过劳合·乔

---

① 凯南：《俄国退出战争》，250页，普林斯顿，1956。

② 同上书，135页。

③ 《列宁全集》，中文第2版，第33卷，363页，北京，人民出版社，1985。

④ 迈耶：《威尔逊对列宁》(A. J. Mayer, *Wilson vs. Lenin*)，339页，克利夫兰，1963。

⑤ 迈耶：《威尔逊对列宁》，343页，克利夫兰，1963。

⑥ 同上书，332页。

治的演说，使之被人忘掉”。①

现在让我们看一看“十四点”的具体内容，这里只着重分析其中与本文主题有关的部分，其他一概从略。

这篇演说一开始就提到布列斯特-立托夫斯克谈判，并对双方代表团的态度做了似乎十分公正的评价。威尔逊赞扬“俄国代表们不仅十分明确地提出了一份声明，陈述他们愿意据以缔结和约的各项原则，而且提出了一个同样明确的具体实施这些原则的纲领”。而同盟国的方案，则用一句话就可予以概括，即“保持他们军队占领的每一尺领土——每一个省，每一个市，每一个有利据点”。在以下的段落中，威尔逊一面大骂德国“不知怜悯与同情为何物”，一面以美国的援助为诱饵，企图讨好俄国人民，破坏布列斯特和平谈判。他表示：“不论他们(指俄国人民——笔者)当前的统治者相信与否，我们衷心的愿望和希望是：开辟某种途径，使我们有幸可借以帮助俄国人民去实现他们对自由和有秩序的和平的最大希望。”②

演说的核心部分是“十四点”。第一点的内容是：“公开的和平条约，必须公开缔结，缔结后不得有任何种类的秘密的国际谅解”。由于布尔什维克对秘密条约的公布以及布列斯特谈判的公开进行在全世界产生了极大影响，所以威尔逊也把反对秘密外交列入了“十四点”，而且作为第一点，以示美国外交的“光明正大”，没有不可公诸于世的自私目的。但实际上，美国这时要反对的只是类似协约国之间所缔结的那些秘密条约，因为它们一旦实现，将不利于美帝国主义的扩张。

第二、三、五、十四几点反映了美国争霸世界的要求。第二点主张：“领海以外，无论平时或战时，必须保持公海航行的绝对自由。”美国所谓“海上自由”，实即“海上霸权”的同义语，这一点的目的是要同英国争夺海上霸权。1918年10月27日，豪斯上校对英国怀斯曼爵士说：“美国……无论如何也不会再心甘情愿地屈从于大不列颠对海洋的独占统治。……我们有更多的钱，更多的人，更多的自然资源。”③

第三点要求消除国家间的“经济壁垒”，“建立平等的贸易条件”。这显然是

---

① 迈耶：《威尔逊对列宁》，372页，克利夫兰，1963。

② 威尔逊演说全文，见斯科特，前引书，234～239页。以下摘自这篇演说的引文不再注明出处。

③ 西摩编：《豪斯上校秘录》，第4卷，159～160页，波士顿，1928。

企图凭借美国强大的经济力量，对外实行经济扩张，用不着多说。

第五点讲的是殖民地问题。苏维埃政府关于彻底的、毫无例外的民族自决权的主张既已在殖民地半殖民地人民当中引起了强烈反应，美国政府也不能不在这个问题上有所表态。威尔逊打的旗号是：当地居民的利益与宗主国政府的合理要求同样受到重视。在美国官方对“十四点”的注解中①，历数所谓“居民的利益”，其中就包括“对当地进行开发应该根据门户开放的原则”在内。可见，美国的真实意图是要插手在德国失败后所引起的殖民地和势力范围的再分割，而不是从根本上反对殖民统治。1918 年 10 月 24 日，苏俄外交人民委员契切林在致威尔逊的照会中，就尖锐指出了他关于殖民地问题的主张是十分虚伪的。美国要求波兰、塞尔维亚、比利时等的独立，却只字不提爱尔兰、埃及、印度的解放，甚至也不提菲律宾的解放。②

第十四点要求建立国际联盟，以便“大小国家都能相互保证政治独立和领土完整”。在帝国主义强权政治存在的情况下，大小国家相互保证云云，纯粹是欺人之谈。列宁一针见血地指出：“法、美、英各国资本家所谓‘我们保证你们的独立’，实际就是‘我们要买下你们的全部资源，要盘剥你们。不仅如此，我们还要侮辱你们，要象一个跑到别人国家里主宰一切，做投机买卖，把谁都不放在眼里的军官那样蛮横地欺侮你们’。”③美国一再坚持成立国际联盟，无非是要通过这个组织在战后控制世界局势，树立起美帝国主义的霸主地位。

第六点专门讲俄国问题。关于这一点的产生经过，豪斯上校的说明很值得注意。他说：“我向他(指威尔逊——笔者)宣读了我所准备的关于俄国的一个句子……我说不论总统多么憎恶俄国的行动，那是没有丝毫关系的。智慧的作用在于尽我们可能地把它与德国隔开，要做到这一点，唯一的办法就是最广泛地、最友好地表示同情并允诺给以更有重大价值的援助。”④因此，第六点在文字上是狠下了一番琢磨功夫的。什么“必须从俄国的全部领土上撤出外国军队”啦，什么“在解决有关俄国的一切问题时，世界上的其他国家必须保证最良好的和最自由的合作”啦，如此等等，可谓好话说尽。上面提到，劳合·乔治的声明完全回避了德国占领下的俄国领土问题，甚至说“俄国只能靠它自己的人

---

① 1918 年 10 月，李普曼和科布受豪斯上校的委托，草拟了对“十四点”的注解，这份注解随即得到了威尔逊的批准。参见《世界现代史资料》，第一分册，3～11 页。

② 《苏联对外政策文件汇编》，第 1 卷，534 页。

③ 《列宁全集》，中文第 2 版，第 37 卷，339～340 页，北京，人民出版社，1986。

④ 西摩编：《豪斯上校秘录》，第 3 卷，331 页，波士顿，1928。

民来拯救”。对比之下，威尔逊的态度似乎“友善”得多。但在第六点的注解中，却明确地提出了肢解苏维埃俄国的计划。它说俄国领土的含义，并非指原属于俄罗斯帝国的领土。应当按照第十三点规定波兰独立那样，“给予芬兰人、立陶宛人、拉脱维亚人，或许还有乌克兰人以同样的待遇”。此外，还应把高加索割给土耳其，把中亚细亚划作某一列强的委任统治地。

在演说的结尾部分，威尔逊着重讲了德国问题。他表示，协约国绝不忌妒德国的伟大，也无意提出改变德国制度的建议，但在与德国对话时，必须知道德国的发言人是代表谁讲话的，是代表议会中的多数，还是代表好战集团和那些以帝国主义统治为信条的人们。所谓“议会中的多数”，主要指的是“德国社会主义者”①，即多数派社会民主党的领袖们。美帝国主义此时对这伙人寄予极大的希望，认为只有他们才能控制德国工人运动，使之不致走上十月革命的道路。

威尔逊的演说发表后，美国动员了各种宣传力量大肆鼓吹。“十四点”风靡一时，成为许多小资产阶级和第二国际的讴歌对象。但是，对于业已用革命的手段退出帝国主义战争的俄国人民来说，威尔逊无论怎样花言巧语，也是无济于事的。1918 年 3 月 3 日，苏维埃俄国忍痛牺牲，毅然签订了《布列斯特-立托夫斯克条约》。然而威尔逊仍不死心。3 月 11 日，他向将于 3 月 14 日开幕的全俄苏维埃第四次非常代表大会发出电报，表示“美国人民对俄国人民最真挚的同情”，并说“虽然美国政府现在不幸未能给以它愿提供的直接而有效的援助，我希望通过大会向俄国人民保证：它将利用一切机会使俄国在其内政方面重新享有完全的主权和独立”。② 这封电报是豪斯上校出的点子，他企图用表示友谊和允诺援助的办法，阻止大会对条约的批准③。大会自然不为威尔逊所诱，依然批准了和约，美帝国主义的阴谋彻底破产了。

另一方面，老奸巨猾的劳合·乔治与克里孟梭暂时听任威尔逊去唱高调，而到了召开凡尔赛会议时，他们就死死抱住英、法帝国主义的利益，丝毫不让。威尔逊的“理想主义”(实际上是用美丽词藻点缀的称霸计划)敌不过劳合·乔治和克里孟梭的讲求实际、斤斤计较的商人政策，败下阵来。美帝国主义称霸世界的野心，不仅遭到了全世界人民的反对，也是它的盟友们所不能容

① 西摩编：《豪斯上校秘录》，第 3 卷，322 页，波士顿，1928。

② 同上书，420 页。

③ 西摩编：《豪斯上校秘录》，第 3 卷，398 页，波士顿，1928。

忍的。

在第一次世界大战期间，自始至终贯串着和平与战争的斗争，其中以1917年11月至1918年3月的一场斗争最为激烈、最为复杂。在此以前，在1916年至1917年年初，两个大帝国主义集团之间还进行过一场假和平与假和平的斗争。由于双方都无诚意，不久就烟消云散了。① 1917年年底至1918年年初的斗争主要是在苏维埃俄国与帝国主义国家之间进行的，但同时也在两个帝国主义集团之间进行着，从而形成了极其错综复杂的局面。

60多年过去了。今天，爱好和平的各国人民应当吸取一些什么教训呢？

第一，要戳穿帝国主义的"和平"骗局，及时把它们暴露在人民面前。1917年年底至1918年年初，当饱受战祸的亿万群众日益向往和平的时候，两大帝国主义集团都把"不兼并、不赔款""民族自决"之类的口号喊得山响。第二次世界大战前的希特勒一有机会就侈谈和平。今天我们对于形形色色的和平谎言，仍然是不可掉以轻心的。伟大的列宁在整个大战期间坚持不懈地同帝国主义分子的假和平进行了斗争。他总是及时揭穿他们的阴谋，用以教育群众。他写的《资产阶级的和平主义与社会党人的和平主义》《和平法令》等文献，为我们树立了一个如何与"和平"骗子做斗争的典范。列宁曾经深刻指出：资产阶级的和平主义具有"空洞性、荒谬性和虚伪性"②。这"三性"确实是一切帝国主义假和平的要害。我们从上面所举的种种事实可以看到：两大帝国主义集团的"和平"宣言、"和平"声明之类的文件照例空话连篇，尽管满纸堆砌着"自由""民主""正义""公正"之类的漂亮词藻，但细究起来，却毫无切实可行的内容。双方的"和平"建议、"和平"条件又都是荒谬绝伦、强词夺理的，如把侵略说成"友谊"，把颠覆说成"援助"，把兼并说成"民族自决权的体现"。他们还都是伪善者，口蜜腹剑，言行不一，每当许以援助、保证独立的时候，实际上正在干着勾结俄国国内的白匪、颠覆无产阶级专政的勾当。

第二，帝国主义国家不是铁板一块，为了人民的和平事业，应当利用它们之间的矛盾。如上所述，德国急于结束东线战争，故愿与俄国媾和，而协约国则企图拖住俄国，使之牵制德国，并让俄、德互相削弱。两大帝国主义集团还

---

① 这个问题已越出本文范围，故不具论。可参阅列宁在《资产阶级的和平主义与社会党人的和平主义》(《列宁全集》，中文第2版，第28卷，223～242页，北京，人民出版社，1991)一文中所作的精辟分析。

② 《列宁全集》，中文第2版，第28卷，239页，北京，人民出版社，1991。

争夺和平旗帜，拼命戳穿对方的骗局，从而客观上起了补充布尔什维克宣传的作用。苏维埃俄国巧妙地利用了他们之间的矛盾，与同盟国一方签订了《布列斯特和约》，从而赢得了喘息时间，巩固了新生的社会主义国家。列宁说："从社会主义政府在一个国家里获得胜利的时候起，解决各种问题时就不能从这个或那个帝国主义较好这点出发，而只能从发展和巩固已经开始的社会主义革命的最有利的条件出发。换句话说，现在我们策略的基础，不应当是这样的原则，即现在帮助两个帝国主义中的哪一个较为有利，而应当是这样的原则，即如何才能更加稳妥可靠地保证社会主义革命在一个国家能够巩固起来，或者至少可以支持到其他国家也起来响应。"①列宁的这一策略思想，对于后来的一切社会主义国家也是有指导意义的。

第三，也是最重要的一点，即争取和平的斗争，必须主要依靠各国人民的力量。苏维埃政府自颁布和平法令之日起，总是既向各国政府，也向各国人民发出和平呼吁，有时则直接向各国人民发出呼吁。秘密条约的公布，布列斯特谈判的公开进行，② 俄、德两国士兵的联欢，对同盟国战俘的教育以及广泛的和平宣传，这一切都是为了擦亮人民的眼睛，争取他们的同情和援助。如上所述，两大帝国主义集团对于苏俄向他们本国人民发出呼吁这一点，都是忧心忡忡的。后来的结果证明，他们的恐惧不是没有道理的。在同盟国方面，1918年在德国、1919年在匈牙利、1920年在土耳其都相继爆发了革命。在协约国方面，英、法、美在1919年都发生了不许干涉俄国的运动。正是由于得到了各国人民的支援，当时在军事上还很软弱的苏维埃共和国才能够存在下去。列宁说："在阿尔汉格尔斯克登陆的英国士兵中，在塞瓦斯托波尔登陆的法国水兵中，在世界各国工人中，拥护苏维埃俄国的人日益增多起来……就是这个基本原因，这个最深刻的原因，最终使我们获得了最可靠的胜利……"③今天世界人民的力量与1917～1920年相比，要壮大得多了。我们完全有理由相信：只要爱好和平的各国人民紧密地团结起来，万众一心，就一定能够打败超级大国的霸权主义和战争政策。

---

① 《列宁全集》，中文第2版，第33卷，250～251页，北京人民出版社，1985。

② 资产阶级作家路易斯·费希尔认为像布列斯特-立托夫斯克谈判这样公开进行的会议，"在世界历史上是独一无二的"。见《国际事务中的苏维埃人》(L. Fisher, *The Soviets in World Affairs*)，第2版，第1卷，77～78页，普林斯顿，1951。

③ 《列宁选集》，中文第3版，第4卷，115页，北京，人民出版社，1995。

关于开展国际关系史研究的两点意见*

有幸参加今天的会议，见到许多中青年同行，十分高兴。会议主持人一再要我讲话，只好勉为其难。年老，缺乏新知，下面浅谈两点意见，请指正。

一、研究历史，必须以史料为基础，国际关系史也不例外

史料大约可分为三类：文字史料、实物史料和口头史料，其中文字史料包含的信息最多、最重要，是我们尤其要重视的。

文字史料可分为两大类：官府文书和私家记载。先谈官府文书。到今天，许多国家(美、英、德、法、日、意等国)都出版了大量的外交文件汇编。没有出版的外交文件及其他文件，可到各国档案馆去查。现在各国档案的保密期限一般定为30年，这对研究国际关系史是十分有利的。看外交文件，当然不能仅从字面上去理解，还要深入了解它提出的背景以及它所要达到的实质性目的。例如，美国总统威尔逊在1918年1月提出的“十四点原则”，表面上说得冠冕堂皇，是建立“世界和平的纲领”，实际上要达到的目的是美国在战后主宰世界。因此，只看“十四点”本文不够，还要看1918年10月李普曼和科布受威尔逊亲信顾问豪斯上校委托所拟的“十四

* 本文系根据齐世荣于2015年4月28日至29日在首都师范大学举办的“国际关系史青年论坛”会议开幕式上的发言整理而成。

点”的注解(后得到威尔逊的批准)。① 研究国际关系，不能只看一方的文件，要看双方的，甚至多方的，互相参照比较，才能明了历史的真相。还要注意的是：西方议会的辩论记录，其中涉及外交方面的，不可轻信。一些议员和政府官员的发言，往往言不由衷，必须看他们平日的一贯主张和表现。例如，在1939年1月26日和27日法国国民议会进行辩论时，外交部长庞纳“激昂慷慨”地说：“法国的领土一寸也不能割让(给意大利)”，还说在法国同它的苏联和波兰盟友的关系方面，从来没有过现在这样“密切而经常接触”，等等，把自己打扮成一个爱国的斗士。他的整个演说从头到尾是一连串的谎言。据德国大使韦尔兹克伯爵说：几天以后，庞纳向他直率地承认，“在议会的外交辩论中说的话，往往很明显地是适应国内的需要，而并不准备传到国外”。②

私家记载包括日记、书信、回忆录等，它们所记的内容常有官府文书中所没有的，往往能揭示历史的真相。

日记这一类，例如20世纪20年代英国驻德大使阿贝农的日记《和平大使》，是研究《洛迦诺公约》(以下简称《公约》)非看不可的。《公约》的签订被英国外交大臣奥斯汀·张伯伦吹嘘为“战争年代与和平年代的分界线”。真相如何呢？英国为什么要竭力促成《公约》的缔结呢？阿贝农(有《公约》的“教父”之称)在他日记里对英国的意图说得十分清楚。一是扶德抑法。他在1923年8月20日写道：“关于中欧的整个形势和英国应该采取什么政策的问题，最清楚的结论看来是：英国的根本利益在于防止德国的崩溃。只要德国是一个整体，欧洲就能或多或少地保持均势。一旦德国分崩离析，这个均势必然消失；而法国则依靠它的军队和它的军事同盟，依然无可置疑地在军事上和政治上处于支配地位。……任何人如果认为，一个像拿破仑在《提尔西特和约》以后那样支配欧洲大陆的法国政府依然对英国友好，他就是对民族心理的一个可怜的判断者。……在这种情况下，要我们对法国友好同样是不可能的。在希望维持英、法协约的同时，我不得不希望一个强大的德国的存在。”③英国的另一个目的是把德国拉入西方集团，防止苏、德接近，阿贝农于1925年8月11日在日记中写

① 齐世荣主编：《世界通史资料·现代部分》(第一分册)，3～12页，北京，商务印书馆，1998。

② 约翰·惠勒-贝内特：《慕尼黑：悲剧的序幕》，328～329页，北京，北京出版社，1978。

③ 阿贝农：《和平大使：阿贝农勋爵日记》(*An ambassador of Peace: Lord D'Abernon's Diary*)(第2卷)，238～239页，伦敦，1929～1930。

道："《公约》的第二个效果是将使德国解除被迫投入俄国怀抱的危险。……热那亚会议的情况可能重演，随之发生的是另一个更坏的《拉巴洛条约》。根据《公约》，德国被接纳为一个平等的成员，并作为一个英国与法国的伙伴，维持西欧的现状。如此，德国被吸引到俄国共产主义势力范围的危险就明显减低了。"①

一些私人通信，也有相当高的史料价值。研究20世纪30年代英国的绥靖政策，首相张伯伦的书信是必看的。张伯伦这个人很爱写家信，他给他一个妹妹写了大量的家信，而且内容基本是谈政治。由于是私人信件，谈得很露骨，是官府文书中不可能有的。2005年，塞尔夫编了4卷本的《尼维尔·张伯伦日记书信》，提供了不少重要史料。例如，1937年11月26日，张伯伦在给他妹妹艾达的信中谈到，他要以牺牲奥地利和捷克斯洛伐克来换取与德国的妥协："我不明白为什么我们不该对德国说，'请给我们以满意的保证，表明你们不会用武力对待奥地利人和捷克斯洛伐克人，我们也愿意给你们同样的保证，表明我们不会用武力阻止你们所需要的变更。只要你们以和平手段取得这些变更'。"②

这封信表明，张伯伦早已决定牺牲奥地利和捷克斯洛伐克，以换取与德国的妥协。他之所以强调"和平手段"，主要是为了避免刺激国内外舆论，以便更顺利地推行绥靖政策。

回忆录也是需要使用的一种史料。第二次世界大战临近结束时，美国在日本投了两颗原子弹。这不仅是美国军事上的需要，也有强烈的政治目的。杜鲁门在他的回忆录中讲到，史汀生(时任陆军部长)对他说："原子弹对于我们与其他国家的关系一定产生决定性的影响。"贝尔纳斯(时任国务卿)也对他说："他相信这种炸弹有可能使我们在战争结束时处于发号施令的地位。"③一句话，美国把原子弹看作一种战后称霸世界政治武器，特别是用来威慑苏联的武器。

我们也要注意到私家记载的局限性。例如，西方政治家所写的回忆录往往扬己抑人。丘吉尔的《第二次世界大战回忆录》就是一例。这本书第二卷的标题是"最光辉的时刻"，从1940年5月法兰西之战写到1940年年底英国在埃及打

---

① 阿贝农：《和平大使：阿贝农勋爵日记》(第3卷)，184页。

② 罗伯特·塞尔夫编：《尼维尔·张伯伦日记书信》[R. Self (ed.), *The Neville Chamberlain Diary Letters*](第四卷)，287页，艾德尔绍特，2005。

③ 《杜鲁门回忆录》(第一卷)，352～353页，北京，生活·读书·新知三联书店，1974。

败意大利军队。他给第二卷定的主题是“英国人民怎样单独坚守堡垒直到过去半盲的人们做好一半的准备”。第二卷下部的标题是“单独作战”。① 这完全是不顾事实的自吹自擂。第二次世界大战是一场世界人民的反法西斯战争。1940年6月，法国虽已战败，苏、美尚未参战，但无论如何也不能说只有英国单独作战。中国人民早自1937年就已英勇奋战，全面抗击日本侵略者，开辟了世界反法西斯战争的东方主战场，丘吉尔竟然视而不见。又如，20世纪30年代，曾任英国外交大臣的艾登(1935～1938年)把他的回忆录取名为《面对独裁者》，标榜自己是一个一贯反对法西斯独裁者的斗士。但实际上，艾登和首相张伯伦两人在推行绥靖政策方面，总体上、基本原则上是一致的，都主张把德国作为首要的争取对象。1938年1月31日，艾登对张伯伦说：“我完全同意我们必须尽一切努力与德国达成协议。”②分歧仅在于：艾登认为意大利的重要性远逊于德国，不值得做出过多的让步；而张伯伦则主张对德、对意都要搞缓和，如果能先同意大利成交，又何乐而不为呢？

总之，官府文书与私家记载应当并重兼采，综合利用，取材要尽可能全面、丰富。英国史学家D. C. Watt所著《战争如何来临：第二次世界大战的直接起源1938～1939》(*How War Came, the Immediate Origins of the Second World War, London*，1989)一书，广泛利用了已出版和尚未出版的官方文书和私人记载，极博览之能事。但他不懂东欧一些国家和日本的语言，这方面仍要借助他人的二手著作。研究近现代国际关系史，要穷竭史料，是根本办不到的。因此，作者还要不断提高理论水平，改进研究方法，以便能在浩如烟海的史料中去粗取精，去伪存真，而不致陷溺在史料的汪洋大海之中。

二、研究国际关系史，要注意三种因素：政治、经济和文化

1. 政治因素

民族国家是国际关系的主要行为体，国家之间的关系自应成为研究的中

---

① 丘吉尔：《第二次世界大战回忆录》(第二卷上部、第二卷下部)，北京，商务印书馆，1975。

② 帕克：《张伯伦与绥靖：英国政策与第二次世界大战的来临》(R. A. C Parker, *Chamberlain and Appeasement: British Policy and the Coming of the Second World War*)，95页，伦敦，1993。

心。影响国家之间关系的因素不止一端，政治因素是其中重要的一种。以下从几个方面略做说明。

(1)政治因素在形成国际关系准则上所起的作用。每一个国家在其对外关系上都有自己的政治立场和政治准则，当这个国家与相关国家在政治准则上达成某种共识时，便会产生相应的国际关系准则。在国际关系史上，这种国际关系准则有促进历史进步的，也有阻挠历史发展的。试举一二例略加说明。第二次世界大战结束后，亚非拉民族独立运动蓬勃兴起，新生的国家渴望建立平等的国际关系。1954 年，中国、印度、缅甸顺应这一历史潮流，共同倡导了互相尊重主权和领土完整、互不侵犯、互不干涉内政、平等互利、和平共处五项原则。正如习近平主席所说："这是国际关系史上的重大创举，为推动建立公正合理的新型国际关系作出了历史性贡献。"①今天，和平共处五项原则已经成为国际关系基本准则和国际法的基本原则。在国际关系史上，也有另一种开历史倒车的国际关系准则。1814～1815 年，在维也纳召开了大规模的国际会议。拿破仑帝国垮台后，俄、英、普、奥四国成为支配欧洲的新主人。四强都是君主制国家，它们提出"正统主义"的原则，旨在恢复法国大革命前的欧洲旧秩序，复辟旧的封建王朝，消除法国大革命的影响。会议的另一原则是"补偿"，实即大国瓜分"战利品"。维也纳会议奉行的"正统""补偿"国际关系准则，重新安排了欧洲的政治格局，起到了逆历史潮流的反动作用。

(2)政治因素在重大国际斗争问题上起的作用。研究重大的国际斗争问题，必须弄清当时的国际政治格局和有关国家在整个国际政治格局中所处的地位、它们各自的政治立场、目标以及应对政策等。以世界现代史上的冷战为例，第二次世界大战结束后，出现了新的国际政治格局。美、苏成为世界上两个最强大的国家。美、苏面临的共同敌人消失，同盟的基础不复存在。美国的经济、军事和政治力量空前强大，称霸世界的野心随之急剧膨胀。美国在全球进行扩张，将社会主义国家苏联视为其建立霸权的最大障碍。苏联是世界上另一个军事与政治强国，希望有一个和平的国际环境恢复经济。苏联最关心自己的安全，特别是西部边界的安全。苏联为确保东欧国家对苏友好，努力扩大自己在东欧的影响。美国的全球扩张战略和苏联的保障国家安全战略发生激烈碰撞，成为冷战爆发的深刻根源。

① 习近平：《弘扬和平共处五项原则——建立合作共赢美好世界》，人民网，2014 年 6 月 28 日。

(3)政治因素在战争中所起的作用。在国际关系中，各国之间既有合作，也有斗争，斗争的最激烈表现就是战争。要研究战争，就不能不研究政治。列宁十分赞赏德国军事理论家克劳塞维茨的一个观点，即“战争是政治通过另一种手段(暴力手段)的继续”，并用这个观点分析第一次世界大战的性质。列宁说：“用这个观点来考察当前这场战争就会看到，英、法、德、意、奥、俄这些国家的政府和统治阶级几十年来，几乎半个世纪以来一直在维护掠夺殖民地、压迫其他民族、镇压工人运动的政治。当前这场战争所继续的，正是这种政治，也只能是这种政治。”①

(4)一个国家的内政对其外交所起的作用。例如，要研究 20 世纪 30 年代西班牙发生内战时，法国和英国为什么要提出“不干涉”政策，就必须搞清楚这两国当时的内部政治情况。以法国为例。勃鲁姆政府最初是打算援助西班牙共和政府的，但右翼势力强烈反对。右翼报纸《巴黎回声报》立即得到消息，披露了法国政府准备援助共和政府的全部细节，掀起了一场反对援助西班牙共和国的猛烈运动。《法兰西行动报》也发表文章，要求知道勃鲁姆和科特(航空部长，主张援助共和政府)是否“有权使法国从事这种不光彩的冒险行动”。② 1936 年 7 月 25 日，右翼新闻报刊再次发动攻势，德凯里斯在文章中造谣说：“西班牙首都已经落在了共产党—无政府主义分子苏维埃手中。勃鲁姆先生、科特先生和达拉第先生(按：时任国防部长)正在把物资送给共产党分子。”③

总之，法国右派不能容忍西班牙人民阵线的存在，认为“苏维埃在西班牙的胜利将可能引起巴黎的共产主义”④，他们“宁要希特勒，不要勃鲁姆”。在右翼政治势力的猛烈攻击下，勃鲁姆政府退缩了，继而与英国一起提出了“不干涉”政策。

2. 经济因素

政治的基础是经济，研究国际关系史，还必须重视经济因素。以下从几个方面稍做说明。

---

① 《列宁选集》，中文第 3 版，第 2 卷，515 页，北京，人民出版社，1995。

② 约翰·E. 德赖福特：《伊冯·德尔博斯在外交部》(J. E. Dreifort, *Yvon Delbos at the Quai d'Orzay*)，35 页，堪萨斯，1944。

③ 皮埃尔·科特：《叛逆的胜利》(P. Cot, *Triumph of Treason*)，339 页，芝加哥，1944。

④ 塞缪尔·M. 奥斯古德：《人民阵线：来自右派的看法》，载《社会史国际评论》(*International Review of Social History*)，第 9 卷，第Ⅱ部分，995 页，1964。

(1)经济生活基础证明国际战争的真实社会性质、阶级性质。列宁在谈到第一次世界大战时说："要知道，能够证明战争的真实社会性质，确切些说，证明战争的真实阶级性质的，自然不是战争的外交史，而是对所有交战大国统治阶级的客观情况的分析。为了说明这种客观情况，应当利用的，不是一些例子和个别的材料(社会生活现象极其复杂，随时都可以找到任何数量的例子或个别材料来证实任何一个论点)，而必须是关于所有交战国和全世界的经济生活基础的材料的总和。"①

这当然不是说不研究外交史，而是说必须搞清楚外交斗争后面的更深层的原因，即经济背景。如果只看第一次世界大战爆发前夕交战双方的外交往来文件，是根本无法搞清楚大战发生的原因的。例如，英国参战时所举的理由是德国破坏了比利时的中立，但这不过是为了动员舆论而利用的一个借口，真正原因是英、德的争霸。后起的德国在经济实力上赶上并超过了英国。英国害怕如果德国战胜，势将称霸欧洲以至世界，这种前景是英国无论如何不能容忍的。日本对德宣战的理由居然是"巩固与维持东亚地区的普遍和平"，多么虚伪。

(2)在国际体系中，一个国家的地位及其对外政策在相当大的程度上取决于它的经济力量。以英国为例。19 世纪中叶，英国是世界上最发达的国家，此后 20 年，英国经济继续保持良好的发展势头。在繁荣的经济基础上，英国成为头等强国，建立了世界上最庞大的殖民帝国。1870 年后，英国经济开始出现衰落迹象。到 19 世纪末 20 世纪初，英国丧失了"世界工厂"的地位，美国和德国的工业生产已经相继超过了英国。英国在第一次世界大战中虽然取得了胜利，但损失巨大，经济力量与军事力量日益削弱。在 20 世纪 30 年代纳粹德国崛起后，衰弱的英国采取了"绥靖外交"，侥幸地希望能以让步的办法与德国妥协。第二次世界大战后，"英国病"进一步加重，已降为二等国家，在国际事务上不得不唯美国"马首是瞻"了。再以美国为例，一直到第二次世界大战爆发前，孤立主义势力对美国的对外政策有相当大的影响。珍珠港事件爆发后，美国参战。第二次世界大战胜利后，美国成为世界上经济、军事实力最强大的国家，从前的孤立主义迅速转向全球扩张主义。从杜鲁门到约翰逊，历届政府基本上奉行的都是全球扩张战略。20 世纪 60 年代末，美国的经济和军事实力相对下降，于是尼克松政府对战后美国的对外政策做出了重大调整，所谓的"尼克松主义"就是在这样的背景下出现的。"尼克松主义"承认美国充当"世界警

① 《列宁选集》，中文第 3 版，第 2 卷，577～578 页，北京，人民出版社，1995。

察"的作用是有限的，试图用收缩美国力量的办法，继续维护美国的全球利益。与此相应的，是在外交上奉行均势政策。

(3)经济人物(工业、商业、金融等行业)在国家对外关系上的重大影响。以往研究国际关系史，特别是外交史，聚焦点都投在政治人物身上，而大大忽略了经济人物的作用。例如，许多讲20世纪30年代英国外交政策的著作，竟只字不提英格兰银行总裁诺曼·蒙塔古这样的重要人物。D. C. Watt的名著《战争如何来临：第二次世界大战的直接起源1938～1939》全书共736页，仅在第395页极简单地提到了这个对英国内政、外交都有重要影响的银行业巨头。实际上，如果想把绥靖政策的研究再向前推进一步，就必须搞清楚英格兰银行及其首脑所起的作用。据悉，1937年2月，英国财政部发行了第一批国防公债8千万英镑，但企业界购买极不踊跃，因为公债的利率只有3%，资本家认为太低。后来英格兰银行用发行纸币的办法，从政府手中买去无人认购的公债，这便引起了一定程度的通货膨胀。这只不过是说明英格兰银行作用的一个例子而已。再如，法兰西银行的大股东们，即人们通常所说的"二百家族"对20世纪二三十年代的法国内政、外交究竟起了哪些作用呢？曾多次担任法国内阁部长和三次出任总理的达拉第在激进社会党的一次代表大会上发言说："二百家族是法国经济的主宰，而且事实上也是法国政治的主宰，他们组成了一股民主国家不该容忍的力量。二百家族对国家的财政制度、交通运输和信贷都有巨大的影响，二百家族操纵舆论，因为他们控制了报刊。"①

但许多讲法国现代史的著作，都没有用充分的事实具体、详细地说明"二百家族"的作用。

(4)随着经济全球化的深入发展，经济性质的非政府组织，如跨国公司、基金会等对国际关系的影响越来越大。到目前为止，国际关系史在这方面的研究还比较薄弱，应当加强。

总之，在国际关系史的研究中，必须重视经济因素的作用，可开垦的处女地还有许多。

3. 意识形态因素

近年来在外交史、国际关系史的研究中，出现了一种新倾向，即重视文化

① 威廉·夏伊勒：《第三共和国的崩溃》，385页注①，海口，南海出版公司，1990。

因素的作用。① 文化这个概念，含义很广，有多种界定，本文着重谈意识形态。

世界上的文化是丰富多彩、万紫千红、各具魅力的。各国、各民族之间在文化上的交流、互相借鉴与学习，起了有益的作用，给后代留下了宝贵的经验。古代中印文化交流、中日文化交流堪称佳例。到了近代，西方国家在向海外殖民扩张的过程中，都把文化当作一种侵略武器，例如，葡萄牙帝国、西班牙帝国就采取极其野蛮的手段，强迫拉丁美洲的土著居民改信基督教。进入现代，随着传媒工具的日益革新、普及和多样化，意识形态在国际关系中起着越来越大的作用，受到各国的重视。例如，冷战时期美苏两国在意识形态方面的斗争就十分激烈。美国为了战胜苏联，不仅在政治、经济、军事方面下了很大功夫，而且在意识形态方面也想方设法，采取了多种措施。1960 年 1 月，美国参议院外交委员会发表了《意识形态与外交事务》的第十号研究报告，分别就共产主义、民族主义和立宪民主几种意识形态在国际事务中所起的作用以及对美国政策的意义进行了研究，反映了美国企图在社会主义国家内部和广大中间地带寻找机会从意识形态上进行渗透、腐蚀和分化。② 1989 年，美国总统布什又提出了“超越遏制”(beyond containment)战略，说应当在继续推行“遏制”战略的基础上再“超越一步”，运用政治、经济、文化等手段，促使苏联发生“体制性变化”，将苏联“融合到世界秩序”亦即西方资本主义体系之中。

意识形态的作用是通过多种途径发挥的。图书、电影、戏剧、音乐、舞蹈、广播等文化产品能使人们在阅读、欣赏的过程中就接受了它们所包含的意识形态。把宣扬西方资本主义的图书运往苏联，被视为促使苏联“和平演变”的一种意识形态的武器。20 世纪 50 年代，美国中央情报局通过“美国解放委员会”批准了一个针对苏联的图书方案。情报局提供资金，创立了德福德出版公司。由于苏联控制严厉，出版公司没有通过邮寄的办法，而是向访问西方的苏联人递交，或者委托西方人将图书带进苏联。从这一项目开始到苏联解体，共向苏联和东欧散发了 1000 多万册图书和期刊。③ 为了尽可能有效地向苏联渗

① 参见刘树才：《历史地思考国际关系——国际关系史法国学派述评》，《国际关系史研究》2014 年第 2 期；夏亚峰、栗广：《美国外交史研究现状》，《史学集刊》2015 年第 2 期；等文。

② 北京编译社译：《意识形态与外交事务》，北京，世界知识出版社，1960 年。

③ 彼得·芬恩、彼得拉·库维：《当图书成为武器——“日瓦戈”事件始末》，162～163、340 页，北京，北京大学出版社，2015。

透，美国当局十分重视“美国之音”的作用。美国政府尤其注意利用“美国之音”来影响苏联知识分子。①

总之，研究国际关系史，要注意政治、经济、意识形态等多种因素所起的作用，并对它们做综合性的研究。我国是一个在国际上具有重大影响的国家，与许多国家有着广泛的联系。研究国际关系史，有助于建设中国特色社会主义和维护世界和平的事业，希望同志们在唯物史观的指导下，辛勤搜集史料，不断改进研究方法，做出优异的成绩。

① 参见张宏毅等著：《意识形态与美国对苏联和中国的政策》，168～171页，北京，人民出版社，2001。

论中国抗日战争在第二次世界大战中的地位和作用*

1985 年，第 16 届国际历史科学大会在德国召开。第二次世界大战是大会三个主题中的一个。本文是中国代表团提交大会的论文，并曾在会上宣读摘要。中国抗日战争在第二次世界大战中所起的重大作用，一向受到西方史学界的轻视和贬低。本文根据大量史料，有理有据地阐明了中国抗日战争在第二次世界大战中的地位和作用，获得不少与会史学家的赞同。日本茨城大学教授伊集院立在 1986 年第 6 期《历史学研究》上评论说："这个报告是把中国历史中的抗日战争放到世界史中而做的分析。报告把中国人民对于欧洲、东亚及美洲大陆的国际反法西斯战线所做的贡献及所占的地位进行了冷静的分析论述。这一分析，给予人们深刻的印象。"

伟大的反法西斯战争胜利，到今年已经整整 40 周年了。中国人民在长达八年的艰苦卓绝的斗争中，为最终战胜德、意、日法西斯集团做出了不可磨灭的贡献。关于中国抗日战争在第二次世界大战中的地位和作用，是一个十分值得深入研究的重大课题。本文略做一些说明，以就教于参加大会的各国史学家。

1937 年 7 月 7 日，日本帝国主义挑起了卢沟桥事变。在此以前，德国与意大利已经进行了一系列的挑衅活动和侵略扩张。1935 年 3 月 16 日，德国正式废除《凡尔赛条约》中关于解除德国武装的条款，重新实行征兵制。同年 10 月，意大利开始侵略埃塞俄比亚。

* 原载《第十六届国际历史科学大会中国学者论文集》，北京，中华书局，1985。

1936年3月7日，德军开入莱茵非武装区，同日宣布废除《洛迦诺公约》。7月18日，西班牙内战爆发，德、意联合进行干涉，支持叛军，英、法则共同推行名为“不干涉”而实际干涉的绥靖政策。正当西班牙人民誓死保卫共和国的时候，日本又在1937年悍然发动了全面的侵华战争，法西斯的侵略战火从而蔓延到欧、亚、非三大陆。但中国是一个地大物博、人多兵多而又存在着比历史上任何时期都更为进步的因素的大国，中国不是埃塞俄比亚，也非西班牙。日本帝国主义不可能迅速征服中国，中日战争也不可能局部化，它必然要牵动世界全局，第二次世界大战的序幕必不可免地要从此揭开。

中日战端初启时，日本统治阶级普遍认为只消“对支一击”，便可凯旋班师。陆相杉山元上奏天皇说，事变能在一个月左右解决。① 陆军省的头子们和几乎所有的幕僚都把中国看作“一个不可能统一的分裂的弱国，日本只要表示一下强硬态度，中国立即就会屈服”。② 文官如铁道大臣中岛知久平和递信大臣永井柳太郎等同样持强硬态度，主张趁机把中国军队彻底打垮。③ 但是，他们没有料到，由于中国共产党的努力和推动，在中国已经出现了抗日救亡运动的高潮，已经初步形成了并正在加强着抗日民族统一战线。1937年7月15日，中国共产党向国民党送出了《中共中央为公布国共合作宣言》的文件。9月22日，国民党将宣言发表。23日，蒋介石发表了实际上承认中国共产党合法地位的谈话。日本帝国主义面临的对手不是有如一盘散沙的中国，而是由四亿多人民组成的坚不可摧的铜墙铁壁。在历时三个月的淞沪战役中，中国军民英勇抗敌，日本不得不一再增兵，参战兵力超过20万，伤亡4万多人。④ 八路军出师大捷，在9月的平型关战役中，歼灭日本板垣师团第二十一旅团1000余人。这是八路军出师华北前线打的第一个大胜仗，也是中国抗战开始以来的第一个大胜仗。聂荣臻指出：“这一胜利首先在于它的政治意义。在国民党军队一败涂地的混乱战局下，平型关大捷雄辩地说明，中国共产党领导的人民军

① 矢部贞治：《近卫文麿》，606页，东京，1976。参谋本部第一部第二科在1937年7月17日的《在华北行使武力时对华战争指导纲要（计划）》中，把时间估计得略长一些，“扫荡”第二十九军的时间是两个月，击败中央军的时间是三个月。见臼井胜美、稻叶正夫编：《现代史资料》，第9卷，17～18页，东京，1964。

② 武藤章：《军务局长武藤章回想录》，97页，东京，1981。

③ 信夫清三郎：《日本外交史》，下册，620页，北京，商务印书馆，1980。

④ 日方统计数字，一般是死9100人左右，伤31200人左右。见日本防卫厅防卫研究所战史室编：《中国事变陆军作战史》，第1卷，387页，东京，1975。

队，确有战胜任何敌人的勇气和力量，使全国人民看到了民族希望之所在。”① 到1937年年底，日本一共向中国战场派遣了16个师团，约60余万人，相当陆军总兵力24个师团、95万人的2/3。②

1937年12月13日日军攻陷南京后，首相近卫文麿于1938年1月16日狂妄地声明：“帝国政府今后将不以国民政府为对手。”但在3月23日至4月6日的台儿庄战役中，日军遭到重创，死伤达两万人以上。矶谷师团的大部分和板垣师团的一部分被歼灭。③ 秋季，日本妄图一下子结束战争，又发动了武汉和广州战役。在汉口作战中，日军投入兵力近38万人，这是在整个中日战争中动用兵力规模最大的一次战役。④ 值得注意的是：还在武汉战役进行期间，日参谋本部次长竟向军令部次长表示：即使攻占了汉口、广东，中国也不会屈服。“如果我们只是被无益地拖到内地去，那么对日本非常不利。如果再看看日本内部，由于人心恶化，失业者发生生活问题，已经出现了非常的反战思想，这样将渐渐陷入困难状态。”他的结论是：“一定要迅速实现和平。”⑤当时任第十一军司令官的冈村宁次在攻占武汉后，“并不特别高兴”。因为，他觉得“这并不等于我军主力方面的战斗已经完成”，而且“攻占武汉伤亡甚重，这也使我心情阴郁”。⑥ 总之，到武汉、广州两次战役结束时，日本投入中国的兵力已达24个师团，100万人以上，国内本土仅剩下一个师团(近卫师团)，可谓倾巢而出了。⑦ 此后，日军再无力继续进行攻势作战，不得不转入所谓的“战略进攻——战略持久战时期”。1938年11月3日，近卫文麿发表了第二次声明：“如果国民政府抛弃以前的一贯政策，更换人事组织，取得新生的成果，参加新秩序的建设，我方并不予以拒绝。”从“不以国民政府为对手”，转而承认

---

① 《聂荣臻回忆录》，357页，北京，解放军出版社，1986。

② 服部卓四郎：《大东亚战争全史》，184～185页，东京，1971；藤原彰：《日本近现代史》，第3卷，64页，北京，商务印书馆，1983。

③ 《李宗仁回忆录》，下册，734页，南宁，广西人民出版社，1980；程思远：《政坛回忆》，118～119页，南宁，广西人民出版社，1983。

④ 多恩：《1937年～1941年中日战争》(F. Dorn, *The Sino-Japanese War* 1937～1941)，180～181页，纽约，1974；秦郁彦：《日中战争史》，292～293页，东京，1972。

⑤ 原田熊雄述：《西园寺公与政局》，第7卷，7、103页，东京，1950～1952。

⑥ 《冈村宁次回忆录》，368～369页，北京，中华书局，1981。

⑦ 信夫清三郎：《日本外交史》，下册，631页，北京，商务印书馆，1980。

以国民政府为对手，这是“诱鱼上钩取而烹之的阴险政策”。① 但它同时也标志着日本帝国主义用武力迅速征服中国的企图遭到了决定性的失败。

日本攻陷武汉和广州后，对国民党采取以政治诱降为主、军事打击为辅的政策，而将主要军事力量转移到解放区战场。抗日战争开始后，在中国共产党领导下的八路军和新四军立即挺进敌后，广泛开展游击战争，到1938年10月一共在华北创建了六大块抗日根据地，在华中创造了四块抗日根据地。1938年，解放区战场抗击了日本在华兵力的58.8%；1939年，达到62%。② 在华北战场上，战斗异常艰苦而频繁。仅抗战第二、第三周年，敌对华北千人以上的“扫荡”有109次之多，使用兵力在50万人左右。其中1万人到2万人的大“扫荡”7次，3万人以上的大“扫荡”两次，还有一次6万人以上的特大“扫荡”。③

迄今为止，外国史学家在论述第二次世界大战的著作中对抗日游击战争的作用一般都估计得很不够，甚至略而不谈，但其实日本军阀本身却是十分重视的。早在1938年9月，华北方面军司令官寺内寿一大将就对前来视察的侍从武官说，在日本的占领区内，游击活动“十分猖獗，破坏铁路，袭击各地等不祥事件不断发生。恢复治安的地区实际上只限于主要交通线两侧数千米之内”。④ 1939年12月1日至2日，华北方面军参谋长笠原幸雄中将在情报主任会议上惊呼：“华北治安之癌是中国共产党和它的军队”，“以地方武装为中心的以政治和民众为基础的抗战组织，以共产党军队为背景的民众的抗战组织，正在日益加强和扩大其秘密地下活动。……在现阶段，肃正治安的根本意义是打破上面所说的立足于军、政、党、民有机结合之上的抗战组织”。⑤ 华北方面军在其《昭和十四年度(1939)治安肃正计划》中，不得不承认八路军“巧妙地采取游击战术”，要求日军“重点专以敌人的游击战术为对象”。1939年度的肃正计划分三期进行，以1939年1月至5月为第一期；1939年6月至9月为第二期；1939年10月至1940年3月为第三期。但“肃正”的结果，却是“在第三

① 毛泽东：《反对投降活动》，见《毛泽东选集》，第2卷，572页，北京，人民出版社，1991。

② 《中央人民政府人民革命军事委员会关于抗日战争时期中国人民解放军的五个统计材料》，载《人民日报》，1951年9月3日。

③ 《抗日战争时期的八路军和新四军》，61页，北京，人民出版社，1980。

④ 日本防卫厅防卫研究所战史室编：《华北的治安战》(1)，65页，东京，1968。

⑤ 同上书，215～216页。

期以后，中共军队扩张势力的活动仍很显著”。①

侵华战争给日本经济带来了严重的困难。1937 年军费支出 32 亿 7100 万日元，1938 年增至 59 亿 6200 万日元，1939 年再增至 61 亿 5600 万日元，军费支出在岁出总额中所占比重分别为 68.9%、73.7%和 68.5%。② 1939 年 1 月近卫内阁制定的扩充国防工业及基础产业生产能力的计划(至 1941 年度)不能如数完成，而在 1939 年秋、冬又出现了严重的粮荒。国力匮乏使日本军部的头子们十分头痛。1939 年 10 月就任参谋次长的泽田茂中将对当时的形势感到一筹莫展：“我作为参谋次长，首先从各方面了解了因中国事变的拖延，日本的力量究竟还剩下多少。我认为，从外表看日本是强大的，但恰好像水果从内部腐烂那样，所以是不能长久的。烟陆相也是这样判断的。”③

综上所述，可以清楚地看出：在 1939 年 9 月第二次世界大战全面爆发前，日本法西斯已经深深陷在中国大陆，表面上看来似乎“战果辉煌”，其实则在军事上和经济上都已遭到了严重的困难。

中国军民两年多的英勇抗战对世界局势具有什么样的影响呢？这两年正是法西斯德国在欧洲大肆扩张、横行无忌的时期。在英、法的绥靖政策的纵容下，德国于 1938 年 3 月 13 日吞并了奥地利，同年 9 月 29 日强迫捷克斯洛伐克签订《慕尼黑协定》，割让苏台德区，复于次年 3 月 15 日进军布拉格。捷克斯洛伐克沦亡后 13 天，马德里陷落，西班牙共和国亦遭扼杀。1939 年 3 月 31 日，张伯伦虽然宣布了对波兰的保证，但这并非绥靖政策的结束，而只是策略上的某种转变。④ 因而，纳粹德国继续有恃无恐地穷兵黩武，终于在 9 月 1 日侵入了波兰。当德国正在欧洲推进的时候，日本在亚洲却连遭挫折，欲进无力，欲退不能。完全可以设想：如果不是由于中国人民的顽强抵抗，神州大陆不幸为日本所彻底征服，那么到第二次世界大战全面爆发时，德、意、日法西

---

① 日本防卫厅防卫研究所战史室编：《中国事变陆军作战史》，第 2 卷，403、405 页，东京，1975。

② 楫西光速等：《日本资本主义的发展》，309 页，东京，1974；守屋典郎：《日本经济史》，336 页，北京，生活·读书·新知三联书店，1963。

③ 日本防卫厅防卫研究所战史室编：《中国事变陆军作战史》，第 3 卷，113 页，东京，1975。

④ 对这一问题，各国史学家的看法有很大分歧。笔者的看法基本如上。参见拙文《论 1939 年 3 月英国对波兰保证的原因及其破产》，载《北京师范学院学报》1981 年第 1 期。

斯集团所处的战略地位不知要比当年优越到何等地步。日本百万大军或北进，或南下，都能有极大的选择自由。世界人民虽终将取得胜利，但要付出更多的代价与牺牲。

以上是就总的战略态势来讲。具体来说，这一时期的中国抗战有助于苏联打退日本的两次挑衅；粉碎了英、美在远东的绥靖政策，特别是英国的远东慕尼黑阴谋，使中国不致沦为第二个捷克斯洛伐克；推迟了德、意、日三国同盟的缔结，以致在欧战爆发时日本未能在军事上配合德国，从而大大减轻了英、法在远东所受的压力。

“七七事变”后，苏联是唯一援助中国的国家。1937 年 8 月 21 日，《中苏互不侵犯条约》签订，这是对中国抗战在政治上的极大帮助。1938 年 3 月 1 日和 7 月 1 日，苏联先后给国民党政府贷款各 5 千万美元，以供中国向苏联购买军火和其他物资。次年 6 月 13 日，又给了国民党政府 1 亿 5000 万美元贷款。这是在经济上和军事上对中国的巨大援助。但反过来，中国也给了面临德、日东西夹攻的苏联以有力的援助。众所周知，日本帝国主义对于社会主义国家苏联的仇视是根深蒂固的。日本陆军的主攻目标多年来一直是北方的苏联。1938 年 6 月，日本首相近卫文麿控制下的一个智囊团“昭和研究会”在《关于处理中国事变的根本办法》这个机密文件中，强调指出：“对苏联的防备一天也不应该放松。”但是，文件接着说：“目前的重要事情是，我们正倾注全力设法迅速解决中国事变。由于当前这样的事实，不应在对苏关系上分配超过必要程度的力量。”①1938 年 7 月 14 日，日军挑起张鼓峰事件，遭到苏军的痛击。日本的失败固然由于红军的强大，但也和日军主力正在准备汉口战役有关。1938 年，日本在中国(长城以南)的兵力为 24 个师团，占总兵力 34 个师团的 70％。张鼓峰事件爆发时，日本在中国东北的兵力只不过 6 个师团，面对多达二十几个师的远东苏军，显然居于劣势。② 1938 年 8 月，正在张鼓峰作战的日军向东京告急，要求供以反坦克弹药，但陆军省予以驳回，因为甚至当年 11 月的弹药

① 复旦大学历史系日本史编译组：《日本帝国主义对外侵略史料选编》，266～267 页，上海，上海人民出版社，1975。

② 服部卓四郎：《大东亚战争全史》，13 页，东京，1971；林三郎：《关东军和苏联远东军》，87 页，长春，吉林人民出版社，1979。

生产额都已预先分配给汉口战役了。① 1939 年 5 月 11 日，日本关东军又侵入诺门坎。在三个多月的战斗中，日军伤亡惨重。8 月 30 日，日参谋总长载仁亲王向关东军司令官植田谦吉下达大陆命令第 343 号："大本营的意图是在处理中国事变期间，以帝国军队的一部分在满洲防备苏联，维持北方的平静。为此在诺门坎尽力不扩大作战，筹划迅速结束之。"②这再次说明中、苏两国军队是互相支援的。

日本对中国的侵略实际上也严重危害着英、美在中国和远东的利益③，但他们却采取了绥靖政策。美国在 1937～1939 年间主要是搞经济绥靖，英国则除经济绥靖以外，还急于同日本缔结远东慕尼黑协定。"七七事变"爆发后不久，英国驻华大使许阁森就在 8 月 26 日遭到日机扫射而负伤。9 月 5 日，日本封锁中国沿海。12 月 12 日，日本炮轰英舰"瓢虫"号和"蜜蜂"号，同日炸沉美炮艇"帕奈"号。日本海军封锁长江，垄断上海同中国内地的贸易，对英国的打击尤大。但张伯伦政府却幻想凭借大英帝国的雄厚资本，可以实现英、日妥协。1938 年 10 月 19 日，英外交大臣哈里法克斯致电英国驻日大使克莱琪，要他探询在中日冲突停止后日本期待从英、美方面得到什么样的帮助以及条件如何。他自信经济援助是英国"手中的一张好牌"，要克莱琪使日本人明白：英国投资者在估价贷款所冒的风险时，"显然要考虑从现在到冲突结束之间日本人对我们的行为如何"。④ 11 月 1 日，张伯伦在下院公开宣称："没有大量资本的注入，中国不可能发展为一个真正的市场"，"完全清楚的是，日本不可能提供这样的资本"。他不怕日本垄断中国贸易，因为"当战争过去和中国的重建开始时，如无本国(指英国)的某种帮助，中国是不可能实现重建的"。⑤ 11 月 25 日，英国外交部远东司司长罗伯特·乔治·豪在致克莱琪的信中，对《慕尼黑

---

① 库克斯：《诉诸武力：1937～1945 年中日冲突》(A. D. Coox, *Recourse to Arms: The Sino-Japanese Conflict*, 1937～1945)；载库克斯与康罗伊编：《中国与日本》(A. D. Coox & H. Conroy, *China and Japan*)，310 页，圣巴巴拉，1978。

② 角田顺编：《现代史资料》，第 10 卷，141 页，东京，1964。

③ 1936 年年末，欧美各国对华投资总额约 18 亿美元。英国为 10 亿 8000 万美元，将近总数的 60%。美国居第二位，为 2 亿 2000 万美元。见日本国际政治学会编：《走向太平洋战争的道路》，第 4 卷，158 页，东京，1963。

④ *DBFP*，第 3 辑，第 8 卷，151 页，伦敦，1955。

⑤ 张伯伦：《为和平而斗争》(N. Chamberlain, *The Struggle for Peace*)，340 页，伦敦，1939。

协定》后英、德合作未在其他地区表现出来感到焦急。他认为从何处着手虽有选择的困难，但远东可能是一个有希望的地区，因为“大不列颠和德国都不愿看到中国重新为‘鲍罗廷们’所支配”，这是英、德在中国存在共同利益的基础。如果日本毁灭自己，德国就将失掉一个可以用来对抗苏联的伙伴，而英国则将失去一个非常重要的商品市场。① 这封信最清楚地道出了英帝国主义妄图在反苏反共的基础上实现远东慕尼黑的野心。

中日战争爆发后两个多月，美国总统罗斯福发表了著名的“防疫”演说：“不幸的是，世界上无法无天的流行症看来确实在蔓延中。在生理上的流行症开始蔓延时，社会就会认可并参与把病人隔离起来，以保障社会健康和防止疫病的传染。……爱好和平国家的和平意志必须伸张到底，以促使可能被诱而破坏协议和侵犯他国权利的国家终止此种行动。”②这些话显然是针对着日本的。但他立刻遭到了当时势力极大的孤立主义分子的抨击。大多数美国出口商也强烈反对。《商业周刊》反驳说，“防疫”只能“激怒日本人”，“制裁很可能或者无效……或者迫使日本人采取军事报复”。③ 罗斯福赶快缩了回去，美国资本家乘机大发战争财。1937 年，美国对日出口总值 2 亿 8900 万美元，其中战略物资石油(原油加精炼油)4274 万美元，废钢铁 3741 万美元。日本这年在美国对外贸易中的比重居第三位。1938 年，美国对日出口总值 2 亿 4000 万美元，其中石油 4963 万美元，废钢铁 2168 万美元，日本在美国对外贸易中的比重仍占第三位。④ 美国卖给日本的大量战略物资帮助日本屠杀了千百万的中国人民。

日本暂时利用英国的纵容和美国的战略物资供应，但它是要独霸中国和东亚的。近卫文麿在 1938 年 11 月 3 日的第二次声明中公然打出“保卫东亚永久和平的新秩序”的旗号，并要各国“正确认识帝国的意图，适应东亚的新形势”。11 月 18 日，外务大臣有田在答复美国驻日大使格鲁的质问时，更表示：“当前在东亚的天地里正是新形势发展的时候，如果仍以适用于事变前的情况的观念和原则原封不动地衡量现在及将来的事态，那么确信非但不能解决当前的任

---

① *DBFP*，第 3 辑，第 8 卷，267～268 页。

② 美国国务院编：《和平与战争》[The Department of State(ed.)，*Peace and War*]，386～387 页，华盛顿，1943。

③ 博格、冈本编：《历史进程中的珍珠港》[Dorothy Borg and Shumpei Okamoto (ed.)，*Pearl Harbour as History*]，349 页，纽约，1973。

④ 同上书，第 372 页；孔华润：《美国对中国的反应》(W. I. Cohen，*America's Response to China*)，149 页，纽约，1971。

何问题，而且无助于确立东亚的永久和平。”①在此以前，日本在对待有关侵犯外国权益的问题时，总是表白日本恪守《九国公约》的方针没有改变，只是在战时不可避免地出现一些问题而已。现在却直截了当地声明《九国公约》已不适用于当前的形势，这是一个极其重要的变化。② 12 月 22 日，近卫文麿发表第三次声明，再次强调“建设东亚新秩序”，日、“满”、华要以此为共同目标而联合起来，表现了称霸东亚的强烈野心。1939 年 2 月 10 日，日军在海南岛登陆；3 月便宣布对南沙群岛拥有“主权”。这是日本正准备在西南太平洋发动战争的征候。

英、美对近卫文麿的第二、三次声明都表示抗议。到这时，它们才感到自己受到了威胁，于是想借助中国的力量以保卫自己的利益。1938 年 12 月 15 日，美国进出口银行向中国提供了第一笔为数 2500 万美元的贷款；英国跟着也于同年 12 月和次年 3 月分别给中国贷款 50 万英镑和 500 万英镑。欧洲的战争风云日益险恶，英国更加迫切地希望在远东实现英、日妥协。张伯伦政府乞求日本在中国这块地盘上给英国留下点残羹剩饭，更重要的是千万不要继续南进。它始则在 1939 年 4 月 27 日向日本保证英、苏谈判绝不包括东亚，继则在 7 月 24 日同日本签订了可耻的《有田-克莱琪协定》。协定宣布：英国政府完全承认“在华日军为了保障其自身的安全和维护其控制地区的公共秩序，有其特殊的需要”，“他们必须镇压或消灭任何将妨害他们或有利于他们敌人的行动或起因”。英国政府保证“无意鼓励任何有损于日本军队达到上述目的的行动或措施”。③ 这就是说，英国政府正式承认了日本侵略中国的合法性并承诺不援助中国抗日。但中国不是捷克斯洛伐克，《有田-克莱琪协定》也无法起到慕尼黑协定的作用。张伯伦虽然很想牺牲中国，但无奈中国共产党不答应，而中国共产党领导下的八路军和新四军这支坚强的抗日力量是小小的张伯伦无论如何也摆布不了的。蒋介石也不愿做“汪精卫第二”，当一个日本卵翼下的儿皇帝。1939 年 7 月 29 日，中共中央在关于反对东方慕尼黑阴谋的指示中，强调要自力更生，树立坚持抗战到底的决心及民族自信心，反对依赖英国的外交政策。该指示断言：“只要克服内部投降危险，中国仍有一切办法坚持抗战，取得最

① 日本外务省编：《日本外交年表及主要文书》，下卷，399 页，东京，1978。

② 森岛守人：《阴谋·暗杀·军刀》，162 页，哈尔滨，黑龙江人民出版社，1980。

③ *DBFP*，第 3 辑，第 9 卷，313 页。

后胜利。”①中国人民粉碎了远东慕尼黑阴谋，使中国得以保存下来，成为同盟国的最重要的抗日基地，这是一个极大的贡献。

中国人民的抗战，还使德、意、日三国同盟的组成不得不一拖再拖。从1938年1月起，德国就向日本提出缔结三国同盟条约的问题。但德国所要缔结的是“一个互相条约，目标不仅针对俄国，而且针对一切国家”②。所谓针对一切国家，当然主要指的是英、法、美这样的西方国家。日本统治阶级对于同盟条约是一致赞成的，但对于条约的矛头究竟指向何方，却有很大的争论。陆军赞同德国的方案，海军和外务省则主张只以苏联为对象，反对把西方国家包括在内。但双方争执的焦点其实仍在中国。陆军认为要解决“中国事变”，必须借助德国的外力，以挫退苏联介入中日战争，并使英、美不敢援华。海军和外务省相反，认为正是为了解决“中国事变”，需要利用英、美的绥靖政策和它们所提供的物资，同时鉴于美、英海军力量不可轻视，因而持慎重态度，害怕在中日战争结束以前因同盟条约又卷入欧战。近卫内阁没有解决同盟问题。平沼内阁上台后，于1939年春夏之际就条约草案讨论了70多次，但仍未解决。1939年5月4日，平沼向德、意驻东京大使递交了如下的信件，内称：“就加强我们的关系而言，……即使德国或意大利受到一国或数国的攻击而苏联并未参加，日本也将坚定不移地决心站在德国和意大利方面，给两国以政治上、经济上的援助，并甚至给以日本力所能及的军事援助。”但笔头一转，接着又说：“日本鉴于本身的目前处境，无论在当前或最近的将来都不能给予两国实际的有效军事援助。”③这样，到欧战爆发时，日本由于主要兵力陷于中国大陆，无暇他顾，因而未能在军事上给德国以实际的援助。三国同盟条约直到1940年9月才正式缔结。

从1937年7月7日到1939年9月3日，是中国人民孤军奋战的时期。在这一时期，后来成为反法西斯战线盟国的其他几个大国英、法、美不仅没有参战，反而在推行绥靖政策，为虎作伥。苏联则在集体安全政策受到英、法破坏

---

① 《中国近代对外关系史资料选辑(1840～1949)》，下卷第二分册，132～133页，上海，上海人民出版社，1977。

② 伊克勒：《1936～1940年德日关系》(F. W. Ikle, *German-Japanese Relations 1936～1940*)，80页，纽约，1956。

③ 《德国外交政策文件汇编》(*Documents on German Foreign Policy*)，D辑，第6卷，421页，伦敦，1956；日本外务省百年史编辑委员会编：《外务省百年史》，下卷，427页，东京，1979。

后，力图自卫，方守中立。只有中国一国，在英勇抵抗着日本法西斯的百万大军。丘吉尔在其名噪一时的《第二次世界大战回忆录》中把1940年7月“不列颠之战”到1941年6月苏联参战这段期间称为“单独作战”时期，并把第二卷的主题标为“英国人民怎样单独坚守堡垒直至过去半盲的人们作好一半的准备”，可谓言大而夸。各国史学家附和此说者不乏其人，但此说实际上是讲不通的。因为，在欧洲，固然由于法兰西的败亡，英国在单独作战，但就世界范围而言，中国人民的神圣抗战从1937年7月7日起就一天也未曾停止过，而且不能不承认的是：中国既然直接打击了日本，也就间接打击了它的同伙德国和意大利。中国这一时期的抗战，其尤为难能可贵之处还在于：中国是在极其不利的国际环境下奋战的，只有苏联一国伸出了援助之手。

欧战爆发后，阿部内阁采取观望风向的态度，发表声明：“帝国不介入，专注于中国事变。”1939年11月15日，日军在广西钦州湾登陆，随即直袭南宁，企图切断中国的西南交通线。但在昆仑关战役中，被中国歼灭1个旅团。12月28日，由日本外、陆、海三相签署的《对外政策的方针纲要》指出：在欧战爆发、国际形势发生剧变的时候，日本的对策应根据不介入的方针，充分利用“中立立场”，“以有利于促进处理中国事变，同时采取措施，造成对建设东亚新秩序(包括南方在内)的有利形势”。对于苏联，为了在中国事变中使两国关系保持平静无事，对边界纠纷要“设法用和平谈判的方法予以解决”。① 这是自中日战争爆发以来日本第一次提出准备武力南进的方针。

日本虽然初步有了上述的打算，但从欧战爆发到1940年5月德国侵入荷、比、卢、法这段期间，一直举棋不定。这一方面是由于它要继续观察欧战的动向，另一方面也由于它在侵华战争中遭到了无法克服的困难。1939年年底，派遣到中国的兵力约85万人，1939年度的对华战费，仅直接经费(不包括武器费)就高达21亿3300万日元。国力穷困，如何解决“中国事变”，在日本陆军中引起了混乱。陆军中央的方案是转入长期战，削减军费和收缩在华兵力(1940年年底减到50万人)。1940年年初，陆军方面起草了一个名为《统帅部对内阁的要求》的文件，内称：“尽管目前的形势在政治、军事两方面都对我有利(海军方面注：‘未必有利’)，但对方仍在继续顽强地抗战。”因此，“必须……迅速转入准备长期继续作战的态势，以期早日见到解决事变的曙光。”

① 复旦大学历史系日本史编译组：《日本帝国主义对外侵略史料选编》，297～298页，上海，上海人民出版社，1975。

《中国事变陆军作战史》一书的编者把这个文件叫作陆军首脑“解决事变任务的诉苦之作”。① 可是，中国派遣军不同意上述方案，相反要增加兵力，再度发动大规模进攻，迫使蒋介石政府投降。第十一军司令官冈村宁次认为“长期持久的战争，对帝国来说有百害而无一利”。② 双方最后达成妥协，将1940年年底的在华兵力调整到72万人，但当前则增派两个师团来华。日本陆军内部的这场斗争，十分清楚地说明了中国抗战的威力使得日本这个顽敌陷入了何等的困境。它不得不转入长期战，但又企图速胜。

1940年5月10日，德军侵入荷兰、比利时和卢森堡。5月12日，德军在色当越过马斯河；6月22日法国投降，号称欧洲陆军第一强国的法兰西在六个星期内就一败涂地了。德国令人眼花缭乱的胜利，使日本估计欧战将很快结束，必须利用德国的胜利，抓紧时机南进，“不要误了公共汽车”。南进的目的，既是为了抢夺南方的丰富资源，也是为了切断英、美援华的补给线，迫使中国投降。1940年7月26日，日本内阁通过《基本国策纲要》，提出了所谓“以皇国为核心，建设以日满华坚强团结为基础的大东亚新秩序”。第二天，在大本营和政府的联席会议上又决定了《适应世界形势演变的时局处理纲要》，更具体地规定了南进的方针和政策。这两个文件是日本从中日战争走向太平洋战争的转折点。必须指出的是：日本这时是抱着一种投机、侥幸的心理冒险南进的。中日战争正在进行，日本的兵力本来所余无几。因此，《处理纲要》不得不把情况分为两种：一种是“在中国事变大体处理完毕时”，为了解决南方问题，可以行使武力；第二种是“在中国事变尚未处理完毕时，应在不至于同第三国开战的限度内采取对策”，但如内外形势对日本特别有利，为了解决南方问题，也可以行使武力。③ 天皇对日本陆军蓦地闯入南方感到担忧，曾派侍从武官去传达他的意见，对此参谋次长泽田回答说：“日本的国力因投入中国事变而余力不足。靠自力解决南方问题，实不可设想。始终打算借助他人的力量为自己谋利。”④由此可见，中国人民的抗战给了日本帝国主义多么大的打击和压力。

1940年7月7日，中国共产党发表了《中央为抗战三周年纪念对时局宣

① 日本防卫厅防卫研究所战史室编：《中国事变陆军作战史》，第3卷，163～164页，东京，1975。

② 同上书，153页。

③ 服部卓四郎：《大东亚战争全史》，19页，东京，1971。

④ 日本防卫厅防卫研究所战史室编：《中国事变陆军作战史》，第3卷，280～281页，东京，1975。

言》。宣言指出："中国是土地广大、资源丰富、人口众多的国家，决非阿比西尼亚与西班牙可比，更非荷兰与比利时可比，亦非法国可比，而日本则远不如德国。中国还保存着数百万大军，有国共两党与全国大多数人民的团结，有帝国主义相互间的矛盾可以利用，有强大的苏联与世界革命斗争可以为援。"因此，中国人民只要"不屈不挠，再接再厉地奋斗下去，则投降危险必然克服，抗战必然胜利，建国必然成功，中华民族的前途是无限光明的！"①以后的历史发展完全证实了这份宣言的正确分析。

1940年8月20日，八路军发动了著名的百团大战。这次大破袭战历时三个半月，到12月初才告结束，共进行大小战斗1824次，毙伤日军20645人、伪军5155人。河北与山西的动脉，如正太、平汉、同蒲、平绥和其他的铁路和公路都被破坏，正太路几乎完全被扒掉，敌人视为命根子的井陉煤矿也被彻底炸毁。② 此外，还消灭了敌伪据点2993个，收复了四五十个县，最后得到巩固的有26个以上。③ 日本自己也不得不承认："由于我军对这个奇袭完全没有预料到，所以损失甚大，而且恢复起来也要花费相当多的时间和巨额经费。"④据日方统计，华北方面军在1940年全年共与日军交战20123次⑤，足见八路军的游击战给了日本多么频繁的打击。1940年12月1日，天皇忧心忡忡地对参谋总长杉山元说："侵入莫斯科的拿破仑就是败在消耗战与游击战上，日本军在中国是否感觉到无法对付了？"⑥

日本在1940年7月虽然已决定南进，但到了1941年4月17日，大本营陆海军部又做出了《对南方施策纲要》这样一个新的决定。《纲要》认为只有在美、英、荷的对日禁运威胁到日本的生存以及美国单独或与英、荷、中共同对日本加重军事压迫时，才能对南方行使武力。为什么暂时推迟了向南方的进军

---

① 胡华主编：《中国新民主主义革命史参考资料》，365页，北京，商务印书馆，1951。

② 聂荣臻：《关于百团大战对晋察冀社记者的谈话(1940年9月18日)》，见河北省社会科学院历史研究所等编：《晋察冀抗日根据地史料选编》，上册，399～400页，石家庄，河北人民出版社，1983。

③ 彭德怀：《百团大战》，载《党史研究》1981年第1期。

④ 藤原彰：《太平洋战争史论》，41页，东京，1982。

⑤ 臼井胜美、稻叶正夫编：《现代史资料》，第9卷，470～471页，东京，1964。

⑥ 日本防卫厅防卫研究所战史室编：《中国事变陆军作战史》，第3卷，322页，东京，1975。

呢？一是由于海军方面认为对南方行使武力就是对美国行使武力，现在尚未做好准备。二是因为“中国事变”没有解决。《纲要》的附件规定：“昭和十五年七月决定的《适应世界形势演变的时局处理纲要》中，有关南方施策事项，在中国事变尚未处理完毕时，按本施策纲要处理。”“如果中国事变已经处理完毕或世界形势已发生了急遽变化，对南方施策届时将另行决定。”①显然可见，由于中国抗战的牵制，日本不得不放慢南进的速度。

1941年6月22日，德国发动了侵略苏联的战争。日本从6月25日到7月1日，连续召开了六次政府和大本营的联络恳谈会，就北进还是南进的问题，展开了讨论。② 外相松冈力主当机立断，先北进而后南进，多数人反对。陆相东条认为不能置中国事变于不顾，必须继续解决。他还说，任何人都能容易地做出一个抽象的决定，但日本现仍在从事解决中国事变，做出决定就困难了。参谋总长杉山元也说，日本的大部分兵力现在正用于中国，北进实际上办不到。③ 7月2日，在御前会议上正式通过了《适应形势演变帝国国策纲要》，决定“不论世界形势如何转变，帝国将坚持建设‘大东亚共荣圈’”的方针，“依旧为处理中国事变而迈进，并……继续向南方的扩展”。在北方，要到“德苏战争的发展对帝国有利时，即行使武力解决北方问题”。④《纲要》标志着南进政策的最后确立。日本之所以未能配合德国，夹击苏联，固然由于红军的强大使日本不敢轻举妄动，但中国抗战的影响显然也是十分巨大的。苏联得到日本放弃北进的情报后，便得以从远东调兵到西部，在莫斯科保卫战的关键时刻发挥了作用。⑤

---

① 服部卓四郎：《大东亚战争全史》，53页，东京，1971。

② 《走向太平洋战争的道路》，别卷·资料编，445～469页，东京，1964；Nobutaka Ike编：《日本的战争决定》(*Japan's Decision for War*)，56～77页，斯坦福，1967。把6次会议的日期说成是6月23日至6月30日，有误。

③ Nobutaka Ike编：《日本的战争决定》(*Japan's Decision for War*)，66～67页、74页，斯坦福，1967。

④ 日本历史学研究会编：《太平洋战争史》，第3卷，253页，北京，商务印书馆，1963。

⑤ 在莫斯科保卫战中，苏联从远东给西方方面军调去了3个步兵师和两个坦克师。见亚·米·华西列夫斯基：《毕生的事业》，197页，北京，生活·读书·新知三联书店，1977。参见埃里克森：《苏联最高统帅部》(J. Erickson, *The Soviet High Command*)，631页，伦敦，1962。

1941年12月8日，日本偷袭珍珠港，太平洋战争爆发。这时，日本投入南方战线(即东南亚和太平洋战场)的兵力，只有10个师团和3个混成旅团，约占陆军地面部队的20%。陆军的主力仍在中国。中国派遣军司令部下辖21个师团、1个骑兵集团、20个混成旅团，另外还有大本营直属第四师团驻上海。用于对付苏联和镇压中国东北抗日联军的关东军司令部下辖13个师团和24个混成旅团。①

总之，由于中国抗战的影响，日本在发动太平洋战争时，第一，投入南方战线的兵力严重不足；第二，南进不是考虑周密的战略决策，而是铤而走险的蠢动。

从1939年9月第二次世界大战全面爆发到1941年12月美国参战期间的中国抗战成就，已简述如上。这一时期的中国战场在整个第二次世界大战中所占的地位仍然是十分重要的，它所起的作用要远远超过英、法等国家。

苏联在1939年8月23日同德国签订了互不侵犯条约。从这时起，直到1941年6月22日德国发动侵苏战争，苏联力图避免两线作战。在欧洲，它警惕地注视着德国的动向，务求不要卷入欧战；在亚洲，它继续援助中国，以牵制日本。1940年年底，崔可夫率军事代表团启程来华。临行前，斯大林指示崔可夫："您的任务，我们驻华全体人员的任务就是要紧紧束缚日本侵略者的手脚。只有当日本侵略者的手脚被捆住的时候，我们才能在德国侵略者一旦进攻我国的时候避免两线作战。"②1941年4月13日，《苏日中立条约》签订。国民党政府驻苏大使邵力子曾就《苏日中立条约》进行探询，莫洛托夫亲自答复，表示只要中国继续抗日，苏联对中国的政策不变。③ 苏联帮助中国抗日，是大有收获的。前面已经讲过，当1941年6月苏德战争发生时，主要由于中国的缘故，日本未敢贸然北犯，苏联才得以免于受到德、日的东西夹击。

1939年9月1日德国入侵波兰后，英、法虽然相继对德宣战，但宣战后在西线坐视不动，直到1940年5月，即历史上所谓的"静坐战争"时期。在东方，英、法更加绥靖日本。11月12日，英国陆军部宣布将撤退大部分驻在华

---

① 服部卓四郎：《大东亚战争全史》，194～195页，东京，1971。

② 瓦·崔可夫：《在华使命》，36页，北京，新华出版社，1980。

③ 邵力子：《出使苏联的回忆》；兰格与格利森：《1940～1941年未宣战的战争》(W. L. Langer & E. S. Gleason, *The Undeclared War* 1940～1941)，489～490页，纽约，1953。

北的英国军队，日本为这一“友好姿态”而大声喝彩。① 法国也采取了类似措施。“静坐战争”并未能使英、法幸免于难。法国战败，英国如无海峡之隔，也难逃法国的下场。法国投降后，日本于1940年6月19日乘机要求它封锁中、越边界的国际通道。法国政府予以同意。同年7月18日，英国屈服于日本的要求，宣布封锁滇缅公路三个月。英、法一再对日本让步，希望借此保持自己在远东的一些权益，但这不过是它们的一厢情愿而已。

欧战初起时，美国尚未受到德国的直接威胁，采取了“坐山观虎斗”的态度。1940年2月，罗斯福派副国务卿威尔斯出访欧洲，企图召开欧洲各国首脑会议，仍抱调停争端的幻想。6月，法国战败，英国岌岌可危，美国这时才真正感到局势严重。从此，它逐步加强了对英国的援助。为了集中力量对付德国，罗斯福政府认为在远东维持现状较为有利。1940年6月24日，美驻日大使格鲁提出建议：美日交换照会，声明两国希望维持太平洋的现状，除非通过和平的变更。② 这个建议遭到了日本的拒绝。9月，有两件大事使日、美关系发生了转折性的重大变化。第一件是9月23日日军进驻法属印度支那北部，迈出了南进的第一步。这是对欧洲国家在太平洋的殖民帝国的明目张胆的威胁。9月26日，美国采取相应措施，宣布对日实行钢铁禁运。在此以前，美国虽然已经采取了一些禁运措施，但都是不重要的。第二件是9月27日德、意、日三国同盟条约的缔结。条约的第三条规定：“如果三缔约国中之一受到目前不在欧洲战争或中日冲突中的一国攻击时，应以一切政治、经济和军事手段相援助。”它的矛头显然是对着美国的。12月29日，罗斯福发表了关于国家安全的谈话，指出美国文明从来没有遭到过现在这样的危险，因为三国同盟条约是对美国发出的威胁：如果美国阻挠德、意、日三国统治世界的计划，“它们就要联合起来对合众国采取最后的行动”。罗斯福向美国人民呼吁，应竭尽全力支援那些保卫自己、反对轴心国进攻的国家，成为民主制度的伟大兵工厂。在讲话中，罗斯福还盛赞中国人民的伟大防御战争正在亚洲拖住日本人。③

此后，罗斯福与赫尔经过多次交换意见，决定了几条原则，最重要的是：

---

① 克利福德：《从中国撤退》(N. R. Clifford, *Retreat from China*)，134页，伦敦，1967。

② 赫伯特·菲斯：《通向珍珠港之路》，65～66页，北京，商务印书馆，1983。

③ 美国国务院编：《和平与战争》[The Department of State(ed.), *Peace and War*]，599～608页，华盛顿，1943。

“一、避免在太平洋发生公开战争，以便集中全力援助英国和加强我们自己；二、对日本要维持我们的一切权利和原则，继续我们的经济压力，并援助中国，但不把日本推到它的军方要求战争的地步。”①从此，美国对待援华的态度有所转变。“援助盟国以保卫美国委员会”的领袖们认为：“现在看来，中国显然是一个同盟者”，值得支持；“太平洋上的英国和中国以及大西洋上的英国，现在构成我国防务的第一线”。② 1940 年 9 月 25 日美国进出口银行对华贷款 2500 万美元，同年 11 月 30 日罗斯福总统宣布美国将再贷款 1 亿美元。从 1937 年 7 月 7 日到 1940 年 9 月 25 日，在长达三年多的时间里美国援华贷款总共才有 4500 万美元这样一个极小的数额。现在，美国眼看战火要烧到自己头上，才想到利用中国，于是在两个月内接连贷款 1 亿 2500 万美元，将近以前的 3 倍。

1941 年 3 月 11 日，美国通过《租借法案》。4 月 24 日，国务院顾问霍恩贝克在一份备忘录中指出：在大约四年里中国得到美国贷款 1 亿 7500 万美元，这和美国援助英国的巨大数额来比，是微不足道的。他说：“假如美国在 1937 年或 1938 年着手一项‘彻底的’援华计划，那么有关中国(以及日本和我们在太平洋与世界的问题)的形势现在该会多么不同。”③他承认，日本当前能继续从事侵华战争并甚至考虑对美作战，在不小的程度上是它在三年多的时间里实际上无限制地利用美国的丰富市场的结果。霍恩贝克的话很坦率，也很有见地，但无奈美国统治阶级当初目光短浅而见不及此。5 月 6 日，罗斯福正式宣布《租借法案》适用于中国，并说中国的防务“对于保卫美国是极重要的”。④ 5 月 27 日，罗斯福在宣布全国处于无限期的非常状态时，强调指出：“希特勒征服世界的计划本来今天已会接近完成，如果不是由于两个因素：一个是英国、它的殖民地和各大自治领不仅为了维护不列颠岛的存在，也为了保卫近东和非洲，进行着英勇的抵抗。另一个是中国的壮丽的防御战，而我有理由相信它还

① 《赫尔回忆录》(*The Memoirs of Cordell Hull*)，第 1 卷，911～912 页，纽约，1948。

② 孔华润：《美国对中国的反应》，150 页，纽约，1971。

③ 杨：《1937～1945 年中国与外援》(A. N. Young, *China and the Helping Hand 1937～1945*)，144 页，哈佛大学出版社，1963。

④ 同上书。

会加强。”[①]7月，美国联合局第355号文件指出：“中国人继续积极作战，对于阻止日本向南方扩张陆海军行动，是大大值得欢迎的。”[②]1941年一年，美国《租借法案》拨给中国的物资总值2582.1万美元，只占美国拨给各国的物资总额的1.7%。[③] 美国根据“先欧后亚”的总战略，首先援助英国和苏联是对的，但只拨给中国如此微少的物资，这说明它对中国战场的重要性虽然认识得比过去深刻了一些，但仍然是远远不够的。

美国在全力援助英国，推行“先欧后亚”的全球战略时，力图推迟太平洋上的日、美冲突。美国把禁运作为约束日本这匹野马的经济武器，准备按照对方的行为时而放松，时而勒紧手中的缰绳。与此同时，美、日双方从1941年4月到12月进行了将近8个月的政治谈判。美、日谈判争执的问题，据赫尔概括，主要是三个：日本从中国撤军；日本与三国同盟的关系；太平洋地区贸易机会均等。[④] 日本外务大臣东乡的看法也相同。[⑤] 在这三个问题中，中国问题尤为要害所在。日本要求在中国长期驻军，实际上就是要无限期地占有中国。美国不肯答应。中、美之间的贸易额以及美国在华投资额虽然不大，但中国是一个潜在的巨大市场，美国自然不能允许日本独吞。而且，中国的战略地位极其重要，美国如放弃中国，整个西南太平洋即将为日本所独霸，美国自身亦难保全。双方几经讨价还价，终不能达成协议，1941年12月8日日本海军偷袭珍珠港，太平洋战争终于爆发。

综上所述，中国抗日战争在1939年9月到1941年12月这一阶段的国际贡献主要是：第一，使苏联避免了两线作战，能集中兵力对付德国。苏联战胜法西斯德国，为第二次世界大战的胜利做出了巨大贡献。但这和全世界人民，其中包括中国人民的支援是分不开的。第二，推迟了太平洋战争的爆发，并使日本在最终发动战争时兵力不足，不能全力以赴。这就为英、美、荷争取了备

---

① 美国国务院编：《和平与战争》(The Department of State(ed.), *Peace and War*)，666页，华盛顿，1943。

② 罗曼纳斯与森德兰：《史迪威使华使命》(C. P. Romanus & R. Sunderland, *Stilwell's Mission to China*)，23页，华盛顿，1953。

③ 杨：《1937～1945年中国与外援》，147页，哈佛大学出版社，1963。

④ 特莱福斯编：《在珍珠港发生了什么？》(H. L. Trefousse(ed.), *What Happened at Pearl Harbour?*)，291页，纽约，1958。

⑤ N. Ike编：《日本的战争决定》(*Japan's Decision for War*)，264～265页，斯坦福，1967。

战时间，并减轻了日军对它们的打击。

太平洋战争爆发后，中国共产党于第二天发表宣言，指出："自太平洋战争爆发以后，全世界一切民主国家将无处不受法西斯国家的侵略，同时全世界的一切民主国家也将无处不起而抵抗。全世界一切国家一切民族划分为举行侵略战争的法西斯阵线与举行解放战争的反法西斯阵线，已经最后地明朗化了。"宣言指出了为最后打倒日本法西斯而斗争的目标，并规定了一系列的重要任务，如中国与英、美及其他抗日诸友邦缔结军事同盟，同时建立太平洋一切抗日民族的统一战线；全国军队积极打击敌人；八路军及新四军坚持华北、华中敌后抗战；巩固抗日民族统一战线，等等。①

1941 年 12 月 31 日，罗斯福致电蒋介石，提议组织中国战区，请蒋介石担任统帅，指挥中、泰、越各战区。1942 年 1 月 2 日，蒋介石复电同意接受。

1942 年 1 月 1 日，《联合国家宣言》发表，宣告：(一)签字国家"每一政府各自保证对与各该政府作战的三国同盟成员国及其附从者使用其全部资源，不论军事的或经济的。"(二)"每一政府各自保证与本宣言签字国政府合作，并不与敌人缔结单独停战协定或和约。"《宣言》由美、英、苏、中四国领衔，其余 22 个国家则按国名的字母依次排列。中国人民四年来坚持抗战，为国际反法西斯统一战线的形成做出了重大贡献。

太平洋战争初期，英、美、荷节节败退。日本自偷袭珍珠港以后，在不到半年的时间内，强占了泰国、香港、马来西亚、菲律宾、荷属东印度、缅甸以及西太平洋上的一些小岛，总面积达 380 万平方公里，人口 1 亿 5000 万。日军之所以能迅速取胜，是因为英、美、荷统治集团在战前对日实行绥靖政策，没有采取有效的防御措施；还因为英、美、荷帝国主义者对东南亚各国人民长期实行殖民统治，同他们处于对立地位，而在开战后仍不敢武装当地人民来抗击日军。但如果不是由于日军主力陷在中国大陆，英、美、荷的失败还要更加惨重。

美国自己遭到日军的沉重打击后，感到有必要扩大援华规模，以牵制日本。1942 年 2 月 7 日，美国参众两院通过援华贷款 5 亿美元。罗斯福为此致电蒋介石，电文写道："此案之获得国会异常迅速和一致的通过以及全美国的热烈支持，足证明我国政府与人民对于中国的衷诚敬佩。……中国军队对于残

① 《中国共产党为太平洋战争的宣言》，1941 年 12 月 9 日。见延安《解放日报》，1941 年 12 月 10 日。

忍侵略者的英勇抵抗，唤起了美国人民和一切其他爱好自由的人民的最崇高的赞扬。中国武装与非武装人民在将近五年里实行坚决的抵抗以反对在装备上远为优越的敌人，他们面对巨大的差异所表现出来的不屈不挠的精神，使其他联合国家的战斗人员与人民全都受到激励。”①罗斯福总统的这番话高度评价了中国抗战的国际贡献，说明了中国人民的英勇斗争在当时同盟国领袖之一的心目中占有何等重要的地位，后来的历史学家切不可把它看作一般的外交辞令。事实上，在美国当时的内部文件中，对于中国抗战的作用，也是相当肯定的。例如，参谋长联席会议所属联席情报委员会在1943年1月23日的一份备忘录中就列举了中国的主要军事贡献：从总数225万日军中，吸引了60万人；迫使日本在印度支那和内蒙古驻扎了超乎行政需要之上的军队；为盟国提供了空军基地和关于日本军事行动的重要情报来源；由于以上各点，中国阻止并延缓了日本在占领区的地位的巩固和发展。报告还写道：“中国作为联合国一员，在当前的最大贡献就在于士气和政治影响方面。中国的抵抗已经大大损害了并正在损害着日本的士气和威信。”②

1943年1月，美、英为了争取中国，加强在太平洋战场反击日本的力量，分别和国民党政府签订了平等新约，宣布撤销领事裁判权等。对此，延安《解放日报》在2月4日发表社论说：“这个成功，总的来说，是全国人民努力奋斗的结果，人民，唯有人民，乃是这一光荣史诗的作者。”毛泽东告诫说：“中国人民欢迎许多外国政府宣布废除对于中国的不平等条约，并和中国订立平等新约的措施。但是，我们认为平等条约的订立，并不就表示中国在实际上已经取得真正的平等地位。这种实际上的真正的平等地位，决不能单靠外国政府的给予，主要地应靠中国人民自己努力争取，而努力之道就是把中国在政治上经济上文化上建设成为一个新民主主义的国家，否则便只会有形式上的独立、平等，在实际上是不会有的。”③

中国共产党正是以实际行动，率领全国人民去争取民族独立和国际上的平等地位的。太平洋战争爆发后，世界有三大战场：欧陆和大西洋战场，北非和

① 1942年2月7日罗斯福于白宫对新闻界发表。见K. C. Lee编：《1942～1943年美国在远东的外交》[K. C. Lee (ed.), *American Diplomacy in the Far East 1942～1943*]，14～15页，纽约，1946。

② JCS记录，第一部分；1942～1945，太平洋战场，第13卷，0556～0565。

③ 毛泽东：《论联合政府》，《毛泽东选集》，第3卷，1085～1086页，北京，人民出版社，1991。

地中海战场，东亚和太平洋战场。世界战局的重心在欧洲和大西洋，但其他两个战场也是整个世界战争的重要组成部分。在太平洋战场方面，不少历史学家囿于轻视游击战争的成见，都把注意力集中于日、美之间的海战与岛屿争夺，而很少提到中国战场。这一时期的国民党战场确实比较平静，但解放区战场则战斗激烈而频繁。日本为进行太平洋战争，把其在中国的占领区变为“兵站基地”，以侵华兵力的75%对八路军和新四军建立的敌后抗日根据地进行所谓军事、政治、经济、文化的“总力战”，推行“治安强化运动”。1941年7月，日本华北方面军制定了《肃正与建设的三年计划》，把华北分为“治安区”（即敌占区）、“准治安区”（即游击区）和“非治安区”（即八路军根据地），妄图逐年扩大“治安区”，缩小“准治安区”和“非治安区”。日本华北方面军司令官冈村宁次回忆说：“我就任华北方面军（司令官）时的形势是，对重庆政府军的作战已大致结束，周围几乎到处都有共军活动……因此，说到作战，大体上各军、方面军直辖兵团对当地共军都在日夜进行讨伐战（规模大小不等）。”①1943年11月11日，日本华北方面军报道部长再一次惊呼中共势力是“华北治安最大之癌”，叫嚣“剿灭中共势力是作为大东亚共荣圈一环的华北的当务之急”。② 八路军针锋相对地开展了广泛的群众性的游击战争，自1941年年初至1942年共粉碎敌军千人以上至万人的“扫荡”120次，1万人以上至7万人的大“扫荡”24次。就连冈村宁次也不得不承认：“共军的确长于谍报……而且足智多谋，故经常出现我小部队被全歼的惨状。”③1941年和1942年是八路军和新四军抗战最艰苦的阶段。到1943年，日本虽然仍对解放区进行着频繁的“扫荡”，但解放区不但逐步得到恢复，而且有了一定的发展。这一年，八路军和敌人作战24800余次，毙伤敌伪军136000余人。新四军与敌作战5300余次，毙伤俘敌伪军66000余人。④

中国坚持抗战，也有利于美国在西南太平洋的反攻。日本自1942年年底在瓜达卡纳尔岛惨遭失败后，曾企图用加强汪伪政权统治的办法“以华制华”，以便从中国大陆抽调军队，用于太平洋战场。1942年12月21日，日本御前会议通过了“为完成大东亚战争而决定的处理中国问题的根本方针”。方针决定

① 《冈村宁次回忆录》，325页，北京，中华书局，1981。

② 日本防卫厅防卫研究所战史室编：《华北的治安战》(2)，405页，东京，1971。

③ 《冈村宁次回忆录》，325页，北京，中华书局，1981。

④ 《抗日战争时期的八路军和新四军》，175页，北京，人民出版社，1980。

“加强国民政府(按指汪伪政府)的政治力量”，使它“广收人心，特别是为了完成战争，设法确实地实现增进必要的生产，普及官民对战争目的的教育以及加强维持治安等各项工作，不遗余力地在战争方面与帝国彻底合作”。① 这实际上就是要汪伪汉奸在政治、经济、教育等各方面加紧为日本帝国主义卖命。按照这一“对华新政策”，汪伪政府在日本主子的导演下，于1943年1月9日煞有介事地对英、美宣战。同日，日本还假惺惺地同汪伪政权签订了所谓“交还租界及撤废治外法权之协定”。1943年10月，日本又同汪精卫在南京签订了“同盟条约”及“附属议定书”，日本表示将在“结束战争状态时，撤去其派在中华民国领域内的日本国军队”。② 这一系列措施都是为了笼络中国民心，掩盖汪伪政权的傀儡本质，让它以“独立”的身份去进行统治，从而便于日本把军队从中国调往太平洋战场。但是，中国人民是不会上当受骗的。黔驴技穷的日本帝国主义无论如何玩弄软硬兼施的伎俩，仍然不能从中国大陆拔出它的泥足。

1943年10月30日，中、苏、美、英四国在莫斯科签署了《关于普遍安全的宣言》。四国“保证用以对其个别敌人进行战争的联合行动将为组织及维持和平与安全而继续下去”，并“承认有必要在尽速可行的日期，根据一切爱好和平国家主权平等的原则，建立一个普遍性的国际组织”。在谈判的过程中，美国主张中国一定要包括在宣言的签字国之中。赫尔说：“在我看来，不能把中国从四国宣言中删去。我的政府认为，中国已经在世界范围内作为四大国之一进行战争。对中国来说，现在如果俄国、大不列颠和美国在宣言中把它抛到一边，那在太平洋地区很可能要造成最可怕的政治和军事反响。”③

1943年11月22日至26日，开罗会议举行。会议结束后，中、美、英三国于12月1日发表宣言，表示将进行重大的长期作战以使日本无条件投降。宣言庄严宣告：日本所窃取于中国之领土，例如满洲、台湾、澎湖群岛等，归还中国。中国收复领土的神圣权利终于得到了国际上的公认，这是中国人民坚持抗战六年的结果。

总之，1943年是第二次世界大战进程发生根本转变的一年。同盟国在欧洲、北非和太平洋战场上都转入了战略反攻和进攻。德、意、日法西斯转为守

---

① 复旦大学历史系日本史编译组：《日本帝国主义对外侵略史料选编》，420页，上海，上海人民出版社，1975。

② 同上书，445页。

③ 《赫尔回忆录》，第2卷，1282页，纽约，1948；W. 艾夫里尔·哈里曼、伊利·艾贝尔：《特使》，264页，北京，生活·读书·新知三联书店，1978。

势并走向崩溃。胜利之所以取得，正如周恩来所分析的那样："三年来，同盟国反法西斯的解放战争是由危而安，转败为胜，由被动的作战转为主动的进攻。这种变化主要地倚靠于苏联红军和人民的两年抵抗和三次反攻，同时，也倚靠于英美同盟军在北非的胜利和在南太平洋的积极行动，倚靠于美国的巨大生产和盟国的战争动员，倚靠于中国抗战的坚持，尤其是敌后游击战争的发展。"①

1944年是世界反法西斯战争取得决定性胜利的一年。这年年初，美军已占领了马绍尔群岛各主要岛屿。日本的海上交通线日益难以维持，它在南洋各地的军队有和本土失去联系的危险。日本为了援救侵入南洋的孤军和准备以中国大陆作为垂死挣扎的基地，从1944年4月开始了打通中国大陆交通线的"一号作战"。国民党军队遭到失败，但与此同时，解放区战场却发动了对日军的局部反攻。根据不完全的统计，1944年一年，八路军、新四军和华南抗日纵队共对敌作战两万多次，毙伤敌伪军26万余人，俘获敌伪军6万余人，收复国土8万余平方公里。到1945年2月，先后开辟了豫西、豫南新解放区，并恢复了豫皖苏边区根据地。对于解放区战场的这种战果，一切公正的观察家都是予以充分肯定的。曾经参加美军观察组的谢伟思在1944年10月9日所写的一份报告中记道："两个美国军官、若干记者和20余个外籍旅行家关于华北共产党控制地区状况的许多报告，相互极为吻合。这种根据实际观察所得的一致性是有重要意义的。它迫使我们接受某种事实，并且从这些事实中，得出一个重要的结论。日本人受到积极的反抗……这种反抗是合理的，并且是成功的，因为这是动员全体人民所积极发动的全面游击战。"②就连敌人方面也不得不承认这一事实。1944年6月来华视察的日本参谋本部次长秦彦三郎中将听取了第十二军司令官内山中将关于京汉作战的汇报，回国后在给大本营的报告中说："(一号)作战期间，原占领区的治安急剧地恶化了。"③

在1944年这一年，中国远征军和驻印军在滇缅边境和缅北也进行了胜利的反攻。中国远征军先后出动17个师，16万余人，在滇西人民的大力支持下，终于摧毁了日军的顽抗。从9月到11月，先后攻克腾冲、龙陵、芒市等

① 周恩来：《在延安欢迎会上的演说》，《周恩来选集》，上卷，134页，北京，人民出版社，1980。

② 《中美关系资料汇编》，第一辑，589页，北京，世界知识出版社，1957。

③ 日本防卫厅防卫研究所战史室编：《一号作战(1)河南会战》，600页，东京，1973。

地。中国驻印军则于12月攻克八莫。1945年1月27日，远征军与驻印军正式会师于畹町附近的芒友。到3月，中印公路完全打通。滇缅边境及缅北的战斗异常激烈。中国士兵在极端困难的地形上，向据险死守的日军发动进攻，前赴后继，勇往直前。美国联络参谋组组长吴德上校对国民党政府第十一集团军总司令宋希濂说："中国军队耐受困苦的精神和作战的勇敢，都是世界上少有的。"①

1945年，德、日法西斯战败已成定局。4月至6月，中国共产党召开了第七次全国代表大会。大会分析了当时的国际国内形势，并确定了党的路线，这就是放手发动群众，壮大人民力量，在中国共产党的领导下，打败日本侵略者，解放全国人民，建立一个新民主主义的中国。就在大会进行期间，德国于5月8日投降，日本益形孤立。在太平洋战场上，美国于6月20日攻占冲绳，逼近日本本土。7月26日，中、美、英三国发出促令日本无条件投降的《波茨坦公告》。8月6日和9日，美国向日本广岛和长崎投掷了两颗原子弹。8日，苏联对日宣战；9日，出兵中国东北。这时关东军的总兵力尚有75万人左右②，但由于自1943年以来陆续将原有精锐师团调往太平洋战线和日本本土方面，而新编成的师团则缺乏训练，武器不足，故实际的战斗力是很低的。8月9日，毛泽东发表了《对日寇的最后一战》的声明，号召全国军民举行全国规模的反攻，八路军、新四军及其他人民军队应在一切可能的条件下，对于一切不愿投降的侵略者及其走狗实行广泛的进攻，歼灭他们的力量。9月2日，日本正式举行了投降的签字仪式。中国代表与反法西斯同盟国的代表一道，在东京湾美舰密苏里号上，接受了日本的无条件投降。西方有些史学家强调日本的最后投降是由于美国的两颗原子弹，苏联史学家则一致认为红军的出兵东北起了决定性的作用。但不应忘记的基本事实是：日军在投降前已经被中国人民的连续8年、大小几十万次的战斗打得狼狈不堪了。日寇有如一匹野兽，使它最后致命的可能只是一两支箭，但如果它不是在毙命前已经满身创伤，还是会继续挣扎的。

从珍珠港事变到日本投降，中国人民的抗战继续做出了巨大的国际贡献。在这3年多的时间里，国共两党的军队一起牵制了日本百万大军，这是太平洋

① 宋希濂：《远征军在滇西的整训和反攻》，见《文史资料选辑》，第8辑，76～77页，北京，中华书局，1981。

② 臼井胜美、稻叶正夫编：《太平洋战争史》，第4卷，138页，东京，1964。

战争取得最后胜利的一个重要因素。苏联红军能够倾全力打击德国法西斯，也因为在远东没有后顾之忧。在中国战场屹立不动的时候，日本是绝不敢贸然北犯的。

从 1937 年到 1945 年的 8 年时间里，日军的主力始终用于中国战场。停战时，日本在中国大陆仍驻有 111 万左右的军队，这个数目超过了在东南亚和太平洋各岛的日军数量的总和，大约相当全部海外日军 274 万人(不包括关东军)的 1/2 弱。① 8 年累计，日军在华战死 447000 人，相当于第二次世界大战期间战死日军总数 113 万的 39％。② 日本用于中国的战费约 121 亿美元，相当全部战费 340 亿美元的 35％。③ 中国人民为战胜日本帝国主义付出了极大的牺牲，军民伤亡 3500 万人以上，经济损失约 6000 多亿美元。毛泽东指出："中国是全世界参加反法西斯战争的五个最大的国家之一，是在亚洲大陆上反对日本侵略者的主要国家……中国在八年抗日战争中，为了自己的解放，为了帮助各同盟国，曾经作了伟大的努力。这种努力，主要地是属于中国人民方面的。"④这是对中国八年抗战历史的最正确的概括。1951 年 9 月 2 日，斯大林在给毛泽东的复电中盛赞中国人民"在消灭日本帝国主义者的事业中起了巨大的作用。中国人民及其解放军的斗争，大大地便利了击溃日本侵略力量的事业"。⑤ 罗斯福在 1945 年 1 月 6 日致国会的国情咨文中也说，美国"忘不了中国人民在七年多的长时间里怎样顶住了日本人的野蛮进攻和在亚洲大陆广大地区牵制住大量的敌军"。⑥ 战时同盟国两大领袖的上述评价，同样是十分正确而公允的。

反法西斯的第二次世界大战的胜利，给全世界工人阶级和被压迫民族的解放事业开辟了更加广大的可能性和更加现实的道路，具有极其伟大的历史意义。胜利的取得，是世界各国人民共同奋斗、相互支持的结果。中国人民为自己做出了一份贡献而感到自豪，中国人民也为得到其他各国人民的帮助而满怀感激。

---

① 服部卓四郎：《大东亚战争全史》，第 8 版，1006～1007 页，东京，1971。

② 库克斯与康罗伊编：《中国与日本》[Alvin D. Coox & Hilary Conroy(ed.), *China and Japan*]，308 页，圣巴巴拉，1978。

③ 杨：《1937～1945 年中国与外援》，418 页，哈佛大学出版社，1963。

④ 毛泽东：《论联合政府》，见《毛泽东选集》，第 2 版，第 3 卷，1033 页，北京，人民出版社，1991。

⑤ 载《人民日报》，1951 年 9 月 3 日。

⑥ 《罗斯福选集》，480 页，北京，商务印书馆，1982。

中国抗日战争在世界反法西斯战争中的重要地位*

在西方人所写的大量第二次世界大战史中，对中国抗日战争或只字不提①，或轻轻一笔带过，或竟然乱说一通②。但近年来发生了可喜的变化，英国学者拉纳·米特所著《中国，被遗忘的盟友》③相当肯定了中国抗日战争的贡献，希望今后能有更多的西方学者认真研究中国抗日战争，写出符合历史实际的信史。作为一个经历过第二次世界大战，从事历史研究多年的人，我也想就中国抗日战争在世界反法西斯战争中的地位问题，谈一些看法。

一、从"七七事变"到太平洋战争爆发，中国战场是东方反法西斯战争的唯一战场

1937年7月7日，日本发动了全面侵华战争。日本统治阶级普遍认为只消"对支一击"，便能取胜。陆相杉山元上奏天皇说，事变

* 原载《首都师范大学学报》2015年第6期。

① 英国军事理论家利德尔·哈特的《第二次世界大战史》(上海，上海译文出版社，1978)，对中国抗日战争只字不提。

② 法国学者亨利·米歇尔的《第二次世界大战史》，竟说"中国人没有能力保卫自己"，"北京、张家口、太原、广州、汉口、上海以及其他城市未经一战地陷落"。(上册，357页，北京，商务印书馆，1980)

③ 拉纳·米特:《中国，被遗忘的盟友》，北京，新世界出版社，2014。

能在一个月左右解决。① 有些人甚至大言不惭地说："列车集中通过山海关时，支那方面就会屈服。"②中国军民同仇敌忾，英勇抵抗，粉碎了日本迅速征服中国的迷梦。历时 3 个月的淞沪会战(1937 年 8 月至 11 月)是抗战开始以来时间最长、规模最大的一次战役。日军投入兵力约 30 万人，中国军队 70 余万人。中国军队以伤亡约 25 万人的巨大代价，毙伤日军 4 万余人。③ 八路军出师大捷，在 9 月份的平型关战役中，歼灭日本板垣师团第 21 旅团 1 千余人，这是抗战开始以来的第一个大胜仗，打破了日军不可战胜的神话，"使全国人民看到了民族希望之所在"④。到 1937 年年底，日本一共向中国战场派遣了 16 个师团，约 60 余万人，相当于陆军总兵力 24 个师团、95 万人的 2/3。⑤

1937 年 12 月 13 日，日军攻陷南京后，首相近卫文麿于 1938 年 1 月 16 日狂妄地声明："帝国政府今后将不以国民政府为对手。"但在 3 月 23 日至 4 月 6 日的台儿庄战役中，日军遭到重创，死伤近 2 万人以上。⑥ 此次大捷引起了国际上的注意，美国驻华大使詹森在 1938 年 4 月 19 日自汉口致美国国务卿赫尔的电文中说："在汉口，人们的悲观情绪转变成了某种顽强的乐观主义。……由于近来日军在徐州的失败，人们觉得未来并非完全没有希望。……抵抗的精神正慢慢地在人民中传播开来，他们正在醒悟到这是他们自己的战争。日军对内地的空袭和对平民的暴行反而促使人民的抗战决心更加坚定。"⑦秋季，日军又发动了武汉和广州战役。在历时 4 个月(6 月至 10 月)的武汉战役中，日军

---

① 井上清:《天皇的战争责任》，83 页，北京，商务印书馆，1983。杉山元善吹牛。太平洋战争前夕，日本天皇问他，如日美开战，陆军方面有无确实把握？多长时间可以解决？杉山元回答说："仅就南洋方面来说，3 个月左右可以解决。"天皇对他说："你是支那事变爆发当时的陆相，我记得你那时作为陆相曾说过，事变 1 个月左右可以解决。但是，至今已 4 年之久，不是还没有解决吗？"(同上书，124 页)

② 这是参谋本部支那科高桥中佐的话。见崛场一雄:《支那事变战争指导史》，85 页，东京，1962。

③ 日方统计数字，一般是死亡 9100 人左右，伤 31200 人左右。见日本防卫厅防卫研究所战史室编:《中国事变陆军作战史》，卷 1，387 页，东京，1975。

④ 《聂荣臻回忆录》，355～357 页，北京，解放军出版社，1984。

⑤ 服部卓四郎:《大东亚战争全史》，184～185 页，东京，1971。藤原彰:《日本近现代史》，第 3 卷，64 页，北京，商务印书馆，1983。

⑥ 《李宗仁回忆录》，734 页，南宁，广西人民出版社，1980；程思远:《政坛回忆》，118～119 页，南宁，广西人民出版社，1983。

⑦ 《美国对外关系》，第 3 卷，154 页，1938。

先后投入兵力约25万人，中方总兵力约100万人，这是抗战爆发后规模最大、持续时间最长的一场会战。日军虽攻下武汉，但遭到毙伤近4万人的重大损失。总之，到1938年10月，日本陆军兵力已达34个师团，约100万人，其中24个师团用于华北、华中各地，东北8个师团，朝鲜1个，日本国内1个，可谓倾巢而出了①。

就在正面战场与敌激战的时候，中国共产党领导的八路军和新四军卓有成效地开展了敌后游击战争。游击战争，中外历史上都有过，但中国抗日游击战争却独具重要的战略地位。由于日本是个强国，它在战争中将占领中国大片土地，但同时由于日本是个小国，兵力不足，在占领区将留下很多空虚的地方。中国的抗日游击战争，主要的不是在内线配合正规军的战役作战，而是在外线单独作战；又由于有共产党领导的坚强的军队和广大人民群众的存在，因此抗日游击战争就不是小规模的而是大规模的。抗战开始后，中国共产党领导的八路军和新四军立即挺进敌后，广泛开展游击战争，并建立了许多敌后抗日根据地。在华北战场上，战斗异常艰苦而频繁。据悉，仅抗战第二、第三周年，敌对华北千人以上的"扫荡"有109次之多，使用的兵力在50万人左右。日本侵略军的头子们对游击战争给予日军的打击，感到震惊。1938年9月，华北方面军司令官寺内寿一大将对前来视察的侍从武官说，在日本占领区内，游击活动"十分猖獗，破坏铁路，袭击各地等不祥事件不断发生。恢复治安的地区实际上只限于重要交通线两侧数千米之内"②。1939年12月1日至2日，华北方面军参谋长笠原幸雄中将在情报主任会议上惊呼："华北治安之癌是中国共产党和它的军队。"③

八路军在1940年8月20日发动了著名的百团大战，至1940年12月5日共进行大小战斗1824次，毙伤日军20645人，摧毁据点2993个，破坏铁路474公里，公路1502公里。④ 百团大战沉重地打击了日军在华北的"囚笼"政策，巩固了华北抗日根据地，并策应了正面战场的作战，大大振奋了全国的抗

---

① 日本历史学研究会：《太平洋战争史3：日中战争》，120页，东京，1972；信夫清三郎：《日本外交史》，下册，631页，北京，商务印书馆，1980。

② 日本防卫厅防卫研究所战史室编：《华北的治安战》(1)，65页，东京，1968。

③ 同上书，215～216页。

④ 据周忠全、曾刚、张煜：《百团大战研究几个争议问题的历史见证》，百团大战的结束时间应为1941年1月15日，而不是1940年12月5日，也不是1941年1月24日。此说可供参考。见《军事历史研究》2015年第4期。

日信心。

在中国与日本侵略军进行殊死搏斗的时候，英国、美国对中日战争抱什么样的态度呢？总的来说，在相当长的时期里，他们对日本采取纵容的政策，并错误地估计能同日本取得妥协，继续维护它们的在华利益。兹以布鲁塞尔会议为例，1937年11月13日至24日，在比利时首都布鲁塞尔举行会议，与会者19国，日本拒绝参加。英国认为欧洲形势紧张，在远东决不可再开罪日本。会前，10月21日英国首相在下院宣布："我认为，到这个会议上谈论经济制裁、经济压力和武力是完全错误的。我们是在这里缔造和平，而不是在这里扩大战争。"①美国也反对制裁日本。不仅如此，美国这时还在同日本大做生意。1937年，美国对日出口总值为2.89亿美元，其中包括石油(原油及精炼油)、废钢铁等战略物资。这种交易与平时的正常贸易不同，而是以战略物资供给日本，起到了侵略者帮凶的作用。英、美的态度如此，会议最后通过的宣言只是重申《九国公约》的原则，并要求停止战争行动。日本是发动战争的侵略一方，中国是被迫抵抗的受害一方，会议甚至连这种最基本的区别也未指出便匆匆收场了。布鲁塞尔会议是一次彻底失败的会议，是一次开比不开还要坏的会议。如果不开，至少日本还不能完全确定英、美的态度到底如何。开了以后，日本就摸清了英、美的底，完全放心了。

总之，从1937年"七七事变"到1939年9月欧战爆发前，中国军民孤军奋战，而西方列强还在对日采取绥靖政策。欧战爆发后，在东方，仍是中国一国奋战。中国拖住了日本百万大军，中国战场是东方反法西斯战争的唯一战场，牺牲巨大，贡献巨大。丘吉尔在他的《第二次世界大战回忆录》竟把第2卷的标题写作"最光辉的时刻"，从1940年5月法兰西之战写到1940年年底英国在埃及打败意大利军队。他给第2卷定的主题是"英国人民怎样单独坚守堡垒直到过去半盲的人们做好一半的准备"。第2卷下部的标题是"单独作战"，这完全是不顾事实的自吹自擂。第二次世界大战是一场世界人民的反法西斯战争。1940年6月法国虽已战败，苏、美尚未参战，但无论如何也不能说英国单独作战。中国人民早在1937年就已经英勇抗击日本侵略者了，难道中国抗日战争不是反法西斯战争的一个组成部分吗？1937年应是第二次世界大战的起点，而1931年中国人民的东北抗战则掀开了世界反法西斯战争的序幕。日本学者

---

① 尼维尔·张伯伦：《为和平而斗争》(N. Chanberiin, *The Struggle for Peace*)，42页，伦敦，1939。

江口圭一有一本名著《1931—1945 日本十五年侵略战争史》。他说，所谓十五年战争，是指 1931 年 9 月柳条湖事件爆发直到 1945 年 9 月日本宣布投降的 15 年间所进行的一连串战争。他论证说："满洲事变、日中战争和太平洋战争不是零散、孤立的战争，而是彼此有内在联系的一连串战争。分离华北工作是满洲事变的继续，进而引起了日中战争；日中战争的发展与第二次世界大战相联系，它导致了太平洋战争的爆发。"①江口圭一的这种看法是很有道理的。

二、从太平洋战争爆发到日本投降，中国战场是反法西斯的东方主战场

1941 年 12 月 8 日，太平洋战争爆发。美、英、荷遭到了日军的猛烈打击，迅速败了下来。美国自视为"世界上最坚固的堡垒"的夏威夷，被日军偷袭成功。费时 18 年，耗资 6000 万英镑，号称"远东直布罗陀"的新加坡军港，被日本攻下，1942 年 2 月 15 日，10 万英军投降。必须指出的是，太平洋战争爆发时，日本投入南方战线(即东南亚和太平洋战场)的兵力只占陆军总兵力的二成，其余一成留在本国，三成配置在朝鲜和中国东北，四成配置在东北以外的其他中国地区。配置在朝鲜和中国东北的军队，还负有确保中国内陆作战的任务，具有第二线的意义，故陆军总兵力的七成仍然用于侵华战争。② 如果不是由于日军主力留在中国大陆，太平洋战争初期英、美、荷的失败还要惨重得多。

太平洋战争爆发后，美、日进行了多次海战，其中影响重大者有珊瑚岛海战、中途岛海战等，还有陆地上的瓜达尔卡纳尔岛、塞班岛、菲律宾、硫磺岛、冲绳岛等战役，这些都是西方二战史著作中必写的内容。在欧洲战场、苏德战场上的莫斯科保卫战、斯大林格勒战役、库尔斯克战役，北非战场上的阿拉曼战役，以及战争后期的诺曼底登陆、攻克柏林等，也都是绝大多数第二次世界大战史著作中必有的内容。但在许多作者眼中，似乎苏德战争和太平洋战争爆发后，中国战场上就没有什么像样的战斗，无足轻重，不值一提了。这是

① 江口圭一：《1931—1945 日本十五年侵略战争史》，1～2 页，天津，天津人民出版社，1995。日本学者木板顺一郎在《关于十五年战争的性质及称谓问题》，也主张十五年战争的提法，见刘大年主编：《中日学者对谈录——卢沟桥事变五十周年中日学者讨论会文集》，70～85 页，北京，北京出版社，1990。

② 井上清：《日本军国主义》，第三册，306 页，东京，1975。

十分错误、荒谬的。实际上，中国战场上仍进行过一些较大的战役和无数次大大小小的战斗。1941 年 12 月至 1942 年 1 月的第三次长沙会战，尤引世人瞩目。长沙会战，中国大捷。日本承认的伤亡数字是战死 1591 人，战伤 4412 人，损失为占领香港的两倍半，实际上还应更大。① 英国《泰晤士报》发表评论说："12 月 7 日以来，同盟军唯一决定性之胜利，系华军之长沙大捷。"又据中央社华盛顿 1 月 30 日来电，美国海军部长诺克斯发表告中国人民书，谓："数周以来，贵国在长沙伟大之战绩，非仅为中国之胜利，抑且为所有同盟国家共同之胜利。"②从 1943 年 10 月到 1945 年 3 月，中国驻印军和中国远征军在缅北、滇西反攻作战中，共歼灭日军 4.9 万人，中国军队也付出了伤亡约 6.7 万人的重大牺牲。缅北、滇西作战的胜利，不仅打通了中国西南交通线，把日军赶出了中国西南大门，而且沉重打击了侵缅日军，有力支援了盟军对日作战及东南亚人民的抗日斗争。

在敌后战场，斗争十分频繁而惨烈。从 1941 年 3 月到 1942 年 12 月，日军在华北地区连续 5 次推行"治安强化运动"，对华北抗日根据地的"扫荡"，一次使用兵力在千人以上至万人的，达 132 次之多；一万人以上至七万人的有 27 次。日军还在根据地实行"烧光、杀光、抢光"的"三光"政策。"三光"作战杀害了 240 万以上的中国非武装人员。③ 游击战争的规模就每次而言虽然不大，但每天每夜都在进行，积小胜为大胜，把日本侵略者打得狼狈不堪。1943 年 3 月，日本华北方面军参谋长大城户三治中将在一次讲话中惊呼："中共军队不仅在华北，而且在全中国都妨碍日军的行动。"④

总之，从太平洋战争爆发到 1945 年日本投降，日军的主力始终在中国战场。日本投降前夕，日军在中国战场兵力为 186 万人，其海外总兵力为 358 万人，在华总兵力占其海外总兵力的 50%以上。中国拖住了日本百万大军，也就有力地支援了其他盟国，这表现在三个方面：

第一，使美、英"先欧后亚"的战略方针得以实施。1941 年初，美、英确定了"先欧后亚"的战略方针，双方认为德国是轴心国的首要成员，只要打败了

---

① 日本防卫厅防卫研究所战史室编：《香港·长沙作战》，658 页，东京，1971。吴桐湘：《第二次中日战争史》，下册，792 页，台北，1974。

② 赵曾伟：《抗战纪实》，332 页，北京，中国图书出版公司，2014。

③ 赫伯特·比克斯：《真相：裕仁天皇与侵华战争》，228 页，北京，新华出版社，2014。作者此处提供的数字，根据日本学者藤原彰和姬田光义的文章得出。

④ 日本防卫厅防卫研究所战史室编：《华北的治安战》(2)，337 页，东京，1971。

德国，打败日本和意大利就不成问题。太平洋战争爆发后，美、英坚持这一方针。但要实施这一方针，就必须把日军主力牵制在中国战场。1942年春，罗斯福曾对他的儿子说："假如没有中国，假如中国被打垮了，你想想有多少师团的日本兵可以因此调到其他方面来作战？他们可以马上打下澳洲，打下印度……他们可以毫不费力地把这些地方打下来。他们并且可以一直冲到中东……和德国配合起来，举行一个大规模的夹攻，在近东会师，把俄国完全隔离起来，吞并埃及，斩断通向地中海的一切交通线。"①就连一向轻视中国抗战的丘吉尔也不得不承认："中国一旦崩溃，至少会使日军15个师团，也许会有20个师团腾出手来。其后，大举进犯印度，就确实可能了。"②

第二，中国抗日战争阻止了日本北进侵犯苏联，使苏联免于腹背受敌，德、日夹攻，得以全力对付德国。中国抗日战争开始后，仅苏联一国援华。1937年6月21日，《中苏互不侵犯条约》签订，这是对中国抗战在政治上的很大帮助。1938年3月1日至7月1日，苏联先后给国民党政府贷款各5000万美元，以供中国向苏联购买军火和其他物资。次年6月13日，又给国民党政府1亿5000万美元贷款。反转过来，中国也给面临德、日东西夹攻的苏联以有力的援助。1941年6月22日，德国入侵苏联。日本从6月25日到7月1日，连续召开6次政府和大本营联络恳谈会，讨论北进还是南进的问题。外相松岗力主当机立断，先北进而后南进，多数人反对。参谋总长杉山元反驳说："日本的大部分兵力现在正用于中国，北进实际上办不到。"③7月2日，在御前会议上正式通过了《适应形势演变帝国国策纲要》，标志着南进政策的最后确立。苏联得到日本放弃北进的情报后，便得以从远东调兵到西部，在莫斯科保卫战的关键时刻发挥了重要的作用。④ 苏联历史学家茹科夫曾经写道："使日本帝国主义不敢在第二次世界大战期间进攻苏联远东的原因之一，是中国人民及其解放军——八路军、新四军以及人数众多的游击队的英勇斗争，他们在中

---

① 伊利奥·罗斯福：《罗斯福见闻密录》，49页，上海，新群出版社，1947。

② 丘吉尔：《第二次世界大战回忆录》，第四卷上部，第一分册，266页，北京，商务印书馆，1975。

③ 服部卓四郎：《大东亚战争史》，第一册，153页，北京，商务印书馆，1984。

④ 在莫斯科保卫战中，苏联从远东给西方方面军调去了3个步兵师和2个坦克师。见亚·米·华西列夫斯基：《毕生的事业》，197页，北京，生活·读书·新知三联书店，1977。参见埃里克森：《苏联最高统帅部》(J. Erikson, *The Soriet High Commend*)，631页，伦敦，1962。

国把日军的双手束缚住了。从而，中国人民给予苏联人民以很大帮助，使苏联人民易于在反对德国法西斯侵略者的正义的伟大卫国战争中进行巨大的斗争。”①

第三，中国战场有力地支援了太平洋战场。太平洋战争爆发初期，英、美、荷节节败退。日本在不到半个月的时间里，就占领了泰国、香港、马来亚、菲律宾、荷属东印度、缅甸以及西太平洋上的一些小岛，总面积达到380万平方公里，人口1亿5千万。但日本投入东南亚和太平洋战场的兵力并不充足。否则，英、美、荷的失败还要惨重得多。在以后的战争中，日本想从中国抽调陆军增援太平洋战场，但实际上办不到。日本驻中国派遣军总司令畑俊六说：“中国问题不解决，太平洋战争就不能得到解决。”②1943年日本陆军扩军，总兵力达到70个师团，12月31日的布置情况如下：中国派遣军24个师团；关东军15个师团；南方军12个师团；中南部太平洋4个师团；菲律宾1个师团；澳大利亚北部(第八方面军)6个师团；日本本土6个师团；朝鲜2个师团。(以上旅团数未计在内)在中国大陆的兵力(不算关东军)仍占第一位。③

综上所述，作为世界反法西斯战争的东方主战场，中国人民抗日战争为世界反法西斯战争的胜利做出了巨大的贡献。在这场人类历史上规模空前的战争中，中国抗日战争开始时间最早，持续时间最长，中国战场长期牵制和抗击日本多达百万的主要兵力，对日本侵略者的覆灭起了决定性作用。④ 据悉在这场战争中，中国军队共毙、伤、俘日军150万余人，占日军在第二次世界大战中伤亡总数的70%以上。为赢得抗日战争的胜利，中国人民付出了巨大牺牲：军民伤亡超过3500万，其中军队伤亡380余万，占各国伤亡人数总和的1/3。按1937年比价，中国官方财产损失和战争消耗达1000多亿美元，间接经济损失5000亿美元。前事不忘，后事之师。今天，和平与发展成为时代的主题，但世界仍不太平，为了保卫世界和平，我们必须铭记历史不忘。当前，中国人

---

① 耶·马·茹科夫：《远东国际关系史(1840—1949)》，532页，北京，世界知识出版社，1959。

② 日本防卫厅防卫研究所战史室编：《大本营陆军部》6，404页，东京，1973。

③ 日本防卫厅防卫研究所战史室编：《大本营陆军部》7，附表一，东京，1973。此条材料承南开大学教授杨栋梁同志见示，谨致谢意。

④ 日本学者木桥顺一郎认为：“中国在耗时15年的抗日民族解放战争中，成为三场连续战争(按：作者指满洲事变、日中战争和亚洲太平洋战争这三场)中的首要力量。”见前引《中日学者对谈录》，84页。

民正在隆重庆祝世界反法西斯战争胜利70周年和中国抗日战争胜利70周年。令人惊异的是，近来日本右翼势力对中国人民隆重纪念抗日战争胜利说三道四。他们藐视历史事实和国际正义，竭力粉饰日本侵略战争给中国人民和世界人民带来的深重灾难，不仅不做深切的自我反省，反而要压制受害者的正义声音。我们必须正告日本右翼势力：恢复日本军国主义，是死路一条。“大东亚共荣圈”的迷梦当年已经破产，今后更绝难实现。今天的中国是13亿人民团结一心、奋发图强、实力雄厚的中国，凡想一试这个铜墙铁壁的蠢人，必将头破血流，下场可知。

中国抗日战争与国际关系(1931～1945)*

1987年在日本京都、东京先后举行了"卢沟桥事变五十周年中日学术讨论会"，本文是中国代表团提交会议的一篇论文，并在两地会议上都宣读过摘要。本文受到许多与会日本学者的赞赏。茨城大学教授石岛纪之评论说："该报告对美、英等国以及苏联对中日战争所采取的态度进行了精确的分析，明确了中国抗战在国际关系中的地位，把抗日战争看作中国全民族的抗战，这些都给人留下了深刻的印象。"

从"九一八"事变到珍珠港事变，中国在长达10年的时间里英勇地抵抗了日本帝国主义的武装侵略。日本悍强，中国积弱，张伯伦之流在卢沟桥事变后以为中国很快就要变成第二个阿比西尼亚①，但是中国的抗战奇迹般地坚持下来了，而且在相当长的时间内处于不利的国际环境之中。研究抗战时期的中外关系，吸取其中的经验教训，是很有必要的。

第一次世界大战期间，日本趁西方列强无暇东顾的机会，加强了对中国的侵略，企图把中国变为它的独占的殖民地。大战结束

---

* 原载《世界历史》1987年第4期及《中日学者对谈录——卢沟桥事变五十周年中日学术讨论会文集》，北京，北京出版社，1990。

① 1937年10月13日，张伯伦在一次内阁会议上说，中国"甚至可能已濒于崩溃"，日军不久将占领南京、汉口和广州，"中国人的状况将类似阿比西尼亚人"。见路易斯：《英国在远东的战略，1919～1939年》(W. R. Louis, *British Strategy in the Far East* 1919～1939)，244页，伦敦，1971。

后，美国倚仗它巨大的经济力量，与日本争夺远东霸权，于1921～1922年召集了华盛顿会议。会议通过的《九国公约》，承认美国提出的各国在华"商务实业机会均等"的"门户开放"原则，从而使日本独霸中国的局面又回到几个帝国主义国家共同支配中国的局面。会议通过的另一条约《限制海军军备条约》，虽然把英、美、日、法、意五国主力舰的吨位比例规定为5∶5∶3∶1.75∶1.75，但英国舰队分散在全世界，美国舰队则必须保卫两洋，因而西太平洋上的海军优势仍在日本方面，更何况条约还规定美国在阿留申群岛、菲律宾、关岛等接近日本区域，英国在香港及东经110°以东区域均不得建立或扩建海军基地。华盛顿体系暂时缓和了帝国主义国家之间的矛盾，在一段时间内维持了远东和太平洋地区的均势，但它们争夺霸权的矛盾是不可能从根本上解决的。日本凭借其在中国已经获得的特权和优越地位以及在西太平洋的海军优势，一俟机会到来时，必将发动对中国的侵略。

1929年从美国开始的经济危机，迅速席卷了整个资本主义世界，在1930年春波及日本。日本经济遭到严重的打击，1931年的对外贸易总额和生产总额同1929年相比，分别下降45%和32.9%。日本统治阶级认为，摆脱经济危机的出路在于"满蒙问题的根本解决"。1931年5月29日，关东军高级参谋板垣征四郎在一次军官会议上发表了题为《关于满蒙问题》的讲演，强调指出："目前我国经济困难的主要原因，不用说是世界的经济萧条……打开这种困境的基本政策不外乎是向海外发展"，"只在本来不富裕的国有财富范围内试图发现保障全体国民生活的根本办法，其结果必然是行不通的"。① 日本统治阶级还认为，英、美忙于应付国内经济危机，无力干涉；蒋介石政府正在全力"剿共"，必会屈服。1931年8月3日，关东军司令官本庄繁在致陆军大臣南次郎的信中写道："熟察帝国存在及充实一等国地位，势非乘此世界金融凋落，露国(苏联)五年计划未成，支那统一未达以前之机，确实占领我30年经营之满蒙……使以上各地与我朝鲜及内地打成一片。"②

1931年9月18日，日军强占沈阳。震惊中外的"九一八"事变爆发后，蒋介石政府采取"逆来顺受"的不抵抗政策，幻想依赖西方列强的调解，迫使日本撤兵。但这种指望很快就落空了。9月21日，中国出席国际联盟的代表施肇

① 日本国际政治学会太平洋战争原因研究部编：《走向太平洋战争的道路》，别卷·资料编，103页，东京，1963。

② 陈觉：《九一八后国难痛史资料》，第1册，33页，上海，上海书店，1932。

基向国联秘书长提出申诉。22日，国联理事会通过决议，要求中、日双方停止一切冲突，撤退军队，荒谬地把侵略者与被侵略者等同看待。此后，国联理事会在9月30日、10月24日和12月10日还通过了3次决议，仅10月24日的决议具体要求日本在11月16日以前将军队撤退到南满铁路区域以内，但遭到日本代表投票反对。必须注意的是：即使是10月24日的决议，其中的第二款仍然要求中、日"两国政府不得诉于任何侵略政策或行动"，这就再一次颠倒是非地把侵略者与被侵略者置于同等的地位。国际联盟是由英、法操纵的，它们为什么如此袒护日本，纵容它的侵略行动呢？

与西方其他列强相比，英国在中国的经济利益最大，但主要集中在上海和长江流域。① 英国一向把中国东北看作日本的势力范围，只要日本的侵略行动基本限于这一范围，英国认为就无干涉的必要。不仅如此，英国还企图利用日本反对苏联和制止中国的反帝革命运动，起到"远东宪兵"的作用。外交大臣西门私下里写下的几句话，最能道出英国政策的真相："政策——对日和解。对中国——不要完全依赖别人：尽你自己的本分。不要企图转移到(国联盟约)第16条。对日本：我们不愿实施制裁。"②此外，英国国内这时正陷于严重的经济危机之中。工业生产下降，对外贸易缩减，国际收支逆差激增。1931年9月21日，英国放弃金本位，并实行英镑贬值。1932年3月1日，通过进口税法，放弃了传统的自由贸易政策。1931年9月15日，还爆发了一次100多年来所仅见的因弗戈登军港水兵拒不执行出海命令的行动。内部的种种困难，使英国统治者急于稳定资本主义秩序，更加希望在东方与日本妥协。

法国统治阶级也把日本看作反对布尔什维主义的屏障和镇压殖民地民族运动的斗士，因而对它的侵略行动倍加赞扬。1931年11月21日《时报》的一段话是很有代表性的："唯有它(指日本)在世界的东方代表并捍卫着社会秩序与和平，以抵御野蛮的无政府状态，在当今，唯有它有能力挡住布尔什维主义的

① 1930年英国在华投资总计11.89亿美元，占外人在华投资总数的36.7%。1929年英国在华企业投资9.6338亿美元，上海一地就达7.374亿美元，占投资总数的72.6%。见雷默：《外人在华投资》，304、295页，北京，商务印书馆，1959。

② 索恩：《外交政策的限度：西方、国联与1931～1933年的远东危机》(C. Thorne, *The Limits of Foreign Policy: The West, the League, and the Far Eastern Crisis* 1931～1933)，189页，伦敦，1972。根据国联盟约第16条，对违反盟约有关条款而从事战争的国家，应实施商业、财政或军事上的制裁。反对中国援引盟约第16条，亦即反对制裁日本的意思。

血腥浪潮。对我们法国人来说，日本是我们在印度支那的一道坚不可摧的屏障。”①

根据国联理事会1931年12月10日的决议，国联决定派遣一个委员会，就地调查中日关系。就在调查团筹组期间，日军在1932年1月2日占领了锦州。1月7日，美国国务卿史汀生向中、日两国政府分别发出内容相同的照会，内称：“美国政府不能认许任何事实上的情势的合法性，也不拟承认中日两国政府或其代理人所订立的有损于美国或其在华国民的条约权利——包括……通称为门户开放政策的对华国际政策在内——的任何条约或协定。”从表面上看，美国的态度似乎要比国联强硬。但在次日，美国国务院又发表补充声明：(一)美国无意争夺日本在满洲的权利；(二)不拟干涉中国和日本将来可能达成的解决事件的协议，唯此项协议不得损害美国在华利益。可见，“不承认主义”所要反对的并非日本对中国的侵略，而只是对美国利益的损害。美国认为自己在中国东北的直接经济利益不大，只要日本在这一地区实行“门户开放”，也就可以满足了。胡佛总统在一次内阁会议后口授的备忘录中说：“无论是我们对中国的义务，还是我们自己的利益，或是我们的尊严，都不要求我们为这些问题而战。这些行动(指日本人的行动)没有危及美国人民的自由，没有危及我国人民的经济和道义前途。”胡佛决定，“我们不会进行战争或实行任何制裁，不论是经济的，还是军事的，因为这些都是通向战争的道路”②。同英国一样，美国纵容日本，还有其反动的政治企图，即利用日本充当反苏和镇压中国革命的急先锋。胡佛说：“如果日本人进入满洲，那不是一件坏事，由于他身边有两根刺——中国和布尔什维克——他将着实忙乎一阵。”③美国驻华公使詹森也在一封信中写道：“我越来越相信，日本在满洲的行动应当根据日本对俄国的立场去解释。”④日本深知美国的真正意图，因而对它的虚张声势并不

① 索恩：《外交政策的限度：西方、国联与1931～1933年的远东危机》，7页，伦敦，1972。

② 《赫伯特·胡佛回忆录》(*The Memoirs of Herbert Hoover*)，第2卷，369～370页，伦敦，1952。

③ 戴维·伯内尔：《赫伯特·胡佛：公务生涯》(D. Burner, *Herbert Hoover. A Public Life*)，294页，纽约，1979。

④ 拉塞尔D. 布海特：《纳尔逊·T. 詹森和1925～1941年美国对华政策》(R. D. Buhite, *Nelson T. Johnson and American Policy toward China* 1925～1941)，69页，东兰辛，1968。

害怕。1932年8月27日，日本内阁在《从国际关系出发的时局处理方案》中指出，美国实业界“倾向于只要事实上维持门户开放机会均等主义，其他问题则可听其自然不管。因此只要门户开放机会均等主义运用适当，使美国能在相当程度上均沾在满洲国的经济利益，则该国态度自然可以缓和下来。”①

史汀生发出照会时，原本希望得到英国的配合，但英国政府却在1932年1月11日发表公告说：鉴于日本首相已声明“遵守门户开放政策并欢迎对满洲事业的参加与合作”，故英国政府认为没有向日本政府发出与美国照会相同的任何正式照会的必要。同日，《泰晤士报》发表了一篇引人注目的公然袒护日本、污蔑中国的社论。这篇社论称赞英国政府不向中、日两国政府发出与史汀生照会相同内容的通知是明智之举，并说：“捍卫中国的‘行政完整’，在那个完整不仅是一种理想以前，似乎不是(英国)外交部的当前任务。中国的行政完整在1922年不曾存在，今天也不存在。”②

以英国人李顿为首的国联调查团在1932年1月21日正式成立，2月3日才从欧洲出发。日本侵略者对于英、美的软弱态度已经看得清清楚楚，于是在1932年1月28日又悍然发动了对上海的进攻。3月9日，伪满洲国在日本策划下成立，9月15日日本宣布正式承认“满洲国”，并签订了《日满协定书》，把中国东北变成了日本的殖民地。

1932年10月2日，李顿调查团的报告书在日内瓦公布。它虽然承认东北属于中国领土，否认“满洲国”是“独立运动”的产物，但又提出了东北实行“高度自治”，聘请外国顾问，实即国际共管的荒谬主张。1933年2月24日，国联大会以42票赞成，日本1票反对，通过了报告书，3月27日日本宣布退出国联。就在国联大会通过李顿调查团报告的同时，日军又侵入热河省，到3月4日占领承德，吞并了中国另一大块领土。

“九一八”事变标志着战后资本主义相对稳定时期的结束和帝国主义重新瓜分世界的开始，具有极其深远的影响。日本用武力粉碎了华盛顿体系，打破了帝国主义国家在远东和太平洋地区的均势。它直接侵吞的是中国领土，但打击的矛头也对着英、美、法西方列强。关东军参谋石原莞尔在策划“九一八”事变时，就是从全球战略出发的。他认为战后堪称世界大国者有四：日本、美国、

---

① 《现代史资料8·日中战争1》，7页，东京，1964。

② 亨利·L. 史汀生：《远东危机》(H. L. Stimson，*The Far Eastern Crisis*)，101～103页，纽约，1936。

英国与苏联，但最后争夺世界霸权的只有日、美两国。因此，他在《作为扭转国家命运之根本国策的满蒙问题解决方案》中说："若准备对美作战，就要立刻(对中国)作战，坚决把满蒙政权握于我手中。"①面对咄咄逼人的日本强敌，英、美帝国主义却怀着苟安的心理，企图用牺牲中国东北的办法，换取与日本的妥协，但这不过是它们的一厢情愿而已。日本吞并东北以后，下一步就要侵占华北，它的最终目标则是征服全中国，建立"大东亚共荣圈"，在整个亚洲和太平洋地区称霸。英、美帝国主义万万没有料到"九一八"事变就是珍珠港事变的前奏，日本的屠刀最终会砍到他们自己的头上。

1935 年和 1936 年，日本大搞华北"自治运动"，企图把华北五省变为第二个"满洲国"。1937 年，日本加快了侵华的战争步伐，终于在 7 月 7 日挑起了卢沟桥事变，全面侵华战争从此开始。中日战争爆发后，"对支一击"论在日本统治阶级中嚣张一时，有人甚至大言不惭地说："列车集中通过山海关时，支那方面就会屈服。"②但是他们没有料到中国已经发生了深刻的变化。西安事变解决后，抗日民族统一战线已初步形成并日益发展，国共两党同仇敌忾，共御外侮，给了日本侵略者以沉重的打击。1938 年 10 月。武汉失守以前，国民党政府努力抗战，太原战役、淞沪战役、徐州会战、武汉会战都打得十分顽强，台儿庄大捷尤其使日军受到重创。③ 共产党领导的军队虽然装备很差，但英勇奋战，不仅取得了平型关大捷，而且在太原、徐州等战役中积极配合国民党军队，获得了良好战果。日本一击不成，再击、三击仍未奏效，不得不一再增兵，到武汉、广州两个战役结束时，投入中国的兵力已近 100 万人。此后，日军再无力继续攻势作战，中日战争转入战略相持阶段。日本帝国主义迅速征服中国的狂妄野心彻底破产了。

从"七七事变"到 1939 年 9 月欧战爆发，中国人民孤军奋战，抵御了日本百万大军。中国抗日战争不仅关系着中国人民的存亡，而且是世界人民安危之

---

① 这个方案是石原在 1929 年 7 月关东军参谋旅行途中提出的。见本庄繁：《本庄日记》，第 5 版，304～305 页，东京，1979。

② 这是参谋本部支那科高桥中佐的话。见崛场一雄：《支那事变战争指导史》，85 页，东京，1962。

③ 美国学者沃尔什评论说：在台儿庄小镇，"日本派遣军遭到了近代史上第一次的惨痛挫折"。见沃尔什：《德国驻华军事使团，1928～1938 年》(B. K. Walsh, The German Military Mission in China, 1928～1938)，载《近代史杂志》(*The Journal of Modern History*)，1974 年 9 月号。

所系。中国这时如能得到有力的国际支援，日本的侵略战火纵然不能扑灭，至少可以不致像后来那样又蔓延到东南亚和太平洋的广大地区。可惜，只有苏联认识到唇亡齿寒的关系，积极援华，而西方列强则专注于欧洲的险恶风云，对远东局势的严重性估计不足，以为用安抚日本的办法就可以换取到自己利益的不受损害。他们错过了欧战爆发前援华抑日的良机，终于给自己带来了巨大灾难。

欧美列强从一开始就采取了纵容侵略的错误政策，这在1937年9月至10月的国联大会和同年11月的布鲁塞尔会议上表现得十分突出。1937年9月12日，中国正式向国际联盟提出申诉的照会。但还在正式开会以前，英、法两国外长就已分别告诉中国驻伦敦和巴黎的大使，不要指望申诉“能收到什么实际效果”①。后来的事实果然如此。经过将近一个月的时间，国联大会最后通过了远东顾问委员会的两个报告书和一个决议。第一报告书虽然指出了日本对中国的军事行动违反了《九国公约》和《巴黎公约》，但未明确宣布日本是侵略者。第二报告书建议《九国公约》签字国举行会议，并与其他在远东有特殊利益的国家合作，共同讨论解决办法。决议要求各国联成员国不得采取任何损及中国的奋斗目标或削弱其抵抗能力的措施，并各自考虑其所能对中国提供的援助。没有任何实际的措施，不过口惠而已。

召开九国公约会议是英国代表克兰伯恩提出的，这是“将责任推卸给美国的巧妙手段”②。作为当年华盛顿会议的发起国，美国不能拒绝参加会议，但决不带头。在美国代表戴维斯出发前，罗斯福总统在10月19日指示他：美国政府不希望“被推到前台充当领袖”，但也不愿在美国人民眼中看来像是“英国风筝上的尾巴”。③ 而且，美国认为自己在远东的利益比英国小得多，英国人的做法是要美国“为它火中取栗”，④ 对此十分反感。能有力量参与解决远东问题的英、美两国互相推卸责任，它们实际上早已下定决心不在会上采取任何制裁日本的措施，并由双方的最高当局在会前明确地宣布出来。1937年10月12日，罗斯福发表“炉边谈话”，说：“这次会议的目的是要通过协议求得当前中

① 《顾维钧回忆录》，第2分册，463～464页，北京，中华书局，1985。

② 同上书，506页。

③ 多萝西·博格：《美国与1933～1938年的远东危机》(D. Borg, *The United States and the Far Eastern Crisis of* 1933～1938)，406～407页，哈佛大学出版社，1964。

④ 科德尔·赫尔：《回忆录》(C. Hull, *Memoirs*)，553页，纽约，1948。

国情势的解决。在寻求解决的努力中，我们的宗旨是要同包括中国和日本在内的其他签字国合作。"①这是要消除人们认为美国可能参加一个制裁日本的公约的怀疑。张伯伦 10 月 21 日在下院的讲话则更为明确："我认为，到这个会议上去谈论经济制裁、经济压力和武力，是完全错误的。我们是在这里缔造和平，而不是在这里扩大冲突。"②

英、美、法都不愿会议在自己国家召开，好不容易才说服了比利时充当东道主。在比利时首都布鲁塞尔召开的会议从 1937 年 11 月 3 日开始，到 24 日无限期休会。与会者 19 国，日本拒绝参加。会议最后通过的宣言只是重申《九国公约》的原则，并要求停止战争行动。日本是发动战争的侵略一方，中国是被迫抵抗的受害一方，会议甚至对这种最基本的区别也未敢指出。中国没有得到任何援助，日本也没有受到任何制裁，会议便如此草草收场了。

布鲁塞尔会议的无所作为，应当如何解释呢？一个原因是英、美都认为自己的在华利益虽在一定程度上受到损害，但日本在经济上终归要依赖它们，暂时不利的局面不难挽回，因此不应刺激日本，以免它进行报复。美国对日贸易有相当利益可图。会议期间，美国国务院顾问霍恩贝克对中国代表顾维钧说：美国不能对日实行经济制裁，"美国人民所恃的理由是，战争一爆发，生意就要垮台。在对日贸易上感兴趣的人们认为，如果与日本交战，生意就做不成了。南方棉花种植者害怕禁止棉花输往日本会使他们倾家荡产。"③更重要的是：美国对日出口中有一些是日本必需的军事物资，如石油、钢铁等。美国认为这是它手中的经济武器，是可以用来驾驭日本这匹烈马的缰绳。关于美国如何使用这根缰绳以及使用得是否有效，我们下面将要谈到。布鲁塞尔会议前夕，英国商会联合会主席克拉克断然反对制裁，认为这对贸易是无益而有害的。英国政府的喉舌《泰晤士报》同样不赞成制裁。④

另一个原因是英、美都认为坐观成败是聪明的办法。鹬蚌相争，可以坐收渔人之利。美国驻日大使格鲁的主张是很有代表性的。他在 1937 年 8 月 27 日致国务卿赫尔的电报中写道：日本人没有考虑到，在中国军队可能被摧毁以

---

① 《罗斯福选集》，163 页，北京，商务印书馆，1982。

② 尼维尔·张伯伦：《为和平而斗争》(N. Chamberlain, *The Struggle for Peace*)，42 页，伦敦，1939。

③ 《顾维钧回忆录》，第 2 分册，658 页，北京，中华书局，1985。

④ 尼古拉斯·R. 克利福德：《从中国撤退》(N. R. Clifford, *Retreat from China*)，33 页，伦敦，1967。

后，“也许才是真正战争的开始”。毫无限制的游击战争和巨大的财政耗费，将日益耗竭日本的国库，并逐渐扫除日本在华的工商业利益。他深信，“日本正在从事重大的冒险”。在这种形势下，“美国的基本目标应该是：(1)避免卷入；(2)极力保护美国人的生命财产和权利；(3)在保持完全中立的同时，维持我们对交战双方的传统和友谊”①。日本是侵略者，中国是受害者，如何能对双方维持友谊呢？透过这些伪善的词句，我们不难看出格鲁的真正意图是“坐山观虎斗”，等待时机成熟时由美国出来收拾局面。英国的态度也一样。外交大臣艾登写道：“我在布鲁塞尔会议上发现，许多人认为日本在中国将重演‘1812年’故事。也许不会如此，但我们应着意使其成为可能。”②盼望日本像当年拿破仑侵俄一样遭到失败，但并不援华，居心仍然是想使中、日两败俱伤。

以上两点是英、美相同的动机。它们各自还有特殊的动机。美国这时的孤立主义势力十分强大。罗斯福在10月5日发表了著名的“防疫”演说，未指名地谴责了日本，但立即遭到激烈的抨击。演说的次日，《华尔街日报》发表社论，标题是“停止对外干涉；美国要和平”。③ 罗斯福看到势头不对，赶快缩了回去。英国的注意力集中在欧洲。张伯伦这时正起劲地兜售他的绥靖德国的计划，不愿在远东惹怒日本。11月19日，英国枢密院长哈里法克斯奉张伯伦之命，去德国拜见希特勒，企图缔结一个以英、德为核心的欧洲四强协定。张伯伦与哈里法克斯对这次会晤十分重视，认为即使德国人得出印象：反共产国际三国公约刚一宣布，英国人就立刻急于追求它们，也在所不顾。④

法国也是当年参加华盛顿会议的一个主要国家。但它这时内部政局动荡，外部又忙于应付西班牙内战，无力顾及远东，因而对待会议的态度——唯英、美是从。英、美既然消极，法国更不能有什么作为。会议期间，法国还要求在印度支那受到日本攻击时，英、美保证给以援助，当即遭到拒绝。

---

① 约瑟夫·C. 格鲁：《动乱的时代》(J. C. Grew, *Turbulent Era*)，第2卷，1116～1117页，波士顿，1952。

② 艾登：《面对独裁者》，下卷，964～965页，北京，商务印书馆，1977。

③ 多萝西·博格：《美国与1933～1938年的远东危机》，391页，哈佛大学出版社，1964。

④ 约翰·哈维编：《奥利弗·哈维的外交日记，1937～1940年》[J. Harvey(ed.), *The Diplomatic Diaries of Oliver Harvey* 1937～1940]，59页，纽约，1970。继德、日在1936年11月25日签约以后，意大利于1937年11月6日加入，上文所说“三国公约刚一宣布”，即指此而言。

布鲁塞尔会议是一次彻底失败的会议，是一次开比不开还要坏的会议。如果不开，至少日本还不能完全肯定欧美列强的态度到底如何。开了以后，它们的互相推诿，软弱无力，甚至讨好日本，就都暴露得一清二楚了。日本从此放胆侵略，近卫政府在 1937 年 12 月攻下南京后，便于次年 1 月 16 日发表声明："今后不以国民政府为对手，期望真能与帝国合作的新兴中国政权的成立和发展"，采取了十分强硬的态度。欧美列强的自私自利与缺乏远见，丧失了一次极为难得的制止战争或至少压缩其范围的机会。日本已出兵百万，后援无继。战费庞大，经济困难。内部还有一定数量的主张不扩大战争的人士，他们虽然不占优势，但如果国际干涉有力，他们的主张是可以逐渐受到重视的。中国代表顾维钧在 11 月 13 日的会议上，警告如果会议失败，必将导致另一次世界大战："国际和平也像一国的国内和平一样，如需持久，就得保卫。目前远东和平的恢复与维护，要求其他与会各国采取道义上的、物资上的、财政和经济上的具体行动。这类行动还必须及时进行，因为如果因犹疑而耽误得太久，那么，肆虐于远东的暴力和动乱，不久就会达到不经受另一次世界大战的考验和磨难，就不可能制止和控制的程度。"①他的话不幸言中了。

布鲁塞尔会议后，英、美继续沿着绥靖日本的道路走下去，但英国走得更远一些。1938 年是英国全力推行绥靖德国的外交的一年，在慕尼黑会议上达到了顶点。张伯伦政府认为，为了集中力量对付德国，必须在远东绥靖日本，在地中海绥靖意大利。英国在欧洲的困难给日本提供了危害英国在远东的利益的机会，但英国又无力反击。在不能与日本缔结同盟的情况下，实现双方谅解是最好的办法。英国希望，对日如能达成谅解，则一旦欧洲爆发战争，日本可以保持中立，不去侵犯英国在远东的权益，特别是它在远东的殖民地。1938～1939 年，英国袒护日本、损害中国利益的一系列行为，就是在这种背景下发生的。

1938 年 5 月 2 日，英、日非法签订了关于中国海关的协定，规定日本占领区各海关所征一切关税、附加税及其他捐税，均存入日本正金银行；还规定自 1937 年 9 月起停付的日本部分庚子赔款，应即付给日本政府。② 这一协定严重损害了中国的主权，并使中国关税收入遭到很大的损失。

---

① 《顾维钧回忆录》，第 2 分册，696～697 页，北京，中华书局，1985。

② 中国近代经济史资料丛刊编辑委员会：《1938 年英日关于中国海关的非法协定》，98～99 页，北京，中华书局，1983。

大约在英、德慕尼黑勾结的同时，英国驻日大使克莱琪与日本外相宇垣一成进行了将近两个月的谈判(7 月 26 日至 9 月 22 日)。英国提出的问题有开放上海公共租界北部地区、长江自由航行、消除对英国拥有或英国控制的公司的限制以及恢复黄浦江修造局等。日本则要求英国不得援华和建立英、日合作。由于日本在长江自由航行等问题上丝毫不肯让步，谈判没有成功。

日本从慕尼黑协定中看清了英国的虚弱后，野心更加膨胀，遂于 1938 年 11 月 3 日宣布：帝国要“建设确保东亚永久和平的新秩序”，还要各国“适应东亚的新形势”。不顾英、美的抗议，近卫政府复于同年 12 月 22 日声明：“日、满、华三国应以建设东亚新秩序为共同目标而联合起来”。日本现在所要侵占的不仅是全中国，而且是整个东亚了。1939 年 3 月 15 日，德国吞并了捷克斯洛伐克，慕尼黑协定彻底破产。3 月 31 日，英国匆忙宣布对波兰的保证，但无任何实际措施，法西斯国家并无所惧。4 月 9 日，汉奸官员程锡庚在天津英租界被刺。日本抓住这个机会，以英国拒绝引渡 4 名中国人为借口，封锁了天津英租界。7 月 15 日，英国驻日大使克莱琪同日本外相有田八郎在东京开始谈判，24 日双方宣布了如下的协议：英国政府完全承认“在华日军为了保障其自身的安全和维护其控制地区的公共秩序，有其特殊的需要”，“他们必需镇压或消灭任何将妨害他们或有利于他们敌人的行动或起因”。英国政府保证“无意鼓励任何有损于日本军队达到上述目的的行动或措施”，并将要求英国在华当局和英国侨民不得采取此类行动和措施。不管英国政府如何狡辩，有田-克莱琪协定实际上承认了日本侵略中国的合法性并承诺不援助中国抗日。7 月 25 日，延安《新中华报》发表社论，向英国执政者发出警告：“你们的妥协政策，只是自掘坟墓……你们愈是和日本妥协，你们在远东的一切利益将愈被排斥，将愈不可保。”7 月 29 日，中共中央发出反对东方慕尼黑阴谋的指示，强调自力更生，树立坚持抗战到底的决心及民族自信心，反对依赖英国的外交政策。在全国人民坚决反对投降的形势下，蒋介石亦于 7 月 28 日致电伦敦《新闻纪事报》，指出英国与日本妥协的错误：“日本军阀怀挟其所谓‘神圣使命’之统治亚洲的狂想，既如此其深切，则英国欲为保护其在中国之利益，即使欲作暂时的让步，亦无异于以血肉喂猛虎。”①中国人民粉碎了远东慕尼黑阴谋，使中国没有沦为第二个捷克斯洛伐克。它屹立于东方，成为后来同盟国的最重要的抗日

---

① 秦孝仪主编：《中华民国重要史料初编——对日抗战时期 第三编：战时外交(二)》，103 页，台北，1981。

基地。

一次大战后，帝国主义列强在太平洋地区拥有最大势力的是美、日两国。美国在华的直接经济利益不大，1936年年底在华投资约2.2亿美元①，该年对中国的出口为4700万美元②。但美国认为中国是一个巨大的潜在市场，而且战略地位十分重要。这就决定了在中日战争开始后一个阶段内，美国采取不直接卷入的观望态度，坐收渔利，但当日本要吞并整个中国时，它就不再退缩了。

中日战争爆发后，由于两国互未宣战，美国没有实施中立法，但国务院于9月14日发表声明：凡属美国政府所有的商船今后不得运载任何武器、弹药或军用器械前往中国或日本。其他悬挂美国国旗的商船运载上列物资前往中国和日本者，应自行承担风险。这是一个显然有利于日本而不利于中国的决定。悬挂美国国旗的商船可以继续把军事物资运往日本，但中国海岸已被日本封锁，商船开往中国要冒极大的风险。美国资本家乘机大发其财，并使日本战争机器得以充分运转。1937年，美国对日出口总值2.89亿美元，其中石油、精炼油、废钢铁、原棉4项战略物资就值1.42亿美元，约占1/2。③ 单以石油一项而论，日本所需石油来自美国的份额1937年约占80%；1939年约占85%。④ 1938年年底以前，美国一直拒绝给中国以经济援助。1938年10月，日军占领广州。11月，近卫发表建设“东亚新秩序”的声明后，美国感到日本的威胁越来越大，才于12月15日通过进出口银行给以2500万美元的信贷，中国则以桐油偿还。美国财政部长摩根索认为，对中国的经济援助可以在很大程度上遏制日本的侵略，而且中国已经接受苏联大量军事援助，美国如再拖延贷款，差不多等于驱使蒋介石投入“俄国的手掌”和“共产主义的怀抱”。国务院的霍恩贝克也认为，日本在中国的侵略如不被制止，美国将很快面临日军向美

---

① 《走向太平洋战争的道路》，第4卷，158页，东京，1963。

② 孔华润：《美国对中国的反应》(W. I. Cohen, *America's Response to China*)，149页，纽约，1971。

③ 博格、冈本编：《历史进程中的珍珠港》[D. Borg & S. Okamoto (ed.), *Pearl Harbour as History*]，372页，纽约，1973；孔华润：《美国对中国的反应》，149页，纽约，1971。

④ 赫伯特·菲斯：《通向珍珠港之路》，284页，北京，商务印书馆，1983。

国本土逼近的局面。① 不过从此直到1939年9月欧战爆发，美国没有再给任何经济援助。第二笔贷款姗姗而来，那时已是1940年3月了。

"七七事变"后，只有苏联一国给中国以巨大援助。1937年8月21日，《中苏互不侵犯条约》签订，双方约定不得单独或联合其他一国或多数国家对于彼此实施任何侵略行为；两缔约国之一方受到一个或数个第三国侵略时，其对方对该第三国不得直接或间接予以任何协助。这是苏联对中国抗战在政治上的重大支持。日本对此十分不满，外相广田对美驻日大使说："苏联和中国本来在近年任何时候都可能缔结这个协定，却偏要选择这个特殊的时机和特殊的局势来签订，这是令他感到遗憾的。"②从1938年3月到1939年6月，苏联先后给予国民党政府三笔贷款，共2.5亿美元，以供向苏联购买军火和其他物资之用。从1937年10月到1939年9月，苏联一共向中国提供了985架飞机、82辆坦克、1300多门火炮、14000多挺机枪以及弹药和装备。③ 更重要的是：强大红军的存在，使日本不得不在中国东北配备重兵，从而便利了中国的抗战。1939年9月22日，蒋介石在致斯大林的电报中说："自中国抗战以来，日本之未敢以全部兵力加诸中国者，实由贵国在我东北边境牵制之力为多。"④

中国人民的坚强抗战，反转过来也大大减轻了日本对苏联的压力。在1938年3月徐州战役以前，日本参谋本部每年制订作战计划时，都给关东军配备足够的兵力，以使之具备打击苏联的能力。当假定的苏联进攻发生时，日本还能从其他地方调兵来支援关东军。甚至在徐州战役时，仍然认为发生对苏战争时，部队可从其他地方调防"满洲"。但在准备汉口战役时，因需要投入庞大兵力，日本大本营就完全不能按先前的作战计划来设想了。⑤ 1938年7月

① 迈克尔·沙勒：《美国十字军在中国1938～1945年》，28～30页，北京，商务印书馆，1982。

② 《美国对外关系文件：日本1931～1941年》(*Papers Relating to the Foreign Relations of the United States: Japan* 1931～1941)，第1卷，360页，华盛顿，1943。

③ 德波林主编：《第二次世界大战史》，第2卷，117页，上海，上海译文出版社，1981。

④ 秦孝仪主编：《中华民国重要史料初编——对日抗战时期。第三编：战时外交(二)》，347页，台北，1981。

⑤ 阿尔文·D.库克斯：《消耗对国家作战力量的影响：1937～1938年日本陆军在华经验》(A. D. Coox, Effects of Attrition on National War Effects: The Japanese Experience in China, 1937～1938)，载《军事杂志》(*Military Affairs*)，1968年10月号。

14日，日军挑起张鼓峰事件，遭到苏军的痛击。日本的失败固然主要由于苏军的强大，但也和日本当时正在调动大部兵力准备汉口战役有关。1939年5月11日，日军又侵入诺门坎。在将近4个月的战斗中，日军伤亡惨重。8月30日，日参谋总长载仁亲王向关东军司令官植田谦吉下达大陆命令第343号："大本营的意图是在处理中国事变期间，以帝国军队的一部分在满洲防备苏联，维持地方的平静。为此在诺门坎尽力不扩大作战，筹划迅速结束之。"①9月16日，日、苏签订了停战协定。这再次说明中、苏两国在军事上是互相支援的。

1937～1939年是中国孤军奋战的时期。中国抗日战争的国际条件以这一阶段最为不利。只有苏联一国真正援华，自己也因而深受其利。英、美目光短浅，看不到大祸行将临头，反而助纣为虐，一个大搞远东慕尼黑，另一个大做其军火生意。中国抗战的国际条件尽管如此不利，但仍以极大的勇气和毅力坚持下来，挡住了日本百万大军的进攻，从而为日后同盟国反法西斯的共同事业奠定了坚实的基础。不难设想：如果中国大陆完全被日本征服，那么到第二次世界大战全面爆发时，日军或可直驱西伯利亚，与德国会师欧陆，或可南下印度洋，占领印度，与德国会师中东。同盟国虽终将取得胜利，但世界人民也必遭更大的损失。

1939年欧战爆发后，日本政府采取观望态度，声明"帝国不介入，专注于中国事变。"

英国陷于欧战之中，无力东顾，更加想用妥协让步的办法，乞求日本给自己留下点残羹剩饭。在日本的要求下，英国于1939年12月把驻在华北的英国军队大部分撤离。法国也采取了类似措施。有田-克莱琪协定签字后，日本进一步要求英国政府把中国存在英租界的白银交给日本，并停止法币在英租界内流通。英国再一次屈服了。1940年6月19日，英、日签署协定：天津交通银行所存的银币及银块，仍继续存于该行，但提出相当于10万英镑的数额存入伪北平救济委员会；日本人发行的联合储备银行的纸币与法币同时在英租界流通。英国的这些让步并未能使日本从此罢手。6月24日，日本向英国提出了立即封闭滇缅路的要求，否则以战争相见。英国政府急忙向美国求援，并提出两种方案供美国选择：一是由美国对日实行禁运，并向新加坡派遣军舰，对日本施加压力；二是提出令日本满意的解决远东局势的条件，把它争取过来。英国驻美大使洛西恩向赫尔表示，不论美国采取哪种方案，英国都乐意追随。但

① 《现代史资料10·日中战争3》，141页，东京，1964。

美国既拒绝采取强硬办法，也拒绝和英国一道对日本付出高昂的收买代价。7月17日，英国决定暂时关闭滇缅路3个月，在此期间内停止向中国运送武器、弹药以及汽油、卡车、铁路器材等物资。这几类物资，香港同样禁运。封锁滇缅路这一讨好日本的可耻行为，其实连一时的苟安也未换来。两个月后，日军进驻印度支那北部，开始向西方帝国主义在远东的殖民地开刀了。

美国在欧战爆发后，最初采取“坐山观虎斗”的态度。罗斯福后来曾把大战比作一场英国式的足球赛。“我们(指美国)就好像是预备队，先坐在一旁的长凳上瞧人家的。俄国和中国形成先上场的第一队，在某种程度上，英国也可以说是第一队的队员。……在球赛进行到我们的先锋队员快要疲乏的时候，我们就应该参加进去作最后的一着，以决定全局的胜利。”①1940年6月，法国出人意料地迅速战败，英国退守本土，欧洲形势急剧恶化。此后，美国逐渐加强了对英国的援助。9月2日，美国送给英国50艘逾龄驱逐舰，用以交换英国在加勒比海的一些海空军基地，租期99年。面对德、日两个强敌，美国决定采取“先欧后亚”的战略方针，首先集中力量对付德国，在远东暂时采取守势。这个总的战略方针并不错，但当把它运用于中日战争时，处理得很不妥当。美国政府的办法是：对中国的援助与对日本的经济制裁都要一点一点地增加，以免刺激日本太甚。等到日本迈出南进的步伐，它的打击矛头日益对准美国时，援华的规模才真正扩大，对日制裁也有了比较重要的内容。但一直到太平洋战争爆发前几个月，美国执政者当中仍有人幻想通过经济制裁，既能使日本有所戒惧，但又不致引起日美战争。用赫尔的话来说，美国应“勒紧缰绳，并考虑尽可能使缰绳勒紧到不足以引起实际的军事行动的程度”②。这其实是一种消极被动、零敲碎打的办法，并不高明，因为要找到一种把缰绳勒紧而又不致使对方铤而走险的分寸，是根本不可能的。

美国的对日经济制裁，首先是从1938年6月的仅有象征意义的“道义禁运”开始，以后慢慢增添内容。1940年6月下旬，印度支那的法国当局根据日本的要求，封锁了印度支那与中国的边界，并允许日本在海防等地设立检查站。6月29日，日本外相有田发表了一篇题为《国际形势和帝国的立场》的演说，要求把东亚各国和南洋各地划为一个“共存共荣的区域”，这时虽未提“大

① 伊利奥·罗斯福：《罗斯福见闻秘录》，51页，上海，新群出版社，1947。

② 赫伯特·菲斯：《通向珍珠港之路》，262页，北京，商务印书馆，1983。

东亚共荣圈"之名，但已具这个口号之实。① 7月2日，罗斯福根据"促进加强国防法"，颁布命令，把若干种物资列入颁发许可证项目之内，如武器、弹药、军事器材、铝和镁之类的战略原料以及飞机零件等，但直到这时仍未把日本所需要的石油和废铁包括在内。

1940年9月，发生了两件对日美关系具有重要影响的大事，从此以后美国的援华步伐加快了，对日经济制裁也较严厉了。第一件大事是9月23日日军进驻法属印度支那北部。印度支那的战略地位十分重要，是侵入泰国、缅甸、马来西亚和菲律宾的桥头堡。日本既已迈出了南进的第一步，美国赶忙采取了两个相应的对策，一是在9月25日宣布给中国一笔2500万美元的贷款，另一是在9月26日宣布对日本实行废钢铁禁运。第二件大事是9月27日德、意、日三国缔结同盟条约。德、日都希望这个条约能起到威慑美国的作用。德国的目的在于阻止美国站在英国一边参战，日本的目的则在于使美国不继续援华并在日本夺取英、法、荷在远东的殖民地时不进行干涉。但结果适得其反。美国更加看清了日本决心与自己为敌的面目，从而也更加认识到援助中国的重要性。10月5日，海军部长诺克斯在华盛顿发表公开演讲，大声疾呼说：三国公约是直接针对美国的，美国的生活方式受到了前所未有的威胁。② 一向亲日的美国银行家拉蒙特，现在也和金融界其他人士一样相信，美国必须采取反对日本的有力措施。③ 11月20日，日本枢密院召开会议，审查日汪条约，表明日本即将正式承认汪伪政府，决心摧毁重庆国民政府。罗斯福赶忙在11月29日指示财政部长摩根索在24小时内给中国提供1亿美元的贷款。④ 30日，罗斯福发表对华财政援助声明，宣布了给予中国1亿贷款的决定。从1937年7月7日到1940年11月30日，美国援华贷款总计1.7亿美元，其中1940年9月25日以前的贷款为4500万美元，9月25日以后(包括9月25日一笔在内)的贷款为1.25亿美元，将近以前的3倍。美国直到日本的军刀快要砍到自己头上的时候，才醒悟到中国抗日战争对于美国安全的重要价值。1941年3

① 日本外务省编纂：《日本外交年表并主要文书》，下卷，433～434页，东京，1987。

② 兰格与格利森：《未宣战的战争，1940～1941年》(W. L. Langer & E. S. Gleason, *The Undeclared War*, 1940～1941)，36页，纽约，1953。

③ 博格、冈本编：《历史进程中的珍珠港》，369页，纽约，1973。

④ 杨：《1937～1945年中国与外援》(A. N. Young, *China and the Helping Hand* 1937～1945)，173页，哈佛大学出版社，1963。

月 11 日，美国通过租借法案，5 月 6 日罗斯福正式宣布租借法案适用于中国。

1941 年 1 月 29 日至 3 月 29 日，英、美在华盛顿举行参谋会谈，两国第一次正式明确了“先欧后亚”的战略方针。会议认为德国是轴心国的主要成员，因而大西洋和欧洲应是决定性的战场。如果日本参战，远东的军事战略将是防御性的。日本方面，内阁在 1940 年 7 月 26 日通过《基本国策纲要》，规定了建设“大东亚新秩序”的方针。次日，大本营和政府联席会议又决定了《适应世界形势演变的时局处理纲要》，更具体地规定了南进方针和政策。由于战争正在进行，日本所余兵力无几，《处理纲要》不得不把情况分为两种：第一种是“在中国事变大体处理完毕时”，为了解决南方问题可以行使武力；第二种是“在中国事变尚未处理完毕时，应在不至于同第三国开战的限度内采取对策”，但如内外形势对日本特别有利，为了解决南方问题，也可以行使武力。① 但是，中国的英勇抗战使日本帝国主义无法结束“中国事变”，早日南下。欧战爆发后，国民党战场方面陆续进行了第一次长沙战役、桂南战役、枣宜战役、豫南战役、中条山战役、第二次长沙战役等，抵抗了日军的疯狂进攻。八路军方面则在 1940 年 8 至 12 月发动了著名的百团大战。百团大战破坏了河北至山西的交通动脉，消灭了将近 3000 个敌伪据点，并毙伤了大量的敌伪军。中国共产党领导的游击战争日益深入和发展。据日方统计，仅 1940 年一年，华北方面军就进行了 20123 次战斗，足见游击战争给了日军多么频繁的打击。②

美、日双方都还未做好打击对方的准备，需要争取时间。它们也试图通过谈判，找到某种暂时妥协的办法。于是，从 1941 年 4 月到 12 月，它们进行了将近 8 个月的谈判，双方都提出过若干个方案，争执的焦点是中国问题。日本坚持必须承认“满洲国”，并在中国华北和内蒙古长期驻军。美国准备在事实上承认“满洲国”，但要求日本从中国关内撤军。双方都曾想用牺牲中国的办法，求得彼此之间的某种妥协。但日本要价太高，想独霸中国，美国不肯答应。③

---

① 服部卓四郎：《大东亚战争全史》，第 8 版，19 页，东京，1971。

② 《现代史资料 9・日中战争 2》，470～471 页，东京，1964。

③ 1940 年 7 月 8 日，日本特使佐藤对德国外长里宾特罗甫说：“日美间争斗的最大原因正是在于支那问题。……美国总是在太平洋上保持海军的优势，想靠此把持太平洋上的警察权。在支那问题上，日美间的主张是不相容的。”见防卫厅防卫研究所战史室：《大本营陆军部大东亚战争开战经纬》第 1 卷，135～137 页，东京，1973。佐藤当然不讲日本自己也想把持太平洋上警察权的问题。这正如民间俗话所说的，老鸦只看到猪黑，却忘记了自己的颜色。

最重要的是：中国人民坚持抗战，决不投降，牺牲中国是办不到的。中国共产党中央委员会为纪念抗战4周年发表了对时局的宣言，严正指出："法西斯同盟对于全世界的威胁，西方与东方同时增长。惟有建立于反法西斯国家统一战线基础之上的坚决的斗争，方能制凶焰于已燃，挽狂澜于既倒。……至于张伯伦覆辙的重寻，汪精卫后尘的学步，所谓绥靖政策与投降路线者，尤为愚不可及之下策，……中国人民对于远东慕尼黑的危险，是永远坚决反对的。"①

就在日、美谈判期间，德国于1941年6月22日发动了侵略苏联的战争。日本外相松冈主张立即北进，与德国夹攻苏联，但参谋总长杉山等人认为日本的大部分兵力现正用于中国，北进实际上办不到。7月2日，在御前会议上通过了《适应形势演变帝国国策纲要》，决定"依旧为处理中国事变而迈进，并……继续向南方的扩张"，在北方要等到"德苏战争的发展对帝国有利时，即行使武力解决"。7月23日，日本与维希政府达成了关于进驻印度支那南部的协议，事态十分严重，太平洋上的战火眼看就要点燃了。美国当即予以报复，在7月26日冻结了日本在美国的全部资产，英国也在当日采取了同样措施。国务卿赫尔认为，美国"已到了任何可能绥靖日本的尽头"，"除了坚定的政策和武力本身以外，对那个国家(指日本)再也没有什么可做的了"②。8月1日，美国又禁止向日本出口一切可作为飞机燃料使用的石油产品。11月5日，日本御前会议通过了《帝国国策实施要领》，决心对美、英、荷开战。12月8日，日本偷袭珍珠港，太平洋战争终于爆发。

从1939年9月到1941年12月这段期间，英、法、苏虽已先后参战，但在亚洲和太平洋地区，仍是中国孤军奋战的局面。英、法在欧洲被德国打得一败涂地，在远东向日本屈服，切断了滇缅、滇越的援华要道，一度站到了日本一方。苏联在1941年以后，由于自卫需要，援华逐渐减少。美国的援助虽较前增加，但远远不能满足中国战场的巨大需要。③ 总之，中国抗战的国际条件已较前一阶段稍有改善，不过仍然相当不利。尽管如此，中国军民继续给日本侵略者以沉重打击，拖住了日军的主力。太平洋战争爆发时，日本投入南方战

① 中央档案馆编：《中共中央文件选集》第十三册，154～155页，北京，中共中央党校出版社，1991。

② 兰格与格利森：《未宣战的战争，1940～1941年》，659页，纽约，1953。

③ 阿瑟·N. 杨写道："在4年零5个月这么一段比第一次世界大战还要长的时间里，中国在极端不利的条件下孤军奋战。友好的国家进行了援助，但它们在这些年代里的援助是经常太少太迟了。"见《1937～1945年中国与外援》，206页。

线(即东南亚和太平洋战场)的兵力只占陆军总兵力的二成，其余一成留在本国，三成配置在朝鲜和中国东北，四成配置在东北以外的中国其他地区。配置在朝鲜和中国东北的军队，负有确保中国内陆作战的任务，具有第二线的意义，故陆军总兵力的七成仍然用于侵华战争。① 如果不是由于日军主力陷在中国大陆，太平洋战争初期英、美、荷的失败还要惨重得多。印度和澳洲的失守，不是没有可能的。中国抗战还推迟了太平洋战争的爆发，使英、美得以集中力量对付德国，渡过了最困难的一段时间。

太平洋战争爆发后，罗斯福于 12 月 31 日致电蒋介石，提议组织中国战区，请蒋担任统帅，指挥中、泰、越各战区。1942 年 1 月 2 日，蒋介石复电接受。1942 年 1 月 1 日，26 个国家签署的《联合国家宣言》发表，宣言由美、英、苏、中四国领衔，其他 22 个国家按国名的字母依次排列。国际反法西斯统一战线正式组成了，中国人民 4 年多的艰苦奋战为民主国家的团结合作打下了基础。

太平洋战争初期，美、英、荷遭到日军的猛击，很快败了下来。美国自视为“世界上最坚固的堡垒”的夏威夷，被日军偷袭成功。费时 18 年，耗资 6000 万英镑，号称“远东直布罗陀”的新加坡军港，结果证明是英国式的马其诺防线。它的炮群对准大海，但日军却强渡柔佛海峡，从后面包抄过来，1942 年 2 月 15 日 10 万英军投降。美、英惨败后，益感援助中国的必要。1942 年 2 月 7 日，美国参众两院通过援华贷款 5 亿美元，罗斯福为此专门致电蒋介石，电文写道：“中国人民，武装起来的和没有武装的都一样，在十分不利的情况下，对于在装备上占极大优势的敌人进行了差不多五年坚决抗击所表现出的顽强，乃是对其他联合国家军队和全体人民的鼓舞。”②一向轻视中国抗战的丘吉尔，也终于看到，“中国一崩溃，至少会使日军 15 个师团，也许会有 20 个师团腾出手来。其后，大举进犯印度，就确实可能了。”③

1943 年 1 月，美、英为了争取中国，加强打击日本的力量，分别与中国政府签订了平等新约，宣布废除领事裁判权及其他特权。这是中国人民近百年来艰苦斗争的结果，特别是抗战以来英勇奋战的结果。当太平洋战场上英、美

---

① 井上清：《日本军国主义》，306 页，东京，1975。

② 《罗斯福选集》，345 页，北京，商务印书馆，1982。

③ 丘吉尔：《第二次世界大战回忆录》，第四卷上部，第一分册，266 页，北京，商务印书馆，1975。

连遭挫败的时候，中、日军队在1941年12月至1942年1月进行了第3次长沙会战，中国获得大捷。日本承认的伤亡数字是战死1591人，战伤4412人，损失为占领香港的2.5倍，实际上的损失还要更大。英国《泰晤士报》发表社论说："12月7日以来，同盟军唯一决定性的胜利是华军的长沙大捷。"①中国共产党领导的游击战争在异常艰苦的条件下坚持进行。1941年，华北敌后军民共粉碎日军千人以上至7万人的"扫荡"67次，其中1万人至7万人的大"扫荡"有10次。1942年，敌后抗战更加艰难，但华北军民仍然粉碎了日军千人以上至5万人的"扫荡"76次，其中1万人至5万人的大"扫荡"达14次之多。②游击战争的规模就每次而言虽然不大，但每天每夜每时都在进行，积小胜为大胜，把日本侵略者打得狼狈不堪。1943年3月，华北方面军参谋长大城户三治中将在一次讲话中惊呼："中共军队不仅在华北，而且在全中国都妨碍日军的行动。"③中国军民这种辉煌的战绩，美、英统治者当时是不能不承认的。他们如果再把中国当作殖民地看待，本国人民也是不会答应的。

1943年10月30日，中、苏、美、英四国在莫斯科签署了《关于普遍安全的宣言》。在谈判的过程中，美国国务卿赫尔认为"同意中国加入大国的行列具有极其重要的意义"。英国本来是反对把中国列为四强之一的，丘吉尔在会前为外交大臣艾登参加会议所起草的备忘录中，是把英、美、苏看作三大国，中国是不配同它们并列的。④ 苏联也不赞成。赫尔在一次私下会谈中警告莫洛托夫，如果把中国排斥在外，就会不仅在太平洋，而且对美国公众舆论产生"最可怕的影响"。赫尔还暗示，如果不同意美国的方案，目前对苏联援助的某些部分可能转拨给中国。⑤ 莫洛托夫做了让步。英国在远东的领导权早已不复存在，也只能同意。

自太平洋战争爆发以后，美国一再要把中国列为四强之一，这是为什么

---

① 日本防卫厅防卫研究所战史室编：《香港·长沙作战》，658页，东京，1971；吴相湘：《第二次中日战争史》，下册，792页，台北，1974。

② 史众：《中国抗日战争的敌后战场》，见中国第二次世界大战史研究会编：《第二次世界大战史论文集》(2)，48页，北京，国防大学出版社，1986。

③ 日本防卫厅防卫研究所战史室编：《华北的治安战》(2)，337页，东京，1971。

④ 丘吉尔：《第二次世界大战回忆录》，第五卷上部，第二分册，434页，北京，商务印书馆，1975。

⑤ W. 艾夫里尔·哈里曼、伊利·艾贝尔合著：《特使》，264页，北京，生活·读书·新知三联书店，1978；《赫尔回忆录》，第2卷，1282页。

呢？第一方面的原因是，在军事上，美国确实需要借助中国抗战的力量，在亚洲大陆“拖住日本人”，以减轻日本在太平洋上对美国的压力。1943 年 8 月，联合参谋会议(CCS)希望中国能牵制更多的日本军队，因为纵使中国牵制的日军的一部分得以摆脱出来，用于对付美军，那么美国在其他战场的问题就要困难得多。① 第二方面的原因是，在政治上，罗斯福政府从战后争霸世界的战略出发，希望蒋介石政权能成为美国的一个忠顺的随从，可用以首先对付苏联，其次对付英国。1943 年 3 月艾登访美时，罗斯福在向他说明为什么中国应被列为四强之一的原因时，说中国“将成为抵消苏联力量的有用的平衡力量”②。罗斯福在同年 11 月致蒙巴顿的信中还写道：有了 5 亿中国人民作为盟友，“这在今后 25 年或 50 年是非常有用的，即使目前中国还不能给我们提供很多军事和海军支援”。③ 美国抬高蒋介石政府的地位，也是为了反对大英帝国在战后重返远东。英、美新老殖民主义之争由来已久。美国要英国在战后放弃它在远东的殖民地，表面上是因为英国的殖民政策太落后了，采取 18 世纪的方法，即“把殖民地国家中的原料财富都搬走，而反过来却丝毫不给这个国家以任何报酬或是代价”。④ 真正的意图则正如艾登一针见血指出的：“从前的殖民地一旦从他们的主人那里得到了自由，就会在政治经济上依靠美国，而他(指罗斯福)是不用担心别的国家能担当得了这个角色的。”⑤英国对于美国抬高蒋介石地位的做法十分反感，丘吉尔说：“我不能认为重庆政府代表一个世界大国。”他认为这是美国的一种诡计，要培植“一个站在美国方面帮助它消除不列颠海外帝国的任何企图的帮手。”⑥艾登也说，他“很不喜欢让中国人在太平洋到处乱撞的主意”⑦。

1943 年 12 月 1 日，中、美、英三国发表《开罗宣言》：申明三大国此次进

---

① 阿伦·谢：《英国与中国，1941～1947 年》(Aron Shai, *Britain and China*, 1941～1947)，46 页，伦敦，1984。

② 艾登：《艾登回忆录：清算》，657 页，北京，商务印书馆，1976。

③ 沙勒：《美国十字军在中国 1938～1945 年》，99 页，北京，商务印书馆，1982。

④ 伊里奥·罗斯福：《罗斯福见闻秘录》，33 页，上海，新群出版社，1947。

⑤ 艾登：《艾登回忆录：清算》，895 页，北京，商务印书馆，1976。

⑥ 戴维·迪尔克斯编：《亚历山大·卡多根爵士的日记，1933～1945》，488 页，纽约，1972。

⑦ 舍伍德：《罗斯福与霍普金斯》，下册，348 页，北京，商务印书馆，1980。

行战争的目的在于制止及惩罚日本之侵略，并庄严宣告：日本所窃取于中国之领土，例如满洲、台湾、澎湖群岛等，归还中国。中国收复领土的神圣权利终于得到了国际上的公认。

1944年4月，日本发动了打通中国大陆交通线的豫湘桂战役(即“一号作战”)，国民党军队连遭失败。但中国共产党领导的军队却乘敌后战场日军兵力比较空虚的有利时机，在华北、华中和华南发动了进攻，取得了重大胜利。根据不完全的统计，1944年一年，八路军、新四军和华南抗日纵队共对敌作战两万多次，毙伤敌伪军28万余人，扩大解放区8万余平方公里。史迪威以及美国驻华使馆的一些外交人员如戴维斯、谢伟思等人，对于蒋介石集团的贪污腐化和消极抗日早已十分反感，他们主张美国的对华政策不应片面地支持国民党政府，而应包括积极抗日、得到人民拥护的中国共产党在内，以利对日作战。这时，史迪威深为国民党的溃败所震动，遂向美国政府提出建议，由他接管中国部队的指挥权。从1944年7月到9月，罗斯福一连向蒋介石发出四封电报，要求授予史迪威统率中国一切部队的权力。蒋介石决不交出军权，并强烈要求把史迪威调离中国战区。几经讨价还价，罗斯福最后做了让步，于1944年10月18日下令召回史迪威。罗斯福虽然对蒋介石个人并无好感，但他从政治上权衡利害，认为蒋介石集团从根本上来说是亲美的，美国在战后需要有这样一个忠顺的附庸为自己看守亚洲大门。对于史迪威事件，谢伟思说：史迪威被召回后，“戴维斯和我都感到我们犯了一个严重的错误，这就是把美国同国民党和蒋介石拴在一起了。”①1944年11月30日，赫尔利继高思出任驻华大使，白宫给他规定了五项任务，第三项是核心的一项，即“支持蒋介石做中华民国的主席与军队的委员长”。美国的对华政策发生了重大转变，从此走上了扶蒋反共的道路。

在美、蒋交涉的同时，1944年7月美军观察组第一批成员到达延安。毛泽东、周恩来、朱德等中国共产党领导人亲自与他们进行了会谈。毛泽东对谢伟思强调指出：中国共产党始终坚定不移地为自己的目标而奋斗，不以外部的影响为转移。“当共产党还处于弱小而又势单力薄的时候，就为此目标而奋斗；现在，不管外部的影响如何，不论赞同与否，他们仍将为此而继续努力。”毛泽东进一步向他阐明了中国共产党一贯奉行的独立自主的外交方针。在谈到苏联时，说：“苏联参加远东战争或中国战后的建设，这将完全取决于苏联的情况。

① 约翰·S. 谢伟思：《在中国失去的机会》，329页，纽约，1974。

苏联人民在战争中已经遭受巨大的牺牲，将忙于他们自己的重建工作。我们并不期望苏联的帮助。”在谈到美国时，说中国共产党在战时“将尽其所能采取一切方式向美国提供和实行合作……因为这有助于盟军作战和加速打败日本。”战后，中国的“最大需要是发展经济”。“美中两国在经济上可以互相取长补短”，“中国和美国的利益是相同和互相联系的。……我们可以而且必须合作”。1971年谢伟思重返中国，回去后发表了一篇题为《他目光远大》的回忆文章，特别指出毛泽东当年“总是坚持说，我们首先是中国人。我们寻求友好关系，但我们不听从任何人的指挥。”①

1945年2月，美、苏、英三国首脑在雅尔塔举行会议。在会议上，美、苏两国单独讨论了苏联参加对日作战的条件，做了一笔严重损害中国主权的交易。美国允许苏联恢复1904年日俄战争前沙俄帝国主义在中国的权益，苏联答应参加对日作战，并同国民党签订苏中友好同盟协定。美、苏谈妥条件后，通知英国，丘吉尔为了保持战后英国在远东的地位和发言权②表示同意，三国遂签订了一个秘密的协定。罗斯福企图用满足苏联在中国的要求的办法，换取它承认并支持蒋介石政府，从而使中国在战后留在美国的势力范围之内。斯大林为了得到在中国东北的特权，答应支持国民党在中国的统治地位。但是，腐败已极的蒋介石政权是无论如何也扶不住的，中国共产党领导下的中国人民也是决不对强权政治屈服的，中国革命不久就取得了胜利。

1945年9月2日，日本正式签署无条件投降书，第二次世界大战结束。日本战败后，向中国战区(包括台湾和越南北纬16°以北地区)投降的日军共128.3万人，将近全部海外日军274.6万人(不包括关东军)的1/2③。毛泽东指出：“中国是全世界参加反法西斯战争的五个最大的国家之一，是在亚洲大陆上反对日本侵略者的主要国家……中国在八年抗日战争中，为了自己的解放，为了帮助各同盟国，曾经作了伟大的努力。”④这是对中国抗战历史的最正确的概括。太平洋战争爆发后，中国抗战的重要性逐渐为世人所认识，中国的国际

---

① 《毛泽东等中共中央领导人与谢伟思的六次谈话》，载《党史通讯》1983年第20～21期。

② 艾登：《艾登回忆录：清算》，896页，北京，商务印书馆，1976。

③ 秦孝仪主编：《中华民国重要史料初编——对日抗战时期 第二编：作战经过(三)》，707页，台北，1981；服部卓四郎：《大东亚战争全史》，第8版，1006～1007页，东京，1971。

④ 《毛泽东选集》，第2版，第3卷，1033页，北京，人民出版社，1991。

地位也得到提高。这是中国人民奋斗的结果，并非出自别人的恩赐。蒋介石政府在美国参战后，大大松了一口气，以为有了这样的一个靠山，它的地位可保无虞了。越到抗战后期，它越依赖美援，甚至飘飘然以四强领袖之一自居，大做其在战后镇压共产党，重新武力统一中国的迷梦。美国表面上十分尊重中国的国际地位，实际上是要把国民党政府抓在手中，作为战后美国在远东的一个忠实走卒。英国出于重振远东殖民帝国的反动企图，害怕战后在亚洲出现一个强大的中国，因而对美国抬高国民党政府的地位深致不满。苏联为了恢复沙俄在中国的权益，同意了美国关于支持蒋介石政权的要求。它们的动机各自不同，但都把国民党政府看作正统，而万万没有料到以中国共产党为核心的民主力量在战争中已经成长壮大，在不久的将来就要掌握政权，在中国的大地上建立起一个崭新的社会主义国家。

抗日战争结束后不久，国民党在美帝国主义的支持下发动内战，但很快就遭到了彻底失败，1949 年中华人民共和国诞生，世界形势从此发生了巨大变化。中国原来是“东亚病夫”，是帝国主义列强瓜分或共管的对象，现在则屹立于东方，站在反帝斗争的前列，成为捍卫亚洲和太平洋地区和平的支柱。中国革命的胜利改变了世界政治力量的对比，对国际局势和世界人民斗争的发展具有深刻的久远的影响。

通观抗日战争时期中国与各国的关系，我们可以得到以下几点认识。

第一，在民族自卫战争中，必须坚持以自力更生为主、争取外援为辅的方针。中国共产党在抗日战争的整个过程中自始至终坚守这一方针不渝。早在 1937 年 7 月 23 日，毛泽东就已指出：“战胜日寇主要依靠自己的力量；但外援是不可少的，孤立政策是有利于敌人的。”①1939 年 9 月 28 日，他又指出：抗日的外交政策应“以自力更生为主，同时不放弃一切可能争取的外援”②。胜利前夕，当蒋介石在美国支持下即将发动内战时，毛泽东以大无畏的胆略再一次强调：“我们的方针要放在什么基点上？放在自己力量的基点上，叫做自力更生。……我们能够依靠自己组织的力量，打败一切中外反动派。”③中国共产党建立了一支强大的人民武装，并开辟了广大的解放区。国民党政府对美、英抱有幻想，过分依赖，在胜利后甚至用美国的枪炮屠杀本国人民，终于被人民

① 《毛泽东选集》，第 2 版，第 2 卷，347 页，北京，人民出版社，1991。

② 《毛泽东选集》，第 2 版，第 2 卷，600 页，北京，人民出版社，1991。

③ 《毛泽东选集》，第 2 版，第 4 卷，1132 页，北京，人民出版社，1991。

所抛弃。整个八年抗战，中华民族所得外援无几，全凭自力更生的精神，以坚韧不拔的毅力战胜了强大的日本帝国主义。

第二，一切正义战争都是互相支援的。世界人民以及苏联、美国等国政府对中国抗战给了许多的帮助，特别是在抗战初期中国最困难的时候苏联伸出了援助之手，中国人民是永远不会忘记的。反过来，中国也尽了自己的力量支援其他同盟国家的斗争。苏联的免受德日夹攻、太平洋战争的推迟爆发以及爆发后日本百万大军仍然陷于中国大陆，中国的这些重大贡献是一切公正的历史学家所乐于承认的。在伟大的反法西斯战争中，各国的贡献虽因具体条件不同，有大有小，但都是为取得最后胜利所不可缺少的。严肃的历史学家不应把自己的国家看作解放者，自居于恩人的地位。大国沙文主义和狭隘民族主义都不利于正确地说明历史真相，为后人提供有益的历史经验。

第三，世界和平不可分割，需要民主国家的集体维护。任何损人利己、嫁祸于人、坐观成败的做法，到头来都害了自己。英、法、美所推行的绥靖政策已被历史证明是“搬起石头砸自己的脚”的政策。今天，反对霸权主义，防止另一次世界大战的爆发，是世界人民共同面临的伟大任务。我们应当牢记历史教训，把世界和平作为一个整体来看待，共同关心，共同维护。为了保卫亚洲和太平洋地区的和平，为了保卫世界和平，中国人民决心竭诚贡献自己的一切力量。

列宁论无产阶级专政的实质*

本文指出，列宁关于无产阶级专政非有暴力不可的论点是众所熟知的，但列宁关于无产阶级专政的实质主要不在于暴力，而在于无产阶级代表着并实现着比资本主义更高类型的社会劳动组织，这一论点却长期被忽略了，或有意不谈了。本文详细阐明了列宁的这一论断，并进一步指出：列宁关于无产阶级专政的实质的精辟论述，对于那些革命前经济、文化落后的国家尤其具有特殊重要的意义。它们应当清醒地看到自己向社会主义过渡的长期性和特殊困难，因而更有必要努力完善新的社会劳动组织，大大发展生产力。本文写于1980年年初，当时"文革"的极"左"影响还未肃清，发表此文要冒一定的风险，事实上有的杂志编辑开始也有所顾虑，不愿刊载。

列宁对于马克思主义的无产阶级专政学说有许多重要的发展，无产阶级专政的实质问题就是其中之一。

十月革命前夕，列宁在撰写《国家与革命》一书时，着重论述了只有通过暴力革命，无产阶级国家才能代替资产阶级国家的问题；无产阶级必须打碎旧的国家机器而代以新的国家机器的问题。列宁还强调了无产阶级专政在整个过渡时期的必要性。由于当时的主要目标是夺取政权，列宁在本书中没有详细讨论无产阶级专政的各项任务。但必须注意的是，他已经在原则上指出："无产阶级需要国

---

* 原载《世界历史》1980年第4期。

家政权，中央集权的强力组织，暴力组织，既是为了镇压剥削者的反抗，也是为了领导广大民众即农民、小资产阶级和半无产阶级来'调整'社会主义经济。"①

十月革命胜利后，列宁根据社会主义建设的经验，进一步发展了马克思主义的无产阶级专政学说，对无产阶级专政的实质问题多次做了深刻的论述。1919 年 5 月 27 日，列宁对刚刚建立了苏维埃共和国的匈牙利工人说："这个专政必须采取严酷无情和迅速坚决的暴力手段来镇压剥削者即资本家、地主及其走狗的反抗。谁不了解这一点，谁就不是革命者，就应该取消他的无产阶级领袖或顾问的资格。"在做了这样的告诫以后，列宁紧接着就指出："但是无产阶级专政的实质不仅在于暴力，而且主要不在于暴力。它的主要实质在于劳动者的先进部队、先锋队、唯一领导者即无产阶级的组织性和纪律性。"②不久，在 1919 年 6 月 28 日，列宁又一次指出："无产阶级专政不只是对剥削者使用的暴力，甚至主要的不是暴力。这种革命暴力的经济基础，它的生命力和成功的保证，就在于无产阶级代表着并实现着比资本主义更高类型的社会劳动组织。实质就在这里。共产主义的力量源泉和必获全胜的保证就在这里。"③

列宁的这些论断，包含着极其丰富的内容和深远的用意。由于种种原因，人们往往只记住了列宁关于暴力在无产阶级专政中的作用的指示，而忽略了(对别有用心的人来说是故意阉割)他关于无产阶级专政的实质主要不在于暴力的指示。因此，本文准备就后一问题多做一些说明，不妥之处希望得到指正。

无产阶级专政非有暴力不可，但它的实质主要不在于暴力

一切专政都要凭借暴力。无产阶级专政是无产阶级和广大劳动人民对少数资本家和地主的专政，它在性质上虽然和以前任何剥削阶级的专政根本不同，但也不能不凭借暴力。这是因为，无产阶级在夺取政权，打碎旧的国家机器时，必须使用暴力；而在夺取政权后，为了镇压剥削者的反抗，仍然要使用暴力。此外，无产阶级国家在抵御外来侵略时，当然也要动用暴力。凡此种种，都说明暴力是维护和巩固无产阶级专政的必要手段，但它的作用并不是万能的，无产阶级专政的实质主要也不在于此。

---

① 《列宁选集》，中文第 3 版，第 3 卷，131 页，北京，人民出版社，1995。

② 同上书，835 页。

③ 《列宁选集》，中文第 3 版，第 4 卷，9～10 页，北京，人民出版社，1995。

第一，我们必须明确的是：暴力不是无产阶级专政的根本目的。恩格斯在批判杜林时，早已指出："暴力仅仅是手段，相反的，经济利益是目的。"①剥削阶级专政是为了维护剥削阶级的经济利益，他们企图永远奴役广大劳动人民，所以始终要保持暴力，要依靠暴力。无产阶级专政则不然。列宁说："无产阶级的目的是建成社会主义，消灭社会的阶级划分，使社会全体成员成为劳动者，消灭一切人剥削人现象的基础。"②因此，无产阶级专政不需要永远保持暴力，而恰恰相反是要最终消灭暴力。

第二，无产阶级的目的既然是建成社会主义，消灭阶级，那么无产阶级专政的首要的、基本的和经常的任务就必然是组织社会主义经济建设，而不是暴力镇压剥削者的反抗。1918 年年初，在十月革命胜利后刚刚几个月，列宁就高瞻远瞩地指出："在任何社会主义革命中，当无产阶级夺取政权的任务解决以后，随着剥夺剥夺者及镇压他们反抗的任务大体上和基本上解决，必然要把创造高于资本主义的社会结构的根本任务提到首要地位。"③后来，由于帝国主义的武装干涉和国内的反革命叛乱，社会主义和平建设工作不能正常进行。但到了打退协约国的第三次武装进攻，消灭了弗兰格尔白匪军以后，列宁立即在 1920 年 11 月 21 日发表演说，再一次指出社会主义经济建设任务的重大意义。"为了彻底战胜资本主义，第一，必须战胜剥削者和捍卫住被剥削者的政权，这是用革命力量来推翻剥削者的任务；第二，担负起建设任务，就是建立新的经济关系，树立怎样做这件事情的榜样。……如果我们完不成第二个任务，那么在推翻剥削者和用武力来抗击国际帝国主义者的事业中的任何成就、任何胜利就会付诸东流，旧制度的复辟就会不可避免。"④

这就是说，与组织社会主义经济建设这项首要任务相比，用暴力镇压剥削者的反抗的任务毕竟是次要的；而且，不可忽视的是，在建设工作中是根本不能使用暴力的。列宁说："……无产阶级革命的主要任务却正是组织任务。……在这方面，有人在滥用革命暴力，滥用专政，我要警告你们防止这种违法乱纪现象。革命暴力和专政如果用的得当，该用的时候就用，该用于谁就用于

① 《马克思恩格斯选集》，中文第 2 版，第 3 卷，503 页，北京，人民出版社，1995。

② 《列宁选集》，中文第 3 版，第 3 卷，835 页，北京，人民出版社，1995。

③ 同上书，490 页。

④ 《列宁全集》，中文第 2 版，第 40 卷，28 页，北京，人民出版社，1986。

谁，那是很好的东西。但在组织方面是不能用它们的。”①

第三，无产阶级使用暴力的对象是很有限的。暴力是用来镇压一小撮不甘心灭亡、疯狂反抗无产阶级专政的剥削阶级以及其他破坏无产阶级专政的刑事犯罪分子。暴力绝对不能用于广大的人民，这是一条不可逾越的界线，这是一个被列宁看作关系到无产阶级专政生死存亡的问题。例如，1920 年，托洛茨基挑起了关于工会问题的争论。他反对向工人群众采取说服的方法，主张工会军事化，甚至从历史上搜索论据，企图证明对苏俄工人实行强迫劳动的必要。他问道：“说强迫劳动常常是没有生产效能的，果真如此吗？……那是最可鄙、最可悲的自由主义偏见：奴隶劳动也是有生产效能的……强迫的农奴劳动并非产生于封建领主的恶意。它是一种进步现象。”②列宁痛斥了托洛茨基的这种谬论，尖锐指出：“……这种错误，假如不认识，不改正，那就会导致无产阶级专政的灭亡。”③我们再看看列宁对待中农的态度。他认为，对中农应当进行帮助、说服，“不容许采取任何暴力手段”④，“在这里采用暴力，就是葬送全部事业”⑤。

第四，即使对于敌人，无产阶级也不是无条件地动辄使用暴力的。当敌人反抗无产阶级的统治，破坏无产阶级专政的时候，我们当然要以革命的暴力对付反革命的暴力；而当敌人不反抗无产阶级的统治，比较老实的时候，动用暴力就没有必要了。列宁认为，无产阶级强迫手段的形式，在某种程度上也“取决于资产阶级和小资产阶级反抗的形式”⑥。例如，1918 年 11 月 14 日，孟什维克党中央发表了一份宣言，表示要“直接支持苏维埃政府反对外国干涉的军事行动。”⑦11 月 27 日，列宁就此评论说，当捷克斯洛伐克军团的叛乱极其猖

① 《列宁全集》，中文第 2 版，第 36 卷，134 页，北京，人民出版社，1985。

② 转引自多伊彻：《武装的先知》(I. Deutscher，*The Prophet Armed*)，501 页，伦敦，1954。

③ 《列宁选集》，中文第 3 版，第 4 卷，409 页，北京，人民出版社，1995。

④ 《列宁全集》，中文第 2 版，第 36 卷，185 页，北京，人民出版社，1985。

⑤ 同上书，190 页。

⑥ 《列宁选集》，中文第 3 版，第 3 卷，500 页，北京，人民出版社，1995。

⑦ 卡尔：《布尔什维克革命》(E. H. Carr，*The Bolshevik Revolution*)，第 1 卷，171 页，伦敦，1954。孟什维克的宣言发表于 1918 年 11 月 19 日《真理报》第 251 号。《列宁全集》，中文第 1 版，第 28 卷第 71 注，475 页，北京，人民出版社，1956，谓发表于 11 月 26 日《真理报》第 256 号，实误。

獗的时候，绝大多数孟什维克和社会革命党人都站在捷克斯洛伐克军团一边，那时必须同他们进行最激烈的斗争。“现在小资产阶级群众的情绪有了转变，我们的口号就应当是实行妥协，建立睦邻关系。当我们看到小资产阶级民主派中的一批人表示他们想对苏维埃政权保持中立时，我们就应当说：‘中立’和睦邻关系，……应当从实际出发来加以讨论。”①但是，孟什维克只是在口头上表示转变而已。1919年2月20日，他们的《永远前进报》发表了普列斯可夫的《停止内战》一文，彻底暴露了孟什维克继续与苏维埃政权为敌的反动立场②。当时，高尔察克白匪军已经占领了西伯利亚和皮尔姆，在这样的严重关头该报公然提出“打倒内战”的口号，“这就等于支持高尔察克，阻碍俄国工农最终战胜高尔察克。”③因此，全俄中央执行委员会决定查封《永远前进报》。不久，列宁又对此做了解释，说明布尔什维克之所以要经常改变行动路线，乃是小资产阶级民主派本身“忽东忽西，忽左忽右”的行为造成的。布尔什维克本来不打算对他们使用暴力，但他们既然和资产阶级打成一片，那就不能不用无产阶级专政的手段对待他们了④。

孟什维克是一个由小资产阶级民主派堕落为资产阶级反革命派的政党，布尔什维克同它的斗争是十分复杂的。列宁的对策告诉我们，无产阶级的对敌斗争首先应当立场坚定，但也要讲究策略，并不是可以随意使用暴力的。

第五，随着无产阶级专政的巩固和发展，无产阶级对敌人使用暴力的规模日益缩小，而镇压的形式也由直接使用暴力转为通过法律进行制裁。

1918年3月至4月，列宁在论到苏维埃政权的当前任务时，说：“随着政权的基本任务由武力镇压转向管理工作，镇压和强制的典型表现也会由就地枪决转向法庭审判。”⑤但是，由于国内战争随即爆发，斗争异常激烈，军事形势千变万化，苏维埃政权对白匪以及各种破坏分子不能不进行“无情的、迅速的、紧急的……镇压手段……”⑥在此期间，全俄肃反委员会拥有很大的权力。但就是在这种阶级斗争十分尖锐的时期，以列宁为首的人民委员会仍然强调在可

① 《列宁全集》，中文第2版，第35卷，213页，北京，人民出版社，1985。

② 海姆森：《孟什维克主义》(L. H. Haimson, *The Menshvism*)，197页，芝加哥，1974。

③ 《列宁全集》，中文第2版，第35卷，475页，北京，人民出版社，1985。

④ 《列宁全集》，中文第2版，第36卷，124页，北京，人民出版社，1985。

⑤ 《列宁选集》，中文第3版，第3卷，498页，北京，人民出版社，1995。

⑥ 《列宁全集》，中文第2版，第42卷，352页，北京，人民出版社，1987。

能的条件下依法行事。1918 年 12 月，工农国防会议做出决议，如逮捕苏维埃机关重要工作人员以及服务于工业企业与铁道的专家、工程师和技师时，必须事先通知主管机关；如事先不通知时，则必须于实行逮捕后 48 小时内通知主管苏维埃机关，并说明检举被捕人的案由①。国内战争基本结束后，列宁认为在新的形势下，对敌斗争也应当采取新的方针。在 1921 年 12 月召开的全俄苏维埃第九次代表大会上，他指出："必须改革全俄肃反委员会，规定它的职能和权限，使它只限于执行政治任务。我们当前的任务是发展民事流转，这是新经济政策的要求，而这样就要求加强革命法制。显然，在军事进攻的情况下，在苏维埃政权被人掐住脖子的时候，如果我们把这项任务放在第一位，那我们就是书呆子，就是把革命当儿戏，而不是干革命。我们的政权愈趋向稳固，民事流转愈发展，就愈需要提出加强革命法制这个坚定不移的口号，就愈要缩小那些对阴谋者的袭击给予回击的机关的活动范围。这就是政府在报告年度内经过试验、观察和思考而得出的结论。"②

最后，还需要指出的是：无产阶级专政同历史上一切剥削阶级专政相比，是使用暴力最少，流血最少的。这是因为，"由昨天还是雇佣奴隶的多数人去镇压剥削者少数人，相对来说，还是一件很容易、很简单和很自然的事情，所流的血会比镇压奴隶、农奴和雇佣工人起义流的少得多，人类为此而付出的代价要小得多"③。

综上所述，无产阶级专政固然非有暴力不可，但暴力镇压敌人并不是无产阶级专政的最终目的，也不是它的根本任务。因此，无产阶级专政的实质主要不在于暴力。为了驳斥那些错误地或别有用心地把暴力镇压敌人作为无产阶级革命的主要特征的人，列宁说过非常深刻的一段话："同志们！在认识肤浅的人看来，在我国革命的大量敌人和至今还动摇于革命和革命敌人之间的人看来，革命最引人注意的特征，是对剥削者、对劳动人民的敌人的坚决无情的镇压。毫无疑问，没有这一特征，没有革命暴力，无产阶级就不能胜利。但同样毫无疑问，只有在革命发展的一定时期，只有在一定的特殊的条件下，革命暴力才是必要的和合理的革命手段。而组织无产阶级群众，组织劳动人民却始终

① 《苏联检查制度史(重要文件汇编)》，79 页，北京，人民出版社，1954。

② 《列宁全集》，中文第 2 版，第 42 卷，353 页，北京，人民出版社，1987。

③ 《列宁选集》，中文第 2 版，第 3 卷，192 页，北京，人民出版社，1995。

是这个革命无比深刻的、久恒的特点，始终是革命胜利的条件。”①

无产阶级专政的实质主要在于无产阶级代表着并实现着比资本主义更高的社会劳动组织，在于无产阶级的组织性和纪律性

关于无产阶级专政的实质主要不在于暴力这一点，我们在上面已经做了说明。现在要问的是：为什么说无产阶级专政的实质主要在于无产阶级代表着并实现着比资本主义更高的社会劳动组织，在于无产阶级的组织性和纪律性呢?这是因为，无产阶级必须依靠自己的劳动组织和自觉纪律，才能完成社会主义经济建设这项无产阶级专政的根本任务，从而实现无产阶级专政的目的——消灭阶级，过渡到无阶级的社会。

第一，无产阶级夺取政权后，必须创立社会主义的生产关系，为千百万人的生活奠定新的、最深刻的经济基础。这种工作是史无前例的。众所周知，社会主义革命与资产阶级革命的基本区别之一就在于：资产阶级革命是在现成的资本主义经济形式已经具备时发生的，而无产阶级革命却是在现成的社会主义经济形式没有具备或几乎没有具备时开始的。因此，苏维埃政权建立后，在第二天(11 月 8 日)就立即颁布了土地法令，废除了地主的土地所有制，实行土地国有化，并把土地交给劳动者使用。继土地国有化之后，又实行了银行、商船、对外贸易和铁路的国有化。1918 年 6 月，人民委员会颁布了关于大工业企业全面实行国有化的命令，为以后在全国组织社会主义企业奠定了基础。

但是，剥夺剥削者的工作还是比较容易的。列宁认为，由国有化过渡到社会化，才是更困难的任务。实行国有化和没收，只要下定决心，态度坚决，就足够了。但实行社会化，却必须具备正确统计和正确分配的才能。这就需要无产阶级发挥组织者的作用。1918 年 3 月，列宁写道：“组织计算，监督各大企业，把全部国家经济机构变成一架大机器，变成一个使亿万人都遵照一个计划工作的经济机体，——这就是落在我们肩上的巨大组织任务。”②不久，他又强调指出：“在任何社会主义革命中，因而也在我们于 1917 年 10 月 25 日所开始的俄国社会主义革命中，无产阶级和它所领导的贫苦农民的主要任务，却是进

① 《列宁全集》，中文第 2 版，第 36 卷，69 页，北京，人民出版社，1985。

② 《列宁选集》，中文第 3 版，第 3 卷，437 页，北京，人民出版社，1995。

行积极的或者说创造性的工作，就是要把对千百万人生存所必需的产品进行有计划的生产和分配这一极其复杂和精密的新的组织系统建立起来。……我们建立了使被压迫劳动群众能够十分积极地参加独立建设新社会的新型的国家，即苏维埃类型的国家，这还只是解决了困难任务的一小部分。主要的困难是在经济方面：对产品的生产和分配实行最严格的普遍的计算和监督，提高劳动生产率，使生产在事实上社会化。"①

列宁还特别指出，由于俄国是一个在文化上和经济上都比较落后的帝国主义国家，俄国人的组织能力是很差的。"组织工作从来不是包括布尔什维克在内的所有俄国人的长处，而无产阶级革命的主要任务却正是组织任务。"②苏维埃政权建立初期，组织工作方面的情况是很糟的。例如，在唐波夫省的某一地方供应部中，掌管商品分配的人们都对该省居民的数目自做估计，而这些估计之间相差竟多达百分之二十。一名负责家庭用具的人自称他丝毫不知道自己估计的根据是什么③。所以，列宁不厌其烦地一再强调组织任务的重大意义，要俄国无产阶级加强自己的组织性和纪律性，学会组织千百万人的本领。

第二，无产阶级还必须依靠自己的劳动组织和自觉纪律，提高劳动生产率，大大发展生产力。社会主义要战胜资本主义，社会主义这种新的生产方式要存在下去，就必须创造出比资本主义高得多的劳动生产率，在经济上表现出自己的优越性。也只有当劳动生产率大大提高，生产力大大发展以后，完全消灭阶级才是可能的。因为正如恩格斯所说的：阶级的划分"是以生产的不足为基础的，它将被现代生产力的充分发展所消灭"④。提高劳动生产率，光靠热情不行，突击也只能奏效于一时，冲动则更能坏事。根本的办法还在于改善劳动组织，加强劳动纪律，采用先进的科学技术和管理方法。

列宁主张，无产阶级应当吸取泰罗制这类的资本主义劳动组织的优点，并加以改造。他指出泰罗制有两个方面，"既是资产阶级剥削的最巧妙的残酷手段，又包含一系列的最丰富的科学成就，它分析劳动中的机械动作，省去多余

---

① 列宁：《苏维埃政权的当前任务》，采用《列宁论苏维埃俄国社会主义经济建设》第18～19页的译文，北京，人民出版社，1979。

② 《列宁全集》，中文第2版，第36卷，134页，北京，人民出版社，1985。

③ 参看莫里斯·多布：《1917年以来苏联经济的发展》(Maurice Dobb, *Soviet Economic Development since* 1917)，115页及注②，伦敦，1966。

④ 《马克思恩格斯选集》，中文第2版，第3卷，756页，北京，人民出版社，1995。

的笨拙的动作，制定最适当的工作方法，实行最完善的计算和监督方法等等。……应该在俄国组织对泰罗制的研究与传授，有系统地试行这种制度并使之适用。”①无产阶级的社会劳动组织当然不能把泰罗制全部照搬过来，它应当“把科学和资本主义技术的最新成就同创造社会主义大生产的自觉工作者大规模的联合联结在一起”②。这样，就能在无产阶级的劳动力不受任何损害的情况下大大提高生产率。1921 年，苏俄成立了中央劳动研究所，研究外国在科学组织劳动方面的经验，并向各工业部门推荐管理生产过程的新方法。1923 年 3 月，列宁还宣布悬赏征求两本或两本以上关于组织一般劳动和组织行政管理的特别劳动的教科书。

无产阶级的自觉纪律，是提高劳动生产率的另一重要保证。进行高度社会化的工业生产，没有严格的纪律是不行的。但在资本主义社会，纪律是强加在为饥饿所迫、不得不出卖劳动力的工人身上的。只有在无产阶级专政建立后，工人才可能建立起新的纪律，这种纪律是“信任工人和贫苦农民的组织性的纪律，是同志的纪律，是对人非常尊重的纪律，是在斗争中发挥独创性和主动性的纪律”③。1918 年 4 月，全俄工会理事会通过了关于劳动纪律的条例。5 月 9 日，别日察市布良斯克金属工厂委员会和厂长联合签署了工厂规则，在厂内树立了严格的劳动纪律。列宁对该工厂的经验予以高度的赞扬，并建议在全国加以推广。他还特别指出，在俄国这样一个小资产阶级自发势力十分强大的国家里建设社会主义，无产阶级的自觉纪律如果不能战胜小资产阶级无政府状态，社会主义的胜利是不可能的。

提高劳动生产率，还必须充分利用科学技术和掌握科学技术的资产阶级专家。列宁教导说，只有掌握了一切现代知识，善于在现代科学技术的基础上改造和恢复工农业，才能建立共产主义社会。他批判了那种“以为单凭暴力就能解决共产主义社会建设事业中组织新的科学和技术的问题”的错误思想，认为“这是胡说！”④由于资本主义社会只把文化给予少数人，而广大的劳动人民却没有受教育的机会，胜利了的无产阶级在建设新社会的时候是不能不利用资产阶级专家的。要利用资产阶级专家为无产阶级专政服务，单靠暴力是一事无成

① 《列宁选集》，中文第 3 版，第 3 卷，492 页，北京，人民出版社，1995。

② 《列宁选集》，中文第 3 版，第 4 卷，13 页，北京，人民出版社，1995。

③ 《列宁全集》，中文第 2 版，第 34 卷，467 页，北京，人民出版社，1985。

④ 《列宁全集》，中文第 2 版，第 36 卷，50 页，北京，人民出版社，1985。

的。无产阶级“还要有组织，有纪律，有威望，使一切资产阶级专家服从自己并参加自己的工作！”①

第三，无产阶级必须依靠自己的组织性和纪律性的力量，把农民引上社会主义轨道。社会主义就是消灭阶级。为了消灭阶级，不仅要推翻地主和资本家，还要消灭工农之间的差别。这就必须使个体的、单独的小商品经济过渡到公共的大经济。要做到这一点，是很难的。农民作为劳动者，倾向于社会主义，宁愿无产阶级专政而不愿资产阶级专政。农民作为私有者，倾向于自由贸易，倾向于资产阶级，会倒退到资本主义的旧轨道。列宁认为，要克服农民的动摇，引导他们前进，“就必须有无产阶级专政，必须有一个阶级的政权，必须有这个阶级的组织性和纪律性的力量，必须有这个阶级的以资本主义文化、科学、技术的一切成果为基础的集中的实力，必须以无产阶级感情体会一切劳动者的心理，并在农村或小生产中的涣散的、不够开展的、政治上不够稳定的劳动者面前具有威信”②。无产阶级应当通过合作化的办法，经过长期的、谨慎的组织工作，逐步地把千百万中小个体生产者引上社会主义道路，在这里使用暴力手段是无济于事的，是绝对不能容许的。

综上所述，可以看出：暴力在无产阶级专政中是必要的，它的作用就在于捍卫无产阶级专政，防止国内敌人的颠覆并抵御外来敌人的侵犯。但无产阶级专政的根本任务——社会主义经济建设，是不能依靠暴力来完成的，而只能依靠无产阶级的社会劳动组织，依靠无产阶级的组织性和纪律性。只有如此，无产阶级专政才能最终实现消灭阶级，过渡到无阶级的社会的目的。这就是为什么列宁说无产阶级专政的实质主要不在于暴力，而在于无产阶级代表着并实现着比资本主义更高的社会劳动组织，在于劳动者的先进部队、先锋队、唯一领导者即无产阶级的组织性和纪律性。

列宁关于无产阶级专政的实质的精辟论述，对于一切无产阶级专政国家都具有普遍的指导意义，而对于那些在革命前经济、文化比较落后的国家则尤其具有特殊的重要意义。列宁多次说过：“与各先进国家相比，俄国人开始伟大的无产阶级革命是比较容易的，但是把它继续到获得最终胜利，即完全组织起社会主义社会，就比较困难了。……文化程度较高、无产阶级的比重和影响较大的国家所建立的苏维埃共和国，只要走上无产阶级专政的道路，就有一切可

---

① 《列宁全集》，中文第2版，第36卷，50页，北京，人民出版社，1985。

② 《列宁选集》，中文第3版，第3卷，836页，北京，人民出版社，1995。

能超过俄国。”①他还经常说，经济建设是比战胜剥削者更困难、更重要的任务，历史上伟大的政治变革总是要经过漫长的道路才能消化，而小生产者越多、文盲越多的国家，消化这个变革的时间就越长。因此，落后国家在建立无产阶级专政后，应当清醒地看到自己向社会主义过渡的长期性和特殊困难，更有必要竭尽一切努力不断完善无产阶级所代表和体现的新的社会劳动组织，把它的优越性充分发挥出来；更有必要培养和加强无产阶级的组织性和纪律性，把它的巨大威力充分显示出来。其他的“捷径”是没有的。这就是伟大革命导师列宁留给我们的遗训。

① 《列宁选集》，中文第3版，第3卷，793～795页，北京，人民出版社，1995。

论有关俄国十月革命的几个问题*

苏联解体前后，不仅在西方①，甚至在俄罗斯内部都出现了一批否定、攻击十月革命的文章。1994 年 11 月初在莫斯科举行了一次题为“1917 年 10 月和布尔什维克在俄罗斯的实验”的讨论会。前俄罗斯联邦总统办公厅主任菲拉托夫在他的发言中竟说：“尽管社会矛盾和民族矛盾极为尖锐，但俄罗斯帝国并不是完全不可救药，特有的、资源丰富的俄罗斯文明也不是必遭毁灭。”②次年，在《近现代史》杂志第 1 期上登载的《圆桌会议·近现代史分期问题》的讨论中，A. N. 尤涅尔说：“由于十月革命而在俄国进行的社会主义实验，并未导致新的社会结构的确立或使之更加文明化。非但如此，它反而使这个伟大国家的人民投入一种紧张的试验之中并确定地走向了失败。”总之，他们认为十月革命是不应当进行的，十月革命的成果是应当被全盘否定的。

十月革命的发生及其成果，本来是由革命实践本身已经解决了的问题，但否定论者既然旧案重翻，气势汹汹，我们也就有必要认真对待并重新探讨一番。不过，我们的讨论不能仅限于反驳这些谬论(仅限于此，则意义不大)，而应结合几十年来苏联与其他社会主义国家的实践，更进一步领会列宁有关十月革命以及因十月革命而

* 原载《世界历史》1996 年第 2 期。

① 在 1990 年于西班牙马德里举行的第 17 届国际历史科学大会上，“革命与改良”是讨论的主题之一。西方和东欧的一些学者竞相发言，贬低革命(从资产阶级革命到社会主义革命)在历史上的作用。

② 刘淑春等主编：《“十月”的选择》，306 页，北京，中央编译出版社，1997。

引发的一系列深刻论述，以有助于我们今天的社会主义建设事业。

一、十月革命“早产”吗？

1917年4月4日（俄历）①，列宁先后在两个会议上宣读了一个提纲，会后他把这个提纲冠以《论无产阶级在这次革命中的任务》的标题，即有名的《四月提纲》。列宁认为：“俄国当前形势的特点是从革命的第一阶段向革命的第二阶段过渡，第一阶段由于无产阶级的觉悟和组织程度不够，政权落到了资产阶级手中，第二阶段则应当使政权转到无产阶级和贫苦农民手中。”②这个提纲立即遭到了孟什维克的激烈反对。1917年4月6日，孟什维克报纸《工人报》载文，攻击列宁的提纲是对革命的“背后一刺”，使听者产生“革命转变为反动的悲剧”的感觉。③ 4月9～12日，普列汉诺夫在《统一报》第9～11号上发表文章，认为俄国的资本主义尚未达到阻碍生产力发展的高级阶段，因此列宁关于推翻临时政府、夺取政权的号召，就是“在俄国土地上散播无政府主义混乱状态的一种极其有害的疯狂企图”④。在布尔什维克内部，最初多数人也不理解，有些人则坚决反对。加米涅夫在1917年4月8日《真理报》的一篇短评中写道：“至于列宁同志的总公式，我们认为是不能接受的，因为它的出发点是承认资产阶级民主革命已经完成，并且指望这个革命立刻转变为社会主义革命。”⑤即使在十月革命胜利以后，普列汉诺夫仍然认为，只有当无产阶级在俄国居民中占多数时，“才能成功地实行专政”，但它现在并不占多数。至于农民，他们“并不需要用社会主义制度代替资本主义制度”，他们是“工人在建立社会主义生产方式事业中完全不可靠的同盟者”。⑥ 考茨基则在1918年出版的《无产阶级专政》一书中大肆攻击十月革命，把布尔什维克夺取政权比作“一个怀孕的妇女为了

① 俄历与公历从1900年3月起相差13天。本文中1918年2月14日以前的日期均按俄历。

② 《列宁全集》，中文第2版，第29卷，114页，北京，人民出版社，1985。

③ 亚伯拉罕·阿谢尔编：《俄国革命中的孟什维克》[A. Asher(ed.), *The Mensheviks in the Russian Revolution*]，94页，纽约，1976。

④ 普列汉诺夫：《在祖国的一年》，24页，北京，生活·读书·新知三联书店，1980。

⑤ 《列宁选集》，中文第3版，第3卷，31页，北京，人民出版社，1995。

⑥ 普列汉诺夫：《在祖国的一年》，465页。

缩短她所不堪忍受的妊娠期，竟然极其愚蠢地剧烈运动，以致早产”①。上述这些反对十月革命的论点，概括说来，就是：俄国没有实行社会主义的客观经济前提，或者说俄国的生产力还没有发展到实行社会主义的高度。

列宁认为：由于经济和政治发展的不平衡是资本主义的绝对规律，社会主义可能首先在少数甚至在单独一个资本主义国家内获得胜利，而首先获得社会主义胜利的国家并不一定就是位于西欧的工业发达国家。“世界历史发展的一般规律，不仅丝毫不排斥个别发展阶段在发展的形式或顺序上表现出特殊性，反而是以此为前提的。”②十月革命前，俄国是一个中等发达程度的资本主义国家，无产阶级虽然不占全国人口的大多数，但是它相对地比较集中，而且“俄国的落后使得无产阶级反对资产阶级的革命与农民反对地主的革命独特地结合了起来”③。“无产阶级同农民的特殊关系便利了从资产阶级革命过渡到社会主义革命，便利了城市无产者去影响农村半无产的贫苦劳动阶层”④。特别是，在 1917 年，还有一个列宁称之为“万能的‘导演’”，那就是世界帝国主义大战。这次战争使沙皇政府的黑暗腐朽和野蛮压榨暴露得淋漓尽致，加深了资本主义危机，“要求各族人民立即作出选择：是死亡，还是马上采取走向社会主义的坚决步骤”⑤。另一方面，两大帝国主义集团正在进行你死我活的搏斗，“以致无论哪一个帝国主义集团都无法集中较大的力量来反对俄国革命”，“也不能立即联合起来对付我们(指俄国革命者)”。⑥ 以上是有利于俄国社会主义革命的客观条件。在主观条件方面，俄国无产阶级有自己的坚强政党——布尔什维克党和伟大领袖列宁；俄国工农群众还经历过 1905 年革命的“总演习”，受到了非常多的政治教育。把主客观两方面的条件综合起来看，俄国无产阶级在 1917 年夺取政权，是做得完全正确的。

几年以后，列宁在总结十月革命的经验时写道：“我们知道社会主义革命和资产阶级民主革命之间并没有隔着一道万里长城”，“前一革命可以转变为后一革命。后一革命可以顺便解决前一革命的问题”。⑦ 他还说：“既然建立社会

① 考茨基：《无产阶级专政》，55 页，北京，生活·读书·新知三联书店，1958。
② 《列宁选集》，中文第 3 版，第 4 卷，776 页，北京，人民出版社，1995。
③ 《列宁选集》，中文第 3 版，第 3 卷，794 页，北京，人民出版社，1995。
④ 同上。
⑤ 《列宁全集》，中文第 2 版，第 32 卷，108 页，北京，人民出版社，1985。
⑥ 《列宁全集》，中文第 2 版，第 34 卷，6～7 页，北京，人民出版社，1985。
⑦ 《列宁全集》，中文第 2 版，第 42 卷，170、172 页，北京，人民出版社，1987。

主义需要有一定的文化水平……我们为什么不能首先用革命手段取得达到这个一定水平的前提，然后在工农政权和苏维埃制度的基础上赶上别国人民呢?”“我们为什么不能首先在我国为这种文明创造前提，如驱逐地主，驱逐俄国资本家，然后开始走向社会主义呢？你们在哪些书本上读到过，通常的历史顺序是不容许或不可能有这类改变的呢?”①历史证明：列宁的主张是完全正确的。苏联从 1925 年到 1937 年，仅仅用了 12 年的时间就基本上实现了国家工业化。在头两个五年计划期间，苏联工业的增长速度是惊人的。据悉，“一五”计划期间，工业生产平均年增长率为 19.2％；“二五”计划期间，工业生产平均年增长率为 11.7％。苏联人民的“工业化奇迹”改变了苏联经济在世界经济中的地位，缩小了苏联与各发达资本主义国家在经济上的差距。1937 年苏联工业生产水平由 1913 年的世界第五位和欧洲第四位一跃而为世界第二位和欧洲第一位。继俄国十月革命之后，中国和一些国家的无产阶级政党夺取了政权，并建立了社会主义制度。中国原来的经济基础是很落后的，但建立社会主义制度以后的发展速度是相当快的。据悉，从 1949 年到 1989 年，中国的国民生产总值年平均增长率为 7.37％，美国为 3.17％，日本为 6.98％，印度为 4.01％。同一时期的人均国民生产总值年平均增长率，中国为 5.44％，美国为 1.87％，日本为 5.95％，印度为 1.73％。党的十一届三中全会以后，中国实行改革开放，经济发展速度更远远超过主要资本主义国家。从 1979 年到 1989 年，国民生产总值的年平均增长率，美国为 2.6％，日本为 4.3％，联邦德国为 2.1％，中国则为 9.1％。历史经验证明：无产阶级首先夺取政权，然后努力进行社会主义建设，赶上发达国家，是完全可行的。

二、经济落后、小农为主的国家进行社会主义革命比较容易，但要完全组织起社会主义社会就比较困难

列宁的伟大之处在于：他一方面坚决主张俄国无产阶级应当当机立断地夺取政权，绝不能因为俄国资本主义经济还不够发达而放弃社会主义革命；另一方面他又十分清醒地认识到在俄国这样一个经济相当落后的国家里进行社会主义革命是比较容易的，但要完全组织起社会主义社会就比较困难。他写道：“我屡次说过：与各先进国家相比，俄国人开始伟大的无产阶级革命是比较容易的，但是把它继续到获得最终胜利，即完全组织起社会主义社会，就比较困

① 《列宁选集》，中文第 3 版，第 4 卷，777、778 页，北京，人民出版社，1995。

难了。”①在另一处，他还写道：“一个落后的国家开始革命比较容易，因为在这个国家里敌人已经腐朽，资产阶级没有组织起来，但是要把革命继续下去，就需要万分谨慎、小心和坚忍不拔。”②相对落后国家建设社会主义之所以困难，是因为：“由于历史进程的曲折而不得不开始社会主义革命的那个国家愈落后，它由旧的资本主义关系过渡到社会主义关系就愈困难。这里除破坏任务以外，还加上了一些空前困难的新任务，即组织任务。”③落后国家建设社会主义既有更大的困难，也需要更长的时间。列宁说：“在政治变革以后要用很长时间(小生产者愈多，文盲愈多，时间就愈长)消化这个变革。”④因此，在十月革命胜利以后，列宁一再强调经济建设是最重要、最困难而又远远没有完成的事业。

与俄国相比，西欧开始革命要困难得多，这是“因为在那里执政的，既不是象罗曼诺夫那样的白痴，也不是象克伦斯基那样的吹牛大王，而是资本主义的真正的领导者”。⑤ 但西欧国家革命成功以后，“要继续下去却容易得多。这是必然的，因为那里的无产阶级在组织和团结方面要高得多”⑥。

由于夺取政权相当顺利，打退外国武装干涉和镇压国内反革命叛乱也用了不长的时间，许多干部便产生了文化和经济工作同样容易完成的思想。为此，列宁特别指出文化、经济工作与政治、军事工作不同的特点。他说：“在危机尖锐化时期，几个星期就可以取得政治上的胜利。在战争中，几个月就可以取得胜利，但是在文化方面，要在这样短的时间内取得胜利是不可能的。从问题的性质看，这需要一个较长的时期。”⑦他还说：“政治任务和军事任务可以在工人农民现有觉悟水平上通过激发他们的热情来完成。……热情、强攻、英雄主义曾帮助我们完成了这些任务。……但是这个优点现在成了我们最危险的缺点。我们老是向后看，以为经济任务用同样的办法也能完成。但错误正出在这里。……党和工会的一些工作人员……往往规避费力的、艰苦的、长年的经济工作，规避这种需要坚韧不拔、经受严重考验、进行长期奋斗、具有严细而顽

① 《列宁选集》，中文第3版，第3卷，793～794页，北京，人民出版社，1995。

② 《列宁全集》，中文第2版，第34卷，233页，北京，人民出版社，1985。

③ 《列宁选集》，中文第3版，第3卷，436页，北京，人民出版社，1995。

④ 《列宁全集》，中文第2版，第42卷，519页，北京，人民出版社，1987。

⑤ 《列宁全集》，中文第2版，第34卷，249页，北京，人民出版社，1985。

⑥ 同上书，233页。

⑦ 《列宁全集》，中文第2版，第42卷，201页，北京，人民出版社，1987。

强的作风的经济工作，用'我们过去做过大事'这类话来敷衍搪塞。"①"在这里(指经济方面——笔者)，工作速度和工作环境已经不同了；在这里，要取得胜利比较困难。在这里，我们不能象我们过去在政治和军事方面那么迅速地达到自己的目的。在这里，我们不能凭借热情，大步跃进，而且期限也不同，要以几十年来计算。"②

列宁关于经济落后国家进行社会主义革命比较容易，进行社会主义建设比较困难的论点；关于文化、经济工作具有与政治、军事工作不同特点的论点，都是有普遍指导意义的。继俄国之后建立社会主义制度的国家，如中国，都是一些经济比较落后的国家，它们的一些领导人往往容易产生上述列宁所批评的那种错误认识，以为既然没有用多长的时间就把凶恶的敌人打败了，想来经济建设工作也不难办理。我国的领导人在胜利前夕和建国初期，对于社会主义经济建设的困难是有相当估计的。例如，毛泽东在中国共产党第七届中央委员会第二次全体会议的报告中说："夺取全国胜利，这只是万里长征走完了第一步。……中国的革命是伟大的，但革命以后的路程更长，工作更伟大，更艰苦。"③在《论人民民主专政》一文中，他又写道："我们必须向一切内行的人们(不管什么人)学经济工作。拜他们做老师，恭恭敬敬地学，老老实实地学。不懂就是不懂，不要装懂。不要摆官僚架子。"④但是后来在一连串胜利面前，骄傲自满情绪逐步发展起来。毛泽东在1958年发动了"大跃进"和人民公社运动，并且得到了广大干部的热烈响应。这突出地反映了许多干部包括领导干部在内对于在经济文化落后大国建设社会主义的艰巨性严重估计不足，没有认识到经济建设有自己的规律，生产力的发展需要长期的积累，需要专门的科学技术，而且要受种种条件的制约，不是可以一蹴而就的。党的十一届三中全会以来，我们吸取了历史教训，对社会主义建设的速度问题有了正确认识。1995年9月28日，党的十四届五中全会通过了《关于制定国民经济和社会发展'九五'计划和2010年远景目标的建议》，其中指出："要把握好速度问题，速度低了不行，速度过高也不行。快是有条件的，要讲效益，讲质量；快是有区别的，各地发展速度可以有所不同；快必须是没有水分的实实在在的速度。"

---

① 《列宁全集》，中文第2版，第42卷，349页，北京，人民出版社，1987。

② 同上书，338页。

③ 《毛泽东选集》，第2版，第4卷，1438页，北京，人民出版社，1991。

④ 同上书，1481页。

三、无产阶级专政的实质主要在于无产阶级代表着并实现着比资本主义更高类型的社会劳动组织

十月革命是暴力革命的胜利。以后打退外国武装干涉和肃清国内反革命叛乱，也是暴力革命的胜利。因此，人们很容易把无产阶级专政的实质与革命暴力完全等同起来。但这是一种片面的理解。列宁说："在认识肤浅的人看来，在我国革命的大量敌人和至今还动摇于革命和革命敌人之间的人看来，革命最引人注意的特征，是对剥削者、对劳动人民的敌人的坚决无情的镇压。毫无疑问，没有这一特征，没有革命暴力，无产阶级就不能胜利。但同样毫无疑问，只有在革命发展的一定时期，只有在一定的特殊的条件下，革命暴力才是必要的和合理的革命手段。而组织无产阶级群众，组织劳动人民却始终是这个革命无比深刻的、久恒的特点，始终是革命胜利的条件。"①在《伟大的创举》一文中，列宁再次指出："无产阶级专政不只是对剥削者使用的暴力，甚至主要的不是暴力。这种革命暴力的经济基础，它的生命力和成功的保证，就在于无产阶级代表着并实现着比资本主义更高类型的社会劳动组织。实质就在这里。共产主义的力量源泉和必获全胜的保证就在这里。"②

列宁关于无产阶级专政主要实质的论点，也是具有普遍指导意义的。20世纪30年代，斯大林违背列宁的这个指示，提出了社会主义进展越大，阶级斗争越尖锐的错误论断，把肃反运动扩大化，给苏联社会主义事业造成了严重损失。中国共产党也有类似的教训。从1957年的"反右派斗争"，直到1966年至1976年的"文化大革命"，阶级斗争越来越扩大化和绝对化，其理论根据就是认为：无产阶级同资产阶级的矛盾仍然是社会主义社会的主要矛盾；在整个社会主义阶段，资产阶级都将存在和企图复辟，并成为党内产生修正主义的根源。党的十一届三中全会拨乱反正，毅然抛弃"以阶级斗争为纲"这个不适用于社会主义社会的"左"的错误方针，把党和国家的工作中心转移到经济建设上来。此后，我国的社会主义建设事业蓬勃发展起来，至今已取得了显著的成就。

四、十月革命失败了吗?

苏联解体后，十月革命失败论者鼓噪一时，他们认为既然十月革命的最大

---

① 《列宁全集》，中文第2版，第36卷，69页，北京，人民出版社，1985。

② 《列宁选集》，中文第3版，第4卷，9～10页，北京，人民出版社，1995。

成果苏联已不复存在了，难道这还不是十月革命彻底失败的铁证吗？苏联解体当然是一件大事，但从世界历史范围看，这只是社会主义与资本主义两大体系长期较量过程中的一次暂时的挫折而已。

首先，十月革命没有失败。早在1919年5月，列宁就写道："一年半来，我们的革命为无产阶级，为我们所服务的那个阶级，为我们奋斗的目的，为打倒资本统治所做的事情，要比法国革命为本阶级所做的事情多得多。所以我们说，即使出现某种最坏的情况，即使明天有某个幸运的高尔察克把所有的布尔什维克都斩尽杀绝，那革命还是胜利了。"①何况，苏联已经存在了74年(从十月革命算起为74年，从1922年苏联成立算起为69年)。在此期间，苏联的社会主义革命和社会主义建设都取得了辉煌成就。此外，苏联对于人类进步事业所给予的巨大支持和影响，也是值得载入史册的。以中国革命为例，十月革命的影响就十分明显。毛泽东说："十月革命一声炮响，给我们送来了马克思列宁主义。十月革命帮助了全世界的也帮助了中国的先进分子，用无产阶级的宇宙观作为观察国家命运的工具，重新考虑自己的问题。走俄国人的路——这就是结论。"②

更进一步看，苏联的解体并不等于社会主义制度的失败。在特殊的历史条件下，苏联采取了高度集中的、优先发展重工业的社会主义经济体制，并在这种体制下取得了重大成就，但这种体制后来被神圣化了，被当作唯一正确的、不可更易的社会主义建设模式，以致日益僵化，弊端层出，待发觉准备改革之际，又举措失当，采取了一条违背社会主义基本原则的改革路线，苏联终于解体。因此，苏联的解体只能看作社会主义的一种模式已经僵化而又长期不改所导致的失败，而绝非整个社会主义制度的失败。列宁说："如果从实质上来观察问题，难道历史上有一种新生产方式是不经过许许多多的失败、错误和反复而一下子就确立起来的吗？"③他以法国资产阶级革命为例，写道："他们(指法国革命家——笔者)支持了两年，后来在联合起来的欧洲反动势力的打击下灭亡了，在全世界的联军的打击下灭亡了，这些反动势力打败了法国革命家，在法国恢复了正统的合法的君主——那个时代的罗曼诺夫，恢复了地主的统治，在漫长的数十年中扼杀了法国的一切革命运动。虽然如此，法国大革命还是胜

① 《列宁全集》，中文第2版，第36卷，355页，北京，人民出版社，1985。
② 《毛泽东选集》，第2版，第4卷，1471页，北京，人民出版社，1991。
③ 《列宁全集》，中文第2版，第37卷，17页，北京，人民出版社，1986。

利了。任何一个自觉地对待历史的人都会说，法国革命虽然被粉碎了，但它毕竟是胜利了，因为它为全世界奠立了曾是无法消灭的资产阶级民主、资产阶级自由的基石。"①社会主义制度代替资本主义制度，不是以一种剥削制度代替另一种剥削制度，而是要从根本上消灭剥削制度。因此，社会主义生产方式的确立要比资本主义生产方式的确立困难得多，所需要的时间也长得多。在社会主义和资本主义两种制度的长期较量中，在一段时间里此方占优势而彼方处于劣势，在另一段时间里彼方占优势而此方处于劣势，这是正常现象，不足为怪的。今天，资本主义的辩护士为西方世界的经济发展和科技进步而洋洋自得，似乎它从来就是一帆风顺的。但是，远的不说，就在20世纪内，世界资本主义体系难道没有经历过严重的政治危机和经济危机吗？第一次危机是俄国十月社会主义革命的胜利及其影响下的欧洲革命风暴和亚非拉民族民主运动的高涨。第二次危机是1929年至1933年席卷整个资本主义世界的经济危机。第三次危机是第二次世界大战后社会主义越出一国的范围和殖民主义体系的瓦解。污蔑共产主义"大失败"、"必将衰亡"的布热津斯基之流难道"忘记"了这些事实吗？他们又有什么根据可以保证世界资本主义体系不再发生新的政治危机和经济危机呢？布热津斯基不是在他的新著《大失控与大混乱》中已经发出哀叹"美国成不了全球警察，也当不成全球银行家，甚至连全球道德家也做不成"了吗？②

1921年10月，列宁在《十月革命四周年》一文中写道："我们已经开始了这一事业。至于哪一个国家的无产者在什么时候、在什么期间把这一事业进行到底，这个问题并不重要。重要的是，坚冰已经打破，航路已经开通，道路已经指明。"③是的，俄国无产者所开通的航路必将由各国的革命者继续行驶下去。今天，中国人民正在采取一系列社会主义制度自我完善的重大措施，在建设中国特色社会主义的道路上已经取得并正在取得举世瞩目的成就。这充分说明社会主义这种新生制度是富有生命力的。一切攻击十月革命彻底失败的言行不过是徒劳而已。

---

① 《列宁全集》，中文第2版，第36卷，354页，北京，人民出版社，1985。

② 布热津斯基：《大失控与大混乱》，163页，北京，中国社会科学出版社，1995。

③ 《列宁全集》，中文第2版，第42卷，175页，北京，人民出版社，1987。

苏联兴亡的历史经验教训*

苏联作为第一个社会主义国家，曾经在世界劳动人民当中享有很高的威望，也曾使反共的敌人深感畏惧，但在存在了74年(自1917年"十月革命"胜利算起)以后就灭亡了。总结苏联兴亡的历史经验教训，需要积累大量的材料，需要用马克思主义进行深刻的分析，还需要在新的社会主义实践中反思既往的历史，还要由很多人经过长期的研究才能得出比较令人满意的说明。这里只能提出笔者的一些浅见，供读者参考。

第一，社会主义的根本任务是发展生产力。

马克思列宁主义的创始人马克思、恩格斯早就讲过，无产阶级夺取政权以后，"将利用自己的政治统治，一步一步地夺取资产阶级的全部资本，把一切生产工具集中在国家即组织成为统治阶级的无产阶级手里，并且尽可能快地增加生产力的总量"。① 列宁认为，无产阶级革命胜利后最根本的任务就是提高劳动生产率。他说："当无产阶级夺取政权的任务解决以后，随着剥夺剥夺者及镇压他们反抗的任务大体上和基本上解决，必然要把创造高于资本主义的社会结构的根本任务提到首要地位，这个根本任务就是：提高劳动生产率"。② 在他看来，"劳动生产率，归根到底是使新社会制度取

* 本文是作者在《15世纪以来世界九强兴衰史》一书中所写的第七章中的一部分。

① 《马克思恩格斯选集》，中文第2版，第1卷，293页，北京，人民出版社，1995。

② 《列宁全集》，中文第2版，第34卷，168页，北京，人民出版社，1985。

得胜利的最重要最主要的东西”。① 斯大林也很重视社会主义经济建设。苏联在十多年的时间里由一个落后的农业国家变成一个先进的工业国家，成绩是巨大的。由于有了巩固的经济基础，苏联才能在帝国主义包围中站住脚，才能取得反法西斯战争的伟大胜利。但是，苏联经济的发展到勃列日涅夫后期停滞了，戈尔巴乔夫更把经济搞垮了，社会主义没有战胜资本主义，反而被资本主义战胜了。

只有在发展生产力的基础上，人民的物质和文化生活才能不断得到改善，社会主义才能得到人民的信任和拥护。十月革命后，苏联人民的物质和文化生活确实有相当改善，社会主义制度受到人民的拥护。但是，由于苏联长期坚持优先发展重工业的方针，忽视农业和轻工业的发展，以致人民日常生活需要的食品和日用工业品长期短缺，住房严重不足。在20世纪二三十年代帝国主义包围下建设新社会的时候，在与德国法西斯进行殊死搏斗的卫国战争的时候，人民对于生活上的困难是可以容忍的。但是到了第二次世界大战结束进入和平时期以后，特别是在苏联人民了解了国外的情况以后，他们便再难以容忍生活的匮乏了。邓小平说：“社会主义经济政策对不对，归根到底要看生产力是否发展，人民收入是否增加。这是压倒一切的标准。空讲社会主义不行，人民不相信。”②这个道理用于分析苏联解体前的情况，十分合适。“激进改革派”的花言巧语曾经迷惑了许多人。原因何在呢？罗伊·麦德维杰夫分析说：“有关幸福生活和劳动的歌曲和电影很少触及工人和农民的感情，因此人们也就不再奋起保卫他们已经不再相信的思想和价值了。我们的宣传太脱离人民群众的实际生活了。多数工人的日子依然是困难的。因此，他们便相信了新政治家们的许诺。”③

俄国无产阶级革命不是像马克思、恩格斯原来设想的那样，发生在西欧发达资本主义国家，而是首先发生在俄国这样一个经济文化比较落后的小农国家里。针对这种情况，列宁特别强调：“由于历史进程的曲折而不得不开始社会主义革命的那个国家愈落后，它由旧的资本主义关系过渡到社会主义关系就愈困难。这里除破坏任务以外，还加上了一些空前困难的新任务，即组织任

① 《列宁全集》，中文第2版，第37卷，18页，北京，人民出版社，1986。

② 《邓小平文选》，第2卷，314页，北京，人民出版社，1983。

③ 罗伊·麦德维杰夫：《俄罗斯往何处去——俄罗斯能搞资本主义吗?》，148页，北京，新华出版社，2000。

务。”①“在政治变革以后要用很长时间(小生产者愈多，文盲愈多，时间就愈长)消化这个变革。”②列宁还告诫说，经济任务与政治任务和军事任务不同，后者“可以在工人农民现有觉悟水平上通过激发他们的热情来完成”，而经济工作则“需要坚韧不拔、经受严重考验、进行长期奋斗、具有严细而顽强的作风”。③ 对于列宁反复强调的在俄国这样的落后国家建设社会主义要用相当长时间这个重要思想，他的后继者都大大忽视了。斯大林在1936年就过早地宣布苏联“基本上实现了共产主义第一阶段，即社会主义”。赫鲁晓夫上台后，1961年苏共二十二大通过了一个新党纲，提出一个在20年内苏联基本上建成共产主义社会的计划。赫鲁晓夫硬说，这个20年计划是“以严格的科学计算为指导”的，实际上则纯属主观的空想。勃列日涅夫比赫鲁晓夫稍微降了一点调，不再谈“建成共产主义社会”，而是宣布苏联“建成了发达的社会主义社会”。安德罗波夫又进一步降调，以“发达社会主义起点论”代替“发达社会主义建成论”，但苏联根本就没有进入“发达社会主义”。社会发展阶段是不能超越的，是不能脱离生产力的实际发展水平而任意规定的，主观主义的超越必然在客观上造成巨大的危害。传统的理论都把社会主义看作共产主义的初级阶段，是向共产主义过渡的一个短暂阶段。实践证明，在不发达国家建设社会主义，恐怕需要几百年的时间。邓小平总结中国社会主义建设的经验教训，提出了中国处在社会主义初级阶段，就是不发达阶段的科学论断，并认为“巩固和发展社会主义制度，还需要一个很长的历史阶段，需要我们几代人、十几代人，甚至几十代人坚持不懈地努力奋斗。”④邓小平的这一科学论断，对于研究苏联历史也有重大价值。帝俄的经济发展程度虽然比旧中国要高得多，但帝俄也不过是一个具有资本主义中等发展水平的国家，它的社会主义阶段绝不可能在短短的几十年内就可以走完。不顾自己生产力的实际发展水平，而侈谈什么“向共产主义过渡”、“建设发达社会主义”，都给苏联的经济建设带来了重大损失。

总之，共产党人应当牢牢记住邓小平所说的至理名言：“革命是要搞阶级斗争，但革命不只是搞阶级斗争。生产力方面的革命也是革命，而且是很重要的革命，从历史的发展来讲是最根本的革命。”⑤

---

① 《列宁选集》，中文第2版，第3卷，436页，北京，人民出版社，1995。

② 《列宁全集》，中文第2版，第42卷，519页，北京，人民出版社，1987。

③ 同上书，349页。

④ 《邓小平文选》，第3卷，379～380页，北京，人民出版社，1993。

⑤ 《邓小平文选》，第2卷，311页，北京，人民出版社，1983。

第二，社会主义制度建立以后，必须不断改革，才能继续发展。

恩格斯说："所谓'社会主义社会'不是一种一成不变的东西，而应当和任何其他社会制度一样，把它看成是经常变化和改革的社会。"①列宁在建设苏联社会主义的过程中，是勇于改革的。他最初想通过军事共产主义直接过渡到共产主义，后来发现此路不通，便大胆地转而实行新经济政策。新经济政策所进行的改革是十分深刻的，对于落后国家建设社会主义具有普遍的指导意义。列宁在逝世前几年，虽身患重病，仍在多方面地探索建设社会主义的道路。斯大林时期，苏联成为一个社会主义强国，但他沉醉于胜利之中而日益骄傲自满。他把在他执政时期形成的苏联社会主义模式绝对化、神圣化，当有人建议改革时，不仅坚决拒绝，而且对建议改革者予以严厉惩处。赫鲁晓夫、勃列日涅夫企图改革，但只做了一些局部修补，没有跳出原来模式的大框架。

戈尔巴乔夫的改革背叛了社会主义道路，要"根本改造"从经济基础到上层建筑的整个社会大厦，导致了资本主义的复辟。

邓小平把改革作为推进建设中国特色社会主义事业的动力，是社会主义制度的自我完善。邓小平高度重视社会主义改革，深刻指出："社会主义基本制度确立以后，还要从根本上改变束缚生产力发展的经济体制，建立起充满生机和活力的社会主义经济体制，促进生产力的发展，这是改革，所以改革也是解放生产力。"②苏联在第二次世界大战以后，一再错过改革的机遇，生产力不再发展，这是导致苏联衰亡的又一个重要原因。

第三，在不发达国家建设社会主义，必须学习和借鉴资本主义，为此要对外开放。

历史不能割断。列宁认为，建设社会主义必须利用资本主义。他说："必须取得资本主义遗留下来的全部文化，并且用它来建设社会主义。必须取得全部科学、技术、知识和艺术。否则，我们就不可能建设共产主义社会的生活。"③他指出，苏俄在政治方面比英国、德国这样的国家都要先进，"但在组织象样的国家资本主义方面，在文明程度方面，在从物质和生产上'实施'社会主义的准备程度方面，却比西欧最落后的国家还要落后"，因此"不利用大资本

① 《马克思恩格斯选集》，中文第 2 版，第 4 卷，693 页，北京，人民出版社，1995。

② 《邓小平文选》，第 3 卷，370 页，北京，人民出版社，1993。

③ 《列宁全集》，中文第 2 版，第 36 卷，48 页，北京，人民出版社，1985。

主义所达到的技术和文化成就便不可能实现社会主义”。① 他还提出过一个著名的公式:“苏维埃政权＋普鲁士的铁路秩序＋美国的技术和托拉斯组织＋美国的国民教育等等等等＋＋＝总和＝社会主义”。②

学习资本主义国家的先进的科学、技术和经营管理方法，必须结合本国的实际，经过分析，而不可盲目地照搬照抄。像那种预计在500天内完成向市场经济过渡的“沙塔林计划”，可谓幼稚到了极点，荒谬到了极点。

要学习和借鉴资本主义，就必须对外开放。国内战争结束后，恢复被战争破坏的经济，开展社会主义经济建设的任务迫切要求苏联改善外部环境，同资本主义国家建立正常关系。列宁说:“社会主义共和国不同世界发生联系是不能生存下去的，在目前情况下应当把自己的生存同资本主义的关系联系起来。”③1929～1933年，西方资本主义世界发生经济大危机。苏联利用这一有利时机，引进了一大批工业化所急需的机器设备和先进技术，并用高薪聘请了大批外国专家和技工，有力地促进了五年计划的完成。但从30年代下半期开始，由于斯大林认为干部、技术问题已经解决，开始收缩同西方资本主义国家的经济关系。苏联对外贸易额从1930年的16.43亿卢布降到1939年的2.7亿卢布。外资企业逐渐被取消，外国技术人员纷纷回国。

第二次世界大战后，斯大林提出了“两个平行的也是对立的世界市场”的理论，这一理论割断了苏联同世界经济的联系，未能利用战后发达资本主义国家新兴的科学技术，大大影响了苏联经济的发展。

第四，必须发展社会主义民主，充分发挥人民群众的政治积极性。

社会主义社会应该是人民享有广泛民主，人民当家做主的社会。列宁说:“没有民主，就不可能有社会主义。”④总的来看，列宁时期苏联国内和党内的民主生活比较正常。到了斯大林执政时期，民主日益削弱，集中日益加强。民主集中制变成了领袖个人的集权专断制度。领袖不受监督，可以任意破坏法制，于是出现了30年代“大清洗”的严重错误。赫鲁晓夫虽然严厉谴责对斯大林的个人崇拜和斯大林的破坏法制，但他后来也深深陷入个人崇拜的泥坑之中，任意妄为，只是不再享有斯大林那样的生杀大权。勃列日涅夫也是唯我独

① 《列宁全集》，中文第2版，第34卷，285、289页，北京，人民出版社，1985。

② 同上书，520页。

③ 《列宁全集》，中文第2版，第41卷，167页，北京，人民出版社，1986。

④ 《列宁全集》，中文第2版，第28卷，168页，北京，人民出版社，1991。

尊，独断专行。戈尔巴乔夫标榜民主，但他的实际作为，正像曾经担任他的助手的博尔金所说："戈尔巴乔夫高喊民主化并谴责自己战友的斯大林主义，但实际上他独揽党和国家大权，独断人们的命运，一个人根据自己的偏见、好恶决定中央委员会和政治局组成、各共和国共产党中央及各州和边疆区委第一书记的人选。""一个人通过或发布国家重要决定，排斥异己，并清除自己的竞争者。"①

苏联这种高度集权的政治体制的最大危害之一，便是严重挫伤了人民群众的政治积极性。社会主义是广大人民的事业，不是少数人的事业，没有广大人民的积极参与，是建设不成的。卢森堡在谈到无产阶级专政时说："这一专政是在于运用民主的方式，而不是在于取消民主……这一专政必须是阶级的事业，而不是极少数领导人以阶级的名义实行的事业，这就是说，它必须处处来自群众的积极参与，处于群众的直接影响下，接受全体公众的监督，从人民群众的日益发达的政治教育中产生出来。"②这是很有道理的。在苏联社会主义民主日益削弱的情况下，大大小小的各级官僚主义分子产生了，他们不受群众的监督，而是监督群众，不再是人民的公仆，而变成人民的主人。于是，苏联人民对于社会主义的态度由热情转为冷淡，由积极转为消极，以致当苏联解体时，连群众性的罢工抗议、群众性的游行示威都没有发生过。邓小平说："没有民主就没有社会主义"；"没有无产阶级的民主和无产阶级的集中，也就没有社会主义，资本主义就要复辟。"③苏联没有了社会主义民主，社会主义制度就不存在了，资本主义就复辟了。

第五，加强和改进党的建设，始终保持党的先进性，是关系到社会主义事业兴衰成败的头等大事。

苏联共产党是执政党。十月革命的成功，社会主义建设的巨大成就，卫国战争的胜利，都是在苏联共产党的领导下取得的。后来苏联的剧变与解体，则是由于苏联共产党丧失了先进性和执政能力而造成的。苏联共产党兴亡的教训是深刻的、令人沉痛的，以下略谈几点：

首先，必须坚持党的民主集中制。民主集中制是列宁首先提出的无产阶级

① 瓦·博尔金：《戈尔巴乔夫传》，387页，长春，时代文艺出版社，2003。

② 罗莎·卢森堡：《论俄国革命·书信集》，33页，贵阳，贵州人民出版社，2001。

③ 《邓小平文选》，第2卷，168页；第1卷，304页，北京，人民出版社，1983。

政党的根本组织原则。1905 年 12 月在党的第一次代表会议上，首次把“民主集中制原则”写入党的决议。列宁在关于“党的改组”的决议中写道：“代表会议确认民主集中制原则是不容争论的。认为必须实行广泛的选举制度。赋予选举出来的各中央机构以进行思想领导和实际工作领导的全权，同时，各中央机构可以更换，具有最广泛的公开性和严格的报告工作制度。”1906 年 4 月党的第四次代表大会第一次把民主集中制写进了新的党章。从此，民主集中制就成为苏共的组织原则。列宁在世时，民主集中制执行得比较好。他在党内拥有崇高的威信，但在重大问题上从不个人专断，一定遵守党的组织原则，进行集体的民主讨论，最后进行表决，少数服从多数。像是否签订《布列斯特和约》这样关系到新生的苏维埃政权生死存亡的问题上，列宁主张签约的意见也是经过几次表决以后才获得通过的。列宁晚年卧病期间，陆续口授了被后人称为“遗嘱”的《论合作制》等 5 篇论文和《给代表大会的信》等一批书信，总的精神是要加强中央委员会的集体领导，加强党和国家的监督机制，制止个人集权的发展趋势，可惜列宁的这些意见和建议后来都未被斯大林采纳。

斯大林在战胜托洛茨基、季诺维也夫、加米涅夫、布哈林等政敌后，大权独揽，民主集中制名存实亡。民主选举制被委任制、推荐制和高级干部的终身职务制(犯错误才罢官)代替；代表大会不定期召开，不再起党的最高权力的作用；中央委员会的集体领导遭到破坏；中央和地方的监督机构被降低地位，实际上不起作用。最后，斯大林一人独揽党政大权。在个人集权制度下，根本不可能充分调动和发挥广大党员的积极性、主动性和创造性，根本不可能集思广益，发扬全党的智慧。广大党员只能“唯上唯书(斯大林的著作和言论代表真理，是最高和最后标准)”。于是，无产阶级政党的阶级性和先进性便逐渐消失了。

其次，共产党必须始终密切联系群众，代表最广大人民的根本利益。总的说来，列宁、斯大林时期苏联共产党保持了党的先进性，受到苏联人民的信任和拥护。但在 30 年代开始出现了干部特殊化的不好苗头。这时，实行了一种所谓“钱袋”的办法，即领导人员的工资附加款，可以从几百卢布到几千卢布，取决于职位的高低，装在信封(“钱袋”)里秘密发给。① 1935 年应高尔基之邀访问莫斯科的法国进步作家罗曼·罗兰看到当时苏联上层的生活情景，深为担

① 格·阿·阿尔巴托夫：《苏联政治内幕：知情者的见证》，312 页，北京，新华出版社，1998。

忧。他写道："宫廷中的上层达官显贵(即使应当得到这种恩赐)过着特权阶级的生活，但人民却仍然不得不为了谋取面包和空气(我想说的是住房)而进行艰苦的斗争。"他看到即使像高尔基，"也在吃饭时(虽然自己难得碰一下吃的东西)浪费掉够许多家庭吃的食物，不知不觉地过着封建领主的生活方式而且并不因此感到任何享受——对他来说，最大的快乐是伏尔加河上的搬运工工作！"①

到了勃列日涅夫时期，终于形成了一个主要由高级干部组成的特权阶层。据俄国学者最近估计，当时这个阶层大约有50万～70万人，加上他们的家属，共有300万人之多，约占全国总人口的1.5%。② 这时，盛行送礼之风。据悉，1976年勃列日涅夫70岁生日时，掀起了一股送礼高潮，阿塞拜疆共和国首脑把一座纯金铸就的勃列日涅夫半身像送给了他。外国人还馈赠给勃列日涅夫大量的豪华汽车。一些高官甚至利用职权损公肥私，贪污受贿。例如，以克拉斯诺达尔州委第一书记梅杜诺夫为首领的集团贪污腐败，梅杜诺夫的势力伸到许多共和国，成为这一时期"影子经济"和黑势力的关键人物。特权阶层千方百计维持现状，拒绝改革，深恐因改革而失去他们的既得利益，因此，官僚主义盛行。阿尔巴托夫写到，在苏联经济日益衰退的难堪岁月里，"官僚主义、本位主义、机关专权和独断得到了史无前例的所谓双倍的泛滥。""所有的决定都是由最上层做出的，与此同时，'上边'却不能真正采取任何一个决定——其中每一个决定都需要经过几十次甚至几百次协商。此外，领导上任何一项决定做出后，在贯彻时又受到机关的专横的阻挠。无论何时都有大量的官吏，他们能够败坏任何事情，很少有人能够和愿意帮助别人，几乎没有人对某件事真正承担责任。"③列宁对官僚主义深恶痛绝，他说："我们所有经济机构的一切工作中最大的毛病就是官僚主义。共产党员成了官僚主义者。如果说有什么东西会把我们毁掉的话，那就是这个。"④戈尔巴乔夫上台后，人们最初对他寄予希望。但他的腐败程度比勃列日涅夫有过之而无不及。据悉，他给自己建造的福罗斯别墅(位于克里米亚半岛南岸)花掉了8.5亿卢布，依照1986年的牌价，

---

① 罗曼·罗兰：《莫斯科日记》，116～117页，上海，上海人民出版社，1995。

② 参见陈之骅主编：《勃列日涅夫时期的苏联》，15页，北京，中国社会科学出版社，1998。

③ 格·阿·阿尔巴托夫：《苏联政治内幕：知情者的见证》，301页，北京，新华出版社，1998。

④ 《列宁全集》，中文第2版，第52卷，300页，北京，人民出版社，1988。

折合美元11亿零500万。勃列日涅夫在利瓦季亚的别墅已经很豪华了，但据在戈尔巴乔夫身边工作多年的切尔尼亚耶夫看来，与戈尔巴乔夫的福罗斯别墅相比，“就是一个破烂棚子”。①

特权阶层不再是无产阶级革命家了。他们脱离了广大的人民群众，使苏联共产党在人民中失去了往日的革命形象，大大降低了共产党和社会主义的威信。执政党的最大危险是脱离群众。苏联共产党后来严重脱离了群众，这是它走向灭亡的一个重要原因。

最后，必须以马克思主义为指导思想，更要在实践中创造性地发展马克思主义。苏联共产党是以马克思主义作为指导思想的。马克思主义不是教条，而是行动的指南，马克思主义必须在实践中不断发展，才有生命力、战斗力，才能把苏联人民从思想上凝聚在一起。列宁是杰出的马克思主义者，多方面地发展了马克思主义，推动了苏联的社会主义革命与建设。在他的领导下，苏联理论界是活跃的，没有人因为理论观点的不同而受到处罚。斯大林时期，苏联的意识形态虽然仍以马克思主义为指导，但教条主义盛行，一切理论的正确与否均由斯大林一人判定，而且因理论上的所谓错误(有些其实是正确的)而受到处罚甚至丧生者，大有人在。赫鲁晓夫、勃列日涅夫的理论修养都很差，在他们当政时，马克思列宁主义在苏联已被彻底僵化。但就是在这样的情况下，勃列日涅夫竟因提出“发达社会主义”的理论而被称为“卓越的马克思主义理论家”，并获得苏联科学院颁发的“卡尔·马克思”奖。这真是天大的笑话。

理论脱离实际，教条主义、形式主义盛行的结果，使苏联人民对理论产生了厌恶情绪，对官方的宣传产生了逆反心理，于是出现了信仰危机。戈尔巴乔夫干脆赤裸裸地抛弃了马克思主义，大肆宣扬资产阶级的意识形态，丑化党的历史和苏维埃政权的历史，从思想上瓦解了苏联共产党。罗伊·麦德维杰夫在谈到苏联解体的原因时，特别强调：“对于苏共来说，意识形态就是它的心脏，当对这个伟大意识形态的信任程度减弱之后，那么苏联大厦中的党政骨干结构必然要倒塌。”②麦德维杰夫把意识形态的衰落看作苏联解体的主要原因，固然过于片面，但确是有一定道理的。

总之，戈尔巴乔夫时期的苏联共产党，已经不是列宁、斯大林时期的共产

---

① 罗伊·麦德维杰夫：《苏联的最后一年》，79页，北京，社会科学文献出版社，2005。

② 同上书，226页。

党，甚至也不是赫鲁晓夫和勃列日涅夫时期的共产党。党的领导权掌握在戈尔巴乔夫之流的资产阶级分子、投机分子和官僚主义分子手中。坚持马克思列宁主义、走社会主义道路的干部受到排挤和打击。基层党员生活日益贫困，看不到社会主义的前途，因而对政治抱消极、冷漠甚至厌恶的态度。党已不成为无产阶级的先锋队，丧失了生气勃勃的战斗力。十月革命前夕，1917 年 7 月俄国社会民主工党(布)第六次代表大会时约有 24 万党员，① 几十万人的党实现了夺取政权，建立人类历史上第一个社会主义国家的伟大任务。而在 1990 年 1 月，苏共有党员 1922 万人之多，② 竟丢失了政权，这实在是国际共产主义运动历史上的一大悲剧。

苏联已经不存在了，但它是人类历史上建立的第一个社会主义国家，这是一次伟大的实验。苏联存在的 74 年间，既有成功的经验，也有失败的教训，后人只要能够认真分析对待，就能从中获得有益的启发。必须指出的是：苏联的解体，只是社会主义一种已经僵化的模式的失败，并非社会主义制度的失败。列宁说："如果从实质上来观察问题，难道历史上有一种新生产方式是不经过许许多多的失败、错误和反复而一下子就确立起来的吗？"③邓小平也说："封建社会代替奴隶社会，资本主义代替封建主义，社会主义经历一个长过程发展后必然代替资本主义。这是社会历史发展不可逆转的总趋势，但道路是曲折的。资本主义代替封建主义的几百年间，发生过多少次王朝复辟？所以，从一定意义上说，某种暂时复辟也是难以完全避免的规律性现象。一些国家出现严重曲折，社会主义好像被削弱了，但人民经受锻炼，从中吸收教训，将促使社会主义向着更加健康的方向发展。因此，不要惊慌失措，不要认为马克思主义就消失了，没用了，失败了。哪有这回事！"④的确如此，马克思主义没有消灭，社会主义没有失败。中国特色社会主义正在蓬勃发展，中国特色社会主义建设的成功必将重新唤起世界人民对于共产主义理想的追求，成为国际共产主义运动复兴的契机。

---

① 《列宁全集》，中文第 2 版，第 39 卷，478 页注㉘，北京，人民出版社，1986。

② 这是《苏联政权史》提供的数字。截至 1990 年 1 月 1 日，苏共党员的人数为 19228217(其中正式党员 18856113 人，候补党员 372104 人)。见该书 794 页。

③ 《列宁全集》，中文第 2 版，第 37 卷，17 页，北京，人民出版社，1986。

④ 《邓小平文选》，第 3 卷，382～383 页，北京，人民出版社，1993。

从国际共产主义运动史看社会主义初级阶段理论的伟大意义*

邓小平总结了我国和苏联等国建设社会主义的经验教训，提出了社会主义初级阶段的理论。本文从国际共产主义运动史的角度，详细论证了社会主义初级阶段的长期性和不可逾越，并分析了苏联和我国过去都犯过急于向共产主义过渡的错误的原因。

社会主义初级阶段理论是邓小平理论的基石，是对马克思列宁主义、毛泽东思想的一个重大发展。本文拟从国际共产主义运动史的角度，来看这一理论的伟大意义。

从 1848 年《共产党宣言》发表，到今天已经一个半世纪了。在这漫长的时间里，各国共产党人为实现共产主义理想在理论上和实践上进行了种种探索，积累了有益的经验，但是他们一般都把社会主义(共产主义的初级阶段)看作一个短暂的阶段，以为经过几十年的时间就可以进入共产主义社会了。

苏联是第一个建设社会主义的国家。但是，人类第一次成功的社会主义革命没有爆发在马克思主义创始人所设想的先进的工业国家里，而是爆发在俄国这样一个比西欧发达工业国家落后的小农占优势的国家里，这就使建设社会主义的任务更加困难。列宁是一个伟大的马克思主义者，他一方面坚决主张俄国无产阶级应当当机立断地夺取政权，绝不能因为俄国资本主义经济还不够发达而放弃社会主义革命；另一方面他又清醒地认识到在俄国这样一个经济相当

---

* 原载《首都师范大学学报》(社会科学版)1995 年第 5 期。

落后的国家里进行社会主义革命是比较容易的，但要完全组织起社会主义社会就比较困难。他说："我屡次说过：与各先进国家相比，俄国人开始伟大的无产阶级革命是比较容易的，但是把它继续到获得最终胜利，即完全组织起社会主义社会，就比较困难了。"①他还说："由于历史进程的曲折而不得不开始社会主义革命的那个国家愈落后，它由旧的资本主义关系过渡到社会主义关系就愈困难。这里除破坏任务以外，还加上了一些空前困难的新任务，即组织任务。"②尽管列宁从总的原则上有如此正确的认识，但苏俄在实行战时共产主义时，还是犯了急于向共产主义过渡的错误。实行战时共产主义，首先是战争形势所迫，但也有主观因素在内。列宁后来在总结这段历史经验时，写道："我们计划(说我们计划欠周地设想也许较确切)用无产阶级国家直接下命令的办法在一个小农国家里按共产主义原则来调整国家的产品生产和分配。现实生活说明我们错了。"③列宁及时发现了问题，转而采取新经济政策。对于度过社会主义这个阶段所需要的时间，列宁也做过大致的估计。1920 年 10 月 2 日，他在《青年团的任务》的报告中说："现在 50 岁左右的这一代人，是不能指望看到共产主义社会了，那时候他们都死了。至于现在 15 岁的这一代人，就能够看到共产主义社会，也要亲手建设这个社会。"他还说，现在是 15 岁的这一代人，"再过 10—20 年就会生活在共产主义社会里。"④今天来看，列宁把社会主义阶段估计为只有 10～20 年，实在太短了。不过，列宁在世的时候，社会主义建设刚刚开始，而且列宁去世过早，所以他对社会主义阶段所需时间的估计不准，是不应当予以苛求的。但在他以后的苏联领导人，在经历了很长时间以后，仍然未能对社会主义阶段的长期性和艰巨性获得正确的认识。

列宁逝世后，斯大林领导苏联社会主义建设，取得了很大成绩。但他于 1929 年过早地结束了新经济政策，又于 1936 年 11 月在《关于苏联宪法草案》的报告中过早地宣布："我们已经基本上实现了共产主义第一阶段，即社会主义。"随后苏联在 1938 年第三个五年计划开始的时候又提出：在 5 年内，"完成无阶级的社会主义建设并从社会主义逐渐过渡到共产主义"。实际上，这时苏联的生产力水平还远远落在欧美发达国家后面。从人均国民生产总值来看，

① 《列宁选集》，中文第 3 版，第 3 卷，793～794 页，北京，人民出版社，1995。

② 同上书，436 页。

③ 《列宁选集》，中文第 3 版，第 4 卷，570 页，北京，人民出版社，1995。

④ 同上书，296 页。

1940 年，苏联的人均产值为 510～542 美元（按 1964 年的美元计算），而美国是 1886 美元，英国是 1234 美元（1937 年），日本是 554 美元，苏联仅大体相当于日本的水平。1939 年，苏联年产钢 1800 万吨，煤 1.45 亿吨，而 1939 年美国的钢产量为 4790 万吨，德国为 2373 万吨；美国的煤产量为 4 亿零 490 万吨，德国为 3 亿 8680 万吨。因此，苏联在 1936 年就宣布已经建成社会主义社会，实在是过早了。在经历了第二次世界大战和战后恢复时期以后，苏联在 1952 年又宣布："苏联社会主义建设任务已经完成"，现在已处于"从社会主义逐渐过渡到共产主义"的时期。这种认识仍然是不符合实际的。仅以农业而论，1953 年，苏联粮食产量为 8250 万吨，比第一次世界大战前 1913 年的产量还少 350 万吨。如以人均粮食来算，1953 年为 432 公斤，也低于 1913 年的 540 公斤。40 年过去了，粮食产量尚未达到沙皇俄国时期的水平，怎么能说社会主义建设任务已经完成了呢？

赫鲁晓夫上台后不久，便在 1957 年 11 月庆祝十月革命的大会上提出了在今后 15 年赶上和超过美国的号召。在 1959 年 1 月召开的苏共二十一大上，他做了报告，中心思想就是苏联现在已进入发展的新时期，即全面开展共产主义社会建设的时期。在今后的 15 年内，苏联将过渡到共产主义社会。1961 年 10 月苏共二十二大通过了一个新党纲。这个党纲提出了一个在 20 年内苏联基本上建成共产主义社会的计划。在 1961～1970 年的第一个十年里，苏联在建立共产主义的物质技术基础时，在按人口平均计算的产量方面将超过最强大最富裕的资本主义国家美国。在 1971～1980 年的第二个 10 年中，苏联将基本上建成共产主义社会。赫鲁晓夫硬说，这个 20 年计划是"以严格的科学计算为指导"，实际上则纯属主观的空想。事实如何呢？1960 年，苏联的国民收入和工业生产约为美国的 60%，而发电量只相当于美国的 35%。塑料及树脂产量只及美国的 1/10 多一点，合成纤维的产量还不到美国的 5%。这一年，苏联产钢 6530 万吨，美国则为 9928 万吨。计划中的第一个十年的最后一年即 1970 年的情况如何呢？苏联的工业生产为美国的 75%以上，工业劳动生产率约占美国的 53%，农业劳动生产率约占美国的 20%～25%，国民收入约占美国的 65%以上。计划中的第二个十年的最后一年即 1980 年的情况又如何呢？苏联的工业生产仍只占美国 80%以上，工业劳动生产率约占美国的 55%以上，农业劳动生产率约占美国的 20%～25%（1966～1980 年平均数），国民收入占美国的 67%。列宁说："劳动生产率，归根到底是使新社会制度取得胜利的最重要最主要的东西。""资本主义可以被最终战胜，而且一定会被最终战胜，因为社会主义能创造新的高得多的劳动生产率。这是很困难很长期的事业。"①在20年内建成共产主义社会计划的最后一年，苏联的工农业劳动生产率都落后于美国，赫鲁晓夫急于过渡到共产主义社会的幻想破灭了。

勃列日涅夫上台后，感到苏联在20年内过渡到共产主义社会是不可能的，于是降了调。1967年11月，在庆祝十月革命50周年的大会上，勃列日涅夫宣称，苏联"建成了发达的社会主义社会"，不再谈什么"建成共产主义社会"的计划了。以后，他多次重申这种"发达社会主义建成论"，苏联理论界也对此展开了论证。勃列日涅夫的认识虽然比赫鲁晓夫多少清醒一些，但仍然同苏联的社会实际有很大距离。1982年11月安德罗波夫执政后，对苏联社会发展所处的阶段提出了比较审慎的论断。他强调"谨防在理解我国接近共产主义最高阶段的程度方面可能出现的夸张"。还在1982年4月，在纪念列宁诞辰112周年大会的报告中，他就指出20世纪最后20年苏联面临的任务是完善发达社会主义社会，"我们的国家正处在这一漫长的历史阶段的起点上。这一历史阶段也将分为若干发展时期和阶段。"他还批评过苏共二十二大通过的党纲，"有些内容脱离现实，超越了时间的发展"。安德罗波夫以"发达社会主义起点论"代替"发达社会主义建成论"，说明他已认识到苏联距离"建成发达社会主义社会"，还有很大距离。1984年安德罗波夫去世。他执政时间太短，未能把苏联社会主义社会所处阶段的问题继续深入认识下去。

我国在1949年革命胜利以后，对于如何建设社会主义，也经历了一个长期的探索过程。1958年以前，我国的社会主义建设取得了很大的成绩。但是，由于社会主义建设经验不足，由于在胜利面前滋长了骄傲自满情绪，更由于在我国究竟处于社会主义社会什么阶段这个根本问题上没有正确的认识，我国从第二个五年计划一开始就转上了"大跃进"的道路。1958年的"大跃进"运动片面追求工农业生产和建设的高速度，急于向共产主义过渡。在"农业大跃进"中，提出了"人有多大胆，地有多大产"等错误口号，并大批"唯条件论"。当时，盲目乐观地估计，我国农业今后将以每年百分之几十的速度年复一年地增长，用不了几年，"把全地球上的人通通集中到中国来，(粮食)也够用。""农业大跃进"引发了"工业大跃进"，最具典型的就是全党全民大炼钢铁运动。那时预计，钢的产量到1959年可达3000万吨，1962年就有可能争取到八九千万吨。1958年以后，还兴起了大办人民公社运动，企图运用人民公社的形式，

① 《列宁选集》，中文第3版，第4卷，16页，北京，人民出版社，1995。

摸索出一条过渡到共产主义的具体途径。1958年中央宣传部编的《马克思恩格斯列宁斯大林论共产主义社会》一书，典型地反映了当时急于向共产主义过渡的倾向。这本书的"编者的话"的第一句就是："在我国社会主义建设处于'一天等于二十年'的大跃进形势之下，人们都不能不关心着我国将如何由社会主义社会逐步过渡到共产主义社会的问题。"这就把革命导师关于革命时期"一天等于二十年"的概念错误地搬到生产力发展速度的估量上来，认为既然生产可以飞速发展，进入共产主义社会也就为期不远了。

综上所述，苏联和我国都曾把社会主义阶段看作一个短暂的、不过几十年的阶段，并都犯过急于向共产主义过渡的错误。之所以会犯这种"急性病"，大体上有以下几点原因：

第一，满足于和自己过去的水平比，特别是和革命胜利以前旧时代的水平比，而对国门以外的世界情况不甚了了。当苏联提出在15年赶上和超过美国、中国提出在15年赶上和超过英国的时候，其实对美英的经济情况并未做过周密的、深入的调查和分析。有纵向的比较而无横向的比较，就容易夸大已经取得的成绩，把赶超发达资本主义国家的任务看得轻而易举，于是便想迅速迈入共产主义社会了。

第二，把在一个以小农为主的落后国家里发展生产力的任务看得过于容易，以为只要把群众的热情激发起来，大搞群众运动，就没有办不成的事情。列宁说："在危机尖锐化时期，几个星期就可以取得政治上的胜利。在战争中，几个月就可以取得胜利，但是在文化方面，要在这样短的时间内取得胜利是不可能的。从问题的性质看，这需要一个较长的时期。"①他还说："政治任务和军事任务可以在工人农民现有觉悟水平上通过激发他们的热情来完成。……热情、强攻、英雄主义曾帮助我们完成了这些任务。……但是这个优点现在成了我们最危险的缺点。我们老是向后看，以为经济任务用同样的办法也能完成。但错误正出在这里。……党和工会的一些工作人员……往往规避费力的、艰苦的、长年的经济工作，规避这种需要坚韧不拔、经受严重考验、进行长期奋斗、具有严细而顽强的作风的经济工作，用'我们过去做过大事'这类话来敷衍搪塞。"②我国在"大跃进"期间所犯的错误，也有类似列宁所说的情况。许多干部是在革命战争中成长起来的。他们有在政治上动员群众、组织群众来进行革

① 《列宁选集》，中文第3版，第4卷，591页，北京，人民出版社，1995。
② 《列宁全集》，中文第2版，第42卷，349页，北京，人民出版社，1987。

命战争和政治斗争的丰富经验。当他们转向从事经济工作和文化工作时，很容易相信如果把当年在土改、战争中大搞群众运动的传统方法应用到建设中来，也会无往而不胜的。但他们不清楚搞经济、文化工作，需要专门的科学技术知识，具备必要的物质条件(设备、资源、资金、资料等等)，严格遵守规章制度和操作程序，掌握准确的信息，等等。如果不顾这些要求，则热情愈高，愈会坏事。

第三，企图单纯用变革生产关系的办法加速向共产主义社会过渡，而不考虑生产力的发展已经达到什么样的水平。生产力是社会发展的最终决定力量，生产关系一定要适合生产力的性质，这是马克思主义的基本原理之一。但当头脑发热时，就置之不顾了。斯大林在1929～1930年急于推行了农业全盘集体化运动，企图自上而下地用大规模政治运动的办法来改变农业生产关系，而当时苏联农业的机械化程度是很低的。1936年，斯大林宣布苏联建成社会主义时，根据的标准主要是所有制和阶级关系这两条。他认为，在工业方面，“社会主义的生产形式现在是在我国工业中独占统治的体系”；在农业方面，已经有了“无所不包的集体农庄和国营农场体系”；在阶级关系方面，“所有的剥削阶级都消灭了”，只剩下了工人阶级、农民阶级和知识分子。至于苏联当时的生产力发展水平如何，与欧美发达资本主义国家相比如何，报告都未涉及，只是笼统地说，苏联工业“建立在丰富的现代新技术的基础上，十分发达的重工业以及更发达的机器制造业的基础上”；苏联农业是“世界上规模最大的、机械化的、用新技术武装起来的生产”。① 在中国，1958年8月中共中央通过了《关于在农村建立人民公社问题的决议》。决议指出：在目前形势下，建立人民公社，“是指导农民加速社会主义建设，提前建成社会主义并逐步过渡到共产主义所必须采取的方针。”还宣布：“共产主义在我国的实现，已经不是什么遥远将来的事情了。”但是，在大办人民公社时，中国农业的生产力水平实际上是很低的。据统计，1957年，我国人均国民收入仅142元。农民生活水平虽然比新中国成立前有很大提高，但温饱问题远未解决。除东部沿海和城镇郊区以外，辽阔的农村基本上还采用以手工操作为主的传统生产技术，仍处于自然经济或半自然经济状态。在这样的情况下，把农业合作社合并成人民公社，并企图依靠人民公社的“一大二公”(实际上是“一平二调”)，提前建成社会主义并过渡到共产主义，是根本办不到的。

---

① 《斯大林文选(1934～1952)》，上，84～85页，北京，人民出版社，1977。

此外，还必须估计到马克思主义创始人关于社会主义—共产主义的论述对于老一辈无产阶级革命家的影响这个因素。马克思主义创始人所设想的无产阶级革命是爆发在发达资本主义国家的，那里已经具有了相当高的生产力水平，因而他们在讲到未来新社会的时候，重点往往放在所有制的改变方面。《共产党宣言》说，在一定意义上，“共产党人可以把自己的理论概括为一句话：消灭私有制。”①马克思、恩格斯是从当时西欧先进资本主义国家的实际出发的，是对的。但苏联在实行战时共产主义、农业全盘集体化运动，中国在大办人民公社的时候，都只着眼于改变生产关系，改变所有制，就不对了。毛泽东于1962年1月30日在总结社会主义建设经验时，诚恳地说：“我注意的较多的是制度方面的问题，生产关系方面的问题，至于生产力方面，我的知识很少。”②

第四，苏联人民、中国人民在建立社会主义制度以后，满怀热情地想把社会主义建设搞得更快一些，早日实现共产主义的理想，这是很自然的事情。只是热情不能代替科学，过分求快，反倒慢了。邓小平深刻指出：“我们都是搞革命的，搞革命的人最容易犯急性病。我们的用心是好的，想早一点进入共产主义。这往往使我们不能冷静地分析主客观方面的情况，从而违反客观世界发展的规律。”③

十一届三中全会以来，党正确地分析国情，总结我国社会主义胜利和挫折的历史经验并借鉴其他社会主义国家兴衰成败的历史经验，做出我国还处于社会主义初级阶段的科学论断，从此社会主义建设便持续快速健康地发展起来。1996年，我国产钢1.0110亿吨，居世界第一位。煤13.8亿吨，也居世界第一位。水泥、粮食、棉花、棉布、肉类、电视机等产品的总量都居世界第一位。外汇储备，截止到1997年3月，共1150亿美元，居世界第2位，仅次于日本。国内生产总值由1978年的3588亿元，增至1996年的67795亿元，增长17.89倍。据世界银行的预测，1996年我国国内生产总值在世界的排位已由1991年的第10位上升至第7位。我国社会主义建设的巨大成就，得到了国际上的公认。世界银行行长詹姆斯·沃尔芬森在1997年9月19日的一篇文章中写道：中国的两大变革——从计划经济到市场经济的变革和从农村、农业社

① 《马克思恩格斯选集》，中文第2版，第1卷，286页，北京，人民出版社，1995。

② 转引自薄一波：《若干重大政策与事件的回顾》，下卷，1031页，北京，中共中央党校出版社，1993。

③ 《邓小平文选》，第3卷，139～140页，北京，人民出版社，1993。

会向城市、工业社会的变革，“都取得了惊人的成功”。“中国是世界上经济发展最迅速的国家，在过去 20 年里人均收入增长了 4 倍。”他还说，在只有两代人的时间里，“中国收入的增长和生活水平的提高，是其他国家花费 200 年的时间才取得的，而且有许多国家至今尚未取得。”

我国社会主义建设尽管取得了举世瞩目的成就，但我们仍然处于社会主义初级阶段。这是因为：“总的说来，人口多、底子薄，地区发展不平衡，生产力不发达的状况没有根本改变；社会主义制度还不完善，社会主义市场经济体制还不成熟，社会主义民主法制还不够健全，封建主义、资本主义腐朽思想和小生产习惯势力在社会上还有广泛影响。”由 16 个有代表性的指标组成的社会指标体系得分显示，1987 年，120 个国家和地区平均为 76 分，我国为 68 分，居世界第 70 位。根据联合国有关组织在 1990 年人类发展报告中提出的构筑在平均预期寿命、成人识字率、人均国民生产总值基础之上的人类发展指标衡量，中国在被衡量比较的 130 个国家和地区中处于第 65 位。① 所以，社会主义初级阶段是一个长期的阶段，不可逾越的阶段。党的十五大报告指出：“这样的历史进程，至少需要 100 年时间。至于巩固和发展社会主义制度，那还需要更长得多的时间，需要几代人、十几代人，甚至几十代人坚持不懈地努力奋斗。”

在一个落后的东方大国（中国）或半东方大国（苏联），如何实现社会主义现代化，是国际共产主义运动史上的一个大课题。为了解决这个大课题，苏联人民和中国人民都曾做过艰难的探索，并付出了沉重的代价。伟大的列宁制定了新经济政策，初步找到了建设社会主义的正确途径，可惜他去世过早，未能把实验继续进行下去。邓小平的伟大之处就在于：他继承和发展了马克思列宁主义、毛泽东思想，创立了建设中国特色社会主义理论和作为这个理论的基石的社会主义初级阶段理论，找到了在一个落后的东方大国实现社会主义现代化的道路。从社会主义时期划分出一个初级阶段，并把它定性为不发达阶段、至少需要 100 年时间才能度过的长期阶段和不可逾越的阶段，这是国际共产主义运动史上关于社会主义认识的一次飞跃，具有重大的理论意义和实践意义。深刻认识并在实践中牢牢把握这一理论，中国人民就能把建设中国特色社会主义的伟大事业全面推向 21 世纪，而中国社会主义建设的成功又必将重新唤起世界人民对于共产主义理想的向往和追求。

---

① 联合国开发计划署：《人类发展报告 1990 年》，转引自胡绳：《中国共产党的七十年》，569 页，北京，中共党史出版社，1991。

1958年高校“大跃进”*

这里讲述的只是1958年“大跃进”中的一个侧面。讲述者是我国著名学者、世界史大家齐世荣先生，作为这场运动的亲历者与见证人，他的感受倍加真切。一次赴津讲学时，天津师范大学欧洲经济-社会史研究中心的几位成员就此对他进行了采访，现将其整理出来，权当为后人留下一点研究与思考的材料。

问：齐先生，我们知道，1958年的“大跃进”是全民运动，高校也不能避免。您是这场运动的亲历者，请您谈一谈高校参加“大跃进”的情况。

齐：1958年在中国大地掀起了一场名为“大跃进”的运动。这场运动首先是在工业、农业方面展开，此后全国各行各业都有自己的“大跃进”。任何一行都要有“大跃进”，教育界也不例外。1958年，我在北京师范学院历史系任讲师，党内职务是党总支书记。那年我32岁，还是一个青年教师。由于担任总支书记的职务，可能对历史系的情况比一般教师了解得多一些。但是年代久远，距离今天已经有46年了，当时的一些工作笔记在“文革”中都被烧毁了。所以我下面讲的只是凭我的回忆，这些回忆难免有不够确切的地方。但大体的情况、总的轮廓不会有大的问题。1958年北京师范学院的“大跃进”情况，与北京各高等学校的情况从总的方面来看基

---

* 本文由齐世荣先生口述，龙秀清、李友东整理。参与访谈的先后有王亚平教授、田涛教授和赵文君讲师；陈太保博士将录音整理成文字，特此感谢。

本上是一样的。不同的是那些名牌大学，搞得更为轰轰烈烈，花样也更多。

问：当时高校是如何参加“大跃进”的？

齐：响应号召嘛！当时中央的口号是“教育为无产阶级政治服务，教育与生产劳动相结合”。陆定一在《红旗》杂志上也写过一篇文章，就是这个标题。① 那段时间特别强调教育要与劳动实践相结合，学生要到工厂、农村去；认为课堂学的书本知识没有什么用，是死知识。所以当时的学生热情很高，都不愿意上课了，整天闹着要走，而且要快点儿走，立刻走，立刻到农村到工厂去。在那种风气下，假如你说上课还有用那是不行的。我当时对一个班的学生支部书记说：“你不要忙，你等系里安排安排。下厂下乡固然重要，历史也还离不了课堂教学和书本知识。”我还说了一句当时比较形象的话，我说：“地里也没有秦始皇。”这下糟了，1959年批判我时，这成了我的一大罪状。其实我的意思是说书本知识也还有用，不能说全都没用。你下农村，只种田，怎么知道秦始皇是怎么回事？

问：看起来，下厂下乡是学生响应号召下去的，很积极，他们去了能干些什么呢？

齐：学生的热情的确很高。历史系有个班实际上在1958年10月初就走了，到河北宣化的一个铁矿，后来也叫龙岩钢铁公司，到那里去劳动锻炼。他们一边参加铁矿的劳动，一边写了龙岩矿史，到年底才回来，将近一个学期没有上课。矿史的内容主要描写新中国成立前(铁矿)是怎么样的，工人怎么受压迫受剥削，然后写新中国成立后怎么样翻身，怎么样生产跃进，大概就这么一个过程，还挺厚的，有几十万字。后来没出版。有的学校出版了类似的著作，如人民公社史。当时大学历史系的基本做法，都是以下放劳动加上写工厂史、人民公社史这两者结合来代替上课。写什么结合当地情况，比如说你下到农村，就写人民公社史，到工厂就写工厂史，到矿山写矿史，也有写商业的，就是找一个合作社来写。有的不够写成“史”也没有关系，写成一段一段的，也行。

问：当时学生除了下厂下乡，在学校是否还上课呢？

齐：在学校也不怎么上课。那时候校园里没有那么多房子，每个学校就开辟一些试验田种粮食。比如说种白菜，给你1亩地，看你能产多少，不是说一

① 1958年8月，《红旗》杂志第7期发表了中宣部部长陆定一同志的文章：《教育必须与生产劳动相结合》。——整理者注

定要大面积。我们历史系有个班种大白菜，还提出了具体指标，我现在问那些学生——都六十多岁了，有的说他们班的指标是亩产10万斤，有的回忆说是亩产20万斤。反正至少是亩产10万斤。生物系提出的指标就更高了，要亩产小麦40万斤！我还参加了生物系的那个“深翻地”，当时说粮食要高产，一是密植，二是翻地要深。生物系的“深翻地”大概深到1米多。但最后只打了几十斤。为什么呢？太深了把地都破坏了，什么过分了都不行。我跟生物系那个主任说，你的指标太高了，能打4万斤我就给你磕头了。其实4万斤也不可能。后来他反映到党委，说我给他泼冷水了。当时就是要高指标，谁定多高都得承认能办得到，如果说不行的话，就叫给群众运动泼冷水。当时全国流行一个口号，叫“人有多大胆，地有多大产”。你胆多大，你就能产多少，胆越大，就产得越多，这是很流行的，你们可以查《人民日报》和《红旗》杂志。

问：当时好像还有全民大炼钢铁，高校参加了吗？

齐：当然要参加。当时毛主席提倡“全民炼钢”，全中国人都要参加炼钢，不管你是干什么的，叫“钢帅升帐”，把钢比作元帅，它一升帐，把其他都带动起来了。不许谈平衡。比如你说钢帅升了帐，还得有这个配合，那个配合，那不许说，就是把钢先搞上去。所以学校也要炼钢，学校怎么炼钢呢？当时叫土洋结合。洋法，就是现代化的炼钢；土法呢，就要搭上一个小土炉子。不过我现在没有办法形容，就是很简陋的一个土炉子，然后把铁收集来。当时好多锅都给砸了，门上的铁环之类的东西也给砸了，砸了以后就化，就炼钢。拿个棍儿搅拌。我们中层干部和学生一起参加炼钢。经过一夜不睡觉地炼，到第二天早晨就算炼出来了。我记得还要送到党委去。冶炼出来的都是那种大铁疙瘩似的废铁，圆状的，块状的，都是大铁疙瘩，说这就是钢！谁也不敢说这不是钢，全民炼钢你说冶炼出废铁来，那还得了！所以党委也很高兴地接受了这些炼出来的“钢”。

问：在科研或者教学方面有没有“大跃进”的活动？

齐：当时有个活动叫教学“大跃进”，但它并不是研究如何改进教学内容，而是比赛编教材。1958年的暑假，由北大等名校带头，各个高等学校都搞起了科研“大跃进”。名义上叫科研“大跃进”，其中一个主要的内容就是编写新教材。当时北京市委号召向北大取经学习，随即就一窝蜂地在各高校展开。我记得当时北京师范学院还提出了一个口号，叫作“奋战一暑假，编出革命的、崭新的、马克思主义的教材”。在这之前，大学里用的教材许多都是由名教授编的，但是那阵儿说都不行了，都不够先进了，不够革命了，都得重来了。当时批判历史系的各门教材充满了资产阶级的东西。有的学校历史系一年级的学生刚学中国古代史，根本没学过近代史，可是暑假来了，就让他们编近代史教材。口号很响亮，就是超过范文澜的《中国近代史》。没学就要超范老，这不是开玩笑吗！但当时不能这么说，敢想敢干就行。当时上边还说，老师不行了，编新教材，要以学生为主，教师为辅。教师只负责提供给学生材料，主要由学生提供观点、体系。为什么老师编不了教材呢？因为你资产阶级思想太浓厚。而且提倡低年级是主力，一、二年级比三、四年级强，三、四年级比老师强。为什么说三、四年级不如一、二年级？因为三、四年级跟着资产阶级老师学的年头长了，脑子"中毒"比较多了。所以当时师生一块儿编，经常是老师刚发表意见，学生就说这不对不行，你就别再说了，再说就不得了了，要"拔白旗"了。后来还真出版了少数这样编的教材，我们学校好像就出版了一本诗歌史，用的是学生的名义，当然是由教师后来彻底地改写的。

问：现在听起来很有趣，好像是蛮干，除了历史系，其他学科也这样蛮干吗？

齐：当然啦！当时称为"打擂台"。我不知道别的学校打了没有，反正我们是"打擂台"了。怎么叫"打擂台"呢？就是各系竞赛，看谁编得数量多，编得快。我们有一个大操场，操场上有一个主席台。各系排成一队一队的，然后各派一名代表登台表决心。譬如说中文系的系主任或总支书记第一个上去了，说我们系奋战一暑假，编出几种新教材，一共多少万字，说完就下来。然后又一个系跳上去，譬如历史系，当时我代表历史系上去了。这个第二个一定要超过第一个，譬如你说编 100 万字，我必须起码说 120 万字，绝不能说 80 万字，打擂台嘛。所以到最后收摊那个，那个字数就玄了，就不知道有多少字了。我现在记不起来了。我们那个系主任是个老干部，现在若活着应该九十多岁了。我问他："咱们说一个什么数字比较合适？"他说："你管那个，上去就说，比头一个多就行。"他比我还冲。最后我说了多少字数，现在记不得了，反正不少。这叫"打擂台"。你说，科学研究怎么能够"打擂台"？但是没人看你科学性怎么样，也没人管你什么史料可靠不可靠，没人研究。你写出来就是胜利。

问：后来这些教材得到使用了吗？

齐：那阵儿学生写的教材后来不是都作废了吗？然后 1960 年可真编出好教材了，中央指定周扬挂帅，召开"文科教材会议"。把全国一些很有名的专家都集中到北京中央党校那儿，文科各门都编新教材，世界史的"周吴本"就是那时候编的。没有现代部分，当时不敢编现代。1960 年的这一套文科教材，水平是比较高的。到“文化大革命”又不要这套教材了。“文化大革命”就更“左”了，文科基本上不办了，文科师生要下乡劳动锻炼，不要什么教科书了。

问：既然是师生一起编教材，而且老师得听学生的，听说还有学生批判老师的现象，那当时的师生关系如何？学生是否不太尊敬老师？

齐：也不是不尊敬，因为批判老师从新中国成立后就一直不断地批判。不光是 1958 年，1954 年思想改造，主要是老师互相批，但学生也参加批判老师，这由来已久。当时认为高校教师资产阶级思想浓厚，世界观没改造好，这就先给你定了一个大前提。上边都定了，学生当然就要参加了。上边都说了，老师资产阶级思想浓厚，编不了革命的教材，主要靠学生。学生当然认为自己能编了，就跟着干了。青年人本来就容易冲动，关键在于你怎么引导他。“文革”中不更荒唐吗，“文革”中斗老师，“四人帮”之流说老师都是“牛鬼蛇神”，是“黑帮”。小孩他懂什么，当然就斗吧。但是后来，那阵儿过去了，他们再冷静地想一想，也能知道这是错误的。现在参加过“文革”的那些青年学生，也都五十多岁了，他们再回忆，就知道那阵儿多幼稚了。

问：除了您刚才说的这些方面之外，其他领域还有没有类似的“大跃进”？

齐：“大跃进”多了。什么体育“大跃进”、卫生“大跃进”、文艺“大跃进”，还有翻译“大跃进”，等等，反正多得很。先说体育“大跃进”。体育“大跃进”就是要求每个学生通过三级劳卫制。① 劳卫制有很高的一级、二级，那个很难。三级也不太容易，譬如跳高跳多高，跳远跳多远，跑百米多长时间，有一系列指标。这个我记不住了，得查档案，体委会有三级劳卫制的标准。反正指标是很高的，全班男女生都通过是不可能的。但是当时要求每个班都必须通过。不通过是不行的。达不到怎么办，就弄虚作假。有的女同学身体比较弱，过不了，就提前卡表。比方说她刚跑到 80 米那儿，就卡表了，那她不就过了吗。结果每个班都达到三级了，都通过了。当然这里很多是假的。假的没关系，你上报了就行。如果历史系有几个班没通过，那不得了，总支书记、系主任要被“拔白旗”。青年教师也参加了。当时我 32 岁，又是总支书记，也参加了。我只记得我们的百米跑也是假过关，学生提前卡表，也算过了，其实我们跑得很慢的。那个跳高标准不高，好像是一米三儿。我那时还年轻，从早晨开始猛

① 劳卫制，全称“劳动卫国制体育锻炼”。1954 年，国家体委颁布了《“准备劳动与卫国”体育制度暂行条例》。劳卫制共分三级，即劳卫制预备级、劳卫制第一级和劳卫制第二级。——整理者注

跳，跳会儿，歇会儿，跳到下午，不知怎么一下子就跨越过去了，还真过了。哎呀，当时学生都鼓掌。我们系有个姓谢的教师，是个大近视眼，当年34岁，怎么也没过，怎么跳也碰杆，跳远他还真过了。这叫体育“大跃进”。

问：您刚才说到卫生“大跃进”，是检查卫生吗？

齐：卫生“大跃进”是什么内容呢？就是教室、学生宿舍、办公室，都要打扫得干干净净的，不是说一般的干净，得干净到什么程度呢？当时各系抽出人来，全院组成一个检查团，专门检查宿舍、办公室、教室等。反正都得查到了。每人戴着一双白手套，如果摸了门窗桌椅等以后，白手套还是白的，才算合格。但是这一关必须过。迎接检查之前要搞大扫除，那个水呀，泼得简直就快成河了。后来这个难不倒谁了，就摸底下。比如这桌子吧，我不摸桌面，我摸背面，摸了白手套也得是白的才行。你像这个墙啊，专摸犄角旮旯儿不注意的地方，摸完了手套还是白的才算过关。这个标准是很高的。你想，戴白手套摸，摸完了一点不能带黑，这打扫卫生得花多大工夫。就咱们这一间屋，譬如说咱们五个人包了，将它清理得任何地方都没土，咱们得干多长时间，一天都干不完！当时好像是某学院的一个班，卫生“大跃进”受表扬了，上边说应当向他们学习。卫生到什么程度，人家这个学生宿舍，在地上做一床被，做完后没有一点黑点，地擦到这个程度！卫生到这个程度，就表扬，就插红旗。你要不及格就插白旗。

问：您刚才说到文艺“大跃进”，文艺怎么能够“大跃进”？

齐：当时各行各业都搞“大跃进”，文艺不搞怎么行！当时甚至在农村里，都要诗画满墙。墙要刷得白白的，写上诗。所谓诗，就是顺口溜吧，高等学校更得那样做了。文艺“大跃进”还包括演出、唱歌什么的，下面我谈一个突出的，就是人人作诗。1958年“大跃进”之后，出现了一些当时认为是豪气冲天的歌谣。现在你们可以看看《红旗》杂志，还有当时其他一些杂志都有，都是配合“大跃进”的。所谓豪言壮语，就是壮着胆子说。当时认为很好，很了不起。我现在就记得一个：“喝令三山五岳开道，我来了！”①这个气魄了不起。当时毛主席说要采风，就是把民间的这些歌谣，像汉代乐府向民间采风一样，编在一块儿。在高等学校将它发展了，发展到人人作诗了。比如我当时当总支书记，党委就让我们统计今天历史系一共作了多少首诗。各系都得作，每人都得

① 《红旗歌谣》之《我来了》：“天上没有玉皇，地上没有龙王，我就是玉皇！我就是龙王！喝令三山五岳开道，我来了！”——整理者注

作，老师学生都得作。每天一汇报，汇报到党委，党委再汇报到市里的什么部门，可能是宣传部或大学部吧。反正有那么一段时间，多长我忘了，党委总跟我们各总支书记要诗，每天一统计。

当时不仅每人都得作诗，还得有数量。你想，历史系一共几百人，如果你只交几十首，那怎么行，起码得每人合一首。学生敢说、敢想、敢干，我们系有个学生，在这一段时间写了一千多首，是最突出的一个。其实，有的不是诗，但只要是顺口溜就行了。1959 年我是重点批判对象，我说我不会作诗，只会写顺口溜。我说七个字一句，末尾押韵，行不行？他们说你身为总支书记，说这样的话，是给群众泼冷水，当然就挨批了。反正当时要求每人每天至少要写一首。其实这根本不是诗，没价值。当时也汇集成册，后来都扔了。这个运动怎么制止呢？后来毛主席说了："人人作诗，岂不亡国！"是他老人家说的，传达下来，就不写了。得，这关咱过了，要不然这个滋味也很难受，每天都得交诗。

说到这儿我附带说个荒谬的事情，翻译"大跃进"。过去坐班的翻译一天一般两三千字，指标就是这样。但是到了那个时候，可就玄了。翻译界也要"大跃进"、"打擂台"，都有很细、很玄的指标。有个翻译家居然提出一天翻译两三万字的指标。我那时三十几岁，抄写自己的稿子，抄得手腕都酸了，一天最多也就八千字左右。你想当时没有电脑，打字机也很少，你一天怎么能够翻译两三万字？不可能的。但是你得敢说、敢想、敢干，这才先进。谁要说翻译不了这么多字，那就糟了，是给群众运动泼冷水，要被"拔白旗"了。

问：当时好像还有一个全民"除四害"运动，高校是怎么参与的？

齐：下面就谈这个，当时叫"除四害"，打麻雀是其中之一。这个四害，就是什么苍蝇、蚊子、老鼠，最初把麻雀也作为四害之一。高等学校师生也参加了这个打麻雀运动。怎么个打法呢？假定说明天是礼拜六，咱们就全校出动，在校外包那么一片地，每个系占一块，带着锣鼓。有房子呢，房顶上也站上人，就那么干一整天。麻雀飞到历史系的这片地了，历史系就敲锣打鼓，不让麻雀停下来，吓得它往中文系那边飞。麻雀飞到中文那儿了呢，中文系就敲锣打鼓，所以麻雀也停不住，吓得就往政治系那边飞。这样子，因为你这片地到处都是人，地上房顶上都有人，锣鼓响不断，此起彼伏，麻雀没有停留之处，只能不停地飞来飞去，最后连累带震，好多麻雀就给震死了，真是震死了。在我们历史系这片地上，就有一个麻雀落在我跟前，啪地一声掉下来，就死了。这样出动一天，隔些日子又出动一次，这叫除四害打麻雀。当然那天什么课都不上了，这一天完全都用来打麻雀了。那场面很大的，你想几千人都出动，敲锣打鼓。为打死几个麻雀，你想得费多大人力。后来有的科学家说麻雀是益鸟，它对保护庄稼有好处，它可以吃一些虫子。毛主席就说，不要打了。这样，打麻雀运动很热闹了一阵儿，就停止了。

问：如此看来，1958年是全面“大跃进”，热闹极了。这一年里头得干多少事情，当时你们是不是很忙？

齐：简直忙得不可开交，运动多极了。1958年这一年高等学校尽管没搞政治运动(因为“反右倾”是1959年，反右派是1957年)，但是这个“大跃进”，那个“大跃进”，多得很。这一年特别累，编教材、人人作诗、大搞卫生、通过劳卫制，还打麻雀，你想一天到晚得多累呀。而且，不是说一个运动完了，再来一个，有时是同时开展，都是1958年这一年的事。当然，这些运动最后什么积极成果都没落下，浪费了师生的宝贵时间。你想全国高等学校这一年基本都不上课，损失有多大！种地你要是真种也成，但地深挖到那个程度，等于把种子都给浪费了。教材也没编成。所谓体育“大跃进”，结果其实累成那样，对身体也不好。反倒是弄得人非常浮夸，非常浮躁，整天说大话，心气浮躁，也坐不住了。唯一的结果就是留下一些反面的历史教训，这些教训今天还可以吸取，因为现在，这种浮躁浮夸的风气虽然没那么严重了，但是不能说完全绝迹了。把当年的这些教训好好地吸取一下，还是有益的。特别是浮夸，说大话，不实事求是，今天在某些方面还不同程度地存在着。

问：您是说“大跃进”的后果很严重，当时有没有人认识到这个问题，进行反思？

齐：有反思，少数领导人头脑还是清楚的。所以在1960年、1961年、1962年三年，整个教学秩序恢复了，又开始上课了。但好景不长。从1963年下半年起，1963年、1964年、1965年都在搞“四清”，轮流下去搞，这就又回去了，又“左”了。然后1966年“文革”开始了，那就更左更凶了，一直“左”下去。“文革”等于取消教育了，学校没了，师生都下乡了，很长一段都在农村、工厂劳动。到“文革”快结束了，1974年吧，这才招收了一批工农兵学员。当时由公社、工厂、生产大队推荐，主要看出身，不用考试。从1966年到70年代，中间八九年就没上课。

1960年、1961年、1962年这三年是真正念书，没有运动，当时也不能再搞运动了。你想，那时人都吃不饱了，教师、学生营养不够，得肝炎、浮肿的人不少。这其实与“大跃进”有很大关系。但当时不敢这么说，那绝对不行！当时归咎于两个原因，一是三年自然灾害，说是自然灾害造成的；二是苏修逼债，当年抗美援朝时候咱们买苏联军火，他还要钱，赫鲁晓夫要咱们还账，中国一咬牙就都给他还清了。其实，还有第三个更重要的原因，就是“大跃进”的后遗症，但这个谁也不能说，这要说了，最轻就是右倾机会主义分子，彭德怀都挨整了，有卓越功勋的元帅都打成了右倾机会主义者，那么高的地位都不行，下边谁还敢这么说？对日常生活方面的影响也很大，50年代可以随便买肉、蛋，但从60年代开始定量。那时一户一个户口本，一个月可能是2斤肉，我记不清了。鸡蛋、白糖也有定量，不能随便买。花生、瓜子春节才有，平时根本买不着！这种情况一直持续到十一届三中全会召开，那时中国经济就开始恢复了。

问：这里还有一个最为奇怪的问题，当时的一些中央领导人和各级官员，为什么会相信甚至是炮制那些天文数字？造成浮夸风、不实事求是的原因是什么？

齐世荣：这个问题很复杂，只能简单说说。我认为主要有两条，第一条就是中国是一个落后的以小农经济为主的国家，当时还是一个农业国。1958年，整体来说中国的科学文化是很落后的，包括很多领导干部的科学文化知识是有限的，他们只是凭想象定指标，所以才有亩产几万斤这种说法。这本来是很荒唐的，但当时居然认为有可能。更好笑的是，当时中央一些领导甚至为粮食多而发愁。他们说了，中国粮食太多了，多了怎么办呢，还可以养活外国人，咱们吃不了，可以养活外国人。真就这么说的，薄一波当时是政治局候补委员，他有一本书，回忆了当时的这类情况。整个中国现代化程度很低，科学文化很落后，所以对这些奇谈怪论才会相信。大炼钢也是如此，不尊重科学，也不懂科学，把炼钢看得那么简单，以为几个小土炉就能炼出钢铁来。这在发达国家是匪夷所思的。人家在几百年前就炼了，他们知道钢不是小土炉能炼的。但是当时，谁要是有不同意见，那就批判谁。苏联当时有人说这不大可能。咱们认为他们太右，不懂得群众中蕴藏着的巨大力量。很多领导缺乏科学文化知识，他们都是打仗出身，通过战争取得了胜利。在他们看来，蒋介石800万军队我都能把他打败，炼钢算什么？其实这是两码事。战争你可以几年之内把敌人打败，但是现代化绝不是几年就能实现的，甚至几十年也实现不了，需要更长的时间。他们把这个问题估计得太容易了。列宁说：“政治任务和军事任务可以在工人农民现有觉悟水平上通过激发他们的热情来完成……热情、强攻、英雄主义曾帮助我们完成了这些任务……但是这个优点现在成了我们最危险的缺点。我们老是向后看，以为经济任务用同样的办法也能完成。但错误正出在这里……党和工会的一些工作人员……往往规避费力的、艰苦的、长年的经济工作，规避这种需要坚韧不拔、经受严重考验、进行长期奋斗、具有严细而顽强的作风的经济工作。”①列宁还说：“在文化问题上，急躁冒进是最有害的。”②我们要牢记列宁的这些深刻教导。

第二条就是骄傲。由于中国革命的胜利，一些领导人骄傲了。《关于建国以来党的若干历史问题的决议》有一段话说得很对：“由于对社会主义建设经验不足，对经济发展规律和中国经济基本情况认识不足，更由于毛泽东同志、中央和地方不少领导同志在胜利面前滋长了骄傲自满情绪，急于求成，夸大了主观意志和主观努力的作用，没有经过认真的调查研究和试点，就在总路线后轻率地发动了“大跃进”运动和农村人民公社化运动，使得以高指标、瞎指挥、浮夸风和“共产风”为主要标志的“左”倾错误严重地泛滥开来。”这段话总结得很好，骄傲自满，急于求成，夸大了主观意志和主观努力的作用。当时这种唯意志论的口号——“人有多大胆，地有多大产”，代表了一种主观的东西，相信不必考虑客观条件，只要我想到哪儿，就能做到哪儿。这是1958年普遍流行的，夸大了主观意志和主观努力的作用，也没有经过认真的调查研究，也不了解中国的基本情况，就干起来了。我想这些教训在今天我们进行社会主义建设过程当中是值得认真吸取的。

---

① 《列宁全集》，中文第2版，第42卷，349页，北京，人民出版社，1987。

② 《列宁选集》，中文第3版，第4卷，784页，北京，人民出版社，1995。

四卷本《世界史》前言

人类历史发展为世界历史，经历了一个漫长的过程。四卷本《世界史》对这个过程从纵向发展和横向发展两个方面予以说明。纵向发展是指人类物质生产史上不同生产方式的演变和由此引起的不同社会形态的更迭。马克思主义根据人类社会内部生产力与生产关系基本矛盾的不同性质，把人类历史发展的诸阶段区分为原始公社制、奴隶制、封建制、资本主义制和共产主义制几种生产方式和与之相对应的几种社会形态。它们构成一个由低级到高级发展的纵向序列，但不是所有民族、国家的历史都无一例外地按照这个序列向前发展。有的没有经历过某一阶段，有的长期停顿在某一阶段。总的来说，人类历史由低级社会形态向高级社会形态的更迭发展，尽管先后不一、形式各异，但这个纵向发展的总过程仍然具有普遍的、规律性的意义。横向发展是指历史由各地区间的相互闭塞到逐步开放，由彼此分散到逐步联系密切，终于发展为整体的世界历史这一客观过程。推动历史横向发展的决定力量，同样是物质生产的发展。在物质生产不断发展的基础上，人们对新地区的开拓、与相邻地区的变换和交往，必然不断扩大。因此，历史的横向发展过程也具有普遍的、规律性的意义。

历史的纵向发展与横向发展的过程是互为条件的。纵向发展所达到的水平和阶段，规定了横向发展的规模和广度。横向发展一方面受纵向发展的制约，反过来又对纵向发展产生促进和深化的影响。在历史向资本主义过渡的时代，横向发展对纵向发展的反作用表现得尤其明显。

四卷本《世界史》分为古代卷、近代卷、现代卷和当代卷。古代卷的起讫时间大约是从远古有人类以来到 15 世纪末。从生产方式和社会形态的演变看，古代史包括原始公社制、奴隶制、封建制和与之相对应的原始共产主义社会、奴隶社会和封建社会，但人类在脱离原始共产主义社会以后，并非所有民族、国家或地区都无一例外地经历过奴隶社会和封建社会的连续发展过程。各国的奴隶社会、封建社会各具特点，有时差别很大，存在时间也不一致。有的一个社会内多种经济形态并存，又有多种身份不同的依附劳动者，难以确定以何为主。古代国家之间相对孤立闭塞，但随着经济、政治的发展，各国之间的交往日益增加，有战争这种暴力的形式，也有商旅往来、文化交流这种和平的形式，而后者对推动人类进步起着更为重要的作用。由于古代世界在相对孤立闭塞的状态中仍存在着不断的交往，所以儒家文化、古典文化、印度文化这些重要文化都在向外扩散，而佛教、基督教、伊斯兰教更形成了世界性的三大宗教。世界历史的发展是不平衡的，这种不平衡在古代尤为突出。总的来说，在某些方面，亚洲的经济水平和文明程度要高于欧洲、大陆非洲和孤悬海外的美洲。到了本卷所述时代的末尾，西欧崛起，预示着一个新时代的到来。

近代卷的起讫时间大约是从 16 世纪初至 19 世纪末，其间存在着资本主义制和封建制及与之相对应的资本主义社会和封建社会。在世界近代史上起主要影响的是资本主义在西方上升、发展、向全世界扩张并由之在全世界产生巨大影响和反响的过程。两次工业革命都发生在近代。第一次工业革命的领头羊是英国，法国随后跟上。在第二次工业革命中，美国和德国受惠最大，它们后来居上，不久便赶上并超过了英、法。工业革命继续向东欧、俄国等地区扩散。工业革命开辟了人类从传统的农业社会向现代工业社会转变的历史过程，具有划时代的意义。在东方，除日本在明治维新后走上资本主义工业化道路外，其他国家都还停留在封建社会阶段。西方先进、东方落后的局面开始出现了。历史进入近代以后，才逐渐成为严格意义上的世界史。随着新航路的发现、西方的海外殖民扩张，以及世界市场的形成，过去长期存在的各国、各地区、各民族间的相对隔绝状态才在越来越大的程度上被打破，整个世界在经济、政治、文化等方面才逐步形成为密切联系的、互相依存又互相矛盾的整体。马克思和恩格斯说："各个相互影响的活动范围在这个发展进程中越是扩大，各民族的原始封闭状态由于日益完善的生产方式、交往以及因交往而自然形成的不同民族之间的分工消灭得越是彻底，历史也就越是成为世界历史。”①马克思还说：“世界史不是过去一直存在的；作为世界史的历史是结果。”②

现代史卷的起讫时间大约从20世纪初到1945年第二次世界大战结束。在这一阶段，随着俄国十月革命的胜利和苏联的建立，人类历史第一次出现了崭新的社会主义生产方式和与之相适应的社会主义社会。资本主义和社会主义两种制度的并存及其相互影响和斗争，深刻影响了世界现代史和当代史的进程。20世纪的前半期，经济上发展缓慢(个别国家如苏联除外)，而且在1929—1933年发生了遍及世界的十分剧烈的经济危机。在政治上，充满暴力(革命的和反革命的)，而且发生了两次世界大战。1945年以后至今的历史，我国学者有人认为仍应列入现代史的范围，有人则主张称之为当代史，但不论哪种区分方法，以1945年为分界线，20世纪前后两个阶段确实有很大的区别。由于许多学校已开设了世界当代史课程，四卷本《世界史》把当代史单独列为一卷。从1945年到今天，世界经济有很大发展。现代资本主义由于形成了一定的自我调节机制，由于科学技术的突飞猛进，美国、西欧和日本的经济发展尤其迅速。第二次世界大战结束以后，特别是从20世纪80年代起，以资本主义国家为主导的经济全球化出现了。政治上，世界殖民主义体系瓦解，一系列发展中国家兴起，它们成为影响世界历史进程的一个十分重要的新因素。1991年苏联的解体，震惊了世界。但是，苏联的剧变和解体只是社会主义一种已经僵化而未及时改革的模式的失败，并非整个社会主义制度的失败。中国特色社会主义所取得的举世瞩目的成就，就证明了社会主义这种新生制度是富有生命力的。从1945年到今天没有发生过世界规模的大战，这有利于世界各国人民，特别是发展中国家人民的和平建设。当前，世界经济继续发展，国际格局走向多极。经济全球化和世界多极化趋势的发展，给世界的和平与发展带来了机遇和有利条件，和平与发展仍然是当今时代的主题。现代史和当代史的内容异常复杂，而且20世纪的历史刚刚过去，因此对许多重大历史事件和人物的分析与评价，仍有待于继续深入的研究。此外，许多材料尚未公开，已公布的庞大资料尚待整理，这也增加了研究现代史与当代史的困难。本书作者只能根据自

---

① 《马克思恩格斯选集》，中文第2版，第1卷，88页，北京，人民出版社，1995。

② 《马克思恩格斯选集》，中文第2版，第2卷，《政治经济学批判》导言，28页，北京，人民出版社，1995。

己有限的知识，提出一些初步看法。

四卷本《世界史》包括中国历史在内，以显示世界发展的完整性。当然，本书中国部分的写法与专门中国史不同，重点在于说明中国在世界历史上各个阶段的地位，中国与世界其他地区、国家和民族之间的交往和相互影响。许多具体内容，仍请读者查阅有关中国历史著作。

四卷本《世界史》是供普通高等学校历史专业本科生使用的教材。世界历史的内容十分丰富，本书在有限的篇幅内所选择的史实是否恰当，所做的分析是否正确，均请广大师生和其他读者指教。由于各高等学校规定的讲授世界历史的时数并不一致，希望采用本书时根据各校的具体情况在内容上适当调整和增减。本书作者参考了中外历史学家的许多著作，获益良多，因属教材性质，不一一注明，尚希见谅。

六卷本《世界史》现代卷前言

《现代史编》上、下两卷是六卷本《世界史》的最后两卷。世界现代史大体上相当于20世纪的历史。完整意义的世界史，在20世纪终于形成。世界史不是过去一直存在的。近代资本主义大工业创造了世界市场，从而"首次开创了世界历史，因为它使每个文明国家以及这些国家中的每一个人的需要的满足都依赖于整个世界，因为它消灭了以往自然形成的各国的孤立状态"。① 世界历史虽然从近代已经开始，但到了20世纪，世界才在经济、政治、文化各个方面联系成为一个息息相关的整体。因此，在一定意义上可以说世界史就是现代史。反过来看，现代史又只有用世界一体化的眼光才能认清它的实质和各种问题，因此在这个意义上又可以说现代史就是世界史。

本书以20世纪初作为世界现代史的开端。20世纪初，资本主义发展到帝国主义阶段。两大帝国主义军事集团为重新瓜分殖民地、势力范围和争夺世界霸权而展开激烈的斗争，最后导致了第一次世界大战的爆发。在大战的过程中，俄国无产阶级进行社会主义革命，建立了人类历史上第一个社会主义国家。由于帝国主义力量在战争中的削弱，由于十月社会主义革命的影响，战后出现了殖民地半殖民地民族解放运动的空前高涨。大战也使国际格局发生了重大变化。19世纪欧洲资本主义列强支配世界的局面告终。美、日

① 《马克思恩格斯选集》，中文第1版，第1卷，67页，北京，人民出版社，1972。

两个新兴的帝国主义国家崛起于北美和东亚。社会主义国家苏联在地跨欧、亚两大洲的俄罗斯帝国废墟上巍然屹立。这一系列的重大事件和历史剧变都发生在20世纪初期，故把20世纪初作为世界现代史的上限，是比较合适的。世界现代史的进程尚在演变之中，它的下限暂时定在20世纪末。

20世纪是人类历史上变化最大、最快的世纪，人类在这一百年中所取得的成就要比以往任何一个世纪都大，甚至可以说超过以往各个世纪的总和。在大约一个世纪的时期里，以1945年为分界线，1945年以后的半个世纪变化尤大、尤快，成就尤为突出。

第一阶段是从20世纪初到1945年第二次世界大战结束。就全球范围看，这是世界经济发展缓慢(个别国家如苏联除外)、充满暴力(革命的和反革命的)的阶段。世界工业的年平均增长率，1900～1913年为4.2%，1913～1929年降为2.7%，1929～1938年再降为2.0%；世界贸易的年平均增长率，1910～1913年为3.7%，1913～1929年降为0.7%，1929～1938年竟降为-1.15%。1929～1933年爆发了世界经济危机，其波及范围之广、破坏程度之大，前此未有，后亦无继。在政治方面，革命与战争是这一阶段的主要内容。1917年爆发的俄国十月社会主义革命是一次震撼世界、影响极其深远的大革命，它的历史意义在于证明了以私有制为基础的资本主义社会经济制度存在着严重的内部危机，因而是可以打破的；在于证明了以公有制为基础的，以充分发展生产力、消灭剥削、消除两极分化、达到共同富裕为根本目的的社会主义社会经济制度是可以而且必然会建立起来的。继十月革命之后，国际无产阶级和殖民地半殖民地的人民多次向资本主义世界发动冲击，其中有些是帝国主义国家内部无产阶级夺取政权的斗争或政治罢工与经济罢工；有些是殖民地半殖民地人民争取民族独立的解放战争，它们有大有小，有强有弱，但总合起来沉重地打击了垄断资产阶级的统治，并为下一阶段的斗争打下了基础。在一些帝国主义国家中，统治阶级鉴于资产阶级议会民主这种旧的统治形式已不适用，便建立了法西斯专政，对内残酷镇压劳动人民，对外发动侵略战争。国际垄断资产阶级为重新瓜分殖民地、势力范围和争夺世界霸权，引发了两次世界大战，它们给人类造成了空前的大破坏。

第二阶段是从第二次世界大战结束到20世纪末。从全球范围看，这是世界经济发展迅速、相对和平的阶段。1953～1973年20年间，世界工业总产量相当于1800年以来一个半世纪的工业产量的总和。造成这一阶段经济迅速发展的原因很多，其中最重要的一条是科学技术的飞速进步。科学技术日益渗透于经济发展和社会生活各个领域，成为推动现代生产力发展的最活跃的因素。在资本主义的心脏地区——美国、西欧和日本，经济增长很快。现代资本主义由于形成了一定的自我调节机制，还有较强的生命力，没有再出现 1929～1933 年那样严重的经济危机，虽然较小规模的危机也曾多次发生。社会主义国家在战后一度也发展很快，但后来出现了不同程度的停滞，近年来一些国家(特别是中国)探索改革的道路，又迅速发展起来。第三世界发展中国家，特别是新兴工业国家的经济增长速度最快，1970～1977 年南亚、东亚、拉丁美洲地区的工业增长率最高，如韩国高达 17%，多米尼加高达 14%。包括亿万人口在内的一大批新兴独立国家从农业社会走向工业社会，毫无疑问是人类生产力的一次大解放，具有深远的历史意义。

由于经济的繁荣发展，资本主义国家的统治比前一阶段稳固，没有受到大的革命冲击。侵略战争虽然仍有，但日益减少，而且发动侵略的大国在被侵略国的抵抗和世界人民的压力下，被迫撤兵，接受政治解决，这在侵略战争的历史上是罕见的。自 1945 年到现在已经半个世纪尚未爆发新的世界大战，而第一次世界大战与第二次世界大战之间仅仅相隔了 20 年。

1991 年 12 月，苏联停止存在。苏联的解体和资本主义世界经济 20 年的繁荣，使资本主义的辩护士断言资本主义制度已经战胜了社会主义制度。但这是一种完全错误的估计。苏联的解体并不能说明苏联在历史上毫无成就。恰恰相反，苏联在它存在的 69 年中(从 1922 年苏联成立算起为 69 年，从十月革命算起则为 74 年)，在社会主义革命和社会主义建设两方面都有了不起的建树，而打败法西斯德国也是它对全人类做出的一大贡献。苏联的解体只能说明在社会经济落后的国家里建设社会主义，特别困难，必须找到正确的道路并不断进行改革，才能最后成功。列宁敏锐地注意到俄国经济文化的落后性，强调指出："与各先进国家相比，俄国人开始伟大的无产阶级革命是比较容易的，但是把它继续到获得最终胜利，即完全组织起社会主义社会，就比较困难了。"①在特殊的历史条件下，苏联采取了高度集中的、优先发展重工业的社会主义经济体制，并在这种体制下取得了重大成就，但这种体制后来被神圣化了，被当作唯一正确的、不可更易的社会主义建设模式，以致日益僵化，弊端百出，待发觉准备改革之际，为时已晚，再加上举措失当，苏联终于解体。

苏联的解体，更不等于整个社会主义制度的失败。列宁说："如果从实质

---

① 《列宁全集》，中文第 2 版，第 36 卷，293～294 页，北京，人民出版社，1985。

上来观察问题，难道历史上有一种新生产方式是不经过许许多多的失败、错误和反复而一下子就确立起来的吗？”① 今天，中华人民共和国正在采取一系列使社会主义制度自我完善的重大措施，在建设有中国特色社会主义的道路上已经取得并正在取得举世瞩目的成就，这充分说明社会主义这种新生制度是富有生命力的。

世界资本主义体系是否就强大无比呢？绝非如此。如果从历史的长过程来看，今天的资本主义世界不仅远远不如19世纪强大，那时是欧洲资本主义列强支配世界的时期，在某种意义上甚至也不如20世纪前半期那样强大，因为那时只有一个社会主义国家，而殖民体系只是受到严重冲击，尚未瓦解。今天，社会主义已经越出一国范围，更重要的是中国已经冲破苏联模式，走上了改革的道路，这场改革的伟大历史意义和世界影响在今后的岁月里将看得越来越清楚。第二次世界大战后，在世界范围内消灭了持续数百年之久的殖民主义体系，这极大地削弱了帝国主义的力量。法国不得不撤出越南，英国不得不撤出苏伊士运河，说明了老牌帝国主义的衰弱。即使像美国这样的新兴超级大国也不可能任意摆布第三世界的国家。美国侵略朝鲜、越南的失败，就是最有力的证明。第三世界越发展，帝国主义的力量就越削弱，美国企图奴役全世界的“新秩序”就越建立不起来。所以，从资本主义世界范围来看，资产阶级的统治力量是比以前强大了，资本主义秩序是比以前稳固了，但从全世界范围来看，从国际上各种力量的对比来看，帝国主义所能控制的范围和控制的力量都比以前缩小和减弱了。

总之，20世纪是一个伟大的世纪，人类在100年间取得了一系列重大成就，最主要的是三项：社会主义制度的建立、殖民体系的瓦解、科学技术的飞速进步和经济的巨大增长。但20世纪也是一个战乱频仍的世纪，并且遗留下若干如果处理不好就将给人类带来无穷灾难甚至毁灭人类自身的大难题，诸如热核战争、“人口爆炸”、环境污染、自然资源破坏和浪费、生态失去平衡，等等。在55亿人口中，许多发展中国家的人民仍然生活在贫困线下。

当前，世界经济继续发展，国际格局走向多极。和平与发展是当代世界的两大潮流，也将是下一个世纪人类所要面临的最大课题。经济优先已成为各国有识之士的共识。美、苏两个超级大国竞相扩充军备，使德、日两个战败国家迅速赶上并在某些方面超过美、苏的教训，给各国执政者敲响了警钟。人们越

① 《列宁全集》，中文第2版，第37卷，17页，北京，人民出版社，1986。

来越认识到：科学技术和经济实力的强弱，在综合国力中起着决定性的作用，而现代国际间的竞争归根到底是综合国力的竞争。帝国主义已经从老殖民主义转向新殖民主义，即放弃武力兼并的办法而采取直接、间接地进行经济渗透和经济控制的办法。国际格局的多极化，各种力量互相制约，终归也有利于世界和平的维持。

发展经济是世界各国人民的共同愿望。在全球经济一体化的当代，国际合作是绝对必需的。当然，在合作的同时国际经济竞争也日趋激烈。在社会主义与资本主义两大体系之间，将有一个互相依存、互相影响、互相竞争的漫长时期。主要的社会主义国家如果在将来能够使自己的劳动生产率超过资本主义发达国家，那时社会主义制度的优越性将会吸引全世界的人民，使他们扬弃资本主义而选择社会主义。

今天，科学技术的进步已经达到了可以大大造福于人类但也可以毁灭人类的地步。如果下几代的子孙能够把科学技术进步的成果全部致力于和平与发展，如果下几代的各国执政者能够吸取 20 世纪的教训而变得更加聪明和富有理智，那么 21 世纪将是一个持久和平与共同繁荣的世纪。研究世界通史，研究世界现代史，可以增进人类的智慧，使他们懂得如何掌握自己的命运，走向美好的未来。

1994 年 10 月 20 日

学习世界史与建设中国特色社会主义*

我们党的三代中央领导集体在领导革命、建设和改革的过程中，都十分重视学习历史知识。2003 年年底胡锦涛同志在中共中央政治局第九次集体学习和 2003 年 12 月纪念毛泽东同志诞辰 110 周年座谈会上，进一步深刻指出认真学习我们党的历史、中国历史和世界历史的重要性。这里就学习世界历史知识的有关问题，谈几点体会。

一、学习世界史，可以了解今天开放世界的历史渊源，加深对改革开放重要性的认识

时至今日，经济全球化已经把世界联成一体，各个地区、国家、民族之间的联系日益密切，不再彼此隔绝。我们说，今天的世界是开放的世界，但这个开放的世界是怎样形成的呢？一般认为，严格意义上的经济全球化始于第二次世界大战以后，特别是始于 20 世纪 80 年代。但如同一切事物都有它的历史根源一样，经济全球化也可上溯到近代资本主义大工业的兴起和世界市场的形成。马克思、恩格斯在《共产党宣言》中写道："资产阶级，由于开拓了世界市场，使一切国家的生产和消费都成为世界性的了……新的工业的建立已经成为一切文明民族的生命攸关的问题；这些工业所加工的，已经不是本地的原料，而是来自极其遥远的地区的原料；它们的产品不仅供本国消费，而且同时供世界各地消费……过去那种地

* 原载《求是》2004 年第 7 期，略有修改。

方的和民族的自给自足和闭关自守状态，被各民族的各方面的互相往来和各方面的互相依赖所代替了。"①世界近现代历史告诉我们，世界各个强国的兴起无一不是得力于对外开放的。资本主义国家为了开拓海外市场，掠取原料，推销产品，输出资本，必然要面向世界。葡萄牙、西班牙的兴起，受惠于最先探索世界的新航路。继起的荷兰是一个海外贸易十分发达的商业资本主义国家。英国在19世纪50年代至70年代不仅是世界上第一工业大国，还是世界上第一贸易大国。1850年英国在世界贸易总额中占23.3%，1870年占24.5%。日本在幕府统治时代长期实行闭关锁国政策，所以十分落后；明治维新后，大力推行"文明开化"政策，学习和引进西方的文化、科技、先进的教育制度以及生活方式，通过全方位的改革走上了资本主义的发展道路。

苏联对外开放的举措，在很大程度上与对帝国主义的斗争密切相关。从1917年到1921年，是寄希望于爆发世界革命的时期，对外交往以竭力援助外国的革命运动为主要目的。20世纪20年代初，欧洲资本主义国家的革命运动相继失败。与此同时，国内战争结束后，恢复被战争破坏的经济，开展社会主义经济建设的任务迫切要求苏联改善外部环境，同资本主义国家建立正常关系。列宁说："社会主义共和国不同世界发生联系是不能生存下去的，在目前情况下应当把自己的生存同资本主义的关系联系起来。"②从列宁逝世到20世纪30年代中期，苏联采用租让制、半租让制(合资企业)、吸收外国贷款、接受西方技术援助、招聘外国技术人员、发展对外贸易等方式，加快了苏联社会主义经济建设的进程。

1978年我们党的十一届三中全会决定把党和国家的工作重点转移到社会主义现代化建设上来，做出了实行改革开放的战略决策。邓小平同志具有宽广的世界眼光。他深刻了解世界发展趋势，把中国的发展同世界的发展紧密联系起来，强调："现在的世界是开放的世界。中国在西方国家产业革命以后变得落后了，一个重要原因就是闭关自守。""总结历史经验，中国长期处于停滞和落后状态的一个重要原因是闭关自守。经验证明，关起门来搞建设是不能成功的，中国的发展离不开世界。"③邓小平同志在论述对外开放这项基本国策时，

---

① 《马克思恩格斯选集》，中文第2版，第1卷，276页，北京，人民出版社，1995。

② 《列宁全集》，中文第2版，第41卷，167页，北京，人民出版社，1985。

③ 《邓小平文选》，第3卷，64、78页，北京，人民出版社，1993。

还多次把中国的情况与发达国家的情况做对比。他说："六十年代前期我们同国际上科学技术水平有差距，但不很大，而这十几年来，世界有了突飞猛进的发展，差距就拉得很大了。同发达国家相比较，经济上的差距不止是十年了，可能是二十年、三十年，有的方面甚至可能是五十年。"①他还讲道："拿中国来说，五十年代在技术方面与日本差距也不是那么大。但是我们封闭了二十年，没有把国际市场竞争摆在议事日程上，而日本却在这个期间变成了经济大国。"②

建设中国特色社会主义，必须对国际环境做出正确的判断。新的世界大战是迫在眉睫，还是在较长时间内有可能避免？邓小平同志就这个至关重要的问题做过多次深刻的论述。1985 年 6 月，他在军委扩大会议上分析了世界局势的基本特点和各种力量的相互关系，阐明了新的世界大战可以推迟和避免的观点。他说："过去我们的观点一直是战争不可避免，而且迫在眉睫。"这几年我们仔细地观察了形势，"得出结论，在较长时间内不发生大规模的世界战争是有可能的，维护世界和平是有希望的。根据对世界大势的这些分析，以及对我们周围环境的分析，我们改变了原来认为战争的危险很迫近的看法。"③1987 年 5 月，他又说："对于总的国际局势，我的看法是，争取比较长期的和平是可能的，战争是可以避免的。……1978 年我们制定一心一意搞建设的方针，就是建立在这样一个判断上的。"④党的"十六大"报告在分析国际形势时指出，"和平与发展仍是当今时代的主题。维护和平，促进发展，事关各国人民的福祉，是各国人民的共同愿望，也是不可阻挡的历史潮流。世界多极化和经济全球化趋势的发展，给世界的和平与发展带来了机遇和有利条件。新的世界大战在可预见的时期内打不起来。争取较长时期的和平国际环境和良好周边环境是可以实现的。"

二、学习世界史，可以总结世界各国发展的历史经验，作为建设中国特色社会主义的借鉴

从人类历史上看，任何一个民族、一个国家，都需要学习别的民族、

---

① 《邓小平文选》，第 2 卷，132 页，北京，人民出版社，1983。

② 《邓小平文选》，第 3 卷，274 页，北京，人民出版社，1993。

③ 《邓小平文选》，第 3 卷，126～127 页，北京，人民出版社，1993。

④ 同上书，233 页。

别的国家的长处。中国古代的四大发明，后来为世界各国所利用，起了很大的作用。马克思说："火药、指南针、印刷术——这是预告资产阶级社会到来的三大发明。火药把骑士阶层炸得粉碎，指南针打开了世界市场并建立了殖民地，而印刷术则变成新教的工具，总的来说变成科学复兴的手段，变成对精神发展创造必要前提的最强大的杠杆。"①

在近现代，后起国家在实行工业化的过程中，凡是成功的，都借鉴了先进国家工业化的经验，学习了它们的科学技术和各方面的典章制度等等。日本就是个典型的例子。明治政府成立后不久，在1868年(明治元年)发布的《五条誓约》中就宣告要"求知识于世界"。1871年日本派出了一个大规模的政府高级代表团，任务之一是调查和研究欧美各国的政治经济文化等制度。代表团经过考察以后，明确了要大力发展工商业、努力普及教育、改革政治体制与健全法制、保护个人财产等向西方资本主义国家学习的重要内容。日本需要大规模引进西方先进文化，而本国又缺乏足够的人才，于是官方和民间企业都聘用了大批外国专家。日本政府在采取"请进来"的办法的同时，还采取了"派出去"的办法。派往西方国家的留学生是实现日本现代化的一支重要力量。第二次世界大战后，日本虽为战败国，但经济很快恢复起来并迅速发展，原因之一就是实行了"技术吸收性战略"，首先及时引进外国先进技术，然后加以改进，使之日本化，起到了"后来居上"的作用。日本在掌握国外现代新技术的过程中，大约节省了2/3的时间和9/10的研究费用。日本科学技术厅总结说，引进发达国家已经开发的技术，对于在短期内扭转技术落后的局面，扩大生产力，发展经济是极为有利的方法。

俄国十月革命成功后，建立了世界上第一个社会主义国家。社会主义制度是人类历史上前所未有的崭新的社会制度，但它不是仅仅依靠这种制度的优越性就可以在一块"空地"上建立起来的。列宁认为，建设社会主义，必须从资本主义社会吸收一切有用的文明成果。1918年，他在《苏维埃政权的当前任务》一文中说："社会主义能否实现，就取决于我们把苏维埃政权和苏维埃管理组织同资本主义最新的进步的东西结合得好坏。"②他在此文的提纲中还写道："乐于吸取外国的好东西：苏维埃政权＋普鲁士的铁路秩序＋美国的技术和托

① 《马克思恩格斯全集》，中文第1版，第47卷，427页，北京，人民出版社，1979。

② 《列宁全集》，中文第2版，第34卷，170～171页，北京，人民出版社，1985。

拉斯组织＋美国的国民教育等等等等＋＋＝总和＝社会主义。”①

毛泽东同志在领导中国社会主义建设时，也很重视借鉴外国的经验。1956年，他在《论十大关系》的讲话中说：应当承认，每个民族都有它的长处……同时，每个民族也都有它的短处。……我们的方针是，一切民族、一切国家的长处都要学，政治、经济、科学、技术、文学、艺术的一切真正好的东西都要学。但是，必须有分析有批判地学，不能盲目地学，不能一切照抄，机械搬运。他们的短处、缺点，当然不要学。② 贯穿《论十大关系》的基本思想，是“以苏为鉴”，根据中国的实际情况走自己的路。

邓小平同志在论述四个现代化时，把利用世界上一切先进技术、先进成果作为一项基本方针，作为我们发展社会主义的起点。他说：“科学技术是人类共同创造的财富。任何一个民族、一个国家，都需要学习别的民族、别的国家的长处，学习人家的先进科学技术。我们不仅因为今天科学技术落后，需要努力向外国学习，即使我们的科学技术赶上了世界先进水平，也还要学习人家的长处。”③他还从社会主义应优于资本主义的战略高度讲到，社会主义要赢得与资本主义相比较的优势，就必须大胆吸收和借鉴人类社会创造的一切文明成果，吸收和借鉴当今世界各国包括资本主义发达国家的一切反映现代社会化生产规律的先进经营方式、管理方法。

在邓小平理论的科学体系中，社会主义初级阶段理论是重要基础。邓小平同志总结我国社会主义胜利和挫折的历史经验，并借鉴其他社会主义国家兴衰成败的历史经验，做出了我国还处于社会主义初级阶段的科学论断。在很长的时间里，各国共产党人都把社会主义看作一个向共产主义过渡的短暂的阶段。1936年11月，斯大林在《关于苏联宪法草案》的报告中就过早地宣布：“我们已经基本上实现了共产主义的第一阶段，即社会主义。”在经历了第二次世界大战和战后恢复时期以后，苏联在1952年又宣布：“苏联社会主义建设任务已经完成”，现在已处于“从社会主义逐渐过渡到共产主义”的时期。这种认识显然是不符合实际的，这时苏联的生产力水平还远远落在美国的后面。赫鲁晓夫上台后，在1959年召开的苏共二十一大上所做的报告中，说苏联已进入发展的新时期，即全面开展共产主义社会建设的时期。1961年，苏共二十二大又通

① 《列宁全集》，中文第2版，第34卷，520页，北京，人民出版社，1985。

② 《毛泽东文集》，第7卷，41页，北京，人民出版社，1999。

③ 《邓小平文选》，第2卷，91页，北京，人民出版社，1983。

过了一个新党纲，提出了在20年内苏联基本上建成共产主义社会的计划。这种急于过渡到共产主义社会的主观空想，后来当然破灭了。勃列日涅夫上台后，不再谈建成共产主义，而稍微降了调子，谈什么苏联已"建成了发达的社会主义社会"，苏联理论界也为此展开了论证。安德罗波夫上台后，再次降调，以"发达社会主义起点论"代替"发达社会主义建成论"。但这时的苏联根本不够发达社会主义的资格，所以"起点论"仍然是错误的。我国在建设社会主义的过程中，也有过急于向共产主义过渡的毛病。邓小平同志说："'文化大革命'十年浩劫，中国吃了苦头。中国吃苦头不只这十年，这以前，从1957年下半年开始，我们就犯了'左'的错误。总的来说，就是对外封闭，对内以阶级斗争为纲，忽视发展生产力，制定的政策超越了社会主义的初级阶段。"①社会主义初级阶段理论的提出，对于我国的社会主义建设关系重大。十一届三中全会以来20多年现代化建设取得巨大成就的根本原因之一，就是抛弃了那些超越阶段的错误观念和政策，又抵制了放弃社会主义基本制度的错误主张。

三、学习世界史，可以通晓人类社会发展的规律，坚定走建设中国特色社会主义道路的信心

1883年3月17日，恩格斯在马克思墓前的讲话中总结马克思一生的伟大成就，指出他有两个重大的发现，其中之一就是"发现了人类历史的发展规律"。② 唯物史观使我们能够在错综复杂、千变万化的历史现象中看清主流，认识到人类从远古到现在是朝着进步的方向，由低级向高级发展的。当然，这种发展不是笔直前进的，而是螺旋式前进的。

十月革命成功，社会主义制度在苏联建立起来，这是20世纪历史上一件惊天动地的大事，世界各国的进步人士从中看到了人类的光明前景，无不为之欢欣鼓舞。但就在20世纪行将结束的时候，在90年代初发生了举世震惊的东欧剧变和苏联解体。西方资本主义的辩护士们纷纷断言社会主义已经灭亡，一些认识模糊的人也持悲观的态度。但是，如果我们能够认真分析并把握世界历史和社会进步的规律，就不会因东欧剧变和苏联解体而怀疑社会主义的光明前景，就会坚定建设中国特色社会主义的信心。

---

① 《邓小平文选》，第3卷，269页，北京，人民出版社，1993。

② 《马克思恩格斯选集》，中文第2版，第3卷，776页，北京，人民出版社，1995。

列宁说："如果从实质上来观察问题，难道历史上有一种新生产方式是不经过许许多多的失败、错误和反复而一下子就确立起来的吗？"①历史事实确如列宁所说的那样。英国资产阶级革命始于1640年，战胜国王后，出现了克伦威尔的独裁统治。接着是1660年斯图亚特王朝复辟，直到1688年所谓的"光荣革命"，英国的资产阶级统治才基本稳定下来，前后共历时48年。法国资产阶级革命始于1789年，中间经过拿破仑帝国的建立与覆灭，到1814年路易十八复辟，后来复辟王朝又于1830年被七月革命推翻，前后共历时40年。恩格斯说："为了争取社会的和政治的统治，英国中间阶级不是经过了48年，而法国中间阶级不是经过了40年空前的斗争吗？中间阶级不正是在复辟了的君主制以为自己的地位比任何时候都巩固的时刻才最接近自己的胜利的吗？"②人类历史是曲折地前进的，有时也会出现倒退现象。列宁说："设想世界历史会一帆风顺、按部就班地向前发展，不会有时出现大幅度的跃退，那是不辩证的，不科学的，在理论上是不正确的。"③虽有倒退，但终究说来历史还是向前发展的。邓小平同志依据人类社会发展所提供的历史经验，指明了社会主义发展进程的长期性和曲折性。他说："封建社会代替奴隶社会，资本主义代替封建主义，社会主义经历一个长过程发展后必然代替资本主义。这是社会历史发展不可逆转的总趋势，但道路是曲折的。资本主义代替封建主义的几百年间，发生过多少次王朝复辟？所以，从一定意义上说，某种暂时复辟也是难以完全避免的规律性现象。"对社会主义的前途，他充满信心地说："一些国家出现严重曲折，社会主义好像被削弱了，但人民经受锻炼，从中吸收教训，将促使社会主义向着更加健康的方向发展。因此，不要惊慌失措，不要认为马克思主义就消失了，没用了，失败了。哪有这回事！"④邓小平同志的这个结论正是在总结世界历史发展规律的基础上得出的。世界社会主义事业取得最终胜利是一个复杂而又漫长的历史过程，社会主义在一个国家或几个国家所遭到的失败不等于整个社会主义制度的失败，在人类历史的长河中，社会主义最终取代资本主义的历史结局是不会改变的。

---

① 《列宁全集》，中文第2版，第37卷，17页，北京，人民出版社，1986。

② 《马克思恩格斯选集》，中文第2版，第1卷，482～483页，北京，人民出版社，1995。

③ 《列宁全集》，中文第2版，第28卷，6页，北京，人民出版社，1991。

④ 《邓小平文选》，第3卷，382、383页，北京，人民出版社，1993。

总之，当今国际局势多变，各国之间综合国力的竞争日趋激烈。学习世界史，能够帮助我们辨明国际形势，认清时代潮流和历史发展趋势，从而坚定地走建设中国特色社会主义的道路，为实现中华民族的伟大复兴而奋斗！

编写一部简明的世界通史是时代的需要*

人类已经进入 21 世纪，各个国家之间在经济、政治、文化等方面的联系日益密切，出现了一种所谓“地球村”的崭新现象。在这样一个新世纪，中国作为在世界上有举足轻重影响的大国，它的国民必须具有广阔的世界眼光，不仅要了解世界的今天，还要了解今天的世界是如何演变而来的，这也就是说，我们需要具备世界史的知识。

世界史成为古老的历史学中一门自成体系的、独立的分支学科，严格来讲是从 20 世纪五六十年代才开始的。人类历史是从原始、孤立、分散的人群最终走向全球一体化的过程。与此相适应，历史学也是先有国别史、地区史，然后才有世界史。人类进入十五六世纪以后发生了重大的历史变化，从此才有可能产生近代意义的世界史著作。十五六世纪是历史发展为世界历史的转折时期，新航路的发现以及由它直接诱发的商业革命和西欧诸国的海外殖民扩张，对于西欧国家的资本主义工业化起了有力的催化作用。近代资本主义大工业的出现创造了世界市场，从而“首次开创了世界历史，因为它使每个文明国家以及这些国家中的每一个人的需要的满足都依赖于整个世界，因为它消灭了各国以往自然形成的闭关自守的状态”①。人们的交往日益扩大，人们的地理知识也因而日益增长，于是历史学家开始自觉地认识到需要撰写世界历史了。18 世纪法

---

* 原载《全球史评论》2009 年第二辑。

① 《马克思恩格斯选集》，中文第 2 版，第 1 卷，114 页，北京，人民出版社，1995。

国启蒙思想家伏尔泰所著《风俗论——论各民族的精神与风俗以及自查里曼至路易十三的历史》是近代意义上的第一部世界通史。此书在纵的方面，以古代中国为世界历史的起点，而不以上帝创世为起点；在横的方面，不再限于独蒙神恩的、狭隘的基督教世界，而扩大到亚、非、美几大洲的广阔天地。伏尔泰的世界史观念有相当大的进步性，但是，他的世界史叙事虽然不再囿于西欧，实质上却仍以欧洲发展模式为主题，旨在说明欧洲模式在世界框架下的胜利。

由于两次工业革命，欧洲的经济、政治地位日益上升，19世纪的欧洲在世界取得了领先的地位。在这样的背景下，西方史学有两个明显的特征：一是以欧洲(确切说是西欧)为整个世界的中心；二是以民族国家为历史撰述的最基本、最重要的单位。在19世纪具有影响的德国史学家兰克在这两方面都具有代表性。他的《世界史》(生前仅完成7卷，死后由其弟子续成，共9卷)对创造优秀文化的东方诸民族视若无睹，说印度与中国虽有“漫长的纪年，但甚至最聪明的编年史学家也不能理解它”①。他对于欧洲的另一半——东欧甚至也不屑一顾。这是一种典型的以西欧为中心的世界史观，而君主制则是他心目中的最好的国家组织形式。他的《普鲁士史》《法国史》《英国史》等著作，几乎无不以西欧国家政治史为主题。在兰克的影响下(当然时代的影响是更重要的)，撰写民族国家的历史便成为19世纪欧洲史学界的风尚。

第一次世界大战震撼了欧洲，德、奥战败，沙俄被革命推翻。英、法虽胜，不过表面风光，实则走向衰落。不仅如此，还出现了第一个社会主义国家和第一次民族解放运动的高潮。第二次世界大战后，世界更是出现了翻天覆地的变化。美、苏成为超级大国，先前的西欧列强沦为二等国家。社会主义越出一国范围，世界殖民体系土崩瓦解。更引人注意的是：全世界在经济、政治、文化各个方面日益密切地联系在一起。20世纪80年代以后，经济全球化已成为不可逆转的趋势。于是，在第二次世界大战后，特别是最近30年来，世界史的撰写越来越受到重视，成为时代的需要。兰克史学的两个范式——民族国家历史的框架和西欧中心论便不能不受到挑战。

在2000年举行的第19届国际历史科学大会上有3个主题，第一个主题就是：“全球史观：概念和方法论”。英国史学家奥布赖恩作了“普世史可能吗？”

① 兰克：《论历史科学的特性》(Ranke，The Character of Historical Science)，载伊格尔斯与毛奇合编：《历史学的理论与实践》[G. G. Iggers & K. von Moltke(ed.)，*The Theory and Practice of History*]，46页，纽约，1983。

的学术报告。他说："世界风云急剧变化，一次次的事件，一个个问题过后，民族框架无论对于采取政治行动还是学术探索，都已经被广泛认为不能令人满意。"①撰写世界通史的必要性，今天已成为许多历史学家的共识。英国史学家巴勒克拉夫说："每一时代都需要它自己对过去的看法，在今天这个全球政治和全球文化的时代，则需要对历史的全球看法。"②另一英国史学家霍布斯鲍姆认为：优秀的历史著作必须着眼于整个人类社会，"历史学家，不论微观到什么程度，必须以普遍性为目的，这不是出于对一种我们许多人依然执着的理想的忠诚，而是因为这是理解人类历史包括人类任何特殊部分的必要条件。一切人类集体都必须是并曾经是一个广阔的和更复杂的世界的组成部分"③。近年来致力于全球史研究的美国学者本特利写道："在一个全球化的世界里，有一点对所有人来说都是非常重要的，那就是，要理解别人，尊重近邻，同时也尊重距离遥远的社会的权益和事务，在具有不同政治、社会和文化传统的人们之间，应该促进交流和协商，而不是以暴力和冲突来解决争端。学习世界史，是在不同民族之间建立理解、尊重和交流的最好的方式之一。"④总之，到今天，人们逐渐把世界史看作历史大学科下面的一门子学科了。

对于"西欧中心论"的世界史体系，20世纪的历史学家们越来越感到不符合时代的精神。第一次世界大战震撼了西方的一些历史学家，对资本主义前景的忧虑使他们开始以新的眼光看待欧洲以外的历史。第二次世界大战以后，欧洲的地位显著降低，从而使"西欧中心论"的世界史体系遭到了更严厉的批评。斯塔夫里阿诺斯说："我们自己这一代人是在西方主导的历史观中成长的，我们也生活在一个西方主导的世界里。19世纪和20世纪早期是西方享有政治、经济和文化霸权的时代。但是第二次世界大战和之后的殖民地革命很快结束了

① 《第19届国际历史科学大会记录：报告、摘要和圆桌会议导言》(*Proceedings Actes: Report, Abstracts and Round Table Introductions 19th International Congress of Historical Sciences*)，10页，奥斯陆，2000。

② 杰弗里·巴勒克拉夫：《世界史》(G. Barraclough, World History)，载H. P. R. 芬贝格编：《探索历史》[H. P. R. Finberg (ed.), *Approaches to History: A Symposium*]，108页，伦敦，1962。

③ E. J. 霍布斯鲍姆：《论历史》(E. J. Hobsbawm, *On History*)，277页，纽约，1977。

④ 杰里·本特利、赫伯特·齐格勒：《新全球史》，Ⅲ页，北京，北京大学出版社，2007。

这种霸权。""我们渐渐不情愿地认识到，在今天这个世界上，传统的西方导向的历史观是落后于时代潮流并有误导性的。为了理解变化了的情况，我们需要一个新的全球视角。"①西方各国编写的历史教科书不仅受到第三世界学者的谴责，甚至引起了来自各国内部的批评。由于认识到这类"西欧中心论"的历史教科书严重不符合"一个世界"的现实，西德尼·H. 泽贝尔教授在美国历史学会1950年年会上大声疾呼："我们必须重新评价我们的课程，重新组织我们的教学大纲，并且必要的话，重写我们的教科书，以便我们对待的是世界上一切伟大的民族，而不单单是西欧的那些民族。"②

为了破除"西欧中心论"，各国学者做了不少的尝试，近年来甚至出现了"中国中心论"或"东方中心论"。贡德·弗兰克的《白银资本——重视经济全球化中的东方》、约翰·霍布森的《西方文明的东方渊源》等著作就属于这类性质。针对"西欧中心论"而提出的"中国中心论"或"东方中心论"为人们研究世界历史提供了一种新的视野，但是过分夸大中国或东方的作用，以偏代偏，仍然不能正确说明世界历史的形成过程。客观地说，世界历史确实存在过这样或那样的"中心"，但"中心"不是专属于某个地区或国家的，更非某个地区或国家所能永恒占有的。在人类历史的长河中，在一个时期里某个国家或某几个国家走在前面，对周边地区产生较大影响，于是便成为"中心"。例如，在古代，存在过埃及文明、两河流域文明、中国文明、印度文明，它们各自形成一个对周边地区产生辐射作用的"中心"。又如，19世纪是欧洲力量的鼎盛时期，西欧自然成为一个具有世界影响的"中心"。还有另一种情况，某个国家在某个方面居于"中心"的地位。例如，19世纪的世界金融中心在伦敦，20世纪转移到纽约。恩格斯在谈到法国历史时曾说："法国在中世纪是封建制度的中心，从文艺复兴时代起是统一的等级君主制的典型国家。"③我们反对"欧洲中心论"，只是反对用欧洲价值观念衡量一切，反对那种认为只有欧洲历史才具有推动全人类进步的意义的观点，但并不抹杀自工业革命以来欧洲在世界历史上曾经占有的领先地位和起过的重大作用。

---

① 斯塔夫里阿诺斯：《全球通史：从史前史到21世纪》，17页，北京，北京大学出版社，2005。

② L. S. 斯塔夫里阿诺斯：《世界史教学》(L. S. Stavrianos, The Teaching of World History)，载《近代史杂志》(*Journal of Modern History*)，1959年第31卷。

③ 《马克思恩格斯选集》，中文第2版，第1卷，582页，北京，人民出版社，1995。

总之，要写好一部世界史，我们应当如实地反映各个国家、民族在人类历史上做过的贡献，如实地反映它们之间的相互关系，当然这是很困难的，必须是各国学者抛弃国家、民族的偏见，通力合作，经过长期的努力才能做到。两次大战之间，特别在第二次世界大战后，出版了一批世界通史著作，但由于世界史是历史学中一门新兴的分支学科，迄今为止对它的研究对象、内容和方法等只是进行了一些初步探讨。当前，不少历史学家都认为世界史有其独特的研究对象和限定的内容。首先，要排除一种十分容易产生的误解，即把世界史当作国别史、地区史的总和或集成。巴勒克拉夫说："世界史不仅仅是它的各个部分的总和；如果将它分割再分割，就会改变其性质，正像水一旦分解成它的化学成分，就不再成其为水，而变成了氢和氧一样。"①

世界史不是一个包罗万象的大口袋，而是有其特定的研究对象和内容。我国历史学家吴于廑明确指出：世界史是一门有特定研究对象的历史学分支学科，它既不是把中国史除外的外国史，也不是囊括一切国家、民族和地区的历史汇编。"世界历史是历史学的一门重要分支学科，内容为对人类历史自原始、孤立、分散的人群发展为全世界成一密切联系整体的过程进行系统探讨和阐述。"②他还说："世界史是宏观历史。宏观历史的特点之一就是视野要比较广阔，把国别史、地区史、专史的内容加以提炼、综合、比较……做到一和多的统一，来阐明世界历史的全局发展……是长卷的江山万里图，而非团团宫扇上的工笔花鸟。国别史、地区史、专史的精密研究成果，必须要理解、吸收，而且不足的还要作认真的补充研究。但是必须超越国别史和地区史，绝不是把国别史、地区史以一定的结构汇编在一起就是世界史了。""世界历史之所以成为世界历史，有一个发展的过程，光靠研究这样一个国，那样一个国，这样一个地区，那样一个地区，拼凑不起来一个全过程。不对若干重要课题进行综合比较研究，不在这种研究上超越国别史和地区史的局限，并且取得合乎科学的成果，要编成一部有特色的、好的世界史是困难的。"③

明确了世界史的研究对象以后，就面临着如何编写世界史的问题。实施起

---

① 巴勒克拉夫：《变动世界中的历史》(G. Barraclough, *History in a Changing World*)，18页，牛津，1955。

② 《中国大百科全书·外国历史卷》"世界历史"条，《吴于廑学术论著自选集》，52页，北京，首都师范大学出版社，1995。

③ 吴于廑：《关于编纂世界史的意见》，《吴于廑学术论著自选集》，28～29页，北京，首都师范大学出版社，1995。

来，当然有很大困难。世界上从古至今有这么多国家和民族，数不清的事件和人物，如何去综合，把它们有机地联系在一起，这便不能不建立一个体系，或者最低限度说也得有一个“框架”。一谈到体系，有人就会说：这是办不到的，即便勉强建立起来，这个体系必然是千疮百孔，经不起推敲。但体系是能够建立的，这要看我们对体系做什么样的理解。如果要建立一个“包罗万象”的体系，那当然是办不到的。恩格斯在《社会主义从空想到科学的发展》1892年英文版导言中写道：“大家知道，我们德国人有一种非常严肃的Gründlichkeit，即彻底的深思精神或深思的彻底精神，随你怎么说都行。当我们每个人在阐述他认为是新学说的那种东西的时候，他首先要把它提炼为一个包罗万象的体系。他一定要证明，逻辑的主要原则和宇宙的基本规律之所以存在，历来就是为了最后引到这个新发现的绝妙理论上来。在这方面，杜林博士已经完全达到这种民族标准了。”①针对杜林的这种“包罗万象”的体系，恩格斯专门写了《反杜林论》一书，对他进行了批判。但是，如果我们不抱杜林那样的野心，而把世界史体系作为一种大体上能够说明世界历史的一种比较有系统的、全面的看法，那还是可以建构起来的。事实上，一些作者已经提出了自己的世界体系，例如斯宾格勒、汤因比的比较文化形态体系；罗斯托、布莱克的现代化体系；沃勒斯坦、弗兰克的世界体系；麦克尼尔、斯塔夫里阿诺斯的全球史体系，等等②。我认为还必须提出吴于廑以马克思主义理论指导的从纵、横两方面交叉说明世界史的体系③。有人会说：上述的这些体系都有这样或那样的缺点，甚至漏洞，没有一个令他满意。但是，已有的世界史体系只要能成一家之言，确有某些真知灼见，就有在一定时间内存在的价值，并可供后人提出新的世界史体系时作为参考。历史认识的相对性很大④，但在人类历史认识的长河中是会逐步深化的。十全十美的世界史体系，现在没有，将来也不会有。恩格斯说：“关于自然和历史的无所不包的、最终完成的认识体系，是同辩证思维的基本

---

① 《马克思恩格斯选集》，中文第2版，第3卷，695页，北京，人民出版社，1995。

② 参见本特里：《20世纪的世界史学史》，《史学理论研究》，2004年第4期。

③ 吴于廑：《世界历史——为〈中国大百科全书·外国历史卷〉作》《关于编纂世界史的意见》等文，见《吴于廑学术论著自选集》，北京，首都师范大学出版社，1995。

④ 恩格斯认为要在历史科学中“猎取最后的终极的真理，猎取真正的、根本不变的真理”是不可能的。《马克思恩格斯选集》，中文第2版，第3卷，429～430页，北京，人民出版社，1995。

规律相矛盾的；但是，这样说决不排除，相反倒包含下面一点，即对整个外部世界的有系统的认识是可以一代一代地取得巨大进展的。”①

一些人之所以反对撰写世界通史，不仅是由于体系的原因。逃避困难，也是一个潜在的原因。世界通史包含的内容很多，许多专业历史学家害怕自己的知识不足(任何历史学家都不可能对所有历史问题从第一手材料入手进行研究，撰写世界通史必不可免地要利用他人的研究成果)，宁愿撰写自己熟悉的、已经研究多年的国别史、专题史，走老路既可取得明显的成绩，又可避免出现累累的“硬伤”，受人讥笑。韦尔斯说得好：“现今的历史学者大多是些学究气十足的人；他们惟恐有微小的错误，而宁可使历史互不连贯；他们害怕写错一个日期，遗人笑柄，甚至害怕作出可以争论的错误评价。……从他们那里可以得到的只是积累起来的资料，而不是装配和聚集好了的成品。”②这些人害怕有微小的史实错误，而不怕犯更大的错误，即把读者引入无穷无尽的具体事实的原始密林之中，始终不见天日。另一个原因就是民族主义对历史学家的影响。民族国家至今仍然是各个国家公民生活的最基本的单位，因此即便在今天，“许多历史学家也不会同意‘不受边界的限制才可能写出最优秀的世界史’的这种观点”，他们的根据是“民族性格、民族发展和民族权力”是历史上最终起作用的因素③。总之，撰写世界史确实有实际的困难，同时还要面对不少专门史学家的反对，但是无论如何我们不能在面临编写世界史的任务时止步不前，而满足于把一批又一批的专题论文和国别史、地区史堆集在读者面前。如果这样做，读者关于世界史的局部的、具体的知识虽然会不断增加，但将永远不会知道“世界史”是什么样子。在历史正在日益走向全球化的今天，“细节”固然需要了解，但“总画面”更需要让人们清楚，否则，就会只见树木，不见森林。弗兰克批评说：“几乎所有的历史学家只喜欢观看具体的历史树木，他们忽视、甚至否认树林的存在，尤其是全球树林的存在。但是，树木是在树林里生长的，必须在树林里才能存活和繁殖。”④

---

① 《马克思恩格斯选集》，中文第2版，第3卷，737～738页，北京，人民出版社，1995。

② 赫·乔·韦尔斯：《世界史纲》导言部分，北京，人民出版社，1982。

③ 杰弗里·巴勒克拉夫：《当代史学主要趋势》，189～190页，北京，北京大学出版社，2006。

④ 贡德·弗兰克：《白银资本——重视经济全球化中的东方》，中文版前言，18～19页，北京，中央编译出版社，2000。

马克思说："万事开头难，每门科学都是如此。"①中国的世界史学家应当知难而进，一方面继续加深对国别史、区域史和专史的研究；另一方面对世界史的理论、方法和内容进行开拓性的研究，以期二者互相促进。吴于廑说得好："世界史所要求的历史全局的综合，比之断代或国别，更难一举而尽善。不能尽善，则惟有求其逐步接近于尽善。接近之关键何在？曰：在于综合考察与专门研究间的密切结合。两者分工，不可分道。"②

今天，人类已经进入21世纪，世界多极化和经济全球化的趋势不可逆转，国与国之间相互依存日益紧密，中国的前途命运也日益紧密地同世界的前途命运联系在一起。在这样一个新时代里，中国人民必须了解世界，既要了解它的今天，还要了解它的昨天，以便知道今天的世界是如何演变而来的。为此，编写一部供广大读者阅读的简明的世界通史就成为时代的需要了。

---

① 《马克思恩格斯选集》，中文第2版，第2卷，99页，北京，人民出版社，1995。

② 吴于廑：《吴于廑学术论著自选集》，351～352页，北京，首都师范大学出版社，1995。

世界史和世界现代史

——古老的历史学中两个年轻的分支学科*

世界史和世界现代史是古老的历史学中两个年轻的分支学科。正由于年轻，历史学家关于它们的研究对象、内容、意义、方法等，都有不同的看法。就这类问题充分展开讨论，对于促进这两门学科的发展，是十分必要的。

一

世界史之成为古老的历史学中一门自成体系的、独立的分支学科，严格来讲，是从20世纪五六十年代才开始的。

人类历史是从原始、孤立、分散的人群最终走向全球一体化的过程。与此相适应，历史学也是先有国别史、地区史，然后才有世界史。远在古代，一些大历史学家已经撰写了他们当时已知的“世界”的历史。古希腊历史学家希罗多德的《历史》，涉及的范围包括地中海地区、多瑙河外、两河流域、波斯以及在此以北的草原地带，这大约相当于当时希腊人所知的“世界”。中国汉代历史学家司马迁的《史记》，涉及的范围东起朝鲜，西迄大夏、安息，将近欧亚大陆的一半，这是公元前2世纪中国人所知的“世界”。但这些著作都不是真正意义的世界史。第一，作者的地理知识有限，所讲的内容只是世界的某些部分。第二，他们没有、也不可能意识到自己是在撰写世界史。

---

* 原载北京师范大学史学研究所编：《历史科学与历史前途》，23～39页，郑州，河南人民出版社，1994。

人类进入15、16世纪以后，发生了重大的历史变化，从此才有可能产生近代意义的世界史著作。15、16世纪是历史发展为世界历史的转折时期。人类在漫长的历史过程中，各个国家、民族是在分散的、相互闭塞的状态之下发展的，彼此的联系最初只限于邻近的地区，以后才逐渐扩大。新航路的发现以及由它直接诱发的商业革命和西欧诸国的海外殖民扩张，对于西欧国家的资本主义工业化起了有力的催化作用。近代资本主义大工业的出现，创造了世界市场，从而"首次开创了世界历史，因为它使每个文明国家以及这些国家中的每一个人的需要的满足都依赖于整个世界，因为它消灭了各国以往自然形成的闭关自守的状态。"①人们的交往日益扩大，人们的地理知识也因而日益增长，于是历史学家开始自觉地意识到需要撰写世界历史了。18世纪法国启蒙思想家伏尔泰所著《风俗论——论各民族的精神与风俗以及自查理曼至路易十三的历史》，② 是近代意义上的第一部世界通史。此书在纵的方面，以古代中国为世界历史的起点，而不以上帝创世为起点。在横的方面，不再限于独蒙神恩的、狭隘的基督教世界，而扩大到亚、非、美几大洲的广阔天地。伏尔泰的世界史观念破除了基督教宗教信条对人们以理性认识世界的束缚，与基督教普世史观相比有很大的进步。但是，伏尔泰的世界史叙事虽然不再囿于西欧，实质上却仍以欧洲发展模式为主题，旨在说明欧洲模式在世界框架下的胜利。摆脱圣经世界观的束缚，更有助于启蒙时代思想家树立近代欧洲在世界历史上中心地位的认识。③

由于两次工业革命，欧洲的经济、政治地位日益上升，19世纪的欧洲在世界取得了领先地位。在这样的背景下，西方史学有两个明显的特征：一是以欧洲（确切说是西欧）为整个世界历史的中心；二是以民族国家为历史撰述的最基本、最重要的单位。在19世纪具有重大影响的德国史学家兰克在这两方面都具有代表性。他的《世界史》（生前仅完成7卷，死后由其弟子续成，共9卷）对创造优秀文化的东方诸民族视若无睹，说印度与中国虽有"漫长的纪年，但

① 《马克思恩格斯选集》，中文第2版，第1卷，114页，北京，人民出版社，1995。

② 《风俗论》一书于1756年、1763年先后出了大体完备的两版；1769年又加了"序论"，出了完整一版。中译本于1995年由商务印书馆出版，译者是梁守锵。

③ 参见吴于廑：《伏尔泰史学杂议两题》，载《吴于廑学术论著自选集》，293～311页，北京，首都师范大学出版社，1995；张国刚、吴莉苇：《启蒙时代欧洲的中国观》，108～111页，上海，上海古籍出版社，2006。

甚至最聪明的编年史学家也不能理解它。”“他们的情况更恰当地说是一种自然史的状态。”①他对于欧洲的另一半——东欧甚至也不屑一顾。这是一种典型的以西欧为中心的世界史观，它支配了西方史学界约达一个世纪之久。在兰克的历史观里，国家占有中心的地位。他说，在国家本身中，“我看到的并不是有关国家的契约理论所创造出来的转瞬即逝的集合，就像云彩的形成一样，而是精神性的实体，是人类心灵的原则性的创造——我可以说那就是上帝的思想。”②兰克还认为，君主制是好的国家组织形式，统治者代表了“整个民族中选出的最能干的人”。③因此，他的《普鲁士史》、《法国史》、《英国史》、《1780～1790 间的德国》等著作，几乎无不以西欧国家政治史为主题。在兰克的一定影响下(当然时代的影响是更主要的)，撰写民族国家的历史，便成为 19 世纪欧洲史学界的风尚。继承兰克学派的博学的英国史学家阿克顿也主张撰写世界史。他说：“所谓世界史，按照我的理解，它不同于一切国家的历史组合，不是脆弱的拼凑，而是一个连续的发展过程……它贯串古今，各民族在其中只起辅助的作用。各民族的历史，不是为了它们自身而叙述，而是根据它们同更高的历史系列从属关系，即根据它们对人类共同命运所作出的贡献的时间和程度来叙述。”④这段话有其合理的成分，但阿克顿所说的“更高的历史系列”、“连续的发展过程”，实质上指的是西欧的进步过程。由他倡导而编纂的《剑桥近代史》，就体现了这种思想，所以它仍然是一部以西欧为历史中心的世界史汇编。

第一次世界大战震撼了欧洲。德奥战败，沙俄被革命推翻。英、法虽胜，不过表面风光，实则走向衰落。不仅如此，还出现了第一个社会主义国家和第一次民族解放运动的高潮。第二次世界大战后，世界更是出现了翻天覆地的变化。美、苏成为超级大国，先前的西欧列强都沦为二等国家。社会主义越出一国范围，世界殖民体系土崩瓦解。更引人注意的是：全世界在经济、政治、文化各个方面日益密切联系在一起。20 世纪 80 年代以后，经济全球化已成为不可逆转的趋势。于是，在第二次世界大战以后，特别是最近 30 年来，世界史

① 兰克：《论历史科学的特性》，载伊格尔斯与毛奇合编：《历史学的理论与实践》[G. G. Iggers & K. von Moltke(ed.), *The Theory and Practice of History*]，46 页，纽约，1983。

② 兰克：《政治对话》，转引自格奥尔格·G. 伊格尔斯：《德国的历史观》，102、103 页，南京，译林出版社，2006。

③ 同上。

④ 阿克顿：《近代史讲座》，317 页，伦敦，1906。

的撰写越来越受到重视，成为时代的需要。兰克史学的两个范式：民族国家历史的框架和西欧中心论便不能不受到挑战。

在2000年举行的第19届国际历史科学大会上，有3个主题，第一个主题就是："全球史观：概念和方法论。"英国史学家帕特里克·卡尔·奥布赖恩做了《普世史可能吗?》的学术报告。他说："世界风云急剧变化，一次次的事件、一个个问题过后，民族框架无论对于采取政治行动还是学术探索，都已经被广泛认为不能令人满意。"①撰写世界通史的必要性，今天已成为许多历史学家的共识。英国著名史学家巴勒克拉夫说："每一时代都需要它自己对过去的看法。在今天这个全球政治和全球文化的时代，则需要对历史的全球看法。"②鲍尔说："对迄今为止异民族的了解，今天已成为必需之事。"③丹斯则从不了解世界历史的恶果这个角度，讲道："只要每一民族对其他民族的基本理想和文化依然一无所知，灾难将永远像现在这样就在附近。"④麦克尼尔也持同样的看法："当美国人到处与其他民族的人们日益密切、日益持续不断地相互作用时，了解那些我们与之共占地球表面的其他民族的重要性，是不言自明的……对其他民族的人们盲无所知，将付出越来越高昂的代价。"⑤霍布斯鲍姆认为优秀的历史著作必须着眼于整个人类社会，"历史学家，不论微观到什么程度，必须以普遍性为目的，这不是出于对一种我们许多人依然执着的理想的忠诚，而是因为这是理解人类历史包括人类任何特殊部分历史的必要条件。一切人类集体都必须是并曾经是一个广阔的和更复杂的世界的组成部分。一部立意只是为犹太人(或美国黑人、希腊人、妇女、无产阶级或同性恋者)而写的历史，不可能是优秀的历史。"⑥总之，到了20世纪80年代，人们开始把世界史看作历史大学科下面的一门子科学了。1982年，世界历史协会成立，成为世界历史学家

---

① 《第19次国际历史科学大会记录：报告、摘要和圆桌会议导言》，10页，奥斯陆，2000。

② 杰弗里·巴勒克拉夫：《世界史》，见H.P.R. 芬贝格编：《探索历史》，108页，伦敦，1962。

③ 约翰·鲍尔编：《世界史简明百科全书》[J. Bowle (ed.), *The Concise Encyclopaedia of World History*]，9页，纽约，1958。

④ E.H. 丹斯：《历史学——导入歧途者：对倾向的研究》，48页，伦敦，1960。

⑤ 威廉·H. 麦克尼尔：《人类社会史：从史前到今天》，第2版说明，新泽西，1987。

⑥ 霍布斯鲍姆：《论历史》(E.J. Hobsbawm, *On History*)，277页，纽约，1977。

们的一个组织机构。此后，世界历史协会和夏威夷大学出版社又联合出版了《世界史杂志》(*Journal of World History*)。

对于“西欧中心论”的世界史体系，20 世纪的历史学家们(职业的和非职业的)越来越感到不符合时代的精神。第一次世界大战震撼了西方的一些历史学家，对资本主义前景的忧虑使他们开始以新的眼光看待欧洲历史以外的历史。比较文化形态学派的奠基人斯宾格勒在其名著《西方的没落》中，开始把世界历史看作多种文化的生长和衰亡的历史。他自称他的著作“不承认古典文化或西方文化比印度文化、巴比伦文化、中国文化、埃及文化、墨西哥文化等占有任何优越地位。”①英国著名历史学家汤因比继承了斯宾格勒的文化形态史观，也主张各种文明“在价值上是相等的”。虽然斯宾格勒和汤因比在思想深处仍然是“西欧中心论”者，② 但无论如何他们(至少在表面上)把西方文化同其他文化相提并论，不分轩轾了。这在一定意义上是对“西欧中心论”的突破。

第二次世界大战以后，欧洲的地位显著降低，从而使“西欧中心论”的世界史体系遭到了更严厉的批评。丹斯说：“世界上大多数人民都是‘有色人种’……然而至今还没有一种语言写的世界历史把它们的 1/5 篇幅，更不用说应有的 4/5 篇幅，用于描述这些尚存的和已逝的伟大的‘有色人种的文明’。”③西方各国编写的历史教科书，不仅受到第三世界学者的谴责，甚至引起了来自各国内部的批评。比利时人对比利时的历史教科书批评道：“我们的近代史是我们的近代史；亚洲在其中只起很小的作用。一般来说，它完全被忘记了。如果有时提到东南亚，那是在谈论葡萄牙和荷兰在当地建立的机构……我们对他们(指亚洲各民族)的生活水平、他们的教育程度、他们的宗教意义或他们国内的行政机构一无所知。”法国人对法国的历史教科书也表示不满，说：“对欧洲扩张和在亚洲的殖民这一方面给予的注意，同对亚洲各伟大文明另一方面给予的注意，惊人地不成比例……欧洲以外的时间和文明，是就它们同西欧历史发生联系(或至少显著联系)的程度上才受到注意，或赋予重要性的。就亚洲而论，一个区域在地理上距西欧越远，就越少被提到。”④由于认识到这类“西欧中心

---

① 斯宾格勒：《西方的没落》，英译本第 1 卷，18 页。

② 参见拙作《德意志中心论是比较文化形态学的比较结果》，见《西方的没落》，中译本上册，1～9 页，北京，商务印书馆，1993。吴于廑：《形态学派三家说略》，见《吴于廑学术论著自选集》，353～377 页，北京，首都师范大学出版社，1995。

③ E. H. 丹斯：《历史学——导入歧途者：对倾向的研究》，26 页，伦敦，1960。

④ 同上书，81 页。

论”的历史教科书严重不符合“一个世界”的现实，西德尼·H. 泽贝尔教授在美国历史协会1950年年会上大声疾呼说：“我们必须重新评价我们的课程，重新组织我们的教学大纲，并且必要的话，重写我们的教科书，以便我们对待的是世界上一切伟大的民族，而不单单是西欧的那些民族。”①

为了破除“西欧中心论”，各国学者做了不少的尝试，近年来甚至出现了“中国中心论”或“东方中心论”。1998年贡德·弗兰克发表了《白银资本——重视经济全球化中的东方》(按本书原名 *ReOrient*：*The Global Economy in the Asian Age*)一书，他认为：“直到1800年为止，欧洲和西方绝不是世界经济的中心，如果非要说有什么‘中心’的话，客观地说，不是处于边缘的欧洲，而是中国更有资格以‘中心’自居。”② 2004年，约翰·霍布森发表了《西方文明的东方渊源》③，提出了“东方的全球化”的观点，指出东方人在公元500年左右创造并维持了一种全球经济，直到1800年左右世界上的主要文明都因此联系在一起。针对“欧洲中心论”而提出的“中国中心论”或“东方中心论”，为人们研究世界历史提供了一种新的视野，不失为有益的尝试。但是，过分夸大中国或东方的作用，以偏代偏，仍然不能正确说明世界历史的形成过程。客观地说，世界历史确实存在过这样或那样的“中心”，但“中心”不是专属于某个地区或国家的，更非某个地方或国家所能永恒占有的。在人类历史的长河中，在一个时期里，某个国家或某几个国家走在前面，对周边地区产生较大的影响，于是便成为“中心”。“中心”有时是一个，有时不只一个，而且“中心”不是一成不变的。例如，在古代，存在过埃及文明、两河流域文明、中国文明、印度文明，它们各自形成一个对周边地区产生辐射作用的“中心”。又如，8世纪中期以后约100年，阿拉伯帝国臻于极盛，与此同时正值中国隋唐时代，它们在东西方各占有“中心”的地位。15、16世纪的葡萄牙、西班牙，17世纪的荷兰也曾成为“中心”。19世纪是欧洲力量的鼎盛时期，西欧自然成为一个具有世界影响的“中心”。我们反对“欧洲中心论”，只是反对用欧洲的价值观念衡量一切，反对那种认为只有欧洲历史才具有推动全人类进步的意义的观点，但并不抹杀自工业革命以来欧洲在世界历史上曾经占有的领先地位和起过的重大作用。总之，

---

① L. S. 斯塔夫里阿诺斯：《世界史教学》，载《近代史杂志》，1959年第31卷。

② 贡德·弗兰克：《白银资本——重视经济全球化中的东方》，中文版前言，26页，北京，中央编译出版社，2000。

③ 霍布森：《西方文明的东方渊源》(J. M. Hobson, *The Eastern Origins of Western Civilization*)，剑桥大学出版社，2004。

要写好一部世界史，我们应当如实地反映各个国家、民族在人类历史上做过的贡献，如实地反映它们之间的互相关系，当然这是很困难的，必须各国学者抛弃国家、民族的偏见，通力合作，经过长期的努力才能办到。

两次世界大战之间，出版了一批世界通史，其中一些是卷帙浩繁的巨著，如G. 格洛兹主编的50卷《通史》、E. 卡芬雅克主编的13卷《世界史》、W. 格茨主编的10卷《世界史指南》、L. 阿尔方与PH. 萨尼亚克主编的20卷《各民族与文明》等。但最具有影响的还是由非职业历史学家威尔斯个人撰写的《世界史纲》。他认为过去欧洲历史学者"严重地贬低了亚洲中央高地、波斯、印度和中国等文化在人类这出戏剧里所分担的部分"，决心在他的著作中把世界作为一个整体来对待，不再"局限于西方世界"。①此书出版后风行一时，受到广大普通读者的欢迎，但不为专业历史学家所重。

从20世纪五六十年代到今天，各国学者更加致力于编写真正能反映全人类成就的世界史，已经出版的集体著作有联合国教科文组织编写的6卷本《人类史：科学与文化发展》(纽约，1963～1976年)、G. 曼恩主编的新版10卷本《世界史指南》(柏林，1960～1965年)、M. 克鲁泽主编的7卷本《文明通史》(巴黎，1953～1957年)、苏联科学院主编的10卷本《世界通史》(莫斯科，1955～1965年)等。这些都是大部头的多卷本著作，出自众人之手。撰写者虽都学有专长，但整套书缺乏严密的体系，甚至给人以杂乱无章的感觉。优点是内容丰富，可作为参考书供查阅之用。个人编写的有斯塔夫里阿诺斯的《全球通史：1500年以前的世界》(新泽西，1977年)、《全球通史：1500年以后的世界》(新泽西，1977年)、《全球通史：从史前到21世纪》(1999年第7版)及《自古以来人类的命脉·新世界史》(纽约，1989年)，麦克尼尔的《西方的兴起：人类社会史》(芝加哥，1963年)、《世界史》(纽约，1967年)及《人类社会史·从史前到今天》(新泽西，1987年)等。以个人之力编写世界通史，自然知识不足，难免出现这样或那样的史实错误，但这类著作的优点是自成体系，前后一贯，能给读者以清晰的印象。

近几十年来，我国也出版了若干种世界史著作，其中较重要者有周谷城的《世界通史》(1949年)，周一良、吴于廑主编的4卷本《世界通史》(1962年)等书。周著反对以欧洲为中心，主张从全局来考察世界历史，具有开拓性的价值。周、吴本是中华人民共和国成立以来第一部综合性的世界史著作，它从马

① 赫·乔·韦尔斯：《世界史纲》，导言部分，北京，人民出版社，1982。

克思主义的基本原理出发，比较系统地叙述了整个世界从人类起源到第一次世界大战结束的历史，体现了中国学者当时对世界史的认识和研究水平；缺点是限于历史条件，还未能完全摆脱苏联10卷本《世界通史》的框架，以及没有现代部分。1987年，国家教委委托吴于廑和齐世荣共同主编6卷本《世界史》(高等教育出版社1992～1994年)。这部书体现了我国学者的新的研究成果，涉及经济、政治、文化、社会诸多方面，较以前教材包括的内容更多更广，在体系、分期、中国在世界的地位以及一些具体问题的分析上，都有一些新的见解。

如上所述，中外学者在20世纪已经发表了一大批世界史著作。但由于世界史是历史学中一门新兴的分支学科，迄今为止对于它的研究对象、方法、范围、意义等，只是进行了一些初步的探讨。当前，不少历史学家都认为世界史有其独特的研究对象和限定的内容。首先，要排除一种十分容易产生的误解，即把世界史当作国别史、地区史的总和或集成。巴勒克拉夫说："世界史不仅是它的各个部分的总和；如果将它分割再分割，就会改变其性质，正像水一旦分解成它的化学成分，就不再成其为水，而变成了氢和氧一样。"①斯塔夫里阿诺斯也说："世界史不是也不能仅仅是国别史或地区史的总和。"②

世界史既然不是一个包罗万象的大口袋，那么它自己的特定的研究对象和内容又是什么呢？斯塔夫里阿诺斯在说明他的《全球通史：1500年以前的世界》一书的写作宗旨时，指出："本书是一部世界史，其主要特点就在于：研究的是全球而不是某一国家或地区的历史；关注的是整个人类，而不是局限于西方人或非西方人。""人类历史自始便具有一种不能忽视、必须承认的基本的同一性。……只有运用全球性观点，才能了解各民族在各时代中相互影响的程度，以及这种相互影响对决定人类历史进程所起的重大作用。"他还说："世界史的舞台是全球而不是某一地区，因此，研究重点应放在那些具有世界性影响的运动上。"③我国历史学家周谷城也有大致相同的看法，他说："世界通史并非国别史之总和，而是一个有机的统一体；故叙述时，力求避免分国叙述的倾

---

① 巴勒克拉夫：《变动世界中的历史》(G. Barraclough, *History in a Changing World*)，18页，牛津，1955。

② L.S.斯塔夫里阿诺斯：《自古以来人类的命脉·新世界史》，8页，纽约，1989。

③ 斯塔夫里阿诺斯：《全球通史：1500年以前的世界》，54～56页，上海，上海社会科学院出版社，1988。

向，而特别着重世界各地相互的关系。”①说得最清楚的，还是我国世界史学家吴于廑。他根据马克思、恩格斯有关世界史的精辟论断，指出世界史是一门有特定含义和研究主题的历史学分支学科，它既不是把中国史除外的外国史，也不是囊括一切国家、民族和地区的历史汇编。“世界历史是历史学的一门重要分支学科，内容为对人类历史自原始、孤立、分散的人群发展为全世界成一密切联系整体的过程进行系统探讨和阐述。世界历史学科的主要任务是以世界全局的观点，综合考察各地区、各国、各民族的历史，运用相关学科如文化人类学、考古学的成果，研究和阐明人类历史的演变，揭示演变的规律和趋向。”②吴于廑还指出，“世界史是宏观历史。宏观历史的特点之一就是视野要比较广阔，把国别史、地区史、专史的内容加以提炼、综合、比较……做到一和多的统一，来阐明世界历史的全局发展……是长卷的江山万里图，而非团团宫扇上的工笔花鸟。国别史、地区史、专史的精密研究成果，必须要理解、吸收，而且不足的还要做认真的补充研究。但是必须超越国别史和地区史，绝不是把国别史、地区史以一定的结构汇编在一起就是世界史了。”“世界历史之所以成为世界历史，有一个发展的过程。光靠研究这样一个国，那样一个国，这样一个地区，那样一个地区，拼凑不起来一个全过程。不对若干重要课题进行综合比较研究，不在这种研究上超越国别史和地区史的局限，并且取得合乎科学的成果，要编成一部有特色的、好的世界史是困难的。”③

承认了世界史是历史大学科下面的一个必不可少的子学科以后，就面临着如何编写世界史的问题。实施起来，当然有很大的困难。世界上从古至今有这么多国家和民族，数不清的事件和人物，如何去综合，把它们有机地联系在一起，这便不能不建立一个体系，或者最低限度说也得有一个“框架”。一谈到体系，有人就会说：这是办不到的，即便勉强建立起来，这个体系必然是千疮百孔，经不起推敲。但体系是能够建立的，这要看我们对体系做什么样的理解。如果要建立一个“包罗万象”的体系，那当然是办不到的。恩格斯在《社会主义从空想到科学的发展》1892 年英文版导言中写道：“大家知道，我们德国人有

① 周谷城：《〈世界通史〉影印本新序》，见《周谷城学术论著自选集》，130 页，北京，北京师范学院出版社，1992。

② 《中国大百科全书·外国历史卷》，“世界历史”条，见《吴于廑学术论著自选集》，52 页，北京，首都师范大学出版社，1995。

③ 吴于廑：《关于编纂世界史的意见》，见《吴于廑学术论著自选集》，28～29 页，北京，首都师范大学出版社，1995。

一种非常严肃的Gründlichkeit，即彻底的深思精神或深思的彻底精神，随你怎么说都行。当我们每个人在阐述他认为是新学说的那种东西的时候，他首先要把它提炼为一个包罗万象的体系。他一定要证明，逻辑的主要原则和宇宙的基本规律之所以存在，历来就是为了最后引到这个新发现的绝妙理论上来。在这方面，杜林博士已经完全达到这种民族标准了。"①针对杜林的这种"包罗万象"的体系，恩格斯专门写了《反杜林论》一书，对他进行了批判。但是，如果我们不抱杜林那样的野心，而把世界史体系作为一种大体上能够说明世界历史的一种比较有系统的、全面的看法，那还是可以建构起来的。事实上，一些作者已经提出了自己的世界体系，例如斯宾格勒、汤因比的比较文化形态体系；罗斯托、布莱克的现代化体系；沃勒斯坦、弗兰克的世界体系；麦克尼尔、斯塔夫里阿诺斯的全球史体系，等等。② 我认为还必须提出吴于廑以马克思主义为理论指导的从纵、横两方面交叉说明世界史的体系。③ 有人会说：上述的这些体系都有这样或那样的缺点，甚至漏洞，没有一个令他满意。但是，已有的世界史体系只要能成一家之言，确有某些真知灼见，就有在一定时间内存在的价值，并可供后人提出新的世界史体系时作为参考。历史认识的相对性很大④，但在人类历史认识的长河中是会逐步深化的。十全十美的世界史体系，现在没有，将来也不会有。恩格斯说："关于自然和历史的无所不包的、最终完成的认识体系，是同辩证思维的基本规律相矛盾的；但是，这样说决不排除，相反倒包含下面一点，即对整个外部世界的有系统的认识是可以一代一代地取得巨大进展的。"⑤

一些人之所以反对撰写世界通史，不仅是由于体系的原因。逃避困难，也是一个潜在的原因。世界通史包含的内容很多，许多专业历史学家害怕自己的

① 《马克思恩格斯选集》，中文第2版，第3卷，695页，北京，人民出版社，1995。

② 参见本特列：《20世纪的世界史学史》，载《史学理论研究》，2004年第4期。

③ 吴于廑：《世界历史——为〈中国大百科全书·外国历史卷〉作》、《关于编纂世界史的意见》等文，见《吴于廑学术论著自选集》。

④ 恩格斯认为要在历史科学中"猎取最后的终极的真理，猎取真正的、根本不变的真理"，是不可能的。见《马克思恩格斯选集》，中文第2版，第3卷，429～430页，北京，人民出版社，1995。

⑤ 《马克思恩格斯选集》，中文第2版，第3卷，737～738页，北京，人民出版社，1995。

知识不足(任何历史学家都不可能对所有历史问题从第一手材料入手进行研究，撰写世界通史必不可避免地要利用他人的研究成果)，宁愿撰写自己熟悉的、已经研究多年的国别史、专题史，走老路既可取得明显的成绩，又可避免出现累累的“硬伤”，受人讥笑。韦尔斯说得好：“现今的历史学者大多是些学究气十足的人；他们唯恐有微小的错误，而宁可使历史互不连贯；他们害怕写错一个日期，遗人笑柄，甚至害怕做出可以争论的错误评价。……从他们那里可以得到的只是积累起来的资料，而不是装配和聚集好了的成品。”①这些人害怕有微小的史实错误，而不怕犯更大的错误，即把读者引入无穷无尽的具体事实的原始密林之中，始终不见天日。另一个原因就是民族主义对历史学家的影响。民族国家至今仍然是各个国家公民生活的最基本的单位，因此即便在今天，“许多历史学家也不会同意，‘不受边界的限制才可能写出最优秀的世界史’的这种观点”，他们的根据是“民族性格、民族发展和民族权力”是历史上最终起作用的因素。② 总之，撰写世界史确实有实际的困难，同时还要面对不少专门历史学家的反对，但是无论如何我们不能在面临编写世界史的任务时止步不前，而满足于把一批又一批的专题论文和国别史、地区史堆集在读者面前。如果这样做，读者关于世界史的局部的、具体的知识虽然会不断增加，但将永远不会知道“世界史”是什么样子。在历史正在日益走向全球化的今天，“细节”固然需要了解，但“总画面”更需要让人们清楚。否则，就会只见树木，不见森林。弗兰克批评说：“几乎所有的历史学家只喜欢观看具体的历史树木；他们忽视、甚至否认树林的存在，尤其是全球树林的存在。但是，树木是在树林里生长的，必须在树林里才能存活和繁殖。”③

马克思说：“万事开头难，每门科学都是如此。”④中国的世界史学家应当知难而进，一方面继续加深国别史、区域史和专史的研究，另一方面对世界史的理论、方法和内容进行开拓性的研究，以期二者互相促进。吴于廑说得好：“世界史所要求的历史全局的综合，比之断代或国别，更难一举而尽善。不能

① 赫·乔·韦尔斯：《世界史纲》，导言部分，北京，人民出版社，1982。

② 参见杰弗里·巴勒克拉夫：《当代史学主要趋势》，189～190页，北京，北京大学出版社，2006。

③ 贡德·弗兰克：《白银资本——重视经济全球化中的东方》，中文版前言，18～19页，北京，中央编译出版社，2000。

④ 《马克思恩格斯选集》，中文第2版，第2卷，99页，北京，人民出版社，1995。

尽善，则唯有求其逐步接近于尽善。接近之关键何在？曰：在于综合考察与专门研究间的密切结合，两者分工，不可分道。”①

二

世界史可以按通史来写，即从远古写到今天；也可以分阶段来写，如世界古代史、世界近代史、世界现代史。这里要讨论的是：现代指的是人类历史的哪一个阶段以及这个阶段有无区别于其他阶段的显著特点？如果有，那么以这个阶段为特殊研究对象的学科就能够而且应该成立；反之，则无研究的必要。

我们认为，现代指的是大约从20世纪初到今天这一段时间。20世纪是人类历史的一个特殊阶段。巴勒克拉夫说：“不能把20世纪仅仅看作是19世纪的延续”，“我们必须把当代史看作是一个不同先前时代的独特的历史发展时代，它具有区别先前时代的自身的各种特征”。在各种特征中，巴勒克拉夫认为“新时代的基本特征是世界进入了前所未有的一体化阶段，而这意味着，无论一个民族多么弱小，地处多么遥远，没有一个民族能够不受影响而独自生存。”②霍布斯鲍姆指出，20世纪末与20世纪初的世界相比，至少在三个方面有质的不同，它们是：第一，“这个世界不再以欧洲为中心”。第二项变化更为重要，“1914年到20世纪90年代初，地球已经在很大程度上变成一个单一的运作单位，而在1914年时不是也不可能是这种情况。事实上，就许多目标而言，特别是就经济事务而言，全球现在是基本的运作单位”。第三项变化是“人际社会关系的旧模式的解体”。在西方最发达的资本主义国家中“一种绝对的非社会的个人主义的价值观占支配地位”。③

巴勒克拉夫和霍布斯鲍姆的这些看法，比较能够抓住现代史的特质。让我们略微展开分析一下。19世纪是欧洲支配世界的世纪。进入20世纪后，国际政治发生了重大变化。因英德争霸而引起的第一次世界大战削弱了欧洲，成为

① 吴于廑：《吴于廑学术论著自选集》，351～352页，北京，首都师范大学出版社，1995。

② 杰弗里·巴勒克拉夫：《当代史导论》，4、34页，上海，上海社会科学院出版社，1996。《当代史导论》原名是*An Introduction to Contemporary History*. *Contemporary History*也可译作现代史。

③ 埃里克·霍布斯鲍姆：《极端的年代：1914～1991年世界史》(E. Hobsbawm, *The Age of Extremes: A History of the World, 1914～1991*)，14～15页，纽约，1995。

它由盛转衰的分水岭。1917 年爆发的俄国革命震撼了世界，打破了资本主义的一统天下，建立了人类第一个社会主义国家。第二次世界大战以后，社会主义越出一国范围，帝国主义殖民体系瓦解，第三世界蓬勃兴起，这一系列的重大事件从根本上改变了国际格局。80 年代末以来，世界局势进一步发生了深刻而剧烈的变化。美、苏两个超级大国争霸的两极格局已经结束，世界正朝着多极化的方向发展。今天，任何一个大国，不管它有多么强大，要想独霸世界，对其他国家发号施令，都是办不到的。在经济方面，生产和资本国际化、一体化、集团化的趋势日益加强。现在，发达国家之间、发达国家与发展中国家之间以及某种程度上发展中国家之间，既存在着种种矛盾，又存在着千丝万缕的联系。任何一个国家都要依靠国际市场，闭关自守是死路一条。在文化方面，由于现代化交通、电讯、印刷等工具的出现，文化交流的规模和速度都达到了惊人的程度，从而扩大了人们的眼界，增进了互相之间的了解。另一方面，不同体系的意识形态也互相渗透，互相斗争，但总的趋势是人们越来越认识到意识形态的分歧不应影响国家之间的和平共处。总之，20 世纪的确是人类历史的一个相对独立的阶段，有其自己显著的特征，其中最重要的特征就是世界在政治、经济、文化各个方面联系成为一个息息相关而又充满矛盾的整体。或概括说，全球化。① 完整意义的世界史到 20 世纪才最后形成，因此应当建立一门以这个阶段为特殊研究对象的学科，即世界现代史。②

现代史，在很长时间内受到许多专业历史学家的轻视。他们认为，“现代”与“史”这两个概念是互相矛盾的。“现代”不成其为“史”，只能属于政治、时事的研究对象。两次世界大战之间，现代史，更不用说世界现代史，尚未取得多数史学家的承认。只是在第二次世界大战以后，由于上述全球化新形势的出现，历史学家们才越来越认识到研究世界现代史的重要性。一些著名学者纷纷撰写了世界现代史的著作，如 D.C. 瓦特、F. 斯潘塞和 N. 布朗三人合著的《二十世纪史》(伦敦，1967 年)，D. 汤姆森写的《世界史，1914～1961 年》(纽约，1964 年)，S.C. 伊斯顿写的《1945 年以来的世界史》(旧金山，1968 年)，等等。集体著作有 C.L. 莫瓦特主编的新编《剑桥近代史》第 12 卷(已有中译

① 1969 年马歇尔·迈克卢汉(Marshall McLuhan)在《交往的探索》一书中首次提出“全球村”(global village)的概念。1985 年西奥多·莱维特(Theodore Levitt)在《市场全球化》一书中，首次提出“全球化”(globalization)的概念。

② 这里所说的世界现代史，包括整个 20 世纪的历史。近年我国学者常把 1945 年以后至今的历史称作当代史；20 世纪初至 1945 年的历史称作现代史。

本)、苏联科学院主编的《世界通史》第8～13卷(已有中译本)，等等。至于现代国别史、现代区域史、现代专题史，撰述者更是大有人在。尤其值得注意的是：还有一些学者从理论上对现代史做了探讨，例如巴勒克拉夫的《当代史导论》(纽约，1964年)，就是一本很有分量的著作。

我们认为，国际史学界的这种新趋势是符合时代要求的。研究世界现代史，确实具有重大的意义。第一，在全球化的时代，任何一个国家要在世界立足，都不能闭关自守，都必须了解世界，既要了解世界的今天，也要了解世界的过去，特别是距今天最近的20世纪的历史，即世界现代史。早在1848年，马克思和恩格斯在《共产党宣言》里就已深刻地指出："资产阶级，由于开拓了世界市场，使一切国家的生产和消费都成为世界性的了。……旧的、靠本国产品来满足的需要，被新的、要靠极其遥远的国家和地带的产品来满足的需要所代替了。过去那种地方的和民族的自给自足和闭关自守状态，被各民族的、各方面的互相往来和各方面的互相依赖所代替了。物质的生产是如此，精神的生产也是如此。各民族的精神产品成了公共的财产。民族的片面性和局限性日益成为不可能。"①这是马克思、恩格斯在130多年前写的。今天，各民族之间的各方面的互相往来和各方面的互相依赖程度已经远远超过了19世纪中期《共产党宣言》的时代。在这样一个各国息息相关的时代，中国当然不能再走闭关自守的老路。邓小平同志说："现在任何国家要发达起来，闭关自守都不可能。我们吃过这个苦头，我们的老祖宗吃过这个苦头。"②面向世界的中国，在同外国交往时，在向外国借鉴时，必须知己知彼，才能做到"洋为中用"。例如，我们在实现"四个现代化"的过程中，不能只停留于了解资本主义发达国家的现状，还必须深入了解它们现代化的全部历史。它们成功的经验应当有选择地吸取，而那些消极结果，诸如环境污染、资源浪费等等，则必须力求避免。

第二，研究世界现代史，为研究世界近代史、世界古代史提供了一把钥匙。了解人类历史的全过程，就能明确人类的发展方向，对人类的前途抱乐观、进取的态度。

人们只有通过认识现代，才能认识人类的过去。马克思说："资产阶级社会是最发达的和最多样性的历史的生产组织。因此，那些表现它的各种关系的

① 《马克思恩格斯选集》，中文第2版，第1卷，276页，北京，人民出版社，1995。

② 《邓小平文选》，第3卷，90页，北京，人民出版社，1993。

范畴以及对于它的结构的理解，同时也能使我们透视一切已经覆灭的社会形式的结构和生产关系。……人体解剖对于猴体解剖是一把钥匙。反过来说，低等动物身上表露的高等动物的征兆，只有在高等动物本身已被认识之后才能理解。因此，资产阶级经济为古代经济等等提供了钥匙。”①法国年鉴学派史学家布洛赫也说：“各时代的统一性是如此紧密，古今之间的关系是双向的。对现实的曲解必定源于对历史的无知；而对现实一无所知的人，要了解历史也必定是徒劳无功的。”他还说：“历史感的培养并非总是局限于历史本身，有关当今的知识往往能以一定的方式更为直接地帮助我们了解过去。”②今天，许多资产阶级历史学家对人类前途丧失了信心。但是，我们如果通过现在对人类的过去有一个贯串古今的了解，就会发现：无论如何，人类历史是一个不断进步的过程。从原始、孤立、分散的人群发展为全世界成一密切联系的整体，从原始社会发展为资本主义社会和社会主义社会，人类毕竟是在前进的，虽然前进的道路不是笔直的，而是曲折的，有时看来似乎是停顿的，甚至是倒退的。斯塔夫里阿诺斯说得好：“人类的前途取决于人们的觉悟程度。”③研究历史，就可以提高人们的觉悟程度，增强人们对世界前景的信心。

研究世界现代史，如同研究世界通史一样，有种种困难。第一，材料太多，史学家绝对达不到“竭泽而渔”的程度。长期以来流行的一种观念是：研究世界现代史，看不到原始材料，有人甚至因此而否定世界现代史是一门学问。这其实是一种误解。第二次世界大战前，确实没有多少原始资料可看。第二次世界大战后，情况发生了根本变化。今天，有关世界现代史的原始资料不是太少，而是太多，多到令史学家望而生畏的地步。仅以同盟国在 1945 年虏获的德国外交部 1880～1936 年的档案来说，就有 400 吨之重！④ 再如，保存在美国弗吉尼亚州亚历山德里亚的德国国防军以及德国政府其他机关的档案（原件已归还德国，但均已由美方制成缩微胶卷），数量极多，如无指导，则无法阅读，遂由美国历史协会所属战争文件研究委员会组织人力，编了一套详细的目

① 《马克思恩格斯选集》，中文第 2 版，第 2 卷，23 页，北京，人民出版社，1995。

② 马克·布洛赫：《历史学家的技艺》，36～37 页，上海，上海社会科学院出版社，1992。

③ 斯塔夫里阿诺斯：《全球通史：1500 年以后的世界》，1992 年中文版，前言，上海，上海社会科学院出版社，1992。

④ D.C. 瓦特等：《20 世纪史》，17 页，伦敦，1967。

录《德国档案指南》。单是这套目录，从1958年开始出版，到1991年已有84卷问世。许多国家的档案保密期限都趋向于缩短。英、美、法、加拿大等国的档案，30年后即解密。此外，还出版了大量的文件汇编以及个人的回忆录、日记、书信等等。① 总之，人们对现代史所掌握的材料，要远远超过古代史。由于古代遗留下来的原始资料极其有限，史学家容易达到穷竭史料的程度，从而在考据方面显得十分精确。其实，这些考据是建立在有限的残存史料的基础之上的。相反，今天研究世界现代史，有大量的史料作为根据，结论的可靠程度要比古代更大一些。现代史的资料如此之多，史学家即使选择一个范围相当狭窄的题目，要把有关这个题目的史料看完，也是办不到的。那么，出路何在呢？关键在于史学家应努力提高自己的理论水平，具有从史料库中选择最有价值部分的能力。

第二，由于作者与所论述的问题有直接或间接的关系，涉及国家、民族、阶级、集团或个人的荣辱利害，难于做到公正客观，不偏不倚。撰写古代史，由于距作者的时代已经很远，史家容易保持冷静的态度。以上是撰写现代史的不利条件。但是另一方面，现代史的作者对时代精神，对具体的事件和人物，能有较深的领会，写出来的东西可能更符合历史真相。布洛赫说："在大多数情况下，相对而言，时代愈近，事情就愈清晰。""在历史学家审阅的所有画面中，只有最后一幅才是清晰可辨的。"②再者，大历史学家对自己关心的当代问题有强烈的感受，故能写出深刻动人的传世之作。因此，许多伟大的历史著作都属于现代史的范畴。古希腊希罗多德的《历史》、修昔底德的《伯罗奔尼撒战争史》，都是当时的现代史。年鉴学派历史学家布洛赫在第二次世界大战爆发后任军事参谋，写了《奇怪的失败》一书，至今被认为对法国的失败做了最令人信服的分析。我国的《春秋》、《史记》、《汉书》、《三国志》等，其中一部分写的也是当时的现代史。

第三，现代史所涉及的事件正在演变，尚未结束，或结束不久，史家距论述的时代太近，因而对一系列事件的前因后果和意义都难以做出充分的分析和恰当的评价。恩格斯说："在判断当前发生的各个事件和一系列事件时，人们

① 例如，英、美、苏、法、德、意、日等国的现代外交文件汇编都已大量出版，并正在继续出版。

② 马克·布洛赫：《历史学家的技艺》，37～38页，上海，上海社会科学院出版社，1992。

总是不能追溯到最终的经济原因。甚至在今天已经有相当的专业报刊提供这样丰富的材料的时候，连在英国都还没有可能逐日考察工业和世界市场贸易的进程以及生产方法中发生的变化，从而对这些十分复杂和不断变化的因素随时作出全面的总结，更何况其中最重要的因素，在还没有突然有力地显露出来以前，大部分都是长时期处于隐蔽作用状态。……这种对经济状况(这是所要研究的一切过程的真正基础)中同时发生的种种变化的难免的忽略，必然是产生错误的根源。"虽然如此，恩格斯又说："这并不妨碍任何人去写眼前的事件。"他并以马克思的《1848年至1850年的法兰西阶级斗争》为例，说明当马克思着手写作此书时，也无法避免上述的那种产生错误的源泉，但他"对当时的事变作出的叙述，对其内在联系的揭示能达到至今还无人达到的程度"①。其实，研究任何一段历史，都有有利条件和不利条件。② 历史学家如果能够清醒地认识到自己的局限性，反倒更能写出接近客观实在的历史著作。

人类历史发展到今天，已经取得了巨大的进步。20世纪是一个辉煌的世纪。社会主义国家的出现，第三世界的崛兴，科学技术的飞速进步和生产力的极大提高，这一切都是史无前例的成就。但20世纪也是一个战乱频仍、经历了两次世界大战的世纪。21世纪将是一个什么样的世纪呢？我们希望，这将是一个持久和平与共同繁荣的世纪，生活在这个世纪的后代子孙们将比他们的前辈更为幸福。要把这种希望变为现实，人们还要做出极大的努力。在建设人类美好未来的宏伟事业中，历史学家是大有可为的。他们不是消极的记录员，而是积极的参与者。从学习历史中，人们将增长智慧，汲取力量，树立乐观进取的精神。这是历史学的最大的社会功能，而世界通史和世界现代史就是其中两门可以充分发挥这种功能的学科，因此是值得大力提倡的。愿有更多的人参加到研究世界通史和世界现代史的行列中来！

---

① 《马克思恩格斯选集》，中文第2版，第4卷，506～507页，北京，人民出版社，1995。

② 参见齐世荣：《"合之则两美，离之则两伤"——试论当代人写当代史与后代人写前代史》，载《史学理论研究》2001年第2期。

我国世界史学科的发展历史及前景*

本文对我国世界史学科的历史做了比较系统的回顾，特别对1978年至今这一阶段所取得的成就做了重点的述评，可供后之治史者参考。本文的一些看法，受到同行的重视。

我国之有世界史学科，严格说来是在1949年以后。这么重要的一个学科到如此晚的时间才出现，根本原因是中国在近代大大落后了。一个国家在它强盛和发展的时期，总能关注它以外的世界(在古代是它当时所知的世界)，并具有一种勇于吸收异域文化的雄伟气魄。及至式微时，便闭关自守，害怕与外界接触，因而对世界形势和外国事务茫无所知。鲁迅说："汉唐虽然也有边患，但魄力究竟雄大，人民具有不至于为异族奴隶的自信心，或者竟毫未想到，凡取用外来事物的时候，就如将彼俘来一样，自由驱使，绝不介怀。一到衰敝陵夷之际，神经可就衰弱过敏了，每遇外国东西，便觉得仿佛彼来俘我一样，推拒，惶恐，退缩，逃避，抖成一团，又必想一篇道理来掩饰。"①我国进入封建社会晚期以后，明清两朝实行闭关政策，虚骄地以天朝自居，拒绝与外国通商往来，就像鲁迅所说的那样患了"神经衰弱过敏症"。正是在这样的情况下，当德

---

* 原载《历史研究》1994年第1期，现文增加了一些1994年以后我国学者发表的论文和专著的评价。

① 鲁迅：《看镜有感》，见《鲁迅全集》，第1卷，198页，北京，人民文学出版社，1981。

国史学大师兰克以耄耋之年撰写《世界史》时，清朝的士大夫和知识界竟有人不相信世界上在中国以外还有许多国家。光绪甲午年(1894 年)上海顺成书局所石印的《中外地舆图说集成》中，有陈兆桐所绘的《万国舆图》一卷，一位叫袁祖志的人在序言中写道："余初闻地球之说而疑之，及……历游泰西各国，……始叹西人之不我欺也。"①已故史学家吕思勉先生回忆说："还记得甲午战时，有些人根本不知道日本在哪里，只约略知道在东方罢了。……还有人说：日本兵到中国来，根本不知道地理的，都是李鸿章，把地图送给他。"②袁祖志这种水平的人，在当时比比皆是。连"地球之说"都不相信，连日本在什么地方都不知道，又如何能够建立起一门以研究世界的历史为对象的学科呢？

一

辛亥革命以后，建立了效法欧美资本主义国家的教育制度。新式的学校日益兴起，外国史也随之列入了大学和中学的教学计划。从 1911 年辛亥革命到 1949 年中华人民共和国成立，似可称为世界史学科的萌芽时期。在这三四十年期间，我国实际只有外国史(更确切些说主要是西洋史)，而无世界史。为什么在这一时期世界史学科未能建立起来呢，原因很多，但根本的一点恐怕还在于旧中国是半封建半殖民地国家，在整个世界上不占重要地位，因而那时各学校的主持人也就不可能有胸怀全球的抱负，即使个别人具有这样的抱负，也是无济于事，不能影响全局的。况且，当时知识界上层普遍崇拜欧美资本主义国家，视之为效法的榜样，西洋史自然便取得支配地位。

在萌芽时期，各大学历史系设课，在中国史之外，主要是西洋通史、西洋断代史和欧美国家的国别史或专题史，如"英国史"、"美国史"、"法国革命史"等。只有少数学校的设课超出了西洋史的范围，如王桐龄在北京师范大学讲过"东洋史"；柳诒徵在南京高等师范学校和国立东南大学讲过"亚洲史"；洪业在燕京大学讲过"远东史"；周一良在清华大学讲过"日本史"；沈刚伯在中央大学讲过"印度史"。似乎没有一所学校开过非洲、拉丁美洲的区域史或国别史。在任何一个历史系中，外国史课程的门数都少于中国史，专教外国史的教师更是

---

① 洪业：《考利马窦的世界地图》，见《洪业论学集》，191 页，北京，中华书局，1981。

② 俞振基：《蒿庐问学记：吕思勉生平与学术》，350～351 页，北京，生活·读书·新知三联书店，1996。

寥寥无几。但是，就一所大学来说，外国史知识还是有相当普及程度的，因为“西洋通史”是历史系的必修课，而文法学院其他各系学生选修这门课程者亦大有人在，甚至理工学院的学生也有选修的。此外，需要指出的是：一些著名大学的西洋史课程，按当时的标准来看，水平是相当高的。例如，1948年雷海宗在清华大学讲授“西洋文化史”时，就让学生讨论汤因比的《历史研究》一书的节本①，而这个节本是在两年前刚刚出版的。中等学校都设有外国史课程，而且是初高中各讲一遍，每周约三学时。所以，那时中学生的外国史知识还是不少的。

与教学相比，科学研究的成绩要逊色得多。由于旧中国学校无力购买大量的第一手史料，即使外国著名史学家的权威著作也买得很少(个别学校多一些，如清华大学、燕京大学、北京大学)，学者们无法从原始材料入手，写出精深的著作。因此，有些学者在国外读书时本来是专门研究外国史的，回国后只得把主要精力用于研究中国史，如雷海宗②；或者根据革命的需要，全力研究中国社会经济问题，如陈翰笙。③ 还有一些学者，如刘崇鋐、孔云卿、沈刚伯，他们毕生坚守外国史学的教学岗位，西洋史修养很深。但由于治学严谨，不愿在缺乏第一手史料的情况下轻易下笔，故一生中基本上是“述而不作”。④

在萌芽时期，我国也出版了不少外国史方面的书籍，主要是教材和通俗性的读物。它们虽然不是精深的学术著作，但对于我国世界史学科的后来建立起了打基础的作用，故仍应给以适当的肯定。

在大学教材方面，周谷城的《世界通史》最值得注意。他强调“世界通史并非国别史之总和”，主张把世界历史作为一个整体来研究，重视世界各地区之

① D. C. Somervell对《历史研究》1～6卷所做的节本，于1946年由牛津大学出版社出版，1947年一年内又重印了4次。

② 雷海宗在芝加哥大学获得学位的论文是《杜尔哥的政治思想》。他多年任教清华大学，但在《清华学报》上发表的论文都是中国史方面的，在外国史方面只写过书评而已。

③ 陈翰笙在柏林大学获得博士学位的论文是《大国瓜分阿尔巴尼亚的阴谋》。20世纪30年代他担任中央研究院社会科学研究所副所长和中国农村经济研究会理事长期间，全力研究中国农村经济问题，并培养了一批人才，其中一些人后来成为著名的经济学家和中国共产党的高级干部。

④ 新中国成立前，刘、孔两位任教于清华大学，沈刚伯任教于中央大学。刘、沈两位于1948年赴台湾任教，今日台湾许多著名史学家都出自他们的门下。

间的相互关系，并反对把欧洲作为世界历史的中心。这些观点对于我国世界史学科的建设，具有开拓性的意义。①王绳祖的《欧洲近代史》，从18世纪末讲到20世纪30年代，叙述甚有条理，在当时的大学教材中堪称佳作。②特别应当指出的是：王先生为撰写这部教材，参阅了数百种西文著作，这种严肃认真的态度是足资后学取法的。此外，在专门史方面还有周鲠生的《近代欧洲外交史》、张忠绂的《欧洲外交史》等，也都是供大学文法学院使用的教材。

在中学教材方面，陈衡哲的《西洋史》、何炳松的《外国史》和杨人楩的《高中外国史》，最有代表性。陈著《西洋史》，以"'文化的欧洲'及纯粹欧化的美洲为限"。③ 杨著名为"外国史"，但以欧洲为中心。作者说："在外国史中，当然要以欧洲为中心……因为欧洲不特占的地位多，而且它的变化也较重要。"④唯何著在写到中古史时，专设两章讲印度和南洋、朝鲜和日本，因作者认为："中古时代的世界实在是亚洲文化的极盛时代，和欧洲的混乱情形刚刚成了一个反比例"，故特予表彰，可谓有识。⑤ 以上三书均出自名家手笔，他们不因中学教材是普及读物而不肯撰写，这种精神是值得充分肯定并应继承发扬的。

这一时期的专著很少。纯粹讲外国史的，张忠绂的《英日同盟》可算是一部学术著作。⑥ 在工具书方面，田农的《西洋史表解》参考中外书籍90余种编成，颇见功力。陈垣特作序予以介绍。⑦

总之，在萌芽时期，我国已经有了外国史学科。外国史的知识在大学和中学有了一定程度的普及，科学研究则尚处于准备阶段。但无论是在教学方面还是在著作方面，都深受西方资产阶级观点的影响。运用马克思主义研究外国史

---

① 周著《世界通史》于1949年由商务印书馆出版，写作时间当然早于1949年。此书曾多次再版。

② 王著《欧洲近代史》于1935年由商务印书馆出版，作为"大学丛书"的一种。王绳祖生前曾对笔者说，他写此书时年仅28岁，"青年时颇有一股锐气"。

③ 陈衡哲：《西洋史》，上、下册，上海，商务印书馆1926年初版，以后多次再版。本书是供新学制高级中学之用。

④ 杨人楩：《高中外国史》，上、下册，北京，北新书局1931年、1934年初版，以后多次再版。

⑤ 何炳松：《外国史》，上、下册，上海，商务印书馆1934年初版，以后多次再版。本书也是供高级中学用的教科书。

⑥ 张忠绂：《英日同盟》，上海，新月书店，1931。

⑦ 田农：《西洋史表解》，北京，和记印书馆，1933。

的人很少。张铁生的《近代国际关系史》是一部在马克思主义指导下写成的普及性读物。① 柯柏年的《美国手册》，其中第二章讲美国历史，但只有二十几页，十分简单。② 由于当时中国革命的首要任务是推翻国民党反动政府，马克思主义者自然把历史研究的重点放在中国史上面，外国史的系统研究尚未提上日程。

二

1949 年新中国成立以后，我国的世界史学科逐步建立起来。这首先是因为我国的国际地位空前提高，中华人民共和国是一个屹立于亚洲的东方大国，在世界政治舞台上占有重要的地位。我们不能再像旧中国的统治者那样只把眼睛盯着欧美列强，必须放眼世界，既要了解它的现状，也要了解它的历史。其次，1952 年院系调整后，我国仿行苏联的教学计划，各大学都以世界史取代了西洋史。或前或后，中学也设立了世界史课程。苏联是重视世界史的，因为它早年志在世界革命；后来作为一个世界大国，在政治上也要扩大自己的影响，故注视世界乃势所必然。再次，我国学者对世界史学科做了许多研究，终于形成了自己的系统看法。从 1949 年到今天以及今后一段时期，可称作我国世界史学科的奠定基础的时期。在 40 多年的时间里，特别是 1978 年至今的十几年里，我们所取得的成绩是巨大的。第一，世界史的教学与科研队伍大大充实，各种组织建立。与新中国成立前不同，现在各大专院校的历史系都有了专门的世界史教研室和主讲世界史的教师，他们平均约占全系教师总数的 40%。少数大学的历史系还设有世界史专业。世界史这门学科已经不再是中国史的“附庸”，而是“蔚为大国”了。从中央到地方，都新设了专门的研究机构。中央有社会科学院世界历史研究所以及一些以研究现状为主但也兼顾历史的研究所，如美国所、日本所、南亚所等等。地方上一些大学也设有世界史研究所或国别史、地区史、专门史的研究室。此外，还成立了十几个有关世界史学科的全国性研究会，它们在组织和开展学术交流方面起了积极的推动作用。少数省市，如湖北省和上海市，设有专门的世界史学会。第二，在教学方面，各大专

① 张铁生：《近代国际关系史》，北京，生活·读书·新知三联书店，1949 年 9 月。本书于 1948 年 7 月定稿，故应属于萌芽时期的著作。

② 柯柏年：《美国手册》，上海，中外出版社，1949 年 8 月。本书编写始于 1947 年。

院校历史系的世界史课程的门数和种类都比1949年以前大大增加了。世界通史分做四大段：古代、中古、近代、现代，各讲一年。1978年以后，改为三大段：古代、近代和现代，授课时间没有统一规定。不少学校还单独开设了“当代史”课程，从第二次世界大战结束讲到今天。一些重要国家的国别史，如苏联史、美国史、英国史、法国史、德国史、日本史，都已设课；亚洲、非洲、拉丁美洲的区域史也有人讲授了，而这些地区在新中国成立前各校的西洋史课程中不过作为殖民的对象才被提到而已。此外，还有一些专门史，如第二次世界大战史等。特别值得指出的是：1978年以后，我国建立了完整的培养研究生的制度。中国的世界史学科终于有了自己培养的硕士生和博士生，结束了新中国成立前外国史高级人才都来自外国留学生的局面。这是一支生力军，他们当中不少人现在已成为教学和科研骨干。在中学，世界史也取代了西洋史。授课时间在20世纪50年代为初高中各讲一遍，20世纪60年代压缩学时改为一遍，目前学制(2001年以后)是初三设世界史课，高中教材中外历史合编。第三，在科学研究方面，第二时期的成绩是巨大的。与第一时期相比，不仅数量大大增加，甚至可以说发生了质变。1978年以后，世界史学科终于有了自己的专业杂志，如《世界历史》(1978年至今)、《世界史研究动态》(1979～1993)、《外国史知识》(1981～1986)。各个世界史学科的研究会还定期或不定期地出版了会刊或通讯。某些综合性的杂志如《历史研究》、《史学理论研究》以及各大学的学报都经常刊载世界史的文章。

在世界通史方面，周一良、吴于廑主编的四卷本《世界通史》于1962年出版，这是中华人民共和国成立以来第一部综合性的世界历史著作。这部书遵循马克思主义的基本原理，比较系统地叙述了整个世界从人类起源到第一次世界大战结束的历史，体现了中国学者当时对世界史的认识和研究水平。但是由于众所周知的原因，这部书的现代部分未能写成，并且该书在体系上仍然未能彻底摆脱苏联科学院主编的《世界通史》的影响。1978年以后，我国学者解放思想，打破禁区，对世界史体系做了深入的探讨。吴于廑在这方面的成就最为突出。他认为：世界史“不是一门中国域外史，也不是包容一切国家、地区历史的总汇”。① 他根

① 吴于廑：《世界史学科前景杂说》，载《内蒙古大学学报》，1985年第4期。

据马克思和恩格斯的论述，① 明确指出“世界历史是历史学的一门重要分支学科，内容对人类历史自原始、孤立、分散的人群发展为全世界成一密切联系整体的过程进行系统探讨和阐述”。② 简言之，世界史所要探索和说明的主题应当是：“历史怎样发展为世界的历史”。③ 吴于廑根据他上述的认识，为《中国大百科全书·外国历史》卷撰写了“世界历史”这一概括性很强的总条目。此外还连续写了四篇互相关联的重要论文：《世界历史上的游牧世界与农耕世界》、《世界历史上的农本与重商》、《历史上农耕世界对工业世界的孕育》和《欧亚大陆传统农耕世界不同国家在新兴工业世界冲击下的反应》。④ 1987 年，国家教委委托吴于廑和齐世荣共同主编新的六卷本《世界史》，现已出齐(高等教育出版社，1992～1994 年)。这部书体现了我国学者的最新研究成果，涉及经济、政治、文化、社会诸多方面，较以前教材包括内容更多、更广，在体系、分期、中国在世界中的地位以及一些具体问题的分析上，都有一些新的见解。⑤

在第二时期，我国出版了一大批国别史、区域史、专题史和断代史。国别史方面，不仅像苏联、美国、英国、法国、德国、日本这样的重要大国都已有专书出版，就连新中国成立后极少有人研究的加拿大、澳大利亚的历史也陆续问世了。⑥ 苏联史方面的著作很多，以陈之骅、吴恩远、马龙闪主编的《苏联兴亡史纲》(中国社会科学出版社，2004 年)；周尚文、叶书宗、王斯德合著的《苏联兴亡史》(上海人民出版社，2002 年)；陆南泉、姜长斌、徐葵、李静杰

---

① 马克思在《政治经济学批判导言》中说：“世界史不是过去一直存在的；作为世界史的历史是结果。”(《马克思恩格斯选集》，中文第 2 版，第 2 卷，第 28 页)；马克思和恩格斯在合著的《德意志意识形态》中又说“各个相互影响的活动范围在这个发展进程中越是扩大，各民族的原始封闭状态越是由于日益完善的生产方式、交往以及因交往而自然形成的不同民族之间的分工消灭得越是彻底，历史也就越是成为世界历史。”(《马克思恩格斯选集》，中文第 2 版，第 1 卷，88 页，北京，人民出版社，1995)

② 吴于廑：《世界历史》、《世界史学科前景杂谈》，见《吴于廑学术论著自选集》，52、44 页，北京，首都师范大学出版社，1995。

③ 同上。

④ 以上四文分别载《云南社会科学》，1993 年第 1 期；《历史研究》，1984 年第 1 期；《世界历史》，1987 年第 2 期；《世界历史》，1993 年第 1 期。

⑤ 《古代史编》的主编是刘家和、王敦书、朱寰、马克垚。《近代史编》的主编是刘祚昌、王觉非。《现代史编》的主编是齐世荣、彭树智。

⑥ 宋家珩：《枫叶的国度》，济南，山东大学出版社，1989；郑寅达、费佩君：《澳大利亚史》，上海，华东师范大学出版社，1991。

主编的《苏联兴亡史论(修订版)》(人民出版社，2004 年)等书，较为重要。苏联巨变是历史学家十分关注的大问题。宫达非主编的《苏联巨变新探》(世界知识出版社，1998 年)和江流、徐葵、单天伦主编的《苏联剧变研究》(社会科学文献出版社，1994 年)，是探索这一问题的两部具有一定深度的专著。美国史以刘绪贻、杨生茂主编的六卷本《美国通史》(人民出版社，1989～2001 年)篇幅最大，时有新意。黄绍湘的具有开拓性价值的《美国简明史》(三联书店，1953 年)，修改后改名《美国通史简编》，于 1979 年由人民出版社出版。此外，蒋孟引主编的《英国史》(中国社会科学出版社，1988 年)、张芝联主编的《法国通史》(北京大学出版社，1988 年)、沈炼之主编的《法国通史简编》(人民出版社，1990 年)、丁建弘和陆世澄主编的《德国通史简编》(人民出版社，1991 年)、孙成木等主编的《俄国通史简编》(人民出版社，1986 年)、吴廷谬主编的《日本史》(南开大学出版社，1994 年)，都是他们多年教学和科学研究的成果，在内容的安排、材料取舍以及对某些问题的分析上，颇费心力，具有中国的特色。对于古代的一些大帝国，也有专著问世，如陈志强的《拜占廷帝国史》(商务印书馆，2003 年)，这是我国第一部系统、全面研究拜占廷帝国历史的著作。

在区域史方面，我们迈出了从无到有这个有决定性意义的一步。非洲史方面，杨人楩的《非洲通史简编》(人民出版社，1984 年)，是开山之作。近年来又陆续出版了中国非洲史研究会《非洲通史》编写组编的《非洲通史》(北京师范大学出版社，1989 年)、陆庭恩和艾周昌编著的《非洲史教程》(华东师范大学出版社，1990 年)等书。拉丁美洲史则以李春辉著《拉丁美洲史稿》(商务印书馆，1983 年)较为系统；亚洲史方面的成果最多，通史有王辑五的《亚洲各国史纲要》(高等教育出版社，1957 年)，断代史有周一良的《亚洲各国古代史》上册(高等教育出版社，1958 年)、何肇发的《亚洲各国现代史讲义》(高等教育出版社，1958 年)等。纳忠的《阿拉伯通史》上下卷(商务印书馆，1997 年)是一部力作，体现了他研究阿拉伯历史几十年的成果。此外，还有何芳川的《崛起的太平洋》(北京大学出版社，1991 年)、彭树智主编的《二十世纪中东史》(高等教育出版社，1992 年)等等。区域史虽多系草创之作，但开拓之功，实不可没。

专题史的著作很多，涉及的范围甚广，包括文化、政治、经济、军事、国际关系等各个方面。在文化史方面，周一良主编的《中外文化交流史》(河南人民出版社，1987 年)、季羡林的《中印文化关系史论丛》(人民出版社，1957 年)

和周一良的《中日文化关系史论》(江西人民出版社，1990年)，是三部学术水平很高的专著，体现了周、季老一辈史学家学贯中西的深厚素养。此外，周谷城和田汝康主编了一套“世界文化丛书”，已出约20种(翻译除外)。这是我国第一套比较全面地介绍世界文化的大型丛书，涉及世界历史上有影响的各时段、各地域、各族别的文化现象、文化运动、文化思潮和文化形态，内容相当丰富。政治史方面，老一辈学者日知主编的《古代城邦史》(人民出版社，1989年)，很有特色。日知认为城邦制度遍及古代世界，非希腊、罗马所独有。这一看法虽为一些学者反对，但终不失为一家之言。经济史的著作较少，马克垚的《西欧封建经济形态研究》(人民出版社，1985年)及其姊妹篇《英国封建社会研究》(北京大学出版社，1992年)，值得注意。作者运用比较史学方法，指出在封建时代东西方社会的发展虽然有其各自的特点，但并非两种截然不同的模式。宗教史的著作更少。彭小瑜多年致力于教会法的研究，他的《教会法研究》(商务印书馆，2003年)一书，堪称精心之作。军事史方面，我国的研究重点是第二次世界大战史，近年来已发表了大量论文和七八部专著。西方资产阶级史学界普遍忽视甚至贬低中国抗日战争对于第二次世界大战取得胜利所做出的贡献，这是极其错误的。我国学者在这个问题上有理有据地做了深刻的阐述，重要论文有刘思慕等四人合写的《中国抗日战争及其在第二次世界大战中的地位和作用》(载《世界历史》1980年第4期)、齐世荣的《论中国抗日战争在第二次世界大战中的地位和作用》(见《第16届国际历史科学大会中国学者论文集》，中华书局，1985年)、宋时轮的《不可磨灭的历史贡献》(载《世界历史》1985年第8期)等。专著以军事科学院军事历史研究部集多人之力编写的《第二次世界大战史》五卷(军事科学出版社，1995年)，最能体现我国学者研究二战史的水平。关于抗战时期的中外关系，俞辛焞的《満洲事変期の中日外交史研究》(东方书店，1986年日文版)、徐蓝的《英国与中日战争1931～1941》(北京师范学院出版社，1991年)和李世安的《太平洋战争时期的中英关系》(中国社会科学出版社，1994年)是三部根据大量原始资料写成的、具有作者独到见解的专著。二战前史，也是我国学者研究的一个重点。朱庭光主编的《法西斯新论》(重庆出版社，1991年)，是我国关于法西斯主义研究的第一部学术著作，反映了我国学者在20世纪80年代末所达到的研究水平。本书对法西斯主义和法西斯运动的历史背景、基本特征、主要类型、阶级关系、理论基础和思想渊源等，都有相当具体的分析，比起20世纪50年代、60年代同类著作的空泛之论确实大有进步。朱庭光主编的另一部著作《法西斯体制研究》(上海人民出版社，1995 年)，可看作是《法西斯新论》的姊妹篇。我国学者一向对法西斯体制问题比较忽视，本书在一定程度上填补了这一研究领域的空白。国际关系史方面，王绳祖主编的十卷本《国际关系史》(世界知识出版社，1995 年)，集我国学者多人之力，是一部内容丰富的大型国际关系通史；刘同舜主编的《战后世界历史长编》(已出十卷，上海人民出版社，1975～1997 年)，以国际关系为主要内容，是一部半资料、半著作性质的读物，但取材丰富，论述具体，颇有参考价值；华庆昭的《从雅尔塔到板门店》(中国社会科学出版社，1992 年)，主要是根据美国国会图书馆、杜鲁门图书馆等处所藏的档案写成的，不仅史料丰富，分析亦有独到之处；武寅的《从协调外交到自主外交——日本在推行对华政策中与西方列强的关系》(中国社会科学出版社，1995 年)，从日本帝国主义如何利用西方列强的绥靖政策这一角度，把绥靖政策的研究引向了一个新的方面；沈志华主编的《冷战时期苏联与东欧的关系》(北京大学出版社，2006 年)，材料扎实，立论有据，澄清了一些过去被掩盖或被曲解的事实。尤其值得指出的是李铁城的《联合国五十年》(中国书籍出版社，1995 年)，作者对联合国这样一个当代世界最大和最重要的由主权国家组成的政府间的国际组织做了扼要精当的叙述和分析，颇见功力；吴必康的《权力与知识》(福建人民出版社，1998 年)，是一部系统阐述英美两国科技政策起源和发展的历史专著，具有开拓性的价值。

现代化是一个涉及经济、政治、文化等多方面的综合课题，近些年成为我国世界史学界和中国史学界都很感兴趣的对象。世界史学界方面，罗荣渠的专著《现代化新论(增订版)》(商务印书馆，2004 年)和几篇论文，如《现代化理论与历史研究》(载《历史研究》1986 年第 3 期)、《论现代化的世界进程》(载《中国社会科学》1990 年第 5 期)，具有理论的深度。吴于廑主编的三卷本《15、16 世纪东西方历史初学集》(武汉大学出版社，1985 年、1990 年；湖南出版社，1993 年)，是专门研究从封建时代向资本主义时代过渡的论文汇编。吴于廑以敏锐的眼光，把 15 世纪、16 世纪作为宏观历史的研究重点，他认为："15 世纪、16 世纪是世界历史上的重大转折时期"。从欧洲西北角的一隅之地率先开始的由农本向重商的变化，由封建制向资本主义制的变化一旦发生，就不可能以欧洲西北角这一个地区为限，古老的以亚欧大陆偏南地带为主的农耕世界都不能阻挡西欧这一率先变化对它们的影响和渗入，也都不能不依其自身的条件对这种影响和渗入做出各式各样的反应。吴于廑正确指出，认识和深刻理解由 15 世纪、16 世纪开始的世界历史的新的发展，对我国今天做出历史的选择，明确我们的方向，都是有益的。研究现代化问题的专著不少，如李工真的《德意志道路——现代化进程研究》(武汉大学出版社，1997 年)、侯建新的《现代化第一基石》(天津社会科学出版社，1991 年)、陈勇的《商品经济与荷兰近代化》(武汉大学出版社，1990 年)、钱乘旦主编的《现代文明的起源与演进》(南京大学出版社，1991 年)、姜德昌和夏景才主编的《资本主义现代化比较研究》(吉林人民出版社，1989 年)等，都各有所长，可资参阅。

断代史方面，雷海宗编写的《世界上古史交流讲义》，有很高的学术水平。他在讲义中说："中国是世界上最早的文明古国之一。在古代世界历史上，中国占有重要的地位。因此我们在学习世界史的过程中要注意两个问题：第一要注意中国与世界其他地区的联系和彼此间的相互影响；第二要注意中国对世界人类文明发展的贡献。同时，我们中国人学习世界历史，则必须要从中国的角度来看世界，这样就能够在很大程度上纠正过去把'世界史'看成是'西洋史'的错误看法。"他的讲义就是按照这种思路去编写的，这些看法至今仍值得我国学者编写世界史时注意。齐思和编写的《世界中世纪史讲义》是新中国成立后这一学科的第一部教材。作者兼采苏联和英美学者著作的长处，并有自己的独特见解，也是一部学术水平很高的大学教材。现代史方面，齐世荣、廖学盛主编的《20 世纪的历史巨变》，集 19 人之力，费时 8 年，始告完成。现已作为国家社科基金研究项目优秀成果，列入《国家社科基金成果文集》出版(学习出版社，2005 年)。

在人物传记方面，亦有佳作。刘祚昌的《杰斐逊全传》(齐鲁书社，2005 年)、陈崇武的《罗伯斯比尔评传》(华东师范大学出版社，1989 年)、郑异凡的《布哈林论稿》(中央编译出版社，1997 年)、陈祥超的《墨索里尼与意大利法西斯》(中国华侨出版社，2005 年)，都是精心之作，撰者对传主都有独到的分析和评价。

研究外国史学史和史学理论，既能帮助我们了解外国史学的发展过程及其规律，又能从中吸取可资借鉴的东西。但是，研究外国史学史的难度很大，单是把某位大家的著作草草看上一遍，就需要穷年累月的工夫。从 20 世纪 60 年代到现在，我们已从对外国史学史的一般介绍进展到比较具体、深入的分析，但主要限于西方史学方面，东方史学史的研究则很薄弱。在评介西方史学理论方面，近年来出版了许多著作，可注意者有何兆武、陈启能主编的《当代西方史学理论》(中国社会科学出版社，1996 年)、张广智的《西方史学史》(复旦大学出版社，2000 年)等书。

在第二时期，我国世界史学科终于有了自己编写的工具书，其中最重要的就是两卷本《中国大百科全书·外国历史》（编辑委员会主任陈翰笙，中国大百科全书出版社，1990年）。该书是我国世界史学界几百位研究人员经过反复讨论，多次修改，通力合作的结晶，是迄今为止各种工具书中水平最高的一种。当然，由于我国世界史学科还处在奠基阶段，《中国大百科全书·外国历史》中仍有一些缺点和错误，有待今后修正。在大型工具书中，还有朱庭光主编的八卷本《外国历史名人传》（中国社会科学出版社和重庆出版社，1982～1985年）和朱庭光主编、张椿年副主编的十卷本《外国历史大事集》（重庆出版社，1986～1989年）。吴于廑主编的《大学世界历史地图》（人民出版社，1988年），是为适应高等学校历史专业教学之用而编制的。但这部地图不仅可供一般查核之用，而且具有“亦图亦史”的特点，每一幅图都配有简要的说明，综合起来可以看出世界历史的进程。

在第二时期的研究工作中，尤其值得一提的是：我国终于出版了若干种史料汇编。为配合大学的世界通史教学，出版了一套由周一良、吴于廑主编的《世界通史资料选辑》，上古部分、中古部分及近代部分分别由林志纯、郭守田、蒋相泽任主编。另有齐世荣主编的《世界通史资料选辑》现代部分（以上各书均由商务印书馆出版并多次再版）以及《当代世界史资料选辑》3册（首都师范大学出版社，1990～1996年）。还有一套“世界史资料丛刊”，最初的主编是杨人楩，到1966年已出12种13个分册，原由三联书店出版，1962年年底起改由商务印书馆出版。“文化大革命”期间中断，1979年后“世界史资料丛刊”重新上马，上古、中世纪、近代和现代部分分别由林志纯、戚国淦、张芝联、齐世荣担任主编。这套“丛刊”按时代、国家或地区、事件分册出版，每本约10万字，所收均为原始文献，不仅可作为大学生的学习辅助读物，也可供专业研究人员参考。在原始资料不易觅得的情况下，《世界通史资料选辑》和丛刊对于提高我国世界史学科的教学和科研水平，无疑是相当有价值的。专题性的史料汇编，则有李巨廉、王斯德主编的《第二次世界大战起源历史文件资料集》（华东师范大学出版社，1985年），取材主要据各国外交文件。全书约65万字，为研究第二次世界大战起源提供了外交方面的一些基本史料。

提高必须建立在普及的基础上，这已成为人们的共识。20世纪60年代初由吴晗任主编的“外国历史小丛书”，自1979年起由陈翰笙继任主编，至今已出版480种，印刷数达百万册。这套小丛书大体上能做到深入浅出，事实具体，观点详明。它们为普及世界史知识做出了重要贡献。

总之，我国的世界史学科在第二时期已经打下了一个较好的基础，这是世界史学科向横广方面开展的时期。虽然从总体上讲水平还不够高，但在某些方面，例如吴于廑所研究的世界通史和15世纪、16世纪史，周一良所研究的中日文化交流史，季羡林所研究的中印文化交流史，我国的水平是相当高的，走在世界前列的。在看到自己的不足时，也不应妄自菲薄。

世界史学科在第二时期之所以能够取得巨大成绩，主要有下几点原因：第一，随着新中国的成立，我国的国际地位日益提高，世界史学科也相应越来越受到党和政府的重视。国运盛则学术兴，这从世界史学科在1978年以后的蓬勃发展，看得尤其清楚。第二，1976年以后，经济兴旺，政治稳定。经济兴旺从物质条件上保证了世界史学科的发展(如大量购置外文图书、选派留学生等)，宽松的政治环境则使学者敢于解放思想，打破禁区，充分发表自己的学术见解。试想，在1966年以前(更不用说“文化大革命”期间)，谁敢写一本像李显荣的《托洛茨基评传》那样的书(中国社会科学出版社，1986年)或者像胡钟达的《再评五种生产方式说》(载《历史研究》1986年第1期)那样的文章呢?第三，改革开放政策带来广泛的国际学术交流，外国的学者请进来，我国的学者派出去，不仅请进派出的人数非往昔可比，而且交流的国家范围也不再限于欧美几个大国和日本。非洲、拉丁美洲的史学家都有来华讲学者，我国也有留学生和专家去那里进修和做学术访问。我们的眼界大大开阔了。新中国成立前是学欧美，新中国成立后一段时间学苏联，现在则博采众长，不再以某一或某几个国家为依傍，能够独立地进行自己的学术探索。

第二时期还将延续几十年，这是因为从1949年到现在只有50年的时间，再把“文化大革命”的10年除去，实际只有40年的时间。40年，对于奠定一门学科的基础来说，是太短了。所以，还要再过几十年，我国的世界史学科才可以进入它的第三时期，即发展时期。

三

对未来的第三时期——发展时期——只能略做展望。这将是我国世界史学科在进一步普及的基础上向纵深方向发展的时期，在某些方面达到国际第一流水平的时期。为什么做这样的估计呢?

首先，发展世界史学科，是建设中国特色社会主义的需要。对外开放是建设有中国特色社会主义的一项重要内容。邓小平同志说：“现在的世界是开放的世界”，“现在任何国家要发达起来，闭关自守都不可能。我们吃过这个苦头，我们的老祖宗吃过这个苦头。”①我们今天在向外国借鉴时，当然不能像清朝士大夫那样只想“师夷之长技”，即只学他们的“船坚炮利”，而是要“吸收和利用世界各国包括资本主义发达国家所创造的一切先进文明成果”。但什么是世界各国的“先进文明成果”？这需要下一番研究、分析和鉴别的硬功夫，决非草草所能判定的。要实现这一艰巨任务，世界史学科大有可为。因为要判断什么是先进文明成果，特别是要予以吸收和利用时，那就不能仅满足于对其现状的了解，还必须深入一步了解它的历史渊源和形成过程。比如，许多人都希望迅速赶上发达的工业国家。但是如果我们不了解这些国家的工业发展历程及其发展的深层原因，而是就工业论工业，那么就只能走模仿的道路，跟在它们屁股后面跑。回顾一下历史，我们就会知道：欧美资本主义国家之所以能有今天这样的发达工业，除了它们率先冲破封建制度的束缚这个重要因素外，还由于它们有发达的科学和教育作为基础。史学大师陈寅恪早在1919年就读哈佛大学时就曾对吴宓说：“今则凡留学生，皆学工程实业……而不知实业以科学为根本。”②这个看法是很深刻的。至于教育，早在12世纪，西欧已经建立了最早的一批大学，后来举世闻名的牛津大学就是在1167年创立的。大学的出现为16世纪开始的科学革命创造了条件。历史经验说明：要想有一个发达的工业，还必须同时大力发展科学和教育。总之，今天的世界已成为一个息息相关的整体。我国的社会主义建设事业越发展，我们就越需要加强对外界的联系和了解，从而世界历史这门学科的作用也就将越来越受到重视。

其次，在打基础时期我们已经拥有了一支从事世界史教学与科研的队伍，这支队伍虽然不算庞大，但已有相当数量，其中骨干力量的水平还是不低的。可以断言，随着我国经济和文化教育事业的发展，这支队伍必将更加壮大。熟悉马克思主义和现代各种社会科学理论、掌握丰富史料并精通数门外语的世界史人才，将不断涌现出来。

最后，在第一、二时期，我们已经积累了相当丰富的经验。吸取这些经验，世界史学科在第三时期将会更加顺利地发展起来。概括说来，第一、二时期的基本经验似有以下几点：

第一，在科学研究方面，我们必须拿出自己的独到见解。新中国成立前，我国学者基本上照搬西方史学界的东西。新中国成立后最初10年学习苏联史

---

① 《邓小平文选》，第3卷，64、90页，北京，人民出版社，1993。

② 吴学昭：《吴宓与陈寅恪》，9页，北京，清华大学出版社，1992。

学，虽有一定成绩，但过于相信他们那一套，颇有点“言必称苏联”的味道。在当时的条件下，上述两种情况恐怕都是难以避免的，但应引以为戒。学术研究，贵有新意，“依样画葫芦”是没有出息的。从1978年至今，在短短的十几年内，我们已经有了一批独立研究的成果，虽然数量不大，但路子是对的，今后应当沿着这个方向继续走下去。有一种相当流行的说法，即中国人研究外国史，掌握材料无论如何也不如对方多，是搞不出什么名堂的。这种看法，乍听起来，很有道理，其实是皮相之见。一般说来，任何一个国家研究另外一个国家的历史，他们掌握的材料总不如对方多。即使像日本、美国这样的中文藏书很多的国家，他们在某些研究领域的中文图书可能与我国相当，甚至有一些我国所无的珍本、孤本，但就总量而言，还是不如中国。但这并没有使外国史学家在中国历史的大门前望而却步。不仅如此，他们还写出了不少有分量的东西，这是因为，本国人研究本国史，往往有“不识庐山真面目，只缘身在此山中”的情况。一些本国人司空见惯、不以为奇的事物，异国人一眼便能看出它们的特征。本着同样的道理，我们只要掌握了足够的材料(当然不能太少，但也不必一定与外国人一样多)，就能写出对外国人也有参考价值的历史著作。关键在于我们的史识如何。而高明的见解不是光有材料就能具有的，还要靠正确理论的指导和得当方法的运用。在这两个方面，每一个国家的史学家都可以大显其能，进行学术上的竞赛。

第二，要进一步大力普及世界史知识。从1949年到现在，我国在普及世界史知识方面已经做了不少工作，但距时代的需要还远远不够。人类即将进入21世纪，世界上各个国家之间在政治、经济、文化等方面的联系必将日益频繁和密切。我们生活在一个正在变得越来越小的地球上，如果对外国的事物茫然无知，或知之甚少，那是无法自立生存的。对外国的了解深浅如何，可以作为测验某个国家发达程度的一项指标。迄今为止，在我国十几亿人口中，对外国当前政治经济情况略具知识者，可以说微乎其微，更不用说外国历史知识了。我们必须在普及工作方面继续下大功夫，引起群众对世界史的兴趣，使他们通过自己的学习确实认识到世界史知识对于一个现代公民的重要性。在此基础上，才能产生一大批世界史的爱好者，再从这批爱好者当中涌现出一支支世界史的专业队伍和业余队伍。队伍壮大了，人才多了，高水平的学术著作才能出现。这样讲，绝不是说普及的目的仅仅是为了提高打基础。普及工作本身就具有巨大的社会价值，而且撰写深入浅出、引人入胜的通俗读物是要付出艰辛劳动才能办到的，亦非人人可办，能深入者未必能以浅出之。

第三，要重视新材料、新理论、新方法的使用。陈寅恪说："一时代之学术，必有其新材料与新问题。取用此材料，以研求问题，则为此时代学术之新潮流。"①他并以敦煌文书的发现为例，说明敦煌学成了"今日世界学术之新潮流"。今天，发达国家十分重视历史档案的保管、整理与出版。政府文件的保密期限趋于缩短，一般为30年，30年以上者解密，可供查阅。私家档案亦有供人使用者，如张伯伦家族的档案存于英国伯明翰大学，研究英国史和国际关系史的各国学者已有不少人予以利用。各国专家还投入了整理和出版档案文书的工作，例如美国、英国、德国、法国、意大利、日本等国的外交文件集都已大量出版，并仍在继续编纂和出版之中。苏联解体前，档案对外国学者封锁，据有关报道，现在已允许外国人阅览，甚至可以购买了。这就为历史研究提供了极有利的条件。选好题目，充分利用各国已解密的档案和已出版的史料汇编，定能产生新的高水平的学术成果。我国历史学工作者一定不要错过这个机会。

我们是马克思主义者，研究历史以马克思列宁主义为指导原则。但是马克思主义不是一个封闭的体系，我们应当像马克思主义创始人那样及时吸收、消化各种新理论和新方法。近几十年里，在西方史学以及各门社会科学和人文学科中兴起了许多新流派、新理论和新方法，还出现了若干交叉学科，对于它们的"合理内核"，我们都应予以利用，而决不可采取轻视、甚至排斥的态度。当年郭沫若根据马克思主义的新理论（由于传入中国不久，对中国来说可称新理论），利用出土不久的甲骨文材料，使用王国维首创的"二重证据法"，写出了在中国史学史上具有重大意义的《中国古代社会研究》。这是一个把新理论、新材料和新方法三者结合利用的成功范例，值得后人很好地学习。我们希望，在第三时期，我国世界史学界也能产生一批像郭沫若那样善于利用新理论、新材料和新方法的史学家。

第四，研究世界史的人，要懂得中国史。这样要求，有两个理由。其一，我们研究世界史的一个重要目的是"洋为中用"，吸取外国历史的经验，为建设中国特色社会主义服务。不懂得中国史，就做不到这一点。其二，既懂得外国史，又懂得中国史，中西对比，眼界自然开阔，能有新视野，看出新问题。陈寅恪、郭沫若等，都是因为中西学问俱有深厚功底，才成为一代大师。近些年

① 陈寅恪：《陈垣敦煌劫余录序》，见《金明馆丛稿二编》，236页，上海，上海古籍出版社，1980。

史学界有一种不太好的倾向，即研究中国史的人不问外国史，研究外国史的人不问中国史，各占一块地盘，“互不侵犯”。一些专家的知识面相当窄，也不愿扩大知识面，甚至把通才讥为杂家。这种倾向如果不认真扭转过来，要产生新一代的郭沫若、陈寅恪，是绝对不可能的。

第五，要下苦功夫，不要求速成。在第一、二时期，世界史学界之所以未能产生一批巨著的一个原因，就是学者们没有充分的时间进行深入的钻研。过去，急就章和应时当令的作品确实多了一些，这样的东西当然经不起时间的考验，很快就被人们忘记了，即便在当时也没有几个人看。恩格斯说：“即使只是在一个单独的历史事例上发展唯物主义的观点，也是一项要求多年冷静钻研的科学工作，因为很明显，在这里只说空话是无济于事的，只有靠大量的、批判地审查过的、充分地掌握了的历史资料，才能解决这样的任务。”①我们相信，随着社会主义建设事业的成功，我国的政治局面将会更加稳定，世界史工作者从而也就可以从容地坐下来，像恩格斯要求的那样进行长年的冷静钻研。到那时，一群新星将在东方升起，我国的世界史学科定将在国际学术界占有一席重要的地位。

① 《马克思恩格斯选集》，中文第2版，第2卷，39页，北京，人民出版社，1995。

20 世纪中国世界历史教学概况*

在中国古代，曾经有过广泛的国际交流时期，如汉朝、唐朝，那时中国强盛，关注它以外的世界(当时它所知的世界)，并具有一种勇于吸收异域文化的雄伟气魄。明代中叶以后，到鸦片战争，经历了300多年的闭关自守，对外国的情况变得茫然无知了。鸦片战争以后中国的有识之士为了救亡图存，重新关注世界，他们撰写了一些外国历史著作，如黄遵宪的《日本国志》、康有为的《俄彼得变政记》，等等。1895年上海强学会开会，在《章程》中说到学问之分门别类时，有"万国史学"一门，不过这种"万国史学"仍然是从政治着眼而设立的，并不是后来专门学科意义上的"世界历史"。作为现代学科的历史学，在中国大概是从20世纪初才建立起来，标志之一是1919年北京大学史学系的建立。

在职业历史学家中，最早讲授外国史并且年纪最长的是王桐龄先生(1878年生)和柳诒徵先生(1880年生)。从1911年到20年代初，柳先生在南京高等师范学校和国立东南大学讲授过西洋史、亚洲史、东亚各国史、日本史等课程。王先生毕业于日本东京帝国大学，曾任北京师范大学历史系教授，早在1922年就由商务印书馆出版了一本《东洋史》。他们二位都是著名的中国史专家，后来人们

* 原载《全球史评论》，第一辑，2008。本文所指的世界史，包括广、狭两义。广义的指中国史以外的一切外国史；狭义的指作为一门独立学科的世界史或称全球史。

都不大清楚他们早期还教过外国历史。① 从 20 世纪初到 1949 年，各大学历史系都设有外国史课程。主要是西洋史（当时的名称），如西洋通史、希腊史、罗马史、西洋中古史、西洋近代史、英国史、法国史、美国史，等等，少数学校设有远东史、日本史、印度史课程。西洋通史是历史系的必修课，文法学院选修此课者人数也很多。著名的教授有：陈衡哲（1890 年生）、何炳松（1890 年生）、李泰棻（1896 年生）、陈翰笙（1897 年生）、沈刚伯（1897 年生）、刘崇（1897 年生）、周谷城（1898 年生）、耿淡如（1898 年生）、周传儒（1900 年生）、雷海宗（1902 年生）、杨人楩（1903 年生）、沈炼之（1904 年生）、阎宗临（1904 年生）、王绳祖（1905 年生）、蒋孟引（1907 年生）、齐思和（1907 年生）、皮名举（1907 年生）、季羡林（1911 年生）、姚楠（1912 年生）、周一良（1913 年生）、吴于廑（1913 年生），等等。② 当时采用的教材大都是西方学者所写的，中国学者自编的很少。上述各位学者绝大多数曾到欧美国家留学，他们对西方文化有很深的了解，国学根底也很深厚。例如，雷海宗先生在芝加哥大学取得博士学位，回国后除讲授西洋近古史、西洋文化史等外国史课程外，还精研中国古代史，讲授中国通史、商周史等课程。齐思和先生在哈佛大学取得博士学位，归国后除讲授西洋现代史外，还精研中国古代史与中国近代史，讲授战国史等课程。他们可谓学贯中西。限于当时的历史条件，缺乏第一手的历史材料，他们的科研成果不多，但教学水平是很高的。例如，1948 年雷海宗在清华大学讲授“西洋文化史”时，就在研讨班（Seminar）上让学生讨论汤因比的《历史研究》一书的节本（D. C. Somervell 对《历史研究》1—6 卷所作的节本），而这个节本是 1946 年刚刚由牛津大学出版的。

中等学校都设有外国史课程，而且是初中、高中各讲一遍，每周约三学时，因而那时中学生的外国史知识还是不少的。中学教材，以陈衡哲的《西洋史》、何炳松的《外国史》和杨人楩的《高中外国史》最有代表性。陈著《西洋史》以“‘文化的欧洲’及纯粹欧化的美洲为限”。③杨著名为“外国史”，但以欧洲为

① 柳诒徵先生是南京高等师范学校（南京大学前身）文科的核心人物之一（所谓“南高派”），在南方史学界有很大影响，名著有《中国文化史》等。

② 余生也晚，见闻有限，对于有些前辈，如孔繁霱（云卿）先生（西洋中古史专家，多年任教于清华大学，1954 年后转入北京大学），我虽曾列夫子门籍，但对老师的生年至今未能查到，罪甚，容后补之。

③ 陈衡哲：《西洋史》，上、下册，初版，上海，商务印书馆，1926。本书是供新学制高级中学之用。

中心。作者说："在外国史中，当然要以欧洲为中心——因为欧洲不特占的地位多，而且它的变化也较重要。"①唯何著在写到中古史时，专设两章讲印度和南洋、朝鲜和日本，因作者认为："中古时代的世界实在是亚洲文化的极盛时代，和欧洲的混乱情形刚刚形成了一个反比例"，故特予表彰。② 以上三书均出自名家手笔，他们不因中学教材是普及读物而不屑撰写，这种精神是值得充分肯定并应继承和发扬的。

1949 年以前，各大学历史系也有少数外国教授，如清华大学的噶邦福教授(俄国人)，开过希腊史、罗马史等课程。

1949 年新中国成立后，我国的世界史学科逐渐建立起来。中国的国际地位空前提高，中华人民共和国是一个屹立于亚洲的东方大国，在世界政治舞台上占有重要的地位。我们不能再像旧中国的统治者那样只把眼睛盯着欧美列强，必须放眼世界，既要了解它的现状，也要了解它的历史。从 1949 年到今天，我们在世界史的教学方面取得了很大的成绩。

第一，世界史的教学与科研队伍大大充实，各种组织纷纷建立。与 1949 年以前不同，各大专院校的历史系都有了专门的世界史教研室和主讲世界史的教师，他们平均占全系教师总数的 40%左右。少数大学还设有世界史专业。世界史这门学科已经不再是中国史的"附庸"了。20 世纪 40 年代我在大学读书时，衡量一个系的学术水平的高低，主要看中国古代史教师的水平，今天再不如此了。从中央到地方，都新设了一些专门研究世界史的机构。此外，还成立了十几个有关世界史学科的全国性研究会，它们在组织和开展学术交流方面起了积极的推动作用。

第二，在教学方面，各大专院校历史系的世界史课程的门数和种类都比 1949 年以前大大增加了。世界通史分作四大段：古代、中古、近代和现代，每一段各讲一年。1978 年以后，改为三大段：古代、近代和现代，不少学校还单独开设了当代史，从第二次世界大战结束讲到今天。授课时数，近几年有很大变化，各校很不一样。一些重要国家的国别史，如苏联史、美国史、英国史、法国史、德国史、日本史，都已设课；亚洲、非洲、拉丁美洲的区域史也有人讲授了，而这些地区在 1949 年以前各校的西洋史课程中不过作为殖民的

---

① 杨人楩：《高中外国史》，上、下册，初版，北京，北新书局，1931、1934。

② 何炳松：《外国史》，上、下册，初版，上海，商务印书馆，1934。本书也是供高级中学用的教科书。

对象才被提到而已。此外，还有一些专门史，如第二次世界大战史等。大学教材，20 世纪 50 年代初大都采用苏联学者的著作，如叶菲莫夫的《世界近代史》、祖波克的《现代世界史》等。后来，一些著名的中国历史学家开始自编教材。雷海宗先生编写的《世界上古史交流讲义》(教育部定为全国高校交流讲义)，有很高的学术水平。雷先生在《讲义》中说："中国是世界上最早的文明古国之一，在古代世界历史上，中国占有重要的地位。因此我们在学习世界史的过程中要注意两个问题：第一要注意中国与世界其他地区的联系和彼此间的相互影响；第二要注意中国对世界人类文明发展的贡献。同时，我们中国人学习世界历史，则必须要从中国的角度来看世界，这样就能够在很大程度上纠正过去把'世界史'看成是'西洋史'的错误看法。"①我认为这段话对于我们这些从事世界史教学和研究的后辈至今具有重要的指导意义。齐思和先生编写的《世界中世纪史讲义》是新中国成立后这一学科的第一部教材，兼采苏联和英、美学者著作的长处，并有自己的独特见解，也是一部学术水平很高的大学教材。1962 年出版了由周一良、吴于廑主编的四卷本《世界通史》，这是新中国成立以来第一部综合性的世界史大学教材。这部书以唯物史观为指导原则，比较系统地叙述了世界从人类起源到第一次世界大战结束的历史，体现了中国学者当时对世界史的认识和研究水平。但是由于众所周知的原因，这部书的现代部分(20 世纪史)未能写成。并且在体系上还未能彻底摆脱苏联史学的影响。1978 年以后，我国学者解放思想，打破禁区，对世界史体系做了深入的探讨，其中以吴于廑先生的成就比较突出。② 近年来，世界通史的教学有了一些明显变化，一是世界通史的教学时间缩短，一年或一年半讲完，同时大大增加选修课的门类和时间；二是除口头传授外，增加课堂上的形象演示，如图片、地图、图表，等等；三是由于电脑的普及，学生都能上网查阅材料，从而大大扩充了知识面。教材方面，近年来新编的世界通史教材有许多部，各有特色。

在中学，世界史也取代了西洋史，授课时间在 20 世纪 50 年代为初中、高中各讲一遍，今天的学制已改为初中设世界通史课，高中设世界近现代史课，各讲一年，每周两学时。我国对在中学普及世界史知识是相当重视的。

从 1949 年到今天，世界史学科的科学研究成绩十分显著，因本次讨论会

---

① 雷海宗：《伯伦史学集》，578 页，北京，中华书局，2002。

② 参看齐世荣：《略论吴于廑先生对于我国世界史学科的贡献》，《武汉大学学报》1993 年第 4 期。

的重点是世界史教学，故这里从略。1994 年我曾写过《我国世界史学科的发展历史及前景》一文①，对科研的情况做过简介，请参看。

特别值得指出的是，1978 年以后，我国建立了完整的培养研究生的制度。世界史学科终于有了中国自己培养的博士生和硕士生，结束了 1949 年以前外国史高级人才大部分来自外国留学生的局面。

从 1978 年到现在，中国培养了许多世界史专业人才，其中在四五十岁这一年龄段上已涌现出一批优秀的中青年学者，他们有较开阔的视野，思想活跃，在教学和科学研究方面已取得了相当成就。由于中国政局稳定，经济发展，改革开放政策不断深入，新的一代享有前辈未有的优良条件，例如有充裕的时间从事专业研究，而不必像 1976 年以前那样将大部分时间用来参加各种政治活动；出国参加学术交流和进行研究的机会大大增多；图书资料远比过去丰富，等等。来日方长，中青年学者今后应进一步加强马克思主义的学习，同时博采其他学派理论和方法的合理内核；不断扩大知识面，在积累史料上狠下功夫，这样经过长年的冷静钻研，定能攀登世界史学科的高峰。

① 《我国世界史学科的发展历史及前景》，《历史研究》1994 年第 1 期。

攀登世界史研究的高峰

——我国世界史学科中青年同志的历史重任*

华东师范大学历史系和中国社科院世界历史研究所联合举办“中国世界史研究论坛首届年会”，我有幸参加，十分高兴。借此机会，我想谈谈我国世界史学科的发展历史①，并提出几点建议，供中青年同志参考，希望各位能够继承前辈开创的事业，攀登世界史研究的高峰，为建设中国特色社会主义贡献自己的力量。不妥之处，请到会同志多予指正。

从20世纪初到今天，我国的世界史学科可分作两个阶段，在第二阶段中又包括两个小阶段。第一阶段是从20世纪初到1937年，这是萌芽时期，也可称草创时期。中国人关心世界历史，最初是从政治角度出发的，开始于鸦片战争以后。1842年，魏源的《海国图志》问世，这是一部痛感于外国侵略的忧愤之作。王韬的《法国志略》《普法战记》；黄遵宪的《日本国志》；康有为的《俄彼得政变记》等书，在救亡图存、变法维新的政治运动中都起了相当大的作用。1895年上海强学会开会，在《章程》中谈到学问之分门别类时，有“万国史学”一门，不过这种“万国史学”仍然是从政治着眼而设立的，并非是后来专门学科意义的“世界历史”。作为现代学科的历史

* 本文根据齐世荣在“中国世界史研究论坛首届年会”上的发言整理而成，原载《历史教学问题》，2005年第3期。

① 这里所谈的世界史学科，既包括广义的世界史，即一切外国史的通称，也包括狭义的世界史，即把世界作为一个整体来研究的“全球史”(Global history，或称Universal history)。

学，在中国大概是从20世纪初才建立起来的。①标志之一是1919年北京大学史学系的成立(以前为史学门)。②

在研究世界历史的职业历史学家中，王桐龄(1878年生)可能是年龄最长的一位。王先生毕业于日本东京帝国大学，曾任北京师范大学历史系教授，早在1922年就由商务印书馆出版了一本《东洋史》。由于新中国成立前我国学者大都研究西洋史，各大学设课也以西洋史为主，所以知道王先生这本书的人就比较少了。比王先生小十几岁的有两位：何炳松和陈衡哲，他们都生于1890年。何先生写过《中古欧洲史》《近世欧洲史》，基本是编译性质，但在当时对于普及西洋史知识还是起了一定的作用。陈衡哲(女)写过一部《西洋史》(上下册)，是供新制高级中学用的教科书，文笔生动，深入浅出。比何、陈两位年纪再小一点的，就有许多位了。如李泰棻(1896年生)、陈翰笙(1897年生)、沈刚伯(1897年生)、刘崇 (1897年生)、周谷城(1898年生)、耿淡如(1898年生)、周传儒(1900年生)、雷海宗(1902年生)、杨人楩(1903年生)、阎宗临(1904年生)、王绳祖(1905年生)、蒋孟引(1907年生)、齐思和(1907年生)、皮名举(1907年生)等等。

以上诸位，有的回国后，主要精力用于研究中国史(如雷海宗、齐思和)，授课则中外历史兼教；有的始终讲授外国史，不教中国史(如沈刚伯、刘崇 、杨人楩)，改攻中国史者，著述较丰；专治外国史者，因新中国成立前第一手材料很少，故述而不作。陈翰笙先生回国后奔走革命，研究方向为中国农村经济，在这项具有开拓性的事业中培养了一批人才，如薛暮桥、孙冶方等人，他们后来成了党的高级干部。陈先生还写了一些有关印度经济、美国经济的著作，晚年主编"外国历史小丛书"为普及世界史知识做出了贡献。雷、杨、王、蒋、齐几位，大家比较熟悉，不用我在这里再多介绍。对沈刚伯、刘崇 两位，我要略说几句。沈先生任教国立中央大学(1949年更名为南京大学)多年，刘先生任教清华大学多年，二位虽述而不作，但桃李满天下，我国研究外国史

① 西方到18世纪，历史研究才取得一种文艺类别、学科和"科学"的地位，并取得一种职业的地位。见唐纳德·厄·凯利：《多面的历史：从希罗多德到赫尔德的历史探询》，474页，北京，生活·读书·新知三联书店，2003。

② 沈兼士在《近三十年来中国史学之趋势》一文中说："民初蔡元培长北京大学，初设史学系，大家都不大重视，凡学生考不上文学系的才入史学系，但这不能不算打定了史学独立的基础。"载1946年8月14日《经世日报·读书周刊》。转引自周文玖：《朱希祖史学略论》，《史学史研究》2004年第4期。

者不少人都是他们的学生。沈、刘二位后任教于台湾大学历史系，从20世纪50年代到他们去世，培养了一批历史学家，在台湾史学界有很大影响。1925年，清华由留美预备学堂改为大学，刘先生即任历史系教授，短期曾任系主任(在蒋廷黻之前)，开过英国史、美国史、西洋近代史等多门课程，学问渊博，每节课都要评介一批外国史学名著和新著，大开学生的眼界。①阎宗临先生，很多人不清楚。他毕业于瑞士伏利堡大学，获博士学位，论文是《杜赫德的著作及其研究》(法文本)，1936年出版于瑞士。他精通拉丁文，对西方基督教传入中国的历史有很深的研究。新中国成立前曾任广西大学、中山大学教授，新中国成立后一直在山西大学任教，直到去世。1949年以后他发表著作较少，故鲜为人知。周传儒先生于清华国学研究院毕业后，先后到英、德留学，研究近代欧洲各国史，著有《西伯利亚开发史》。最值得一提的是，1926年5月他在《清华周刊》第373期发表《社会主义史略》一文，介绍了“由空想的社会主义入于科学的社会主义”的历程及各大派学说，特别介绍了马克思和恩格斯的学说，大受师生的欢迎。② 还有一位学贯中西的著名史学家洪煨莲(1893年生)，他以研究史学方法闻名，长年在燕京大学讲授“史学方法”，但也开过“远东史”这样一门课程，可以说与世界史也有一定的关系。属于第一阶段的历史学家，最年轻的恐怕要算季羡林(1911年生)、姚楠(1912年生)、周一良(1913年生)、吴于廑(1913年生)几位了。

属于第一阶段的历史学者，实际上包括两代人。王桐龄、何炳松、陈衡哲、沈刚伯、李泰棻、陈翰笙、周谷城、耿淡如等人都生于19世纪末，周一良、吴于廑生于1913年，要比前面几位小20岁左右。我之所以把这两代人都列入第一阶段，是因为他们有一些共同的地方。(1)从经历上看，他们在1937年以前已经从大学毕业，最早者毕业于20世纪初，最晚者毕业于20世纪30年代中期(周一良、吴于廑均毕业于1935年)。1949年以前在大学任教授。这就是说，他们都有相当长的一段时间得以钻研业务，在新中国成立前已有相当成就。(2)中西兼通，这是他们共同的长处。雷海宗先生对中国通史、中国古代史和西洋近古史都有很深的造诣。齐思和先生精研西周、春秋和战国史，在

① 1925年刘崇 讲授世界史，讲到印度部分，请梁启超代讲“印度之佛教”一章，讲稿最初连载于《清华周刊》，后收入《饮冰室合集》第14册，《专集》之54。

② 参见孙敦恒编著：《清华国学研究院史话》，197页，北京，清华大学出版社，2002。

燕京大学任教时还讲授过西洋现代史，这门课非常“叫座”，文法两院学生听者甚众。周一良先生是魏晋南北朝史专家，当时史学界公认为陈寅恪的衣钵传人，但对日本史也很有研究，且是我国少数几个懂古日语中的一位。这种中西兼通的学风和素养，最值得后辈学习。(3)他们在世界史方面的成就，主要表现在教学方面。他们使用的教材基本上是西方学者们写的，他们的主要观点也与西方学者大致相同。由于1949年以前我国严重缺乏外国史方面的第一手资料，他们只能走“述而不作”的路子，科研成果甚少，这是令人十分遗憾的。如果有今天的条件，以他们的功力定能写出世界史方面的鸿篇巨制，达到国际一流水平。少数几位回国后改研中国史的先生，如雷海宗、齐思和，则在中国史方面有丰硕的成果。

第二阶段可称作奠定基础的阶段，大约从20世纪40年代到今天及今后三四十年。在第一阶段和第二阶段之间，有一个过渡时期，约从1937年到1949年。在这十几年中，先是抗日战争，接着是解放战争，战争年代很难集中精力进行研究工作，故科研成果少。这一阶段从大学毕业或肄业而新中国成立后又在高等学校讲授世界史者，他们的科研成果绝大部分是新中国成立后完成的。他们当中许多人已经去世，有些人仍健在，年龄一般在80～90岁之间。这一辈人知识面较广，虽然未能达到第一阶段前辈那样中西兼通的程度(少数人例外)，但中西学问都有相当的根底，今天的中青年在知识的广博程度上要达到他们的水平，还得付出很大的努力。

从1949年新中国成立到1966年，是第二阶段中的第一个小阶段。由于新中国国际地位的大大提高，世界史学科受到重视，各大学和一些研究机构都有了专门从事世界史教学和研究的人员，世界史终于有了一支专门队伍，这是一个很大的变化，值得大书特书。世界史知识在大学和中学得到普及，这期间毕业的人后来当了干部，因具有一定的世界史知识，视野开阔，对工作大有好处。在科学研究方面，发表了大量论文，也有一些专著，从数量上讲远远超过第一阶段。令人遗憾的是，由于历史条件的限制，有创见的成果较少。1949年以后，政治上曾经有过一段时间“一边倒”，世界史学科在这种政治大气候下也不得不“一边倒”。苏联学者的科研成果被当作“马克思主义的”，视为学习的榜样。例如，世界近现代方面，叶菲莫夫、祖波克等人的著作都是大学生必读的参考书。教世界现代史的人，必须以《联共(布)党史简明教程》为依据，不得越雷池一步。1957年，甚至有人因对苏联专家“不敬”而被划成“右派”。在这种情况下，当然不可能产生有创见的著作。再者，从1949年到1966年，政治运动不断，越到后来规模越大，而从事专业的时间则越来越少，偶有著述，泛论、空论以及应景文章居多。

属于1949年到1966年这一段的世界史工作者，实际上也包括两代人。新中国成立初期毕业的，今天大约将近80岁；1966年左右毕业的，今天大约60岁多一点，他们之间相差将近20岁。这两代人在世界史学科的发展方面起了一种承前启后的作用，功不可没。他们是萌芽阶段前辈学者的学生，又是现在中青年学者的老师，现在的中青年世界史工作者是直接受他们的教育成长起来的，这一点必须郑重指出。

“文革”十年动乱，历史科学实际上被取消了。一部中国史被篡改、歪曲成儒法斗争史，甚至在世界史中也要讲“儒法斗争”，拿破仑就曾被当作一名“洋法家”抬了出来。

1978年至今，是奠基阶段中的第二个小阶段。1978年以后成长起来的中青年学者得到了前所未有的好条件，十分幸运。他们有充裕的时间专心读书，又获得了出国留学访问的机会(有人不止一次出国)，看到的世界史图书资料要比过去丰富几十倍。更有利的是，刻苦读书，钻研业务，不仅不再被当成“走白专道路”受到批判，反而得到国家精神和物质方面的奖励。就科学研究而论，他们的成绩相当可观，总地来说在专精方面超过了前辈。有些人的著作是根据第一手史料写成的，有独到的见解，不再亦步亦趋地追随外国学者。某些领域，如拉丁美洲史、非洲史，过去很少有人研究，现在不再是空白点了。

今天的中青年，在治学方面还有一些弱点，主要是知识不够宽厚，过早地走上了窄而深的道路。他们由于考入大学前劳动了许多年，没有充裕的时间打好基础，这当然是不得已的。但是，无论如何要抓紧时间，拓宽知识面。第一，要多补充一些中国史的知识，这样做的必要性在于：(1)中西比较，析其异同，才能对双方都看得更清楚一些。(2)中国有深厚的文化底蕴，懂得中国史，就能以外国人本身所不可能具有的视角去看外国史，起到“旁观者清”的作用。(3)中国人研究世界史，终归是要“外为中用”，为建设中国特色社会主义服务。不懂中国史，就不能起到这种作用。第二，在纵向上，要对自己研究的一段历史，前后都有相当的了解。例如，研究16世纪至19世纪这400年的世界近代史，起码要对以前的世界中古史和以后的20世纪现代史具有比较丰富的知识，这样才能知道这400年近代史的由来和它对以后的影响。现在的中青年学者应当学习第一代学者那种学贯古今、汇通中西的学术品格。例如，雷海宗的《上古中晚期亚欧大草原的游牧世界与土著世界(公元前1000—公元

570)》、齐思和的《匈奴西迁及其在欧洲的活动》、吴于廑的《世界历史上的农本与重商》这样的文章，如不兼通中外历史，是写不出来的。还有一点，务必注意，就是千万不要自满。顾亭林说：昔日之得，不足以为衿，后日之成，不容以自限。”①这说得多么好啊。

1977 年、1978 年以及稍后入学的中青年学者，今天最年长的已将近 60 岁，一般都在 50 岁以上，他们比 90 年代以后入学的青年人要大 20 岁左右，也是两代人。今天，中年世界史学者的任务很重，自己要继续教学和研究，还要大力培养青年，完成薪尽火传的历史使命。

总之，从 20 世纪初到今天，世界史学界已有 6 代人，经历了两个大阶段和三个小阶段。再过几十年，我国世界史学科将进入一个大发展的阶段。让我们大家齐心协力，为世界史的光明前景而努力奋斗吧。

---

① 顾炎武：《初刻〈日知录〉》自序。

15 世纪以来世界主要国家发展历程*

今天，人类进入了 21 世纪。世界多极化和经济全球化趋势在曲折中发展，各国之间既有相互依存的一面，又有相互激烈竞争的一面。在这种形势下，我们有必要学习外国历史，以便了解今天复杂多变的世界是如何演变而来的，从而加深我们对当今国际局势的认识和应变能力。本文试图对 15 世纪以来世界 9 个主要国家(葡萄牙、西班牙、荷兰、英国、法国、德国、日本、美国和苏联)的发展历程做一概括说明，以供建设中国特色社会主义借鉴。

葡萄牙、西班牙是近代早期的两个世界强国。两国的封建统治阶级、天主教会和商人，为了到域外掠夺土地、传播基督教和获取香料、黄金，利用有利的地理位置和所掌握的高超的航海技术，在 15 世纪、16 世纪最早开辟了新航路并建立了两大殖民帝国，遂能称霸一时。但葡、西两国的封建统治阶级骄奢淫逸，白白浪费了从殖民地掠夺来的大量金银，而未将之用于振兴本国的手工业和农业，进一步发展资本主义，到 16 世纪下半叶就相继衰落了。继葡、西而起的是 17 世纪的海上霸主荷兰。1581 年荷兰摆脱西班牙的统治，取得独立，建立了世界上最早的资产阶级共和国，并成为一个商业资本主义国家。荷兰在 17 世纪几乎垄断了世界海上运输，有“海上马车夫”之称。荷兰是贸易大国和金融大国，但它把巨额资金用于更加有利的外国借贷，而削弱了国内的工业投资。在辉煌了一个世纪以后，荷兰退出了世界舞台的中心，让位于英国。

* 原载《学习与研究》2006 年第 11 期。

16 世纪，英国完成统一，形成民族国家，为以后的富强打下了基础。1688 年，英国以和平手段进行了“光荣革命”，此后几百年国内一直保持比较稳定的政治局面。18 世纪 70 年代英国在世界上首先开始了以蒸汽机发明为主要标志的工业革命，人类从此进入工业时代。伴随工业而产生的工厂制度，也是英国人首创的。工厂制的诞生标志着人类生产组织形式的巨大革新，它不仅提高了劳动生产率，而且改变了人们的生活方式。在 19 世纪 80 年代以前，英国是世界最强大的工业国家，这是它在 19 世纪称霸世界的经济基础。英国还建立了世界上最大的殖民帝国。在第二次工业革命中，英国因未进行产业革新和失去科技创新优势而落后于美国和德国，从 19 世纪末期开始走下坡路。随后发生的两次世界大战，进一步加速了英国的衰落。第二次世界大战后，英国在世界上全面收缩，大英帝国瓦解，英国不得不回归欧洲。

法国的工业革命起步晚于英国，深度也不如英国。但在政治上，18 世纪爆发的资产阶级革命却具有世界意义和影响。法国大革命不仅宣告了欧洲新社会的政治制度，而且推动了整个世界政治现代化的进程。法国是第一次世界大战中的战胜国，但在战争中遭受了极其惨重的损失。两次世界大战之间，法国党争激烈，政治腐败，朝野上下弥漫着和平厌战的情绪。内阁像走马灯般换个不停，无力解决内政外交面临的严重问题。第二次世界大战爆发不久，法国便很快被德国打败了。战后第五共和国成立，政治体制趋于稳定，经济也得到较快发展。今天，法国正在欧洲联合的框架中，力图起领导作用。

德国和日本是两个带有浓厚的封建主义残余和军国主义色彩的资本主义国家。德国没有经历过资产阶级革命，德意志帝国是由普鲁士邦通过三次王朝战争自上而下建立起来的，1871 年德意志统一后，仅用了约 30 年的时间就实现了工业化。德国的工业化也是通过自上而下的改革实现的。在第二次工业革命中，德国经济腾飞。电力工业和化学工业采用高新科技，成为德国工业的“亮点”。由于德国历史的特点，普鲁士的军国主义传统保留下来，而在统一过程中又激起了狂热的民族沙文主义情绪。到 19 世纪末德国经济力量迅速增长后，德国便不再满足于俾斯麦的“大陆政策”，转而采取争霸全球的“世界政策”。在第一次世界大战中，德国战败。1933 年纳粹党上台后，力图复仇，变本加厉地推行军国主义扩张政策，终于挑起了第二次世界大战。战败后，德国被分裂成两个国家。1990 年两德重新统一。德国能够正视自己的历史，勇于承认在第二次世界大战中犯下的罪行。今天，德国正在沿着欧洲一体化的方向和平发展。

日本是一个比德国更带有军国主义色彩的资本主义国家。明治维新是由改革派武士拥戴天皇自上而下进行的。1868年明治维新后，通过“版籍奉还”和“废藩置县”，建立了统一的中央集权新国家。政府大力学习西方，发展教育，“殖产兴业”，到第一次世界大战结束时日本已基本成为一个资本主义工业国家。但是由于明治改革的不彻底性，保留了浓厚的封建主义、军国主义因素，明治政权从一开始就走上了对外侵略扩张的军国主义道路。它的“大陆政策”是先侵占朝鲜，再征服中国，进而称霸亚洲和世界。日本在第一次世界大战中投机取胜，野心更加膨胀。1937年它发动了全面侵华战争，1941年又挑起了太平洋战争，终于自取灭亡。但战后日本右翼势力始终否认战争罪责，军国主义思潮和势力大有死灰复燃之势，爱好和平的世界人民对此应当高度警惕。

美国是一个只有二百多年历史的年轻国家，但发展很快，到19世纪80年代已成为世界第一工业大国，今天则是世界上的唯一超级大国。美国迅速发展的原因有许多，除优越的自然条件和地理环境外，主要是：第一，求实创新的民族精神。当年来自欧洲的移民要在完全陌生的环境下谋生图存，必须一切从实际出发，从而培养了求实精神。由于没有封建传统的束缚，美国人又最富于创新精神。恩格斯说：“这个新世界由于藐视一切继承的和传统的东西而远远超过了我们这些旧式的、沉睡的欧洲人……他们这个前进最快的民族(the most go ahead nation)，对于每一个新的改进方案，会纯粹从它的实际利益出发马上进行试验。”①第二，高度重视科学和教育。在第二次科技革命中美国已居先进地位，而第三次科技革命的发祥地就在美国。20世纪90年代美国率先进入了信息时代。1999年美国政府和私人研发投资近2500亿美元，超过日、德、法、英、意和加拿大6个工业大国科研投入的总和。美国有重视教育的传统，发达的教育事业，特别是高等教育，为美国培养了大量的有用人才，这是它的综合国力之所以位居世界第一的一个重要因素。

20世纪70年代以来，有关美国兴衰的争论不休。我们认为，美国一流强国的地位仍将维持相当长的一段时间，但美国的综合实力将相对下降。最重要的一点是：美国如果自恃力量强大，妄想充当世界霸主，那就难逃衰亡的下场。这是因为：第一，战线太长，难以维持。美国到处扩张它的势力，但是扩张的规模越大，战线就势必拉得越长，力量因而会更加分散，顾此失彼。第

① 《马克思恩格斯全集》，中文第2版，第21卷，534页，北京，人民出版社，1965。

二，军费过于庞大，国力不堪重负，并将阻碍经济的正常发展。第三，恃强凌弱，势必引起世界被压迫人民的共同反对。

苏联是世界上第一个社会主义国家，一度还是一个超级大国。今天，苏联虽然已不存在，但对它的历史成就不应一笔抹杀。第一，苏联只用了十几年的时间就迅速实现了工业化，奠定了国家强大的经济基础，并在一定程度上改善了劳动人民的生活。第二，打败了实力十分强大的纳粹德国，为反法西斯战争的胜利做出了巨大贡献。苏联为什么只存在了74年(从1917年算起)就消亡了呢？苏联的消亡是一个极其复杂的问题，有内因，也有外因，内因是主要的。在内因中，又有历史原因和直接原因。历史原因是以政治体制高度集权和经济体制高度集中计划管理为主要特征的苏联社会主义模式已经僵化。到勃列日涅夫去世时，苏联已重病缠身，但还有救，不至于死。导致苏联灭亡的直接原因是戈尔巴乔夫的完全背离社会主义的"改革"和取消党的领导。叶利钦上台后，干脆采取"休克疗法"，迅速复辟了资本主义。外因则是西方帝国主义的"和平演变"手段。对于苏联兴亡的经验教训，应当本着实事求是的精神予以科学的分析，以供国际共产主义运动的借鉴。这些经验教训有：(1)社会主义的根本任务是发展生产力；(2)社会主义制度建立以后，必须不断改革，才能继续发展；(3)在不发达国家建设社会主义，必须学习和借鉴资本主义，为此要对外开放；(4)必须发展社会主义民主，充分发挥人民群众的政治积极性；(5)加强和改进党的建设，始终保持党的先进性，是关系到社会主义事业兴衰成败的头等大事。

综上所述，各国走上强国之路的历程是多种多样的，但其致强也有一些共同的原因，例如实现民族独立和国家统一，创造政治稳定的局面；发展经济，奠定国家强盛的基础，等等，其中创新这个因素尤其值得重视。人类进入近代以后，科技越来越成为发展经济的决定性因素。在科技创新方面，英国在第一次工业革命中走在世界的最前列，从而成为世界第一工业强国。在第二次工业革命中，美国和德国的科技创新成就最大，因而成为世界第一和第二工业强国，英国这时落在它们后面屈居第三。制度创新也很重要。英国的议会制度和工厂制度，法国的资产阶级共和民主制度，苏联的社会主义制度和新经济政策，都具有重大历史意义。总之，一个国家、一个民族，当其兴盛时，都是富于创新精神，而不是因循守旧的。

强国走向衰落的原因，如兴盛的原因一样多种多样，但也可以归纳出一些共同之点，其中之一是骄傲自满，故步自封，不能与时俱进。例如，英国是第一次工业革命的领头羊。但到了第二次工业革命时，新的工业部门如电气、化工等不断出现，英国资本家却不愿大量投资于这些部门，仍主要依赖于对棉纺、煤炭、钢铁、造船等传统工业增加投资、扩大劳动力及产量的办法来获取利润，很少进行技术改革，因而逐渐落后于新兴的美国和德国。又如，第二次世界大战后，西方发达资本主义国家科学技术突飞猛进，经济迅速增长。但斯大林等苏联领导人却错误地分析了世界形势，断言世界资本主义体系已经陷于政治和经济的全面危机，并对西方新兴的科学技术采取否定和抵制的态度，称之为"伪科学"，自我封闭，从而错过了一些吸收西方先进科技成果，进行改革的机遇。

强国走向衰亡的另一个更重要的原因，就是穷兵黩武，逞强称霸。希特勒在征服了大半个欧洲以后仍不满足，竟然发动了侵苏战争，东西两线作战，同时与苏、美、英几大国为敌，结果一败涂地。日本以弹丸小国，竟想吞并四亿人口的大国中国，还要铤而走险，企图打败美国这个头号资本主义大国，结果也是自取灭亡。美国今天有人自居什么"新罗马帝国"，但只要它企图称霸世界，最后也必将走向衰亡。我国古代兵书上说："故国虽大，好战必亡"，在今天仍是至理名言。

试论强国兴衰的一般原因*

一、强国兴盛的主要原因

综上所述，可以看出强国兴盛的原因是多种多样、十分复杂的，国与国之间也不尽相同。但其中仍有一些带有普遍意义的原因，概括起来主要有以下几点：

（一）实现民族独立和国家统一，创造政治稳定的局面

上述所有世界强国的崛起，都是以国家统一、政治稳定为条件的。葡萄牙、西班牙在欧洲较早形成统一的民族国家。继之而起的荷兰也是先摆脱了西班牙的统治，然后建立起民族独立国家。18世纪英、法的崛起，仍然是从建立民族国家开始的。恩格斯说："王权依靠市民打败了封建贵族的权力，建立了巨大的、实质上以民族[Nationälität]为基础的君主国，而现代的欧洲民族[Nationen]和现代的资产阶级社会就在这种君主国里发展起来。"①恩格斯在批判把中世纪看作"历史的简单中断"的观点时，指出中世纪也有巨大的进步，其中之一就是在欧洲"一个挨着一个形成富有生命力的大民族"。② 1870年德意志帝国成立，实现统一，结束了邦国林立的分裂状态，从此走上了兴盛的道路。日本明治维新通过"版籍奉还"

* 本文是作者在《15世纪以来世界九强兴衰史》一书中所写的第九章。

① 《马克思恩格斯选集》，中文第2版，第4卷，261页，北京，人民出版社，1995。

② 同上书，229页。

和"废藩置县"两项重大措施，使日本成为统一的中央集权国家。美国1783年独立，南北战争(1861～1865年)又以北方的胜利而告结束，维护了国家统一，美国资本主义便持续迅速发展起来。1922年苏维埃社会主义共和国联盟成立，出现了一个崭新的由多民族根据平等原则自愿组成的社会主义国家，这是苏联得以兴盛发达的一个重要原因。

上述诸国在实现民族独立、国家统一后，一般都有一段相当长的政治稳定时期。没有政治的稳定，就无法实现国家的富强。资产阶级建立政权后，大都采用了议会民主制度(英、法、美是典型，德、日还有封建势力)。这种政治制度是维护资产阶级统治的，它的优点首先是有利于在作为统治阶级的资产阶级内部形成一定的民主机制，平衡各方的利益、制约各方的权力，从而达到资产阶级统治的稳定。英国的议会民主制度行之最久，早在13世纪议会已经萌芽，最为稳定。美国建国二百多年，国内只发生过三次战争(独立战争、1812年第二次反英战争和南北战争)，内部没有剧烈的振荡，这是它经济得以迅速发展的一个重要原因。第二，都重视立法并依法治国。一些强国的立法都是较早的，而且法规体系不断完善，从政府官员到普通群众，法律意识普遍较强，都能比较自觉地在法律规定内行动，这就从根本上保持了国家的稳定。毛泽东说："讲到宪法，资产阶级是先进的。英国也好，法国也好，美国也好，资产阶级都有过革命时期，宪法就是他们在那个时期开始搞起的。我们对资产阶级民主不能一笔抹杀，说他们的宪法在历史上没有地位。"①他还说过：斯大林严重破坏社会主义法制的事件在英、法、美这样的西方国家不可能发生。②

(二)发展经济，奠定国家强盛的基础

近代以来世界强国的兴起，无不从发展经济开始。在古代，一个落后民族能够单凭武力建立起一个大帝国，如蒙古帝国，但这样的事在近代是办不到了。近代有了大工业以后，强国的兴衰无一不与经济力量的强弱直接相关。凡能成功发展经济者，就会有一段兴盛的时期。

荷兰崛起于商业资本时代。大力发展海上运输事业和海外贸易，再加上殖民扩张，使荷兰以蕞尔小国和有限资源而一度称雄17世纪。

与荷兰相比，英国经济的发展更全面，更具有活力。英国政府不仅发展航海业、商业，而且在农业、制造业、金融、交通等诸多经济部门都有稳步发

---

① 《毛泽东文集》，第6卷，326页，北京，人民出版社，1999。

② 见《邓小平文选》，第2卷，333页，北京，人民出版社，1983。

展。工业革命之所以发生在英国，决非偶然。随着工业革命的完成，英国废弃了保护主义政策，1846～1849 年取消了约 200 种商品的进口税，推动了经济的全面发展，成为 19 世纪世界第一强国。

美国是一个殖民国家，其居民来自包括西欧在内的世界各国。因为没有封建传统的束缚，资本主义得以比较顺利地发展。恩格斯说：美国是“一个从未经历过封建主义、一开始就在资产阶级基础上发展起来的年轻的国家”。①通过“西进运动”和西部大开发，使广袤的西部成为美国的最大农业区，由此形成的巨大市场又大大刺激了东部传统工业区的快速发展。1861 年美国爆发内战，1865 年内战结束。联邦军队的胜利维护了国家的统一，废除了奴隶制，大大推进了自由劳动制度下的美国工业化进程。在两次世界大战中和战争结束后，美国借机发展了自己，迅速扩大了经济实力。

苏联曾经是一个强大的社会主义国家。苏联在短短的十几年时间内，实现了工业化，从一个落后的农业国变成了先进的工业国，建立了雄厚的经济基础。苏联的全部工业总产量在世界上所占的份额从 1921 年的 1.5％增长到了 1939 年的 10％。苏联国民生产总值在 1928 年至 1952 年这 25 年中增长了三倍半，发展速度超过了世界上同一时期其他任何国家。可以肯定地说：没有几个五年计划造成的工业增长，苏联就不可能在第二次世界大战中打败纳粹德国这样强大的敌人。

(三) 坚持对外开放，防止闭关自守

世界各强国的兴起，无不是以开放的心态看世界，也没有一个不是得益于对外开放的。资本主义国家为了开拓海外市场，掠取原料，推销产品，输出资本，发展自己，必然要对外开放。葡萄牙、西班牙是如此，荷兰也是如此。世界上第一个完成工业革命的英国，全盘借鉴了荷兰的经验，到 19 世纪 50～70 年代，已成为世界第一工业大国和世界第一贸易大国。1870 年英国在世界贸易总额中已占 24.5％。当然，它们的对外开放，均带明显的侵略性、殖民性和不平等性。

日本在幕府统治时代长期实行闭关锁国政策，十分落后。明治维新后，大力推行“文明开化”政策。1868 年(明治元年)宣告“求知识于世界”。1871 年派出政府高级代表团，调查研究欧美各国的政治、经济和文化制度。日本勇于吸

① 《马克思恩格斯选集》，中文第 2 版，第 4 卷，716 页，北京，人民出版社，1995。

收欧美的经验，以全方位的改革将日本引上了近代国家的道路。

苏联在对外开放问题上的举措，在很大程度上与对帝国主义的斗争密切相关。从1917年到1921年，是寄希望于爆发世界革命的时期，对外交往以竭力援助外国的革命运动为主要目的。20年代初，欧洲资本主义国家的革命运动相继失败。与此同时，国内战争结束后，恢复被战争破坏的经济，开展社会主义经济建设的任务迫切要求苏俄改善外部环境，同资本主义国家建立正常关系。从列宁逝世到30年代中期，苏联采用租让制、半租让制(合资企业)、吸收外国贷款、接受西方技术援助、招聘外国技术人员、发展对外贸易等方式，加快了苏联社会主义经济建设。但从30年代下半期起，斯大林认为社会主义已经在苏联取得胜利，开始收缩与西方的经济关系。外贸额缩减，外资企业逐渐被取消，外国技术人员纷纷回国。

(四)重视创新，不断改革

强国在其兴盛时期，都是重视创新，而不墨守成规的；都是不断改革，而不因循守旧的。

科技创新是资本主义强国兴盛的一个十分重要的原因。第一次工业革命大约从18世纪70年代开始于英国，到19世纪40年代基本完成。最重要的标志是蒸汽机的发明。从1763年到1788年，瓦特逐步改进和完善蒸汽机，此后蒸汽机相继为各国所采用，人类从此进入蒸汽时代。19世纪三四十年代，英国又实现了机器制造业的机械化，成为世界上第一个完成工业革命的国家，为英国在19世纪称霸世界打下了经济基础。

第一次工业革命及其促进的生产力大发展，反过来又有力地推动了自然科学的发展，孕育并引发了第二次工业革命。第二次工业革命从19世纪60～70年代开始，19世纪末20世纪初基本完成。第二次工业革命是以电气、内燃机、化学工业等科技的突破为标志的。电气工业的兴起尤其是第二次工业革命的核心内容，人类从此进入电气时代。起步较晚的资本主义国家美国、德国充分利用了第二次工业革命的成果，迅速发展起来。1890年美国工业跃居世界第一，超过英国。德国在第一次世界大战前夕，工业跃居世界第二，超过英国，仅次于美国，英国降至第三位。

20世纪是人类历史上科学技术发展最为辉煌的时代。相对论、量子力学和分子生物学是20世纪三项最伟大的科学成就，它们又各自带动了一批新兴学科和高新技术的诞生。科学通过技术的媒介应用于生产，科技真正成为第一生产力。在一些经济发达国家，影响其经济发展的诸因素中科学技术的比重，在20世纪初至二三十年代，只占百分之十几；而在50～70年代，已达50%～70%；80年代更上升为60%～80%。发展中国家只平均为35%。美国从19世纪末一直到今天，始终是世界上第一号经济强国，这与它的高度发达的科学技术有很大关系。20世纪90年代，美国又率先走上信息经济的道路。2000年，美国研发开支达2640亿美元，占世界研发开支的45%。

苏联建国后，一直十分重视科学技术的创新与发展。1918年列宁在《苏维埃政权的当前任务》一文中写道："社会主义能否实现，就取决于我们把苏维埃政权和苏维埃管理组织同资本主义最新的进步的东西结合得好坏。"①1920年12月举行了第八次全俄苏维埃代表大会，大会批准了《全俄电气化计划》。在这次会上，列宁提出了"共产主义就是苏维埃政权加全国电气化"的有名公式。他在《伟大的创举》一文中，还深刻指出："共产主义就是利用先进技术的、自愿自觉的、联合起来的工人所创造的较资本主义更高的劳动生产率。"②斯大林也很重视科技。1931年2月，他提出了"技术决定一切"的口号，说："布尔什维克应当掌握技术，已经是布尔什维克自己成为专家的时候了。在改造时期，技术决定一切。"③

思想理论创新虽然不像科学技术创新那样具体，那样显而易见，但释放出来的力量却是巨大的，对于国家的兴盛往往起着先导性的作用。例如，西方历史上的文艺复兴，就是一个明显的例子。文艺复兴是从意大利兴起，后来逐渐传播到尼德兰、英国、法国、西班牙等国的新文化运动，它萌发于14世纪，在16世纪前半期达于顶峰。文艺复兴运动把人们的注意力从来世转到现世，从以神为中心转到以人为中心，强调人的价值、人的理想、人的力量，宣扬人就是尘世的上帝。文艺复兴是欧洲从中世纪封建社会向近代资本主义社会转变时期的一场伟大的反封建、反教会神权的思想解放运动，代表欧洲近代资本主义文明的最初发展阶段。

一个伟大的民族不能没有理论思维，理论创新的意义也是十分重大的。例如，列宁在研究帝国主义的过程中，发现了资本主义经济、政治发展不平衡的规律。他在《论欧洲联邦口号》一文中首次指出了资本主义的这个绝对规律，并由此得出结论："社会主义可能首先在少数甚至在单独一个资本主义国家内获

① 《列宁全集》，中文第2版，第34卷，170～171页，北京，人民出版社，1985。
② 《列宁选集》，中文第3版，第4卷，17页，北京，人民出版社，1995。
③ 《斯大林全集》，第13卷，39页，北京，人民出版社，1955。

得胜利。”①一年后，他在《无产阶级革命的军事纲领》一文中，进一步指出：“社会主义不能在所有国家内同时获得胜利，它将首先在一个或者几个国家内获得胜利。”②列宁在新的历史条件下得出的这个与传统马克思主义不同的结论，已为实践证明，这是理论创新在历史上发挥重大作用的一个很好的例证。

制度创新可以对国家兴盛产生稳固的保证作用，可以产生全方位、根本性的作用。西方强国在发展过程中所创造的“共和制”、“议会制”、“君主立宪制”等政治制度，与封建专制制度相比，无疑是一种巨大进步，并从政治制度上为它们成为强国提供了保障。以列宁为首的苏联共产党人首先实践的社会主义制度更是震撼了世界。此外，在经济制度等领域，世界强国也有创新。如荷兰人创造的近代信贷、金融、簿记体系，美国在企业管理方面实行的泰勒制，都发挥了巨大作用。美国技术创新最先实行制度化。1913 年，在美国的制造业中大约有 370 个研究单位，雇用了 3500 名员工。到 1946 年，这样的研究单位增加到 2300 个，雇用了 118000 人。

一种制度建立以后，还必须与时俱进，不断改革，才能保持它的生命力，继续发展。资本主义制度建立以后，之所以不断进行改革，是因为它需要通过改革进一步完善资本主义的政治经济制度，还需要根据社会基本矛盾的发展变化而及时调节政治经济体制中不相适应的环节。以美国为例，1923 年至 1933 年的经济大危机几乎使其陷于灭顶之灾。1933 年罗斯福就任总统后，实行了“新政”，加强了国家干预，采取了一系列行政和法律措施。“新政”在使美国资本主义渡过大危机的难关方面起了相当大的作用。不仅如此，从深远的影响看，“新政”的改革成为美国国家垄断资本主义经济制度的开端。此后，不论哪一届美国政府，即便是主张“自由放任”的政府，也不能不在一定程度上以国家的力量干预社会经济生活。

社会主义制度建立以后，也必须进行改革，才能充分发挥它的优越性。马克思主义的创始人在世时，还没有任何一个国家建立起社会主义制度，所以不可能具体谈论社会主义制度的改革。但是恩格斯有一个十分深刻的思想，值得注意。他说：“所谓‘社会主义社会’不是一种一成不变的东西，而应当和任何

---

① 《列宁选集》，中文第 3 版，第 2 卷，553 页，北京，人民出版社，1995。

② 同上书，722 页。

其他社会制度一样，把它看成是经常变化和改革的社会。”①苏联在1921年以新经济政策代替军事共产主义，实质上是一项十分深刻的改革。遗憾的是，列宁在1924年过早地逝世，没有来得及对新经济政策做进一步的实验，并对社会主义制度下的改革做出全面的、系统的理论总结。真正从理论上阐明社会主义制度下改革意义的，是邓小平。他以中国社会主义改革的实践为根据，并总结了苏联等国的经验教训，得出结论说：“革命是解放生产力，改革也是解放生产力……社会主义基本制度确立以后，还要从根本上改变束缚生产力发展的经济体制，建立起充满生机和活力的社会主义经济体制，促进生产力的发展，这是改革，所以改革也是解放生产力。过去，只讲在社会主义条件下发展生产力，没有讲还要通过改革解放生产力，不完全。应该把解放生产力和发展生产力两个讲全了。”②

(五) 发展教育，培养人才

人才是一个国家发展最重要的资源。人才的成长有赖于教育。教育是一个民族最根本的事业。历史上的一些重要强国，都很重视教育。德国的高等教育在世界上居于前列。普鲁士教育大臣威廉·冯·洪堡于1810年创办柏林大学。这所大学以“教学和科学研究统一”、“学术自由”作为办学的方针，改变了传统大学的模式，对其他国家高等学校的改革产生了巨大影响。普法战争后，法国有识之士探讨法国战败的原因，有人认为这与法国教育的落后有很大关系。第二帝国灭亡、第三共和国建立后，资产阶级共和派十分重视教育改革。早期的教育改革以“反教权和世俗化”为中心任务。1890年以后，教育改革以适应第二次工业革命、振兴法国经济为中心任务。第二次世界大战后日本之所以能够崛起，教育的迅速发展是一个重要因素。到20世纪80年代末，日本已成为世界上教育最普及最发达的国家之一。小学和初中的入学率达到99.9%，高中达到97%，大学和各类大专的入学率达到48%。苏联建立以后，迅速建立了与社会主义制度相适应的教育制度，并在全国普及了义务教育。美国在国家发展中一贯重视教育。1776年13州只有250万人口，但已有9所大学，如哈佛大学成立于1636年、耶鲁大学成立于1701年，等等。1852年马萨诸塞州首先颁布了义务教育法。1957年苏联发射第一颗人造地球卫星后，美国举国震

---

① 《马克思恩格斯选集》，中文第2版，第4卷，693页，北京，人民出版社，1995。

② 《邓小平文选》，第3卷，370页，北京，人民出版社，1993。

惊。于是美国在1958年颁布了《国防教育法》，强调“国家安全要求最充分地发展全国男女青年的智力资源和技术技能”；责成联邦和各级政府大力支持教育，提高各级学校的科学、数学和外语的水平。《国防教育法》在美国历史上开创了由联邦政府直接拨款、全面扶持教育的先例，成为美国20世纪60年代教育改革的开端。

当今世界，各国之间综合国力的竞争日趋激烈，这种竞争归根结底取决于人才的数量和质量，特别是质量。为此，各国不仅通过发展教育培养本国的人才，而且极力开展国际文化交流并延揽其他国家的人才。美国凭借其雄厚的经济实力，从世界各国招聘了大量有用的人才。

（六）善于抓住机遇，果断决策

在一个强国的兴起过程中，领导人能否认清机遇，并及时抓住，做出正确决策，是一个重要关键。抓住机遇，大致有几种情况：一是在历史转折关头，抓住机遇，进行科学、大胆的决策；一是对面临的整体形势做出准确的判断，抓住一段极为有利的战略期，做出全面的战略决策，加快发展自己；一是机遇突然而至，事先并未料到，领导人抓住稍纵即逝的机遇，果断做出决定。

列宁领导的十月革命，属于第一种情况，是抓住历史机遇获得成功的一个典范。1917年2月革命爆发，沙皇尼古拉二世被迫退位，接着成立了临时政府。4月，列宁从国外回到彼得格勒，发表了《四月提纲》，力排众议，抓住当时国内外少有的大好时机，领导苏联共产党人夺取了社会主义革命的胜利。当革命的和平发展已无可能时，列宁于9月提出了武装起义的方针。10月24日晚，列宁在给中央的信中说：“情况已经万分危急”，“拖延发动等于自取灭亡”。① 在列宁的直接领导下，武装起义取得了成功。在一定意义上可以说，没有列宁，就没有十月革命的胜利。美国参加两次世界大战，大体上也属于第一种情况。在第一次世界大战初期，美国采取中立立场。1917年战争陷于僵持状态，德国开始无限制潜艇战，美国认为参战的时机已经到来，遂于4月正式对德宣战，为协约国增添了决定性砝码，从而极大地提高了自己的地位。第二次世界大战爆发后，美国最初也是采取“坐山观虎斗”的态度。1941年日本偷袭珍珠港后，罗斯福立即抓住这一事件，扭转国内反战情绪，率领美国投入反法西斯战争，把美国引上胜利之路。

苏联抓住十几年的战略机遇期，实现了工业化，属于第二种情况。苏联的

① 《列宁全集》，中文第2版，第32卷，430～431页，北京，人民出版社，1985。

社会主义建设，是在帝国主义列强包围的严峻形势下进行的。

斯大林认为，苏联比先进国家落后了 50 年至 100 年，必须尽最大努力加快实现工业化。“延缓速度就是落后，而落后者是要挨打的。”苏联在一段战略机遇期里，实现了工业化，特别是发展了重工业，从而为后来战胜法西斯国家奠定了雄厚的经济基础。

1922 年苏联与德国签订拉帕洛条约，属于第三种情况。1922 年的热那亚会议，是协约国发起召开的国际经济与财政会议，苏俄政府接受了邀请。由于英法帝国主义国家坚持要求苏俄偿还帝俄所欠的债务，会议以失败而告终。但苏俄代表利用开会的机会，与战败国的德国代表达成协议，签订了拉帕洛条约，打破了帝国主义国家的包围。与德国签约一事，事先并未料到，但机会来了，及时抓住了，苏俄便取得了一场外交上的胜利。

二、强国衰落的主要原因

强国衰落的原因，如同其兴盛的原因一样，也是多种多样、十分复杂的。现将比较普遍的几点原因，说明如下：

（一）穷兵黩武，逞强称霸

资本主义国家的本质，决定了它们要向外扩张；一旦力量特别强大时，就必然发动对外侵略，力图称霸世界。苏联虽是社会主义国家，也因某些领导人染上大国沙文主义的病毒，走上了争霸的道路。但是，无论一个国家强大到什么程度，只要它妄想奴役世界，就一定会由盛转衰，其竭尽全力建立起来的大帝国，也终必土崩瓦解。这是因为：

第一，强国一旦认为自己的利益是全球性的，走上了对外扩张、侵略、干涉的道路后，它的战线就必然会拉得越来越长。当年大英帝国全盛时期，殖民地遍及全球，但到了 20 世纪 30 年代已无力东西兼顾，遂乞求美国替它维护远东的殖民地。日本以一个小小的岛国，强盛后野心恶性膨胀，竟把战线从中国大陆一直拉到太平洋上，当然难以维持。美国是当今世界唯一的超级大国，自恃武力强大无比，到处扩张，但是它的扩张规模越大，包袱就背得越重。今天，美国在 130 个国家和地区部署了将近 40 万军队。今后美国如果继续发动侵略战争，战线就会拉得更长，力量也会更加分散，顾此失彼。

历史上几乎所有企图称霸世界的大国都因军费开支过度而趋向衰落。要侵略扩张，就要扩大军队。军队的轮换、装备及后勤保障，需要庞大的经费。战线越长，军费开支就越大，就越难以维持长久。在 21 世纪的今天，由于现代战争形式的变化和高新技术武器的发展，侵略扩张所需的军费更是任何国家都难以承受的天文数字。以美国为例，每建造一艘核动力航空母舰，需要投入大约 35 亿美元。维持已经占领的阿富汗和伊拉克，每月费用约 90 亿美元，年费用 1080 亿美元。美国在长达 8 年的越南战争中共支出 1110 亿美元，剔除通货膨胀因素，相当于现在的 4940 亿美元，平均每年 618 亿美元。伊拉克、阿富汗战争的开支大大超过越南战争。2003 年 9 月，美国国会通过总额为 3680 亿美元的 2004 年财政年度国防开支法案。2004 年 6 月 22 日，美国众议院通过总额为 4170 亿美元的 2005 年度国防预算法案。庞大的军费开支必然造成巨额的财政赤字，这必将给美国经济的正常发展带来严重后果，最终导致美国经济力量的衰弱。

第二，压迫与反抗是成正比例的。哪里有压迫，哪里就有反抗；压迫越大，反抗越强。英国曾是最大的殖民帝国，印度是它最重要的殖民地，但英国无论如何费尽心机、软硬兼施，也未能扑灭印度人民的抗英烈火。日本想征服中国，结果却被淹没在四亿人的汪洋大海之中。今天，美国四面树敌，企图让别的国家、别的民族永远俯首帖耳地听从它的命令，这是根本办不到的。毛泽东于 1965 年在同拉丁美洲一些国家党的代表谈话时说："帝国主义到处都插一手，我们就每处都抓住它一点，这样它就难以行动了。"①

在美国已经占领了的地方，如阿富汗、伊拉克，并不太平。到 2006 年年底，驻伊拉克美军已达到 14.4 万人，死亡人数突破 3000 人。美军已处于进退两难的困境，布什不得不硬着头皮说："我们既没有打赢，也没有打输。"

第三，"压迫其他民族的民族本身不可能是自由的。"这是一条颠扑不破的真理。称霸大国的统治阶级必然是骄奢淫逸，日趋腐败。穷兵黩武，肆意征伐，肯定会加速国家的衰落。以西班牙为例，自查理五世登位后，为维持霸权，一连打了 140 年的仗，结果把自己打垮了。日本、德国对外发动侵略战争，耗尽了本国的实力。同时，要发动战争，必然要对本国劳动人民横征暴敛，激化国内的矛盾。越南战争期间和美军占领伊拉克以后，美国国内出现的人民反战运动就证明了这一点。任何一个在世界上称霸的国家，到头来都是外强中干。我国古代兵书上说，"故国虽大，好战必亡"，在今天仍是至理名言。

当然，像美国这样的超级大国，还有很强的实力，它的衰落将是一个漫长的历史过程。我们不是说它今天已经衰落了，而是说只要它继续妄图称霸世

---

① 《毛泽东文集》，第 5 卷，127 页，北京，人民出版社，1996。

界，最终一定会同历史上称霸的其他强国一样，不可避免地走向衰落。

（二）骄傲自大，故步自封

强国兴盛以后，很容易犯的一个大错误就是把它强盛时期实行的制度、政策以及占主流地位的思想文化奉为神圣，凝固僵化，不再与时俱进，减弱甚至丧失了进取精神和创新精神，于是就被后起的国家赶上和超过。英国曾经是“世界工厂”，英国工厂主因这种特殊地位而骄傲起来，结果吃了大亏。恩格斯在《社会主义从空想到科学的发展》一书的 1892 年英文版导言中生动地写道：“民族沙文主义的狂妄自大，即使在商业上，也是会坏事的。直到最近，普通的英国工厂主还以为，英国人不说本国话而说外国话，是有失尊严的，当他们看到外国的‘可怜虫’迁居英国，使他们免去向国外推销产品的麻烦时，还引以自傲。他们根本没有觉察，这些外国人，大部分是德国人，因此而控制了英国很大一部分对外贸易”；“后来，大约 10 年前，英国的工厂主才大吃一惊，便询问英国的大使们和领事们：为什么他们再也不能保持自己的顾客。一致的答复是：(1)你们不学你们的顾客的语言，却要求他们说你们的语言；(2)你们不但不设法适应你们的顾客的需要、习惯和爱好，反而要他们迁就你们英国式的那一套。”①

像英国这样的教训，在其他强国历史上也是不乏其例的。拿破仑在 1812 年远征俄国前，已被一系列胜利冲昏头脑，迷信个人万能到了丧失理智的地步。他主观估计在 3 周之内可以速战速决，迫使俄国投降，因此辎重车辆只携带了 20 天的面粉。但不料攻下莫斯科后竟是空城一座。俄国拒绝议和。不久，拿破仑大军纪律涣散，又无后勤供应，不得不狼狈逃回巴黎，大帝国从此开始瓦解。1941 年 6 月希特勒进攻苏联前，也是骄狂到了极点。他横扫欧洲大陆，只用 6 个星期就打败了拥有 300 万陆军的法国，他坚信苏联不堪一击，在冬季到来前就可以打败它。10 月 3 日他在柏林公开说：“今天我宣布，我毫无保留地宣布——东方的敌人已被打垮，再也不能站起来了。”结果恰恰相反，莫斯科会战中，德国陆军遭到了第二次世界大战以来第一次沉重打击。德国的闪电战破产了。德国一旦面临持久的两线作战，最终战败就不可避免了。

无产阶级在夺取政权的过程中，特别是在掌权以后，也要防止骄傲自满。1921 年 10 月 17 日，列宁在全俄政治教育委员会第二次代表大会的报告中说：

---

① 《马克思恩格斯选集》，中文第 2 版，第 3 卷，714 页注①，北京，人民出版社，1995。

每一个政治教育工作者，如果他是共产党员的话（而政治教育工作者大多是党员），面前都有三大敌人："(一)共产党员的狂妄自大，(二)文盲，(三)贪污受贿。"①1922 年 3 月 28 日，他在俄共(布)第十一次代表大会上还说："过去所有灭亡了的革命政党之所以灭亡，就是因为它们骄傲自大，看不到自己力量的所在，也怕说出自己的弱点。而我们是不会灭亡的，因为我们不怕说出自己的弱点，并且能够学会克服弱点。"②但是，克服骄傲自大这种毛病，是很困难的。苏联在斯大林执政后期，社会主义模式已经僵化，但斯大林这时已十分自满，自居绝对正确，拒绝改革，这便成为苏联后来剧变和解体的一个历史原因。

（三）丧失机遇，应对失策

当重大的历史机遇出现时，一个强国如果没有及时抓住它并采取相应的对策，就有可能由盛转衰。

苏联就犯过这样的错误。第二次世界大战结束后，科学技术突飞猛进，西方发达资本主义国家利用新的科学技术进行了自我调节，在经济上取得了快速的发展。当时苏联的政界（如政治局委员、部长会议第一副主席沃兹涅辛斯基）、理论界（如著名经济学家瓦尔加）都有人看出资本主义的这种新变化，并在对比之下看出苏联体制的弊病，因而倡导改革。但斯大林等苏联领导人却坚持认为形势大好，根本不需要改革。斯大林还错误地分析了世界形势，断言由于第二次世界大战后统一的无所不包的世界市场的瓦解，出现了两个平行的也是互相对立的世界市场，从而决定了世界资本体系总危机的进一步加深。而实际上 20 世纪 50 年代至 70 年代正是战后资本主义世界的所谓"黄金时期"。同时，苏联官方和理论界对西方出现的新科技革命采取否定和抵制的态度。苏联自我封闭，丧失了一次进行改革的重大历史机遇。勃列日涅夫执政初期，也曾进行过一些改革。当时苏联高度集中的政治和经济体制的弊病已十分严重，但就在改革刚刚看到一点效果的时候，却在 1971 年展开了一场对所谓"市场社会主义"的批判，反对用市场调节作用来取代国家集中计划的主导作用的各种主张，从而再次失去了机遇，导致以后苏联的经济增长率和劳动生产率不断下降，发展陷入停滞状态。

（四）激烈竞争，强弱易位

通观人类历史，强国之间常常呈现出一幅你追我赶的图景。有时一个国家

---

① 《列宁全集》，中文第 2 版，第 42 卷，199 页，北京，人民出版社，1987。

② 《列宁全集》，中文第 2 版，第 43 卷，115 页，北京，人民出版社，1987。

领先跑在前面，然后另一个国家赶上来并超过它，随后又一个新兴国家崛起了。没有一个国家能够自始至终一贯保持强大。这是因为构成强国的因素是多样的，没有一个国家能够把一切有利条件都长期垄断起来而不让别国占有，也是因为在以往的剥削制度下不可能自觉地掌握并运用社会发展的客观规律。还有一种情况值得注意：一种因素在前一阶段是强盛的有利条件，到下一阶段却变成了不利条件。历史上时常出现这样的情况：当一个强国达到极盛时，由于优势开始暗暗丧失，强盛的顶点往往也就成了衰落的起点。

西班牙借助“地理大发现”不断向外殖民扩张，成了当时的头等强国，但同时也因发动争霸战争不堪重负，导致国力的空虚。1588 年它的无敌舰队被英国消灭，从此一蹶不振。1897 年英国举行维多利亚女王登基 60 周年庆典，大英帝国的强盛达到了极点。但另一方面，英国经济发展中的一些制约因素已开始扩大。作为第一个实现工业化的国家，英国的工业结构中棉纺、煤炭、钢铁、造船等传统工业具有特殊重要的地位，但在第二次科技革命的推动下，新的工业部门陆续出现。英国正确的选择应是一方面巩固、保持传统工业的优势，一方面及时迅速地发展新兴产业，而英国的资本家却没有这样做。他们不愿放弃在传统工业方面的利益而大量投资于新兴工业，仍主要依靠对传统工业增加投资、扩大劳动力及产量的办法来促进经济增长，很少进行技术改革，因而逐渐落后于新兴的美国和德国。

当前，美国小布什政府张牙舞爪，凶蛮已极，摆出一副想打谁就打谁的架势。实际上力量对比正在发生变化。美国的力量在世界上占绝对优势的时间并不是在今天，而是在二战结束后初期的一个阶段。当时，在军事上只有美国一家拥有原子弹。在经济上，欧洲和日本残破不堪，全靠美国的资助。苏联正在恢复战争创伤，经济力量也远不如美国。亚洲国家更不用说，最大的中国当时还未解放。今天，美国虽然是世界上唯一的超级大国，它的综合国力虽然仍比其他任何一个国家都强大，但这种差距已不像第二次世界大战结束后最初十几年那样悬殊。1950 年，美国经济占世界生产总值的 50％左右，2003 年仅为 21％。世界对外直接投资中，1960 年美国占 47％，2001 年降至 21％。在全球金融中，出现了另一个被普遍接受的支付与清偿来源——欧元，而以前只有美元一种。欧盟这个美国昔日最大的盟友，现在已经崛起并成为美国霸权的有力挑战者。俄罗斯今天仍然是世界上唯一能够在军事上与美国一争高下的国家。曾经担任过俄罗斯驻联合国代表和俄罗斯驻美大使的沃龙佐夫说：“俄罗斯仍能在 90 分钟内彻底摧毁美国。别瞧不起俄罗斯。”日本已成为世界第二经济大国。中国的综合国力正在全面提升。印度也正在崛起。此外，也无理由忽视阿拉伯国家和拉美的一些国家。可以这样说，美国的绝对优势已不存在，相对优势还将维持很长一段时间。如果它执意称霸，必将日益孤立，最终难逃衰落的下场。

“强国兴衰史丛书”* 序

一个阶级在取得政权以后，总要竭力巩固它的政权，为此，都要总结历史经验教训，以供自己巩固政权的借鉴。一切剥削阶级掌握国家政权的根本目的，是保持剥削制度，维护剥削阶级的利益。封建统治阶级无不想使自己的王朝长久延续下去，其中一些有作为和头脑比较清醒的君主及其辅佐就特别注意总结历代治乱兴衰的经验教训。例如，汉高祖刘邦在定天下后，让列侯诸将直言他之所以得天下，而项羽之所以失天下的原因。高起、王陵的回答是，“陛下使人攻城略地，所降下者因以予之，与天下同利也。项羽妒贤嫉能，有功者害之，贤者疑之，战胜而不予人功，得地而不予人利，此所以失天下也。”刘邦说，你们知其一，未知其二。“夫运筹策帷帐之中，决胜于千里之外，吾不如子房。镇国家，抚百姓，给馈饷，不绝粮道，吾不如萧何。连百万之军，战必胜，攻必取，吾不如韩信。此三者，皆人杰也，吾能用之，此吾所以取天下也。项羽有一范增而不能用，此其所以为我擒也。”①刘邦在这里总结了能否用人，是刘胜项败的一个重要原因。唐太宗李世民有几句名言：“夫以铜为镜，可以正衣冠；以古为镜，可以知兴替；以人为镜，可以明得失。”②李世民的大臣魏徵十分重视隋炀帝灭亡的教训，多次引用《荀子·王制》上的话：“君，舟也；民，水也。水所以载舟，

---

* 本文选自作者主编的“强国兴衰史丛书”，西安，三秦出版社，2005。

① 《史记》卷八《高祖本纪》。

② 吴兢：《贞观政要》卷二《任贤》。

亦所以覆舟。”劝告唐太宗要搞好君民关系，注意人心向背①。唐太宗自己也用同样的话诲谕太子，说：“舟所以比人君，水所以比黎庶，水能载舟，亦能覆舟。”②“经世致用”是中国封建史学的一个传统。一些卓越的史学家都很注意总结历代兴亡的道理。司马迁说他著《史记》的宗旨是：“网罗天下放失旧闻，考之行事，综其终始，稽其成败兴坏之理，凡百三十篇，亦欲以究天人之际，通古今之变，成一家之言。”③在本纪、表、书、世家、列传五个部分中，“本纪”的撰述宗旨是“王迹所兴，原始察终，见盛观衰”④。在《留侯世家》中，说张良：“所与上(指刘邦)从容言天下事甚众”，但“非天下所以存亡，故不著”⑤。司马光撰《资治通鉴》，自述著作主旨是“专取关国家盛衰，系生民休戚，善可为法，恶可为戒者，为编年一书，使先后有伦，精粗不杂”，以达到“鉴前世之兴衰，考当今之得失，嘉善矜恶，取是舍非，足以懋稽古之盛德，跻无前之至治”的目的⑥。当然，历代封建统治阶级是不可能做到长治久安，永葆其政权，传之万代的。他们和封建史学家也不可能从本质上说明历代封建王朝兴衰的原因。不过，他们所总结的某些具体的经验教训，如上面所说的要善于用人、要注意民心向背等，还是有一定参考价值的。

资产阶级取得政权后，为了维护和巩固资本主义制度，为了说明资本主义制度是“最合理的”，当然也要总结历史经验教训，并从历史上寻找论据，说明资本主义是必然永存的制度。19世纪，法国复辟时期的资产阶级历史学家梯叶里、基佐、米涅、梯也尔(后三人还是政治家)在解释欧洲中世纪以来的历史时，都把它看作资产阶级反对封建贵族的阶级斗争的历史，并把阶级斗争的根源归之于人们之间物质利益即财产关系的对立。恩格斯说：“从采用大工业以来……在英国，谁都知道，土地贵族(landed aristocracy)和资产阶级(middle class)这两个阶级争夺统治的要求，是英国全部政治斗争的中心。在法国，随着波旁王室的返国，同样的事实也被人们意识到了；复辟时期的历史编纂学家，从梯叶里到基佐、米涅和梯也尔，总是指出这一事实是理解中世纪以来法

---

① 见《贞观政要》卷一《政体》、卷三《君臣鉴戒》。

② 《贞观政要》卷四《教戒太子诸王》。

③ 《汉书·司马迁传》。

④ 《史记·太史公自序》。

⑤ 《史记》卷五五《留侯世家》。

⑥ 《进〈资治通鉴〉表》。

国历史的钥匙。”①法国复辟时期的历史学家宣扬资产阶级是历史发展的决定性力量，目的在于论证建立资产阶级统治的合理性，但是他们不能也不敢把阶级斗争的理论贯彻到底，否认无产阶级反对资产阶级的阶级斗争的必要性和伟大的历史作用，诬蔑无产阶级的斗争是“疯狂的举动”、“最大的祸害”。马克思肯定了他们的历史功绩，也指出了他们的资产阶级局限性。“在我以前很久，资产阶级历史编纂学家就已经叙述过阶级斗争的历史发展，资产阶级的经济学家也已经对各个阶级作过经济上的分析。我所加上的新内容就是证明了下列几点：(1)阶级的存在仅仅同生产发展的一定历史阶段相联系；(2)阶级斗争必然导致无产阶级专政；(3)这个专政不过是达到消灭一切阶级和进入无阶级社会的过渡……”②

还有一些资产阶级政治家，为了“重振国威”，提高自己国家在世界上的地位，回顾历史，动笔著书。法国在第二次世界大战前是世界上的头等强国，战后沦为二等国家。戴高乐对此极不甘心，他痛心于1940年法国的战败投降，念念不忘于恢复法国昔日的荣光，写下了著名的《战争回忆录》。“法国如果不伟大，就不成其为法国”——这就是他著书的宗旨。③ 戴高乐曾任圣西尔军校的历史教师。在书中，他以政治家非历史学家的眼光说明了第二次世界大战前欧洲最大的陆军国家何以在几个星期内就一败涂地的原因。他指出了战前法国亲德亲意的严重错误：“某些人认为与其说希特勒是敌人，不如说斯大林是敌人。他们更关心的是如何打击俄国，是通过援助芬兰的办法呢，还是轰炸巴库，或者是从伊斯坦布尔登陆。至于如何对付德国则很少关心。有许多人露骨地表示他们赞赏墨索里尼。有些人，甚至政府中的人士，主张把吉布提和乍得让给墨索里尼(原译文作希特勒，误，应为墨索里尼)，并让他分享突尼斯地区的共治权，以便向魔鬼讨好。”④他还正确地指出了战前法国党派尖锐斗争，内阁频繁更替，以致国家涣散无力是另一个致败原因。他多次看到某个总理刚一上台就遭到无数的苛求和批评，“虽然竭尽全力也还是穷于应付，更谈不到

---

① 《马克思恩格斯选集》，中文第2版，第4卷，249～250页，北京，人民出版社，1995。

② 《马克思恩格斯选集》，中文第2版，第4卷，547页，北京，人民出版社，1995。

③ 戴高乐：《战争回忆录》，第1卷，《召唤1940～1942》，上，1页，北京，世界知识出版社，1981。

④ 同上书，29页。

掌握全局了。议会决不会支持他，给他做的事情只是暗中陷害他和离弃他。他的部长是他的政敌。舆论、报纸和党派利益都把他当成一个抱怨的当然对象。人人都知道他只能在职一个很短的时期，他自己也首先知道这一点。”①正是第三共和国的议会制导致了“从 1875 年至 1940 年，我们更换过 102 届政府，而英国只更换过 20 届政府，美国只更换过 14 任总统。”②戴高乐主张议会拥有立法权和对政府的监督权，但不能替代政府执政。政府应是“有职、有权和稳定的”。③ 由于临时政府处处受到制宪议会的掣肘，他于 1946 年 1 月 20 日愤而辞职。直到 1958 年 9 月大大加强了总统权力的第五共和国宪法通过，12 月他当选第一任总统后，才得以充分施展他的政治抱负。

英国依靠美国和苏联的力量赢得了第二次世界大战的胜利。但在战后，满身创伤的英国已沦为二等国家了。老牌政治家丘吉尔出任战时首相，以很大的魄力使英国度过了几遭灭顶之灾的危机。战后，他写了《第二次世界大战回忆录》这一名著，目的是：第一，宣扬他自己在战时的功绩；第二，宣扬在第二次世界大战中英国的“巨大”贡献。他明明知道，与美国和苏联相比，英国的贡献要小得多。但是为了在战后能够保持英国仅次于美苏的第三大国地位，他还是煞费苦心地在《回忆录》中为英国评功摆好。例如，第二卷的主题被他定为“英国人民怎样单独坚守堡垒直至过去半盲的人们做好一半的准备”，突出在 1940 年 5 月到 1940 年年底这段期间英国是如何孤军奋战的。这是不符合历史事实的。当时法国虽已败降，苏美尚未参战，但中国人民早在 1937 年 7 月就已浴血奋战，抗击了几近百万的日本侵略军队了。不过，《回忆录》中对于 20 世纪 30 年代英国推行绥靖政策的一些批评和分析，还是有历史价值的。例如，当时以张伯伦为首的保守党主流派坚决反苏，反对联苏抗德。但丘吉尔却主张只有建立起英法苏的联盟，才能制止纳粹德国的侵略行为。丘吉尔本人的政治立场是反苏反共的，曾主张把苏维埃政权扼杀在摇篮里，组织过反苏的武装干涉。由于他认识到 20 世纪 30 年代纳粹德国成为英国最危险的敌人，便暂时抛弃意识形态的根本区别而主张联苏。到了第二次世界大战后期，他再次把苏联看作最大的敌人，力图联合美国打击苏联，并在战后发表了以“铁幕”一词而轰

---

① 戴高乐：《战争回忆录》，第 1 卷，《召唤 1940～1942》，上，5 页，北京，世界知识出版社，1981。

② 戴高乐：《战争回忆录》，第 3 卷（下），584 页，北京，世界知识出版社，1981。

③ 同上书，619 页。

动的反苏冷战演说。这说明，像丘吉尔这样的资产阶级大政治家，虽然其根本政治立场是反共的，但能根据国际形势的变化和战略态势的要求，及时调整联合或打击的目标。再如，慕尼黑会议后，张伯伦吹嘘"这是我们时代的和平"，从表面上看似乎真的避免了一场战争。丘吉尔却不这样看，他说："不要认为这件事会从此结束，这不过是算账的第一步，这不过是以后每年还要递给我们的苦酒的第一口，第一次尝尝味道罢了。"①他还以确凿的材料批驳了所谓英国因慕尼黑事件的解决获得了一年喘息的谬论(至今许多英国资产阶级学者仍持此说)，说明慕尼黑会议后英法同德国的地位对比要比1938年9月以前恶劣得多。② 张伯伦目光短浅，只求苟安，故把失败当成了胜利。丘吉尔比张伯伦眼光远大，深知对希特勒的每一次让步，只能使他得寸进尺，和平不仅没有保障，战争反而更加逼近了。

像戴高乐和丘吉尔这样具有丰富的从政经历和历史知识的资产阶级政治家，是能够在一定程度上总结历史经验教训的。但是他们的历史唯心主义的思想体系阻碍了他们对历史事件和人物做出进一步深入的本质的剖析。

与剥削阶级不同，无产阶级和它的代表人物为了实现社会主义——共产主义的伟大理想，能够客观地、不带阶级偏见地去总结历史，科学地说明人类历史的发展规律和各国治乱兴衰的经验教训。

马克思和恩格斯是伟大的无产阶级革命家、思想家，也是伟大的历史学家。他们研究了全部人类历史，发现了人类历史的发展规律，"即历来为繁芜丛杂的意识形态所掩盖着的一个简单事实：人们首先必须吃、喝、住、穿，然后才能从事政治、科学、艺术、宗教等等；所以，直接的物质的生活资料的生产，从而一个民族或一个时代的一定的经济发展阶段，便构成基础，人们的国家设施、法的观点、艺术以至宗教观念，就是从这个基础上发展起来的，因而，也必须由这个基础来解释，而不是像过去那样做得相反。"③由于"唯物主义历史观和通过剩余价值揭开资本主义生产的秘密"这两个伟大的发现，"社会主义变成了科学"。④

---

① 丘吉尔：《第二次世界大战回忆录》，第1卷上部，第二分册，486页，北京，商务印书馆，1974。

② 同上书，497～503页。

③ 《马克思恩格斯选集》，中文第2版，第3卷，776页，北京，人民出版社，1995。

④ 同上书，740页。

马克思和恩格斯还写了一些专门的历史著作，从古代史一直到当代史，例如《家庭、私有制和国家的起源》、《德国农民战争》、《1840 年至 1850 年的法兰西阶级斗争》、《德国的革命和反革命》、《路易・波拿巴的雾月十八日》、《法兰西内战》等等。《共产党宣言》是科学共产主义的伟大的纲领性文件，是一部理论著作，但在一定意义上也是一部伟大的历史著作，它高度概括地、深刻地阐明了全部人类历史，特别是资本主义时代的历史。在这些历史著作中，他们用历史唯物主义理论研究具体的历史事件，反过来又用具体的历史事件检验他们的历史唯物主义理论。恩格斯说，《1848 年至 1850 年的法兰西阶级斗争》这部著作，“是马克思用他的唯物主义观点从一定经济状况出发来说明一段现代历史的初次尝试。在《共产党宣言》中，用这个理论大略地说明了全部近代史”。① 恩格斯在为《路易・波拿巴的雾月十八日》所写的 1885 年第三版序言中又说：“正是马克思最先发现了重大的历史运动规律。……这个规律对于历史，同能量转化定律对于自然科学具有同样的意义，这个规律在这里也是马克思用以理解法兰西第二共和国历史的钥匙。在这部著作中，他用这段历史检验了他的这个规律；即使已经过了 33 年，我们还是不能不说，这个检验获得了辉煌的成果。”②马克思和恩格斯撰写这些历史著作，是为了总结历史经验，说明人类从原始土地公有制解体以来的全部历史都是阶级斗争的历史，从而使无产阶级认识到自己解放世界的历史使命，认识到自己行动的条件和性质。恩格斯在马克思墓前的讲话中，说马克思的逝世“对于欧美战斗的无产阶级，对于历史科学，都是不可估量的损失。”③在这里，特别提到马克思的逝世是历史科学的不可估量的损失，是含有深意的。

列宁和他领导的布尔什维克党胜利地进行了俄国十月革命，建立了人类历史上第一个社会主义国家，从而把科学社会主义学说变成了现实。列宁具有深邃的历史眼光和广阔的世界视野。他既精通马克思主义学说，又对世界历史有深刻的了解。他在创建布尔什维克党、进行十月革命和巩固苏维埃政权的斗争中，都十分重视总结历史经验，用历史观点去观察问题。他说：“在社会科学

---

① 《马克思恩格斯选集》，中文第 2 版，第 4 卷，506 页，北京，人民出版社，1995。

② 《马克思恩格斯选集》，中文第 2 版，第 1 卷，583 页，北京，人民出版社，1995。

③ 《马克思恩格斯选集》，中文第 2 版，第 3 卷，776 页，北京，人民出版社，1995。

问题上有一种最可靠的方法，它是真正养成正确分析这个问题的本领而不致淹没在一大堆细节或大量争执意见之中所必需的，对于用科学眼光分析这个问题来说是最重要的，那就是不要忘记基本的历史联系，考察每个问题都要看某种现象在历史上怎样产生、在发展中经过了哪些主要阶段，并根据它的这种发展去考察这一事物现在是怎样的。”①

列宁认为，在建立无产阶级政权以后，由于帝国主义还存在，由于国内的各种反社会主义分子还存在，保持和巩固无产阶级专政，仍然是一个极其严重的问题。他说：“历史上从来没有过一种革命，在取得胜利以后就可万事大吉，安享清福。……这样的革命一次也没有过，甚至次等的革命，甚至只把政权从一个有产者少数转到另一个有产者少数手中的资产阶级革命也不是这样的革命。这种例子多得很！如法国革命。19 世纪初，原先的强国就曾群起反对它，想摧毁它。”②列宁还说：“任何一次伟大的革命，即使是一国范围内的革命，都不可能不经受失败的艰苦时期。”③他深刻指出，社会主义要战胜资本主义，社会主义这种新的生产方式要存在下去，就必须创造出比资本主义高得多的劳动生产率。列宁认为，历史不能割断，建设社会主义必须利用资本主义。“必须取得资本主义遗留下来的全部文化，并且用它来建设社会主义。必须取得全部科学、技术、知识和艺术。否则，我们就不可能建设共产主义社会的生活。”④苏俄在政治方面比英国、德国这样的国家都要先进，“但在组织象样的国家资本主义方面，在文明程度方面，在从物质和生产上‘实施’社会主义的准备程度方面，却比西欧最落后的国家还要落后”，因此“不利用大资本主义所达到的技术和文化成就便不可能实现社会主义”。⑤

关于革命的成败问题，列宁站在历史唯物主义的高度，做过透彻的分析，这些分析至今对我们仍有很大的启示意义。他以法国大革命为例，说它给资产阶级做了很多事情，“以至整个 19 世纪，即给予全人类以文明和文化的世纪，都是在法国革命的标志下度过的。”法国革命后来在联合起来的欧洲反动势力的打击下失败了，法国恢复了正统的君主，“虽然如此，法国大革命还是胜利了”，“因为它为全世界奠立了曾是无法消灭的资产阶级民主、资产阶级自由的

---

① 《列宁选集》，中文第 3 版，第 4 卷，26 页，北京，人民出版社，1995。

② 《列宁全集》，中文第 2 版，第 36 卷，45 页，北京，人民出版社，1985。

③ 《列宁全集》，中文第 2 版，第 34 卷，94 页，北京，人民出版社，1985。

④ 《列宁全集》，中文第 2 版，第 36 卷，48 页，北京，人民出版社，1985。

⑤ 《列宁全集》，中文第 2 版，第 34 卷，285、289 页，北京，人民出版社，1985。

基石。”①随后列宁联系到十月革命说：“一年半来，我们的革命为无产阶级，为我们所服务的那个阶级，为我们奋斗的目的，为打倒资本统治所做的事情，要比法国革命为本阶级所做的事情多得多。所以我们说，即使出现某种最坏的情况，即使明天有某个幸运的高尔察克把所有的布尔什维克都斩尽杀绝，那革命还是胜利了。”②从根本上说，列宁认为：“如果从实质上来观察问题，难道历史上有一种新生产方式是不经过许许多多的失败、错误和反复而一下子就确立起来的吗？”③“设想世界历史会一帆风顺、按部就班地向前发展，不会有时出现大幅度的跃退，那是不辩证的，不科学的，在理论上是不正确的。”④苏联解体后，有人由此推断说，十月革命当初就不应该举行，十月革命是毫无成果的，甚至是有害的。我们根据上述列宁关于法国革命和十月革命的分析，正好用以批驳这些谬论。再者，有人还从苏联的解体得出社会主义已经失败的结论。其实，苏联的解体只能说明社会主义的一种已经僵化但未及时改革的模式的失败，并非整个社会主义制度的失败。中国特色社会主义已经并正在取得举世瞩目的成就，其他一些社会主义国家的事业也在发展。上述列宁关于一种新生产方式的建立必然要经历许多失败、错误和反复的科学分析，同样正好用来批驳社会主义已经失败和终结的谬论。

毛泽东是一位精通历史的伟大革命家。还在取得全国胜利以前，他就在考虑中国共产党掌权后如何避免历代封建王朝兴亡的“周期率”。1945 年 7 月黄炎培等 6 位国民参政员赴延安访问。7 月 4 日毛泽东与黄炎培晤谈。黄炎培说：一人、一家、一团体、一地方乃至一国，不少单位都没有能跳出“其兴也勃焉，其亡也忽焉”的“周期率”。“中共诸君从过去到现在，我略略了解了的，就是希望找出一条新路，求跳出这个周期率的支配。”毛泽东答道：“我们已经找到了新路，我们能跳出这周期率。这条新路，就是民主。只有让人民来监督政府，政府才不敢松懈；只有人人起来负责，才不会人亡政息。”⑤1944 年 3 月，郭沫若的《甲申三百年祭》在重庆《新华日报》发表。文章叙述了明末李自成农民起义军在攻入北京推翻明朝后，一些首领腐化并发生宗派斗争，以致失败的过程。1944 年 4 月 12 日，毛泽东在延安高级干部会议上说：“近日我们印

---

① 《列宁全集》，中文第 2 版，第 36 卷，354 页，北京，人民出版社，1985。

② 同上书，355 页。

③ 《列宁全集》，中文第 2 版，第 37 卷，17 页，北京，人民出版社，1986。

④ 《列宁全集》，中文第 2 版，第 28 卷，6 页，北京，人民出版社，1991。

⑤ 陈微主编：《毛泽东与文化界名流》，263 页，北京，人民出版社，2003。

了郭沫若论李自成的文章，也是叫同志们引为鉴戒，不要重犯胜利时骄傲的错误。"同年 11 月 21 日毛泽东还写信给郭沫若，说："你的《甲申三百年祭》，我们把它当作整风文件看待。小胜即骄傲，大胜更骄傲，一次又一次吃亏，如何避免此种毛病，实在值得注意。"①

在中国人民革命全国胜利的前夕，中国共产党七届二中全会于 1949 年 3 月召开。毛泽东在这次会上的报告中提醒全党要防止因胜利而骄傲，以功臣自居，停顿起来不求进步，贪图享乐不愿再过艰苦生活等情绪的滋长，要警惕在糖衣炮弹攻击下打败仗的危险。他把夺取全国胜利比作"万里长征走完了第一步"，这句名言给人们以极深刻的印象。他告诫全党："务必使同志们继续地保持谦虚、谨慎、不骄、不躁的作风，务必使同志们继续地保持艰苦奋斗的作风。"②七届二中全会一开完，毛泽东和中共中央其他领导人在 3 月 23 日离开西柏坡，进驻北京。在进行出发的准备工作时，毛泽东对周围的人说：我们进北平，可不是李自成进北平，他们进了北平就变了。我们共产党人进北平，是要继续革命，建设社会主义，直到实现共产主义。③

毛泽东在领导中国社会主义建设时，也十分重视借鉴外国的历史经验。1956 年他在《论十大关系》的讲话中说：应当承认，每个民族都有他的长处，同时，每个民族也都有他的短处。"一切民族、一切国家的长处都要学，政治、经济、科学、技术、文学、艺术的一切真正好的东西都要学。但是，必须有分析有批判地学，不能盲目地学，不能一切照抄，机械搬用。他们的短处、缺点，当然不要学。"④贯串《论十大关系》的基本思想是，"以苏为鉴"，根据中国的实际情况走自己的路。

综上所述，可以看出：苏联的奠基者列宁和中华人民共和国的奠基者毛泽东两位伟人，在他们巩固政权和治理国家的实践中，都是十分重视从历史上吸取经验教训的。他们所总结的历史经验教训和他们运用历史唯物主义的方法，都是值得我们认真学习的。

今天，人类已进入了 21 世纪。我们面临的国际形势，要比过去更加复杂多变。世界多极化和经济全球化趋势在曲折中发展，各国之间既有相互依存的

---

① 《毛泽东文集》，第 3 卷，227 页，北京，人民出版社，1996。
② 《毛泽东选集》，第 2 版，第 4 卷，1438～1439 页，北京，人民出版社，1991。
③ 金冲及主编：《毛泽东传》，下，916～917 页，北京，中央文献出版社，1996。
④ 《毛泽东文集》，第 7 卷，41 页，北京，人民出版社，1999。

一面，也有相互激烈竞争的一面。在这种形势下，为了建设好中国特色社会主义，我们必须按照胡锦涛同志所指示的："不仅要有深远的历史眼光，而且要有宽广的世界眼光"；"要十分珍惜我国在革命、建设和改革的长期实践中积累的宝贵经验，也要认真研究和借鉴其他国家历史发展提供的经验教训。站在世界文明发展的历史高度，进一步认识当今世界风云变幻的规律性趋势，进一步认清我国的基本国情和发展大势，更好地掌握和加快我国发展的主动权。"①为此，我们编了这套"强国兴衰史丛书"，阐述世界上一些国家治乱兴衰的历史，探寻其轨迹，总结其经验教训。丛书的第一批先出7卷，包括西班牙、葡萄牙、荷兰、英国、法国、德国、日本、美国8个国家。这套丛书与一般的国别史写法不同，重点是选择每一国家中最能说明其兴衰过程及经验教训的一段历史，予以论述，此前此后都只做简单交代，用以概述一国兴起的背景和衰落后的归宿(复兴或其他)。例如，西班牙、葡萄牙卷的重点放在15、16世纪两国最早开辟新航路和建立殖民帝国这一段历史上；荷兰卷的重点放在17世纪荷兰建立海上霸权这一段历史上；英国卷的重点放在从工业革命的发生到英国在19世纪称霸世界再到患上"英国病"，走向衰落这一段历史上；法国卷的重点放在从法国大革命的爆发到法国成为世界第二大殖民帝国再到第三共和国的败亡这一段历史上；德国卷的重点放在从第二帝国的统一到德国后来居上成为世界第二工业强国再到第三帝国的暴兴和灭亡这一段历史上；日本卷的重点放在从明治维新到日本跻身资本主义世界强国之列再到日本帝国投降这一段历史上。从第二次世界大战结束到今天，日、德、法、英的历史都发生了很大变化。日本、德国经济复兴，成为世界第二和第三经济强国。英国经济近年来也有相当发展。法国力图恢复世界大国地位，树立在欧盟中的领导地位。但战后至今的历史作为一个阶段，尚在演变之中，需要继续冷静观察，不宜过早做出结论，应列入当代史范畴另作专门处理。美国的情况比较特殊。它在二战后成为世界超级大国，苏联解体后成为世界上唯一超级大国，这段历史自然不能不做比较详细的论述。美国今天仍然是世界上最强大的国家。它是否已经走向衰落或仅有衰落的苗头，还是它将长期称霸世界？众说纷纭，莫衷一是，看来还将继续争论下去。美国卷的这一部分，作者也只能按照自己的研究，对美国未来的走向提出一些初步看法，供读者参考。

① 胡锦涛在中共中央政治局第九次集体学习时的讲话，见《人民日报》1993年11月25日。

本丛书是一套以研究为基础的普及读物，作者力求写得深入浅出，以便广大读者阅读。脚注从简，但把写作参考的书籍列一简要目录，附在全书之后，供读者进一步研究时参考。各卷作者都是对所写问题做过专门研究的中青年学者，但由于涉及的内容方面很广，缺点仍在所难免，敬希读者多多给以指教。

创新是国家兴旺发达的不竭动力*
——历史考察

今天，我们正在肩负着建设中国特色社会主义，复兴中华民族的伟大历史使命。为了实现这一使命，必须首先使国家富强起来。导致国家富强的因素有很多，限于时间，今天只讲创新这个因素。

纵观15世纪以来世界主要国家，在其兴盛时期都是重视创新而不是墨守成规、因循守旧的。党的十六大报告指出："创新是一个民族进步的灵魂，是一个国家兴旺发达的不竭动力，也是一个政党永葆生机的源泉。"以下从几个方面做一些历史考察：

（一）科技创新是奠定国家兴盛的经济基础的重要因素

古代国家，有专凭武力就可以强大起来并征服广大地区的，如蒙古大帝国。近代大工业兴起以后，这样的情况就不存在了。强国一定有雄厚的经济基础，而经济发达又与科技发达有密切的关系。18世纪下半叶，工业革命首先在英国兴起，后来又扩展到全世界，改变了人类的命运。瓦特从1763年起致力于改进铁匠纽可门的蒸汽机的动力装置，经过十多年的努力后，终于造成可以连续运动的蒸汽机。蒸汽机的出现，使人类从此摆脱了以人力、兽力、风力、水力为动力来源的依赖，能够使用自己创造的动力来驱动机器，从而释放出巨大的生产力，这是一件划时代的大事。瓦特是一名工匠和技师，他懂得一点科学，但不多。他在改进蒸汽机的过程中应用了布莱克在热学方面的发现。这意味着科学和技术结合的萌芽。最

* 原载《历史教学问题》2004年第2期。本文根据作者2004年3月在华东师范大学所做的一次报告整理而成。

初的蒸汽机只能单向往复，以后瓦特得到波尔顿(Mathew Boulton，1728～1809年)的经费赞助，继续研究，终于在1782年制成了复动式蒸汽机(又称万能蒸汽机)。复动式蒸汽机的制成，基本完成了蒸汽机的发明和改造过程。试验成功以后，波尔顿就从一个制纽扣的商人一变而成为蒸汽机的第一个制造家。这是技师和制造家(最早的一批工业资本家)的结合。没有这种结合，科学和技术结合的产物仍然不可能大规模地在工业中推广。当时还有一件事，值得十分注意，就是瓦特和波尔顿等人组织了一个叫作"月社"(Lunar Society)的团体。其所以取名为"月社"，是因为社员们在月圆之夜轮流在各家聚会，在一种自由的气氛中，讨论科学、技术的新成就以及理论上的新事件。"月社"是个比较松散的组织，没有会章，但集中了当时英国一部分优秀的人物。例如制铁家威尔金森、激进作家戴、博物学家达尔文(查理斯·达尔文的祖父)、化学家普利斯特利、哲学家休谟、经济学家斯密、地质学家赫腾等人。"月社"的建立反映了工业革命时期科学和工业结合的历史要求。以上说明了科学、技术和工业生产三者的最早的结合，这种结合虽然还是初步的、处于萌芽状态的，但有着划时代的历史意义。

英国发明蒸汽机后，欧美各国相继采用，工业发展进入"蒸汽时代"。最初的蒸汽机是用手工制造的，每一台蒸汽机的部件都有可能不同，精密程度不高。随着工业革命的深入，这种情况必须改变，于是导致了一个新的工业部门，即用机器制造机器的机器制造工业的诞生。19世纪三四十年代，英国的机器制造业实现了机械化，使英国成为第一个实现工业革命的国家。工业化的实现，使英国经济繁荣起来。1850～1870年，英国经济迅速发展，远远超过以往年代。到1860年占世界人口2%和欧洲人口10%的英国几乎生产了世界工业产品的40%～50%。19世纪中期，英国经济在世界上处于领先地位，直到1880年它一直是世界上最富裕的国家，享有"世界工厂"的声誉。雄厚的经济基础，使英国得以称霸19世纪。

第一次工业革命及其促成的生产力大发展有力地推动了自然科学的进步。在一系列重大科学成果的基础上，在先进国家特别是德国和美国，涌现出一批发明家，如西门子(1866年发明电机)、爱迪生(1879年发明电灯)等人，正是通过把他们的发明运用到生产中去，引发了第二次工业革命。第二次工业革命从19世纪60～70年代开始，19世纪末、20世纪初完成。在第二次工业革命的成就中，最突出的是电气、内燃机和化工。电能的应用、电气工业的兴起和发展，尤其是第二次工业革命的核心内容。人类从此进入电气时代。

由于两次工业革命的首尾交叉，起步较晚的资本主义国家如德国和美国，可同时吸收两次工业革命最合用的成果，故发展十分迅速。统一后的德国，从1870年到1900年大约30年间，从一个以农业为主的国家转变为以工业为主的国家。在德国经济中，煤炭和钢铁的结合产生了欧洲最大的钢铁工业。1875年，德国钢产量约为35万吨，1890年为320万吨，1900年为740万吨，居欧洲首位，成为仅次于美国的世界第二大产钢国。电气工业的发展，是造成90年代后期德国经济繁荣的基本因素。德国到第一次世界大战前夕，在广泛利用电力方面居世界的首位。化学工业(化学肥料、合成染料、合成纤维等等)的发展在19世纪后期最为显著。1877年，德国占了世界合成染料的一半，1900年以后这一比例上升到90%。到第一次世界大战前夕，德国工业已超过英国，成为仅次于美国的世界第二大工业强国。列宁说："1871年以后，德国实力的增强要比英法快两三倍。"①南北战争后，美国经济迅速发展。美国社会生产力水平提高的关键因素是科学技术加快转化为生产力。以电力为代表的新兴工业部门的崛起，使美国在19世纪末完成第一次工业革命的同时，领先进入了第二次工业革命。1879年，爱迪生研制成世界第一支白炽电灯泡。1882年9月，第一座中心发电站在纽约建成。90年代末，美国的重要城市都建立了发电厂，大企业已普遍使用电力。美国的钢产量，1875年还不到40万吨，到1900年猛增到1018万吨，是世界产量的43%。19世纪最后40年，美国工业发展极其迅速。1860年，美国工业生产在主要资本主义国家中居第4位，到1890年已跃居世界首位，占世界工业总产值的1/3弱。美利坚民族具有积极进取、讲究实效的精神，较少受传统束缚，富于创新精神。1888年恩格斯曾到美国旅行，他的印象是："这个新世界由于藐视一切继承的和传统的东西而远远超过了我们这些旧式的、沉睡的欧洲人；这个新世界是由现代的人们根据现代的、实际的、合理的原则在处女地上重新建立起来的。……他们这个前进最快的民族(the most go ahead nation)，对于每一个新的改进方案，会纯粹从它的实际利益出发马上进行试验，这个方案一旦被认为是好的，差不多第二天就会立即付诸实行。"②19世纪中后期是美国技术发明的黄金时代。1790～1860年的70年中，美国专利局批准的专利总计36000件，平均每年500件，而1860～

① 《列宁全集》，中文第2版，第26卷，366页，北京，人民出版社，1990。

② 《马克思恩格斯全集》，中文第1版，第21卷，534页，北京，人民出版社，1965。

1890 年的 30 年中，批准的专利高达 44 万件，平均每年 14000 件。在第二次工业革命时期，科学与技术的结合要比以前紧密得多。科学在工业中越来越广泛地应用，而且人们自觉地运用科学的程度也比以前大大提高。

20 世纪是人类历史上科学技术最为辉煌的时代。相对论、量子力学和分子生物学等基础理论的发现，是 20 世纪确立的当代科学最伟大的理论体系，它们又各自带动了一批新兴基础科学和高新技术的诞生。自然科学理论对工业的作用更为突出。科学通过技术的媒介应用于生产，科学技术真正成为第一生产力。现在，从科学原理到发明，到产品投入市场的时间越来越短了。1885 年到 1919 年，从发明到产品投入市场的平均时间是 37 年；1920 年到 1944 年平均是 24 年；从 1945 年到 1964 年平均是 14 年。这说明人们越来越认识到科学技术对生产力的重要作用。在一些经济发达的国家，科学技术在国民经济中的使用已上升到第一位。20 世纪初期，经济增长主要靠人力、物力和资金的投入，科学技术在经济增长中所占比重仅为 20%左右。第二次世界大战以后，1950～1970 年，科技进步所占比重在发达国家平均为 49%。到 20 世纪 80 年代，在一些发达国家所占比例已上升为 60%～80%。在发展中国家平均为 35%。

美国从 19 世纪末一直到今天，始终是世界上第一号经济强国，这与它的高度发达的科学技术有很大关系。以物理学、化学和医学这三项诺贝尔奖而论，从 1910 年到今天，美国共获奖 212 次，英、德、法三国共获奖 171 次，美国一国超过英德法三国的总和。(美国获奖次数在 1940 年前与英、法、德三国每个国家比都不如；美国获奖次数猛增是在 1941 年以后。)值得注意的是：20 世纪 90 年代，美国率先走上信息经济的道路。它十分重视以信息技术为核心的高新技术的开发和利用。2000 年，美国研发开支达 2640 亿美元，占世界研发总开支的 45%。科技的研究与开发大大提高了劳动生产率。美国商务部的一份报告说，自 1995 年以来美国的劳动生产率年增幅平均达到 2.8%，比 1973 年到 1995 年间的 1.4%提高了一倍，其中一半以上归功于信息技术产业。

社会主义国家苏联自 1917 年建立政权后到 1937 年，在短短的 20 年内，从一个落后的农业国变成了先进的工业国。在世界上的排名，工业由 1913 年的世界第 5 位和欧洲第 4 位一跃而为 1937 年的世界第 2 位和欧洲第 1 位。苏联之成为工业强国，与它重视科技有相当大的关系。1918 年列宁在《苏维埃政权的当前任务》一文的提纲中写道："乐于吸取外国的好东西：苏维埃政权＋普鲁士的铁路秩序＋美国的技术和托拉斯组织＋美国的国民教育等等等等＋＋＝

总和＝社会主义。”[①]1920 年 2 月，根据列宁的提议，苏联成立了国家电气化委员会。1920 年 12 月举行的第八次全俄苏维埃代表大会批准了《全俄电气化计划》，列宁把这个计划称作“第二个党纲”。列宁说：“只有当国家实现了电气化，为工业、农业和运输业打下了现代大工业的技术基础的时候，我们才能得到最后的胜利。”就是在这次会议上，列宁提出了“共产主义就是苏维埃政权加全国电气化”的有名公式。[②] 斯大林也很重视科技。1931 年，他提出了在新的现代的技术基础上改造国民经济一切部门的方针。1931 年 2 月 4 日，他在全苏社会主义工业工作人员第一次代表大会上说：苏联比先进国家落后了 50 年至 100 年。“延缓速度就是落后，而落后者是要挨打的。”苏联“应当在 10 年内跑完这一段距离”。为此，“布尔什维克应当掌握技术。在改造时期，技术决定一切。”[③]

综上所述，可以看出科学技术在国家兴旺发达中所起的重要作用，这种作用越到后来越大，而推进科技发展，关键是敢于和善于创新。历史上的科学发现和技术突破，无一不是创新的结果。党的十五大报告指出：“科技进步是经济发展的决定性因素。”十六大报告指出：“走新型工业化道路，必须发挥科学技术作为第一生产力的重要作用。”

科学技术是第一生产力这个命题中的“科学”，是单指自然科学呢，还是也包括社会科学呢？我认为，应当包括社会科学在内。社会科学领域的正确与错误、成功与失败，与自然科学一样与生产力的发展有很大关系。例如，20 世纪 50 年代马寅初先生提倡节制生育，但当时没有采纳他的建议，结果后来中国多了几亿人口，给经济带来了极大压力，也影响到人口素质。

(二)创新的关键在于人才，人才的成长有赖于教育

创新的关键在于人才，人才资源是最重要的资源，是第一资源。人才的成长又有赖于教育。教育水平提高了，科技进步和经济发展才有后劲。在教育方面，一些强国也有重要的创新。德国大学有很高的水平。例如：哥廷根大学从 18 世纪中就摆脱了教会的束缚，允许自由讲学，并采用研讨班(seminar)等新的教学形式。到 19 世纪下半叶，这所大学已人才辈出。20 世纪物理学、数学

① 《列宁全集》，中文第 2 版，第 34 卷，520 页，北京，人民出版社，1985。

② 参见《列宁全集》，中文第 2 版，第 40 卷，155～156 页，北京，人民出版社，1986。

③ 斯大林：《列宁主义问题》，400～402 页，北京，人民出版社，1973。

方面的许多重大成就都是在哥廷根大学产生的，大学成为科学发展的基地。普鲁士教育大臣威廉·冯·洪堡于1810年创建的柏林大学，是又一所有名的大学。它以“教学与科学研究统一”、“学术自由”作为办学的方针，成为德国高等学校的榜样。德国资本主义发展较晚，但很快赶了上来，重要原因之一就是德国大学培养了许多优秀的科学人才。

社会应用科学越广泛，就要求有更多的受过教育的人才，因此中小学教育十分重要。1852年美国马萨诸塞州首先颁布义务教育法，此后美国各州、欧洲各主要资本主义国家和日本都陆续颁布了义务教育法，规定学龄儿童必须接受免费的义务教育。受教育的时间，开始时是4年、5年，以后逐渐增加，到现在少则8年，多则12年。资本主义的发展，要求劳动者必须具有一定程度的文化水平。列宁说：“正常的资本主义社会要顺利发展下去，就不能没有稳固的代表制度，就不能不给予在‘文化’方面必然有较高要求的人民以一定的政治权利。这种一定程度的文化要求是资本主义生产方式本身连同它的高度技术、复杂性，灵活性、能动性以及全世界竞争的飞速发展等等条件所造成的。”①

日本在第二次世界大战战败后，经济残破，但不久就得到恢复，并迅速发展起来。吉田茂在《激荡的百年》一书中称之为“奇迹般的转变”。这种“奇迹般的转变”是如何出现的呢？原因之一在于日本的教育，特别是中小学教育很发达。日本从1905年至1960年的55年内，物的资本增长了近6倍，劳动力只增长了0.7倍，国民收入却增长了近71倍，在此期间教育经费增加了22倍。这就是说，用很少的劳动力作用于增加不多的物，却能得到更多的物质财富。

总之，正如党的十六大报告所指出的：“教育是发展科学技术和培养人才的基础，在现代化建设中具有先导性全局性作用，必须摆在优先发展的战略地位。”

（三）思想理论创新对于国家兴盛具有重大的先导意义

思想理论创新虽然不像科技创新那样具体，那样显而易见，但释放出来的力量却是巨大的，对于国家的兴盛往往起着先导性的作用。例如，在西方历史上，文艺复兴就是一个典型例子。文艺复兴是从意大利兴起，后来逐渐传播到尼德兰、英国、法国、西班牙等国的新文化运动。它萌发于14世纪，在16世纪前半期达于顶峰。文艺复兴运动把人们的注意力从来世转到现世，从以神为

① 《列宁全集》，中文第2版，第20卷，68页，北京，人民出版社，1986。

中心转到以人为中心。人文主义者强调人的价值、人的理想、人的力量，宣扬人就是尘世的上帝。文艺复兴是欧洲从中世纪封建社会向近代资本主义社会转变时期的反封建、反教会神权的一场伟大的思想解放运动，代表欧洲近代资本主义文明的最初发展阶段，是人类历史上一次伟大的、进步的变革。

一个伟大的民族不能没有理论思维。以邓小平提出的社会主义初级阶段理论为例，足以看出理论创新的重大意义。在很长的时间内，各国共产党人都把社会主义看作一个向共产主义过渡的短暂的阶段。1936 年 11 月，斯大林在《关于苏联宪法草案》的报告中，就过早地宣布："我们已经基本上实现了共产主义第一阶段，即社会主义。"在经历了第二次世界大战和战后恢复时期以后，苏联在 1952 年又宣布："苏联社会主义建设任务已经完成"，现在已处于"从社会主义逐渐过渡到共产主义"的时期，但这种认识仍然是不符合实际的。这时苏联的生产力水平还远远落在美国的后面。赫鲁晓夫上台后，在 1959 年召开的苏共 21 大上所做报告中，说苏联已进入发展的新时期，即全面开展共产主义社会建设的时期。1961 年苏共 22 大又通过了一个新党纲，推出了在 20 年内苏联基本上建成共产主义社会的计划。这种急于过渡到共产主义社会的主观空想，后来当然是破灭了。勃列日涅夫上台后，不再谈建成共产主义，而稍微降了调子，说什么苏联已"建成了发达的社会主义社会"。安德罗波夫上台后，再次降调，以"发达社会主义起点论"代替"发达社会主义建成论"。但这时的苏联根本不够发达社会主义的资格，所以"起点论"仍然是错误的。我国在建设社会主义的过程中，也有过急于向共产主义过渡的毛病。邓小平说："'文化大革命'十年浩劫，中国吃了苦头。中国吃苦头不只这十年，这以前，从 1957 年下半年开始，我们就犯了'左'的错误。总的来说，就是对外封闭，对内以阶级斗争为纲，忽视发展生产力，制定的政策超越了社会主义的初级阶段。"①1980 年他说："现在我们正在总结建国三十年的经验。总起来说，第一，不要离开现实和超越阶段采取一些'左'的办法，这样是搞不成社会主义的。我们过去就是吃'左'的亏。第二，不管你搞什么，一定要有利于发展生产力。"②社会主义初级阶段理论的提出，对于我国的社会主义建设，关系重大。党的十五大报告指出："十一届三中全会前我们在建设社会主义中出现失误的根本原因之一，就在于提出的一些任务和政策超越了社会主义初级阶段。近二十年改革开放和

① 《邓小平文选》，第 3 卷，269 页，北京，人民出版社，1993。

② 《邓小平文选》，第 2 卷，312～313 页，北京，人民出版社，1983。

现代化建设取得成功的根本原因之一，就是克服了那些超越阶段的错误观念和政策，又抵制了抛弃社会主义基本制度的错误主张。”

最近党中央提出的科学发展观，是思想理论方面的重大创新。2004 年 3 月胡锦涛同志在中央人口资源环境工作座谈会上的讲话中指出：“坚持以人为本，全面、协调、可持续的发展观”是“从新世纪新阶段党和国家事业发展全局出发提出的重大战略思想”。科学发展观的内容极其深刻、丰富，我们应当认真学习。

（四）制度创新对于国家兴盛具有稳固性、根本性的意义

建立一种新的制度，可以对国家兴盛产生稳固的保证作用，可以产生全方位、根本性的作用。下举两例，予以说明。

1. 资产阶级议会民主制度。这种制度与封建专制制度相比，是一个巨大的创新。英国是“议会之母”。在 13 世纪的一百年间，英国宪法史上的两个重要基础——1215 年的《大宪章》和议会都产生了。以后经过 1640～1660 年的资产阶级革命，查理二世的复辟，直到 1688 年“光荣革命”才确立了议会的主权，奠定了君主立宪制的基础。到 18 世纪中叶，国王的权力已经消退，立法权已高出行政权。以后又经过 1832 年的议会改革以及几次议会改革（1867、1884～1885），英国的资产阶级议会民主制度便成熟了。今天，资产阶级议会民主制度已成为欧美资本主义国家的流行制度。资产阶级议会民主制度是维护资产阶级统治的（这是就国体而言，就政体而言则有共和制和君主立宪制两种，共和制更为普遍），但也有它的优点。首先，在统治阶级内部有充分的民主，不使某一个政党、某一个集团占有压倒优势，个人更不能拥有独裁权力，这有利于资产阶级统治的稳定。毛泽东说：“讲到宪法，资产阶级是先进的。英国也好，法国也好，美国也好，资产阶级都有过革命时期，宪法就是他们在那个时期开始搞起的。我们对资产阶级民主不能一笔抹杀，说他们的宪法在历史上没有地位。”①毛泽东还说过：斯大林严重破坏社会主义法制的事件在英、法、美这样的西方国家不可能发生。②

英国的议会民主制度行之最久，最为稳健，英国保持强盛的时间也最长。

2. 社会主义市场经济制度。在社会主义国家的历史上，传统的观念认为市场经济是资本主义特有的东西，计划经济才是社会主义经济的基本特征。我

---

① 《毛泽东文集》，第 6 卷，326 页，北京，人民出版社，1996。

② 参见《邓小平文选》，第 2 卷，333 页，北京，人民出版社，1983。

国提出在社会主义条件下发展市场经济，是前所未有的制度创新，是中国共产党对马克思主义发展做出的历史性贡献。从十二大提出计划经济为主，市场调节为辅，中间经过认识的不断深化，到1992年邓小平明确指出："计划多一点还是市场多一点，不是社会主义与资本主义的本质区别。计划经济不等于社会主义，资本主义也有计划；市场经济不等于资本主义，社会主义也有市场。计划和市场都是经济手段。"①经过党的十五大和十六大，到十六届三中全会又进一步通过了《中共中央关于完善社会主义市场经济体制若干问题的决定》，明确了完善社会主义市场经济的目标、任务、指导思想和原则。

综上所述，可以看出：一个国家、一个民族，当其兴盛时，都是富于创新精神，生气勃勃的，但当其走向衰落时，则丧失了进取精神，变得死气沉沉。英国是第一个实现工业化的国家，曾经走在世界前列。但到了第二次工业革命的时候，英国却落后了。这时陆续出现了一些新兴的工业部门，如化工等。英国资本家不愿放弃在煤炭、纺织等传统工业方面的利益，投资于新兴工业，而主要依靠对传统工业增加投资、扩大劳动力及产量的办法来促进经济增长，很少进行技术改革，因而逐渐落后于美国和德国。英国工厂主还满足于昔日"世界工厂"的地位，骄傲自大、不思进取。恩格斯在《社会主义从空想到科学的发展》一书的1892年英文版导言中写道："民族沙文主义的狂妄自大，即使在商业上，也是会坏事的。直到最近，普通的英国工厂主还以为，英国人不说本国话而说外国话，是有失尊严的，当他们看到外国的'可怜虫'迁居英国，使他们免去向国外推销产品的麻烦时，还引以自傲。他们根本没有觉察，这些外国人，大部分是德国人，因此而控制了英国很大一部分对外贸易"；"后来，大约10年前，英国的工厂主才大吃一惊，便询问英国的大使们和领事们：为什么他们再也不能保持自己的顾客。一致的答复是：(1)你们不学你们的顾客的语言，却要求他们说你们的语言；(2)你们不但不设法适应你们的顾客的需要、习惯和爱好，反而要他们迁就你们英国式的那一套。"②英国的例子足以说明，一个国家不论曾经多么强大，当其变得骄狂自大，丧失创新进取精神以后，便必然要走下坡路了。

今天，我们正在为建设中国特色社会主义而奋斗。在前进的道路上，绝不

① 《邓小平文选》，第3卷，373页，北京，人民出版社，1993。

② 《马克思恩格斯选集》，中文第2版，第3卷，714页注①，北京，人民出版社，1995。

能墨守成规，裹足不前。如果每一个人都能在自己的工作岗位上积极进取、努力创新，那么各个人的创新就能汇聚成全民族的创新，由此释放出来的力量是巨大无比、无穷无尽的，足以保证我们在国际激烈的综合国力的竞争中立于不败之地，实现复兴中华民族的伟大历史使命。

从中外历史看抓住机遇的重要性*

本文从中外历史上选择三类情况说明：机遇是客观存在的，但能否抓住机遇，利用机遇，则决定于人们主观上的认识能力和决策能力。对于领导人而言，能否抓住机遇，尤其是重大的考验。本文有助于加深理解中央领导同志为什么要一再强调抓住机遇的重要性。

2004年11月24日胡锦涛同志在中共中央政治局第九次集体学习时，深刻指出："无论是从中国社会的发展历程看，还是从世界上其他国家的发展历程看，能不能抓住机遇，加快发展，是一个国家能不能赢得主动、赢得优势、赢得胜利的关键所在。历史一再表明，机遇极为宝贵，稍纵即逝。在历史发展的关键时期，把握住了机遇，落后的国家和民族就有可能实现超越式发展，成为时代发展的弄潮儿；而丧失了机遇，原本强盛的国家和民族也会不进则退，成为时代发展的落伍者。"本文试图从中外历史上选择三类情况，予以说明。

第一类情况是在历史转折关头存在机遇。领导人看得深远，能够洞察这种机遇，及时做出正确决策，实现了预期达到的目标。

俄国十月革命的胜利，是第一类情况的典范。1917年二月革命后，列宁从国外回到彼得格勒，发表了《四月提纲》，坚决主张抓住时机，把资产阶级革命转变为社会主义革命。列宁的主张不仅遭

---

* 原载《求是》2007年第5期。略有修改。

到了孟什维克的激烈反对，就在布尔什维克党内，最初大多数人也不理解，有些人则公开表示反对。当时流行的观点是：俄国经济过于落后，进行社会主义革命的条件尚未成熟。经过列宁的有力说服，后来大多数布尔什维克都接受了他的正确意见。临时政府于 7 月 1 日下令在前线发动进攻，十几天内就损失了 6 万多人。7 月 17 日，50 万士兵工人游行示威，但遭到政府的残酷镇压。随后，临时政府宣布首都戒严，并下令通缉列宁等布尔什维克。七月事件表明，革命的和平发展已不可能。布尔什维克党于是确定了武装起义的方针。9 月，俄军最高总司令科尔尼洛夫发动叛乱，布尔什维克党组织工人士兵武装保卫首都，粉碎了叛乱。此后，布尔什维克的影响迅速扩大，在彼得格勒苏维埃和莫斯科苏维埃中相继取得多数席位。同时，农民纷纷起义。

这证明革命危机达到空前尖锐的程度，反革命势力快要达到极限了。10 月 12 日，列宁在《危机成熟了》一文中，强调"革命的转折时机显然已经到来"，"放过目前的时机，就等于断送革命"。① 10 月 23 日，布尔什维克党中央举行了具有历史意义的会议，以 10 票对 2 票(季诺维也夫和加米涅夫反对)通过了列宁起草的关于武装起义的决议。11 月 6 日晚，列宁在给党中央的信中尖锐指出："现在正是千钧一发的关头"，"无论如何必须在今天晚上，今天夜里逮捕政府成员，解除士官生的武装(如果他们抵抗，就击败他们)，如此等等。"列宁警告说："不能等待了!! 等待会丧失一切!!""历史不会饶恕那些延误时日的革命者，他们本来在今天可以获得胜利(而且一定能在今天胜利)，却要拖到明天去，冒着丧失许多、丧失一切的危险。"信的结尾说："放过了时机，那就是犯了滔天的大罪"，"拖延发动等于自取灭亡。"②列宁写完这封信后，就于当天深夜来到斯莫尔尼宫，直接领导起义。11 月 7 日(俄历 10 月 25 日)彼得格勒武装起义取得胜利。列宁在分析十月革命胜利的原因时，还多次指出当时所处的有利的国际形势。他说："卷入这场斗争的帝国主义强盗都全力以赴，进行你死我活的搏斗，以致无论哪一个帝国主义集团都无法集中较大的力量来反对俄国革命。在 10 月的时候，我们恰好碰上了这样一个时机，我国革命恰好碰上了一个幸运的时机。"③

美国总统罗斯福在和平与战争的转折关头，一步一步抓住时机，诱导美国

① 《列宁全集》，中文第 2 版，第 32 卷，268、278 页，北京，人民出版社，1985。

② 同上书，430～431 页。

③ 《列宁全集》，中文第 2 版，第 34 卷，6 页，北京，人民出版社，1985。

摆脱孤立主义，参加第二次世界大战，也属于第一类情况。1939年欧战爆发后，罗斯福宣布美国保持中立。他倾向支持英、法一方，但由于国内存在着强大的孤立主义势力，只能试探着前进。罗斯福想修改中立法，但参议员塔夫特、前总统胡佛等人都反对罗斯福取消中立法案的武器禁运，担心美国会因此卷入战争。一直到1939年10月和11月，参众两院才分别批准修改中立法，撤销武器军火禁运条款，实行现购自运原则。为援助英国，1940年9月2日英美签订协定，美国将50艘逾龄驱逐舰交给英国，英国则将纽芬兰、百慕大等英国海空军基地租给美国99年。1941年3月11日，罗斯福签署了租借法案，使美国由中立国实质上变成非交战国。1941年8月中旬，罗斯福与丘吉尔举行大西洋会晤，发表了《大西洋宪章》，表明了美英两国对待法西斯侵略战争的正义立场。尽管罗斯福做了很大的努力，使美国民众认清法西斯国家对美国的危害，但大西洋会议后不久美国举行的一次民意调查，74%的人仍旧反对卷入战争。参战时机尚不成熟，罗斯福仍需等待。

在亚洲，1937年日本发动全面侵华战争后，美国开始也是采取观望态度，保持中立，但资本家同时与日本大做生意，把石油等重要战略物资卖给日本，捞取巨额利润。具有远见卓识的罗斯福看到日本侵略战争有扩大的危险，便于1937年10月5日发表了一篇矛头指向日本但不点名的"防疫"演说，指出"世界上无法无天的瘟疫正在蔓延。"他还说："我们决心置身战争之外，可是我们不能保证我们不受战争的灾难性的影响和免于卷入战争的危险。"但这时美国的孤立主义势力十分强大，罗斯福的演说立即遭到《华尔街报》、《商业周刊》等有影响报刊的猛烈抨击，罗斯福只得暂时退了回去。1940年9月23日，日军进驻印度支那北部，迈出了南进的第一步，美国这时才感到事态严重，还以颜色，宣布对日本实行废钢铁禁运。1941年7月24日，日军又进驻印度支那南部。25日，罗斯福下令冻结日本在美资产。12月1日，美国又禁止向日本出口一切可作为飞机燃料的石油产品。12月7日，日军偷袭珍珠港，美国举国震惊。12月8日，罗斯福抓住时机，立即向国会提出战争咨文，国会进行表决，只有1票反对便通过了对日宣战。值得注意的是：12月7日日本飞机在珍珠港上空投下第一批炸弹时，孤立派领袖之一参议员奈伊还在匹兹堡发表反对对日本采取强硬措施的演说，演说还未结束，就传来日本偷袭珍珠港的消息，奈伊只得匆匆结束他的演说。第二次世界大战为美国提供了建国以来最大的机遇。战后初期，美国在资本主义世界取得了政治上、军事上和经济上的绝对优势。杜鲁门总统得意忘形地说："胜利已使美国人民有经常而迫切的必要来领导世界了。”

第二类情况是在较长一段时间内（例如10年、20年左右）存在战略机遇期，领导人抓住这段战略机遇期，通过系统的努力，实现了所要达到的战略目标。

苏联在20世纪30年代实现社会主义工业化是这类情况的一个典型。十月革命胜利以后，苏联一直处在资本主义世界包围之中。斯大林认为，必须尽快实现工业化，紧紧抓住历史机遇，用10年左右时间跑完落后于西方50～100年的距离。“或者我们做到这一点；或者我们被人打倒。”①他强调说：“我们不能知道帝国主义者究竟会在哪一天进攻苏联，打断我国的建设。他们随时都可以利用我们技术上经济上的弱点来进攻我们，这一点却是不容置疑的。所以，党不得不鞭策国家前进，以免错过时机，而能尽量利用喘息时机，赶快在苏联建立工业化的基础，即苏联富强的基础。”②在第一个五年计划期间（1928～1932），苏联在自力更生的基础上，利用西方资本主义国家发生经济大危机的时机，引进了大量的先进技术设备。到1931年年初，苏联接受外国技术援助的项目已达124项，总值为8300万卢布外汇。1931年，苏联向国外购买的机器设备约占世界机器出口总额的1/3，1932年上升到1/2左右。同时，苏联一方面用高薪请来外国专家和技工，一方面派出干部、技术人员和学生出国考察、实习和留学。遗憾的是：苏联尽管在实际上引进了许多建设项目，但在理论上始终没有承认社会主义国家对外经济开放的必要性并相应的制定出对外开放的系统政策。尽管如此，苏联毕竟抓住10年左右的战略机遇期，以自力更生为主，以引进外国先进技术为辅，成功地实现了社会主义工业化。

中国从1978年起实行改革开放政策，在20多年的时间里，取得巨大成功，是第二类情况的又一个典型。1978年12月中国共产党举行十一届三中全会，确定把党和国家的工作重点转移到社会主义现代化建设上来，做出了实行改革开放的重大决策。确定工作重点转移到社会主义现代化建设上来，从根本上说是社会主义的本质所决定的。社会主义的本质是解放生产力，发展生产力，消灭剥削，消灭两极分化，最终达到共同富裕。从外部条件讲，是由于对国际局势做出了新的正确判断，即在较长时间内不发生大规模的世界战争是有可能的，维护世界和平是有希望的，改变了原来关于战争迫在眉睫的看法。邓

① 《斯大林全集》，第13卷，38页，北京，人民出版社，1955。

② 同上书，168页。

小平说："对于总的国际局势，我的看法是，争取比较长期的和平是可能的，战争是可能避免的。……1978年我们制定一心一意搞建设的方针，就是建立在这样一个判断上的。"①从1978年到今天，已经走过了20多年，在此期间，邓小平多次强调抓住机遇的重要性。1990年他在谈国际形势和经济问题时，说："机会要抓住，决策要及时。"②1992年他在南方讲话时又说："要抓住机会，现在就是好机会。我就担心丧失机会。不抓呀，看到的机会就丢掉了，时间一晃就过去了。"③20多年来，党和政府紧紧抓住这段战略机遇期，打开了建设中国特色社会主义的新局面。2005年，我国GDP总量达到182321亿元人民币，相当于2.2257万亿美元，居世界第4位；2004年，外贸进出口总额达11548亿美元，跃居世界第3位；外汇储备在2006年6月末达到9411亿美元。人民生活水平总体上实现了由温饱到小康的历史性跨越。民主法制建设不断加强，科技、教育和文化事业日益进步。

21世纪头20年，对于建设中国特色社会主义，至关重要。江泽民同志在党的十六大报告指出："21世纪头20年，对我国来说，是一个必须紧紧抓住并且可以大有作为的战略机遇期。"之所以做出这样的判断，是由于：第一，从中国的外部环境看，和平与发展已成为当今时代的主题，较长时间的国际和平环境可望保持，使我们有可能集中精力从事社会主义现代化建设。世界范围内新科技革命迅猛发展，给我们带来了难得的发展机遇。2006年1月，我国制定了《国家中长期科学和技术发展规划纲要(2006～2020年)》，认真贯彻这一纲要，就能使我国到2020年进入创新型国家行列。第二，从中国的内部条件看，党已经确立起正确的建设中国特色社会主义的基本理论和基本路线。经过20多年的积累，我们已经具备了比较雄厚的物质经济基础，综合国力大幅度跃升，民族凝聚力极大增强。国内外的条件都说明21世纪头20年是我国的一个重要战略机遇期，我们只要紧紧抓住这个战略机遇期，就能实现全面惠及十几亿人口的更高水平的小康社会。

第三类情况是机遇存在时间很短，稍纵即逝，领导人当机立断，把不利条件转化为有利条件。

1918年布列斯特和约的签订，是当苏维埃政权处在生死存亡关头，列宁

① 《邓小平文选》，第3卷，233页，北京，人民出版社，1993。

② 同上书，355页。

③ 同上书，375页。

抓住和平喘息时机，挽救革命成果的一个典范。十月革命胜利后，苏俄政府即向交战国各方发出举行和平谈判的呼吁，协约国方面予以拒绝。以德国为首的同盟国方面为摆脱政治、经济和军事困境，同意谈判，双方于1917年12月22日在布列斯特-立托夫斯克开始和谈；1918年1月18日，德方要求苏俄放弃大片领土，包括波兰、里加湾、立陶宛、拉脱维亚的一部分，白俄罗斯、乌克兰的大部分。面对德方提出的掠夺性条件，布尔什维克党内就是否签订和约发生了尖锐分歧。第一种意见以列宁为代表，主张立即签订和约。列宁认为旧军队已经瓦解，精疲力竭，完全无力作战，而“要建立一支真正可靠和思想上巩固的社会主义工农军队，至少需要好几个月。”①经济濒于崩溃，也无力支持战争。在这种情况下，继续战争，就会断送新生的社会主义共和国。而签订和约，则能摆脱战争，争取喘息时机巩固自己，继续推进社会主义革命。第二种意见以布哈林为代表。“左派共产主义者集团”坚决反对缔结和约，提出进行革命战争的口号。列宁斥之为“革命空谈”，是冒险主义的空话，完全不顾现阶段的阶级力量和物质因素的客观对比。第三种意见以托洛茨基为代表，主张停止战争，复员军队，但不签订和约，即所谓“不战不和”。托洛茨基认为，德国政府会慑于德国工人阶级的革命而不敢进攻。这也是一厢情愿的幻想。三派争论激烈，列宁一度甚至处于少数派的地位。1918年2月10日，担任代表团团长的托洛茨基声称苏俄退出战争，实行复员，但拒绝在和约上签字，随即退出谈判。这为德方发动进攻提供了借口。2月23日苏俄收到了德方提出的新的、条件更为苛刻的最后通牒，限48小时内答复。当天，布尔什维克党中央委员会紧急召开会议，到这时列宁的主张才占上风，结果以7票赞成、4票反对、4票弃权同意签订和约。3月3日，在布列斯特-立托夫斯克签订了和约，苏俄丧失了将近100万平方公里的土地。随后，在俄共(布)第七次(紧急)代表大会和全俄苏维埃第四次(非常)代表大会上，和约都得到批准。1918年11月13日，在德国爆发革命后，苏俄废除了《布列斯特和约》，在签订和约的整个过程中，列宁反复强调抓住时机的重要性，说：“我们不知道，喘息时机会继续多久，我们要设法抓住时机。喘息时机可能比较长，也可能只有几天。”“哪怕只有一小时，也要紧紧抓住，利用这个时机同大后方保持联系，在那里建立新的军队。”②《布列斯特和约》是列宁抓住喘息时机，用让出空间、争得时间的办

① 《列宁全集》，中文第2版，第33卷，252页，北京，人民出版社，1985。

② 《列宁全集》，中文第2版，第34卷，21、23页，北京，人民出版社，1985。

法，积聚力量，巩固革命成果的典范。

以上讲的是抓住机遇，获得成功的事例。丧失机遇，遭到挫折或失败，在历史上也不乏其例。第二次世界大战后，科学技术突飞猛进，西方发达资本主义国家利用新的科学技术进行了自我调节，在经济上取得了快速的发展。当时苏联的政界(如政治局委员、部长会议第一副主席沃兹涅辛斯基)、理论界(如著名经济学家瓦尔加)都有人认识到资本主义的这种新变化，并在对比之下看出苏联体制的弊病，因而主张改革。但斯大林却认为形势大好，根本不需要改革。斯大林错误地分析了世界形势，断言由于第二次世界大战后统一的无所不包的世界市场的瓦解，出现了两个平行的也是互相对立的世界市场，从而决定了世界资本主义体系总危机的进一步加深，而实际上 50 年代至 70 年代正是战后资本主义世界的所谓“黄金时期”。同时，苏联官方和理论界对西方出现的新科技革命采取否定和抵制的态度。苏联自我封闭，丧失了一次进行改革的重大历史机遇。勃列日涅夫执政初期，也曾进行过一些改革。当时苏联高度集中的政治和经济体制的弊病已十分严重，但就在改革刚刚看到一点效果的时候，却在 1971 年展开了一场对所谓“市场社会主义”的批判，反对用市场调节作用来取代国家集中计划的主导作用的各种主张，从而再次失去了机遇，导致以后苏联的经济增长率和劳动生产率不断下降，发展陷入停滞状态。

我国也曾丧失过重大的历史机遇。邓小平说：“从 1957 年开始我们的主要错误是‘左’，‘文化大革命’是极‘左’。中国社会从 1958 年到 1978 年 20 年时间，实际上处于停滞和徘徊的状态，国家的经济和人民的生活没有得到多大的发展和提高。”①我国耽误的这 20 年，正是世界蓬勃发展的时期。相比之下，我国就更加落后了。1978 年邓小平指出：“60 年代前期我们同国际上科学技术水平有差距，但不很大，而这十几年来，世界有了突飞猛进的发展，差距就拉得很大了。同发达国家相比较，经济上的差距不止是 10 年了，可能是 20 年、30 年，有的方面甚至可能是 50 年。”②党的十一届三中全会后，我国实行改革开放政策，抓住历史机遇，经济蓬勃发展，科技水平大大提高，我们同发达国家的差距又逐渐缩小了起来。

军事上，因丧失战机导致失败的结果，在历史上也常见，法国在 1940 年的迅速溃败就是其中的一例。1939 年 9 月 1 日，德军以 151 万兵力大举入侵

① 《邓小平文选》，第 3 卷，237 页，北京，人民出版社，1993。

② 《邓小平文选》，第 2 卷，132 页，北京，人民出版社，1983。

波兰。英、法于9月3日先后对德宣战后，却按兵不动，坐视波兰的灭亡。从1939年9月到1940年5月，“西线无战事”，史称“静坐战争”、“假战争”或“奇怪战争”。德国入侵波兰后，在西线与法、英对峙的军队开始只有23个师，而法军则超过80个师。法军本可以乘机进攻萨尔这个重要的德国工业中心，给德国以重创，但在稍作尝试以后，就赶忙于9月12日停止了行动。法、英统治阶级和高级将领畏战情绪严重，不敢与德国军队正面冲突，丧失了克敌制胜的大好机会。经过周密的准备后，德军于1940年4月9日入侵丹麦和挪威，很快就占领了这两个国家。随后，荷兰和比利时相继投降。5月12日，德军前锋突入北法平原，直逼英吉利海峡。6月14日，巴黎陷落。法国乞和投降，6月22日法德停战协定签字，拥有300万大军的法国在一个多月的时间内就被德国打败了。

总之，以上几类情况都说明：机遇是客观存在的，但能否抓住机遇，利用机遇，则决定于人们主观上的认识能力和决策能力。对于领导人而言，能否抓住机遇，尤其是重大的考验。

谈历史科学为无产阶级服务*

不久以前，北京史学界的一些同志曾就“历史科学为无产阶级政治服务”的问题进行了讨论。有的同志主张今后不要再采用这种提法，以免产生种种流弊；但另外一些同志则认为这个口号本身并无根本性的错误，仍能成立。我认为，历史学与政治有密切的关系，这是不可否认的事实。但作为一个口号，我们最好采用“历史科学为无产阶级服务”之类的提法，去掉“政治”二字，以免产生一种误解，以为历史科学应当从属于临时的、具体的、直接的政治任务。本文不打算对口号本身做更多的讨论，仅想就这个问题的实质试做一些分析。以下谈四点意见，向同志们请教。

一块试金石——革命性与科学性的内在的、不可分割的结合

历史学从来都是为一定阶级服务的。例如，封建史学是为地主阶级服务的。司马光编《资治通鉴》，目的就在于为宋王朝提供统治经验，求得长治久安的办法。资产阶级史学家中有的人不隐讳历史与政治的关系，如西利（J. R. Seeley，我们后面还要讲到他）；有的人虽然标榜“为历史而历史”，实际上还是为资产阶级服务的。

马克思主义的各门社会科学，包括历史科学在内，是无产阶级进行斗争的精神武器，是为无产阶级服务的。马克思说：“哲学把

* 本文是作者根据1979年12月在武汉召开的世界史学术讨论会上的发言整理而成。

无产阶级当做自己的物质武器，……无产阶级也把哲学当做自己的精神武器。"①毛泽东同志也指出："马克思主义的哲学辩证唯物论有两个最显著的特点：一个是它的阶级性，公然申明辩证唯物论是为无产阶级服务的；再一个是它的实践性，强调理论对于实践的依赖关系，理论的基础是实践，又转过来为实践服务。判定认识或理论之是否真理，不是依主观上觉得如何而定，而是依客观上社会实践的结果如何而定。"②以上两段话说的都是哲学，但其中所讲的基本道理对于马克思主义的历史学也是适用的。

马克思主义的历史科学是为无产阶级服务的，剥削阶级的历史学是为剥削阶级服务的，二者在都是为一定的阶级服务这一点上是相同的。但不同的是，剥削阶级的历史家由于具有剥削阶级的偏见，往往歪曲社会的历史(不等于说都无真知灼见)；而无产阶级的历史家由于是为无产阶级这个历史上最先进、最革命的阶级服务的，他们根本不需要歪曲社会的历史，而恰恰相反需要揭示历史的真相。马克思主义的历史科学是把革命性与科学性紧密结合在一起的，它的革命性是建筑在科学性的基础之上的。列宁讲过这样非常重要的一段话："这个理论(指马克思主义——笔者)直接为自己提出的任务就是**揭露**现代社会的一切对抗和剥削形式，考察它们的演变，证明它们的暂时性和转变为另一种形式的必然性，**因而也就帮助无产阶级尽可能迅速地、尽可能容易地消灭任何剥削**。这一理论对世界各国的社会主义者之所以具有不可遏止的吸引力，就在于它把严格的和高度的科学性(它是社会科学的最新成就)和革命性结合起来，并且不是偶然地结合起来(即不仅因为学说的创始人本人兼有学者和革命家的品质)，而是把二者内在地和不可分割地结合在这个理论本身中。"③

把严格的和高度的科学性与革命性内在地和不可分割地结合起来，这是一块试金石。凡是在历史研究中严格遵循这个原则的人，才是真正为无产阶级服务，才能对无产阶级的革命事业做出贡献。反之，凡是肆意践踏这个原则的人，不论他把"为无产阶级政治服务"之类的口号喊得多响，如果不是"四人帮"之流的无产阶级的敌人，至少也是历史科学的破坏者。还有一种人，他们不反对上述的原则，但在研究过程中又往往把革命性与科学性割裂开来，以为科学性

① 《马克思恩格斯全集》，中文第 1 版，第 1 卷，467 页，北京，人民出版社，1960。

② 《毛泽东选集》，第 1 卷，261 页，北京，人民出版社，1969。

③ 《列宁选集》，中文第 2 版，第 1 卷，81 页，北京，人民出版社，1972。

是从属于革命性的，为了某种“政治上的考虑”，可以有选择地对史料做些“剪裁”的工作，牺牲一下科学性也无妨。下面我想分别就这几种不同的情况，试做一些分析。

影射史学的流毒必须继续清除

在“文化大革命”中，“立足现实，追溯历史”之类的提法曾经风靡一时。叛徒张春桥还说过：“讲历史都是讲现在，都是为解决现在的问题。”诸如此类的论调似是而非，使不少人上当受骗，流毒至今有待于进一步清除。

“立足现实，追溯历史”，是影射史学对于自身的绝妙写照。所谓“立足现实”，实际上就是立足于“四人帮”篡党夺权的反革命的政治需要；所谓“追溯历史”，就是按照这种反革命的政治需要，去歪曲、篡改历史。影射史学的文章一律是先有结论，后凑材料。材料有时有几条，但往往是被曲解的；有时是孤证；有时连孤证也没有，便干脆捏造出来。按照这种办法炮制出来的文章，当然只有反革命的政治性，而毫无科学性。正是由于毫无科学性，一当炮制者的政治地位丧失以后，它们也随即失掉存在的价值，此后只能被送往废品收购站，或起点反面教员的作用。

在外国，为了某种反动政治的需要来伪造历史的例子，也是常见的。例如，19 世纪英国的资产阶级史学家西利，就是一个殖民主义的狂热的辩护士。他主张历史学要与实际政治发生关系。为了替英帝国奴役印度的罪行进行辩护，他硬说 1857 年印度士兵的起义是被印度人民消极对待的。①又如，赫鲁晓夫上台后，苏联一些御用史学家便纷纷编造他的历史“功勋”。关于赫鲁晓夫的初期活动，1953 年以前的资料只提到他参加过国内战争。后来却把他参加革命的时间越提越早，硬说他在 1917 年初已经是乌克兰革命运动的重要领导人之一，却避而不谈他入党的时间还在一年以后。苏联国内战争快结束时，赫鲁晓夫才被高加索战线第九集团军政治部任命为指导员，但苏联的某些历史著作竟把这样一个低级的政治工作人员和斯大林、斯维尔德洛夫、伏龙芝等人并列，极大地拔高了赫鲁晓夫的历史地位。②

“四人帮”已经垮台了，但是影射史学的恶劣影响仍然有待肃清。我看到有

① 西利：《英国的扩张》，268、271 页，伦敦，1925。

② 参见《苏联国内战争史》，第 5 卷，380 页，莫斯科，1960；《苏联共产党历史》350 页，北京，人民出版社，1960。

些批判影射史学的文章，虽然出自良好的动机，但使用的方法仍然是实用主义的。例如，为了“对着干”，有的文章把吕后描写为一个极坏的女人，甚至说她毒死赵王如意的结果，使汉高祖的政治路线后继无人。根据是什么呢？不过一条史料，就是刘邦曾经说过一句话：“如意类我”。①“如意类我”，只是一个孤证，而且就是这个孤证也不能解释为如意是刘邦的政治路线继承人的意思，除非还能找到其他一些史料，可以证明如意的政治主张确实和刘邦一样。但这是找不到的。江青为了想当女皇，极力吹捧吕后，把吕后作为自己的化身，对此当然应当予以揭露和批判。但我们也不应反转过来把历史上的吕后按照叛徒江青的反动面目来塑造。吕后就是吕后，她既不是“‘文化大革命’旗手”的江青，也非“四人帮”之一的江青。像上面所举的例子，虽然为数极少，但其存在本身却说明了影射史学的流毒尚未肃清。我们要想使历史科学得到健康的发展，就必须进一步对影射史学展开批判。

历史研究要与现行政策的宣传有所区别

有一些作者，他们认为历史研究要加强革命性，发挥战斗作用，就必须与本国现行的各项政策紧密结合起来，按照现行政策的口径来写历史。这些作者虽然不是故意歪曲、篡改历史，但往往对史实不忠实或不够忠实，因而他们的研究成果也经不起时间的考验。这种倾向，苏联史学界从二三十年代起就已经存在，对我国也有相当的影响。

我认为，一定要把历史科学的研究与现行政策的宣传区别开来。邓小平同志在中国文学艺术工作者第四次代表大会上的祝词中，说过这样一段话：“党对文艺工作的领导，不是发号施令，不是要求文学艺术从属于临时的、具体的、直接的政治任务，而是根据文学艺术的特征和发展规律，帮助文艺工作者获得条件来不断繁荣文学艺术事业，提高文学艺术水平，创造出无愧于我国伟大人民、伟大时代的优秀的文学艺术作品和表演艺术成果。”②小平同志这里所讲的党对文艺工作的领导，“不是要求文学艺术从属于临时的、具体的、直接的政治任务”。这个基本道理，对于历史研究工作也是适用的，或者可以说是更为适合的。历史科学由于它本身的特点，是通过总结人类历史的发展规律，通过总结历史上阶级斗争、生产斗争等方面的经验教训，来为无产阶级服务的。它不

---

① 见《史记·吕太后本纪》。

② 《邓小平文选》，第2卷，170页，北京，人民出版社，1994。

是也不应当是某项现行政策的历史注解。具体的政策总是要随着国内外形势的变化而变化，并根据实践的检验而有所补充和修正。随着时间和地点的改变，在彼时彼地是正确的东西，在此时此地可能变为不正确的东西。历史研究如果总要和现行政策去对口径，那就必然要把研究的结论变来变去，从而失去科学的价值。1938 年 11 月 14 日，联共(布) 中央委员会在一项决议中批判了波克罗夫斯基学派的错误，正确地指出："这一学派歪曲地解释历史事实，并且违反历史唯物主义，用今天的观点而不是根据产生历史事件的条件来说明历史事实，因而歪曲了历史真相。"①

下面我想举出一些例子，看一看把历史研究同政策宣传混同起来所造成的危害。

第一个例子是帝国主义国家武装干涉苏俄的问题。关于这个问题，在列宁、斯大林的著作中，在二三十年代苏联史学家的著作中，都把英帝国主义看作武装干涉苏俄的主角。这是符合历史真相的。斯大林说："英国资本主义过去、现在和将来都是人民革命的最凶恶的绞杀者。…… 苏联十月革命以后…… 英国资产阶级进攻苏联，企图建立'十四国联盟……'"②斯大林此文写于 1927 年，说"英国资本主义过去、现在"是"人民革命的最凶恶的绞杀者"，当然是正确的。但说"将来"还是"人民革命的最凶恶的绞杀者"，就未免主观臆测了。第二次世界大战后，美帝国主义企图称霸世界，苏联也曾把反美作为对外政策的重点。在这种情况下，有些史学家便从当时的政策需要出发，把当年帝国主义武装干涉苏俄的主角说成是美国，而不再是英国。军事史家纳伊达说，美帝国主义是"〔苏俄〕外来的和内部的反革命的一切力量的主要贷款人，是协约国的一切战役和一切最主要的反苏阴谋的首倡者"。③美帝国主义无疑犯了干涉苏俄的罪行，但如果把它的作用夸大为"协约国的一切战役和一切最主要的反苏阴谋的首倡者"，那就不符合历史真相了。纳伊达的著作有一定的科学性，但缺乏严格的和高度的科学性，因而它的思想性也就不能不受到削弱。

现在再看另一个例子：苏联史学界对少数民族领袖沙米尔和赫麦尔尼茨基的不同评价。

---

① 《苏联共产党代表大会、代表会议和中央全会决议汇编》，第四分册，503～504 页，北京，人民出版社，1957。

② 《斯大林全集》，第 9 卷，292～293 页，北京，人民出版社，1954。

③ 纳伊达：《关于苏联国内战争史的某些问题》，88 页，莫斯科，1958。

沙米尔是高加索的一个穆斯林教穆里德教派的宗教和军事领袖。从1834年到1859年，他领导了故乡人民反对沙俄兼并的斗争。在1950年以前，大多数苏联历史学家都把他看作反对沙俄殖民主义的民族解放运动的伟大战士，潘克拉托娃在1947年出版的《苏联通史》一书中说："沙米尔的活动在这一时期不仅针对着沙皇制度，而且针对着地方封建领主，因此具有民主的、进步的性质。"①继潘克拉托娃之后，古谢诺夫在1949年出版了《十九世纪阿塞拜疆社会政治思想史片断》。这本同样肯定沙米尔的著作，受到了赞扬，并被作家协会推荐为斯大林奖金的得奖著作。

但是，由于苏联领导人和史学家越来越深地陷入了大俄罗斯民族主义，对沙米尔的评价就发生了根本变化。1950年5月14日，《真理报》刊登了一项公告，宣布斯大林奖金委员会承认它以前推荐古谢诺夫的书为得奖著作是"错误的"，并宣布它已经请求部长会议撤销把斯大林奖金授予古谢诺夫的决定。公告说，沙米尔所领导的运动"是一个反动的和民族主义的、为英国资本主义和土耳其苏丹服务的运动"。接着，当时担任阿塞拜疆共产党中央委员会书记的巴吉罗夫在《布尔什维克》杂志上发表文章②，指责沙米尔从一开始就勾结土耳其，为它的利益服务。巴吉罗夫认为高加索人民之并入俄罗斯，是"发展他们的经济和文化的唯一可能的道路"；使他们"获得了保障，可以免受外部敌人的侵略"；还"推动了高加索各族人民革命运动的发展"。

斯大林逝世后，巴吉罗夫被当作贝利亚的同伙逮捕了。1956年1月，《历史问题》杂志召开读者会议，副主编布尔札洛夫认为苏联史学家必须纠正过去几年的伪造和夸大失实之处，其中也包括对沙米尔的评价。他把对这个问题的全部歪曲都归咎于巴吉罗夫的那篇文章。此后，又出现了一些肯定沙米尔的文章。例如皮克曼的《论高加索山民对沙皇殖民者的斗争》一文，发表在《历史问题》1956年第3期上。

但是不久，对沙米尔的评价又由肯定转向否定。《历史问题》在编辑部改组后，于1957年第3期发表了题为《在历史科学中坚持列宁的党性原则》的社论，对前一阶段的工作进行了批判，对重新评价沙米尔的问题自然也给予了谴责。从那时起，直到今天，苏联史学界对沙米尔的评价基本上是否定的。

---

① 潘克拉托娃：《苏联通史》，第2卷，175页，莫斯科，1947。

② 巴吉罗夫：《穆里德教派运动和沙米尔的性质问题》，载《布尔什维克》1950年第13期。

总之，对沙米尔的评价前前后后多次反复，但最终是予以否定。苏联史学家之所以要否定沙米尔，根本原因就在于他们背离了马克思主义，陷入了俄罗斯沙文主义。马克思和恩格斯都是高度赞扬高加索山民的抗俄斗争的。马克思指出："高加索各部族对俄国人发动了总攻势，沙米尔取得了十分光辉的胜利。"①恩格斯也指出："高加索的斗争是给山地居民带来最大荣誉的一次山地战。"②

与否定沙米尔恰成对照的，是对鲍格丹·赫麦尔尼茨基的肯定。鲍格丹·赫麦尔尼茨基是17世纪乌克兰的一个统领。1654年，他在彼列雅斯拉夫会议上请求莫斯科国保护，以对抗波兰。早在1937年，苏联政府为悬赏征求优良的中学三、四年级苏联历史教科书而特设的评定委员会就在其决议中指出，对赫麦尔尼茨基反对地主的波兰和苏丹的土耳其占领乌克兰的斗争，应肯定其积极作用。决议认为，摆在乌克兰面前的道路只有两条："或者被地主的波兰和君主的土耳其所并吞，或者转到俄罗斯的政权之下。……第二个前途终究是害处较小的。"③这种"害处较小"的提法后来被认为过于消极，不再采用。1954年，苏共中央发表了《乌克兰与俄罗斯重新合并三百周年宣传提纲》，对这一历史事件的意义极力予以抬高。《提纲》说："乌克兰人民把自己的命运同兄弟的俄罗斯人民永久联结在一起，就使自己摆脱了外国的奴役，保证了自己的民族发展的可能性。同时，乌克兰与俄罗斯的重新合并大大有助于俄罗斯国家的巩固及其国际威望的提高。在反对共同的敌人——沙皇制、农奴主、资本家以及外国侵略者——的协力斗争中，俄罗斯和乌克兰的劳动人民的友谊增长并加强了。"对于这一历史事件究竟应如何全面评价，我们姑且不论。单就《提纲》的立论来看，在上面短短的一段引文中，作者的自相矛盾已经暴露得十分清楚。如果说"乌克兰与俄罗斯的合并大大有助于俄罗斯国家的巩固"这一条确能成立的话，那么"重新合并又有利于两个民族的劳动人民进行反抗沙皇制度等共同敌人的斗争"这样另外一条理由，如何同时也能够成立呢？当时的俄罗斯国家难道不是以沙皇为首的农奴主压迫农奴的工具吗？这样的国家机器加强了，怎么反而更有利于劳动人民的反抗斗争呢？反之，如果劳动人民的反抗斗争加强了，沙皇

---

① 《马克思恩格斯全集》，中文第1版，第9卷，165页，北京，人民出版社，1961。

② 《马克思恩格斯全集》，中文第1版，第12卷，126页，北京，人民出版社，1962。

③ 《马克思主义经典作家论历史科学》，302页，北京，人民出版社，1961。

俄国的巩固程度就一定会受到削弱。二者必居其一，脚踩两只船是不行的。再有，苏联史学家一再强调的沙皇俄国的兼并一律促进了被兼并民族的经济和文化发展这一点，也是违背历史事实的。

在《论民族自决权》一文中，列宁对俄国的民族问题做了精辟的分析。他说："俄国是以一个民族即以大俄罗斯民族为中心的国家。……这个民族国家的特点是：第一、'异族人'（总计占全国人口多数，即百分之五十七）恰恰是住在边疆地区；第二、这些异族人所受的压迫比他们在各邻国（并且不仅是在欧洲各国）所受的要厉害得多；第三、这些居住在边疆地区的被压迫民族往往有一些同族人住在国界那边，他们就有较多的民族独立（只要提一下住在俄国西部和南部边界以外的芬兰人、瑞典人、波兰人、乌克兰人、罗马尼亚人就够了）；第四、'异族'边疆地区的资本主义发展程度和一般文化水平，往往高于国家的中部地区。"①列宁还明确指出，乌克兰是"俄国沙皇和资本家的占领地"②。信奉大俄罗斯沙文主义的苏联历史学家完全违背了列宁的这些指示。他们根据一种错误的民族政策的需要来歪曲过去的历史，把沙皇俄国这个"各族人民的监狱"③竟美化为他们共享幸福的天堂。这类文章既然没有科学性，那么无论其作者如何以马克思主义的词句来装点，也是不可能有半点"革命性"的。

第三个例子是关于现代政治人物的评价问题。苏联史学界大约从三十年代末起，对现代政治人物的评价常犯绝对化的毛病。当某人居于高位，被看作百分之百的布尔什维克时，对他的过去的历史就尽量美化，只谈其功绩而掩饰其错误；当某人后来犯了严重错误，或背叛了革命，则对他的过去的历史就只揭露其过错而抹杀其贡献。于是，就出现了两类人物：一类体现"绝对的善"；另一类体现"绝对的恶"。

《联共（布）党史简明教程》总的说来是一部好书，但对人物的评价时有绝对化的毛病。斯大林是一个伟大的马克思主义者，他一生的功绩是主要的，但并不是任何错误也未犯过的。斯大林本人就曾经讲过他在列宁发表《四月提纲》以前所犯的错误。1924 年 11 月，他在一次演讲中说，在推翻沙皇制度后形成的新条件下，必须采取新的方针。"党（党的多数）就探寻这个新方针。党在和约

① 《列宁选集》，中文第 2 版，第 2 卷，519 页，北京，人民出版社，1972。

② 《列宁全集》，中文第 1 版，第 25 卷，39～40 页，北京，人民出版社，1958。

③ 《列宁全集》，中文第 1 版，第 21 卷，392 页，北京，人民出版社，1959。

问题上采取了苏维埃对临时政府施加压力的政策，而没有决定立刻由无产阶级和农民专政的旧口号迈到苏维埃政权的新口号。这个不彻底的政策是指望使苏维埃在和约的具体问题上认清临时政府的真正帝国主义本质，从而使苏维埃离开临时政府。然而这是一个极端错误的立场，因为这种立场滋长了和平主义幻想，帮助了护国主义，阻碍了对群众的革命教育。当时我和党内其他同志赞同这个错误的立场，只是在四月中旬，同意了列宁的提纲后，才完全抛弃了这个立场。"①可是，《简明教程》却说："斯大林——他当时刚从流放所回来——以及莫洛托夫等人协同党内大多数同志，坚持着不信任临时政府的政策，反对护国主义，并号召群众进行积极争取和平的斗争，进行反对帝国主义战争的斗争。"②这种说法显然是和斯大林本人的论述不一致的。

马克思主义是反对把个人神化的，不论他是多么伟大的人物。列宁说得好："不犯错误的人是没有而且也不可能有的。聪明人是不犯重大错误同时又能容易而迅速地纠正错误的人。"③有志成为马克思主义历史学者的人，在评价历史人物时，应当牢记住列宁的这些名言。把伟大人物神化，不仅是违背历史真相的，而且在现实生活中还会产生这样的不良后果，即当被神化的人物的某些缺点和错误一旦被发现时，在原先的崇拜者中间就会有一些人始则大吃一惊，继而悲观失望。

对于那些曾经参加革命但后来背叛了革命的人物，苏联史学界流行过一种全盘否定的简单化的处理办法。例如对布哈林等人，在许多著作中都把他们描写为从始至终一直干反革命勾当的人物，但我们都知道，列宁虽然后来称考茨基、普列汉诺夫为叛徒，但并不否认他们早期对革命所做过的贡献。对于布哈林，列宁也曾多次指出过他的严重错误，但并不是一笔抹杀的。在 1922 年 12 月 24 日致党代表大会的信中，列宁做了如下的评价："布哈林不仅是党的最可贵的和最大的理论家，他也应当被认为是全党所喜欢的人物，但是要把他的理论观点算作完全马克思主义的，那是很值得怀疑的，因为在他的理论观点里面有一种烦琐哲学的东西(他从来没有学过辩证法，并且我想，他从来不完全了解辩证法)。"④

---

① 《斯大林全集》，中文第 1 版，第 6 卷，289 页，北京，人民出版社，1956。

② 《联共(布)党史简明教程》，中文版，227 页，莫斯科，1949。

③ 《列宁选集》，中文第 2 版，第 4 卷，192 页注①，北京，人民出版社，1972。

④ 《列宁全集》，中文第 1 版，第 36 卷，617 页，北京，人民出版社，1959。

苏联史学家对于那些后来背叛了革命的人物，还一般不再提他们当年在党和政府中曾经担任过的重要职务，大概是怕这样写会影响著作的“思想性”吧。这种做法显然是不妥当的。我国封建史学家欧阳修在答辩他写五代史为什么不伪梁的问题时，颇有见识地说：“呜呼，天下之恶梁久矣！自后唐以来，皆以为伪也。至予论次五代，独不伪梁，而议者或讥予大失《春秋》之旨，以谓‘梁负大恶，当加诛绝，而反进之，是奖篡也，非《春秋》之志也。’予应之曰：‘是《春秋》之志尔’。”接着，他举了《春秋》一书对于鲁桓公等四个篡位的君主都不绝其为君的例子，说明《春秋》之旨绝非奖篡。“圣人之于《春秋》，用意深，故能劝戒切，为言信，然后善恶明。夫欲著其罪于后世，在乎不没其实。其实尝为君矣，书其为君。其实篡也，书其篡。各传其实，而使后世信之，则四君之罪，不可得而掩尔。”①“为言信而善恶明也”，封建史学家欧阳修都能有这样的见解，我们无产阶级史学家更应当敢于根据事实，进行褒贬。一些反面人物，如果不曾担任过重要职务，如何能起那么大的破坏作用呢？

以上这些错误做法，在我国史学界也有反映。例如对陈独秀的评价，在一段时间内，许多文章都只谈他的错误和罪行，而根本不提他在建党初期也曾起过一定的积极作用。

历史唯物主义要求对历史事实采取分析的态度。毛泽东同志在《学习和时局》一文中深刻指出：“对于任何问题应取分析态度，不要否定一切。……列宁说，对于具体情况作具体的分析，是‘马克思主义的最本质的东西、马克思主义的活的灵魂’。我们许多同志缺乏分析的头脑，对于复杂事物，不愿作反复深入的分析研究，而爱作绝对肯定或绝对否定的简单结论。”②历史现象是很复杂的，人是会变的。考茨基曾经是国际共产主义运动中很有威信的大理论家，而后来竟堕落为死硬反对无产阶级专政的叛徒。杨度曾经参加“筹安会”，是复辟帝制的人物，而在晚年竟脱胎换骨，成为光荣的中国共产党员。即使有些一生反动的人物，也并非一句对的话都没有说过。周恩来同志曾经教导过我们，不要以人废言。历史事实就是如此，不承认是不行的。爱作绝对肯定或绝对否定的简单结论，这种办法表面上看来爱憎分明，“革命性”很强，“政策性”很强，实际上只能培养形而上学的观点，造成人们思想的僵化，并不能真正总结历史经验，提供有益的教训。

---

① 欧阳修：《新五代史·梁本纪第二》。

② 《毛泽东选集》，合订本，892～893页，北京，人民出版社，1969。

从以上所举的几个方面的例子，可以看出一个总的问题，就是如果只照现行政策去“剪裁”历史而不顾其本来面目，那么无论某项政策是否正确，都会或多或少地违背历史的真相。即使某项政策是正确的，也不能避免这样的结果；而如果政策本来就是错误的，那就会严重地歪曲历史。当然，这并不是说，历史研究不能为无产阶级政党制定政策提供历史经验；也不是说，历史研究不能根据现实政治的需要去选择研究课题。这是另外性质的问题，我们在下面就要专门谈到。

历史科学为无产阶级服务，要有自己的特点

各门社会科学都可以为无产阶级服务，但服务的方式则应当根据各门学科的特点而有所不同。历史科学研究的对象是过去的事情（其中一部分距离今天已很遥远），它不能像政治、法律、经济等学科那样直接地为无产阶级服务。如果生硬地、牵强地追求古今之间的直接联系，势必要把历史现代化。我们在前面已经分析了两种错误的做法。借影射史学故意歪曲历史的人和按照现行政策去“剪裁”历史的人，他们个人的政治动机和政治品质虽然不同，但归根结底都是把历史事件和历史人物现代化，都是把历史作为推之于过去的现代政治，都是违反历史唯物主义的。那么，历史科学究竟应如何为无产阶级服务呢？

我以为，历史科学为无产阶级服务的问题应当从它的根本意义上去理解。这就是说，历史科学应当为无产阶级的革命事业服务，应当有助于无产阶级实现社会主义、共产主义的斗争。具体地说，它的途径是：

第一，通过总结人类历史发展的规律，帮助无产阶级树立共产主义的世界观，增强改造世界观的自觉性。无产阶级对于共产主义的信念，不是基于迷信，而是以科学的世界观作为基础的。无产阶级对于人类历史发展的客观规律揭示得越清楚，就越能自觉地创造历史。当前，使我国青年一代通过学习历史认清资本主义必然灭亡，社会主义、共产主义必然胜利的真理，尤其有着特殊而重要的意义。由于“四人帮”对于社会主义事业的疯狂破坏，由于他们败坏了马克思主义的声誉，在一些青年的心目中，社会主义制度似乎还不如资本主义制度优越；马克思主义也似乎不灵了。对于纠正这些错误思想，历史科学是大有用武之地的。

还需指出的是：人类历史发展的规律虽然从总的趋势来看已经清楚，但各个民族、各个国家的发展的具体情况和具体规律，还有许多问题有待研究，有待阐明。

第二，历史科学应当总结人类阶级斗争、生产斗争等方面的经验，将其作为无产阶级政党制定路线、方针和政策时的借鉴。毛泽东同志深刻指出：“指导一个伟大的革命运动的政党，如果没有革命理论，没有历史知识，没有对于实际运动的深刻的了解，要取得胜利是不可能的。”①这里，把历史知识的地位提得很高，作为无产阶级政党取得胜利的三个必备条件之一。这是因为，历史是不可割断的洪流，今天是由昨天演变而来的。要认识今天，就必须了解昨天。马克思列宁主义是放之四海而皆准的普遍真理，但必须与各国的历史实际和革命实际相结合，才能正确地发挥作用。

历史经验只能借鉴，而不能生搬硬套。古今的历史条件不同，我们只能批判地吸取历史经验中合理的内核，结合今天的条件加以运用。这就要求实事求是地对待历史，尊重历史的本来面目，而坚决反对上述种种把历史现代化的做法。因为把历史现代化，必然混淆古今历史条件的区别，其结果不仅不能从昨天的经验中吸取有益的教训，反而模糊了人们对今天的认识，搞乱了人们的思想。在影射史学霸占文坛的时候，“四人帮”把法家捧得比无产阶级革命家还要革命，要群众向之顶礼膜拜，使人们几乎产生不知置身何世之感，这样的教训难道还不够沉痛吗？

历史工作者在选择研究课题的时候，也应当考虑现实政治的需要。例如，今天我国最大的政治就是搞四个现代化。历史工作者当然应当总结我国已经走过的道路，也总结其他先进国家已经走过的路，批判地吸收其中有用的经验。但这并不是说，所有历史研究的题目一律必须与现实政治有密切的关系。有些题目涉及的问题较小，但它是研究一个更大问题的不可缺少的组成部分；有些题目暂时看不出有什么现实意义，但在将来却可能发生作用；有些题目属于历史研究的“基本建设”范畴，或者涉及历史唯物主义的理论，或者关于某件历史事实的必要考证，凡此种种，都是应当研究的。历史科学为无产阶级服务的道路是广阔的，我们应当把眼光放远大一些，不可过于“急功切利”，随便给别人扣上“脱离政治”的帽子。

第三，历史科学应当培养人们观察问题的历史方法。斯大林有一句名言：“一切以条件、地点和时间为转移。”②他认为，“没有这种观察社会现象的历史观点，历史科学就会无法存在和发展，因为只有这样的观点才能使历史科学不

---

① 《毛泽东选集》，合订本，498页，北京，人民出版社，1969。

② 斯大林：《列宁主义问题》，634页，北京，人民出版社，1973。

致变成偶然现象的糊涂账，不致变成一堆荒谬绝伦的错误。”①这种观点，不仅是历史工作者所应具备的，也是一切干部不可缺少的。有了这种观点，人们的思想就不会保守、僵化，就能在工作中有所发明、创造和革新。有了这种观点，人们看问题就会更深刻一些，不停留于事物的当时现象，而能找出它们的历史渊源，从发展过程中看出它们如何有了今天的存在，并在将来朝着什么趋向去演变。我觉得，历史科学在培养人们的历史观点方面能够做出独特的贡献，这对于我们的社会主义建设事业是大有用处的。

把革命性与科学性内在地、不可分割地结合在一起，这是我们无产阶级历史工作者所应遵守的基本原则。恩格斯说：“科学愈是毫无顾忌和大公无私，它就愈加符合于工人的利益和愿望。”②但是，任何人在从事历史研究的时候，也不能不受到许多方面的限制。首先是时代的局限性。任何人都要受到他所生活于其中的那个时代的历史条件的限制。我们今天容易看出我们的前辈历史学家的时代局限性，我们的后辈也将如我们观察前人一样地看出我们的时代局限性。其次是民族的局限性。民族主义是一种常犯的错误，历史学家要能不囿于民族的偏见，站在国际主义的立场公正地对待其他民族的历史，并非很容易办到的事情。再次，作为一个阶级来看，无产阶级是没有阶级偏见的；但作为这个阶级的一员，以义愤代替科学，失掉科学冷静的时候，也是屡见不鲜的。此外，有些问题的史料浩如烟海，穷毕生之力也难以尽览；而有些问题的史料又少得可怜，不足据以立论，这都给历史研究带来很大的困难。总之，正如恩格斯所指出的，在历史科学领域内，要“猎取最后的、终极的真理”③，是不会有什么收获的。但是，“无数相对的真理之总和，就是绝对的真理”④。尽管有上述种种的局限性，我们只要力图把革命性与科学性很好地结合起来，就能使我们的历史研究属于相对真理的范畴，从而构成绝对真理长河的一个组成部分。我们应当有这样的抱负，我们也一定能够实现这样的抱负。

① 斯大林：《列宁主义问题》，634页，北京，人民出版社，1973。

② 《马克思恩格斯选集》，中文第1版，第4卷，254页，北京，人民出版社，1972。

③ 《马克思恩格斯选集》，中文第1版，第3卷，129页，北京，人民出版社，1972。

④ 《毛泽东选集》，合订本，272页，北京，人民出版社，1969。

略说文字史料的两类：官府文书和私家记载*

一、看待官书和私记史料价值的三种观点

史料是研究历史的基础。在各类史料（文字、实物遗迹、口头传说）中，文字史料是数量最多、包罗方面最广和内容最丰富的，治史者理应高度重视，充分利用。

对文字史料的分类，各有不同。《隋书·经籍志》史部分为13类：正史、古史、杂史、霸史、起居注、旧事、职官、仪注、刑法、杂传、地理、谱系、簿录。清《四库全书总目提要》史部增为15类：正史、编年、纪事本末、别史、杂史、诏令奏议、传记、史钞、载记、时令、地理、职官、政书、目录、史评。此外，古人还有各种分类方法，① 但概括起来不外官府文书和私家记载两大类。随着历史学的演变和发展，治史者的研究范围越来越广，已从政治史拓展到经济史、社会史、文化史、思想史、宗教史等方面，从而官书与私记的内容也越来越丰富，它们所含的类别已远远超出古人的界定。今天看，可归入官书这一大类的，有：政府档案②、起居注、日历、实录、正史、诏令、谕旨、奏议、政书、方略、法规、则例、公报、调查报告、会议记录、备忘录、公约、条约、协定、

---

* 原载《历史教学问题》2013年第2期。

① 最早者为梁阮孝绪的《七录·纪传录》，分“众史”为12类。《七录》今佚，仅《七录·序》保存于《广弘明集》卷三。

② 政府要员的个人档案也带有政府档案的性质，因其许多内容属于公务性质，如盛宣怀档案、英国张伯伦家族档案（包括约瑟夫·张伯伦及其二子奥斯汀·张伯伦和尼维尔·张伯伦）。

官方统计，等等。可归入私记这一大类的，有：杂史、野史、回忆录、自传、自定年谱、日记、书信、墓志、家谱、族谱、杂志报纸①、账簿、契约、佛藏、道藏、语录、笔记、地理书、游记、农书、医书、文艺作品(文集、诗集、词曲、歌谣、小说)，等等。

对于官书和私记的史料价值的高低问题，大致有三种不同的主张，以下略加说明。

第一派扬官书而贬私记，认为前者比后者更为真实可信，古人万斯同、近人邓之诚等属于此派。

万斯同说："吾少馆于某氏，其家有列朝实录，吾默识暗诵，未敢有一言一事之遗也。长游四方，就故家长老求遗书，考问往事，旁及郡志邑乘、杂家志传之文，靡不网罗参伍，而要以实录为指归。盖实录者，直载其事与言，而无可增饰者也。因其世以考其事，核其言而平心以察之，则其人之本末，可八九得矣。然言之发或有所由，事之端或有所起，而其流或有所激，则非他书不能具也。凡实录之难详者，吾以他书证之，他书之诬且滥者，吾以所得于实录者裁之，虽不敢具谓可信，而是非之枉于人者盖鲜矣。"②

邓之诚在谈到他撰写《中华二千年史》的选材标准时，写道："斯编取材，首重正史，次及政书，次始及于杂史，再始及于其他。……今人重视野史，斯编乃多取正史者，非谓正史以外无史，亦非轻信前人所信。诚以自来史职甚尊，断代之书，所以累代不废，即由无以相易。……故顾炎武以野史为谬悠之谈，而万斯同独重实录。正史为体例所限，往往不详，且成于后人，自不能尽得当时真相。野史佳者，多足以补史阙。然正史据官书，其出入微；野史据所闻，其出入大。正史讳尊亲，野史挟恩怨。讳尊亲，不过有书有不书。挟恩怨则无所不至矣。故取材野史，务须审慎，否则必至以伪为真，甚者以真为伪。"③

万斯同、邓之诚重视实录、正史这类的官书，有正确的一面。因为官府的载籍一直是历史文献的主体，比较系统地汇集了大量的史料。即使在造纸术和印刷术发明之后，私家载集逐渐多了起来，但无论在任何时期它们仍远远不如官书。以实录为例，《清实录》共4433卷，内容丰富，包罗万象(政治、经济、

① 指私人办的报纸杂志。政府办的则带有官方文书性质。

② 方苞：《望溪先生文集》卷十二，《万季野墓表》。

③ 邓之诚：《中华二千年史·叙录》卷一，5页，北京，中华书局，1954。

军事、文化、民族、对外关系、自然现象等各方面），按年、月、日排列，通贯始终。以二十四史为例，它们包括的政治史料最多，但也有经济（如食货志）、文化（如艺文志、经籍志）、宗教（如释老志）以及天文地理（如天文志、地理志）等等方面的史料。二十四史共3249卷，约四千多万字。总的说来，无论从数量上还是从质量上看，零星的私记都比不上官书。从世界范围看，也是如此。英国国家档案局（Public Record Office）的书架超过100英里。同盟国1945年虏获的德国外交部1880～1936年的档案有400吨之重。

但是，认为实录"直载其事与言，而无可增饰"，就不对了。朱棣三次重修《明实录》，删去了明太祖的过失和建文朝遗臣对朱棣的斥责，又歌诵"靖难"之功，难道是"直载其事与言，而无可增饰"吗？沈德符写道："本朝无国史，以列帝实录为史，已属纰漏，乃太祖录凡经三修，当时开国功臣，壮猷伟略，稍不为靖难归伏诸公所喜者，俱被划削。建文帝一朝四年，荡灭无遗，后人搜括捃拾，百千之一二耳。"①《清实录》的前五朝《实录》改动最大，如隐讳后金与明朝的关系，贬抑政敌，删改统治阶级内部的倾轧斗争，美化皇帝的功绩和言行等等，既有"讳"，又有"饰"。孟森说：清朝皇帝"务使祖宗所为不可法之事，一一讳饰净尽，不留痕迹于《实录》中，而改《实录》一事，遂为清世日用饮食之恒事，此为亘古所未闻者。"②又说："清之改《实录》，乃累世视为家法。人第知清初国故，皆高庙所删汰仅存，殊不知清列朝《实录》，直至光绪间犹修改不已。"③

实录取材的一个重要来源是皇帝的起居注。原则上皇帝是不可以看自己的起居注的，但实际上他们总是要找出借口打破这一原则。例如，唐太宗继位后，于贞观九年、贞观十三年、十四年三次要求看起居注、国史。"理由"是"用知得失"、"观所为得失，以自警戒"、"若有不善，亦欲以为鉴诫，使得自修改"，等等。头两次未达目的，第三次干脆命令房玄龄进呈。看过后，不仅没有发现自己的"不善"，反而认为史臣揭露建成、元吉的罪恶太不充分。《贞观政要》记载："太宗见六月四日事（按指玄武门之变杀建成、元吉事），语多微文，乃谓玄龄曰：'昔周公诛管蔡而周室安，季友鸩叔牙而鲁国宁。朕之所为，

① 沈德符：《万历野获编》卷二，"实录难据"条，61页，北京，中华书局，1959。

② 孟森：《读清实录商榷》，载《明清史论著集刊》（下），686页，北京，中华书局，2006。

③ 孟森：《清世宗入承大统考实》，载《明清史论著集刊》（下），384页，北京，中华书局，2006。

义同此类，盖所以安社稷，利万民耳。史官执笔，何烦有隐，宜即改削浮词，直书其事。’”①又如，唐文宗时，郑朗任起居郎，唐文宗要看他执笔记录的内容，郑朗说：“故事：天子不观史”，谢绝了文宗的要求。唐文宗假惺惺地夸奖郑朗“可谓善守职者”，但又说：“然人君之为，善恶必记，朕恐平日言之不协治体，为将来羞，庶一见，得以自改。”郑朗终于还是给他看了。② 在帝王的干预下，史官怎敢一一秉笔直书，真正做到实录呢。如此，万斯同要一切“以实录为指归”，就势必要有歪曲历史真相的地方。

邓之诚认为“正史据官书，其出入微”；“讳尊亲，不过有书有不书”，其实正史不仅是“有书有不书”，而是时有篡改、伪造和粉饰，出入很大。赵翼在《廿二史劄记》一书中，多处指出正史的回护之失。例如，司马昭之弑高贵乡公，《三国志·魏书》但书高贵乡公卒，年二十，绝不见其被弑之迹，反载太后之令，言高贵乡公之当诛，并载司马昭奏称伤公殒命者为成济，他已收济治罪，转似不知弑君之事，反有讨贼之功。③ 这就把杀害高贵乡公的元凶司马昭篡改成讨罪的功臣了。窜改之外，还有伪造。王莽以符命篡汉，刘秀则以在长安时同舍生疆华奉赤伏之符，为建立新皇朝受命的根据。符曰：“刘秀发兵捕不道，四夷云集龙斗野，四七之际火为主。”④粉饰的例子也很多，例如正史记载，开业立基的皇帝大都有异相。《三国志·蜀书》卷二“先主传”：“身长七尺五寸，垂手下膝，顾自见其耳。”《晋书》卷三“武帝纪”：“聪明神武，有超世之才，髮委地，手过膝。”《北齐书》卷一“神武纪”：“齿白如玉”，等等。“修臂”与“白齿”都是根据佛像创造出来的“人相”。佛典纪世尊三十二大人相，其中两相即“修臂”和“凿白”。从三国两晋到南北朝，其时佛教影响已很大，故史书记载帝王相貌，多按佛的相貌来描绘。⑤ 目的是愚弄百姓，让他们对帝王顶礼膜拜。

第二派扬私记而贬官书，认为私记较官书更为真实可信。

梁启超在《中国历史研究法》一书中说：“所谓别史、杂史、杂传、杂记之

① 《贞观政要》卷七，文史第二十八。

② 《新唐书·郑朗传》。

③ 赵翼：《廿二史劄记》卷六，“三国志多廻护”条，74页，北京，中国书店，1987。参见同书卷二九“元史廻护处”等条。

④ 范晔：《后汉书·光武帝纪第一上》。

⑤ 季羡林：《三国两晋南北朝正史里的印度传说》，载《中印文化关系史论丛》，87～94页，北京，人民出版社，1957。

属，其价值实与正史无异，而时复过之。试举其例：……且吾不尝言陈寿《三国志·诸葛亮传》记亮南征事仅得二十字耶？然常璩《华阳国志》，则有七百余字，吾侪所以得知兹役始末者，赖璩书也。”“是故以旧史作史料读，不惟陈寿与魏收可以等夷；视司马迁、班固与一不知谁何之人所作半通不通之笔记，亦可作等夷视也。”①梁启超独具只眼，早在1922年就指出了账簿的史料价值，写道：“然以历史家眼光视之，倘将同仁堂、王麻子、都一处等数家自开店迄今之帐簿，及城间乡间贫富旧家之帐簿各数种，用科学方法一为研究整理，则其为瓌宝，宁复可量？盖百年来物价变迁，可从此以得确实资料；而社会生活状况之大概情形，亦历历若睹也。”②他还认为小说也有史料价值，说：“中古及近代之小说，在作者本明告人以所纪之非事实；然善为史者，偏能于非事实中觅出事实。例如《水浒传》中‘鲁智深醉打山门’，固非事实也。然元明间犯罪之人得一度牒即可以借佛门作逋逃薮，此却为一事实。……须知作小说者无论聘其冥想至何程度，而一涉笔叙事，总不能脱离其所处之环境，不知不觉，遂将当时社会背景写出一部分以供后世史家之取材。”③

鲁迅认为“野史和杂记”比“正史”更可信一些。他说：“历史上都写着中国的灵魂，指示着将来的命运，只因为涂饰太厚，废话太多，所以很不容易察出底细来。正如通过密叶投射在莓苔上面的月光，只看见点点的碎影。但如看野史和杂记，可更容易了然了，因为他们究竟不必太摆史官的架子。”④又说：“‘官修’而加以‘钦定’的正史也 样，不但本纪咧，列传咧，要摆‘史架子’；里面也不敢说什么。”还说：“野史和杂说自然也免不了有讹传，挟恩怨，但看往事却可以较分明，因为它究竟不像正史那样地装腔作势。”⑤

翦伯赞的看法是：“再就史部诸书而论，则正史上的史料，较之正史以外之诸史，如别史、杂史等中的史料，其可靠性更少。其中原因甚多，而最主要的原因，则因为所谓正史，都是官撰的史书。……而所谓正史，几乎都是历代

① 梁启超：《中国历史研究法》，56～57页，北京，东方出版社，1996。

② 同上书，61页。按：王麻子为刀剪铺。都一处为饮食店，以烧卖、炸三角最有名，今尚存，位于北京前门大街。

③ 同上书，60～61页。

④ 鲁迅：《华盖集·忽然想到》，载《鲁迅全集》(第三卷)，17页，北京，人民出版社，2005。

⑤ 鲁迅：《华盖集·这个与那个》，载《鲁迅全集》(第三卷)，148页，北京，人民出版社，2005。

政府监督之下写成的，至少也是经过政府的审查，认为合法的。虽然大部分正史，都是后代编前代之事，但其资为根据的史料，则系前代的实录及官书，此种实录及官书，皆成于当代人之手。以当代之人，记录当代之事，当然不允许暴露当时社会的黑暗，特别是统治阶级的罪恶，否则就要遇到危险……”①

“此等杂史，虽其写作体裁不及正史之有系统，行文用字不及正史之典雅；但因杂史所记，多系耳闻目见之事，而且其所记之事又多系民间琐事，故其所论，较之正史，皆为真切，而且皆足以补正史之遗逸缺略乃至订正正史之讹误。特别是因为杂史不向政府送审，没有政治的限制，能够尽量地暴露事实的真相。所以有时在一本半通不通的杂史或笔记中，我们可以找到比正史更可靠的史料。”②

鲁迅、翦伯赞肯定野史、杂史的价值，如不太摆史官的架子，所记较正史为真切，敢于暴露史实的真相等等，都是对的。梁启超重视账簿、小说之类的材料，很有见解，但把“半通不通之笔记”与《史记》、《汉书》等同看待，则过于偏激。在鲁迅、翦伯赞所说之外，私记还有两个长处。一是对史实有官书所无的具体、细节的记载。例如，成于乾隆年间的《扬州画舫录》，对扬州的城市、园林、商业、工艺、建筑和社会风俗的情况都有具体、生动的描述。书中还有关于画家、文士、戏剧、曲艺的丰富材料。③ 二是所记典章、制度等方面的材料，可补正史之不足。例如，清嘉庆时礼亲王昭梿撰《啸亭杂录》，述清初的仪制、掌故，大都翔实可靠。卷二记清初官制和汉军八旗的设置；卷八叙内务府的定制，均可做考史的佐证。但笼统地说野史和杂记比正史更可靠，就有些偏颇了。野史、别史、杂史也有它们的短处。第一，所记有些来自道听途说，而

① 翦伯赞：《史料与史学》，22～23页，北京，北京出版社，2005。按：《隋书·经籍志》史部首列正史，称自《三国志》起，“世有著述，皆拟班、马，以为正史，作者尤广。”宋代有十七史之称，明代有二十一史之称。清乾隆时诏定二十四史为正史。前四史为私撰，以后诸史大都为官修，个别原为私撰后由皇帝指定为官书，如欧阳修《新五代史》。关于正史的讨论，参见柳诒徵：《国史要义·史统第三》，73～76页，上海，华东师范大学出版社，2000。杨联陞：《官修史书的结构》，载《国史探微》，264～282页，沈阳，辽宁教育出版社，1998。

② 同上书，44页。

③ 李斗：《扬州画舫录》，133～136页，北京，中华书局，1960。卷五谈戏剧中的“行头”一条，谓“行头”分衣、盔、杂、把四箱，极其具体，仅杂箱髯子一项就有14种之多，可与今日舞台上的髯子种类做一对比。

非亲闻亲见，不免失实。即使是作者亲历的事，后来回忆时也常有误。笔者曾在一篇文章中谈到这类的例子，① 这里不再赘述。第二，私家记载零散，不如官府文书之有系统。第三，私家记载挟恩怨，流于诬妄。这类例子很多，如《广阳杂记》谓永乐帝为元朝后代。“明成祖，非马后子也。其母瓮氏，蒙古人，以其为元顺帝之妃，故隐其事。”②第四，私记同官书一样有吹捧帝王将相的内容，因为作者大都是封建士大夫，他们不可能只揭露而无颂扬。例如，宋王闢之撰《渑水燕谈录》卷一首列“帝德”十八事，对宋朝皇帝极尽歌诵之能事。③

第三派认为官书与私记各有短长，应当并重而不可偏废。

古代史家刘知几、司马光大体上持上述看法，他们首重实录、正史，但亦不轻视杂史小说。刘知几在《史通》一书中把全部史籍分作“正史”与“杂述”两大类。他首重“正史”，在《古今正史》中，勾勒了中国史学的发展大势，上自《尚书》，下迄隋唐诸史，一一扼要说明。刘知几虽重“正史”，但并非全盘肯定，如在《疑古》中批判《尚书》，在《惑经》中批判《春秋》，在《杂说》中批判诸史。刘知几对杂史亦不轻视。在《杂述》中写道：“是知偏记小说，自成一家，而能与正史参行，其所从来尚失。”他把古今杂乘分为十品：偏记、小录、逸事、琐言、郡书、家史、别传、杂记、地理书、都邑簿，并对每一种的长处和短处都做了分析。他在称赞“五传”、“三史”之后，笔锋一转写道：“蒭蕘之言，明王必择；葑菲之体，诗人不弃。故学者有博闻旧事，多识其物，若不窥别录，不讨异书，专治周、孔之章句，直守迁、固之纪传，亦何能自致于此乎？且夫子有云：‘多闻，择其善者而从之’，‘知之次也’。苟如是，则书有非圣，言多不经，学者博闻，盖在择之而已。”④

司马光修《资治通鉴》，重正史、实录等官书，但亦博采杂史、小说等私记，可谓纲罗宏富。《通鉴》引用文献的种类，各家说法不一，总数当在300种以上。⑤ 他在《进书表》中说：“遍阅旧史，旁采小说，简牍盈积，浩如烟海，

---

① 齐世荣：《谈回忆录类私人文件的史料价值》，载《史学理论与史学史学刊》，2011年卷，32～33页。

② 刘献廷：《广阳杂记》卷二，82页，北京，中华书局，1957。

③ 王闢之：《渑水燕谈录》，1页，北京，中华书局，1981。

④ 刘知几：《史通·杂述第三十四》，见刘知几著、浦起龙通释、王煦华整理：《史通通释》，253～257页，上海，上海古籍出版社，2009。

⑤ 今人高振铎定为339种，陈光崇定为359种。见刘乃和、宋衍申主编：《〈资治通鉴〉丛论》，173～182、183～202页，郑州，河南人民出版社，1985。

抉择幽隐，较计毫厘。”又在《答范梦得》书中说：“其实录、正史未必皆可据，杂史、小说未必皆无凭，在高鉴择之。”①

明人王世贞就国史、野史、家史分别做了评论。他说：“国史人恣而善蔽真，其叙典章、述文献，不可废也。野史人臆而善失真，其征是非、削讳忌，不可废也。家史人腴而善溢真，其赞宗阀、表官绩，不可废也。”②这段话概括说明了国史、野史、家史各自的缺陷及其终于“不可废”的存在价值，全面而允当。

清人王鸣盛也认为官方文书与私人记载互有短长。他看重正史。在《十七史商榷》“后汉书年表”条中写道：“但读史宜专心正史，世之学者于正史尚未究心，辄泛涉稗官杂说，徒见其愚妄。且稗史最难看，必学精识卓，方能裁择参订，否则殽讹汨乱，虽多亦奚以为。”③不过，他并不轻视小说，在“欧史喜采小说薛史多本实录”条中说：“大约实录与小说，互有短长，去取之际，贵考核斟酌，不可偏执。如《欧史》温兄《全昱传》，载其饮博，取骰子击盆，呼曰：‘朱三’，尔砀山一百姓，灭唐三百年社稷，将见汝赤族云云。据[王]禹称谓《梁史·全昱传》但言其朴野，常呼帝为三，讳博戏事。所谓‘梁史’者，正指梁太祖实录。今薛史《全昱传》亦不载博戏诋斥之语。欧公采小说补入，最妙。然则采小说未必皆非，依《实录》未必皆是。”④

近人主张官书与私记并重的，有蔡元培、陈寅恪、傅斯年、顾颉刚等人。

蔡元培博通文史，对史料的运用也有精辟的见解。他说：“官府文籍和私家记载在史料的价值上各有短长，合综起来各有独到处，分开来便各不可尽信。大约官府的记载失之于讳，私人的记载失之于诬。私人记史事，由于亲身经历者固多，而最多是凭借传闻，传闻是容易失实的。人都不能无好恶，而私人立志记史事，自不免于感情的表率，故恰和官书的方向相反，而各不得其平。例如建文遗民之记逊国，明亡遗民之论虏事，其志可敬，其辞或不免过甚，这些反靠官书去给他打个折扣，然官府文籍多局于一类的事迹，不如私人

---

① 司马光：《答范梦得》，《司马文正公传家集》卷六十三。按：在中国古代文献中，“小说”原指非关大道的琐屑之言。(《庄子·外物》、《汉书·艺文志》)。司马光此处沿用小说一词，内容已更广泛，包括杂史、别史、逸事、琐记等类的著作。近世意义的小说，则指以散文体形式表现的叙事性虚构文类。

② 王世贞：《弇山堂别集》卷二十《史乘考误引言》。参见翟林东：《中国古代史学批评纵横》，118～126页，北京，中华书局，1994。

③ 王鸣盛：《十七史商榷》卷三十八，211页，南京，凤凰出版社，2008。

④ 同上书，677页。

记载之备各方面，县私著之没有官府的立场，是最可宝贵的，所以私著毕竟是史料的大源。官府文籍中无论直接的史料如档案，间接的史料如'国史'、'方略'等，都因他只说一面的话，而有些靠不住，然而许多事究竟只有他去记，而且日月不苟，文件存列，我们可借档案知道一事之最直接的记载，所以官府记载仍同样不失为史料大源。守质者懒惰着专依赖官书，好奇者涉猎着专信些私家不经之谈，都不算史学的正轨。我们相信官文和私记'合之则两美，离之则两伤'呢！"①

陈寅恪说："通论吾国史料，大抵私家纂述易流于诬妄，而官修之书，其病又在多所讳饰，考史事之本末者，苟能于官书及私著等量齐观，详辨而慎取之，则庶几得其真相，而无诬讳之失矣。"②陈寅恪从原则上比较两种类史料的地方不多，但他在实际的撰述中熟练地、成功地运用了两类史料，并随处提到理论的高度对之进行分析。下文将予以说明。

傅斯年说："官家记载和私家记载的互有短长处，也是不能一概而论的。大约官书的记载关于年月、官职、地理等等，有簿可查有籍可录者，每校私记为确实；而私家记载对于一件事的来源去脉，以及'内幕'，有些能说官书所不能说，或不敢说的。但这话也不能成定例，有时官书对于年月也很会错的，私书说的'内幕'更每每是胡说的。""官家的记载时而失之讳。这因为官家总是官家，官家的记载就是打官话。好比一个新闻记者，想直接向一位政府的秘书之类得到一个国家要害大事之内容，如何做得到？势必由间接的方法，然后可以风闻一二。私家的记载时而失之诬。人的性情，对于事情，越不知道越要猜，这些揣猜若为感情所驱使，便不知造出多少故事来。……大约知道一件事内容者，每每因自己处境的关系不敢说，不愿说，而不知道者偏好说，于是时时免不了胡说。""论到官家记载之讳，则一切官修之史皆是好例，所修的本朝史尤其是好例。禅代之际，一切欺人孤儿寡妇的逆迹；剪伐之朝，一切凶残淫虐的暴举，在二十四史上那能看得出好多来呢？""论到私家记载之诬，则一切小说稗史不厌其例。"③

---

① 蔡元培：《明清史料首本第一本序》，载中央研究院历史语言研究所编：《明清史料》，甲编上，2～3页，北京，北京图书馆出版社，2008。

② 陈寅恪：《顺宗实录与续玄怪录》，载《金明馆丛稿二编》，74页，上海，上海古籍出版社，1980。

③ 傅斯年：《史学方法导论》，载《傅斯年全集》(第二卷)，335～337页，长沙，湖南教育出版社，2003。

傅斯年写过一篇文章《明成祖生母记疑》，考证明成祖的生母是 妃，而非马后。他所用的史料既有《南京太常寺志》、《明史·黄子澄传》这样的官书，也有《明诗综》、《陶庵梦忆》、《枣林杂俎》等私人记载。文中说："太凡官书失之讳，私记失之诬。明国史略成祖之生母，讳也。明野史谓成祖为元孽，诬也。成祖愈讳言其生母，私家愈侈言其真父。此犹官报与谣言，各有所缺。后之学者，驰骋于官私记载之中，即求断于讳诬二者之间。史料不可一概论，然而此义是一大端矣。"①《记疑》一文遭到朱希祖的反驳，朱氏谓成祖的生母确为高后，而非 妃。傅斯年复撰《跋〈明成祖生母问题汇证〉并答朱希祖先生》一文，说："朱先生深信《明史》，深信《明实录》，此自为史学家持正之立场。然私书不尽失之诬，官书不尽免于讳。果非官书不取，涑水无须采小说撰考异矣。官样文章英语中所谓 Official version 者，其可尽信否，试一看当代史事可也。"②

傅斯年特别重视史料的扩张。他在《历史语言研究所工作之旨趣》中写道："凡一种学问能扩张他所研究的材料便进步，不能的便退步。"③还说："能利用各地各时的直接材料，大如地方志书，小如私人的日记，远如石器时代的发掘，近如某个洋行的贸易册，去把史事无论巨者或细者，单者或综合者，条理出来，是科学的本事。"④回顾中国过去的史学，他认为，"在中国史学的盛时，材料用得还是广的，地方上求材料，刻文上抄材料，档库中出材料，传说中辨材料。"⑤他盛赞司马迁"能那样子传信存疑以别史料，能作八书，能排比列国的纪年，能有若干观念比十九世纪的大名家还近代些。"欧阳修作《集古录》，"下手研究直接材料，是近代史学的真功夫"。司马光"作《通鉴》，'编阅旧史，旁采小说'，他和刘攽、刘恕、范祖禹诸人都能利用无限的史料，考定旧记，凡《通鉴》和所谓正史不同的地方每多是详细考定的结果"。⑥ 对比之下，他慨叹地说："到了现在，不特不能去扩张材料，去学曹操设'发冢校尉'，求出一部古史于地下遗物，就是'自然'送给我们的出土的物事，以及敦煌石藏、内阁档案，还由他毁坏了好多，剩下的流传海外，京师图书馆所存摩尼经典等等良

---

① 傅斯年：《傅斯年全集》(第三卷)，175 页，长沙，湖南教育出版社，2003。

② 同上书，250 页。

③ 同上书，6 页。

④ 同上书，5 页。

⑤ 同上书，6～7 页。

⑥ 同上书，4 页。

籍，还复任其搁置，一面则谈整理国故者人多如鲫，这样焉能进步？”①本着尽力扩张史料的原则，傅斯年筹措资金，为历史语言研究所购买了明清内阁大库档案。这批档案虽是几百年前官府的旧文书，但尘封已久，无人过问，故有新史料的价值。

顾颉刚对史料的看法，总体上说也是官书与私记并重，但前后有所不同。1922年，他在《中学校本国史教科书编纂法的商榷》一文中说：研究历史，“总要弄清楚每一个时代的大势；对于求知各时代的‘社会心理’，应该看得比记忆各时代的‘故事’重要得多。所以我们应当看谚语比圣贤的经训要紧；看歌谣比名家的诗词要紧；看野史笔记比正史官书要紧。为什么？因为谣谚野史等出于民众，他们肯说出民众社会的实话，不比正史，官书，贤人，君子的话主于敷衍门面。”②这时，他认为谣谚、野史的价值要远远大于官书、正史。到了1926年，他在为北京大学研究所《国学门周刊》所做的《一九二六年始刊词》中，提出了“学术平等”的观念，说：“我们对于考古方面、史料方面、风俗歌谣方面，我们的眼光是一律平等的。我们决不因为古物是值钱的骨董而特别宝贵它，也决不因为史料是帝王家的遗物特别尊敬它，也决不因为风俗物品和歌谣是小玩艺儿而轻蔑它。在我们的眼光里，只见到各个的古物、史料、风俗物品和歌谣都是一件东西。这些东西都有它的来源，都有它的经历，都有它生存的寿命；这些来源、经历和生存的寿命都是我们可以着手研究的”。③这时他认为古物、史料、风俗歌谣的价值都是一样的。1928年，他在《妙峰山进香专号引言》中又说：“学问的材料，只要是一件事物，没有不可用的，绝对没有雅俗、贵贱、贤愚、善恶、美丑、净染等等的界限。”“在现在的时候，稍微知道一些学问的人都觉得学问上的一尊的见解应该打破”。顾颉刚等人妙峰山进香调查的宗旨是提倡民间文化的研究，所以这里所说的对各种史料一律平等看待的侧重点，实在于强调民俗调查这种“活泼泼的新生命材料”。④

顾颉刚虽然强调新史料的使用，但也很重视传统的“正史”二十四史。他在

① 傅斯年：《傅斯年全集》(第三卷)，7页，长沙，湖南教育出版社，2003。

② 顾颉刚：《中学校本国史教科书编纂法的商榷》，载《教育杂志》第14卷第4号，1922年4月20日。

③ 顾颉刚：《1926年始刊词》，载《北京大学研究所国学门周刊》第2卷第13期，1926年1月6日。

④ 顾颉刚：《妙峰山进香专号引言》，载《妙峰山》，7～8页，上海，上海文艺出版社，1998。

《二十五史补编序》中写道："然史之可贵，匪特在其卷佚之繁重，叙述之详明，裁断之有制，又当字字有来历，其所根据之原料可得而勘证，示人以必信焉。自赵宋而下，修史时所根据者今虽不可尽见，而政府公文，地方志乘，私家著述，存留者并多，犹得藉是以审查其然否。若上溯唐、五代以前，刻版未兴，直接史料亡失垂尽，固亦有劫余之金石遗文及故书雅记在，然而其物过于零星，未足以供系统之探讨，言史事唯有据十七史为唯一之资源，所谓五千年之历史，前四千年只此而已，此无可奈何者也。"①

顾颉刚对史料的看法是全面而开阔的。1927 年 4 月，他为中山大学写了一个《购求中国图书计划书》。计划要搜集的图书资料有 16 类：经史子集及丛刊档案、地方志、家族志、社会事件之记载、个人生活之记载、账簿、中国汉族以外各民族之文籍、基督教会出版之书籍及译本书、宗教及迷信书、民众文学书、旧艺术书、教育书、古存简籍、著述稿本、实物之图像。② 上海图书馆馆长顾廷龙说："我从事图书馆古籍采购事业将五十年，即循此途径为收购目标，颇得文史学者的称赞。"③这 16 类在不同程度上都可看作历史资料。

总之，各种类型的史料都有长处，也有短处，把它们综合起来，互相参照，研究的成果就有可能接近历史的真相。第三派的主张，是使用史料的比较妥当的办法，第一派、第二派的主张亦有可取之处。本文未涉及第一手史料(或称原料、直接史料)和第二手史料(或称次料、间接史料)的问题。这是一个十分复杂的问题，与本文有关，但应另做专题讨论，而且不是一两篇文章所能讲清楚的。这里只想简明提及一点，即在官书这一大类中有第一手史料，也有第二手史料；私记亦如此。再者，被认为属于第一手史料性质的，有时内中也有第二手史料的成分；被认为属于第二手史料性质的，有时内中也有第一手史料的成分。以下举一二例予以说明。

档案历来被认为属于第一手史料，实不尽然。有些文件看似第一手史料，实为第二手史料。例如在一次战役结束后，最高指挥官呈报给军事当局的战果统计，一向被视为第一手史料，但它是由诸多基层战斗单位的上报材料(最原始的材料)经过综合和加工而形成的，实质上已更多地具有第二手史料的性质，

① 顾颉刚：《二十五史补编序》，1 页，北京，中华书局，1955。

② 顾潮编著：《顾颉刚年谱》，157～158 页，北京，中华书局，2011。

③ 顾廷龙：《介绍顾颉刚先生撰〈购求中国图书计划书〉——兼述他对图书馆事业的贡献》，载《顾颉刚学记》，291～296 页，北京，生活·读书·新知三联书店，2002。

而且这类战果统计往往夸大敌方的损失而缩小自己的损失。① 正史是著作，一般被看作第二手史料，但正史是根据大量第一手史料(档案、起居注、实录，等等)写成的，而且这些第一手史料后来大部分已经遗失，故历史研究者就只能在相当大程度上把它们看作第一手史料。吕思勉说："正史并非最原始的史料；但作正史时所据材料，十九不存，故正史在大体上即为原始的史料。"②私记中的日记、回忆录讲作者自己的事是第一手史料，讲别人的事，则是第二手史料。还有一种情况，某一材料从一种角度看属于第二手史料，但换另一种角度看则为第一手史料。例如某个政治家在他的回忆录中对当时发生的某一他未亲自参加的政治事件所做的评论，单就他的评论而言，当然是第二手史料。但换一个角度看，如果我们要研究这个政治家对这一政治事件采取何种态度时，那么他的评论就成为第一手史料了。总之，第一手史料与第二手史料之间并无绝对的界限，只是大体言之而已。萧一山说："原料之价值恒过于次料，固不待论，但其间亦非有绝对的界限，治史者尤不可不知。如档案公文虽属原料，而所载对方之事，则仍为次料。咸同谕旨折奏之纪洪杨，即其类也。官书、传记虽属次料，而所载本身之事，则仍系原料。蓝皮书之报告，曾、左、李之全集，即其类也。私人笔记述其见闻，多半道听之言，世固以次料目之矣，但有时所纪事变之内幕，名人之轶闻，以及制度兴革、社会情况，廻非官牍所能详，则仍属原料。……故原料与次料也，乃就关系之直接与间接而言，非其本身即具此特质也。"③西方史学家约翰·布罗也认为："一手与二手史料的区别是有弹性的。"④

二、陈垣、陈寅恪对史料的认识与运用

在古今史学家中，善用多种史料著书而取得显著成绩者，代有其人，古人如司马光，近人如陈垣、陈寅恪等。以下就陈垣、陈寅恪二人在研究中运用多

---

① 第二次世界大战中的"不列颠之战"，德国和英国对己方和对方空军的损失的统计，差距很大。参见齐世荣：《谈日记的史料价值》，载《首都师范大学学报》(社会科学版)，2011年第6期，14页。

② 吕思勉：《史学四种》，73页，上海，上海人民出版社，1981。

③ 萧一山：《近代史书史料及其批评》，载国立东北大学编印：《志林》第3期，1942年1月，四川三台。

④ 约翰·布罗：《历史的历史：从远古到20世纪的历史书写》，441页，桂林，广西师范大学出版社，2012。

种史料的情况稍做一些具体的介绍。

陈垣著作中使用的史料十分丰富。他一再强调，搜集材料应力求完备，常以“竭泽而渔”做比喻。他说：南方人在池塘中养渔种，鱼长大后，将水放出，逐条取鱼，一条不漏。① 他的名著《元西域人华化考》引证各类文献多达二百一二十种，所用材料以诗文集和金石录为主，其中元、明人文集约百种。除一般史家常用的正史、方志、杂记、随笔外，更广泛地利用了韵书、画谱、书法、进士录等，搜罗史料的详备程度堪称做到了“竭泽而渔”。他在采用史料时，十分重视文集，这是他史学研究中的一个特点。他研究元史，既肯定了《元史》的价值，认为它保存了许多原来的材料；又广泛利用元朝六十家的文集。

陈垣一生重点研究宗教史，主要研究宗教和政治、社会的关系，研究宗教的盛衰变化情况，而不谈教义。因此，他研究宗教史，不仅利用教会典籍，而且利用教外典籍。他在《从教外典籍见明末清初之天主教》一文中，列举了必须参阅教外典籍的 6 条理由：可补教史之不足；可正教史之偶误；可与教史相参证；可见疑忌者之心理；反对口中可得反证；旁观议论可察人言。② 陈寅恪看到这篇文章后，十分欣赏，于 1934 年 4 月 6 日致函陈垣，说：“顷读大作讫，佩服之至。近来日本人佛教史有极佳之著述，然多不能取材于教外之典籍，故有时尚可供吾国人之补正余地(然亦甚尠矣)。今公此作，以此标题畅发其蕴，诚所谓金鍼度与人者。就此点言，大作不仅有关明清教史，实一般研究学问之标准作品也。”③

另一方面，陈垣又利用宗教典籍，研究世俗历史。他在《中国佛教史籍概论缘起》中说：“中国佛教史籍，恒与列朝史事有关，不参稽而旁考之，则每有窒碍难通之史蹟。此论即将六朝以来史学必需参考之佛教史籍，分类述其大意，以为史学研究之助，非敢言佛教史也。”例如，他指出据唐释智升《开元释教录》，可考前凉张氏始终用晋年号，“不独始称西晋　帝建兴年号，其末仍用东晋简文帝咸安年号”。又如，他指出据梁释慧皎《高僧传》，可考《世说新语》所关涉的晋僧。《世说新语》中涉及“晋僧几二十人，此二十人中，见于《晋书·

① 李瑚：《励耘书屋受业偶记》，载陈智超编：《励耘书屋问学记——史学家陈垣的治学》(增订本)，221 页，北京，生活·读书·新知三联书店，2006。

② 《陈垣学术论文集》(第一集)，192～212、199～130 页，北京，中华书局，1980。

③ 《陈寅恪集·书信集》，129～130 页，北京，生活·读书·新知三联书店，2001。

艺术传》者仅佛图澄一人，然十之九皆见《高僧传》。”①

陈垣还开拓了以释家语录考史这一新园地。他说：“夫语录特释家言耳，史家向不措意，安知其有裨史乘也。”②《汤若望与木陈忞》一文初引语录入史，随后又有《语录与顺治宫廷》、《顺治皇帝出家》二文问世。他利用《憨璞语录》、《玉林语录》等语录，考证顺治出家问题，得出结论：“顺治实曾有意出家，只是出家未遂耳。”③后期的著作《明季滇黔佛教考》、《清初僧诤记》，引用语录尤多。

陈垣虽然广泛采用各种类型的私家记载，但他对于官方文书也很重视。他撰写《元也里可温教考》一文时，充分利用了《元史》中的材料。清代学者以《元史》成书仓促，讥为疏略，但关于也里可温在元朝的真相，竟赖《元史》以传。“究其所以存此之由，未始不由于草率之间，悉本诸十三朝实录，不轻笔削也。倘如清人修明史之例，矜为严谨，则芟落必多。”④这就充分肯定了《元史》的价值，而不是像清代学者那样只看到它的缺失。陈垣考明清之际的天主教史，多参考清廷档案。他还在讲课时特别向学生指出清初诸帝的硃批谕旨的史料价值，强调不仅《东华录》望尘莫及，就是当时实录的有关段落也是由《硃批谕旨》中得来的。⑤ 他在写给他儿子陈乐素的一封信中说：“凡研究唐宋以后史者，除正史外，必须熟读各朝一二大家诗文集，能有本事注者更佳，可以观其引用何书，而知正史之外，诗文笔记如何有助于考史也。”可见，他对官书与私记都是重视的。⑥

陈垣搜集史料，还有一个特点，就是利用历史上的一些工具书。他很重视《册府元龟》，说：“册府材料丰富，自上古到五代，按人事人物，分门编纂，

---

① 陈垣：《中国佛教史籍概论》，1、15、25～26页，北京，中华书局，1962。

② 陈垣：《语录与顺治宫廷》，载《陈垣学术论文集》(第一集)，518页，北京，中华书局，1980。

③ 陈垣：《顺治皇帝出家》，载《陈垣学术论文集》(第一集)，535页，北京，中华书局，1980。

④ 陈垣：《元也里可温教考》，载《陈垣学术论文集》(第一集)，55页，北京，中华书局，1980。

⑤ 史念海：《忆先师陈援庵先生》，载陈智超编：《励耘书屋问学记——史学家陈垣的治学》(增订本)，154页，北京，生活·读书·新知三联书店，2006。

⑥ 陈智超主编：《陈垣全集》(第二十三册)，829页，合肥，北京师范大学出版集团、安徽大学出版社，2009。

凡一千一百余门，概括全部十七史。其所见史，又皆北宋以前古本，故可以校史，亦可以补史。”①1942年，陈垣用《册府元龟》及《通典》补足流失八百年的《魏书》缺页，共316字，引起学术界的极大注意，此后用《册府元龟》校史、补史者日多。

陈垣对于他所研究的问题，在史料搜寻上确实是“竭泽而渔”，掌握材料的丰富，少有人能与之相比。例如，《清初僧诤记》征引书目，多到八十种。《明季滇黔佛教考》征引书目，更多达一百七十余种。陈寅恪在为此书所写的序中称：“寅恪颇喜读内典，又旅居滇地，而于先生是书征引之资料，所未见者，殆十之七八，其搜罗之勤，闻见之博若是。”②但陈垣所写的文章，却从不堆砌材料。陈垣的学生刘乃和回忆说：“他(指陈垣)主张搜集材料要全，但写成文章时，不必把所得材料都放在论文里，要有选择、有重点，要使用最能说明问题的材料。”③

陈垣对于搜集史料要全面的看法，还可见于他在一封信中谈到近代史时，说：“史料愈近愈繁。凡道光以来一切档案、碑传、文集、笔记、报章、杂志，皆为史料。如此搜集，颇不容易。窃意宜分类研究，收缩范围，按外交、政治、教育、学术、文学、美术、宗教思想、社会经济、商工业等，逐类研究，较有把握。且既认定门类，搜集材料亦较易。”④

以下谈陈寅恪。

陈寅恪治史，在史料运用方面的原则，一是尽可能扩充领域；二是取材详备，宁详勿略。他在《梁译大乘起信论伪智恺序中之真史料》一文中，强调扩充资料范围的重要性。“今日中外学人考证佛典虽极精密，然其搜寻资料之范围，尚多不能轶出释教法藏以外。特为扩充其研究之领域，使世之批评佛典者，所恃证据，不限于贝多真实语及其流派文籍之中，斯则不佞草此短简之微意也。”⑤他还曾对陈述说：“历史研究，资料范围尽可能扩大，结论则要尽可能

---

① 陈垣：《影印明本册府元龟序》，载《陈垣全集》(第七册)，590～591页，合肥，北京师范大学出版集团、安徽大学出版社，2009。

② 陈寅恪：《金明馆丛稿二编》，240页，上海，上海古籍出版社，1980。

③ 刘乃和：《书屋而今号励耘》，载陈智超编：《励耘书屋问学记——史学家陈垣的治学》(增订本)，183页，北京，生活·读书·新知三联书店，2006。

④ 陈垣：《陈垣致台静农信(1929年12月3日)》，载《陈垣全集》(第二十三册)，123页，合肥，北京师范大学出版集团、安徽大学出版社，2009。

⑤ 陈寅恪：《金明馆丛稿二编》，132页，上海，上海古籍出版社，1980。

缩小，考证要求合实际”。① 取材详备，宁详勿略，也是他经常强调的一个原则。

在《陈述辽史补注序》中，他说：“见其所论（指陈述辽史补注序例）宁详勿略之旨，甚与鄙见符合。”序中又赞赏《建炎以来系年要录》“喜聚异同，取材详备”。他认为：“裴世期之注三国志，深受当时内典合本子注之薰习。此盖吾国学术史之一大事，而后代评史者，局于所见，不知古今学术系统之有别流，著述体裁之有变例，以喜聚异同，坐长烦芜为言，其实非也。赵宋史家著述，如续资治通鉴长编，三朝北盟会编，建炎以来系年要录，最能得昔人合本子注之遗意。诚乙部之杰作，岂庸妄子之书，矜诩笔削，自比夏五郭公断烂朝报者所可企及乎？”②对于导源于佛徒的“合本子注”的宋人长编考异法，陈寅恪十分欣赏。在《杨树达论语疏证序》中，他写道：“今先生汇集古籍中事实语言之与论语有关者，并间下己意，考订是非，解释疑滞。此司马君实李仁甫长编考异之法，乃自来诂释论语者所未有，诚可为治经者辟一新途径，树一新模楷也。”③陈寅恪认为“合本子注”的方法，“与今日语言学者之比较研究法暗合”。支愍度的见解，“即今日历史语言学者之佛典比较研究方法，亦何以远过。”④

陈寅恪著作中使用的史料十分丰富。在利用私人记载这类史料时，“以诗证史”和“以小说证史”尤具特色。“以诗证史”的方法不自陈氏始。前人可追溯到黄宗羲，同时代人有刘师培和邓之诚。清末刘师培已发表《读全唐诗发微》；邓之诚的《清诗纪事初编》于抗战时期开始撰写。但陈寅恪的贡献则在于把这种方法系统化、完善化。据他在中山大学的学生姜伯勤说：“1956－1957 年顷，陈寅恪先生在上‘元白诗证史’第一课时，指出本课程的目的，即以元白诗证史，用这个方法成一家之言，以拖拉机耕田的速度，有别于老牛木犁之速度，在历史研究上别开生面。而开这门课即是作一个练习。”⑤陈寅恪晚年耗尽心血

---

① 陈述：《陈寅恪先生手书信札附记》，载王永兴编：《纪念陈寅恪先生百年诞辰学术论文集》，1～2 页，南昌，江西教育出版社，1994。

② 陈寅恪：《金明馆丛稿二编》，234 页，上海，上海古籍出版社，1980。

③ 同上书，232 页。

④ 陈寅恪：《支愍度学说考》，载《金明馆丛稿初编》，165 页，上海，上海古籍出版社，1980。

⑤ 姜伯勤：《史与诗——读陈寅恪先生〈元白诗笺证稿〉、〈论再生缘〉、〈柳如是别传〉》，载中山大学历史系编：《陈寅恪与二十世纪中国学术》，357 页，杭州，浙江人民出版社，2000。

完成的巨著《柳如是别传》，据统计，共引用了约六百种材料，包括正史、野史、年谱、志书、笔记小说和诗词戏曲文集，更把以诗文证史的方法发挥得淋漓尽致，不过其中也有不少烦琐、枝蔓的考据。

以小说证史，陈寅恪最为擅长。名篇有《读莺莺传》、《桃花源记旁证》、《顺宗实录与续玄怪录》等。他认为"有些小说中所叙之人与事，未必实有，但此类事，在当时条件下，则诚有之……例如《水浒传》中之'祝家庄'，有无此庄并以'祝'为名，颇难确证，但像祝家庄这类由地主自组武装，并收纳'庄客'之事，则在宋元时，乃是现实……《太平广记》中记述一系列短篇小说也反映中唐至五代时社会情况。"①又说："小说亦可作参考，因其虽无个性的真实，但有通性的真实。"②

陈寅恪熟悉佛藏、道藏，长于从中搜集材料，与教外文籍结合，用以研究宗教与政治、社会、文化思想、文学等方面的关系。《武曌与佛教》一文论述了武则天利用《大云经》以巩固其女帝政治地位的关系。③《莲花色尼出家因缘跋》一文论述了佛教传入中国后，必须尊重本土的传统道德，而不得不删去莲花色尼屡嫁，而所生之子女皆离夫，不复相识，复与其所生之女共嫁于其所生之子的情节。④《西游记玄奘弟子故事之演变》一文，论述了佛教经典体裁与后来小说文学的关系。⑤《天师道与滨海地域之关系》一文，旁征博引，从正史、杂史、地理志、医书、类书到道藏，外书与内典相结合，用滨海地域一贯之观念，说明了先后三百余年间天师道与政治、社会的关系。⑥

陈寅恪对官书和私人记载是同等重视的。明清内阁大库档案几经辗转卖到李盛铎手中，当历史语言研究所听到李氏要卖出这批档案时，陈寅恪极力主张买下，因为他认为这批档案具有第一等原料的性质。1928 年 12 月 17 日，他写信给傅斯年说："盖历史语言之研究，第一步工作在搜集材料，而第一等之

---

① 石泉：《先师寅恪先生治学思路与方法追忆(补充二则)》，载中山大学历史系编：《陈寅恪与二十世纪中国学术》，157 页，杭州，浙江人民出版社，2000。

② 石泉、李涵：《听寅恪师唐史课笔记一则》，载《纪念陈寅恪先生诞辰百年学术论文集》，33 页，北京，北京大学出版社，1989。

③ 陈寅恪：《金明馆丛稿二编》，137～155 页，上海，上海古籍出版社，1980。

④ 陈寅恪：《寒柳堂集》，151～156 页，上海，上海古籍出版社，1980。

⑤ 陈寅恪：《金明馆丛稿二编》，192～197 页，上海，上海古籍出版社，1980。

⑥ 陈寅恪：《金明馆丛稿初编》，1～40 页，上海，上海古籍出版社，1980。

原料为最要。”①史语所于1929年买下档案，同年成立了《明清史料编刊委员会》，陈寅恪与朱希祖、陈垣、傅斯年、徐中舒一起参加。陈寅恪利用内阁大库档案，写了《高鸿中明清和议条陈残本跋》一文，称“此残篇故纸，盖三百年前废兴得失关键之所在，因略徵旧籍，以为参证如此。”②

陈寅恪有关隋唐史的两本名著《隋唐制度渊源略论稿》和《唐代政治史述论稿》，大量使用新、旧《唐书》和《资治通鉴》这类常见的传统史料。他在平日讲课时，也强调官方文书的重要性。据卞僧慧“‘晋至唐史’开课笔记”(1935年9月23日)，陈氏所列参考书，其中“最低限度必读书”有：《资治通鉴》、《通典》和新、旧(书·志)。进一步学习的书有《晋书》、《南北史》、《新唐书》。“进行广泛的研究”，除上列书，再加上《宋》、《南齐》、《梁》、《陈》、《魏》、《北齐》、《周》、《隋》诸书，《旧唐书》、《册府元龟》、《太平广记》以及诗文集、笔记，如《全唐诗》、《全唐文》等。③ 在这个书单中，官修的正史占很大比重，但诗文集、笔记等私家记载也未忽视。

陈寅恪既然主张尽可能扩充史料的领域，自然要重视新史料的发现。他在《陈垣燉煌劫余录序》中说：“一时代之学术，必有其新材料与新问题。取用此材料，以研求问题，则为此时代学术之新潮流。治学之士，得预于此潮流者，谓之预流(借用佛教初果之名)。其未得预者，谓之未入流。此古今学术史之通义，非彼闭门造车之徒，所能同喻者也。燉煌学者，今日世界学术之新潮流也。”④陈寅恪不仅在理论上指出了燉煌学的重要性，还身体力行，撰写论文，在佛经、史学、文学等方面都有开创性的贡献。关于什么是新材料，陈寅恪的看法是：“所谓新材料，并非从天空中掉下来的，乃指新发现，或原藏于他处，或本为旧材料而加以新注意、新解释。”⑤

陈寅恪注意发掘新史料，但他仍认为群经诸史这类旧史料是治史者必须作

---

① 转引自王汎森：《傅斯年：中国近代历史与政治中的个体生命》，340页，北京，生活·读书·新知三联书店，2012。

② 陈寅恪：《金明馆丛稿二编》，129～131页，上海，上海古籍出版社，1980。

③ 卞僧慧纂：《陈寅恪先生年谱长编》(初稿)，362～364页，北京，中华书局，2010。可再参看石泉、李涵：《听寅恪师唐史课笔记一则》，载《纪念陈寅恪先生诞辰百年学术论文集》，32～34页，北京，北京大学出版社，1989。

④ 陈寅恪：《陈垣燉煌劫余录序》，载《金明馆丛稿二编》，236页，上海，上海古籍出版社，1980。

⑤ 卞僧慧纂：《陈寅恪先生年谱长编》(初稿)，363页，北京，中华书局，2010。

为基础利用的。针对清代以降一些专治金石而忽视经史者，他指出："自昔长于金石之学者，必为深研经史之人，非通经无以释金文，非治史无以证石刻。群经诸史，乃古史资料多数之所汇集。金文石刻则其少数脱离之片段，未有不了解多数汇集之资料，而能考释少数脱离之片段不误者。"①他还说："必定旧材料很熟，而后才能利用新材料。因为新材料是零星发现的，是片断的。旧材料熟，才能把新材料安置于适宜的地位。正像一幅古画已残破，必须知道画的大概轮廓，才能将其一山一树置于适当地位，以复旧观。"②

陈寅恪对史料有很开阔的看法。一般认为史论无关史学，无史料价值，但他却认为："史论之作者，或有意，或无意，其发为言论之时，即已印入作者及其时代之环境背景，实无异于今日新闻纸之社论时评。若善用之，皆有助于考史。故苏子瞻之史论，北宋之政论也。胡致堂之史论，南宋之政论也。王船山之史论，明末之政论也。"③

关于史料的真伪问题，陈寅恪持辩证的看法。他说"以中国今日之考据学，已足辨别古书之真伪。然真伪者，不过相对问题，而最要在能审定伪材料之时代及作者，而利用之。盖伪材料亦有时与真材料同一可贵。如某种伪材料，若迳认为其所依讬之时代及作者之真产物，固不可也。但能考出其作伪时代及作者，即据以说明此时代及作者之思想，则变为一真材料矣"。④ 他专门写了《梁译大乘起信论伪智恺序中之真史料》一文，说明智恺序虽是伪造，而伪序中却含有一部分真史料。⑤

总之，陈垣、陈寅恪二人使用史料的原则和具体办法是：官书与私记并重、兼采，根据研究问题的需要，用所当用。他们使用的史料十分丰富，但因他们都不专门研究经济史，故著作中涉及的经济史料很少。

三、余　论

西方史学的发展趋势也证明了史料的扩充确实有助于史学的进步。

---

① 陈寅恪：《杨树达积微居小学金石论丛续稿序》，载《金明馆丛稿二编》，230页，上海，上海古籍出版社，1980。

② 卞僧慧纂：《陈寅恪先生年谱长编》(初稿)，363页，北京，中华书局，2010。

③ 陈寅恪：《冯友兰中国哲学史上册审查报告》，载《金明馆丛稿二编》，248页，上海，上海古籍出版社，1980。

④ 同上。

⑤ 见陈寅恪：《金明馆丛稿二编》，132～136页，上海，上海古籍出版社，1980。

德国史学家兰克在19世纪欧洲史学界享有盛誉，他的著作被认为史料丰富、考证精确，其实并不尽然。兰克始终关注的是以统治阶级上层人物为主角的政治史，尤其是外交史，因此他的取材也不出这个范围。外交人员报告、外交书信，例如16和17世纪威尼斯大使的47册报告，是他特别重视的史料。社会、经济因素几乎被他完全排斥在外，所以他的著作也缺乏这方面的史料。① 应该说，兰克在利用欧洲各国档案馆的政治、外交史料方面比前人有了很大的进展，但他使用史料的局限性也是很明显的。

兰克看重统治阶级上层人物而轻视下层百姓。马克思称兰克为“天生的‘历史的宫廷侍从’”。② 与兰克相反，马克思、恩格斯十分重视人民群众在历史中的作用。恩格斯为了说明英国工人阶级的状况，除亲自调查外，还广泛使用了各种官方文件和资料，如《皇家委员会关于工人阶级的居住条件的报告·英格兰和威尔士》、《英国户籍总署署长关于出生、死亡、婚姻的第五号年度报告》等。③ 马克思写《资本论》第1卷第8章《工作日》，大量利用了英国《工厂视察员报告》、《童工调查委员会报告》等材料。④ 他们开拓了新的史料来源，大大推动了无产阶级历史的研究。

19世纪末，历史学界出现了一种广泛的信念，认为历史学的选材必须扩大，对社会、经济文化的作用应给予更多的重视。相应地人们要求历史学应该更密切地与各类社会科学相联系。⑤ 进入20世纪，特别是在第二次世界大战以后，出现了若干新的学派。新学派为了贯彻它们对历史的看法，就必须采用新的研究方法，开拓新的史料来源。以1929年成立的年鉴派为例，他们提倡总体地研究历史，这种历史包括人类社会的全部层次：从政治、外交、军事到经济、社会、文化、心态、人口等等。需要研究的新问题很多，从而要发现新的史料。经济社会史的研究依赖财政档案、税务档案、法律档案、土地文书、身份证明记录等类的资料。人口史的研究离不开中古时期教区用于出生、洗

---

① 参见叶·阿·科斯敏斯基：《中世纪史学史》，420～429页，北京，商务印书馆，2011；乔治·皮博迪·古奇：《十九世纪历史学与历史学家》，上册，175～215页，北京，商务印书馆，2011。

② 1864年9月7日马克思致恩格斯信，见《马克思恩格斯全集》，中文第1版，第30卷，423页，北京，人民出版社，1974。

③ 《马克思恩格斯文集》，第1卷，418～421页，北京，人民出版社，2009。

④ 《马克思恩格斯文集》，第5卷，267～350页，北京，人民出版社，2009。

⑤ 参见伊格尔斯：《二十世纪的历史学》，35页，沈阳，辽宁教育出版社，2003。

礼、婚姻和丧葬的登记册和近代的人口普查记录。这些都是旧日传统史学所忽略的史料。现代史学扩充史料的例子可谓举不胜举。

总之，到了21世纪，历史资料的数量已达到了无法统计的程度。旧史料堆积如山，但尚有许多未被利用，① 新史料复层出不穷，第二次世界大战后各个国家和地区的档案数量和档案馆都在增加。② 尽管如此，史料以后还会继续扩充，也必须继续扩充。因为人类社会在发展，发展中必然产生新问题，有了新问题，就必须搜集与新问题有关的新资料。马克思当年说过："英国博物馆中堆积着政治经济学史的大量资料，伦敦对于考察资产阶级社会是一个方便的地点，最后，随着加利福尼亚和澳大利亚金矿的发现，资产阶级社会看来进入了新的发展阶段，这一切决定我再从头开始，批判地仔细钻研新的材料。"③这个道理仍然适用于今天，或者说，更适用于今天，因为人类进入20世纪后发生了前所未有的巨大变化，进入21世纪后，将会发生更大的变化。从资料方面看，今人研究历史，有幸有不幸。幸运的是：有取之不尽、用之不竭的史料。不幸的是：史料如汪洋大海，史家有陷溺其中的危险。搜集材料应力求全面，但全面不等于一点不漏，一点不漏是绝对不可能的。但做到全面又谈何容易。史家为免灭顶之灾的自救之方就有赖于理论的提高和方法的改进。史学理论的提高和史学方法的改进是两个专门的大问题，已超出本文的范围，兹不具论。这里只想提及一点，即史料、史学理论和史学方法是三个互相关联的问题，可分别论述，但不可奉其一为至尊，而贬其二为附庸。本文旨在说明运用史料应当官书与私记并重，新史料与旧史料兼采，而绝无意宣扬"史料至上"的观点。笔者学识浅陋，暮年撰稿，更多失误，敬希读者指正。

---

① 试举一例说明。现存于英国剑桥大学图书馆的怡和洋行档案包括英、中两种文字，内容有各种公私函件、账簿单据及商情时价报告等，具有很高的史料价值，但至今中外学者只有少数人曾经利用。参见杨联陞：《剑桥大学所藏怡和洋行中文档案选注》，载《杨联陞论文集》，116～126页，北京，中国社会科学院出版社，1992。

② 参见杰弗里·巴勒克拉夫：《当代史学主要趋势》第六章第一节"史料的获得和档案机构"，233～243页，北京，北京大学出版社，2006。

③ 马克思：《〈政治经济学批判〉序言》，载《马克思恩格斯文集》，第2卷，593页，北京，人民出版社，2009。

谈日记的史料价值*

日记是私人记载的一种，按照年月日记录作者的亲身经历和见闻，以及作者对人对事的看法，历来被认为具有直接史料的价值，是治史者所必需参考的。由于日记记录的是当天所发生的事情，而不是事后的追忆，故比较准确。由于日记是写给自己看的，故能比较真实地反映作者的个性。此外，日记中谈到的作者所处时代的政治、经济、社会、文化诸方面的情况，亦可与官书和书信、回忆录等其他私人文件互相参照比较。

日记原本是写给自己看的，多数日记都属于这一类。这类日记能反映作者的"真面目"，具有较高的史料价值。但也有少数日记是被作者当作"著作"，准备身后发表的，甚至在当时就供给他人阅读的。这类日记时时有些做作，难以从中看见作者的"心"，即灵魂深处的东西。但如果作者是某一方面的重要人物，记下了他掌握的一般人所不知道或难知其详的种种情况，则这种日记仍有相当高的史料价值。

因篇幅所限，兹先就政治和文化两类人物的日记，各择数例以说明日记的史料价值。

一、政治人物的日记

(一)高级官员的日记

这类人物的日记，有些因讳忌太多，并未提供重要史料，如

* 原载《首都师范大学学报》(社会科学版)2011 年第 6 期。

《曾文正公手书日记》。王闿运于序说："惜其记事简略，非同时人莫能知其厓涘，故闿运观之而了然，不能喻之人也。时历四纪，欲学裴松之以注辅志，则记录文字不备，无从搜求。"①有些则内容丰富，可备史乘，下文略举数例予以说明。

1.《翁同龢日记》(即翁文恭公日记)

翁氏日记，起自咸丰八年六月二十一日(1858 年 7 月 31 日)，迄于光绪三十年五月十四日(1904 年 6 月 27 日)，长达 46 年，记叙了许多重要史事和作者本人的思想与活动，内容十分丰富。

翁同龢在戊戌变法中的作用，论者已多，基本肯定，而于他在甲午战争中的表现，亦有人誉美逾分，实未得其当。兹据翁氏日记，集中谈一下他在甲午战争中的作为。由于本文不是全面谈翁氏日记，对其他内容一概从略。

光绪二十年甲午七月初一(1894 年 8 月 1 日)，中日同时宣战。战争开始前，李鸿章畏敌怯战，幻想依赖俄、英的调停，与日本讲和，以至屡误战机，被日本着着争先。八月十六日(9 月 15 日)，清军溃败，平壤弃守。八月十八日(9 月 17 日)，黄海一战，清水军又败。翁同龢等主战派一方面继续抨弹李鸿章，另一方面则纷纷奏请起用被那拉氏罢黜、已息影十年的恭亲王奕䜣。十月三日(10 月 31 日)，翁同龢见奕䜣，"痛哭流涕，请持危局"。② 十月五日(11 月 2 日)下诏，恭亲王督办军务，各路统兵大员均归节制。次日，翁同龢、李鸿藻、刚毅补授军机大臣。奕䜣出山后，亦主议和，翁同龢大失所望，但无可奈何。翁、李入军机后不久，旅顺于十月二十四日(11 月 21 日)失守。十月二十七日(11 月 24 日)，李鸿章受到革职留任、摘去顶带处分。是日，翁同龢邀奕䜣等来商，"相对无一策"。③ 翁、李虽已入军机，掌握实权，但他们素不知兵，于是又寄希望于时任两江总督的湘军将领刘坤一。十二月二日(12 月 28 日)，清廷授刘坤一钦差大臣，关内外防剿各军统归节制。刘坤一到京后，翁同龢即于十二月十五日(1895 年 1 月 10 日)访刘，"辩论甚长，伊执队不齐械不备不能轻试之语，百折不回也。"④十二月十七日(1895 年 1 月 12 日)翁至

① 《曾文正公手书日记》，上海中国图书公司于宣统元年印行。按：王闿运曾居肃顺幕，甚受信任，咸丰末出都。肃败，未及祸。后遨游湘淮诸帅间，熟知内幕。

② 陈义杰整理：《翁同龢日记》(第五册)，2745 页，北京，中华书局，2006。

③ 同上书，2753 页。

④ 同上书，2768 页。

“督办处，始见宋庆报盖平失陷情形，自请治罪，催刘出关，诸公相对，一筹莫展。”①十二月十九日(1895年1月14日)，翁偕奕䜣等至督办处，刘坤一在场，“闻命(按指命他进扎山海关——笔者)惶悚，具陈所处之难，慰藉良久乃平。”②在一再督促下，刘坤一才于十二月二十四日(1895年1月19日)带着满腹牢骚勉强出京。翁同龢依重的刘坤一实际上畏敌怯战，湘军亦不足持。据文廷式《闻尘偶记》：“刘坤一治兵既无效，而营求回任之心至极，内则恭亲王、荣禄主之，然上意殊不谓然也。乃遣江苏候补道丁葆元入都，粮台以报销余款十万济之，遂得要领。余告李高阳(即李鸿藻——笔者)，高阳以为事所必无。不数日而回任之旨下。高阳又谓余曰：‘汝前所言之事，乃真实语也。丁者何名？信有神通耶？’余曰：‘非某知之，有门人籍宁波者，言四恒(宁波人在京师开银号者，有恒顺、恒丰等共四家，交通贿赂，人皆信之，故名。)前月已出票，故敢告也。’”③这条材料，可作旁证参考。

战事日益失利，日记中屡屡出现彷徨无计的情况。十二月二十六日(1895年1月21日)：“电报多，威海日逼矣，奈何奈何！”④十二月二十七日(1895年1月22日)：“廿五申刻荣城县失守，威海益迫，恐旦夕复失，相对于邑。”⑤光绪二十一年一月七日(1895年2月1日)：“商威海事，竟不能发一策，可叹。”⑥一月九日(2月3日)：“威海北岸三台尽失……相对默然，计无所出。”⑦一月十八日(2月12日)，丁汝昌自杀身亡。二月八日(3月4日)，湘军败于牛庄。二月九日(3月5日)：“得吴清卿私电，贼丁初八扑牛庄，魏(光焘)、李(光久)两军皆败(按魏、李皆湘军——笔者)……可危之至。”⑧二月二十三日(3月19日)，李鸿章到达马关，次日开始议和。二月二十九日(3月25日)，翁同龢至直房，与奕䜣“相对愁绝”。⑨三月五日(3月30日)，停战协定订立，但只限于北方。三月六日(3月31日)：“赴督办处，楚囚相对，意况不

① 陈义杰整理：《翁同龢日记》(第五册)，2768页，北京，中华书局，2006。

② 同上书，2769页。

③ 文廷式：《闻尘偶记》，载《文廷式集》，735页，北京，中华书局，1993。

④ 陈义杰整理：《翁同龢日记》(第五册)，2770页，北京，中华书局，2006。

⑤ 同上书，2771页。

⑥ 同上书，2775页。

⑦ 同上书，2775页。

⑧ 同上书，2783页。

⑨ 同上书，2788页。

堪。”①略举以上数例，已可看出翁等主战派之束手无策。石泉在《甲午战争前后之晚清政局》一书中说：“彼等主战，但并无实际有效之方策以支持战争，而自立于不败之地，更无论乎求胜矣。”②

清代同光朝士大夫有所谓“清流”、“浊流”之分。翁同龢是清流首领人物之一。陈寅恪在《寒柳堂记梦未定稿》中说：“自同治至光绪末年，京官以恭亲王奕䜣、李鸿藻、翁同龢、张佩纶等，外官以沈葆桢、张之洞等为清流。京官以醇亲王奕譞、孙毓汶等，外官以李鸿章、张树声等为浊流。”又云：“同光时代士大夫之清流，大抵为少年科第，不谙地方实情及国际形势，务为高论。”“总而言之，清流士大夫，虽较清廉，然殊无才实。浊流士大夫略具才实，然甚贪污。其中固有例外，然以此原则衡清季数十年人事世变，虽不中亦不远也。”③陈寅恪对清流的一般看法，也适合于翁同龢个人。翁于咸丰六年(1856 年)中状元，时方 26 岁，陈寅恪所谓“少年科第”者。后升迁很快，但从未在地方上任过职，更没有带兵打仗的经验。甲午战前，思想顽固保守，例如他在光绪二年二月初一(1876 年 2 月 25 日)日记中大骂郭嵩焘：“适郭筠仙来，遂论洋务，……其以电信、铁路为必行，及洋税加倍，厘金尽撤者谬也。至援引古书，伸其妄辩，直是丧心狂走矣。”④又如，翁同龢对于同文馆也是坚决反对的。同治五年十二月(1867 年 1 月)，总理衙门议考选正途五品以下京外官入同文馆从西人肄习天文、算学。同治六年二月十五日(1867 年 3 月 20 日)，大学士倭仁上书坚决反对，奏称：“立国之道，尚礼义不尚权谋；根本之图，在人心不在技艺。”前二日(3 月 18 日)，翁在日记中写道：“同文馆之设，谣言甚多，有对联云：‘鬼计本多端，使小朝廷设同文之馆；军机无远略，诱佳子弟拜异类为师。’”⑤二月二十四日(3 月 29 日)，翁又记嘲骂同文馆的俚语和对联：“京师

---

① 陈义杰整理：《翁同龢日记》(第五册)，2790 页，北京，中华书局，2006。

② 石泉：《甲午战争前后之晚清政局》，124 页，北京，生活·读书·新知三联书店，1997。

③ 陈寅恪：《寒柳堂集》，170～171 页，上海，上海古籍出版社，1980；石泉整理：《寒柳堂记梦未定稿》(补)，载王永兴编：《纪念陈寅恪先生百年诞辰学术论文集》，南昌，江西教育出版社，1994。

④ 按：翁同龢斥郭嵩焘语，张元济影印的翁氏日记将其删去。今中华书局版《翁同龢日记》亦无。上述翁氏语，据孔祥吉：《清人日记研究》，32 页，广州，广东人民出版社，2008。

⑤ 陈义杰整理：《翁同龢日记》(第一册)，519 页，北京，中华书局，2006。

口语藉藉，或粘纸于前门以俚语笑骂。（‘胡闹胡闹，教人都从了天主教’云云）或作对句：‘未同而言，斯文将丧’，又曰：‘孔门弟子，鬼谷先生’。”①恭亲王奕䜣针对倭仁的这种态度，干脆请旨命倭仁在总理各国事务衙门行走，让他尝尝洋务的味道，同他开了一个大玩笑。倭仁当然不肯就职。翁同龢站在倭仁一方，从同年三月二十一日（4月25日）起，多次与倭仁一起商量如何辞去在总理衙门行走的差使。辞职终于获准。六月十二日（7月13日）：“倭艮翁是日请开缺，闻准开一切差使，仍以大学士在弘德殿行走，为之额手。”②从翁同龢对待同文馆的态度，再次可见甲午战前他对世界大势的茫无所知以及拒绝向西方学习的守旧立场。这样一个人，在甲午战争中的表现只能是主战却拿不出实际有效的办法。

总之，那拉氏、李鸿章、孙毓汶等主和派误国有罪，翁同龢、李鸿藻等主战派虽愤激有加，然无救时之才，亦不过徒作高论、张皇求胜而已。同光时，清朝统治阶级整体上已经十分腐朽，甲午战败是不可避免的。翁同龢的可贵之处，不在于他在甲午战争中的主战，而在于战后他能够猛醒，走上维新变法的道路。

2.《郭嵩焘日记》

郭嵩焘是清朝同治、光绪年间洋务派中最有见解的一人。顽固昏庸的士大夫激烈反对他的主张，甚至诋毁他的人格，骂之为“汉奸”。他的日记现存手稿始于咸丰五年（1855年），迄于光绪十七年（1891年），长达37年（其间缺三段，为时约39个月），内容十分丰富。我们从中摘取他出使外国时的日记若干则，以见他对西方的认识，从而亦可了解顽固派何以对他恨之入骨的原因。

光绪元年八月八日（1875年9月7日），清廷正式下诏，命郭嵩焘充任使英大臣。当时，清朝虽已数败于西方资本主义国家，但大多数士人大的虚骄之气丝毫未减，仍视出使外国为可耻之事。1876年初，京师编造联语，以“出乎其类，拔乎其萃，不容于尧舜之世；未能事人，焉能事鬼，何必去父母之邦”相诮訾，湖南顽固士绅甚至耻与郭为伍。光绪二年十月五日（1876年11月20日），郭嵩焘在致两江总督沈葆桢的信中悲愤地说：“嵩焘乃以老病之身，奔走七万里，自京师士大夫，下及乡里父老，相与痛诋之，更不复以人数。”③在这

① 陈义杰整理：《翁同龢日记》（第一册），521页，北京，中华书局，2006。

② 同上书，544页。

③ 黄濬：《花随人圣庵摭忆》（上），247页，北京，中华书局，2008。

样恶劣的政治气氛下，郭嵩焘仍毅然决然地决定出使。光绪二年十月十八日(1876 年 12 月 3 日)，郭自上海启程。十二月八日(1877 年 1 月 21 日)，抵伦敦。十二月二十五日(1877 年 2 月 7 日)，正式呈递国书。郭嵩焘自上海启程后，就沿途见闻和他的一些看法都有日记，抵英后加以整理，录呈总理各国事务衙门，题名为《使西纪程》。总署将之刊行，引起了一场轩然大波。

《使西纪程》中有这样一段话："西洋立国两千年，政教修明，具有本末，与辽、金崛起一时，倏盛倏衰，情形绝异。其至中国，唯务通商而已，而窟穴已深，逼处凭陵，智力兼胜。所以应付处理之方，岂能不一讲求？并不得以和论。无故悬一'和'字以为劫持朝廷之资，侈口张目以自快其议论，至有谓'宁可覆国亡家，不可言和'者，京师已屡闻此言。……诚不意宋、明诸儒议论，流传为害之烈一至斯也。"①这段话中也有对西方国家认识不清的地方，如说它们"至中国，唯务通商而已"，而看不到它们侵略的本质。但郭氏强调的"西洋立国两千年，政教修明，具有本末"这一点，确有见解，而这正是顽固派绝对不承认的。他们认为，只有中国才是礼义之邦，政教修明，立国有本。西洋国家哪有什么政教可言，最多不过是掌握了"术数"、"技巧"而已，但这些都是"末"，本末不能倒置，靠"一技之末"是不可能起中国于衰弱的。清流大佬李鸿藻看了《使西纪程》以后大怒，逢人便骂。于是，编修何金寿在李的授意下，②上奏弹劾郭嵩焘，斥为"大清无此臣子"。光绪三年六月十一日(1877 年 7 月 21 日)，清廷下诏毁《使西纪程》版。

郭嵩焘是一个事业心很强、有远大抱负的人，并未因毁版一事的打击而一蹶不振。他继续深入考察，从根本制度上去认识英国，提出了一些十分重要的看法。例如，光绪三年十一月十八(1877 年 12 月 22 日)的日记写道："其初国政亦甚乖乱。推原其立国本末，所以持久而国势益张者，则在巴力门议政院有维持国是之义；设买阿尔治民，有顺从民愿之情。二者相持，是以君与民交相维系，迭盛迭衰，而立国千余年终以不敝。人才学问相承以起，而皆有以自效，此其立国之本也。而巴力门君民争政，互相残杀，数百年久而后定，买阿尔独相安无事，亦可知为君者之欲易逞而难戢，而小民之情难拂而易安也。中

① 郭嵩焘：《使西纪程》，载郭嵩焘等：《郭嵩焘等使西记六种》，39～40 页，长沙，湖南人民出版社，1982。

② 黄濬：《花随人圣庵摭忆》(上)，249 页，北京，中华书局，2008。又见《李鸿章朋僚函稿》卷 19，《近代中国史料丛刊》第四辑(32)，1310 页，台北，文海出版社，1967。

国秦汉以来二千余年适得其反，能辨此者鲜矣！”①光绪三年十二月十八(1878年1月20日)又记：“而国政一公之臣民，其君不以为私。其择官治事，亦有阶级资格，而所用必皆贤能，一与其臣民共之，朝廷之爱憎无所施。臣民一有不惬，即不得安其位。自始设立议政院，即分同、异二党，使各竭其志意，推究辩驳，以定是非，而秉政者亦于其间迭起以争胜。于是两党相持之局，一成而不可易，问难酬答，直输其情，无有隐避，积之久而亦习为风俗。……朝廷又一公其政于臣民，直言极论，无所忌讳。庶人上书，皆与酬答。其风俗之成，酝酿固已深矣。世安有无政治教化而能成风俗者哉？”②

郭嵩焘对西方国家的这些认识，在同光年间的士大夫中可谓罕见，实在可贵。当时的顽固守旧势力认为这些“夷狄之邦”根本谈不上有什么文物制度，他们甚至连西方拥有的近代交通工具也深恶痛绝。以铁路为例，同治十三年(1874年)冬李鸿章赴京谒晤恭亲王奕䜣，“极陈铁路利益……邸意亦以为然，谓无人敢主持。复请其乘间为两宫言之，渠谓两宫亦不能定此大计。”③郭嵩焘在其《复姚彦嘉书》中说：“士大夫语及洋人，则大憾。见洋人机器，所以致富强，则益憾。独于洋烟，甘心吸嗜。”④可谓愤极而言。

至于洋务派巨头如李鸿章、沈葆桢、张之洞等也只认识到筑铁路、造轮船、通邮电、开矿山、兴学校的重要性，但他们对于中国的封建制度和文明则认为远非西方可比，是“本”是“体”，必须维护而不可触动的。郭嵩焘则不仅能看到西方的“船坚炮利”，而且能认识到西方在政治教化方面胜于中国的地方，所以他在洋务派中也是最有眼光的。

1891年郭嵩焘去世。直隶总督李鸿章奏上郭的学行政绩，请宣付史馆立传，并请赐谥。奏中说：郭“平生于洋务最为究心，所论利害，皆洞入精微，事后无不征验。”⑤奏入，被驳，诏不准立传赐谥，理由是“郭嵩焘出使外洋，所著书籍，颇滋物议，所请著不准行。”⑥他在英国最赏识的海军留学生严复，这时已任北洋水师学堂总教习，惊闻郭去世，写了一副挽联：“平生蒙国士之

---

① 《郭嵩焘日记》(第三卷)，373页，长沙，湖南人民出版社，1982。

② 同上书，393页。

③ 见李鸿章复郭嵩焘函，光绪三年六月初一(1877年7月11日)，载《李鸿章全集》第32册《信函四》，75～76页，合肥，安徽教育出版社，2008。

④ 黄濬：《花随人圣庵摭忆》(上)，169页，北京，中华书局，2008。

⑤ 《李鸿章全集》第14册《奏议十四》，136页，合肥，安徽教育出版社，2008。

⑥ 《清实录·德宗景皇帝实录(四)》卷二九九，965页，北京，中华书局，1987。

知，而今鹤翅氋氃，激赏深惭羊叔子；惟公负独醒之累，在昔蛾眉谣诼，离忧岂仅屈灵均？”①李鸿章的评价是公允的，而严复挽联中所称“负独醒之累”，尤其是对郭嵩焘的准确的历史定位。郭嵩焘关于西方的种种看法，特别是政教修明这一点确实是“独醒”之见，正由于此，才遭到顽固守旧势力的谤毁和世俗的误解。先驱者往往不免一时处于孤独的地位，但这也正是他们可贵的地方。

3.《齐亚诺日记》

齐亚诺是意大利墨索里尼政府的外交大臣，是墨索里尼的政治亲信，还是他的女婿。齐亚诺的日记有两本：1937～1938 年一本；1939—1943 年一本。从他的日记中，可以得到有关墨索里尼政府外交、内政方面一些不为外界所知的材料，兹举数例并略加说明。

1937 年 9 月 21 日齐亚诺日记，有几句关于尼翁会议的十分重要的话：“这是一次卓越的胜利。从被怀疑的海盗变为地中海的警察——而且船只被我们击沉的俄国人被排除在外。”②齐亚诺所说的“一次卓越的胜利”，是指何而言呢？他又为什么如此得意呢？1936 年西班牙内战爆发后，意大利站在叛军佛朗哥一方。1937 年 8 月中旬至 9 月初，意大利的潜艇和飞机攻击了法、苏、英、希腊、丹麦、西班牙(共和国政府方面)等国的船只。9 月 14 日，尼翁会议九国达成协议，建立了海上巡逻体系，规定对攻击不属于西班牙纷争任何一方的商船的潜艇都予以消灭。英国明明知道海盗行为是意大利干的，但仍与法国一道给了意大利一定的巡逻范围。实际上，这等于给了意大利继续向佛朗哥叛军提供援助而不被发觉的便利。尼翁会议原拟分配给苏联的巡逻范围是北爱琴海，但土耳其等东地中海国家反对与苏联合作。后来决定爱琴海区域也由英、法担任巡逻任务，而由小国和苏联予以协助。这就实际上把苏联排除在外了。齐亚诺的得意洋洋，恰好说明了英、法的绥靖政策不是维护和平的政策，而是纵容侵略的政策。

1937 年 11 月 6 日，意大利加入了德、日《反共产国际协定》。加入前几天，1937 年 11 月 2 日齐亚诺在日记中写道：“三国公约，在理论上是反共产

---

① 王栻主编：《严复集》(第五册)，1548 页，北京，中华书局，1986。

② 齐亚诺：《齐亚诺日记(1937～1938 年)》(*Ciano's Diary* 1937～1938)，15 页，伦敦，1952。

国际的，但实际上明白无误地是反对英国的。”①这则日记道出了《反共产国际协定》的一个重要目的。从条文上看，这个协定完全是针对共产国际的，但它也是一种策略，即利用一些国家害怕共产主义的心理，以推行三国的侵略政策，特别是要达到威慑英国的目的。11月6日，即签字的当天，日记写道："三个国家正在一起走上一条或许可能引起战争的道路。一场为了打破正在窒息年青国家的活力和大志的硬壳而必需的战争。"②在1939年1月12日的日记中，齐亚诺又谈到了三国盟约："德国重新武装一事，成为英国人的心头重负。他们如能看清将来，就应准备作出任何牺牲。他们心头的这一阴影使我更觉缔结三国盟约是必要的。有此工具在手，便能有求必得。"③

1939年1月11的日记有一段对英国首相张伯伦之流的评价，值得注意。1939年1月，张伯伦访问意大利。11日墨索里尼与张伯伦会谈后，评论说："这些人与创造大英帝国的弗朗西斯·德雷克等伟大冒险家并不是同样材料塑成的。说到底，他们不过是些富豪世家的没有出息的玄孙，他们会把他们的帝国败掉的。"④这段话说明：英国越是推行绥靖政策，法西斯国家就越嚣张，越看不起张伯伦之流，因而得寸进尺，终于在绥靖政策的纵容下挑起第二次世界大战。

德、意虽然结成同盟，但德国根本看不起意大利这个走卒，齐亚诺日记有多处谈到这一点。1939年8月11日："每当我问及德国行动计划时，冯·里宾特罗甫往往闪烁其词。……我能断定，即使让德国人之所得超出他们之所求，他们也要进攻，因为他们已被毁灭的魔鬼迷住了心窍。……我开始意识到，我们在德国人的心目中是多么渺小。"⑤1939年8月12日："实际上，我感觉到，就德国人而言，与我们结盟只是意味着迫使敌方以若干师对付我们，从而缓和德国战线的局势。此外他们一概不管。对于我们的命运，他们毫不在意。他们知道，强行作出决定的，是他们而不是我们。总而言之，他们答应给

---

① 齐亚诺：《齐亚诺日记（1937～1938年）》（*Ciano's Diary* 1937～1938），27页，伦敦，1952。

② 同上书，28～29页。

③ 加莱阿佐·齐亚诺：《齐亚诺日记（1939～1943年）》，56～57页，北京，商务印书馆，1983。

④ 同上书，56页。

⑤ 同上书，164～165页。

我们的只是微不足道的一点点。”①1943 年 12 月 23 日——最后记载：“从萨尔茨堡会谈以来，在意大利中立期间以及战争期间，柏林对付意大利的政策不过是谎言、阴谋和欺骗之大杂烩。他们从未把我们看作伙伴，而总是把我们当作奴才。他们每次采取行动从不告知我们；甚至连各种最基本的决定也是在付诸行动之后才通知我们。……在德军已越过俄国东部国境半小时以后，我们才得知进攻俄国的消息。”②

齐亚诺日记还记载了一些有关意大利投机参加第二次世界大战的情况。1939 年 9 月德国入侵波兰，发动第二次世界大战后，意大利暂时采取“非交战”立场，持观望态度。直到法国败局已定，意大利才于 1940 年 6 月 10 日对英、法宣战。这是因为意大利的经济力量和军事力量都严重不足。1939 年 8 月 6 日：“我们的黄金储备已近枯竭，金属储备也将耗尽，远未完成在独裁政治和军事方面的准备工作。”③1939 年 9 月 18 日：“晚上，我与领袖长谈。我向他汇报了从格拉齐亚尼将军那儿获悉的情况。目前我们一线兵力总共只有 10 个师。另外 35 个师是拼凑起来的，兵员不足，装备不良。领袖承认情况确是如此，还对陆军的真实状况发了一通怨言。陆军如今毛病甚多。他对我们的军用飞机吹了一通。他有瓦莱(意大利航空事务部部长——笔者)给他的一些荒唐的乐观数字。我劝他通过司令官(按此处译文有误。Civilian Prefects 应译作地方行政长官或省长——笔者)进行一番调查，清查飞机库里的飞机，然后求出飞机的总和。这不应该是无法办到的事。然而，我们至今尚未查明实际情况。”④墨索里尼对空军最为自豪，每当有人对意大利的空军力量有怀疑时，他都答以他的空军能够遮暗太阳。⑤ 实际上，意大利的空军数量常被墨索里尼任意夸大，向无精确的统计，由上述一则齐亚诺日记可以看出真相。

齐亚诺日记也有许多自我吹嘘和前后矛盾的地方。他本来是十分效忠于墨索里尼的，但到了 1943 年 7 月他看到墨索里尼大势已去，便参加了反墨集团，把墨索里尼赶下了台。墨索里尼被囚后，被希特勒派伞兵救出，随后组建了一

---

① 加莱阿佐·齐亚诺：《齐亚诺日记(1939～1943 年)》，165 页，北京，商务印书馆，1983。

② 同上书，636 页。

③ 同上书，162 页。

④ 同上书，193 页。

⑤ 普雷斯顿编：《总参谋部与第二次世界大战前的外交》[A. Preston(ed.)*General Staff and Diplomacy before the Second World War*]，91 页，伦敦，1978。

个受德国保护的傀儡政权。齐亚诺被判死刑，临刑前他在1943年12月23日的日记中把战败的责任完全归咎于墨索里尼，写道："几天内，虚伪的特别法庭将公布一份判决。这是墨索里尼在其狐群狗党影响下早已作出的判决。这些年来，这些家伙像瘟疫一样危害意大利的政治生活，并把我国引向深渊的边缘。"①可是，就在1943年2月8日的日记中，齐亚诺还说："我喜欢墨索里尼，非常喜欢他。最使我怀念的是我与他的接触。"②

4.《和平大使：阿贝农勋爵日记》

1925年召开的洛迦诺会议，是20世纪前半期欧洲外交史上的一件大事。英国是促成《洛迦诺公约》缔结的重要国家，它的驻德大使有公约的"教父"之称。英国的目的何在？阿贝农在他日记中有清楚的说明，而这些真正意图在正式的官方文件中是看不到的。

英国的一个目的是扶德抑法，防止法国称霸欧洲大陆。阿贝农在1923年8月20日的日记中写道："关于中欧的整个形势和英国应该采取什么政策的问题，最清楚的结论看来是：英国的根本利益在于防止德国的崩溃。只要德国是一个整体，欧洲就能或多或少保持均势。一旦德国分崩离析，这个均势必然消失；而法国则依靠它的军队和它的军事同盟，依然无可置疑地在军事上和政治上处于支配地位。1914年对德国适用的许多论证，今天对法国也是适用的。的确，这还说的不够，因为那时三国同盟是由法俄同盟予以抗衡的；今天，法国和小协约国则没有受到任何抗衡……任何人如果认为，一个像拿破仑在提尔西特和约以后那样支配欧洲大陆的法国政府依然对英国友好，他就是对民族心理的一个可怜的判断者。……在这种情况下，要我们对法国友好同样是不可能的。在希望维持英法协约的同时，我不得不希望一个强大的德国的存在。"③

英国的另一个目的，是把魏玛德国拉入西方集团，防止德俄接近。1925年8月11日的日记写道："公约的第二个效果是将使德国解除被迫投入俄国怀抱的危险。在这个问题上我从来不是一个大惊小怪的人，我相信德国和俄国之间的政治差别，达到了苏俄与基本上是贵族的德国之间的紧密联盟几乎是不可

① 加莱阿佐·齐亚诺：《齐亚诺日记(1939～1943年)》，637页，北京，商务印书馆，1983。

② 同上书，633页。

③ 阿贝农：《和平大使：阿贝农勋爵日记》(*An Ambassador of Peace: Lord D'Abernon's Diary*)(第2卷)，238～239页，伦敦，1929～1930。

想象的程度。然而，热那亚会议的情况可能重演，随之发生的是另一个更坏的拉巴洛条约。根据公约，德国被接纳为一个平等的成员，并作为一个英国和法国的伙伴维持西欧的现状。如此，德国被吸引到俄国共产主义势力范围的危险就明显减低了。”①

英国还有一种企图，就是凌驾于德、法之上。1925 年 8 月 11 日的日记写道：“‘公约’对英国的直接利益是不太明显的，但成为法德之间的仲裁者的间接利益却使我们处于一种具有巨大潜力的地位。它使我们成为支配欧洲政治的因素。”②

阿贝农日记关于公约缔结前美、英、德三国金融巨头会晤情况的记载，十分重要。1925 年 7 月 16 日：“英格兰银行总裁诺曼(Norman)、美国联邦储备银行总裁本甲明·斯特朗(Benjamin Strong)，在柏林访问帝国银行总裁沙赫特博士(Dr. Schacht)。诺曼对我说：‘这次访问的目的部分是建立一种未来合作的基础，但更重要的是给沙赫特以支持并提高他的威信。’”“诺曼预见到德国的严重财政困难，除非政治气氛迅速明朗起来。他说不能坐失时机——危机在两个月或三个月内就要降临到我们身上。”③时任德国外交部长的斯特莱斯曼在 1925 年 7 月 19 日的日记中也有一段与上述阿贝农日记密切相关的记载。“在过去几周，在资本巨头斯特朗、蒙塔古·诺曼和沙赫特之间也举行了会谈。我看好像一种英—美—德资本托拉斯正在形成，自然是以安全公约为先决条件。我们迫切地需要这些亿万富翁。美国人在联邦储蓄银行存有 180 亿金马克这一事实，说明英国实际上和我们一样输掉了战争。”④在研究一些重要的外交条约时，注意其经济背景，十分必要。西方关于论述洛迦诺会议和《洛迦诺公约》的著作已有许多，但涉及会议前美、英、德三国金融巨头会谈的则很少。应根据阿贝农日记和斯特莱斯曼日记提供的线索，进一步深入研究下去。

英国自认为公约的缔结是它外交上的一大胜利，但最大的受益国其实还是德国。德国不是以战败国的身份，而是以与英、法等战胜国平等的一员出席会

---

① 阿贝农：《和平大使：阿贝农勋爵日记》(第 3 卷)，184 页，伦敦，1929～1930。

② 同上。

③ 同上书，176 页。

④ 艾瑞克·萨顿编译：《古斯塔夫·斯特莱斯曼，他的日记、书信和文件》(Eric Sutton, edited and translated, *Gustav Stresemann, His Diaries, Letters and Papers*)(第 2 卷)，142 页，伦敦，1983。

议并签定公约的，这就大大提高了它的国际地位。会后，德国于1926年9月正式加入国联，并成为行政院常任理事国。英国要扶德抑法，德国正好借机拆散英法联盟。德国被扶起来了，但转弱为强后，在1940年6月打败了法国，英国如无一海之隔也难逃被德军占领的下场。

5. 尼科尔森：《日记与书信》

议员在西方有相当高的政治地位，其中一些人的日记含有重要的史料。哈罗德·尼科尔森(1886～1968年)早岁服务英国外交界，1935～1945年为国民工党议员。1940～1941年一度在丘吉尔战时内阁中任大臣。退出政界后，活跃于新闻与广播界。尼科尔森1930～1964年的日记原供自己阅读，后由其子选择其中的一部分并附以书信若干封编为三卷，于1966～1968年出版。尼科尔森勤于写作，一生出书40种，但最有名的还是他的日记。由于他有多方面的阅历，交游甚广，日记内容十分丰富，故出版后大受读者欢迎。尼科尔森临终前感慨地对他儿子说：他出版过40本书，“但只有其中他不曾意识到他写过的3本才被记得，他觉得这是颇为可悲的。”1980年，三卷本的《日记与书信》再压缩为一卷本出版。以下选择其中的5例，以供我们了解20世纪30年代英国政坛的情况。

(1)1938年5月18日日记。“恐赤症”是20世纪30年代英国统治阶级的流行病。这是他们纵容纳粹党的一个重要原因。尼科尔森在这一天的日记中写道：“在我回家的路上我停留在普拉茨俱乐部，在那里我碰到三个年青的贵族，他们说他们宁愿在伦敦看到希特勒，而不愿意看到一个社会主义政府。我迟迟入睡，深思不列颠帝国的灭亡。”①

(2)1938年6月6日日记：“我们已经丧失了我们的意志力，因为我们的意志力被分裂了。统治阶级的人们只想到他们自己的财富，这意味着对赤色分子的仇恨，这在我们自己和希特勒之间产生了一种十分不自然的但在当前却是最有效的秘密结合。我们的阶级利益在双方面都超越了国家利益。我沮丧地就寝。”②

(3)1938年9月11日：“奥利弗·斯坦利(时任英国贸易大臣——笔者)的

---

① 哈罗德·尼科尔森：《日记和书信1930～1964年》，斯坦利·奥尔森缩编(H. Nicolson, *Diaries and Letters* 1930～1964, edited and condensed by Stanley Olson), 126页，纽约，1980。

② 同上书，127～128页。

观点是有代表性的，我以为是内阁看法中较好的类型。看法中最坏的类型可能超出我的理解。这样，奥利弗在一方面同意这场冲突实际上与捷克斯洛伐克无关，而是法律原则和暴力原则之间的最后斗争；而且这场斗争中的两个主角是张伯伦和希特勒。他也同意：如果德国攻击捷克斯洛伐克，而且如果法国卷入的话，我们实际上是不可能置身事外的。然而他附带说的话却告诉我：他在内心深处是渴望脱身的。同时，任何涉及我国援助的话都使他吃惊，而且一度他深深地叹息说：'你看，无论我们打胜或打败，我们拥护的每一件事情都将毁灭。'他所说的'我们'，显然是指资产阶级。"①

(4)1938年9月28日日记。在1938年9月底举行的慕尼黑会议上，张伯伦把绥靖政策推演到了极点。他企图以牺牲捷克斯洛伐克为代价，换取与纳粹德国的妥协。英国统治阶级中的多数人是支持这一政策的。9月28日，张伯伦分别写信给希特勒和墨索里尼，建议由英、法、德、意、捷五国举行会议，讨论苏台德割让事宜。同日，希特勒同意召开国际会议，向英、法、意三国发出邀请，但不让捷克斯洛伐克派代表参加。从尼科尔森9月28日的日记中，可以看出英国统治阶级上层人物在得知慕尼黑会议得以召开后是多么地大喜若狂，但不到一年后德国就发动了第二次世界大战，慕尼黑迷梦彻底破灭。

"首相已经讲了整整一个小时。我注意到：外交部的一份文件正在沿着政府的席位迅速传过来。约翰·西门爵士打断了首相，一瞬间肃静下来。他调整了一下他的夹鼻眼镜，然后读了递给他的文件。他的整个面部，他的整个身体，似乎改变了。他抬起脸来，以便天花板上的灯光照到他脸上。一切忧虑和疲倦的迹象似乎突然消除了；他看来年轻了十岁而且得意洋洋。'希特勒先生'，他说，'刚刚同意延缓他的动员24小时，并同意与我在慕尼黑会议上见面，一道还有墨索里尼先生和达拉第先生。'"

"我想，这是我曾经目睹的最有戏剧性的一刻。一瞬间，议会绝对地肃静无声。随之，整个议会突然爆发一阵欢呼的号叫，因为他们知道这会意味着和平。那是首相演说的结尾。当他坐下后，整个议会像一个人一样站起来向他的成就致敬。"哈罗德·尼科尔森后来附言："我依然坐着不动。在我后边的利达尔发出嘘声：'站起来，你这个畜生！'"②

---

① 哈罗德·尼科尔森：《日记和书信1930～1964年》，132页，纽约，1980。

② 同上书，138页。按：利达尔全名是Sir Walter Liddall。

(二)中下级官员的日记

有些中下级官员，因其所处的特殊位置和不同一般的人际关系，这类“小人物”的日记反倒能比“大人物”的日记透露出更多的消息。下文以赵烈文的《能静居日记》为例，予以说明。

赵烈文(1832～1893年)，字惠甫，号能静居士。他的官很小，只做到易州知州，但他是曾国藩十分信任的幕僚，很受曾的器重。同治八年(1869年)曾国藩任直隶总督时，专摺奏调他至保定，考语有“随臣营多年，素讲爱民之道，熟于史学，庶以儒术润泽吏治”云云。① 所记《能静居日记》，始于咸丰八年(1858年)，迄于光绪十五年(1889年)，历时31年，手写稿本64册，内容丰富。他迭参曾国藩、曾国荃兄弟戎幕，得知许多内幕，以下略举数例，以见其日记的史料价值。

日记中有关于清军攻占天京后大肆掠夺的情况。同治三年六月十六日(1864年7月19日)：“傍晚闻各军入城后，贪掠得，颇乱伍。余又见中军各勇留营者皆去搜括，甚至各棚厮役皆去，担负相属于道。”②又同治三年六月二十三日(1864年7月26日)记：“计破城后，精壮长毛除抗拒时被杀外，其余死者寥寥，大半为兵勇扛抬什物出城，或引各勇挖窖，得后即行纵放。……其老弱本地人民不能挑担，又无窖可挖者，尽遭杀死。沿街死尸十之九皆老者，其幼孩未满二、三岁者亦斫戳以为戏。……又萧孚泗在伪天王府取出金银不赀，即纵火烧屋以灭迹。伪忠酋系方山民人陶大兰缚送伊营内，伊即掠美，禀称派队擒获，中丞亦不深究。本地之民一文不赏亦可矣，萧又疑忠酋有存项在其家，派队将其家属全数缚至营中，邻里亦被牵曳，逼讯存款，至合村遗民空村窜匿，丧良昧理，一至于此，吾不知其死所。”③但曾国藩在致郭崑焘的信中，却谎话连篇地说：“此次攻克逆巢，舍弟(指曾国荃)号令严明，将士人人用命，尽洗向来抢夺财物、子女之习，故能搜杀数日，无一漏网。”④

赵烈文同曾国藩的一些谈话，极具史料价值。同治六年六月二十日(1867

---

① 陈乃乾：《阳湖赵惠甫(烈文)先生年谱》，65页，台北，文海出版社，1983。

② 赵烈文：《能静居日记》(第2册)，644页，载《续修四库全书》史部·传记类，台北，学生书局影印，1964。

③ 同上，653～654页。

④ 《名贤书札·曾文正公手札》，转引自陈恭禄：《中国近代史资料概述》，151页，北京，中华书局，1982。

年7月21日)："初鼓后，滌师(指曾国藩)来畅谈。言得京中来人所说云：都门气象甚恶，明火执仗之案时出，而市肆乞丐成群，甚至妇女亦裸身无衫，民穷财尽，恐有异变奈何？余云：'天下治安，一统久矣，势必驯至分剖。然主威素重，风气未开，若非抽心一烂，则土崩瓦解之局不成。以烈度之，异曰之祸，必先根本颠仆，而后方舟无主，人自为政，殆不出五十年矣！'师蹙额良久，曰'然则当南迁乎？'余云'恐遂陆沉，未必能效晋、宋也。'"①"同治中兴"的第一功臣曾国藩对时局如此悲观，以致对他的亲信幕僚竟议论起清朝的危亡，可见"中兴"的真相如何了。而赵烈文所言不出五十年清朝将亡，可谓极有远见。果然，四十余年后，1911年辛亥革命爆发，次年清帝退位，中华民国成立。

又，同治八年五月二十八日(1869年7月7日)，赵谒曾国藩久谈。曾(时任直隶总督)说："两宫才地平常，见面无一要语；皇上冲默，亦无从测之。时局尽在军机恭邸、文、宝数人，权过人主。恭邸极聪明，而晃荡不能立足。文柏川(文祥)正派，而规模狭隘，亦不知求人自辅。宝佩蘅(宝鋆)则不满人口，朝中有特立之操者，尚推倭艮峰(倭仁)，然才薄识短，余更碌碌，甚可忧耳。"②那拉氏和奕䜣等，在官样文章中，都是以"圣君贤相"的面目出现的。但在曾国藩的心目中，却是个个庸劣，无一有治国之才，国家大政掌握在他们手中实在危险，故"甚可忧耳"。曾国藩对他们的看法是符合实际的，绝非苛求，但他只有在和自己最亲信的幕僚的"私房话"中，才能道出。《能静居日记》的重要史料价值于此又得一证。

赵烈文在光绪元年九月初二日(1875年9月30日)的日记中还揭露了淮军的腐败。"雇舟成，将旋保定。张子衡廉访招饮，话别。并识汤聘徵、邓宝臣两军门，谈及淮军驻津者皆令赴海滨屯田，兵勇虽来田间，而逸乐已久，不甘劳苦。又统领营官朘削日甚，食米旂械号衣之外，下至包头裹腿均制办发给而扣应食之饷，每人月不得一金，士心嗟怨，逃者纷纷，每哨仅十余人。将弁利其虚伍，以为干没。闻之可为寒心。自军务稍息，合肥公专务养尊处优，不为未然之计，而前后左右无一骨鲠之士，佞谀者进，朴勤者退。凡不急之务，如兴造土木，创建善堂，及宦幕游客，或赡家，或归榇，或引见，或刻书，均勒

① 赵烈文：《能静居日记》(第3册)，397～398页，载《续编四库全书》史部·传记类，台北，学生书局影印，1964。

② 同上书，730～731页。

令营中赀助。甚者嬉游宴饮，挟妓娶妾，无不于焉取之。武人多获穹爵，其巧援者知头衔无益于事，而欲求补署，则非联络要津不可，故悉力以奉承上心。顾坐营无掠夺之利，办公薪水又仅足日用，不得不设法渔猎。将习巧宦而士心有离心。当此海疆多事，隐忧甫切，奈之何哉，奈之何哉!"①海疆多事，20年后，赵烈文的隐忧在甲午战争中终于应验。淮军早已腐朽，战败是绝非偶然的。

甲午战争爆发后，淮军屡败。翁同龢等寄希望于湘军，但湘军亦早已腐败。《能静居日记》同治四年闰五月初七、初八(1865年6月29、30日)记湘军刘松山贪污及士卒索饷事，大致云刘松山"初发皖南，给士卒至芜湖领饷。至芜湖，复云须至金陵。至金陵，领得五万，乃寄己家至八千金。自哨官以上皆有分，独兵勇无有。复云须过江发饷，且云江口不过三十里。士卒行至螺丝沟，不啻百余里。已拥大舟粮运中流而进，士卒终日不得食，故怒甚而哗。……又其平时各勇告假，以须偿欠，皆坚勒不许。至勇丁耐苦不得而自去，则此款领到后全归乾没。旧制，勇丁须五百人一营，今则三百人已为满数。故一充营官统领，无不立富。……而士卒恒半菽不饱，人心思乱，已非一日云云。"②《能静居日记》所述淮军、湘军的腐败情况为研究甲午战争中国失败的原因提供了重要史料。

二、文化人物的日记

(一)文人的日记

文人、学者的日记，除论文论学的内容外，也往往包括其他方面的内容，有些颇有史料价值。兹先举几种文人日记，予以说明。

1.《越缦堂日记》

李慈铭的《越缦堂日记》，今所见者，始于咸丰四年(1854年)，止于光绪二十年(1894年)，前后共40年，内容包罗甚广，"上自朝章，中至学问，下

① 赵烈文:《能静居日记》(第4册)，599～600页，载《续编四库全书》，史部·传记类，台北，学生书局影印，1964。

② 赵烈文:《能静居日记》(第34册)，98～99页，载《续编四库全书》，史部·传记类，台北，学生书局影印，1964。

讫相骂”。[①] 李氏的日记不仅是写给自己看的，还常借给他人阅读。由于李氏日记带有公开的性质，所以要从中看出他内心的活动，是不可能的。从这个角度去衡量，鲁迅对李氏日记给以尖锐的批评。他说：“《越缦堂日记》近来已极风行了，我看了却总觉得他每次要留给我一点很不舒服的东西。为什么呢？一是钞上谕。大概是受了何焯的故事的影响的，他提防有一天要蒙‘御览’。二是许多墨涂。写了尚且涂去，该有许多不写的罢？三是早给人家看，钞，自以为一部著作了。我觉得从中看不见李慈铭的心，却时时看到一些做作，仿佛受了欺骗。”[②]虽有上述的缺点，但因其内容丰富，还有其他方面的价值。

《越缦堂日记》中有许多李氏的读书札记。这方面的内容瑜瑕并见，后人评价高低不一。李慈铭基本上是一个文士，尤长于诗，读书范围虽广，但在经史小学方面都未做过专深、系统的研究。不过，在若干具体问题上，李慈铭也有独到的见解，这是不应当抹杀的。例如，他在同治五年五月十一日(1866 年 6 月 23 日)的日记中，敢于指出清修《明史》对李成梁及其子弟评价不高，是因为“成梁战功多与国初兴京事相连，又亲加害于二祖，史臣为本朝讳，故有不敢质言者。”李慈铭称赞说：“李氏父子兄弟五人相代镇辽东，而成梁先后凡三十年，镇帅之久，古所罕比。”[③]同光时期的文网虽已远不如康雍乾时期的罗织诬陷，动辄大兴“文字狱”，但李慈铭的这番议论仍然是极其大胆的，没有很大勇气是不敢写的。

日记有关时事部分，有些很有价值，为后人留下了重要史料。例如，胡适指出：“记光绪九年十一月六日阜康银号的倒闭，因叙主者胡光墉的历史，并记恭亲王奕䜣及文煜等大臣的存款被亏倒，皆可补史传。”[④]李氏十一月初七日(1883 年 12 月 6 日)记中有一大段谈胡光墉事，其中最有价值的部分是指出：“其邸店遍于南北，阜康之号，杭州、上海、宁波皆有之，其出入皆千万计。

① 鲁迅：《华盖集续编·马上日记》，载《鲁迅全集》(第 3 卷)，326 页，北京，人民出版社，2005。

② 鲁迅：《三闲集·怎么写》，载《鲁迅全集》(第 4 卷)，24 页，北京，人民出版社，2005。

③ 李慈铭：《越缦堂日记》(第 5 册)，3597～3604 页，扬州，广陵书社，2004。参见陈冬冬、杨越：《试论〈越缦堂日记〉考证、评论正史的成就》，载《乐山师范学院学报》第 24 卷第 2 期(2009 年 2 月)。

④ 曹伯言整理：《胡适日记全编》(3)，740～741 页，合肥，安徽教育出版社，2001。

都中富者，自王公以下争寄重资为奇赢。前日之晡，忽天津电报言其南中有亏折，都人闻之，竞往取所寄者，一时无以应，夜半遂溃，劫攘一空。闻恭邸、文协揆等皆折阅百余万。亦有寒士得数百金托权子母为生命者，同归于尽。”①对胡光墉破产案，清廷责令浙江巡抚刘秉璋清查，其子刘体智所著《异辞录》追记此事，可与《越缦堂日记》互相印证。“光墉藉官款周转，开设阜康钱肆，其子店遍于南北，富名震乎内外，佥以为陶朱、猗顿之流。官商寄顿贳财，动辄巨万，尤足壮其声势。……未久，光墉以破产闻。……文协揆存款三十五万，疏请捐出十万，报效公帑，其余求追，以胡庆余堂药肆之半予之。……其外，京朝外省追债之书，积之可以丈尺计。”②文协揆，即协办大学士刑部尚书文煜，素有富名。文煜被给事中邓承修参劾后，奏称存阜康号银为 36 万两，上谕“所奏尚无掩饰，唯为数较多，著责令捐银十万两……以充公用。”③王公大臣纷纷把钱存在阜康号，以谋取高利，可见清朝已腐败到了什么程度。

李氏日记中，还有涉及辛酉政变的情况。咸丰逝世后，那拉氏急欲垂帘听政。“咸丰十一年八月初四庚申，当国有议请母后垂帘者，属为检历代贤后临朝故事。余随举汉和熹（和帝后）、顺烈（顺帝后）晋康献（康帝后）、辽睿知（景宗后）、懿仁（兴宗后）、宋章献（真宗后）、光献（仁宗后）、宣仁（英宗后）八后，略疏其事迹……其稿别存。”④据黄濬考，李慈铭检考太后临朝史例，乃受周祖培之嘱。周时任大学士，由恭亲王示意，与贾桢等上疏请会议皇太后面见臣工礼节，及一切办事章程。⑤

《越缦堂日记》还保留有不少社会、经济史料，可供后之治史者参考。张德昌利用《越缦堂日记》，写了一本《清季一个京官的生活》，生动、具体地揭露了京官与外官的互相勾结以及京官的享乐生活。清朝京官俸禄微薄，而外官则除俸给外，有很多直接搜括剥削百姓的办法和机会，但外官也必须把贪污所得的一部分用于“馈赠”京官，以“通声气”、“保位”、“求升擢”。以光绪元年至十四年（1875～1888 年）计，李慈铭的馈赠收入超过官职收入的，有 11 年；低于官职收入的，只有三年。光绪八年（1882 年），官职收入为 194.8 两，馈赠收入

---

① 李慈铭：《越缦堂日记》（第 14 册），10100～10101 页，扬州，广陵书社，2004。

② 刘体智：《异辞录》，85～87 页，北京，中华书局，1988。

③ 徐一士：《一士类稿》，261～262 页，北京，中华书局，2007。

④ 李慈铭：《越缦堂日记》（第 3 册），1890 页，扬州，广陵书社，2004。

⑤ 黄濬：《花随人圣庵摭忆》（下），811～815 页，北京，中华书局，2008。

为 609 两，后者竟达前者的 3 倍多。① 有了外官的馈赠(节寿送礼以外，还有“别敬”，“炭敬”、“冰敬”等名目)，京官就得以过着侈糜享受的生活。他们讲求居处、饮宴、服饰、车马，追逐声色，内蓄姬妾(李慈铭有三妾)，外养歌童，在清朝大厦将倾的时候，仍然醉生梦死，过着花天酒地的生活。李慈铭有一天“良心”发现，在光绪三年十一月八日(1877 年 12 月 12 日)的日记记道：“得三妹前月二十八日书，惊闻仲弟之讣。……其殆以饥寒死耶！余读书四十年，窃官铜臭，而令弟以馁死，其尚得为人类耶？余虽穷，而计今年酒食声色之费，亦不下百金。通计出门七年以来，寄弟者不过十金耳！”②

张德昌根据《越缦堂日记》，还整理了“有关钱银比值变动的记述”(咸丰七年至光绪十三年)(1857～1887 年)、“有关物价的资料”(咸丰六年至光绪十五年)(1856～1889 年)、“有关工资的资料”(咸丰七年至光绪十四年)(1857～1888 年)，都是很有价值的经济史料。

2. 罗曼·罗兰的《莫斯科日记》

有些文人的日记只集中于一段时间谈一个主题，内容虽不多，但后人要了解这段时间的这个问题，是必须参考的。《莫斯科日记》就是这一类的日记。

1935 年 6 月，法国著名作家罗曼·罗兰应高尔基之请访问苏联，6 月 23 日到达，7 月 21 日离开莫斯科，返回瑞士，逗留了一个月。罗曼·罗兰把他这一个月的日记亲自打印，装订成册，题为《我和妻子的苏联之行：1935 年 6～7 月》。在原稿的标题页上，写有题词：“未经我的特别允许，在自 1935 年 10 月 1 日起的 50 年期限满期之前，不能发表这个本子——无论是全文，还是简录。我本人不发表这个本子，也不允许出版任何片段。”

罗曼·罗兰热情赞扬苏联社会的新气象，说：“我从这次旅行中得出的主要印象与感觉到无边高涨的生命力和青春活力的强大浪潮有关；高兴地意识到自己的力量，为成就而自豪，真诚地信任自己的事业和自己的政府——这是成千上万、甚至千百万苏联男女所体验到的情感。……不可能相信，这种齐心协力是由上面的某种指示指使的……在世界历史上，每一个新时代都是由这种时刻开始的。必需的只是最终的胜利。这将由未来决定。”③但罗曼·罗兰对苏联并非一味歌颂，他也看到了一些严重问题，并深为忧虑。例如，政府封锁国外

① 张德昌：《清季一个京官的生活》，228 页，香港，香港中文大学，1970。

② 李慈铭：《越缦堂日记》(第 11 册)，7647～7648 页，扬州，广陵书社，2004。

③ 罗曼·罗兰：《莫斯科日记》，109～110 页，上海，上海人民出版社，1995。

的消息，造成人民对外国的误解。“可是，成果的获得(成果是有的，这一点对千百万人来说是没有疑问的)并非没有众所周知的和严重的损失。甚至高尔基也当着我的面对正在蜕化成虚荣心的自尊感的滥用表示可惜，仅仅意识到正当地完成了职责，已足以使工人们保持这种自尊感。此外，不仅他们个人的自尊或者工作自尊，而且苏联公民的自尊，都以歪曲真相的代价而得到强化。来自国外的消息本来能使苏联劳动者对他们国境之外的世界上的事态具有正确的概念，但这种消息却遭到系统的隐瞒和歪曲。我确信，他们倾向于低估，并且有时甚至过分低估其他民族的生命力。即使资本主义的政府和制度是他们的敌人，也不能低估它们的生存力。……青年不可能自由地将自己的智力成就和思想与他们的西方朋友的成就相比较。真担心有朝一日突然发生这样的事，就会产生动荡。”①罗曼·罗兰的话不幸而言中，几十年后苏联青年一旦了解西方真相，思想便“动荡”起来，由看不起西方一变为盲目崇拜西方。

罗曼·罗兰指出的另一个严重问题，是苏联上层的特权和他们生活水平的远远超过普通群众。他说：“组成国家精华的精英人物不应该脱离国家，因为精英人物的真正作用就在于养活国家，与国家融为一体。精英人物不应该为自己攫取荣誉、福利和金钱的特权。……布尔什维克党的成员所获得的最高工资，少于有功劳的非党劳动者有望获得的最高工资。可是，不必被这种分配所迷惑，因为它很容易被绕过。共产党的活跃成员利用其他特权(住房、食物、交通工具等)代替金钱，这些特权确保他们能过上舒适生活并拥有特殊地位。……像高尔基这样善良和宽厚的人，也在吃饭时(虽然自己难得碰一下吃的东西)浪费够许多家庭吃的食物，不知不觉地过着封建领主的生活方式(而且并不因此感到任何享受——对他来说，最大的快乐是伏尔加河上的搬运工工作!)……了解下述这一点就已足够：宫廷中的上层达官显贵(即使应该得到这种恩赐)过着特权阶级的生活，但人民却仍然不得不为了谋取面包和空气(我想说的是住房)而进行艰苦的斗争。”②罗曼·罗兰在1935年7月16日的日记中还写道：“我发现，在他(指高尔基)的家里，继续在滥用服务人员的时间，而且谁也没有注意到这一点。服务人员在所有客人都离去后才能上床睡觉，不早于夜里两点，而早晨7点就得起床。”③20世纪30年代，当苏联上层的特权现象刚

① 罗曼·罗兰：《莫斯科日记》，112～113页，上海，上海人民出版社，1995。

② 同上书，115～117页。

③ 同上书，86页。

刚出现时，罗曼·罗兰就敏锐地看出了问题，可谓远见卓识。以后这种现象越演越烈，到勃列日涅夫执政时，特权阶层已经形成。

3. 陈白尘的《牛棚日记》

“文化大革命”中，广大干部和知识分子受到迫害，陈白尘的《牛棚日记》留下了一份令人悲愤的记录。

1968年6月23日：“下午文联各协会与生产队联合举行斗争大会，第一次被施以‘喷气式’且挨敲打。每个人都汗流如雨，滴水成汪。冰心年近70，亦不免。文井撑持不住，要求跪下，以代‘喷气式’，虽被允，又拳足交加。”①

1970年7月23日，陈白尘已在湖北咸宁干校。是日记有劳动情况：“晨5时起床，再赴打谷场上劳动，至12时休息。晚7时接班夜战，9时许暴雨突来，转入抢场战斗，极为紧张。雨如倾盆，赤身应战，抢毕便战栗不已，几不可支，乃穿雨衣御寒。10时后雨停，继续打谷至夜3时收工。估计路滑难行，至家需两个小时，而明晨9时半又得起床前来，便请求留在场上休息，不料又碰了一个大钉子！我辈之人难道会搞破坏吗？愤愤。不得已拖着如铅的双足归去，至宿舍果已超过五点了。此种劳动安排只能是折磨人！”②

1971年8月8日：“侯金镜同志今晨突然逝世，令人悲痛难已！昨日他随菜班来大田劳动，返连以后S还要他为菜地担水，连续挑水10担。夜10时，心脏病猝发，不及抢救，延至凌晨溘然长逝。S这个‘积极分子’是间接的杀人犯！侯是有名的病号，即使不给照顾，也不能如此折磨人啊。……一个相当好的党的干部遭到如此下场，是一大悲剧！”③

(二)学者的日记——《朱自清日记》

《朱自清日记》始于1924年7月28日，迄于1948年8月2日，前后共二十余年。朱自清写日记，完全是供自己看的，内容真实可信。朱自清的夫人陈竹隐在朱逝世后的三十多年里一直把日记保存着，从未公开。1978年党的十一届三中全会后，对五四文学及其作家们包括朱自清在内的研究受到重视，陈竹隐决定接受友人和人民文学出版社的建议，把日记发表。朱自清的儿子朱乔森在“编后记”说：“作者生前曾对夫人陈竹隐说过，他的日记是不准备发表的。正因为不准备发表，也就更直率地记录了他对许多人和事的看法，和更多地记

① 陈白尘：《牛棚日记》，98页，北京，生活·读书·新知三联书店，1995。

② 同上书，182页。

③ 同上书，216页。

录了他内心真实的感情活动，还记载了一些纯属个人的生活琐事。”①“总之，正因为这部日记是不准备发表的，展示给我们的，就是作为一个普通人的作者在日常生活中对自己真实的写照。”②

《朱自清日记》生动地记录了他的日常生活。朱好美食。1933年2月12日记：“平伯以法国面包房奶油蛋糕见飨，美甚，余所未尝。”1934年3月25日记，谈吃有名的谭家菜的感受：“谭宅菜味厚重。鱼肚炖鸡及大开乌、松子山鸡等均佳，白菽馅饺子尤特别有风味。”③朱好美食，但有胃病，故时常提醒自己不要贪吃。1939年6月11日：“肠胃不适。想起了王大夫告诉我的一句谚语：参加盛宴的人是用牙凿掘自己的坟墓。”④从这则日记中，我们知道了王大夫的一个警句，真可谓给一切老饕敲响了警钟。

朱自清勤奋好学，又很谦虚，故能有很高的成就。日记中有多处记他的读书计划。1936年9月12日：“我决定每周读一本中文书，每月读一本英文或日文书。”(书单略——笔者)⑤1939年11月29日：“读《文人》季刊，从中得到很多知识。学无止境！应多读点东西。”⑥朱还常常听其他学者的讲演。1940年12月29日：“听李方桂先生讲课，谈学习方法、少数民族语言的问题。(以下摘记李的讲课内容——笔者)”⑦1942年11月10日：“参加汤教授(汤用彤)关于‘隋唐佛教之特色’的演讲会……汤教授列举四点……演讲清晰，声调平稳，令人赞佩。”⑧

朱自清很谦虚。1943年2月4日：“讨论我与浦、闻、钱等合译的一首诗之意义，他们都给我很好的解释，从未想到我理解英文诗的能力如此可怜。”⑨朱自清对自己要求十分严格。1933年9月23日：“上国文，讲错一句，惭愧

---

① 朱自清：《朱自清全集》(第9卷)，569页，南京，江苏教育出版社，1997。

② 同上书，571页。

③ 同上书，196、287页。

④ 朱自清：《朱自清全集》(第10卷)，30页，南京，江苏教育出版社，1997。

⑤ 朱自清：《朱自清全集》(第9卷)，435～436页，南京，江苏教育出版社，1997。

⑥ 朱自清：《朱自清全集》(第10卷)，64页，南京，江苏教育出版社，1997。

⑦ 同上书，71页。

⑧ 同上书，208页。

⑨ 同上书，224页。

之至！惭愧之至！”①1934 年 7 月 27 日：“两个月来学无所成，颇感失望。”②

朱自清的日记中还保存了一些文艺方面的珍贵史料。例如，1935 年 12 月 1 日记北平市各书茶社演说评书人姓名、书目及地点，计白天 19 人，灯晚 15 人。其中有连阔如说的《明英烈》，地点在天桥北赵椎子胡同连和轩。有关评书方面的这一史料，如果没有朱自清日记的记载，今天要找，是很困难的。③

抗日战争结束后，朱自清积极支持反对蒋介石统治的学生运动。1948 年 6 月，他签名于抗议美国扶植日本和拒绝领取“美援”面粉的宣言。6 月 18 日日记写道：“我在拒绝‘美援’和‘美援’面粉的宣言上签了名，这意味着每月使家中损失六百万法币，对全家生活影响颇大；但下午认真思索的结果，坚信我的签名之举是正确的。因为我们既然反对美国扶植日本的政策，就应采取直接的行动，就不应逃避个人的责任。”④

除经济困难外，朱自清当时的身体状况已极坏，6 月 11 日称体重，只有 38.8 公斤。这年 8 月 12 日，朱自清在贫病交加下逝世于北平。毛泽东说：“闻一多拍案而起，横眉怒对国民党的手枪，宁肯倒下去，不愿屈服。朱自清一身重病，宁可饿死，不领美国的‘救济粮。’……我们应当写闻一多颂，写朱自清颂，他们表现了我们民族的英雄气概。”⑤

（三）记者的日记——威廉·L. 夏伊勒：《柏林日记——二战驻德记者见闻(1934～1941)》

有些记者，工作能力强，因职务关系，接触人物多、方面多，消息灵通，多知内幕，他们的日记也颇有史料价值，如夏伊勒的《柏林日记》。

夏伊勒是美国著名记者。1934 年，夏伊勒任《纽约先驱论坛报》驻欧洲记者。1935 年，他前往柏林，隶属于威廉·兰道夫·赫斯特的环球新闻服务社。赫斯特解散环球新闻服务社后，夏伊勒被爱德华·R. 莫罗聘用，加入了哥伦比亚广播公司的无线电广播组。《柏林日记》的内容十分丰富，包括希特勒和纳粹党发动第二次世界大战的过程以及第二次世界大战初期的战争情况，写得具体、生动、真切，1941 年 7 月出版后大受欢迎，到 8 月已印了 35 万本。以下

① 朱自清：《朱自清全集》(第 9 卷)，250 页，南京，江苏教育出版社，1997。

② 同上书，309 页。

③ 同上书，391～392 页。

④ 朱自清：《朱自清全集》(第 10 卷)，511 页，南京，江苏教育出版社，1997。

⑤ 《毛泽东选集》，第 4 卷，1495～1496 页，北京，人民出版社，1991。

挑选两个问题，谈谈《柏林日记》的史料价值。

第一个问题是假战和法国的战败。

德国于1939年9月1日进攻波兰后，英、法虽然不得不对德宣战，但仍幻想与德国有讲和的可能，于是坐视波兰的危亡于不顾，并未乘机在西线发动进攻，是即历史上所谓的“假战”。1939年9月10日日记：“在英法宣战一周后，普通德国人开始纳闷，这是否真的是场世界大战。他是这么看问题的。……它们(指英法——笔者)与德国正式处于战争状态已有一周之久。但这是战争吗？他们问道。的确，英国人派了25架飞机轰炸威廉港。但如果这真的是场战争，为何只派出25架飞机？而且如果是场战争的话，为何只在莱茵区撒了几张传单就算完事？德国工业的心脏地带就位于法国旁边的莱茵河沿岸地区。将波兰人炸得粉身碎骨的军火大部分来自那里。然而还没有一个莱茵区的工厂挨过一颗炸弹。这是战争吗？”①1939年10月10日：“今天早晨在从卡尔斯鲁厄沿莱茵河去巴塞尔的路上，我们经过约100英里的法国边境。没有任何战争迹象，列车服务员告诉我，自从战争开始以来这条前线还从未开过一枪。当列车沿着莱茵河行驶时，我们可以看到法国碉堡，在许多席子的遮掩下，法国人正在建造堡垒。在德国这边也是同样的景象。部队似乎遵守着一项停火协议。他们相互在对方的视野和射程中毫不隐蔽地干着自己的事儿。实际上，一发法国75毫米炮弹就可以将我们的列车干掉。德国人在铁路上运输火炮和补给，但是法国人并不干扰他们。真是一场奇怪的战争。”②

1940年5月，德军在西线发动全面进攻，6月22日法德停战协定签字。拥有300万大军、号称欧洲头等陆军强国的法国，在6个星期就被打败了。《柏林日记》对法军的没有认真进行战斗，有十分具体、生动的描述。

1940年6月27日：“但是从我在比利时和法国所看到的情况、与两国境内的德国人和法国人以及与沿路的法国、比利时和英国战俘交谈的内容来看，结论似乎是很清楚的，那就是法国没有战斗。即使法国进行了战斗，那能够证明这一点的根据也很少。不仅是我一个人，我的几个朋友也由德国边境沿着主要公路驱车到巴黎并且返回。我们都没有看到发生过激烈战斗的迹象。法国的田野没有遭到破坏。没有在一条绵延不断的战线上发生过战斗。德军是沿着

① 威廉·L. 夏伊勒：《柏林日记——二战驻德记者见闻(1934～1941)》，159页，北京，新星出版社，2007。

② 同上书，180页。

公路发动进攻。甚至在公路上也没有迹象表明，法国人除了骚扰敌军以外，还采取过更大规模的军事行动。而这种骚扰性的行动也仅限于城镇和乡村。但是，仅仅是骚扰和迟滞行动而已，没有试图在一条战线上停下来，并且发动有组织的进攻。

既然德国人选择在道路上进行这场战争，为什么法国人不阻止住他们？对于炮兵来说，道路是理想的目标。然而，我还没看到法国北部有一码道路毁于炮火。在驱车前往巴黎的途中，经过了德军发动第二次攻势的地区。一名错过了此次战役的最高统帅部军官不停地唠叨说，他不能理解这场战役，在那座控制这条道路的高地上，茂密的森林为炮兵提供了绝好的掩护，法国人一定知道可以在那里部署几门火炮。只要少量几门炮，就可以完全控制这条道路，他反复不停地说道。当他研究地形时，还差点叫我们停车。但是在那些林木茂密的高地上并无火炮，在道路上面及四周也没有发现弹坑。庞大的德军几乎是不发一弹便通过了此处。

法国人炸毁了许多桥梁。但是他们也保留了许多具有战略意义的桥梁，特别是在缪斯河上。这条河因其河谷深峻、林木茂密而成为一条天然的、难以逾越的防线。不止一个法国士兵在与我交谈时认为，这里面有卑鄙的阴谋。

我在法国没有见到一处公路埋设了地雷，在比利时也只见过两三处埋了地雷，但仅此而已。法国人在城镇和乡村里匆忙地设置了反坦克障碍，往往是用石头和破烂堆积而成。但是，德国人几分钟便可以将其清除。而地雷爆炸造成的巨大弹坑，是无法在几分钟内便填平的。……许多法国战俘说到，他们从未看到过发生战斗。当一场战斗似乎迫在眉睫时，便传来了撤退的命令。也正是这种在战斗开始前或至少是战斗尚未决出胜负时不断下达的撤退命令，瓦解了比利时军队的抵抗。

我在贡比涅曾与之交谈过的一名德国军官说：‘法国坦克在某些方面要优越于我们的坦克。它们拥有更厚重的装甲。有些时候(可能会持续几小时)法国坦克部队能够英勇地战斗。但不久，我们就会清楚地感觉到他们有些心不在焉。当我们了解到这一点并据此采取行动后，战斗很快便会结束。’一个月前，我会将此类言谈归之于纳粹宣传，但现在我相信了。

另外一个谜团是：当德军在莫伯日至色当一线突破法比边境后，他们声称德国几乎是不发一弹便顺利穿越了法国北部。当他们抵达大海时，布洛涅和加莱主要由英军防守。整个法国军队似乎是瘫痪了，无法采取最起码的行动，哪怕是最微小的反突击行动。

是的，德国人拥有空中优势。没错，英国不提供他们能够也应该提供的空中力量。然而甚至这些也无法解释法国的失败。从所见到的情况来看，空军在这场战争中的威力被人们夸大了。人们可以读到关于对道路上的盟军纵队的大规模空中攻击。但是你在道路上看不到什么证据。根本没有炸弹坑。当然，德国人的办法是先用机枪扫射道路上的部队，当他们都分散到路边时再投弹轰炸。这样便避免了破坏道路，可以供德军随后使用。但是此类迹象也很少。在道路两边或附近田野里，时不时会看到一个炸弹坑——但绝不足以摧毁一支军队。德国空军的致命攻击发生在敦刻尔克，英国人在那里顽强地阻击了德军达10天之久。

那么，从总体上看，虽然法国在个别地点勇敢甚至是顽强地进行了战斗，但当德国人首次突破后法军很快就瘫痪了。随后，几乎未经一战，法军便全面崩溃。首先，法国人像吸了毒一般失去了战斗意志，即使他们的领土遭到了最为痛恨的敌人入侵。第二，在最高统帅部和高级战地指挥官中间存在着阴谋或罪恶的玩忽职守。在大批部队中，共产党的宣传取得了胜利。他们的口号是：'决不战斗。'从来没有发生过这么多部队背叛祖国的行为。"①

1940年7月10日："汉斯来看我。他刚从法国与西班牙边境的伊伦(Irun)开车到柏林。他说，他无法理解昨天在凡尔登看到的景象。那里的房子没有一所受损。在上次大战时则恰好相反，当时凡尔登没有一所房子完好无损，但它始终未曾沦陷。从这一点，你就可以看出1914～1918年与1940年的差别。"②

关于法军不战的原因，戴高乐亦有论述，可与《柏林日记》互相印证。戴高乐在《战争回忆录》中写道："在我回到凡根堡的指挥部以前，我和总理在一起住了几天。……那几天使我充分看到政府腐败到了什么程度。在各党派、各报纸、各行政机构、各企业和各工会内，都有有势力的团体公开赞成停止战争的意见。消息方面灵通人士认为，这是贝当元帅的意见。他是我国驻马德里的大使，据说他从西班牙方面得知德国人极愿出面调停。到处都有人说：'如果雷诺倒台，赖伐尔将由贝当抬出来执政。这位元帅实际上可以使最高统帅部接受停战条约。'……必须指出，某些人认为与其说希特勒是敌人，不如说斯大林是敌人。他们更加关心的是如何打击俄国，是通过援助芬兰的办法呢，还是轰炸

---

① 威廉·L. 夏伊勒：《柏林日记——二战驻德记者见闻(1934～1941)》，327～331页，北京，新星出版社，2007。

② 同上书，341页。

巴库，或者是从伊斯坦布尔登陆。至于如何对付德国则很少关心。”①

第二个问题是1940年8～10月的不列颠之战。在战争中，在统计战果时，总是夸大对方的损失而缩小己方的损失，这几乎已成为一种惯例。《柏林日记》记录有德国方面的战报。1940年8月11日：“今天在英国海岸发生了战争以来最大规模的空战。德国发布的英方损失数字一整夜都在不断增加。一开始，德国空军声称，英机被击落73架，德机损失14架；然后是79架比14架；最后到午夜时变成89架比17架。实际上，当我将下午和晚上德方零星公布的数字加在一起时，英机损失数高达111架。德国空军撒谎速度如此之快，以至于自己公布的前后数字都不相符。”②1940年8月13日：“今天是德国对英国发动大规模空袭的第三天。昨天德国空军公布的战果是71比17。今晚的战果是69比13。每天伦敦方面公布的英方战果统计数字几乎刚好是倒过来。我怀疑伦敦的数字要更真实一些。”③1940年8月18日：“……更令我感兴趣的是在德文《布鲁塞尔日报》上刊登的最高统帅部公报。据它报道，在周五(指8月16日)的不列颠空战中，英国损失了83架飞机，德国损失31架。而我们那位真诚的梅塞施米特战斗机的小飞行员却告诉我们说，在周五几乎没有看到英国飞机，皇家空军也几乎没有进行抵抗。”④

当时任英国外交部常务次长的卡多根在他的日记中对英德空战双方损失的记载，则与德方的恰恰相反，是英方损失少而德方损失大。1940年8月12日：“昨日(指8月11日)空战令人满意。打下(德机)62架；(我方)损失25架。”⑤8月14日：“昨天(指8月13日)的空中战斗令人惊奇。我们肯定击落75架(德机)……我方损失13架，但除3人外其他所有飞行员都得救!”⑥8月16日：“今天战利总数(击落德机)161架—对比(我方)损失27架(但许多飞行员得救)。”⑦在卡多根的日记中，关于英德空战有具体数字的记录，一直记到

① 戴高乐：《战争回忆录》(第一卷)，28页，北京，世界知识出版社，1981。

② 威廉·L.夏伊勒：《柏林日记——二战驻德记者见闻(1934～1941)》，354页，北京，新星出版社，2007。

③ 同上书，354页。

④ 同上书，365页。

⑤ 大卫·迪尔克斯编：《亚历山大·卡多根爵士的日记1938～1945》[David Dilks (ed.) *The Diaries of Sir Alexander Cadogan* 1938—1945]，320页，纽约，1972。

⑥ 同上书，321页。

⑦ 同上书，321页。

1940 年 9 月 16 日，每次都是德国损失大而英国损失小。

综上所述，日记确是一种有价值的史料。但使用日记时，还必须参照、对比其他各种史料，分析综合，方可得出比较正确的历史认识，这是无须赘言的。有些很有名的日记，其中也有糟粕，如李慈铭在他的日记中常常骂人，骂赵之谦最凶。胡适是讲究“容忍”的，认为“容忍比自由更重要”，但在日记中有时也毫不容忍，甚至恶语伤人，如 1933 年 12 月 30 日日记：“今天听说，《大公报》已把‘文学副刊’停办了。此是吴宓所主持……此是‘学衡’一班人的余孽，其实不成个东西。甚至于登载吴宓自己的烂诗，叫人作恶心！”①陈寅恪在《顺宗实录与续玄怪录》一文中说：“通论吾国史料，大抵私家纂述易流于诬妄，而官修之书，其病又在多所讳饰，考史事之本末者，苟能于官书及私著等量齐观，详辨而慎取之，则庶几得其真相，而无诬讳之失矣。”②使用日记这种私人史料时，要注意其诬妄之处，方不致为之所误。

① 曹伯言整理：《胡适日记全编》(6)，267 页，合肥，安徽教育出版社，2001。

② 陈寅恪：《金明馆丛稿二编》，74 页，上海，上海古籍出版社，1980。

谈私人信函的史料价值*

本文所讨论者为私人信函，公牍除外。在私人信函中，写信人所谈自己的境遇、思想、心情等等以及对人对事的看法，往往是在公开的文字中看不到的，故在相当程度能透露历史的真相。有关论学的内容，有些是在已发表的著作中没有谈到或谈得不充分的，也可作为公开著作的补充。治史者应尽可能扩大史料范围，以便全面深入地了解历史，私人信函是应当利用的一种史料。以下分政界、文化界两类人物的信函，各择数例以说明之。

一、政治人物的私人信函

(一)曾国藩关于淮军会剿金陵事致弟曾国荃书

湘军和淮军是清廷赖以绞杀太平天国和捻军的两支主要部队。淮军主帅李鸿章原系曾国藩的部下，自领一军后势力日大，湘、淮两军的矛盾于是产生。曾国荃自同治元年四月(1862 年 5 月)围天京后，久攻不克。清廷连下上谕，催李助剿。曾国藩表面上欢迎淮军助剿，实则不欲他人分功。他在致其弟曾国荃的几封信中反复衡量淮军会剿的利弊，反映了这一宦场老手是多么地工于心计。

同治三年四月二十日(1864 年 5 月 25 日)曾国藩致曾国荃书："金陵之克，亦本朝之大勋，千古之大名，全凭天意主张，岂尽关乎人力？天于大名，吝之惜之，千磨百折，艰难拂乱而后予之。老氏所谓'不敢为天下先'者，即不敢居第一等大名之意。弟前岁初进

* 原载《首都师范大学学报》(社会科学版)2012 年第 5 期。

金陵，余屡信多危悚儆戒之辞，亦深知大名之不可强求。今少荃二年以来屡立奇功，肃清全苏，吾兄弟名望虽减，尚不致身败名裂，便是家门之福。老师虽久而朝廷无贬辞，大局无他变，即是吾兄弟之幸。只可畏天知命，不可怨天尤人。所以养身却病在此，所以持盈保泰亦在此。”①

同治三年四月廿日夜（1864 年 5 月 25 日）曾国藩致曾国荃书：“沅弟左右：廿夜接十七夜来信，不忍卒读，心血亏损，如此愈持久，则病愈久愈深。……余意欲奏请李少荃来金陵会剿，而可者两端，不可者两端。可者，一则渠处炸炮最多而熟，可望速克；一则渠占一半汛地，弟省一半心血。不可者，少荃近日气焰颇大，恐言语意态以无礼加之于弟，愈增肝气，一也；淮勇骚扰骄傲，平日恐欺侮湘勇，克城时恐抢夺不堪，二也。有此二者，故余不愿请来与弟共事。然弟心肝两处之病已深，能早息肩一日，乃可早痊一日，非得一强有力之人前来相助，则此后军事恐有变症，病情亦虑变症也。特此飞商，弟愿请少荃来共事否？……弟若情愿一人苦撑苦支，不愿外人来搅乱局面，则飞速复函。余不得弟复信，断不轻奏先报。”②

同治三年五月十六日（1864 年 6 月 19 日）函：“夜来又细思，少荃会剿金陵，好处甚多，其不好处不过分占美名而已。后之论者，曰：润克鄂省，迪克九江，沅克安庆，少荃克苏州，季高克杭州，金陵一城沅与荃各克其半而已，此亦非甚坏之名也。何必全克而后为美名哉？人又何必占天下之第一美名哉？……少荃将到之时，余亦必赶到金陵会剿，一看热闹也。”③

同治三年五月十七日（1864 年 6 月 20 日）函：“今日命纪泽赴金陵省视老弟。余于六月初间亦必往，兄弟畅叙。届时少荃若到，余即在彼，不遽回皖。如少荃不到，余即坐轮船速归。总之，弟以保身为主。无论少荃与余会剿与

---

① 《曾国藩全集》（家书二），1113～1114 页，长沙，岳麓书社，1995。

② 按：此函转引自黄濬：《花随人圣庵摭忆》（中），493～494 页，北京，中华书局，2008。黄濬说：“叔章近购得曾文正与其弟忠襄家书三通，盖同治三年夏间所作，以行世本校之，有一通未辑入，余二通皆经删改。”所谓未辑入者，即指此函。曾国藩的《家书》不仅是供家人看的，而且是准备传世公之于众的。清末曾任两广总督的袁树勋（海观）曾说：“昔岁从文正金陵督署，常见其家书底稿躬自删改发抄，已有必传之意。”（同上书，496 页）由于以后要公开，曾国藩便把他认为不宜别人知道的内容做了删改。可能因此函的内容谈得太露骨，故曾氏将其删掉。

③ 《曾国藩全集》（家书二），1124 页，长沙，岳麓书社，1995。

否，于弟威名微减，而弟之才德品望毫无损也。”①

李鸿章当然了解曾氏兄弟的心理，一再表白绝不染指。他在同治三年四月二十四日(1864 年 5 月 29 日)上曾国藩书中说：“前廷旨有令敝军会攻之说。鄙意苦战日久，宜略休息，且沅丈劳苦累年，经营此战，一篑未竟，不但洋将、常胜军不可分彼功利，即苏军亦需缓议。是以常州奏捷后，不敢轻言越俎。”②

以上数函透露了湘、淮两集团在镇压农民起义的过程中勾心斗角、争权夺利的内情，颇具史料价值。

(二)郭嵩焘论洋务书

郭嵩焘，字筠仙，是清朝洋务派中最有见识的一人。顽固守旧派对他百般诋毁，斥之为“汉奸”。光绪元年八月八日(1875 年 9 月 7 日)，清廷下诏命郭充任使英大臣。兹择郭使英前后书札数通，以见其洋务见解及遭顽固派围攻的情况。

郭嵩焘于光绪二年十月十八日(1876 年 12 月 3 日)自上海启程赴英履任。行前曾致两江总督沈葆桢二函。光绪二年正月初十(1876 年 2 月 4 日)一函云：“京师士大夫务为虚骄，横生议论，不一考求事理，视前二十年之见解无以易也。”又云：“彼土人才，实胜中国，为能养之而使尽其学，用之而使尽其职也。”③同年十月初五(1876 年 11 月 20 日)即将出发前，又致沈一函，内云：“嵩焘乃以老病之身，奔走七万里，自京师士大夫，下及乡里父老，相与痛诋之，更不复以人数。英使且以谢过为辞，陵逼百端。衰年颠沛，乃至此极，公将何以教之？”④

郭嵩焘抵伦敦后，于光绪三年二月杪(1877 年 3 月)致李鸿章一长函，盛赞英国政教风俗，并痛斥中国士大夫吸食鸦片，甘心陷溺，恬不为悔。郭氏力陈铁路、电报之利，应急图内治以安富强之基。“此间政教风俗，气象日新。推求其立国本末，其始君民争政，交相屠戮，大乱数十百年，至若尔日(George)而后定，初非有至德善教累积之久也。百余年来，其官民相与讲求国政，白其君行之，蒸蒸日臻于上理。至今君主以贤明称。人心风俗，进而益

① 《曾国藩全集》(家书二)，1125 页，长沙，岳麓书社，1995。

② 《李鸿章全集》第 29 册《信函一》，310 页，合肥，安徽教育出版社，2008。

③ 黄濬：《花随人圣庵摭忆》(上)，246～247 页，北京，中华书局，2008。

④ 同上书，247 页。

善。……”

“窃谓中国人心有万不可解者。西洋为害之烈，莫甚于鸦片烟。英国士绅亦自耻其以害人者为构衅中国之具也，力谋所以禁绝之。中国士大夫甘心陷溺，恬不为悔。数十年国家之耻，耗竭财力，毒害生民，无一人引为疚心。钟表玩具，家皆有之；呢绒洋布之属，遍及穷荒僻壤。江浙风俗，至于舍国家钱币而专行使洋钱，且昂其价，漠然无知其非者。一闻修铁路、电报，痛心疾首，群起阻难，至有以见洋人机器为公愤者。曾劼刚以家讳，乘坐南京小轮船至长沙，官绅起而大哗，数年不息。是甘心承人之害以使朘吾之脂膏，而挟全力自塞其利源。蒙不知其何心也！……”

“窃以为方今治国之要，其应行者多端，而莫切于急图内治，以立富强之基。如此二者(指铁路、电报——笔者)，可以立国千年而不敝。其为利之远且大者不具论也，其浅而易见者有二利：中国幅员逾万里，邮传远者数十日乃达，声气常苦隔绝。二者行万里犹庭户也，骤有水旱盗贼，朝发夕闻，则无虑有奸民窃发称乱者，此一利也。中国官民之势，悬隔太甚，又益相与掩蔽朝廷耳目，以便其私，是以民气常郁结不得上达。二者行，官民皆得自效，以供国家之用，即群怀踊跃之心，而道路行径，如人身血脉自然流通，政治美恶无能自掩，则无虑有贪吏遏抑民气为奸利者，此又一利也。”

“论者徒谓洋人机器所至，有害地方风水。其说大谬。修造铁路、电报，必于驿道，皆平地面为之，无所凿毁。……”

“往与宝相(即宝鋆——笔者)论今时洋务，中堂(即李鸿章——笔者)能见其大，丁禹生(即丁日昌——笔者)能致其精，沈幼丹(即沈葆桢——笔者)能尽其实，其余在位诸公，竟无知者。宝相笑谓嵩焘既精且大。嵩焘答言：岂惟不敢望精且大，生平学问皆在虚处，无致实之功，其距幼丹尚远。虽然，考古证今，知其大要，由汉、唐推之三代经国怀远之略，与今日所以异同损益之宜，独有以知其深。窃以为南宋以来，此义绝于天下者七百余年，此则区区所独自信而无敢多让者也。”①

光绪三年九月初五(1877 年 10 月 11 日)，郭嵩焘自伦敦寄朱克敬(香荪)一函，亦论及洋务。“往常论近日考求洋务三人。合肥伯相(李鸿章)能见其大，沈尚书(沈葆桢)能得其实，丁中丞(丁日昌)能致其精。吾于合肥及幼丹、禹生诸君无能为役。精神才力，穷极推求，亦万不能逮。独所及见透顶第一义，则

① 《郭嵩焘诗文集》，188～195 页，长沙，岳麓书社，1984。

亦有诸公所未及者。……自谓考诸三王而不谬，俟诸百世圣人而不惑，于悠悠之毁誉何有哉！然其所以犯骂讥笑侮而不悔者，求有益国家也，非无端自取其声名而毁灭之以为快也。”①

统观以上数函，有可注意者三事。其一，郭嵩焘在信中称赞英国“人才实胜中国”，“政教风俗，气象日新”。他不仅在私人信件中这样说，而且在《使西纪程》中公开写出类似看法。这是顽固守旧的士大夫所最不能容忍的。他们认为西方国家除“船坚炮利”一点外，其他方面都远不如中国，终究是没有教化的“夷狄之邦”。其二，顽固派昏庸到连轮船、火车、电报都不能容忍的地步，胡说什么机器有害地方风水。来自顽固派的阻力很大，可于李鸿章光绪三年六月初一日夜(1877 年 7 月 11 日)复郭嵩焘的信中看出。信中说：“自同治十三年海防议起，鸿章即沥陈煤铁矿必须开挖，电线、铁路必应仿设，各海口必应添洋学、格致书馆，以造就人才。其时文相(文祥)目笑存之，廷臣会议皆不置可否，王孝凤、于莲舫独痛诋之。曾记是年冬底赴京叩谒梓宫，谒晤恭邸，极陈铁路利益，请先试造清江至京，以便南北转输。邸意亦以为然，谓无人敢主持。复请其乘间为两宫言之，渠谓两宫亦不能定此大计，从此遂绝口不谈矣。”②其三，郭氏认为举朝通洋务者不过三人：李鸿章、沈葆桢和丁日昌。李见其大，沈得其实，丁致其精。他虽自谦不如以上三人，但又自信地说自己独知其深，所见透顶第一义则是他们所不及的。这并非狂妄自大之词，因为他能认识到西洋国家政治教化修明，自有其立国之本。这不仅是顽固派所绝对不承认的，即使是其他洋务派人士也只认可西学可以为用，而中国的封建制度和文明这个“体”则是不可动摇的根本。

(三)樊增祥致张之洞密札

樊增祥致张之洞密札，作于光绪十六年九月十三日(1890 年 10 月 26 日)，樊即将出京以知县赴陕之时。张之洞时任湖广总督。樊在密札中详述他在津通过张佩纶(已为李鸿章婿)疏通李鸿章与张之洞之间关系的情节，以邀宠于张。这一部分内容，今天看来史料价值不大。但密札还谈到了京师官场中贿赂公行和纵情观剧的腐败情况，可供后之治史者参考，不失为光绪朝之良史料也。兹节录有关内容如下：

---

① 见《中和月刊》第一卷第 12 期，68～69 页，北京，1930。

② 《李鸿章全集》第 32 册《信函四》，75 页，合肥，安徽教育出版社，2008。

受业樊增祥谨禀，夫子大人钧座：敬禀者……都门近事，江河日下，枢府唯以观剧为乐，酒醴笙簧，月必数数相会。南城士大夫，借一题目，即音尊召客，自枢王以下，相率赴饮，长夜将半，则于筵次入朝。贿赂公行，不知纪极，投金暮夜，亦有等差。近有一人引见来京，馈大圣六百(大圣见面不道谢)，相王半之(道谢不见面)，汶长二百(见面道谢)，北池一百(见面再三道谢)，其腰系战裙者，则了不过问矣，时人以为得法。然近来政府仍推相王为政，大圣则左右赞襄之，其余唯诺而已。高阳与北池缔姻，居然演剧三日，习俗移人，贤者不免，仍今信之。(祥与比邻，不堪其扰。)①

密札中之"大圣"指孙毓汶；"相王"指礼亲王世铎；"汶长"指许庚身；"北池"指张之万；"腰系战裙者"，指额勒和布，时均为军机大臣。孙、许甚得那拉氏信任，孙尤掌权，故行贿者馈金数目，以孙为最多，世铎次之，庚身又次之，之万为殿。额勒和布，廉洁自守，故行贿者未登门。

此札还道出清朝枢府唯以观剧为乐，置政务于不顾的腐败情况。当时正皮黄、秦腔全盛之时，那拉氏尤嗜皮黄，上行下效。李鸿藻(即札中所称之高阳)号称清流领袖，因与张之万缔姻，亦演剧三日。按：清末王公大臣酷嗜京剧，有人且能登台一试身手。如军咨府大臣(约相当于参谋总长)贝勒载涛曾从京剧名家学演《贵妃醉酒》的杨玉环、《芦花荡》的张飞和《安天会》的孙悟空，一身兼习花旦、花脸和武生三种角色。入民国后，名武生李万春的《安天会》一戏，系由载涛所授，可见载涛当年在京剧上下了多大功夫。如是，他又如何能有时间专心履行他的军事职责呢？②

仅从贿赂公行和日以观剧为乐、纵情为长夜之饮两个方面，亦可见清朝之必亡无疑。

(四) 张伯伦的书信

英国首相尼维尔·张伯伦(1937 年 5 月至 1940 年 5 月在任)写给他妹妹的大量家信，内容多涉政治问题，是研究张伯伦其人，特别是 20 世纪 30 年代英国外交政策必须参考的史料。

张伯伦出任首相后，亲自掌握外交政策，要做"自己的外交大臣"。他极力

① 黄濬：《花随人圣庵摭忆》(中)，383～389 页，北京，中华书局，2008。

② 见张伯驹：《红毹纪梦诗注》，253、245 页，沈阳，辽宁出版社，1998。

推行绥靖政策，直至二战爆发这一政策破产，仍然执迷不悟。下面略举五则，予以说明。

1. 1937年8月8日致其妹艾达信

张伯伦绥靖政策的对象不仅是德国，还有意大利。他企图以承认意大利吞并埃塞俄比亚为代价，使英、意关系恢复到1935年意埃战争以前的状态。1937年7月、8月，他与墨索里尼互相交换信件，准备举行英意谈判。张伯伦对于即将开始的英意谈判充满自信，以致狂妄到以欧洲救世主自居的程度。1937年8月8日，他在给他妹妹的信中写道："当我回顾自我第一次见到格兰迪(意大利驻英大使——笔者)以来欧洲紧张局势出现的那种令人惊异的缓和，感到十分满意。格兰迪自己也说，这种缓和百分之九十应归功于我，它使人产生了一种首相职位所赋予的妙不可言的力量感。作为财政大臣，我简直连一小块石头也挪动不了，但现在我只要抬一抬手指，整个欧洲的面貌就改变了。"① 但张伯伦十分盼望的英意谈判，却因意大利于8月中旬在地中海发动的潜艇战而流产了。② 从张伯伦的这封信，可看出他的极端的狂妄自大和他对于推行绥靖政策的盲目自信。

2. 1937年11月26日致妹艾达信

张伯伦相信，把中欧和东南欧让给德国，必要时再在非洲划给德国一些殖民地，就能平息它的不满，实现英、德和解。1937年11月26日他在信中写道："我不明白为什么我们不该对德国说，'请给我们以满意的保证，表明你们不会用武力对待奥地利人和捷克斯洛伐克人，我们也愿意给你们同样的保证，表明我们不会用武力阻止你们所需要的变更，只要你们以和平手段取得这些变更'。"③

这封信说明，张伯伦早已决定牺牲奥地利和捷克斯洛伐克，以换取与德国的妥协。他之所以强调"和平手段"，主要是为了避免刺激国内群众，减轻推行

① 罗伯特·塞尔夫编：《尼维尔·张伯伦日记书信》[R. Self(ed.), *The Neville Chamberlain Diary Letters*](第四卷)，265页，艾德尔绍特，2005。

② 1936年7月西班牙内战爆发后，意大利墨索里尼政府立即给佛朗哥叛军以援助。1937年8月中旬至9月初，意大利的潜水艇不断袭击开往西班牙共和国港口的商船，受到攻击的不仅有共和国政府的船只，还有苏联、英国、法国等国船只。9月2日英国一艘油船被鱼雷击沉。

③ 罗伯特·塞尔夫编：《尼维尔·张伯伦日记书信》(第四卷)，287页，艾德尔绍特，2005。

绥靖政策的阻力。

3. 1939 年 3 月 26 日致妹艾达信

1939 年 3 月，纳粹德国吞并了捷克斯洛伐克，英国统治阶级内部有人主张结成英法苏联盟，共同对抗德国，但张伯伦坚决反对联苏。他在 3 月 26 日的信中写道："我必须承认对俄国极度的不信任。我不相信它有任何能力去维持有效的攻势，即使它想这样做。而且，我怀疑它的动机，在我看来，这些动机同我们的自由观念几乎没有任何联系，并且只想搞得人人不和。"①张伯伦错过了联苏的机会，以致 1939 年 8 月 23 日苏联与德国签订了互不侵犯条约。

4. 1939 年 7 月 23 日致妹艾达信

张伯伦政府重整军备的进度很慢，而且措施不力，这是因为它采取的是消极防御的战略。他在 1939 年 7 月 23 日的信中说："你不需要足以赢得一场击溃敌人的胜利的进攻力量。你所需要的是强大到足以使另一方不可能获胜的防御力量，除非对方要付出使这种胜利成为不可能的代价。"②这种被动挨打的消极防御战略使英国在第二次世界大战开始后处于十分不利的地位。大战爆发初期统帅英国第三师的蒙哥马利在回忆录中说："在战争爆发前的数年里，英格兰没有举行过大规模的军事演习……我们派陆军参加最现代化的战争，而配备的却是极不适当的武器和装备，这不能不说是我们的耻辱。"③

5. 1940 年 10 月 28 日致约瑟夫·鲍尔④信

张伯伦逝世(1940 年 11 月 9 日)前数日，在一封信中写道："就我个人的声誉来说，我一点也不为之不安。我仍然以这样大量收到的信件，是如此一致地强调同一论点，即没有慕尼黑，战争会输掉，帝国在 1938 年会被摧毁。……我不认为相反的观点……有存在的可能。纵使对过去两年的真实内情没有什么进一步公布，我也不应怕历史家的判定。"⑤张伯伦临终前数日仍然固执地认为绥靖政策是正确的，甚至大言不惭地说这一政策挽救了英国，真可谓至死

---

① 罗伯特·塞尔夫编：《尼维尔·张伯伦日记书信》(第四卷)，396 页，艾德尔绍特，2005。

② 同上书，431 页。

③ 伯纳德·劳·蒙哥马利：《蒙哥马利元帅回忆录》，34～35 页，上海，上海译文出版社，1982。

④ 约瑟夫·鲍尔(J. H. Ball，1905～1993 年)，美国参议员。

⑤ 罗伯特·塞尔夫编：《尼维尔·张伯伦日记书信》(第四卷)，48 页，艾德尔绍特，2005。

执迷不悟。

二、文化人物的私人信函

(一)司马迁《报任安书》

司马迁以十分悲愤的心情写下的这封《报任安书》①有很高的史料价值。通过这封信，我们得以知道汉武帝的专制淫威、汉代法律的残酷，更可了解司马迁受到腐刑的奇耻大辱后，所以隐忍苟活的原因。

天汉二年(公元前 99 年)，汉武帝命令宠姬李夫人的哥哥、贰师将军李广利率军出击匈奴。李陵请自领步兵五千出征，后因寡不敌众，兵败投降。司马迁乘间向武帝进言，谓李陵功可抵罪。武帝大怒，认为司马迁替李陵游说，意在打击贰师将军，遂下迁于廷尉。给司马迁定的罪名是“诬上”，为死罪。按汉律，犯死罪的人，可纳钱赎罪；无钱则受腐刑可以免死。司马迁“家贫，财赂不足以自赎，交游莫救，左右亲近不为一言”，终受腐刑。他受到这种奇耻大辱，也曾想到死的问题。“仆虽怯耎，欲苟活，亦颇识去就之分矣，何至自湛溺累绁之辱哉！……所以隐忍苟活，函粪土之中而不辞者，恨私心有所不尽，鄙没世而文采不表于后也。”他想起“西伯拘而演《周易》；仲尼戹而作《春秋》；屈原放逐，乃赋《离骚》；左丘失明，厥有《国语》；孙子膑脚，《兵法》修列；不韦迁蜀，世传《吕览》；韩非囚秦，《说难》、《孤愤》。《诗》三百篇大抵贤圣发愤之所为作也。此人皆意有所郁结，不得通其道，故述往事，思来者。”司马迁受腐刑是在天汉三年(公元前 98 年)，当时他著作“草创未就”，故“就极刑而无愠色”。《报任安书》写于太始四年(公元前 93 年)，这时司马迁已升为中书令，名义虽比太史令为高，但不过是“闺阁之臣”，与宦者无异。他对这一升迁丝毫不以为荣，而每一念及受腐刑的耻辱，则“汗未尝不发背沾衣”，“肠一日而九回，居则忽忽若有所亡，出则不知所如往”。他生命的唯一寄托就在于继续完成他的著作，“藏之名山，传之其人通邑大都”。他对自己的著作有很高的要求：“究天人之际，通古今之变，成一家之言。”《史记》是一部流传千载的伟大历史著作，司马迁这种虽受极大摧残、侮辱而仍坚定不移地去完成自己理想事业的精神，也永远激励着后世那些遭受不公正的政治迫害的人们去效法。

(二)嵇康《与山巨源绝交书》

嵇康(223～262 年)，魏末名士，“竹林七贤”之一。嵇康处于魏晋易代、

---

① 班固：《汉书·司马迁传》，2725～2736 页，北京，中华书局，1962。

统治阶级内部争夺政权十分激烈之际。嵇康娶魏武帝曾孙女，与曹氏有连，反对司马氏篡魏。山涛(巨源)亦为“竹林七贤”之一，与嵇康为友。山涛为司马懿妻张氏之中表亲，司马氏擅政后，依附司马氏。山涛曾任选曹郎，后将去职，拟举康自代。康坚拒，于魏元帝景元三年(262 年)写了这封《与山巨源绝交书》。《绝交书》反映了魏晋之际在思想上的斗争(自然与名教)和政治上的斗争(曹氏与司马氏)，是有价值的史料。

嵇康在信中标榜老庄，轻蔑名教，举出自己不能出仕的种种理由。他说：“老子、庄周，吾之师也”，“少加孤露，母兄见骄，不涉经学……又纵逸来久，情意傲散。简与礼相背，懒与慢相成……又读庄、老，重增其放，故使荣进之心日颓，任实之情转笃。”“又人伦有礼，朝廷有法，自惟至熟，有必不堪者七，甚不可者二。……又每非汤、武而薄周、孔，在人间不止，此事会显，世教所不容，此甚不可一也。刚肠疾恶，轻肆直言，遇事便发，此甚不可二也。”因此，他表示：“今但愿守陋巷，教养子孙，时与亲旧叙阔，陈说平生，浊酒一杯，弹琴一曲，志愿毕矣。”他要求山涛不可强迫他出仕，否则“必发其狂疾”。①

司马昭尝欲辟康，后见康与山涛绝交书，表示决不出仕，即不为司马氏所用之意，大怒。因《绝交书》中有“非汤、武而薄周、孔”的狂言，又找一其他借口，遂坐康以不孝违反名教之大罪杀之。陈寅恪在《陶渊明之思想与清谈之关系》一文中说：“当魏末西晋时代即清谈之前期，其清谈乃当日政治上之实际问题，与其时士大夫之出处进退至有关系，盖藉此以表示本人态度及辩护自身立场者，非若东晋一朝即清谈后期，清谈只为口中或纸上之玄言，已失去政治上之实际性质，仅作名士身份之装饰品者也。”崇尚名教的一派是拥护司马氏的；标榜老庄之学、以自然为宗的一派是眷怀魏室的。嵇康反名教而主自然，即表示不与司马氏合作，故遇害。② 鲁迅在《魏晋风度及文章与药及酒之关系》一文中，在谈到嵇康被杀一事时说：“魏晋时代，崇奉礼教的看来似乎很不错，而实在是毁坏礼教，不信礼教的。表面上毁坏礼教者，实则倒是承认礼教，太相信礼教。因为魏晋时所谓崇奉礼教，是用以自利，那崇奉也不过偶然崇奉，如曹操杀孔融，司马懿(按应为司马昭)杀嵇康，都是因为他们和不孝有关，但实

---

① 戴名扬校注：《嵇康集校注》，112～129 页，北京，人民文学出版社，1962。
② 陈寅恪：《金明馆丛稿初编》，180～184 页，上海，上海古籍出版社，1980。

在曹操、司马懿何尝是著名的孝子，不过将这个名义，加罪于反对自己的人罢了。”①

(三)顾炎武论著述标准书

明末清初大学者顾炎武对著述要求很严，所订标准很高。他在与人书中说：“尝谓今人纂辑之书，正如今人之铸钱。古人采铜于山，今人则买旧钱，名之曰废铜，以充铸而已。所铸之钱既已粗恶，而又将古人传世之宝，舂剉碎散，不存于后，岂不两失之乎？承问《日知录》又成几卷，盖期之以废铜；而某自别来一载，早夜诵读，反复寻究，仅得十余条，然庶几采山之铜也。”②又在《与潘次耕书》中说：“著述之家，最不利乎以未定之书传之于人。”“今世之人速于成书，躁于求名，斯道也将亡矣。”③他对费时三十余年精心撰述的《日知录》十分自信，在与朱长儒书中写道：“第三十年来并无一字流传坊间，比乃刻《日知录》二本，虽未敢必其垂后，而近代二百年来未有此书，则确乎可信也。”④

“采山之铜”这一比喻，已为后世人们用作精品著作的代称。近年来“速于成书，躁于求名”之风甚炽，应当引起警惕。我们应当像顾炎武写《日知录》那样，精益求精，把“采山之铜”献给读者，而不要买旧钱以充铸。

(四)吴汝纶论西医、中医优劣书

在西医向中国传播的过程中，相信西医的人日益增多，其中一些深受西方思想影响的人尤持根本否定中医的态度。值得注意的是：清末，桐城派古文家吴汝纶⑤也笃信西医，痛贬中医。这说明即使在旧式文人中，西医也开始受到重视。

光绪十九年三月二十五日(1893 年 5 月 10 日)致吴季白：“每恨执事文学精进而医学近庸，但守越人安越之见，不知近日五洲医药之盛。视吾中国含混谬误之旧说，早已一钱不值。……平心察之，凡所谓阴阳五行之说果有把握乎？用寸口脉候视五脏果明确乎？本草药性果已考验不妄乎？五行分配五脏果

---

① 鲁迅：《而已集》，109 页，北京，人民文学出版社，1980。

② 顾炎武：《顾亭林诗文集》，93 页，北京，中华书局，1983。

③ 同上书，76～77 页。

④ 缪荃孙辑：《艺风堂杂钞》，209 页，北京，中华书局，2010。

⑤ 吴汝纶(1840～1903 年)，安徽桐城人，为文宗法桐城派。曾入曾国藩幕，与张裕钊、黎庶昌、薛福成号称“曾门四弟子”。主讲保定莲花书院多年，弟子甚众。

不错谬乎？人死生亦大矣，果可以游移不自信之术尝试否乎？”①

光绪二十三年正月二十一日(1897 年 2 月 22 日)答王合之：“绂臣灾病应退，某岂敢贪天之功，但平日灼知中医之不足恃，自灵枢、素问而已然。至铜人图则尤不足据，本草论药又皆不知而强言。不如西医考核脏腑血脉，的的有据。推论病形，绝无影响之谈。其药品又多化学家所定，百用百效。而惜中国读书仕宦之家安其所习，毁所不见。”又，同年十一月十七日(12 月 10 日)答何豹臣：“医学西人精绝。读过西书，乃知吾国医家殆自古妄说。”②

光绪二十九年(1903 年)吴汝纶在安庆得了重病，请来一位美国医生，他不能确定病名，但吴汝纶虽病到重危，也不肯找中医一试，终于去世。吴汝纶与同时的旧文人相比，思想开明，他为严复译《天演论》所作序言传诵甚广，在清末思想界产生了相当大的影响。但他绝对肯定西医，而把中医说得一无是处，至死不看中医，走向了极端。

入民国后，学术界不少知名人士都否定中医。傅斯年断然说：“我是宁死不请教中医的，因为我觉得若不如此便对不住我所受的教育。”③另有一人，不信中医，但请中医看病，病愈后却讳言其事，此人就是主张全盘西化的胡适。1920 年胡适患肾炎，西医医治不效，改请中医陆仲安诊治，后痊愈。最初，胡适还承认这件事，在 1921 年 3 月 30 日《题陆仲安秋室研经图》记说：“我自去年秋间得病，我的朋友学西医的，或说是心脏病，或说是肾脏炎，他们用药，虽也有点功效，总不能完全治好。后来幸得马幼渔先生介绍我给陆仲安先生诊看。陆先生有时也曾用过黄芪十两，党参六两，许多人看了，摇头吐舌，但我的病现在竟好了。”胡适未将这篇文章收入《文存》。在他逝世后，他的秘书胡颂平编《年谱》时才在芝翁《古春风楼琐记》中找到的。④ 可是，胡适到了晚年就否认陆仲安曾经治好他的病这件事了。1954 年 4 月 12 日《复余序洋》信中说：“你看见 本医书上说，我曾患糖尿病，经陆仲安医好，其药方为黄芪四两……等等。我也曾见此说，也收到朋友此信，问我同样的问题。其实我一生没有得过糖尿病，当然，没有陆仲安治愈我的糖尿病的事。陆仲安是一位颇读

① 徐一士：《一士类稿·吴汝纶论医》，303 页，北京，中华书局，2007。

② 同上书，303～304 页。

③ 傅斯年：《傅斯年全集》(第五卷)，434 页，长沙，湖南教育出版社，2003。

④ 罗尔纲：《师门五年记·胡适琐记》，104、110 页，北京，生活·读书·新知三联书店，1995。

古医方的中医，我同他颇相熟。曾见他治愈朋友的急性肾脏炎……”①1961年八月初三《复沈某》说：“急性肾脏炎，我的朋友中有人患过，或用西法，或用中药，均得治愈。慢性肾脏炎，友人中患者，如牛惠生，如俞凤宾，皆是有名的西医，皆无法治疗，虽有人传说中医有方治此病，又有人传说我曾患慢性肾脏炎，为中医治好，——其实都不足信。大概慢性肾脏炎至今似尚未有特效药。在三十多年前，我曾有小病，有一位学西医的朋友，疑是慢性肾脏炎，后来始知此友的诊断不确。如果我患的真是此病，我不会有三四十年的活动能力了。”②

胡适明明是患肾脏炎，经中医陆仲安治好，却说是医好他朋友。又说，慢性肾脏炎是无法治疗的，急性肾脏炎西医也能治，他的朋友得的是急性肾脏炎。总之，胡适掩盖陆仲安曾经治好他的肾脏炎这件事，并强调慢性肾脏炎是治不好的。胡适为什么要说谎呢？因为他是主张全盘西化的，故无论如何也不肯承认中医有治疗慢性肾脏炎的功效。

史学家陈寅恪对待西医、中医的态度与吴汝纶、傅斯年、胡适基本一样，但略有不同。他在《寒柳堂记梦未定稿》中“吾家先世中医之学”一节中说：“先曾祖以医术知名于乡村间，先祖先君遂亦通医学，为人疗病。寅恪少时亦尝浏览吾国医学古籍，知中医之理论方药，颇有由外域传入者。然不信中医，以为中医有见效之药，无可通之理。”③陈氏认为中医“无可通之理”，这点与吴、傅、胡等人相同；不同的是：他还承认中医“有见效之药”。其实，陈氏这种看法是说不通的。既有见效之药，必有可通之理，只是这个“理”与西医的“理”不一样而已。

自西学传入中国以后，中、西医之争一直不停。吴汝纶早在清末即已否定中医，可称为西医鸣锣开道的先锋。1949年以后，人民政府总结历史经验，提出了中西医结合的正确方针。由于中、西医在理论上和实践上都是自成体系的，必须对双方的医效和医理都进行深入的科学研究，而不可像吴汝纶那样采取绝对化的态度。

(五)王国维致罗振玉书论沈曾植

有的学者对另一学者的评价在公开场合很高，但在私下里却很低。王国维

---

① 罗尔纲：《师门五年记·胡适琐记》，107～108页，北京，生活·读书·新知三联书店，1995。

② 同上书，108～109页。

③ 陈寅恪：《寒柳堂集》，168页，上海，上海古籍出版社，1980。

对沈曾植的评价即是如此。

王国维在《沈乙庵先生七十寿序》中说："我朝三百年间，学术三变：国初一变也，乾、嘉一变也，道、咸以降一变也。……今者时势又剧变矣，学术之必变，盖不待言，世之言学者，辄伥伥无所归，顾莫不推嘉兴沈先生，以为亭林、东原、竹汀者俦也。先生少年固已尽通国初及乾、嘉诸家之说，中年治辽、金、元三史，治四裔地理，又为道、咸以降之学，然一秉先正成法，无或逾越。其于人心世道之污隆，政事之利病，必穷其原委，似国初诸老。其视经史为独立之学，而益探其奥窔，拓其区宇，不让乾、嘉诸先生。至于综览百家，旁及二氏，一以治经史之法治之，则又为自来学者所未及。"①

《寿序》把沈曾植捧得极高，竟把沈吹成顾亭林、戴东原、钱竹汀一流的人物，实在拟非其伦。可是，王在私下里给罗振玉的信(1916 年 5 月 17 日)中却说："乙老言及，古乐家所传《诗》与诗家所传《诗》次序不同，考之古书，其说甚是，因申其说为一文，入《乐诗考略》中。乙老学说著于竹帛者，将来或仅此篇。然此篇乃由乙老一语所启发，亦不得谓为此老之说也。"②又在 1916 年 12 月 14 日致罗振玉的信中说："乙老谈论须分别观之，时有得失。得者极精湛，而奇突者亦多出人意外。若孙仲老辈则笃守古法，无甚出入矣。"③王国维对沈曾植的学问的总评价又如何呢？他在 1917 年 10 月 21 日致罗振玉的另一函中写道："此老才疏志广，今之文举，尺牍之文，语妙天下。"④可以说是相当低的。

从以上几封王国维的信中可以看出两个问题。第一，王国维在公开的《寿序》中把沈曾植捧得极高，但在致罗振玉的私信里却又把沈贬得相当低，颇有点"两面"作风。第二，王国维是一个极其自负的人。他写《乐诗考略》，明明是受了沈的启发，可是又说"亦不得谓为此老之说也"，仍然归功于自己。《观堂集林》卷首有署名罗振玉而其实是由王国维自己代写的 序，内中有这样的话："君撰《殷卜辞中所见先公先王考》及《殷周制度论》，义据精深，方法缜密，极考证家之能事，而于周代立制之源及成王、周公所以治天下之意，言之尤为真切。自来说诸经大意，未有如此之贯串者。……君今年四十有七，百里之涂，

① 《王国维文集》(第一卷)，97 页，北京，中国文史出版社，1997。

② 《王国维全集》(第 15 卷)，137 页，杭州，浙江教育出版社，2009。

③ 同上书，253 页。

④ 同上书，350 页。

行尚未半。自兹以往，固将揖伏生、申公而与之同游，非徒比肩程、吴而已。”①可见王是多么自负。极端自负，便往往贬低别人。王国维过分从沈曾植没有著作一点来衡量沈的学问，是很不妥的。在大学者中，有极少数人惜墨如金，正式发表的著作很少。黄侃即其一例。据黄的好友胡小石追忆：“在最后晤面的一次，他和我谈及不著书而无关于学问的话，我也认为嘉兴沈子培(即沈曾植——笔者)先生，博学不著述，而与先生之成就无关。”②

(六)陈垣论学风书

在陈垣的书信集中，有许多封是论学的，兹择其中的两封，以见陈垣个人和当时的学风特点及其变化。

1933年6月24日致蔡尚思函：“抑有言者，甚么思想史、文化史等，颇空泛而弘廓，不成一专门学问。为足下自身计，欲成一专门学者，似尚需缩短战线，专精一二类或一二朝代，方足动国际而垂永远。不然，虽日书万言，可以得名，可以噉饭，终成为讲义的教科书的，三五年间即归消灭，无当于名山之业也。”③

陈垣这封信的内容值得注意，它不仅反映了陈氏个人的治学旨趣，而且代表了20世纪二三十年代史学界一种很有影响的倾向。当时的史学风尚，以尖精为贵，为此必须缩小研究范围。如果过宽，则不仅容易流于空泛，难见精义，而且可能出现“硬伤”。在盛行考据之时，如有“硬伤”，便成为话柄。因此，陈垣劝蔡尚思“缩短战线，专精一二类或一二朝代，方足动国际而垂永远”。那时的史学家大都写专题论文或范围较窄的专著，就是出于这种考虑。以下略举数例，予以说明。备受新旧史学两界推崇的王国维，他的《殷卜辞中所见先公先王考》及《续考》、《殷周制度论》、《简牍检署考》等名篇都是专题论文。清华国学研究院四大导师之一的陈寅恪，他的“别进一新解”的“发覆”之作如《天师道与滨海地域之关系》、《桃花源记旁证》等，也是单篇论文。陈寅恪到了20世纪30年代末40年代初才写了两部专著《隋唐制度渊源略论稿》和《唐代政治史述论稿》，但这时他早已名满史学界了。傅斯年在1947年中央研究院举

---

① 王国维：《观堂集林》，3～4页，石家庄，河北教育出版社，2003。

② 张晖编：《量守庐学记续编》，22页，北京，生活·读书·新知三联书店，2006。

③ 陈智超主编：《陈垣全集》(第二十三册)，174～175页，合肥，北京师范大学出版集团、安徽大学出版社，2009。

办第一届院士选举时，作为候选人之一，提出的著作为《性命古训辨证》和《夷夏东西说》。前者是一题目很窄的专著，后者是一长篇论文。再以陈垣自己为例。他的《元也里可温教考》、《开封一赐乐业教考》、《元西域人华化考》等，都是专题论文。《元西域人华化考》尤其是他的得意之作，发表后博得中外史学家的普遍好评。

当时专精一二朝代的人，也只是就一二朝代的某些方面(政治或文化或经济等)和若干专题进行研究，很少有人写一二朝代的综合性的、全面的断代史。唯吕思勉一人写了三部断代史：《先秦史》(1941 年)、《秦汉史》(1947 年)和《两晋南北朝史》(1948 年)。严耕望称吕思勉为“通贯的断代史家”，给以很高的评价。① 吕氏治学以博通周赡见长，但当时的风气重视窄而专的深入研究，故吕氏的名气远不及“二陈”。笔者 1945～1949 年读燕京、清华大学历史系时(1945～1947 年在燕京；1947～1949 年在清华)，听过课的老师有邓之诚、陈寅恪、刘崇鋐、雷海宗、齐思和、翁独健、邵循正、孙毓棠、吴晗、周一良诸位，但我没有听过他们当中任何一位提到吕思勉的著作。与此相比，1946～1947 年在燕京大学读书时，翁独健师一次在课堂上说：“陈先生(寅恪)如能来燕大，即使不上课，也是我们的光荣。”

陈垣自己的治学导向后来也发生了变化。1950 年年初他在致席啟駉(鲁思)的信中说：“九一八以前，为同学讲嘉定钱氏之学；九一八以后，世变日亟，乃改顾氏《日知录》，注意事功，以为经世之学在是矣。北京沦陷后，北方士气萎靡，乃讲全谢山之学以振之。谢山排斥降人，激发故国思想。所有《辑覆》、《佛考》、《诤记》、《道考》、《表微》等，皆此时作品，以为报国之道止此矣。所著已刊者数十万言，言道 、言僧、言史、言考据，皆托词，其实斥汉奸、斥日寇、责当政耳。”②下面举《明季滇黔佛教考》为例，略做说明。此书成于抗日战争中的 1940 年。1957 年重印此书时，他在《后记》中写道：“此书作于抗日战争时，所言虽系明季滇黔佛教之盛”，“其实所欲表彰者乃明末遗民之爱国精神、民族气节，不徒佛教史迹而已。”此书写成后，陈寅恪从昆明寄来一篇序，序里引用《世说新语》中的一个故事来比喻陈垣和他自己。“昔晋永嘉之

---

① 严耕望：《怎样学历史——严耕望的治史三书》，198 页，沈阳，辽宁教育出版社，2006。

② 陈智超主编：《陈垣全集》(第三十三册)，337 页，合肥，北京师范大学出版集团、安徽大学出版社，2009。

乱，支愍度始欲过江，与一伧道人为侣。谋曰：用旧义往江东，恐不办得食，便共立心无义。既而此道人不成渡，愍度果讲义积年。后此道人寄语愍度云：心无义那可立，治此计权救饥耳，无为遂负如来也。忆丁丑之秋，寅恪别先生于燕京，及抵长沙，而金陵瓦解。乃南驰苍梧瘴海，转徙于滇池洱海之区，亦将三岁矣。此三岁中，天下之变无穷。先生讲学著书于东北风尘之际，寅恪入城乞食于西南天地之间，南北相望，幸俱未树新义，以负如来。”①

1949 年以后，史学界风气逐渐转变，《中国通史》、《世界通史》、《中国思想史》这类的大题目不断有人编写了。总之，史学研究应宏观与微观兼顾，内容和质量是评价的最高标准，其他因素都是次要的，或可不予考虑的。

(七)胡适论当代学人书

从年青起即享大名的胡适，给当时人的一般印象是谦和有礼的，但他其实是一个很骄傲的人，常以“20 世纪中国文艺复兴之父”自居。当然，他也不是对谁都看不起。对前辈学者王国维、同辈学者汤用彤等人，他还是称赞的。但对另一些人，他却十分轻视，丧失了一个学者应有的理智判断。例如：

1950 年 5 月 29 日，胡适在致杨联升的信中说：“你评冯芝生的书，未免笔下太留情了。这种没有历史眼光的书，绝对称不上‘authoritative & comprehensive account’，更不是‘a well-balanced treatment of the important schools.’他一字不提‘颜李学派’，可见他无见识。他接受 Northrop 的胡说作纲领，更是好笑！”②胡适于 1919 年发表的《中国哲学史大纲》上卷是他的成名作。但此书并未写全，有上无下。胡氏以后也想补全，由于种种原因，主要是对中古哲学一段缺乏研究，深恐勉强写出，难免贻笑大方，故至死仍只有 1919 年的半部。冯友兰的《中国哲学史》写于 20 世纪 30 年代，颇获好评。例如，陈寅恪在《冯友兰中国哲学史上册审查报告》中说：“窃查此书，取材谨严，持论精确，允宜列入清华丛书，以贡献于学界。”③在下册《审查报告》中又说：“自刊布以来，评论赞许，以为实近年吾国思想史之有数著作，而信寅恪前言之非阿私所好。”④顾颉刚在《当代中国史学》一书中的评价是：“《中国哲学史》

① 陈寅恪：《金明馆丛稿二编》，240～241 页，上海，上海古籍出版社，1980。

② 《论学谈诗二十年——胡适杨联升往来书札》，119 页，合肥，安徽教育出版社，2001。

③ 陈寅恪：《金明馆丛稿二编》，247 页，上海，上海古籍出版社，1980。

④ 同上书，250 页。

搜材充备，考订精详，态度公允而客观，叙述亦极有条理系统，中国哲学演变的真相，读此书可明白其大概，诚为哲学史中最完善之杰作。”①胡适对这类赞扬冯著的话当然是知道的，并肯定是大不以为然的。因此，在看到杨的书评称冯的哲学史为“权威的和综合的叙述”、“对重要学派的相当均衡的处理”后，再也压不住久蓄胸中的怒气，遂把冯著贬得一无是处，想“一棍子打死”。

这封信最能暴露胡适作为学者的狂妄自大的一面。何炳棣在一次听到胡适说“陈寅恪就是记性好”这样贬低的话以后，写了一段话：“胡先生一生虽以博雅宽宏，处世‘中庸’著闻于世，但由于他深深自觉是当代学术、文化界的‘第一人’，因此他自有目空一切、粗犷不拘、恣意戏谑、大失公允的一面，而这一面是一般有关胡先生书文中较少涉及的。例如：陈寅恪就是记性好。”②这段话说得很中肯。当然，胡适有时也承认陈寅恪是有学问的，例如在 1937 年 2 月 22 日的日记中写道：“读陈寅恪先生的论文若干篇。寅恪治史学，当然是今日最渊博最有识见最能用材料的人。但他的文章实在写的不高明，标点尤赖，不足为法。”③这是胡适在理性支配下写出的话。可是，由于他内心深处常以“第一人”自矜，目无余子，便脱口而出，说了“陈寅恪就是记性好”这样的话。言外之意，他也没有什么了不起，不过是记诵之学罢了。

冯友兰也看不起胡适。据何炳棣说：“1947 年盛夏，冯先生从宾州大学过访纽约，住在哥大附近一家旅馆。我晚上去看他，长谈中提及朋友见告，杨绍震夫人许亚芬(清华第六级 1934 年毕业)在斯密丝女校(Smith College)的硕士论文的题目是‘1927 年以前胡适对中国文化界的影响’。冯先生听了，急不能待，口吃地以极纯极浓的河南腔说：‘这……这……这个题目很……很……很好，因为过了 1927，他也就没……没……没得影响啦！’”④文人相轻，自古已然，胡冯交恶，又增一例。

再如，1953 年 9 月 5 日，胡适在致杨联升的另一函中论及傅斯年《性命古训辨证》一书，内云：《性命古训辨证》一书“我今夜读一遍，颇不满意，其下篇尤‘潦草’，则自序中已言之。实则上中两篇也只够一短文。当时在战祸中，他

---

① 顾颉刚：《当代中国史学》，79 页，沈阳，辽宁教育出版社，1998。

② 何炳棣：《读史阅世六十年》，322 页，桂林，广西师范大学出版社，2005。

③ 曹伯言整理：《胡适日记全编》(6)，657 页，合肥，安徽教育出版社，2001。

④ 何炳棣：《读史阅世六十年》，190 页，桂林，广西师范大学出版社，2005。

又太忙，故此书颇不能使人满意。你以为如何？”①

胡适对《性命古训辨证》一书的评价，很值得玩味。是否这本书真的“只够一短文”，没有什么价值呢？不是的。请看其他学者的评价。哈佛大学教授华裔学者杨联升，学识渊博，甚受西方汉学界看重，胡适的信就是写给他的。他虽然早已知道胡适对傅斯年此书的看法，但在1968年7月25日一次演说中仍然说：“傅孟真先生有一本《性命古训辨证》，就是阐明历史与语言关系的好例。……他这部书前半都是分析这四个字的关系，是训诂学(Philology)上一大贡献。这个字广义是语言学，狭义是历史的语言学，大略相当于传统所设训诂之学。”②这是一个严肃学者应有的态度，不因尊重胡适而改变自己的看法。我们再看老一辈学者的评价。陈垣于1940年8月14日致长子陈乐素函中说：“即接到孟真先生撰《性命古训辨证》一部二册，内多新材料、新解释，不可不一读。”③两日后，复致陈乐素一函，再次谈到傅著：“余阅《性命古训辨证》，深知余已落伍，未知在他人觉得如何耳？”④杨树达在1941年3月6日的日记中写道：“阅傅斯年《性命古训辨证》。书颇博通，条理亦密。”⑤陈、杨二人都是卓有成就的学者，眼力高，要求严，不会轻易赞许人的。胡适否定《性命古训辨证》一书，并未举出什么理由，显然不如其他三人公允。

胡适与傅斯年的交情很深，平日对傅的学术造诣也评价很高，如说：“他是绝顶聪明人，记诵古书很熟，故能触类旁通，能从纷乱中理出头绪来。在今日治古史者，他当然无有伦比。”⑥那么，这一次为什么竟如此贬低呢？笔者以为，很可能是由于胡适自居“第一人”的老毛病又犯了。他对《性命古训辨证》只在夜间匆匆看了一遍，并未深入研究，因而认识不到这本书在内容与方法上都有创新的地方，便凭印象轻易下了结论。一些学者既有谦虚的一面，也有骄傲的一面。我们在看到他谦虚的一面时，不要忽略他还有骄傲的一面。反之，亦然。当然，这两方面孰轻孰重，是因人而异的。人们常说，看问题、看人要全面。说来容易，做到很难。

---

① 《论学谈诗二十年——胡适杨联升往来书札》，226页，合肥，安徽教育出版社，2001。

② 蒋立编：《哈佛遗墨·杨联升诗文简》，124页，北京，商务印书馆，2004。

③ 陈智超编注：《陈垣来往书信集》，1118页，北京，生活·读书·新知三联书店，2010。

④ 同上书，1118页。

⑤ 杨树达：《积微翁回忆录》，170页，上海，上海古籍出版社，1986。

⑥ 曹伯言整理：《胡适日记全编》(6)，485页，合肥，安徽教育出版社，2001。

谈小说的史料价值*

随着历史研究的深入和范围的扩大，可取用的史料也越来越多。翦伯赞说："中国文献学上的史料之丰富，正如一座无尽的矿山，其中蕴藏着不可以数计的宝物。……例如史部以外之群书上的史料，特别是历代以来文艺作品中的史料，并没有系统地发掘出来，应用于历史的说明。"①在文艺作品中，诗词歌赋、小说戏剧，都含有丰富的史料。本文专谈小说的史料价值，首先引述中外各家的论点，然后分五方面举例说明。②

恩格斯在谈到巴尔扎克的《人间喜剧》时，有一段名言："他(指巴尔扎克——笔者)在《人间喜剧》里给我们提供了一部法国'社会'，特别是巴黎'上流社会'的卓越的现实主义历史，他用编年史的方式几乎逐年地把上升的资产阶级在1816—1848年这一时期对贵族社会日甚一日的冲击描写出来，这一贵族社会是在1815年以后又重整旗鼓的，并尽力重新恢复旧日法国生活方式的标准。他描写了这个在他看来是模范社会的最后残余怎样在庸俗的、满身铜臭的暴发户的逼攻之下逐渐屈服，或者被这种暴发户所肢解……围绕着这幅中心图画，他汇集了法国社会的全部历史，我从这里，甚至在经济

* 原载《首都师范大学学报》(社会科学版)2010年第5期。

① 翦伯赞：《史料与史学》，21页，北京，北京出版社，2005。

② "小说"在中国古代文献中，原指非关大道的琐屑之言。(见《庄子·外物》、《汉书·艺文志》)魏晋南北朝时期出现了初具规模的小说作品，唐人开始有意识地创造有虚构故事情节的小说。本文所谈的小说，包括中国的和外国的，主要指以散文体形式表现的叙事性虚构文类。

细节方面(诸如革命以后动产和不动产的重新分配)所学到的东西，也要比从当时所有职业的史学家、经济学家和统计学家那里学到的全部东西还要多。”①

我国学者也认为虚构的小说能反映真实的历史。梁启超较早地注意到小说的史料价值，说：“中古及近代之小说，在作者本明告人以所纪之非事实；然善为史者，偏能于非事实中觅出事实。例如《水浒传》中‘鲁智深醉打山门’，固非事实也。然元明间犯罪之人得一度牒即可以借佛门作逋逃薮，此却为一事实。《儒林外史》中‘胡屠夫奉承新举人女婿’，固非事实也。然明清间乡曲之人一登科第，便成为社会上特别阶级，此却为一事实。此类事实，往往在他书中不能得，而于小说中得之。须知作小说者无论骋其冥想至何程度，而一涉笔叙事，总不能脱离其所处之环境，不知不觉，遂将当时社会背景写出一部分以供后世史家之取材。”②陈寅恪也肯定小说可以证史。他在《唐代政治史述论稿》中，谈到康骈《剧谈录》所记元稹见李贺之事不实时说：“剧谈录所记多所疏误，自不待论。但据此故事之造成，可推见当时社会重进士轻明经之情状，故以通性之真实言之，仍不失为珍贵之社会史料也”。③ 据他的学生石泉、李涵追忆，陈寅恪认为：“小说亦可作参考，因其虽非个性的真实，但有通性的真实。”④又据石泉追忆，陈寅恪还讲到：“有些小说中所叙之人与事，未必实有，但此类事，在当时条件下，则诚有之。……例如《水浒传》中之‘祝家庄’，有无此庄并以‘祝’为名，颇难确证，但像祝家庄这类由地主自组武装，并收纳‘庄客’之事，则在宋元时，乃是现实。……《太平广记》中记述一系列短篇小说也反映中唐至五代时社会情况。”⑤杨绛说：“明容与堂刻《水浒传》卷首《水浒一百回文字优劣》劈头说：‘世上先有《水浒传》一部，然后施耐庵、罗贯中借笔墨拈出，若夫姓某名某，不过凭空捏造，以实其事耳。’这段话把事实、故事、真实的关系，说得最醒豁。‘凭空捏造，以实其事’，就是说，虚构的故事能体现普

---

① 《马克思恩格斯选集》，中文第2版，第4卷，683～684页，北京，人民出版社，1995。

② 梁启超：《中国历史研究法》，60～61页，北京，东方出版社，1996。

③ 陈寅恪：《唐代政治史述论稿》，84页，上海，上海古籍出版社，1980。

④ 石泉、李涵：《听寅恪师唐史课笔记一则》，载《纪念陈寅恪先生诞辰百年学术论文集》，33页，北京，北京大学出版社，1989。

⑤ 石泉：《先师寅恪先生治学思路与方法之追忆(补充二则)》，载《陈寅恪与二十世纪中国学术》，157页，杭州，浙江人民出版社，2000。

通的真实。”①杨绛还引西方文论家的话：“一件虚构的事能表达普遍的真理”(*a particular fiction can lead towards a general truth*)②。

以上诸家从原则上讲清了小说能够反映历史真实，故可以作为史料使用。下面从五个方面举例具体说明小说是如何反映历史情况的。

(一)反映一个历史时期的社会全貌或一部分(道德标准、风气习惯等)

例一。法国小说家巴尔扎克在《人间喜剧》这个总标题下写了91部小说(包括已发表的和已脱稿的)，被称为“社会百科全书”。它展示了19世纪前半叶，特别是复辟王朝时期的整个法国社会。巴尔扎克在《人间喜剧·导言》中写道：“法国社会将成历史家，我不过是这位历史家的书记而已。开列恶癖与德行的清单，搜集激情的主要事实，描绘各种性格，选择社会上重要事件，结合若干相同的性格上的特点而组成典型，在这样做的时候，我也许能够写出一部史学家们忘记写的历史，即风俗史”。③ 拿破仑帝国取消后，封建王朝虽然复辟，但资产阶级的经济力量继续以不可阻挡之势向前发展，日甚一日地打击封建贵族，“上流社会”的崩溃已不可避免。金钱是当时压倒一切的力量。马克思和恩格斯在《共产党宣言》中说：“资产阶级在它已经取得了统治的地方把一切封建的、宗法的和田园诗般的关系都破坏了。它无情地斩断了把人们束缚于天然尊长的形形色色的封建羁绊，它使人和人之间除了赤裸裸的利害关系，除了冷酷无情的‘现金交易’，就再也没有任何别的联系了。它把宗教虔诚、骑士热忱、小市民伤感这些情感的神圣发作，淹没在利己主义打算的冰水之中。它把人的尊严变成了交换价值，用一种没有良心的贸易自由代替了无数特许的和自力挣得的自由。”“资产阶级撕下了罩在家庭关系上的温情脉脉的面纱，把这种关系变成了纯粹的金钱关系。”④马克思、恩格斯揭示的资本主义社会中金钱决定一切的本质，巴尔扎克在《人间喜剧》里用文学的形象表现出来。在《贝姨》这部小说里，趁法国大革命之机暴发起来的老花粉商克勒凡当他的亲家母阿特丽纳向

---

① 杨绛：《事实——故事——真实》，载《杨绛作品集》(第三卷)，155页，北京，中国社会科学出版社，1993。

② 同上书，152～153页。

③ 转引自罗大冈：《关于巴尔扎克》，载《罗大冈学术论著自选集》，361～362页，北京，北京师范学院出版社，1991。

④ 《马克思恩格斯选集》，中文第2版，第1卷，274～275页，北京，人民出版社，1995。

他借20万法郎时，他有一段妙论："呃，老妈妈，你以为巴黎能有一个人，单凭一个差不多神经错乱的女人一句话，就会当场立刻，在一口抽斗里或随便哪里抓起二十万法郎来吗？而二十万法郎又早已乖乖的恭候在那儿，但等你伸手去拿是不是？……在巴黎，除了法兰西银行殿下，除了大名鼎鼎的纽沁根，或者风魔金钱像我们风魔女人一样的守财奴，此外就没有一个人能造出这样的奇迹！哪怕是王上的私人金库，也要请你明日再跑一趟。大家都在把自己的钱周转运用，尽量的多捞几文。亲爱的天使，你真是一厢情愿了；你以为路易·腓列伯能控制这些事情吗？……他跟我们一样的知道：在大宪章之上还有那圣洁的，人人敬重的，结实的，可爱的，妩媚的，美丽的，高贵的，年轻的，全新的，五法郎一枚的洋钱！钱是要利息的，它整天都在忙着收利息。"①

巴尔扎克写了新兴资产阶级的上升地位。在《欧也妮·葛朗台》这部小说里，葛朗台这个满身铜臭的暴发户成为地方上权力的象征和众人膜拜的对象。"葛朗台的一举一动都象是钦定的，到处行得通；他的说话，衣著，姿势，瞪眼睛，都是地方上的金科玉律；大家把他仔细研究，像自然科学家要把动物的本能研究出它的作用似的，终于发现他最琐屑的动作，也有深邃而不可言传的智慧。"②在小说《纽沁根银行》中，巴尔扎克刻画了纽沁根这个心狠手辣的银行家如何用倒账清理的手段掠夺千家万户的财产，"这头金融界的巨象会把议员卖给内阁，把希腊人卖给土耳其人。"③

巴尔扎克还在长篇小说《幻灭》中，深刻揭露了资产阶级新闻出版业的唯利是图和虚伪宣传，而这是19世纪其他作家很少触及的。他借书中一个人物的口说："报纸是用说话作商品的铺子，专拣群众爱听的话向群众推销。要是有一份给驼背看的报，准会从早到晚说驼背怎么美，怎么善，怎么必要。报纸的作用不再是指导舆论，而是讨好舆论。过了相当时期，所有的报纸都要变成无耻，虚伪，下流，都要撒谎，甚至于行凶；扼杀思想，制度，人物；而且靠着这种行为一天天的发达。""为了招揽定户，不惜造出激动人心的谎话，做出逗笑的把戏，象有名的丑脚鲍贝希。办报的宁可拿自己的老子活活的开刀，作为取笑的资料，决不放过吸引群众，叫群众开心的机会"。④ 被刺痛的新闻出版

① 巴尔扎克：《贝姨》，487～488页，北京，人民文学出版社，1954。

② 巴尔扎克：《欧也妮·葛朗台》，8页，北京，人民文学出版社，1978。

③ 巴尔扎克：《纽沁根银行》，14页，南昌，百花洲文艺出版社，2004。

④ 巴尔扎克：《幻灭》，294～296页，北京，人民文学出版社，1978。

界对巴尔扎克发动攻击，此后不断对他的作品进行攻讦。

巴尔扎克的政治立场是同情贵族的，但他的现实主义的创作态度使他依然毫不留情的对这个注定要灭亡的阶级给予尖刻的嘲笑和辛辣的讽刺。在小说《古物陈列室》里，巴尔扎克生动地描绘了德·埃斯格里尼翁侯爵的根深蒂固的特权思想和门第观念。他虽已家道败落，又对经营产业一窍不通，但仍然鄙视新兴的资产阶级，拒绝他们进入他的客厅。他寄予厚望的儿子德·埃斯格里尼翁伯爵把放荡享乐视为贵族子弟的天然权利，在巴黎一年，便挥霍了够一个普通家庭生活一辈子的10万法郎，欠下20万债务，还伪造证券诈骗了30万法郎。年轻伯爵的所作所为，象征着贵族阶级的灭亡已是无可挽回了。

巴尔扎克还揭露了金钱如何把亲情剥得一干二净。在《高老头》中，高老头的两个女儿为了钱财和享乐，像挤柠檬一样把父亲榨干后就弃之不顾，最后高老头穷死在伏盖公寓的阁楼里。在《夏倍上校》中，夏倍上校的妻子为了吞没和霸占丈夫的财产，竟要置他于死地。

例二。从《莺莺传》看唐代士大夫的道德标准和社会风习。唐元稹写了一篇有名的小说《莺莺传》，又称《会真记》，传中的张生实即他自己的写照。陈寅恪在《读莺莺传》中一文中，首先释义“会真”一词。他说，会真即遇仙或游仙之意。唐代，仙(女姓的仙)之一名，多用作妖艳妇人，或风流放诞之女道士之代称，亦竟有以之目倡伎者。此传写张生对崔莺莺始乱终弃的故事，最后还有一段张生自我辩解的“忍情”说：张曰“大凡天之所命尤物也，不妖其身，必妖于人。……昔殷之辛，周之幽，据百万之国，其势甚厚。然而一女子败之。溃其众，屠其身，至今为天下僇笑。予之德不足以胜妖孽，是用忍情。”“时人多许张为善补过者。”元稹为什么敢这样公开地文过饰非呢？陈寅恪认为，从“会真”一词，可推断崔莺莺所出必非高门。“若莺莺果出高门甲族，则微之无事更婚韦氏。惟其非名家之女，舍之而别娶，乃可见谅于时人。盖唐代社会承南北朝之旧俗，通以二事评量人品之高下。此二事，一曰婚，二曰宦。凡婚而不娶名家女，与仕而不由清望官，俱为社会所不齿。……但明乎此，则微之所以作莺莺传，直叙其自身始乱终弃之事迹，绝不为之少惭，或略讳者，即职是故也。……舍弃寒女，而别婚高门，当日社会所公认之正当行为也。否则微之为极热中巧宦之人，值其初具羽毛，欲以直声升朝之际，岂肯作此贻人口实之文，广为流播，以自阻其进取之路哉？”[①]陈寅恪通过以上诠释，说明《莺莺传》反映了

① 陈寅恪：《元白诗笺证稿》，112～116页，上海，古典文学出版社，1958。

唐代士大夫的道德标准和社会风尚，评价“此传亦是贞元朝之良史料，不仅为唐代小说之杰作是也。”

类似陈文，取材笔记小说以说明一代某种风气者，还有严耕望著《唐人习业山林寺院之风尚》等文，可阅。①

例三。清末李宝嘉写的小说《官场现形记》揭露了清朝官场的贪污、腐败和种种黑暗。胡适称这部小说为“一部社会史料”②，说它“虽然有过分的描写与溢恶的形容，虽然传闻有不实不尽之处，然而就大体上论，我们不能不承认这部《官场现形记》里大部分的材料可以代表当日官场的实在情形。”③例如，第26回写贾大少爷为了准备皇上召见，事先请教几位军机大臣，结果只听到了一些模棱两可、令人摸不着头脑的话，描写十分生动。贾大少爷“看看已到了引见之期，头天赴部演礼，一切照例依注，不庸细述。这天贾大少爷起了一个半夜，坐车进城。……一直等到八点钟，才由带领引见的司官老爷把他们带了进去。不知道走到一个什么殿上，司官把袖子一摔，他们一班几个人在台阶上一溜跪下。离着上头约有二丈远，晓得坐在上头的就是当今了。……他是道班，又是明保的人员，当天就有旨叫他第二天预备召见。……贾大少爷虽是世家子弟，然而今番乃是第一遭见皇上，虽然请教过多人，究竟放心不下。当时引见了下来，先见着华中堂。华中堂是收过他一万银子古董的，见了面问长问短，甚是关切。后来贾大少爷请教他道：‘明日召见，门生的父亲是现任臬司，门生见了上头要碰头不要碰头?’华中堂没有听见上文，只听得‘碰头’二字，连连回答道：‘多碰头，少说话，是做官的秘诀。’贾大少爷连忙分辨道：‘门生说的是：上头问着门生的父亲，自然要碰头；倘若问不着，也要碰头不要碰头?’华中堂道：‘上头不问你，你千万不要多说话。应该碰头的地方又万万不要忘记不碰；就是不该碰，你多磕头总没有处分的。’一席话说得贾大少爷格外糊涂，意思还要问，中堂已起身送客了。

贾大少爷只好出来。心想：华中堂事情忙，不便烦他，不如去找黄大军机。……谁知见了面，贾大少爷把话才说完，黄大人先问：‘你见过华中堂没有？他怎么说的?’贾大少爷照述一遍。黄大人道：‘华中堂阅历深，他叫你多

① 严耕望：《严耕望史学论文选集》(上)，232～271页，北京，中华书局，2006。

② 胡适：《官场现形记序》，载《中国章回小说考证》，439页，上海，上海书店，1980。

③ 同上书，441页。

碰头，少说话，老成人之见，这是一点不错的。'两句话亦没有说出个道理。

贾大少爷无法，只得又去找徐大军机。这位徐大人上了年纪，两耳重听；就是有时候听得两句也装作不知。他平生最讲究养心之学，有两个诀窍：一个是不动心；一个是不操心。……后来他这个诀窍被同寅中都看穿了，大家就送他一个外号，叫他做'琉璃蛋'。他到此更乐得不管闲事。……

这日贾大少爷因为明天召见不懂规矩，虽然请教过华中堂、黄大军机，都说不出一个实在，只得又去求教他。见面之后，寒暄了两句，便提到此事。徐大人道：'本来多碰头是顶好的事；就是不碰头也使得。你还是应得碰头的时候你碰头；不应得碰头的时候，还是不必碰的为妙。'贾大少爷又把华、黄二位的话述了一遍。徐大人道：'他两位说的话都不错，你便照他二位的话看事行事最妥。'说了半天，仍旧说不出一毫道理。又只得退了下来。

后来一直找到一位小军机……才把仪注说清。第二天召见上去，居然没有出岔子。"①

小说中徐大军机的原形可能是王文韶。王文韶是清末扬历中外的大官，为人有名圆滑。何刚德在其笔记《春明梦录》中说："王文勤（文韶谥）人极园通，人以琉璃球目之。"②龙顾山人《庚子诗鉴》亦谓"王文勤再入枢府。遇事但持大体，时有琉璃球之目。"③

鲁迅把《官场现形记》归入清末谴责小说一类，认为其"度量技术"远不如讽刺小说《儒林外史》，"殊不足望文木老人后尘"。④ 不过，《官场现形记》对于了解晚清的官场政治与社会仍具有相当的史料价值。

（二）典型环境中的典型人物

例一。吴敬梓著《儒林外史》，刻画了范进这样一个通过科举考试向上爬的典型人物。中国明清两朝实行以八股取士的科举制度。封建统治者推行八股制义，把读书和升官发财直接联系起来，因此读书人醉心举业，认为"人生世上，除了这事，就没有第二件可以出头"。书中写范进从考中秀才到考中举人这一过程最为精彩，淋漓尽致地揭露了科举制度对人心的腐蚀和世态炎凉。范进以

① 李宝嘉：《官场现形记》（上），423～425页，北京，人民文学出版社，1978。

② 何刚德：《春明梦录·客座偶谈》，28页，上海，上海古籍书店，1983。何刚德为光绪进士，曾任京曹十多年，后出任江西建昌和江苏苏州等知府。

③ 载《中和月刊》第二卷第一期，1941年1月1日。

④ 鲁迅：《中国小说史略》，231～233页，北京，东方出版社，1996。

童生资格去考秀才，从20岁起应考了二十多次，到54岁还在应考，终于考中。以后又考中举人，得知中举后因狂喜而一度中风。范进中秀才前无人理睬，连他岳父胡屠夫也鄙视他，中秀才后胡屠夫对他稍稍改变了一点态度，但仍是看不起他。可范进一旦中举，胡屠夫便说他女婿是“天上的星宿”，尊称他“贤婿老爷”。范进中举前，穷得抱着鸡到集市上去卖，乡试中试后立即暴发。“果然有许多人来奉承他：有送田产的，有人送店房的，还有那些破落户，两口子来投身为仆图荫庇的。到两三个月，范进家奴仆、丫鬟都有了，钱、米是不消说了。”通过科考，能猎取富贵，故“举业”被读书人视为神圣。《儒林外史》通过选家马纯上之口说：“举业二字，是从古及今人人必要做的。就如孔子生在春秋时候，那时用‘言扬行举’做官，故孔子只讲得个‘言寡尤，行寡悔，禄在其中’，这便是孔子的举业。讲到战国时，以游说做官，所以孟子历说齐梁，这便是孟子的举业。到汉朝用‘贤良方正’开科，所以公孙弘、董仲舒举贤良方正，这便是汉人的举业。到唐朝用诗赋取士，他们若讲孔孟的话，就没有官做了，所以唐人都会做几句诗，这便是唐人的举业。到宋朝又好了，都用的是些理学的人做官，所以程、朱就讲理学，这便是宋人的举业。到本朝用文章取士，这是极好的法则。就是夫子在而今，也要念文章、做举业，断不讲那‘言寡尤，行寡悔’的话。何也？就日日讲究‘言寡尤，行寡悔’，哪个给你官做？孔子的道也就不行了。”①鲁迅说：“其议论，则不特尽揭当时对于学问之见解，且洞见所谓儒者之心肝者也。”《儒林外史》典型地再现了明清封建社会士子追求功名富贵的生活真实，鲁迅给予高度的评价：“秉持公心，指擿时弊，机锋所向，尤在士林；其文又戚而能谐，婉而多讽，于是说部中乃始有足称讽刺之书。”②

例二。巴尔扎克著《欧也妮·葛朗台》，刻画了葛朗台这样一个资产阶级守财奴的典型。

1789年法国革命爆发时，葛朗台是一个富裕的箍桶匠。后来共和政府在索漠地区标卖教会财产，他靠贿赂标卖监督官以廉价买到了区里最好的葡萄园、一座老修道院和几块分种田。一度还当过索漠区区长。葛朗台精于敛财，“投机事业从没失败过一次，酒桶的市价比酒还贵的时候，他老是有酒桶出卖，他能够把酒藏起来，等每桶涨到两百法郎才抛出去，一般小地主却早已在一百

① 吴敬梓：《儒林外史》，47、167～168页，北京，人民文学出版社，1977。

② 鲁迅：《中国小说史略》，175～177页，北京，东方出版社，1996。

法郎的时候脱手了。”“那有名的1811年的收成，他乖乖的囤在家里，一点一滴的慢慢卖出去，挣了二十四万多法郎。”①装聋作哑，是他做生意的一种狡诈手段。用来叫敌手不耐烦，逼对方老是猜他要说什么，而忘掉了自己的观点。他虽是地方的首富(死后留下2700万法郎的巨额财产)，但异常吝啬。给他妻子的费用，每次从不超过6法郎。每天早上他要亲自分发面包和食物。每年十一月初一才允许他的妻子和独生女儿欧也妮搬到壁炉旁边取暖过冬，到三月三十一日就要熄掉，不管春寒也不管早秋的凉意。他只认得金钱，把亲情剥得一干二净。他的弟弟因破产而自杀，把儿子查理打发到他家。老葛朗台告诉查理他父亲自杀时，是这样说的：“他把你的家败光了，你一个钱也没有了。”查理闻噩耗而痛哭，葛朗台竟说：“可是这孩子没出息，把死人看得比钱还重。”②欧也妮把价值6000法郎的各式各样的金币(这是她父亲历年送给她的礼物，但绝对不许动用)赠给了她的堂弟，老葛朗台发现后暴跳如雷，把他女儿关在房里，罚她只许吃冷水和面包。书中写葛朗台临终前的一幕极为精彩。“末了，终于到了弥留时期，那几日老头儿结实的身子进入了毁灭的阶段。他要坐在火炉旁边，密室之前。他把身上的被一齐拉紧，裹紧，嘴里对拿侬(唯一女仆的名字——笔者)说着：‘裹紧，裹紧，别给人家偷了我的东西。’他所有的生命力都退守在眼睛里了，他能够睁开眼睛的时候，立刻转到满屋财宝的密室门上。‘在那里吗？在那里吗？’问话的声音显出他惊慌得厉害。‘在那里呢，父亲。’‘你看住金子！……拿来放在我面前！’欧也妮把金路易铺在桌上，他几小时的用眼睛盯着，好像一个才知道观看的孩子呆望着同一件东西；也像孩子一般，他露出一点儿很吃力的笑意。有时他说一句：‘这样好教我心里暖和！’脸上的表情仿佛进了极乐世界。”在本区教士给他做临终法事的时候，“神甫把镀金的十字架送到他唇边，给他亲吻基督的圣像，他却作了一个骇人的姿势想把十字架抓在手里，这一下最后的努力送了他的命。他唤着欧也妮，欧也妮跪在前面，流着泪吻着他已经冰冷的手，可是他看不见。‘父亲，祝福我啊。’‘把一切照顾得好好的！到那边来向我交账！’这最后一句证明基督教应该是守财奴的宗教。”③

(三) 折射出真实的历史事件

例一。从《续玄怪录》看唐宪宗被弑事。陈寅恪在《顺宗实录与续玄怪录》一

① 巴尔扎克：《欧也妮·葛朗台》，7页，北京，人民文学出版社，1978。

② 同上书，72页。

③ 同上书，160～161页。

文中，指出永贞内禅和宪宗被弑是晚唐的两大事变，是阉党之深讳大忌，故韩愈撰写的《顺宗实录》对此不敢不有所避讳。幸赖有李复言的《续玄怪录》，才能窥知宪宗被弑的真相。陈文在引征了《续玄怪录》“辛公平上仙”条后，写道：“复言假道家‘兵解’之词，以纪宪宗被弑之实，诚可谓‘微而显，志而晦，婉而成章’者矣(此语见杜预春秋左氏经传集解序)。唐代自中叶以后，凡值新故君主替嬗之际，宫禁之中，几例有剧变，而阉宦实为此剧变之主动者。外廷之士大夫，则是宫禁之中阉宦党派斗争时及决胜后可怜之附属物与牺牲品耳！有唐一代之政治史中，此点关系至钜，特宫禁事秘，外间本不易知，而阉人复深忌甚讳，不欲外廷有所得闻。宪宗为中兴之英主，其声望更不同于他君，故元和一代，其君主与阉人始终之关系，后来之宦官尤欲隐秘之，以免其族类为士大夫众矢之的也。”“然则永贞内禅及宪宗被弑之二大事变，即元和一代，其君主与宦官始终之关系，实为穆宗以后阉党之深讳大忌，故凡记载之涉及者，务思芟夷改易，绝其迹象。李书此条实乃关于此事变幸存之史料，岂得以其为小说家言，而忽视之耶？”①

卞孝萱在《控诉唐顺宗被弑的〈辛公平上仙〉》一文中，也承认“小说《辛公平上仙》影射一位皇帝被弑，这是没有疑问的。”但卞孝萱认为被弑的是唐顺宗，而非唐宪宗。②

例二。从《桃花源记》看十六国时的坞壁。《桃花源记》是一篇脍炙人口的短篇小说，寓言的性质十分明显。但陈寅恪认为，《桃花源记》既是寓意之文，也是纪实之文。其寓意之文，古今所知；故专就纪实一点立说，别拟新解，成《桃花源记旁证》一文。③ 陈寅恪在文中说：西晋末年戎狄盗贼并起，中原避难之人民或远离本土迁至他乡，“其不能远离本土迁至他乡者，则大抵纠合宗族乡党，屯聚堡坞，据险自守，以避戎狄寇盗之难。”当时有许多堡坞，虽亦有在平地者，但多在“山势险峻之区人迹难通之地”，因“非此不足以阻胡马之陵轶，盗贼之寇抄也。凡聚众据险者因欲久支岁月及给养能自足之故，必择险阻而又可以耕种及有水泉之地，其具备此二者之地必为山顶平原，及溪涧水源之地。此又自然之理也。”陈寅恪还认为：“真实之桃花源在北方之弘农，或上洛，而不在南方之武陵。”“真实之桃花源居人先世所避之秦乃苻秦，而非嬴秦。”总之，

① 陈寅恪：《金明馆丛稿二编》，75、80～81页，上海，上海古籍出版社，1980。

② 卞孝萱：《唐人小说与政治》，247～258页，福州，鹭江出版社，2005。

③ 陈寅恪：《金明馆丛稿初编》，168～179页，上海，上海古籍出版社，1980。

陈氏“钩索旧籍，取当日时事及年月地理之记载”，说明《桃花源记》这篇小说反映的是“十六国”时期北方人民屯聚坞堡、据险自守的历史情况。唐长孺认为，“陈先生所论，在说明当时常见的避难入山之事，与《桃花源记》所述有关的一方面，观察非常敏锐。”①但唐长孺以为，《桃花源记》所述故事，是根据武陵蛮族的传说；陶渊明所说的“乱”是指繁重的赋役压迫。唐长孺对《桃花源记》所反映的具体历史情况的解释，与陈寅恪有所不同，但也认为《桃花源记》有纪实的成分。此外，严耕望撰有《中古时代之仇池山》一文，亦论及坞堡城守之事，可参看。②

例三。《聊斋志异》记清兵在山东的屠杀。《聊斋志异》是一部小说，内容多半谈鬼狐故事，但其中也有一些条假借谈鬼说狐，反映了清兵入关后在山东屠杀人民的历史事实。牟润孙在《〈聊斋志异〉所记清兵在山东的屠杀》一文中，据1962年中华书局的会校会注会评本，指出“鬼隶”、“公孙九娘”、“鬼哭”三条反映了清兵在济南、栖霞、莱阳、淄川等地的大规模屠杀人民。③ 原文论证甚详，这里不再赘述。

(四) 觇人情而征人心

钱钟书说：“司马光《传家集》卷六三《答范梦得》谓‘实录正史未必皆可据，野史小说未必皆无凭’，故其撰《通鉴》，采及‘野史小说’。夫稗史小说、野语街谈，即未可凭以考信人事，亦每足据以觇人情而征人心，又光未申之也义。”④

例一。清夏敬渠著《野叟曝言》。书中的主角文白，字素臣，“文功武烈，并萃一身，天子崇礼，号曰‘素父’”。鲁迅说：“凡人臣荣显之事，为士人意想所能及者，此书几毕载矣，唯尚不敢希帝王。”“可知衒学寄慨，实其主因，圣而尊荣，则为抱负……意既夸诞，文复无味，殊不足以称艺文，但欲知当时所谓‘理学家’之心理，则于中颇可考见。”⑤

例二。《聊斋志异》对秀才入闱心态的生动描写。《聊斋志异》“王子安”条，

---

① 唐长孺：《读〈桃花源记旁证〉质疑》，载《魏晋南北朝史论丛稿》(外一种)，622～635页，石家庄，河北教育出版社，2000。

② 严耕望：《严耕望史学论文选集》(上)，122～131页，北京，中华书局，2006。

③ 牟润孙：《注史斋丛稿》(增订本)(下)，553～561页，北京，中华书局，2009。

④ 钱钟书：《管锥编》(第一册)，271页，北京，中华书局，1996。

⑤ 鲁迅：《中国小说史略》，196～197页，北京，东方出版社，1996。

写一个困于场屋的东昌名士王子安。他入闱后，期望甚切。“近放榜时，痛饮大醉，归卧内室。”醉后，狐扮报人和长班来戏弄他，而他以为真的中了进士，点了翰林。这一条的“七似”，堪称刻画秀才入闱心态变化的经典之作。“秀才入闱，有七似焉：初入时，白足提篮，似丐。唱名时，官呵隶骂，似囚。其归号舍也，孔孔伸头，房房露脚，似秋末之冷蜂。其出场也，神情惝恍，天地异色，似出笼之病鸟。迨望报也，草木皆惊，梦想亦幻。时作一得志想，则顷刻而楼阁俱成；作一失志想，则瞬息而骸骨已朽。此际行坐难安，则似被縶之猱。忽然而飞骑传人，报条无我，此时神色猝变，嗒然若死，则似饵毒之蝇，弄之亦不觉也。初失志，心灰意败，大骂司衡无目，笔墨无灵，势必举案头物而尽炬之；炬之不已，而碎踏之；踏之不已，而投之浊流。从此披发入山，面向石壁，再有以且夫、尝谓之文进我者，定当操戈逐之。无何，日渐远，气渐平，技又渐痒；遂似破卵之鸠，只得衔木营巢，从新另抱矣。”①蒲松龄久困场屋，一生没有考中举人，到71岁才援例成为贡生。没有多次应考失败的惨痛经历，是写不出这“七似”的。

例三。文康著《儿女英雄传》中关于安公子中举以后他父亲、母亲、岳母以及他本人的表现的描写，生动地反映了科举时代人们崇拜科举功名的心理。小说第三十五回写安老爷看了报单，得知儿子中举后，“乐得说了一句：‘谢天谢地！不料我安学海今日竟盼到我的儿子中了！’手里拿着那张报单，回头就往屋里跑。这个当见，太太早同着两个媳妇也赶出当院子来了，太太手里还拿着根烟袋。老爷见太太赶出来，便凑到太太面前道：‘太太，你看这小子，他中也罢了，亏得怎么还会中的这样高！太太，你且看这个报单。’太太乐得双手来接，那双手却攥着根烟袋，一个忘了神，便递给老爷；妙在老爷也乐得忘了神，就接过那根烟袋去，一时连太太本是个认得字的也忘了，便拿着那根烟袋，指着报单的字，一长一短念给太太听。”那时候的安公子本身又是一种什么情况呢？“这个当儿，只不见了安公子。你道他那里去了？原来他自从听得‘大爷高中了’一句话，怔了半天，一个人儿站在屋里旮旯儿里，脸是漆青，手是冰凉，心是乱跳，两泪直流的在那里哭呢！”安公子的丈母娘张氏则一个人爬上魁星楼去了。原来她“听得人讲究魁星是管念书赶考的人中不中的，他为女婿，初一十五必来，望着楼磕个头，……今日在舅太太屋里听得姑爷果然中了，便

① 蒲松龄：《聊斋志异》(下)，530页，上海，上海古籍出版社，1979。

如飞从西过道儿里一直奔到这里来，……要当面叩谢魁星的保佑。”①文康与《儒林外史》的作者吴敬梓不同，他不是讽刺科举，而是歌诵科举。正如胡适所说：“《儿女英雄传》不是一部讽刺小说；但这书中有许多描写社会习惯的部分，在当日虽不是有意的讽刺，在今日看来却很像是作者有意刻画形容，给后人留下不少的社会史料。”“文康极力赞颂科举，而我们读了只觉得科举流毒的格外可怕；他诚心诚意地描写科第的可歆羡，而我们在今日读了只觉得他给我们留下了一大篇科举制度之下崇拜富贵利禄的心理的绝好供状。所以我们说《儿女英雄传》的作者自己正是《儒林外史》要刻画形容的人物，而《儿女英雄传》的大部分真可叫做一部不自觉的《儒林外史》。”②

(五) 提供具体细节

小说能提供许多“正史”中没有的细节，对于深入了解历史，特别是社会经济史，是十分有用的。

例一。巴尔扎克在《人间喜剧》中十分重视写“物”。他在《人间喜剧·导言》中说：“我将要写的作品应当有包括三个方面的形式：男人、女人和‘物’，这就是说，人物和他们思想的物质表现，总之是人和生活。”③这里所谓“物”，是指生活的物质条件，包括财产、房屋、家具、器皿以及衣服，等等。但巴尔扎克并非单纯地写“物”，而是描写“物”与写人密切地联系在一起，用“物”来衬托人，使人物的形象更饱满和生动。“人和生活”，这几个字精辟地说明了人和物的关系。在《古物陈列室》这部小说里，有一段描写德·埃斯格里尼翁公馆的精彩文字。这座房子原属德·埃斯格里尼翁侯爵所有，法国大革命时期易主，拿破仑执政时期，侯爵买回了这所旧宅，此后它便被人们半嘲讽半正经地称作德·埃斯格里尼翁公馆。侯爵是一个老贵族，革命后幸存下来，但已家道没落。小说是这样描写这所公馆的。客厅的“天花板由一道道栗木椽构成，椽子之间的空隙饰有花叶图案。这个宏伟的天花板的所有外角都镀过金，可是金色已经暗淡得看不清楚了。墙上挂着弗朗德勒挂毯，挂毯上织着由六幅画组成的《所罗门的审判》……侯爵早在客厅里铺上了地板。在1793年和1795年间拍卖

---

① 文康：《儿女英雄传》，575～580页，上海，上海古籍出版社，2001。

② 胡适：《儿女英雄传》，载《中国章回小说考证》，468～472页，上海，上海书店，1980。

③ 转引自罗大冈：《关于巴尔扎克》，载《罗大冈学术论著自选集》，363页，北京，北京师范学院出版社，1991。

古堡的剩余物资时，公证人谢内尔(按原为侯爵家的总管，始终忠于旧主——笔者)买下了几张路易十四时代流行的螺形脚靠壁桌，一件有绣花装饰的家具，一些桌子，挂钟，生火的用具，大烛台，等等，于是巧妙地凑齐了这个其大无比的客厅的装饰。”小说接着写客厅里的人物。“在过去时代陈旧的雕梁画栋和金碧辉煌下面，蠕动着八个或者十个老寡妇，她们有的脑袋不住摇晃，有的干瘪乌黑得像木乃伊；这几个关节僵硬，那几个弯腰驼背；她们全体都披戴着同流行样式相反的怪服装；头发扑着粉，卷成发卷，头上的无边帽外加一条帽带，花边已经变成褐色。”“这个客厅的男人们像用旧的挂毯那样褪了颜色和暗淡无光，他们的生活很不安定；可是他们的服饰很接近当时流行的样式，只可惜他们的白发，他们憔悴的面孔，白蜡似的脸色，饱经忧患的前额，暗淡无神的眼睛，使他们同那些老寡妇们很相像，从而破坏了他们的现代化服饰所产生的效果。”①小说用客厅的陈旧摆设，衬托出一群男女没落贵族荣华不再的凄凉晚景，物与人浑然一体，堪称刻画入微的佳作。

例二。《金瓶梅》描写世情，详尽逼真。《金瓶梅》约在明代隆庆至万历年间成书，写的是宋朝的人物和故事，实际上反映了明代中叶以来的社会状况。这部小说不仅为我们提供了当时衣、食、住、行等日常生活的细节，还刻画了西门庆这样一个兼有富商、恶霸和官僚三重身份的封建社会恶势力的代表人物。从小说中，我们可以看到西门庆如何通过偷税漏税、放高利贷、作官受贿种种手段聚敛了巨额财富。第49回写西门庆得到盐引后，通过交结巡盐御史，比别的商人早早支出食盐，获得暴利的情节，绘声绘色描画出官商勾结的黑幕交易。鲁迅说：“作者之于世情，盖诚极洞达，凡所形容，或条畅，或曲折，或刻露而尽相，或幽伏而含讥，或一时并写两面，使之相形，变幻之情，随在显见，同时说部，无以上之。”②

《金瓶梅》一百回的版本有两个系统：一是《金瓶梅词话》系统；一是《原本金瓶梅》系统。《词话》提供的细节更多，《原本》把它们删掉了许多。施蛰存在为《中国文学珍本》丛书之《金瓶梅词话》所写的跋中说：“然则《金瓶梅词话》好在何处？曰：好在文笔细腻，凡说话行事，一切微小关节，《词话》比旧本均为详尽逼真。旧本(按指《原本》这个系统——笔者)未尝不好，只是与《词话》一比，便觉得处处都是粗枝大叶，抵不过《词话》之雕镂入骨也。所有人情礼俗，

---

① 巴尔扎克：《古物陈列室》，12～14页，北京，人民文学出版社，2008。

② 鲁迅：《中国小说史略》，142页，北京，东方出版社，1996。

方言小唱，《词话》所载，处处都活现出一个明朝末年浇漓衰落的社会来。……故以人情小说看《金瓶梅》，宜看此词话本。”①

例三。中国封建时代丈夫可以休妻，“休书”的具体内容和格式究竟如何，小说《今古奇观》第二十三卷《蒋兴哥重会珍珠衫》提供了一个具体例子。此卷写襄阳府商人蒋德(小字兴哥)赴广东经商时，其妻王三巧儿与来襄阳经商的陈商发生了婚外情。蒋德还家发现后，遂蒋王氏休掉，并立下休书，内容作：“立休书人蒋德，系襄阳府枣阳县人，从幼凭媒聘定王氏为妻。岂期过门之后，本妇多有过失，正合七出之条。因念夫妻之情，不忍明言，情愿退还本宗，听凭改嫁，并无异言。休书是实。成化二年月日手掌为记。”②

例四。《聊斋志异·颠道人》写殷生着猪皮靴，骑扁仗，戏弄周生事，反映了明代功令所规定的教坊妓者之夫的所服所乘。文中写道：“予乡殷生文屏，毕司农之妹夫也，为人玩世不恭。章邱有周生者，以寒贱起家，出必驾肩而行，亦与司农有瓜葛之旧。值太夫人寿，殷料其必来，先候于道，著猪皮靴，公服持手本。俟周至，鞠躬道左，唱曰：‘淄川生员，按章邱生员。’周惭，下舆略致数语而别。少间，同聚于司农之家，冠裳满座，视其服色，无不窃笑；殷傲睨自若。即而筵终出门，各命舆马。殷亦大声呼：‘殷老爷独龙车何在？’有二健仆，横扁仗于前，腾身跨之。致声拜谢，飞驶而去。”③

孟森在《跋聊斋志异·颠道人》一文中说：“殷生着猪皮靴，骑扁仗，少时读之，但觉其奇，不辨是何舆服？后始知明代功令，教坊妓者之夫，所服所乘，定制如此。《聊斋》去明未远，当时言此，必人人知为妓夫仪式，故绝不复加诠释。今则仅知绿头巾者为龟奴，犹于流俗口中存教坊贱者之体制。猪皮靴及独龙车，则世所罕知者矣。”④孟文引倪鸿(清道咸间人)撰《桐阴清话》中《教坊规条碑》一则云：“秦淮旧院《教坊规条碑》，余尝见其拓本，略云：‘入教坊者准为官妓……官妓之夫，绿巾绿带，着猪皮靴，出行路侧，至路心被挞勿论。老病不准乘舆马，跨一木，令二人肩之。’”由是可知，猪皮靴、独龙车乃明代功令所定教坊妓夫之所服与所乘。孟森(1869～1938年)少时读《聊斋》但觉其奇，已不知是何舆服。及长，读《桐阴清话》等书，始知其详，然后得解何

① 朱一玄编：《金瓶梅资料汇编》，162页，天津，南开大学出版社，2002。

② 抱瓮老人辑：《今古奇观》，417页，北京，人民文学出版社，2007。

③ 蒲松龄：《聊斋志异》(下)，411页，上海，上海古籍出版社，1979。

④ 孟森：《心史丛刊》，237～239页，北京，中华书局，2006。

以殷生以此怪舆服戏弄周生。此例说明，小说中所描写的一些具体细节，反映了历史上确实存在的事物以及与之相关的社会制度，可供读史者参考。

总之，历史学家经过精心分析，可以从小说中发掘有用的史料。但使用从小说中发现的史料时，应参照其他方面提供的史料，才能得出比较正确的结论。

“合之则两美，离之则两伤”*
——试论当代人写当代史与后代人写前代史

我们学会的研究对象是世界现代史即20世纪的历史。距今半个世纪以前，我国各大学都没有现代史(包括中国和外国现代史)的课程，也没有教师从事现代史的研究。当时的风气是“竞言古史”，人们不把现代史看作一门学问。今天，情况已经发生了根本变化，但仍有人轻视现代史，觉得它的“史”的味道不浓；或视现代史研究为畏途，认为难以把握。我从解放初期开始教世界现代史，经历了这门学科在我国从无到有到发展的全过程，既有个人的体会，也比较熟悉史学界同行的某些看法，因此想谈一谈当代人写当代史的问题。为了对比，必然要涉及后代人写前代史的问题。现在把两个问题合在一起，试做一些初步的分析。

20世纪是一个伟大的世纪，人类在这100年中创造的物质和精神财富超过了以往任何一个时代。但20世纪也是一个灾难频仍、特别是发生了给人类带来浩劫的两次世界大战的世纪。总结20世纪的历史经验教训，对于生活在21世纪以及其后若干世纪的人们将具有十分重大的意义。

研究20世纪历史的重要性，大概已成为人们的共识，但研究当代史确实有其特殊的困难。第一，作为研究基础的材料不易搜集齐备。恩格斯说：“在判断当前发生的各个事件和一系列事件时，人们总是不能追溯到最终的经济原因。……对于某一个时期的经济

---

* 原载《史学理论研究》2001年第2期。

本文根据作者为2000年中国世界现代史第6届年会论文集所写的序言修改而成。

史的清晰的概观，决不能在当时就得到，而只有在事后，即在搜集和整理了材料之后才能得到。在这里，统计是必要的辅助手段，而统计总是落在事件之后。"他接着说："不言而喻，这种对经济状况（这是所要研究的一切过程的真正基础）中同时发生的种种变化的难免的忽略，必然是产生错误的根源"。① 除了恩格斯上面所说的情况以外，还有档案保密原因所造成的搜集材料的困难。当今世界各国档案保密的期限一般定为 30 年，因此当代史研究者通常不可能看到最近 30 年的档案材料。

第二，撰写当代史不可避免地要涉及作者个人的家世、团体、党派、民族、国家等，易动感情而往往难以保持客观态度。例如，梁启超自称："吾二十年前所著《戊戌政变记》，后之作清史者记戊戌事，谁不认为可贵之史料？然谓所记悉为信史，吾已不敢自承。何则？感情作用所支配，不免将真迹放大也"。② 陈寅恪先生在《读吴其昌撰〈梁启超传〉书后》中也有同感，说："此记先生作于情感愤激之时，所言不尽实录"。③ 再举一例。史学界都知道，陈先生是研究魏晋南北朝、隋唐史的专家，其实他对清史也很感兴趣，不过在晚年以前几乎没有发表过有关清史的论文。④ 1944 年冬，他对他的学生石泉（原名刘适）说："其实我对晚清历史一直是很注意的，不过我自己不能做这方面的研究，认真作，就容易动感情，那样，看问题就不客观了，所以我不作"。⑤ 直到晚年，陈先生才以口授方式，由他人笔录，成《寒柳堂记梦未定稿》一文，⑥ 可惜在"文革"中又复散佚，今仅存残篇，难以充分看出他个人的情感在叙述晚清历史时究竟起了多大的作用。

第三，对有些事件的意义和影响，对有些人物的作用，在当时未必看得清楚，而在若干年以后反倒比当时看得更清楚，评价得更恰当。这一点恰恰是后代人写前代史的有利条件，我们在下文将详细说明。

---

① 《马克思恩格斯选集》，中文第 2 版，第 4 卷，506～507 页，北京，人民出版社，1995。

② 梁启超：《中国历史研究法》，110 页，北京，东方出版社，1996。

③ 陈寅恪：《寒柳堂集》，148 页，上海，上海古籍出版社，1980。

④ 上文及《俞曲园先生病中呓语跋》、《王静安先生遗书序》、《王观堂先生挽词并序》等诗文，虽涉及晚清历史，但非专门研究清史的论文。

⑤ 石泉：《甲午战争前后之晚清政局》，自序，北京，生活·读书·新知三联书店，1997。

⑥ 陈寅恪：《寒柳堂集》，163～182 页，上海，上海古籍出版社，1980。

第四，当代人写当代史，由于政治及其他种种原因，有时不得不用曲笔，而不肯或不敢直书。另一方面，由于逢迎某人，又多溢美之词。例如，魏收仕于齐朝，故所撰《魏书》，凡涉及高欢之事，都曲为回护，不无溢美①。《联共(布)党史简明教程》在叙述十月革命的历史时，极力夸大斯大林的功绩，而只字不提托洛茨基的作用，相反甚至说他“在彼得格勒苏维埃会议上夸大吹牛，向敌人泄露了起义的日期”。罗曼·罗兰对于他的《莫斯科日记》，要求“在自1935年10月1日起的50年期限满期以前，不能发表”。类似情况，还有很多。因此，不少人认为写当代史，忌讳太多，难以下笔，还是留给后人去作为宜。

当代人撰写当代史，既有不利的一面，也有有利的一面。当代人对于自己生活于其中的时代的各个方面，诸如时代气氛，风俗习惯，社会心理，政治、经济、法律等制度的实际操作和运转等，有亲身的体会、直接的感性认识，因此当代人写的当代史在这些方面是生动、具体而又准确的。例如宋人孟元老于南渡后，追忆昔年盛况，不胜感慨，写成《东京梦华录》一书。这部书详细记载了北宋都城的物质生活和文化生活状况，是研究北宋社会风俗史、经济史和文化史的良史料，绝非后世作者所能写出的。

当代人写的当代史，其中能体现时代精神的尤有价值，它们是后世著作所不能取代的。马克思所著《1848年至1850年的法兰西阶级斗争》、《路易·波拿巴的雾月十八日》、《法兰西内战》，都是当代史的杰作。从奴隶社会起到马克思生存的时代，阶级斗争的变化已经出现了新的特点，即“阶级对立简单化了。整个社会日益分裂为两大敌对的阵营，分裂为两大相互直接对立的阶级：资产阶级和无产阶级”。② 上述他的三部著作都突出地写出了资产阶级时代的阶级斗争的这种特点。他认为1848年6月巴黎工人的起义是“分裂现代社会的两个阶级之间的第一次大规模的战斗。这是为资产阶级制度的存亡而进行的斗争。蒙在共和国头上的面纱被撕破了”。③ 在《路易·波拿巴的雾月十八日》一书中，他证明了“法国阶级斗争怎样造成了一种局势和条件，使得一个平庸而

---

① 参见周一良：《魏收之史学》，载《魏晋南北朝史论集》，北京，中华书局，1963。

② 《马克思恩格斯选集》，中文第2版，第1卷，273页，北京，人民出版社，1995。

③ 同上书，398页。

可笑的人物有可能扮演了英雄的角色”。① 对于巴黎公社，他深入本质地指出了，“公社的真正秘密就在于：它实质上是工人阶级的政府”。②

我国古代杰出的史学家司马迁对于他生存的时代也有深刻的认识。汉武帝是一位拥有雄才大略的君主，在位时文治武功都有可观，使西汉达到极盛。但他也是一位好大喜功、滥用民力的君主。司马迁敏锐地看出了西汉王朝盛极而衰的趋势，在《平准书》中写道：“当此之时，网疏而民富，役财骄溢，或至兼并豪党之徒，以武断于乡曲。宗室有士公卿大夫以下，争于奢侈，室庐舆服潜于上，无限度，物盛而衰，固其变也。”

总之，当代人应当多写一些当代的事。当代人对于当代事，往往“常事不书”。吕思勉说：“凡著书皆以供当时人之观览，并时之情形，自为其时之人所共晓，无待更加说述，故其所记者，大抵特异之事而已，所谓常事不书也。然大化之迁流，转瞬而即非其故，前一时代之情形，恒为后一时代之人所不悉”。③ “常事不书”造成的结果，则如钱钟书所说：“过去习常‘不必记’之琐屑辄成后来掌故‘不可缺’之珍秘”；“举世众所周知，可归省略；则同时著述亦必类其默尔而息，及乎物换星移，文献遂难征矣。”④因此，当代人还是应当多记一些当代事，即便是“常事”，以便后代人对前代事多几分了解。

今天，大量的史学著作都属于后代人写前代史的范畴。撰写这类著作的有利条件是：

第一，后人能看到前人看不到的解密档案，并能有更充裕的时间去广泛搜集和整理材料，从而使立论更为扎实、可靠。但是，也必须注意到：前人能看到的材料有许多未能流传下来，是后人看不到的。

第二，后人对前代的人和事，因不直接涉及利害关系，一般能采取比较冷静、客观的态度来对待。例如，十字军东征这件事，在当时怀着狂热的宗教感情的基督教徒来看，确实是为了从穆斯林手中“解放主的坟墓”。但今天我们看得很清楚，十字军东征实质上是罗马教廷、西欧封建主和城市富商向地中海东

---

① 《马克思恩格斯选集》，中文第 2 版，第 1 卷，580 页，北京，人民出版社，1995。

② 《马克思恩格斯选集》，中文第 2 版，第 3 卷，58～59 页，北京，人民出版社，1995。

③ 吕思勉：《史籍与史学・论搜辑》，载《史学与史籍七种》，70 页，上海，上海古籍出版社，2009。

④ 钱钟书：《管锥编》(第一册)，303～304 页，北京，中华书局，1996。

部进行的军事殖民活动。所谓"十字军"，不过是罗马教廷给它披上的宗教外衣而已。需要补充说明的是：当有些历史事件涉及史学家的国家和民族利益时，即使事过多年，他们仍然不能客观地看待问题。例如，20世纪30年代英国首相张伯伦推行的绥靖政策是导致第二次世界大战爆发的一个原因。但是后来英国的"修正学派"历史学家仍然站在英帝国的立场，千方百计地替这一已经破产的政策进行辩护，说什么这绝非纵容敌人的政策，绝非投降的政策，而是积极的政策，是当时唯一可行的政策，等等。①

第三，对于演变过程已经终结的运动、事件的意义和影响，对于已经盖棺的人物的作用，在多年以后，反倒能看得更清楚，做出更准确的评价。例如，人们在发明火药、指南针和印刷术的时候，对它们日后的影响究竟有多大，是不可能做出充分估计的。但它们后来的影响却是十分重大的。马克思说："火药、指南针、印刷术——这是预告资产阶级社会到来的三大发明。火药把骑士阶层炸得粉碎，指南针打开了世界市场并建立了殖民地，而印刷术则变成新教的工具，总的来说变成科学复兴的手段，变成对精神发展创造必要前提的最强大的杠杆"。② 又如，对1917年十月革命这个事件，列宁说："这个伟大的日子离开我们愈远，俄国无产阶级革命的意义就愈明显，我们对自己工作的整个实际经验也就思考得愈深刻。"③相反，有些事件，在当时人们给予很高的评价，然而，后来的事实证明，它们并不重要。以20世纪20年代的洛迦诺公约为例，公约签订后，西欧资产阶级政界一片欢呼，英国外交大臣奥斯汀·张伯伦赞扬它是"战争年代与和平年代的真正分界线"，他本人、法国外长白里安和德国外长斯特莱斯曼还因缔结公约获得了诺贝尔和平奖。但曾几何时，1936年3月德国重新进入莱茵非军事区，彻底撕毁了这一公约，它的"分界线"的意义便不复存在了。

对人物的作用，一般说来，也是后人看得更清楚一些。评价人物，有"盖棺论定"一说，意思是在一个人的生命结束以前，他的行为还在继续，下一步究竟表现如何，无法预知，故只有到"盖棺"之时，才能论定其功过是非。这有

---

① 较近的为绥靖政策进行辩护的著作，如基思·罗宾斯：《绥靖》(Keith Robbins，*Appeasement*)，牛津，1988；约翰·查木莱：《张伯伦与失去的和平》(John Chamley，*Chamberlain and the Lost Peace*)，伦敦，1989。

② 《马克思恩格斯全集》，中文第1版，第47卷，427页，北京，人民出版社，1974。

③ 《列宁选集》，中文第3版，第4卷，563页，北京，人民出版社，1995。

一定的道理。但是，对那些大人物，还要在他们“盖棺”以后，再过一段时间，史学家才能做出比较恰当、公允的评价。这是因为，对历史人物，既要看他和前人相比有什么新的贡献(或相反开了历史倒车)，还要看他在当代所起的作用，以及他对后世产生的影响，这当然不是在“盖棺”之时就可以立刻“论定”的。列宁说：“判断历史的功绩，不是根据历史活动家没有提供现代所要求的东西，而是根据他们比他们的前辈提供了新的东西。”①他在谈到车尔尼雪夫斯基时还说，评价一位革命家，要看他的活动内容，以及“他的活动同以前和以后的革命家的联系”。②

后代人写前代史，还有不利的一面。陈寅恪先生在《冯友兰〈中国哲学史〉上册审查报告》中说：“凡著中国古代哲学史者，其对于古人之学说，应具了解之同情，方可下笔。盖古人著书立说，皆有所为而发。故其所处之环境，所受之背景，非完全明了，则其学说不易评论，而古代哲学家去今数千年，其时代之真相，极难推知。吾人今日可依据之材料，仅为当时所遗存最小之一部，欲藉此残余断片，以窥测其全部结构，必须备艺术家欣赏古代绘画雕刻之眼光及精神，然后古人立说之用意与对象，始可以真了解。所谓真了解者，必神游冥想，与立说之古人，处于同一境界，而对于其持论所以不得不如是之苦心孤诣，表一种之同情，始能批评其学说之是非得失，而无隔阂肤廓之论。”③这段讲了解古人学说的困难(当然也适用于了解古人的其他方面)的话，常常被人引用，确实有相当的道理。

首先，前人留给后人的材料，距今时代越远则越少。在纸和印刷术发明以前，文字记载是很少的(以竹简、帛书、泥版文书等形式传诸后世)；此后，文字记载日益增多，但由于天灾人祸，仍有大量资料被毁掉。实物资料的情况也大致一样。通过有限的材料，甚至“残余断片”，去了解古代，当然是十分困难的。我国关于中国封建社会始于何时的问题，所以长期争论不休的一个原因，就是古代材料太少，以很少的材料立说，都显得根据不足，又都有一定的道理。因此，各执已见，难有共识。

远古的情况固因材料奇缺而难明，就是了解几十年前的历史，资料也不是都很充分，都很容易得到的。试举一例来看。对于法国 1816—1848 年这段时

① 《列宁全集》，中文第 2 版，第 2 卷，154 页，北京，人民出版社，1984。

② 《列宁全集》，中文第 2 版，第 36 卷，325 页，北京，人民出版社，1985。

③ 陈寅恪：《金明馆丛稿二编》，247 页，上海，上海古籍出版社，1980。

间的历史，生于1820年的恩格斯对其中的一些经济细节已不甚清楚，还要借助于阅读巴尔扎克的小说。巴尔扎克生于1799年，比恩格斯只长21岁。请看恩格斯是怎么说的："据我看来，现实主义的意思是，除细节的真实外，还要真实地再现典型环境中的典型人物"。"巴尔扎克，我认为他是比过去、现在和未来的一切左拉都要伟大得多的现实主义大师，他在《人间喜剧》里给我们提供了一部法国'社会'，特别是巴黎'上流社会'的卓越的现实主义历史，他用编年史的方式几乎逐年地把上升的资产阶级在1816－1848年这一时期对贵族社会日甚一日的冲击描写出来，这一贵族社会是在1815年以后又重整旗鼓的，并尽力重新恢复旧日法国生活方式的标准。他描写了这个在他看来是模范社会的最后残余怎样在庸俗的、满身铜臭的暴发户的逼攻之下逐渐屈服，或者被这种暴发户所肢解……围绕着这幅中心图画，他汇集了法国社会的全部历史，我从这里，甚至在经济细节方面(诸如革命以后动产和不动产的重新分配)所学到的东西，也要比从当时所有职业的史学家、经济学家和统计学家那里学到的全部东西还要多。"①

其次，古人之环境，距今甚远，今人不可能有直接的体验，故欲了解古代的真相十分困难。后代历史学家在搜集、整理和分析史料时，一开始总是从自己现有的生活经验和思想观念出发，这是很自然的。我们不可能一开始就想古人之所想，更不可能有古人的生活经验。这样做，也有其合理的成分。古与今不是绝对割裂而是相通的。在我们今天的物质生活和精神生活中，或多或少积淀着过去时代的东西。正由于此，我们才有可能了解古代。法国年鉴学派史学家布洛赫说："人们总是自觉或不自觉地借用日常生活经验，并加以必要的取舍，赋予新的色彩来再现历史。若对活着的人一无所知，那么，我们用以描绘古代观念和已消亡的社会组织形式的名词，也就变得毫无意义了。"他还以战争为例说："我多次读过或叙述、描绘过战争，可在我亲自经历可怕而令人厌恶的战争之前，我又是否真正懂得'战争'一词的全部含义呢？"②陈寅恪先生谈到抗日战争中，他在香港读《建炎以来系年要录》的特殊感受时，说："回忆前在绝岛，苍黄逃死之际，取一巾箱坊本《建炎以来系年要录》，抱持诵读。其汴京

---

① 《马克思恩格斯选集》，中文第2版，第4卷，683～684页，北京，人民出版社，1995。

② 马克·布洛赫：《历史学家的技艺》，36～37页，上海，上海社会科学院出版社，1992。

围困屈降诸卷，所述人事利害之回环，国论是非之纷错，殆极世态诡变之至奇。然其中颇复有不甚可解者，乃取当日身历目睹之事，以相印证，则忽豁然心通意会。平生读史凡四十年，从无似此亲切有味之快感，而死亡饥饿之苦，遂亦置诸度量之外矣。”①这些都是由今知古的例子。

但古与今毕竟有时代之区分，完全以今度古，就要犯把古人现代化的毛病。陈寅恪先生在审查冯友兰《中国哲学史》上册的报告中说，著中国哲学史，对古代材料非经过解释及排比之程序不可，“然若加以联贯综合之搜集及统系条理之整理，则著者有意无意之间，往往依其自身所遭际之时代，所居处之环境，所薰染之学说，以推测解释古人之意志。由此之故，今日之谈中国古代哲学者，大抵即谈其今日自身之哲学者也。所著之中国哲学史者，即其今日自身之哲学史者也。其言论愈有条理统系，则去古人学说之真相愈远。”②金岳霖先生在审查同一书时，涉及胡适的《中国哲学史大纲》，说这部书给他一种奇怪的印象，“有的时候简直觉得那本书的作者是一个研究中国思想的美国人”。③

还有一种情况，就是后代人完全以自己所处之环境，推想过去，以致捏造、篡改历史。近年来，从国际到国内，攻击革命、颂扬改良的思潮泛滥一时。④ 在国外，有些在十月革命以后出生的俄国人，硬说“尽管社会矛盾和民族矛盾极为尖锐，但俄罗斯帝国并不是完全不可救药”的。⑤ 在国内，有些史学工作者吹捧西太后、袁世凯而贬低孙中山。对于我们这些70岁以上的人，我们目睹过清朝末代王公和北洋军阀余孽的荒淫腐朽，在看到这类吹捧文章后，简直觉得荒谬绝伦。但有些没有在旧社会生活过不知道什么是压迫、剥削的中青年，竟真的相信那拉氏之流也愿意走改良、维新的道路，盲目地随声附和起来。于是，就出现了一个两难命题：我们既不可能脱离今天的生活经验和

① 陈寅恪：《陈述〈辽史补注〉序》，载《金明馆丛稿二编》，234页，上海，上海古籍出版社，1980。

② 陈寅恪：《金明馆丛稿二编》，247页，上海，上海古籍出版社，1980。

③ 冯友兰：《三松堂自序》，227页，北京，生活·读书·新知三联书店，1984。“美国人”原稿作“美国商人”，发表时冯征得金岳霖的同意，删去“商”字。

④ 在1990年于西班牙马德里举行的第17届国际历史科学大会上，“革命与改良”是讨论的主题之一。西方、东欧和苏联的一些学者竞相发言，贬低革命(从资产阶级革命到社会主义革命)在历史上的作用。

⑤ 刘淑春等编：《“十月”的选择——90年代国外学者论十月革命》，306页，北京，中央编译出版社，1997。

思想观念去了解古代，又不应当完全按照今天的生活经验和思想观念去解释古代，那么，介于二者之间的分寸是什么呢？如何能做到对古人的“真了解”呢？陈寅恪先生提出的办法是：“必须备艺术家欣赏古代绘画雕刻之眼光及精神，然后古人立说之用意与对象，始可以真了解。”“所谓真了解者，必神游冥想，与立说之古人，处于同一境界”。① 这些话说得很抽象，未做进一步说明，实亦无从说明，因为既然是“神游冥想”，那就可意会而不可言传了。以上只是想说明后代人撰写前代史的困难，并不是讨论如何了解古代的问题。如何了解古代，涉及历史本体论、历史认识论和历史方法论的一系列问题，不同学派的历史学家各有所见，恐怕要长期争论下去，这已不属于本文所要讨论的范围了。

总之，当代人写当代史与后代人写前代史，都是需要的。二者各有其优越性，也各有其局限性，借用蔡元培先生的话，“合之则两美，离之则两伤”。②本文的目的仅限于说明上述两类史著应予并重，不可偏废这样一个主题，行文中不得不涉及的其他问题都是围绕这一主题而略加说明的。学识浅陋，疏误必多，尚希读者不吝赐教为幸。

---

① 陈寅恪：《金明馆丛稿二编》，247页，上海，上海古籍出版社，1980。

② 蔡元培：《〈明清史料首本〉序言》。蔡先生的这两句话原来是指官府文籍和私家记载这两类史料各有短长，应当综合使用。

杨妃入道之年考读后*

——兼论考据在史学研究中的作用和地位

清人朱彝尊《曝书亭集》卷五五“书杨太真外传后”条，断杨妃入道之年在开元二十五年正月二日，入宫时犹为处子。20 世纪 40 年代，陈寅恪、陈垣先生也都考证过杨妃入道之年，他们一在南，一在北，各自独立地进行工作，不谋而合，得出了相同的结论，即杨妃入道之年在开元二十九年正月二日，从而纠正了朱彝尊的错误。① 杨妃入道究在何年以及是否以处子入宫这一史实本身并不重要，但两位史学大师考同一史实得同一结论这一事实，却是有意义的。这使我又一次想到考据在史学研究中的作用和地位这个虽旧仍新的问题。新中国成立后四十年来，关于这个问题的看法反反复复，时而重理论，轻考据；时而重考据，轻理论。有感于此，本文拟先就两位陈先生考证杨妃入道之年的方法以及这些方法在今天的应用问题予以探讨，再就考据在史学研究中的作用和地位略陈一孔之见，不当之处，敬希读者指正。

两位陈先生关于杨妃入道之年的考证，在他们全部考据成就(更不用说史学成就)中，不过是“沧海一粟”。尽管如此，我们仍可以从中学习他们严谨的治学精神和精确的考证方法。以下仅就这一

* 原载《北京师范学院学报》1989 年第 5 期。

① 陈寅恪先生在《论再生缘校补记》中说：“抗日战争之际，陈垣先生留居京师，主讲辅仁大学。寅恪则旅寄昆明，任教西南联合大学。各撰论文，考杨妃入道年月。是时烽火连天，互不通问，然其结论则不谋而合，实以同用一材料，应有同一之结论，吾两人俱无抄袭之嫌疑也。”见《寒柳堂集》，78 页，上海，上海古籍出版社，1980。

问题的考证方法分做四点加以说明，并就这些方法在今天的运用问题做一些探讨。

第一，广集证据。

不以孤证立说，虽是考据学的常识，但真正做到，并不容易。朱氏谓武惠妃薨年为开元二十四年，武氏既逝，后宫无当帝意者，玄宗遂于开元二十五年正月二日度杨妃为女道士。朱氏据《旧唐书》五一《杨贵妃传》的记载："[开元]二十四年惠妃薨"，又见《新唐书》七六《杨贵妃传》也沿用旧传"开元二十四年武惠妃薨"的原文，便以为武惠妃死于二十四年，断无疑问。继之又据《唐大诏令集》《度寿王妃为女道士敕》："属太后忌辰，永怀追福，以兹求度"之文，先考昭成窦后的忌辰在正月二日(此考精确)，因武氏薨于二十四年，故杨妃入道之正月二日必为二十五年之正月二日。其实，武氏是死于开元二十五年十二月七日的。两位陈先生列举了七条史料，作为武氏死于开元二十五年的证明，这七条是：《旧唐书》九《玄宗纪》、《新唐书》五《玄宗纪》、《旧唐书》五一《贞顺皇后武氏传》、《旧唐书》一〇七《寿王传》、《唐会要》三《皇后门》、《通鉴》二一四《唐纪》三〇《玄宗纪》、《大唐新语》一一《惩戒篇》。寅恪先生批评朱氏"致误之由，在不加详考"。"武惠妃开元二十五年薨说，几为全部史料之所同，而《旧唐书》《杨贵妃传》武惠妃开元二十四年薨说，虽为《新唐书》《杨贵妃传》所沿袭误用，实仍是孤文单纪也。"①援庵先生在讲授"史源学实习"课程时，要学生引以为戒的一条教训是："读书不统观首尾，不可妄下批评。"②朱氏只据《旧》、《新》唐书的《杨妃传》，而未检两唐书的《玄宗纪》及《旧唐书》的《贞顺皇后武氏传》及《寿王传》，正是犯了"读书不统观首尾"的毛病。寅恪先生还根据《旧唐书》一〇七《废太子瑛传》的记载：玄宗于开元二十五年四月杀太子瑛、鄂王瑶、光王琚，同年武惠妃"数见三庶人为祟，怖而成疾……不痊而殒"，得出结论："传文之神话附会姑不论，但若武惠妃早薨于开元二十四年，则三庶人将不致死于开元二十五年四月矣"，③ 这个反证也是很有力的。总之，朱氏断杨妃入道之期在开元二十五年正月的前提是武妃薨于开元二十四年，但武氏实死于开元二

① 陈寅恪：《元白诗笺证稿》，15～16页，上海，古典文学出版社，1958；陈智超编注：《陈垣史源学杂文》(增订本)，94～97页，北京，生活·读书·新知三联书店，2007。

② 陈智超编注：《陈垣史源学杂文》(增订本)，5页，北京，生活·读书·新知三联书店，2007。

③ 陈寅恪：《元白诗笺证稿》，17页，上海，古典文学出版社，1958。

十五年十二月，前提既误，结论也就不能成立了。

在考据中，广集证据，是为了进行归纳。使用归纳法，一般说来，搜集的材料越丰富，则归纳的结果也越可靠。援庵先生经常讲，搞材料要做到“竭泽而渔”，便是这个道理。马克思主义经典作家在科学研究中，十分重视材料的搜集。马克思说：“研究必须充分地占有材料，分析它的各种发展形式，探寻这些形式的内在联系。”①列宁也指出：“在社会现象领域，没有哪种方法比胡乱抽出一些个别事实和玩弄实例更普遍、更站不住脚的了。挑选任何例子是毫不费劲的，但这没有任何意义，或者有纯粹消极的意义，因为问题完全在于，每一个别情况都有其具体的历史环境。如果从事实的整体上、从它们的联系中去掌握事实，那么，事实不仅是‘顽强的东西’，而且是绝对确凿的证据。如果不是从整体上、不是从联系中去掌握事实，如果事实是零碎的和随意挑出来的，那么它们就只能是一种儿戏，或者连儿戏也不如。”②

“竭泽而渔”，是搜集资料的最高标准，但不是在任何情况下都可以做到的。随着史学家研究视野的不断扩大，由传统的政治史而发展到经济史、社会史、文化史、科学技术史等方面，史料的数量也日益增加。而且时代越近，史料越多。例如，仅以同盟国1945年俘获的德国外交部1880—1936年的档案来说，就有400吨之重。③ 近现代史的题目，只要稍大一点，就不是穷一人之力能把有关材料看完的。古代史的某些题目，即使以个人的力量能够遍阅有关资料，但旧式的“博闻强记”也是事倍功半的。因此，作为第一步，我们今后应当发挥大家的力量，多编工具书。有了好的工具书，查阅材料的效率必然会大大提高。已故著名史学家洪煨莲先生主持哈佛燕京学社引得编纂处工作的二十多年间，共出版了经、史、子、集各种引得64种81册，至今为研究中国古典文献不可缺少的工具书，受到中外学者的称赞。援庵先生也十分重视工具书的编纂，他主张把中国重要的史籍如《左传》、《史》、《汉》、《通鉴》等，都编出索引，以便使用。据刘乃和回忆，1961年援庵先生接受了点校《新·旧五代史》的任务后，先同刘乃和一起编了许多工具书，如《新五代史不列传人名索引》、《旧五代史不列传人名索引》、《册府元龟五代部分人名索引》、《通鉴五代部分

① 《马克思恩格斯选集》，中文第2版，第2卷，111页，北京，人民出版社，1995。

② 《列宁全集》，中文第2版，第28卷，364页，北京，人民出版社，1991。

③ D.C.瓦特等：《20世纪的历史》，17页，伦敦，1967。

人名索引》，等等。由于准备工作充分，到点校时，“有了疑难不能解决的问题，利用索引检查，几种书一对照，或本书前后一对照，经过考证，便能解决。”①下面再举一例，以说明工具书对于考证的重要辅助作用。杨志玖1961年曾就《元典章校补》中的一则校勘问题与陈垣先生商榷，谓《校补》据元刻本改“圈圈你教”为“阔阔你教”“圈圈”改“阔阔”，甚是。但“你教”仍未改正。据《元史》卷十二及《大元海运记》，“你教”应作“你敦”。援庵先生复信赞同。杨志玖同志后来查姚景安同志编《元史人名索引》，又得有关阔阔你敦的几条佐证，“于此深感人名索引之大用，可谓功德无量矣。”②国际学术界的经验也值得借鉴。日本学者编辑的《后汉书语汇集成》、《金史语汇集成》、《元史语汇集成》等工具书，搜集完备，很有助于我们了解各个历史时期语词的含义。

随着科学的进步，我们还应利用电子计算机，建立历史资料库，使历史资料的贮存与检索现代化起来。据《光明日报》1988年10月30日讯，陕西省中医药研究院在西安冶金学院电脑服务部协助下，取得了“应用电子计算机整理中医古籍研究”的成果，包括“电子计算机中医古籍辅助整理系统软件”，及应用系统软件完成《黄帝内经·素问》等五部中医古籍的字词语句的通检编制工作。中医学界的这种经验，可供我们史学工作者利用现代化工具整理历史文献参考。

第二，正史、杂史多种史料参用。

朱彝尊认为宋乐史撰《杨太真外传》所称：“玄宗二十八年十月幸温泉宫，使高力士取(杨妃)于寿邸，度为道士，住内太真宫”，是“传闻之谬”。援庵先生以《新》、《旧》唐书比较，发现《新唐书·玄宗纪》于开元二十八年十月甲子幸温泉宫下，即接“以寿王妃杨氏为女道士，号太真”之文，而此条为《旧唐书·玄宗纪》所无，系《新》纪据《太真外传》所增，并谓“乐史生北宋初，其言当有所据”。援庵先生复推论：“取杨氏女于寿邸，与度为女道士，未必同时。据入道敕文，明谓因太后忌辰求度，则度为女道士，当在翌年(按指开元二十九年——笔者)之正月二日。”③寅恪先生也综合利用了《新唐书·玄宗纪》、《南部新书》《杨太真外传》等正史和小说中的记载，得出结论：“姑假定杨氏以开元二

① 刘乃和：《书屋而今号励耘》，载陈智超编：《励耘书屋问学记——史学家陈垣的治学》(增订本)，186～187页，北京，生活·读书·新知三联书店，2006。

② 杨志玖：《陈垣先生关于〈元典章校补的一封信〉》，载《书品》1987年第2期。

③ 陈智超编注：《陈垣史源学杂文》(增订本)，96～97页，北京，生活·读书·新知三联书店，2007。

十八年十月为玄宗所选取，其度为女道士敕文中之太后忌辰，乃指开元二十九年正月二日睿宗昭成窦后之忌日。虽不中，不远矣。”①

有卓越成就的史学家，都不把取材范围局限在正史之内。司马光修《通鉴》，“遍阅旧史，旁采小说”。他取舍史料的眼光高明，能够正确认识到：“实录正史未必皆可据，杂史小说未必皆无凭。”近人蔡元培先生在为《明清史料首编》所写的序中也说：“官府文籍和私家记载在史料的价值上各有短长，合综来各有独到处，分开来便各不可尽信。大约官府的记载失之于讳，私人的记载失之于诬。……守质者懒惰着专依赖官书，好奇者涉猎着专信些私家不经之谈，都不算史学的正规。我们相信官文和私记‘合之则两美，离之则两伤’呢！”寅恪先生善用各种史料，他结合自己治史的经验写道：“通论吾国史料，大抵私家纂述易流于诬妄，而官修之书，其病又在多所讳饰，考史事之本末者，苟能于官书及私著等量齐观，详辨而慎取之，则庶几得其真相，而无诬讳之失矣。”②他重视唐代小说的史料价值，在《读莺莺传》一文的结束语中说：“然则此传亦是贞元朝之良史料，不仅为唐代小说之杰作已也。”③援庵先生于精研宗教史之余暇，利用《憨璞语录》、《茆溪语录》、《玉林语录》，考顺治宫廷事，不仅钩深索隐，而且为史料开辟了一种新的来源。他说：“夫语录特释家言耳，史家向不措意，安知其有裨史乘也。”④

上述这些见解，与马克思主义者关于史料种类多样性的看法是一致的。恩格斯认为巴尔扎克的小说是极好的史料，说：“他在《人间喜剧》里给我们提供了一部法国‘社会’，特别是巴黎‘上流社会’的卓越的现实主义历史，他用编年史的方式几乎逐年地把上升的资产阶级在1816—1848年这一时期对贵族社会日甚一日的冲击描写出来……围绕着这幅中心图画，他汇集了法国社会的全部历史，我从这里，甚至在经济细节方面（如革命以后动产和不动产的重新分配）所学到的东西，也要比从当时所有职业的史学家、经济学家和统计学家那里学

① 陈寅恪：《元白诗笺证稿》，19～20页，上海，古典文学出版社，1958。

② 陈寅恪：《顺宗实录与续玄怪录》，载《金明馆丛稿二编》，74页，上海，上海古籍出版社，1980。

③ 陈寅恪：《元白诗笺证稿》，116页，上海，古典文学出版社，1958。

④ 陈垣：《语录与顺治宫廷》，载《陈垣学术论文集》（第一集），518页，北京，中华书局，1980。

到的全部东西还要多。"①列宁称赞托尔斯泰是俄国革命的镜子，认为"他的全部观点，总的说来，恰恰表现了我国革命是农民资产阶级革命的特点。"②按照恩格斯、列宁的这些看法，我国研究欧洲近代史的同志，如能利用巴尔扎克、托尔斯泰的小说，并与有关史料相印证，定能取得可观的成绩。

今天，从世界范围看，史学研究的领域正在不断扩大，我们理应发掘并利用各种性质的史料。在开拓了新的研究领域以后，过去从不看作史料的东西，也就有了价值。例如，我国笔记小说中有一类侈谈因果报应，这些迷信内容原无史料价值。但如果我们要研究心态史，便可利用这些废料，看出一定时期一定阶层的心态。当然，扩大了史料的范围以后，还要精于鉴别，取舍得当，方能收到综合运用的功效，这就有赖于史学工作者的眼光和素养了。

第三，利用习见的材料。

朱彝尊据《开元礼》，谓亲王纳妃，"由纳采，而问名，而纳吉，而纳徵，而请期，然后亲迎，同牢。备礼动需卜日，无纳采受册即归寿邸之礼"，以此推论杨妃以处子入宫。朱氏利用在当时尚不习见的第一等史料《开元礼》，故极自信其考据之正确。但两位陈先生根据世人常见的《通典》，纠正了朱氏未能正确使用《开元礼》的错误。《通典》悉按《开元礼》旧文，未做更改，所列的亲王纳妃典礼次序，受册在请期之后，在亲迎、同牢之前，受册后即亲迎、同牢。这几种典礼之间，会有短期的距离，但决不致相隔太久。故援庵先生说："不得据此谓妃未归寿邸"；寅恪先生说："即如朱氏所考杨氏之受册为寿王妃在开元二十三年十二月二十四日，度为女道士在开元二十五年正月二日，则其间相隔已逾一岁，颇已有举行亲迎、同牢之危险矣。"更何况武惠妃"薨年实在开元二十五年十二月七日。是杨氏入宫，至早亦必在开元二十六年正月二日。其间相隔至少已逾两岁，岂有距离如是长久，既已请期而不亲迎、同牢者乎?"从而也否定了朱氏关于杨妃以处子入宫的论断。③

高水平的考据，在于能利用世人习见的文献和普通的版本，看出一般人见不到的问题，得出精确的结论。而且，许多习见的材料之所以能够流传既久且

① 《马克思恩格斯选集》，中文第2版，第4卷，683～684页，北京，人民出版社，1995。

② 《列宁选集》，中文第3版，第2卷，243页，北京，人民出版社，1995。

③ 见陈智超编注：《陈垣史源学杂文》(增订本)，95页，北京，生活·读书·新知三联书店，2007。陈寅恪：《元白诗笺证稿》，18～19页，上海，古典文学出版社，1958。

广，正是由于它们具有高度的学术价值，故应予以重视。靠孤本秘籍，以偏僻的史料或字句的比勘立论，不仅不算功夫，甚至相当危险，因为这有陷于孤证的可能。况且，随着文化事业的普及与发展，孤本势将不孤，秘籍也将不秘。例如，谈迁所著《国榷》一书，在20世纪30年代的北平，只有一部晒印本，十分珍贵，吴晗当年费了很大的劲才得一阅。但新中国成立后中华书局予以出版，今天研究明史者几乎可以人手一册了。① 这类例子很多，无须列举。档案的使用，也今非昔比。从世界范围看，档案的保密期限趋向缩短，不少国家已改为30年。美国政府于1972年3月2日还颁布命令，规定不满30年但已超过10年的档案，可以有监督地提供利用。总之，习见之书应当普遍使用，以便从中取得大量的、可靠的证据。当然，罕见的史料如确有价值，也是需要利用的。

第四，考据应具通识。

第一流的考据必须以通识为基础。朱氏考杨妃入道之期之所以错误，两位陈先生之所以正确，原因之一在于有无通识。兹从以下两点加以说明。

其一，朱氏虽然知道杨妃夺自寿邸，但由于"为尊者讳"的思想作祟，硬要考证杨氏虽已受册为寿王妃，但尚未亲迎、同牢，故入宫时犹为处子，大概是想借此说明玄宗的行为尚有可谅之处。他站在卫道的立场去弥缝玄宗的丑行，用宋以后的眼光去观察唐代史事，自然不免做出十分荒唐的考证。寅恪先生正确指出："考吾国社会风习，如关于男女礼法等问题，唐宋两代实有不同。"② 李唐一代，皇室亦不重闺门礼法。如唐太宗纳巢王(元吉)妃，宠爱备至，甚至要立她为后，由于魏徵的劝谏才作罢。武则天本是太宗的才人，但高宗拜为昭仪，更立为后，完全不顾'经事先帝，众所共知'的事实。总之，太宗以弟妇为妃，高宗以父妃为后，而玄宗则夺儿媳为己有，这在唐代并不看作什么了不起的大事情。唐人之所以谴责玄宗惑于女色，主要因安禄山之乱，并不过分看重他的"新台之丑"。宋及宋以后的帝王也不乏乱伦行为，但一般说来不敢像李唐皇室那样明目张胆、无所顾忌。这是由于唐宋前后社会风习、伦理道德观念的变化，是治史者所应有的通识。

其二，朱氏引李商隐"碧城"三首，谓"一咏妃入道，一咏妃未归寿邸，一

① 吴晗：《谈迁和〈国榷〉》，载《吴晗史学论著选集》(第3卷)，131页，北京，人民出版社，1988。

② 陈寅恪：《元白诗笺证稿》，52页，上海，古典文学出版社，1958。

咏帝与妃定情系七月十六日”，“足当诗史”，以证其杨妃以处子入宫之说，这也反映了竹垞的无识。

宋洪迈《容斋续笔》卷三《唐诗无讳避》条，早就指出：“唐人歌诗，其于先世及当时事，直辞咏寄，略无隐避。至宫禁嬖昵，非外间所应知者，皆反复极言，而上之人亦不以为罪。……今之诗人不敢尔也”，并举杜甫、白居易、元微之、张祜、李商隐诸家诗为证。寅恪先生赞同洪迈的看法，说：“唐人竟以太真遗事为一通常练习诗文之题目，此观于唐人诗文集即可瞭然。”①“碧城”三首，在义山诗中属于“无题”一类。② 义山无题诗，或歌诵爱情，或自悲身世，或有所寄托，或为艳情冶游之作，其中有些很难索解。“碧城”三首词义微晦，难作郑笺，实不必强作解人。再者，李商隐诗中“龙池”、“骊山有感”二首，直接点出寿王，足以说明他对于明皇夺杨妃一事并无顾忌。③ 近人张采田先生说：“竹垞谓[碧城三首]指明皇、贵妃，未免迂曲。贵妃事唐人不忌，多彰之篇章。本集(指玉谿生集——笔者)亦不一而足，何必作谜语，使人迷幻耶?”④这个看法，是很有道理的。朱彝尊的见解，实在连洪迈都不如，可谓开了倒车。以诗证史，是一种很高明但也很难掌握的方法，稍一不慎，即流于穿凿附会。这是因为诗与散文不同，“韵语多歧”，⑤ 千万不可用猜谜语的办法去妄测诗意。如无确解，不如宁缺毋滥。

朱彝尊是清初的著名文人，经学、文学、史学都搞，但主要以词章见长。顾炎武在《广师篇》中说：“文章尔雅……吾不如朱锡鬯”，⑥ 可谓抓住了他治学的特长。就史学而言，他博而欠通，故识断不精。梁启超批评说：“朱竹垞辈，其著述专务内容之繁博以眩流俗，而事实正确之审查不甚厝意。”⑦正由于此，他虽然利用了一些当时罕见的第一手史料，却仍然得出了错误的结论。与朱氏

① 陈寅恪：《元白诗笺证稿》，12页，上海，古典文学出版社，1958。

② 义山诗截取首句头两字作为题目与内容并无联系者，是无题诗的一种变形。

③ 《龙池》末二句作：“半夜宴归宫漏永，薛王沉醉寿王醒。”《骊山有感》末二句作：“平明每幸长生殿，不从金舆唯寿王。”

④ 张采田：《玉谿生年谱会笺》，324页，上海，上海古籍出版社，1983。

⑤ 岑仲勉先生语，见《玉谿生年谱会笺平质》，215页，上海，上海古籍出版社，1983。

⑥ 顾炎武：《顾亭林诗文集》，140页，北京，中华书局，1959。

⑦ 梁启超：《中国近三百年学术史》，载《梁启超论清学史二种》，409页，上海，复旦大学出版社，1985。

不同，两位陈先生的学问既专精，又博通，故能做出正确的考证。总之，如果只有一大堆零散的知识而不成系统，虽能在细小问题的考证上取得成绩(如朱氏考昭成窦后的忌辰在正月二日)，但在处理较为重要和复杂的问题时，便不免失误了。

通识如此重要，如何获得呢？旧日学者具通识者，大抵得力于朴素的辩证思想。周一良师在论及寅恪先生的史学时，说他“具有朴素的辩证法”，故“能从纷繁错杂甚至看来完全不相干的历史现象中，找出内在联系，在事件的个性之外找出通性，来说明历史现象的前因后果。”①国内外学者与周师看法相同者，还有不少。其实，援庵先生也具有朴素的辩证思想，但论及此点者尚少。试以《陈垣史源学杂文》而论，虽只收短文三十篇，但统观全书，时时注意史料的比较和探源、人物事件的演变和联系。例如，《尚左尚右浅释》一文，明确指出尚左尚右，有“时代之不同”、“地域之不同”、“人事之不同”，“不可以一概论也。”②援庵先生当时还不懂得马克思主义，但这种具体分析具体情况的方法，是符合辩证法的。③

今天，培养通识，当然应有更高的要求，即学习和掌握马克思主义，用历史唯物主义来研究历史。有了这样的思想武装后，再来考证历史问题，就能由小见大，由具体看一般，由现象到本质，使考证服务于总的研究目标。此外，熟读(不是死记硬背)若干种重要史籍，对其内容融会贯通，也是培养通识所不可少的一种基本功。

两位陈先生都纠正了朱氏的错误，但他们都不是单纯为了纠正朱氏之误而写作的。援庵先生是在讲授“史源学实习”课程时涉及这一问题的；寅恪先生是在笺证元白诗、论唐代社会风习时涉及这一问题的。他们的主要目的恐怕还在于通过这个例子示人以使用史料、进行考证的方法。本文也正是着眼于此，企图通过探讨两位先生对这一问题的考证，以说明史料非可任意解释，而考据也是有法可循的。以上所列四端，无非举例而已，自非两位大师考据方法的全豹，这是不用多说的。

---

① 周一良：《怎样使观点和材料统一》，载《怎样写学术论文》，71页，北京，北京大学出版社，1981。

② 陈智超编注：《陈垣史源学杂文》(增订本)，62～64页，北京，生活·读书·新知三联书店，2007。

③ 列宁说：“马克思主义的精髓，马克思主义的活的灵魂：对具体情况具体分析。”见《列宁全集》，中文第2版，第39卷，128页，北京，人民出版社，1986。

上面讲到，考据的一些方法，今天仍然有效，当然要结合新的条件。考据作为治史的一种工具，过去有用，今天还有用。下面从总体上再做一些说明，先从考据的作用说起，作用清楚了，它的地位也就可以摆得恰当了。

考据的作用，概括说来，就是为史学研究提供可靠的材料。恩格斯说："我们大家都是一致的：在自然界和历史的每一科学领域中，都必须从既有的事实出发。"①历史科学的既有事实，今天只能通过史料来了解，因此史学研究必须从史料的搜集、整理和分析着手。使用资料，在量与质两方面都应有严格的要求。所谓量，即搜集资料要尽可能详备。资料贫乏，则得不出结论，如硬要做出结论，最低限度是片面之见，但往往根本错误。因此，切忌以孤证立说，这在上面已经谈到。所谓质，就是要通过考证保证材料的可靠性。考证究竟包括哪些内容，很难界说。大体讲来，从文字的校勘和训诂、版本的比较和鉴别，到史料真伪、可信程度的分析，史料内容的诠释，具体史实的考证，都属于考据学的范围。通过这一系列的工作，便能为进一步的研究打下扎实的基础。对于考据的重要性，郭沫若先生说："无论做任何研究，材料的鉴别是最必要的基础阶段。材料不够固然大成问题，而材料的真伪或时代性如未规定清楚，那比缺乏材料还要更加危险。因为材料缺乏，顶多得不出结论而已，而材料不正确便会得出错误的结论。这样的结论比没有更要有害。"②恩格斯有一段话讲得十分深刻，可作为使用资料问题的总结。他说："即使只是在一个单独的历史事例上发展唯物主义的观点，也是一项要求多年冷静钻研的科学工作，因为很明显，在这里只说空话是无济于事的，只有靠大量的、批判地审查过的、充分地掌握了的历史资料，才能解决这样的任务。"③

当然，我们也应该不要陷于烦琐考证。胡绳说："某些历史事实的细节，如果对了解全局有关，花气力进行考证、辨明，是完全必要的。但如果不分轻重，不管它对全局的了解有无意义，凡是发生过的事情都要一一弄清楚，那就势必陷入烦琐的考订工作中，那是不可取的"④陷入烦琐考证，是十分危险的，因为细节之中还有细节，一直考下去，就会离主题越来越远，永远只见树木，

① 《马克思恩格斯选集》，中文第2版，第4卷，288页，北京，人民出版社，1995。

② 郭沫若：《十批判书》，1页，北京，人民出版社，1976。

③ 《马克思恩格斯选集》，中文第2版，第2卷，39页，北京，人民出版社，1995。

④ 胡绳：《关于中国近代研究的若干问题》，载《光明日报》1981年4月20日。

不见森林，最后甚至连树木也看不见，只有树枝、树叶在眼前了。

考据虽然重要，但不应成为研究的最终目的。马克思曾经批评庸俗经济学家，说他们“不去揭示事物的内部联系却傲慢地断言事物从现象上看是另外的样子的时候，他们自以为这是做出了伟大的发现。实际上，他们所断言的是他们紧紧抓住了外表，并且把它当做最终的东西。这样一来，科学究竟有什么用处呢?”①这个批评也适用于那些企图以考据学代替历史科学的人们。如果只满足于“僵死的事实的汇集”②、轶闻趣事的描写和现象的叙述，那就不成其为历史科学了。历史科学的任务是揭示人类历史的发展规律。恩格斯说：“现代唯物主义把历史看做人类的发展过程，而它的任务就在于发现这个过程的运动规律。”③为了实现这一任务，自然首先应从史料的搜集、整理和分析开始，但还必须进一步运用理论思维去探寻事物之间的内在联系及其背后的本质，亦即“沿着实证科学和利用辩证思维对这些科学成果进行概括的途径去追求可以达到的相对真理。”④

总之，考据在史学研究中所起的作用是提供可靠的资料，它在整个研究中占有重要的辅助地位。考据与整个研究的关系，从过程看，是开始阶段(打基础阶段)与终结阶段(完成阶段)的关系；从范围看，是局部与全体的关系；从性质看，是原料(初步成果)与成品的关系。但不论从什么角度看，对它的作用和地位既不应夸大，也无须贬低。援庵先生说：“考证为史学方法之一，欲实事求是，非考证不可。彼毕生从事考证，以为尽史学之能事者固非，薄视考证以为不足道者，亦未必是也。”⑤寅恪先生在批评清代经学考据家时，指出一种是“谨愿者”，“止于解释文句，而不能讨论问题”；另一种是“夸诞者”，“流于奇诡悠谬，而不可究诘”，“利用一二细微疑似之单证，以附会其广泛难征之结

① 《马克思恩格斯选集》，中文第 2 版，第 4 卷，581 页，北京，人民出版社，1995。

② 这是马克思、恩格斯批判抽象的经验论者的话，见《马克思恩格斯选集》，中文第 2 版，第 1 卷，73 页，北京，人民出版社，1995。

③ 《马克思恩格斯选集》，中文第 2 版，第 3 卷，738 页，北京，人民出版社，1995。

④ 恩格斯语，见《马克思恩格斯选集》，中文第 2 版，第 4 卷，220 页，北京，人民出版社，1995。

⑤ 陈垣：《通鉴胡注表微》，98 页，北京，科学出版社，1958。

论。”①这个批评对史学家也有参考价值。史学家既不应只讲章句，而不研究问题；也不应空谈微言大义，而不顾事实。

最近一段时期，不少同志认为史学发生了危机，主张研讨新问题，采用新理论和新方法，以获得生机。于是，出现了一批历史新作，还有一些虽不属于史学范畴但其内容是进行历史反思的，也与历史有关。这批著作中有些题目新颖，立意独特，颇能发人深思，但也有一些随意解释材料，甚至胡乱拼凑史实，用以证明自己的臆说。例如，鼓吹民族文化虚无主义的《河殇》就充满了硬伤。这部作品在谈到秦始皇时，说他把万里长城看作自己的院墙，“这种伟大的想像力仍然是一种不能超越土地的想像。”作者接着写道：“就在这时”，亚历山大已经率领着马其顿大军，去横扫欧亚非各个古老帝国。但“千古一帝的亚历山大做梦也想不到，他即使越过了巨大的自然屏障，东方那个千古一帝还有一道万里长城在等着他。”②亚历山大在位的时间是公元前 336—323 年，秦始皇在位的时间是公元前 246—210 年。两位“千古一帝”在位的时间相距数十年之久，亚历山大去世时，秦始皇尚未出生，前者又如何能梦想到后者修筑了一道万里长城去阻挡他的大军呢？这种问题，只要稍微翻阅一下历史辞典或人名辞典，就能清楚二帝不同时，这段议论也就大可不必发挥了。近来这种勇于纵论古今中外，但懒于核实最普通的材料的学风，如果发展下去，就会变成“游谈无根”，一些著作纵能动听一时，终不免昙花一现。还有一些同志对新的史学流派，例如计量史学，过于推崇，以为有了电子计算机，便可解决一切问题了。其实，有些经济史料也需经过考证，才能输入电子计算机进行运算，否则“输入废物则输出废物”。王永兴曾举《册府元龟》邦计部的有关部分为例，说明它虽然是研究隋唐五代经济史的第一手资料，但因讹误脱漏很多，如不加以校勘考证，是难于使用的。③ 总之，不论采用什么样的新理论、什么样的新方法，第一步先得把材料搞准确，这是不可省略的打基础的工作。

我们应当向马克思学习。他的《资本论》在当时是最新最革命的学说，但又是以最朴实的材料为基础写成的。马克思说：“我的《资本论》一书引起了特别大的愤恨，因为书中引用了许多官方材料来评述资本主义制度，而迄今为止还

① 陈寅恪：《陈垣元西域人华化考序》，载《金明馆丛稿二编》，238～239 页，上海，上海古籍出版社，1980。

② 《河殇解说词》，载《河殇论》，21 页，北京，文化艺术出版社，1988。

③ 王永兴：《编写〈隋唐五代经济史料编校注〉的回忆和感想》，载《书品》1987 年第 4 期。

没有一个学者能从这些材料中找到一个错误。”①在他的著作中，观点与材料融为一体，达到高度的统一。有志于提出新观点的同志，为了使自己的著作经得起批评，长久流传，是应该以马克思为榜样的。

① 《马克思恩格斯全集》，中文第1版，第22卷，165页，北京，人民出版社，1965。

加强合作，促进共同繁荣

——祝《民国档案》进入新的一年 *

党的十一届三中全会以来，我国的档案工作和历史研究工作都有了相当大的成就。但是要取得进一步的发展，档案工作者和史学工作者还应大力加强合作。值此《民国档案》进入第四年之际，谨草此文，以表祝贺，并提出几点不成熟的建议，聊供参考。

档案工作者和史学工作可以说是互相依存的，古今中外，莫不皆然。史学工作者要想写出高水平的著作，必须广泛利用第一手史料，而档案馆所藏大都是原始材料，因此史学工作者之不能不依靠档案工作者，几乎已成为一条自明的真理了。司马迁作《史记》，“ 史记石室金匮之书”，就是利用了宫廷保藏的大量档案文书材料，才得以写成这部千古不朽的名著。19 世纪德国史学大师朗克，遍阅柏林、维也纳、罗马、巴黎等地公私收藏的档案文献，并精于史料批判之学，遂能创一学派，其影响至今犹存。① 这些都是人们熟知的例子，无须多说。这里，我要强调的是，随着时间的推移，越到后来，史学工作者对档案工作者的依靠程度也越深。时至 20 世纪的今天，由于人类事业的巨大发展，各国入藏的档案数量越来越大，种类越来越多(政治、军事、外交、经济、社会、文化、科技等)，而且形式也日趋多样化(纸质档案以及照片、影片、胶卷、录音磁带等)。在这种情况下，一个史学工作者，不论他有多么深

---

* 原载于《民国档案》1989 年第 1 期。

① 这里不涉及对朗克史学的全面评价，只是说明他熟读档案文献并能加以鉴别、考证，是他成名的一个原因。

厚的史学素养，如果得不到档案工作者的帮助，就有可能陷入档案的原始密林之中而无法自拔。现在西方史学工作者写书，在序言中往往要对档案工作者表示谢意，这并非一般的客套，而是道出了史学工作者离不开档案工作者的帮助的真情。

中华民国时期的历史距今时代最近，关系至深，理应成为史学研究的一个重点。但要使这段历史的研究达到较高的学术水平，则非充分利用历史档案不可。中国第二历史档案馆拥有十分丰富的档案，现已开放，这批宝藏如能得到充分的利用，必将使中华民国以及整个中国现代史的研究面目一新，发生重大的变化。其中涉及中外关系的档案材料，对于世界现代史的研究，也是极其重要的。我这样说，决非过甚其词。从学术史上看，新材料的出现，往往能给一门学问带来巨大的变化，甚至产生一门新学问。殷墟甲骨的发现及其释读，为中国古代史的研究开拓了新的途径。郭沫若先生说："谓中国之旧学自甲骨之出而另辟一新纪元，决非过论。"①再如，敦煌遗书的出世，产生了国际性的"敦煌学"。陈寅恪先生深刻指出："一时代之学术，必有其新材料与新问题。取用此材料，以研求问题，则为此时代学术之新潮流。治学之士，得预于此潮流者，谓之预流(借用佛教初果之名)。其未得预者，谓之未入流。此古今学术史之通义，非彼闭门造车之徒，所能同喻者也。敦煌学者，今日世界学术之新潮流也。"②现代史的研究，在很长时间内受到轻视，其中的一个重要原因就是研究者看不到原始材料。现在，中国第二历史档案馆的宝库已经公开，只待史学工作者去辛勤钻研了。我们盼望，在不久的将来能有一批有关中华民国时期的历史巨著问世，它们充分占有中国第二历史档案馆的第一手史料，言必有档案可据，足以取信于国际学术界。③

从另一方面说，档案工作者也应与史学工作者密切合作。档案工作者必须具有丰富的历史知识，否则就难以开展工作。但是，档案工作者毕竟职有专司，历史研究不是他们的经常业务。因此，在档案的搜集、整理、分类和编制目录与索引的整个过程中，都免不了要向史学工作者进行咨询，以便把工作做得更细密、更准确，而不致发生差误。

---

① 郭沫若：《中国古代社会研究》，213～214页，北京，人民出版社，1954。

② 陈寅恪：《金明馆丛稿二编》，236页，上海，上海古籍出版社，1980。

③ 过去由于种种原因，我国学者撰写的几种第二次世界大战史，在谈到中国战场的地方，几乎都无档案出处。已出版的几种中国抗日战争史，也有同样的缺点。外国学者对此时有批评。

下面提出几点具体建议，以备参考。

第一，坚持出版史料汇编。

中国第二历史档案馆决定出版《中华民国史档案资料丛刊》(1912～1949年)，现已出版若干种，这是对史学界的一大贡献。档案资料数量巨大，要求每一个研究者经常来馆查阅是不可能的，特别是我国史学工作者的研究经费有限，而这种状况在短期内又是不会改变的。再者，研究工作者既不可能也无必要对每一个问题都从查档案入手。例如，英国档案保密的期限自1967年起缩短为三十年，二三十年代的政府文件现在一般都已公开，可供查阅，但英国学者仍然在编选多卷本的《1919～1939年英国外交政策文件汇编》，除第三辑(正文9卷，索引1卷)已出齐外，其他Ⅰ、$Ⅰ_A$、Ⅱ等辑仍在继续出版之中。当前，出版学术著作遇到许多困难，但我希望《资料丛刊》的编选工作无论如何也要继续下去。在某一段时间内，少出一点是可以的，但千万不要中断。

编选史料，可由档案工作者自己动手，也可与史学工作者合作进行。我国史学工作者一向重视资料工作，例如明清内阁大库档案的整理，就是由著名学者陈寅恪、朱希祖、陈垣、傅斯年、徐中舒等人倡议并组织的。西方史学工作者也很重视史料的编辑工作。上述《1919～1939年英国外交政策文件汇编》的编选者，不少都是名家，例如伍德沃德(E. L. Woodward，曾任牛津大学近代史教授)、梅德利科特(W. N. Medlicott，曾任伦敦大学国际关系史教授)等。

现在，一些国家的档案馆已经把档案制成缩微胶卷出售(这个问题我们后面还要谈到)，但在我国目前的条件下，缩微胶卷的售价必定不会便宜，大规模地开展这项业务是没有可能的。另一方面，即便售价在将来有所降低，人们亦无可能遍读所有材料，各种史料选编仍然是读者需要的。

第二，出版详细的馆藏目录。

由于档案的数量惊人得庞大，如果没有详细的目录，则使用者必将事倍功半，要走许多弯路。国际档案界对于编目工作是十分重视的。例如，保存在美国弗吉尼亚州亚历山德里亚的德国国防军以及德国政府其他机关的档案(原件已归还西德，但均已由美方制成缩微胶卷)，数量极多，如无指导，则无法阅读，遂由美国历史协会所属战争文件研究委员会组织人力，编了一套详细的目录——《德国档案指南》，多达五十几卷。又如，肯特(George O. Kent)编的《1920～1945年德国外交部案卷和缩微胶卷分类目录》，共四卷，也很便易。

档案的分类与编目决非单纯的技术工作，它要求档案工作者具备丰富的历史知识，熟悉档案文件的内容，才能做到“部次条别”，达到应有的学术水平。

这项工作，也可吸收史学研究者参加。外国史学工作者参加历史档案编目的不乏其人。例如，美国学者温伯格(Gerhard L. Weinberg，名著《希特勒德国的外交政策》的作者)，就是《德国档案指南》的一个编者。在档案工作者的严格指导下，各大专院校历史系的学生把档案编目作为业务实习的一项内容，似乎也是可行的。现在，我国的档案馆一般都有了供读者使用的目录，少数档案馆还把目录予以出版，但内容还应大大加详。我觉得，我们对档案编目工作应当给予高度的重视，投入更多的人力，使之尽快完善起来。

第三，继续搜集资料，充实馆藏。

中国第二历史档案馆的收藏虽然十分丰富，但还应不断补充。随着史学研究范围的扩大，由传统的政治史而发展到经济史、社会史、文化史等方面，原来视为无足轻重的东西便可能变为重要史料，例如契约、账簿、租折、商业记录，等等，都是研究经济史所不可缺少的。我们还应把视野再放大一些，除文字档案外，地图、照片、影片等也是需要收藏的。例如照片一类，对社会史、文化史的研究就很重要。已故著名史学家邓之诚先生生前收藏过清末和民国时期的许多照片，颇为珍贵。我相信，今天在一些人的手中仍然保存着不少有史料价值的照片，有待我们去大力征集。

我还建议，中国第二历史档案馆的同志在条件许可的时候走出去，对一些人做口头访问，或作笔录，或作录音，或作追记，然后入档保存。有些人阅历丰富，但由于年老或其他种种原因，不写或不愿写回忆录，这就需要通过采访把他们脑子里的材料启发出来。有这样一个例子，著名记者徐铸成先生在“文革”前花了整整两年时间，对北洋军阀政府皖系要员李思浩做了几十次采访，终于写成了《李思浩谈他的一生》一文，保存下来许多有价值的史料。① 耆宿犹存，应当赶快抢救他们亲历亲闻的材料。还有一些人，没有文化，但是重大事件(例如南京大屠杀)的目击者，这只能通过口头采访，把他们知道的材料记录下来。口传史学，今天在西方相当发达。我国史学早有此传统。司马迁作《史记》，不仅依据文字资料，而且经常进行实地调查、口头访问。司马迁既是史学家，在某种意义上也是档案学家。今天的史学工作者和档案工作者都应继承这个优良的传统，做一些口头的史料采访工作。

第四，逐步开展档案的缩微工作。

制作并出售档案的缩微胶卷，是档案工作现代化的一个标志。对一些珍贵

① 徐铸成：《旧闻杂忆补篇》，32～85页，成都，四川人民出版社，1983。

材料，必须制成胶卷，而决不能让原件在反复阅读中遭到损坏。即使是一般材料，如因年长日久而行将损坏者，只要不属于销毁的范围，也应复制下来。不久前，我在中国第二历史档案馆查阅材料时，发现抗战时期一些电文(当时的纸张很坏)的字迹已经模糊不清，急待拍制胶片。档案的缩微化还有利于档案的流通与普及。现在，外国档案馆(如美国国家档案馆)出售缩微胶卷的业务非常发达。随着我国经济的发展，有财力购买缩微胶卷的单位将越来越多，到那时研究者再不必往返奔波，就可以在本单位阅读到大量档案，从而节约下许多时间。中国第二历史档案馆似尚未开展出售缩微胶卷的工作，可否在近期内先做小批量的试点，可否再逐步扩大。我估计，起码国外的档案机构、研究单位以及个人都会立即购买的。

最后，我衷心祝愿档案工作者和史学工作者的合作将日益加强。我也相信，这种密切的合作必将使我们彼此的事业都更加繁荣起来。

继承与创新

——在“变革时代的史学与史家座谈会”上的发言*

一

邹兆辰同志访问了几十位历史学者，随后把访问记录结集出版，这是一项很有意义的工作，有助于历史研究和教学的推进，值得继续进行下去。希望在今后访问时能抓住两个重点：一是访问对象的师承关系，一是访问对象的新成就，这两点其实就是继承与创新的问题。

做学问，必须创新。如果陈陈相因，原地踏步，那就无法前进。但创新的前提和基础是继承，因此先从继承谈起。

为什么说创新的前提和基础是继承呢？理由有二。

第一，人类的知识是一个不断积累的过程，好比一座高耸入云的大楼，必先打好地基，然后一层一层地盖上去，地基必须牢固。今天方便、灵活、功能众多的平板电脑，是从1945年诞生的第一台重达三十余吨、占地150平方米的电子计算机逐步发展而来的。类似的例子举不胜举。1957年高本汉在向诺贝尔奖获得者所致的贺词中说：“我们永远不要忘记，在自然科学、人文科学和艺术领域里创造了某种新的和重要成果的每一个知识工作者，都不可避免地站在前人的肩膀上。知识不停地从一个人传到另一个人，这是发

---

* 2012年11月12日首都师范大学历史学院为邹兆辰主编的《对话当代历史学家》两册（首都师范大学出版社2011年版）举行了一次座谈会。本文即根据作者在这次座谈会上的发言整理、补充而成。

展中一个不可断缺也不可能断缺的链条，在这个链条中一个环节都不可省略或去掉。在50年内你们的名字可能完全被忘掉，或者可能在书本里为人记载，藏在名字后边的人不会有人记得。但是你们提出和证明的新思想作为给下一代人的遗产将永存。你们通过为人类共同的知识宝库作出的贡献而永生。”①法国年鉴学派历史学家勒高夫说：“让我们保持谦虚的态度。12世纪初年，大教堂学校的保护人和督学贝尔纳·德·夏特尔(Bernard de Chartres)说道：‘我们就像侏儒站在巨人的肩上而比他们看得更多更远。’这同样适用于我们。研究，科学，是一条长长的链子。我们得承认自己的智力债务并懂得：如果我们应当力求总是看得更远，那么仅仅因为我们是一个伟大的过去的继承人，我们方能做到。”②

马克思主义是人类思想史上，特别是社会科学史上具有伟大意义的创新，但它也不是从天上掉下来的。人们知道：马克思主义有三个来源——德国古典哲学、英国古典经济学和法国空想主义。不仅如此，马克思主义还吸收了自然科学方面三大发现(细胞学说、能量转化定律和生物进化论）的成果。

正由于知识是一个不断积累、不断发展的过程，治学者必须了解前人的研究成果。了解，可收事半功倍之效；不了解，则事倍功半，甚至徒劳一番。因此，不论搞哪一门学问，都要具有这门学问的目录知识。清人王鸣盛说：“目录之学，学中第一紧要事，必从此问途，方能得其门而入。”有成就的学者，都在目录学上下过一番功夫。史学家吕思勉说：“苏常一带读书人家，本有一教子弟读书之法，系于其初能读书时，使其阅《四库全书总目提要》一过，使其知天下(当时之所谓天下）共有学问若干种？每种的源流派别如何？重要的书，共有几部？实不啻于读书之前，使其泛滥一部学术史，于治学颇有裨益。此项功夫，我在十六七岁时亦做过……我的学问，所以不至十分固陋，于此亦颇有关系。”③史学家陈垣治学，也是从目录入手的。他年轻的时候，就熟读了《四库全书总目提要》和张之洞的《书目答问》。他在大学教书时，还开设了“史学名著评论”一门课程，目的是为了增长学生的史学目录知识。今天世界学术界已形成了一种规范，即在每一本专著之后附有“参考书目”。之所以必列这一项，是

① 马悦然：《我的老师高本汉》，309页，长春，吉林出版集团有限公司，2009。

② 勒高夫：《关于史学的若干问题》，《史学理论研究》1994年第4期。

③ 吕思勉：《少时得益于父母师友》，载《蒿庐问学记：吕思勉生平与学术》，229～230页，北京，生活·读书·新知三联书店，1996。

为了：(1)说明本书写作的依据；(2)告诉读者进一步研究时可看哪些书籍。此外，各科还有专门的目录书。例如，美国历史学会组织编写的《历史要籍指南》(*A Guide to Historical Literature*)，就是一部极有用的专业目录书。此书于1931年出第一版，1961年出第二版。1995年由牛津大学出版了第三版，共收27000个词条，时间由史前讲到当代。还有一些专就某一研究领域编纂的目录书，例如20世纪80年代出版的《欧洲外交史指南：研究与研究材料》(*Guides to European Diplomatic History: Research and Research Materials*)，共6本：英、法、德、意、苏、国际组织各一本，是研究1918～1945年欧洲外交史必备之书。我国一些史学专著，不附"参考书目"一项，实为憾事。

第二，如果没有继承，怎么能够知道什么问题已经研究过而且解决了；还有哪些问题没有研究过，或者虽然做过研究而尚未解决，其中又有哪些问题最为重要，应下大力研究？如果这些问题都不清楚，又如何能说自己的研究是创新呢？浅学而又急于出名的人往往自诩为创新者，这是因为他读书太少，不了解前人的业绩，便把自己炒的一盘冷饭当作新的独门招牌菜端了出来。继承，当然不应当全盘照搬，而是扬弃(Aufhebung)，是推陈出新。列宁说："马克思主义这一革命无产阶级的思想体系赢得了世界历史性的意义，是因为它并没有抛弃资产阶级时代最宝贵的成就，相反却吸收和改造了两千多年来人类思想和文化发展中一切有价值的东西。"①吸收和改造这两个步骤，一个都不能少。马克思对待黑格尔的唯心辩证法，就是批判继承的一个典范。马克思写道："辩证法在黑格尔手中神秘化了，但这决没有妨碍他第一个全面地有意识地叙述了辩证法的一般运动形式。在他那里，辩证法是倒立着的。为了发现神秘外壳中的合理内核，必须把它倒过来。"②经过马克思倒过来的唯心辩证法，成为唯物辩证法。当德国资产阶级哲学家毕希纳、朗格、杜林、费希纳等人把黑格尔当作一条"死狗"时，马克思义愤地说："我公开承认我是这位大思想家的学生。"③

总之，没有继承的"创新"，其结果必然是虚妄而不可靠的；全盘照搬的继承，其结果必然是平庸而无足取的。今天，有一种浮躁而又浮夸的学风，把一

① 《列宁选集》，中文第3版，第4卷，299页，北京，人民出版社，1995。

② 《马克思恩格斯选集》，中文第2版，第2卷，112页，北京，人民出版社，1995。

③ 同上。

些没有费多大力气就拿出来的东西，称作（自诩或他人谬赞）“创新之作”、“填补了空白”，等等，这是很危险的。我们要慎用“创新”一词。

二

下面谈创新。创新是绝对必要的。只有经过不断的创新，人类文化才能向前发展。那么，什么是创新呢？知识的门类很多，情况各有不同。这里仅就历史学的创新，略择几种类型举例说明。

1. 运用新理论的研究。马克思主义于20世纪传入中国。1919年李大钊发表《我的马克思主义观》一文；1920年《共产党宣言》的第一个中文全译本出版。马克思主义虽然创始于19世纪，但对20世纪初的中国则是一种崭新的理论。1930年郭沫若出版了《中国古代社会研究》一书，这是中国第一部应用马克思主义解释中国历史的著作，具有开创性的意义。

2. 运用新方法的研究。例如王国维的“二重证据法”。甲骨文出土后，有些大学者抱怀疑态度，王国维则高度重视，并充分利用，写出了《殷卜辞中所见先公先王考》和《续考》，证实了《史记·殷本纪》所载殷王朝世系基本可信，商王朝确实存在。这种以地下实物资料与历史文献资料综合使用、互相印证的“二重证据法”是方法上的创新，在考证史上取得很大成功，以后不断有人效法。又如，法国年鉴学派提倡整体史学，主张采用多学科交叉的研究方法。布罗代尔据此理论与方法，写出了《菲利普二世时代的地中海和地中海世界》一书。他把注意力从事件和个别伟人转向制约历史的基本结构；他还研究了环地中海的所有区域，跨越了以民族国家为中心的观念，这些都富有新意。

3. 采用新史料的研究。所谓新史料，有两种情况。一种是原藏于某处，不为人知，后经发现者，如敦煌文书、居延汉简。1930年至1931年在居延发现了一万余枚汉简。劳榦对这批汉简做释文和考证，并据此写了一系列论文，开拓了汉简与汉代历史研究的新局面。另一种是材料摆在那里，但不被认为有史料价值，后来由于有了新视野、新问题，遂被引用，成为新史料，如小说、欧洲中世纪教区的登记册。小说向来不被认为有史料价值。陈寅恪认为小说虽非个性的真实，但有通性的真实。[①] 他写了一篇《读〈莺莺传〉》，说明唐元稹的《莺莺传》反映了唐代士大夫的道德标准和社会风尚，评价“此传亦是贞元朝之

---

① 石泉、李涵：《听寅恪师唐史笔记一则》，载《纪念陈寅恪先生百年学术论文集》，33页，北京，北京大学出版社，1989。

良史料，不仅为唐代小说之杰作是也”。[1] 又如，微观史学兴起后，宗教裁判所、法院和教区的记录成为受到重视的新史料，埃马纽埃尔·勒华拉杜里的《蒙塔尤》、卡洛·金斯伯格的《奶酪与蛆虫：一个十六世纪磨坊主的世界观》便是大量利用这种新材料写出的别开生面的著作。

4. 对他人未注意问题的研究。陈寅恪的一些文章即属于这种性质。例如，他写了一篇《天师道与滨海地域之关系》一文。他说：“东晋孙恩之乱与滨海地域之关系，旧史纪之已详，且为世人所习知者也。若通计先后三百余年间之史实，自后汉顺帝之时，迄于北魏太武刘宋文帝之世，凡天师道与政治社会有关系者，……悉用滨海地域一贯之观念以为解释者，则尚未之见。”[2]

5. 对旧问题另做新解的研究。例如，清代的八旗制度究竟是怎样的一种制度，《清史稿》以为是一种兵制，《清史稿》把八旗制写入《兵制》。孟森最先对这个问题进行研究，指出：“八旗者，太祖所定之国体也。……此太祖之口定宪法，其国体假借名之，可曰联邦制，实则联旗制耳。”[3]继孟森之后，王钟翰等人做了进一步的研究，认为“八旗制度作为清人入关前满族共同体政治、军事、生产三者合一的社会组织形式，属于社会的经济范畴，但同时又具有部分国家职能，从而与国家有着直接的同一性。八旗制度是前封建社会的分封制，而非封建社会的联旗制或联邦制。”[4]

6. 集大成的研究。这类著作在继承前人研究成果的基础上达到了一个新的更高的水平，例如谭其骧主编的《中国历史地图集》。清人杨守敬编制过《历代疆域图》，但杨图有很大的局限性，其内容主要只是编绘被封建史学家视为“正统”的王朝的领域。《图集》则把我国各民族的各个活动地区都纳入中国历史地图的范围，完整地显示了中国疆域发展和形成的历史，远远超过了杨图和此前出版的各种历史地图的水平，标志着我国的历史地理学迈入了一个新阶段。

7. 开山之作。例如梁启超的《中国历史研究法》、陈垣的宗教史研究、梁启超的《中国历史研究法》初版于 1923 年发行。梁氏自称：“吾治史所持之器，大略在是。”这部书论述了历史的意义及其范围、旧史的改造、历史的因果和动

① 陈寅恪：《元白诗笺证稿》，112～116 页，上海，古典文学出版社，1958。

② 陈寅恪：《金明馆丛稿初编》，1 页，上海，上海古籍出版社，1980。

③ 孟森：《八旗制度考实》，载《孟森学术论著：清史讲义》，22 页，杭州，浙江人民出版社，1998。

④ 王钟翰：《篇篇精练，字字珠玑——孟森的〈明清史论著集刊〉及〈续编〉》，载《20 世纪中国史学名著提要》，262 页，北京，北京师范大学出版社，2007。

力、史料的搜集与鉴别几个方面，形成了20世纪我国最早的史学理论体系，在一段时间内产生了很大的影响。陈垣精研宗教史。他所著的《元也里可温教考》《火祆教入中国考》《摩尼教入中国考》《开封一赐乐业教考》等文，是中国史学界对这些宗教的第一次系统的论述。陈寅恪给以很高的评价，说："严格言之，中国乙部之中，几无完善之宗教史。然其有之，实自近岁新会陈援庵先生之著述始。"①

8. 历史著作编写的新体裁。我国传统史学的编写体裁有三种：纪传体、编年体和纪事本末体，行之多年，未有改变。夏曾佑编写的《最新中学中国历史教科书》于光绪三十年(1904年)发行出版。这本教科书分编、章、节几个部分编写，这种新体裁成为以后编写史书的主要体裁。白寿彝主编的多卷本《中国通史》又创了一种新体裁。全书各卷都包含序说、综述、典志、传记四个部分。这种体裁兼采旧史体裁和后来的编、章、节体裁之长，不仅包含了中国历史各方面的内容，而且还为继续研究某一段历史提供了帮助，告诉人们这一段历史的基本史料和前人的研究成果。历史学的创新，还有一些类型，兹不备述。总之，创新是比前人的研究更进一步，这一步有大有小，但无论如何必须是前进一步，而不是原地踏步。

创新是一个艰苦的过程，恩格斯说："即使只是在一个单独的历史事例上发展唯物主义的观点，也是一项要求多年冷静钻研的科学工作，因为很明显，在这里只谈空话是无济于事的，只有靠大量的、批判地审查过的、充分地掌握了的历史资料，才能解决这样的任务。"②马克思的《资本论》写了一辈子，生前只出了第一卷。马克思为了研究俄国问题，五十岁以后又开始学习俄文。1869年11月29日他在致路·库格曼的信中说："我还要学习俄文，因为彼得堡给我寄来了一本关于俄国工人阶级(当然也包括农民在内)状况的书。"③恩格斯到了73岁高龄又开始学习罗马尼亚文和保加利亚文，"因为只有这样我才能跟上社会主义向东方和东南方的进展"④。严肃的学者对于著作都是精益求精、严格要求的。顾炎武在其所著《日知录》的序中说："愚自少读书，有所得则记

① 陈寅恪：《陈垣明季滇黔佛教考序》，载《金明馆丛稿二编》，240页，上海，上海古籍出版社，1980。

② 《马克思恩格斯选集》，中文第2版，第2卷，39页，北京，人民出版社，1995。

③ 《马克思恩格斯书信集》，245页，北京，人民出版社，1962。

④ 同上书，507页。

之。其有不合，时复改进。或古人先我而有者，则遂削之。积三十余年，乃成编。"他对著作的标准还有一个传诵于后世的十分生动、形象的比喻："尝谓今人纂辑之书，正如今人之铸钱。古人采铜于山，今人则买旧钱，名之曰废铜，以充铸而已。……承问《日知录》又成几卷，盖期之以废铜；而某自别来一载，早夜诵读，反复寻究，仅得十余条，然庶几采山之铜也。"①"急救章"是写不出好东西的。

创新，要经得起时间的考验。马克思主义是人类思想上极大的创新，它虽然产生于19世纪，但其基本原理至今站得住脚，堪称历久弥新。有些新理论、新学说、新观点，虽然耸动一时，但经不住时间的考验，昙花一现而已。"物暴长者必夭折，功卒成者必亟坏"②，这个道理也完全适合于科学研究。

总之，为学譬如积薪，后来者居上，但开创者的功劳是不应当被埋没的。

① 《顾亭林诗文集》，93页，北京，中华书局，1983。

② 汉光武帝对二千石长吏有微过者必予罢斥，"交易纷扰，百姓不宁"。朱浮上疏谏道："夫物暴长者必夭折，功卒成者必亟坏，如摧长久之业，而造速成之功，非陛下之福也。"(《后汉书》卷三三《朱浮传》) 这个道理也适用于经济建设和文化建设。

漫谈科学研究与学科带头人问题

——在首都师范大学1999年科研工作会议上的讲话

参加这次盛会，听了许多富有启发性的经验介绍，特别是结识了好多位我校新涌现出来的中青年学科带头人，心情十分愉快、振奋。我也有一些想法，谈出来供同志们参考，请指正。

(一)教学与科研的关系

教学与科研，二者是密不可分的。在学校，首先要教学，这是天经地义的事。教书，有两种教法。一种是年年老一套，讲稿的纸变黄了，内容还不变。这种低水平的教学必须否定。另一种是内容不断更新，及时反映学术前沿的成果，反映教师自己研究的心得。人类即将迈入21世纪，知识更新的速度很快。江泽民同志说："教育是知识创新、传播和应用的主要基地，也是培育创新精神和创新人才的摇篮。"怎样才能做到这一点呢？只有进行科学研究。我举一个例子。1947～1948年我是清华大学历史系三年级的学生。当时陈寅恪先生在历史系开了两门课——隋唐史和魏晋南北朝史。我们本科学生听，研究生也听，某些升了教授的先生有时也去听。抗战时期，陈先生在成都授课时，好多大学的教授都去听课。为什么能有这种现象呢？因为陈先生讲课，每一遍都有新内容、精彩的内容，反映他的新的研究心得。这种高水平的教学应当肯定，值得学习。以上说的是科研能够提高教学的质量，或者说教学质量的提高，必须以科研作基础。

反过来说，教学也能起到促进科学研究的作用。在大学，有一个优越的条件，就是师生在一起切磋，教学相长。教一门课，教师遇到难点、疑点，遇到学生所提的不易解答的问题，甚至学生的不同意见，就必须进一步研究，从中就能产生有价值的科研课题。这里也举一个例子。顾颉刚先生1931年在燕京大学历史系教书时，开了一门课——《尚书》研究，班上有一高才生，就是后来我国著名的历史地理学家谭其骧先生。谭对顾所编讲义中认为《尧典》的十二州是缘于汉武帝时的制度，有不同意见。师生经过反复讨论，最后不但弄清了汉武帝的十三州，而且弄清了王莽的十二州，等等。

我校是师范性质的高等学校。“文化大革命”前，忽视科研。1978年党的十一届三中全会以来，特别是最近十几年，科学研究受到校领导的重视，广大教师搞科研的劲头很足。今天已出现了教学与科研并重的局面。但就个人来讲，有些同志仍然忽视科研，另一些同志则只愿搞科研，不愿上课，或尽量少上课。我这里要强调一下老教师上基础课的问题。老教师由于知识面广并有专门研究，在多年教学中积累了丰富经验，故由他们上基础课，对学生的好处很多。一些大学者是很重视基础课的。新中国成立前，陈垣先生任辅仁大学校长时，他亲自选择任“大一国文”的教师，并自己讲授过“大一国文”。新中国成立前，清华大学的“中国通史”(文法学院学生都选)，是由雷海宗先生和吴晗先生分别授课的。现在有些五十多岁的教授就不愿上基础课了，这是不对的。无论你是多么大的科学家，只要在大学工作，就应当上课，包括上基础课。即使在大学研究所工作的同志，也应适当上一些课，这对研究只有好处，没有坏处。陈寅恪先生晚年目盲以后，仍坚持上课。1946年清华大学复校后，梅校长让历史系主任雷海宗先生去看望陈先生，说他身体不好，可先休养一段时间。陈先生听后说：“我拿了国家的薪水怎能不上课?”他继续在历史、中文两系开课。美籍华人杨振宁先生是一位大科学家，但以作一名教师而自豪。他出版了一部自传性的著作，书名就叫《读书教学四十年》。

总之，一个好教师应当在教学、科研两方面都做出优秀成绩。

(二)学风问题

搞科学研究，必然涉及学风问题。学风是一个很大、很严肃的问题。今天我只能针对当前的情况，略谈几点意见。

1. 中青年同志一定不要急功近利，要打好基础，才有后劲，才不致昙花一现。明末清初大学者顾炎武批评当时的一种不良学风，就是“速于成书，躁于求名”。今天仍有这种现象，中青年同志要引以为戒。“速成”的东西，经不起时间的考验，不会有持久的价值。

2. 要有远大志向，不要轻易自满。现在有些人写文章、写书，目标就是为了升教授。一旦升了教授以后，搞科研的劲头就不足了，这种人是成不了真正的学者的。美国有些副教授拿到了 tenure(长期聘任书)以后，就不再搞科研了。真正的学者，即使到了暮年，“功成名就”了，仍然继续研究，决不罢休。北京师范大学白寿彝先生今年整 90 岁，他主编的巨著《中国通史》22 本已经出齐。但要知道，他开始主编这套书时，已经 70 岁了。在庆祝他的 90 岁诞辰以后，他又开始抓《中国史学史》后几卷的编写工作(已出一卷)。这是何等的精神，真值得我等后辈好好学习。

3. 要有精品意识。什么是精品？可以有多种解释。顾炎武对著作的要求是：“其必古人之所未及就，后世之所不可无，而后为之。”我看能达到这样的标准，就可以称得上“精品”。现在有一种追求数量的不良倾向，如动不动就说自己写了几十本书或百余篇文章，等等。以我的专业世界史这一门来说，高质量的学术论文，一年最多只能写两篇，一篇也不算少。要搞“传世之作”，这是要花大力气的。

(三)学科带头人问题

科学发展到今天，不论是自然科学，还是社会科学、人文科学，都必须发挥集体的力量，才能搞出重大的成果。当然，个人单干，在某些情况下，仍然是一种可行的方式。好的科学群体十分重要，下面举两个例子。日本京都大学人文科学研究所文学研究室是一个好的科学群体。一些学者如吉川幸次郎等人，从 1939 年起开始集体研究元曲，定期聚会，各申其说，互相讨论。1952 年出版了《元曲选释》6 册，注释堪称详密精确。再如，创建于 1930 年的美国普林斯顿高等学术研究所，也是一个有名的科学群体。1947 年奥本海默出任所长。他既是一位出色的理论物理学家，又是一位杰出的学术带头人。在他的领导下，该所的物理组成了研讨当代物理学最前沿问题的活跃中心。他有一句名言：“我们有不明白的地方，就要设法彼此互相解释。”杨振宁就在这里长期工作过。现代的一些重大发明、发现，都不是一个人完成的。杨振宁、李政道关于弱相互作用中宇称不守恒规律的发现，由于吴健雄的实验，才最后得以确定。吴健雄的实验也有帮手，就是美国国家标准局华盛顿实验室的安伯勒等人。

怎样才算是一个好的学科带头人呢？应当德才兼备。才的方面，要精通业务，要有创造力。除了精通本学科的某一领域外，还要具有本学科的比较全面的知识，并有敏锐的眼光，能洞见学术的发展方向、切入点，等等。现在着重谈谈德的方面。只有才而无德，不能当带头人。对带头人所要求的德，应是：

1. 能团结人。要做到这一点，绝不能搞“武大郎开店”，不许别人比自己高明。有这种思想的人，就必然嫉贤妒能，和同事闹矛盾，最后把集体搞乱。高明的领导，不是逞一己之能，而是发挥大家的力量和作用。刘邦、项籍争天下，刘胜项败的一个重要原因，就是项籍自恃勇力，不会用人，而刘邦善于用人，手下有“汉三杰”：萧何、韩信和张良，还有一大批能干的文臣武将。匹夫之勇的项籍，最后落得个乌江自刎的下场。

2. 不能见好处就上，争名夺利，一切成果都由自己领衔。这样搞，别人不会心服，终必散伙。

3. 要能引进人才，发现人才，培养人才。创“古史辨”学派的顾颉刚先生在这方面做得非常出色。三十年代顾先生在燕大做教授时，发现一位中学教师——钱穆很有水平，于是为他在《燕京学报》发表了一篇论文《刘向歆父子年谱》，并请他来燕大任讲师。钱这篇文章的学术观点是与顾相反的，但顾胸怀宽大，以学术为重。钱未上过大学，如无顾的力荐，是根本不可能进一个著名的教会大学任课的。钱后来又入北京大学，当了教授，成为著名学者。再举一个例子。二三十年代燕京大学历史系有一位教授，叫洪业(煨莲)，他很爱惜人才，他赏识的学生有齐思和、翁独健、周一良等人。他把他们都送到哈佛大学读书，后来都得了博士学位。齐、翁、周诸位先生回国后任教于各大学，都成为著名的历史学家，卓有建树。

4. 中青年学术带头人千万不要骄傲，不要有了成绩(即使是很大的成绩)就自满起来。“天外有天，人外有人。”骄傲自满的结果，必然故步自封，学术就不能前进了。国学大师黄侃说过：“为学要日日有所知，日日有所不知。”知道“不知”，就能继续探索，带领科学群体继续前进。

从现在起，十年以后，大约到2010年，希望我校有一批优秀的教授、副教授和讲师，在若干系还能有两三名全国公认的一流学者。到那时，我校的办学质量必将有很大的提高，迈入一个新的更高的阶段。关键在教师。我祝愿：一群新星将在首都师范大学的上空升起。

漫谈学风问题和学术批评问题*

一、学风问题

学风问题是一个老问题，但又是一个人们经常谈论的问题。我今天面对的是研究历史的中青年学者，因此就以各位为对象谈谈这个问题。由于谈的内容不成系统，多是一些感想，故曰“漫谈”，不当之处，请各位批评指正。

(一)要提倡创新的学风

无论哪一种学科，要想发展，就必须不断创新。总在原起点踏步，停滞不前，科学的生命就死亡了，人类也就无法进步了。科学的发展规律是后来居上。在20世纪，科学技术的进步达到空前未有的程度。人们经常谈论的是自然科学和技术的进步。实际上，社会科学也在进步。列宁主义、毛泽东思想、邓小平理论都产生于20世纪。以中国史学而论，在20世纪产生了王国维、陈垣、陈寅恪、郭沫若、顾颉刚等真正可以称得起大师级的人物。在旧中国，由于种种条件的限制，世界史学科难以发展。1949年新中国诞生，到现在才49年，时间太短，但从20世纪20年代到现在，也产生了一批杰出的学者，如陈翰笙、雷海宗、杨人楩、齐思和、季羡林、周一良、吴于廑等前辈。人类越向前发展，科学技术的进步就越快，这是因为基础越来越雄厚，积累的成果越来越多了。可以预料，到21世纪，各种学科都将有重大的进步，行将出现一个“百花

---

* 原载《世界历史》1999年第1期。

争艳”的局面。我们必须加倍努力，不断创新，才能赶上时代的步伐，否则就一定会落后，更谈不上什么在世界上占一席地位了。

如何才能创新，下面提几点浅见。

1. 要吸收中外学者已有的成果。“学如积薪，后来居上。”不吸收已有的科研成果，却要平地起高楼，是绝对做不到的。马克思是天才，但他治学特别勤奋，对人类思想和文化发展中一切有价值的东西都予以吸收，因此才能创立马克思主义这个博大精深的体系。列宁说：“为什么马克思的学说能够掌握最革命阶级的千百万人的心灵，那你们只能得到一个回答：这是因为马克思依靠了人类在资本主义制度下所获得的全部知识的坚固基础；马克思研究了人类社会发展的规律，认识到资本主义的发展必然导致共产主义，而主要的是他完全依据对资本主义社会所作的最确切、最缜密和最深刻的研究，借助于充分掌握以往的科学所提供的全部知识而证实了这个结论。凡是人类社会所创造的一切，他都有批判地重新加以探讨，任何一点也没有忽略过去。”①已故语言文字学家杨树达先生认为治学的次第应当是“先因后创”，即先继承后发展。他还说：“温故而不能知新者，其人必庸；不温故而欲知新者，其人必妄。”②

为此，我们必须重视目录学，不断积累书目方面的知识。清代学者王鸣盛说：“目录之学，学中第一紧要事，必从此问途，方能得其门而入。”③研究中国古代史的，至今仍然要利用《四库全书总目提要》《书目答问》这类的目录学专著。陈垣、吕思勉等大史学家都是从年轻时就熟读《提要》的。西方史学家非常重视史学目录书的编纂，成绩居于世界的前列。例如，美国历史学会组织许多史学家编写的《历史要籍指南》(*A Guide to Historical Literature*)，1931 年出第 1 版，1961 年出第 2 版，经过三十几年后，于 1995 年由牛津大学出版社出了第 3 版，共收书 26926 本，我们搞世界史的都应利用这部高水平的《指南》。西方编的这类书很多。例如，关于欧洲外交史方面，在 20 世纪八九十年代出了一套《欧洲外交史指南：研究与研究材料》(*Guides to European Diplomatic History: Research and Research Materials*)，已出英、法、德、意、苏、国际组织 6 种，也值得重视。研究世界史的同志，尤其要注意外国学者的研究成

---

① 《列宁选集》，中文第 3 版，第 4 卷，第 284 页，北京，人民出版社，1995。

② 杨树达：《积微翁回忆录·积微居诗文钞》，129 页，上海，上海古籍出版社，1986。

③ 王鸣盛：《十七史商榷》卷一。

果，并及时予以适当的吸收。哪怕只有半年的时间不看新书，就会落伍。

2. 利用新材料。陈寅恪先生说："一时代之学术，必有其新材料与新问题。取用此材料，以研求问题，则为此时代学术之新潮流。治学之士，得预于此潮流者，谓之预流(借用佛教初果之名)。其未得预者，谓之未入流。此古今学术史之通义，非彼闭门造车之徒，所能同喻者也。"①王国维也说："古来新学问起，大都由于新发现。"他在《最近二三十年中国新发现之学问》一文中，列举了最重要的五项新材料：殷墟甲骨文字、敦煌塞上及西域各地之简牍、敦煌千佛洞之六朝唐人写本书卷、内阁大库之元明以来书籍档册、中国境内之古外族遗文。由于这五项新发现的材料，推动了许多学科的研究，"敦煌学"已成为国际上的一门显学。对于研究世界史的学者，最可喜的是各国档案保密期限的缩短，今天许多国家都规定30年以上的档案解密(当然不可能是百分之百，都有一些保留)。这对于研究世界现代史的人，尤其有利。一些发达国家还大量出版历史文献，这不仅有利于世界史的研究，对中国近现代史的研究也是很有用的。例如，英国外交部《机密政治通讯》的中国部分，正在制成缩微胶卷，共分三辑，由1906年到1945年，其中一部分已经制成并出售，例如1932～1933年部分已制成78卷，现已出售。我们必须密切注意国外新出版的各种史料，并尽量购置(最好的办法是有所分工，任何一个单位的财力都是有限的)，才能推动我国世界史学科的研究。

3. 提出新问题。新问题大致有以下几种情况：

(1)由于新材料的发现而引出的新问题。例如，对唐后期沙洲归义军及其领袖节度史张议潮的历史，由于有了敦煌文书，才搞清楚。

(2)由于时代的变化，老问题应从新的角度加以探讨。例如，对卢森堡的评价问题。列宁与卢森堡发生过几次分歧与争论，但总的说来，列宁认为她是"世界无产阶级国际的优秀人物"，"始终是一只鹰"，"鹰有时比鸡飞得低，但鸡永远不能飞得像鹰那样高"②。但在斯大林时期，苏联对卢森堡的评价发生了突变，甚至荒谬地把她的思想理论说成是"通向"社会法西斯主义和资产阶级的"桥梁"。这是因为从30年代初，苏联出现了对斯大林的"造神运动"，个人凌驾于党和国家之上，而卢森堡是一贯强调反对官僚主义和特权化，反对权力过分集中，主张党内民主和社会主义民主的。苏联解体后，我们在总结苏联兴

① 陈寅恪：《金明馆丛稿二编》，236页，上海，上海古籍出版社，1980。

② 《列宁选集》，中文第3版，第4卷，643页，北京，人民出版社，1995。

亡的历史经验教训时，回过头来再看看卢森堡的理论学说，对其中的合理内核就可以看得更加清楚了。

(3)由于新时代出现而产生的新问题。时代变了，经济、社会、政治、文化各个方面都会发生变化，种种新问题自然随之产生。例如，在20世纪，特别是20世纪的后半期，科学技术迅速发展，邓小平从而作出了科学技术是第一生产力的正确论断。我们研究现代史的人，也要注意这个问题，当然不是像各门科技专家和科学史家那样从科技本身去研究，而是要重点研究科技发展对社会各方面的影响，它在历史上所起的作用。再如，出版事业在20世纪有很大的发展，对文化产生了巨大影响，因此一些大出版机构是值得专门研究的。现在已经出了一部生活书店的史稿，但对在旧中国有最大影响的商务印书馆迄今当无专书论述，只是对它的卓越领导人张元济写了几部传记。在旧中国，影响仅次于商务印书馆的是中华书局，也没有一本书专门来写它。这些都是文化上的好题目，值得花力气去研究。

4. 采用新方法。首先要说明的是：传统的、行之有效的方法，例如马克思主义的辩证方法、阶级分析方法，传统史学的考据方法，不仅要继续用，而且要用得精益求精。此外，国外史学界已经使用过的心理分析方法、计量方法等，我们仍然停留在介绍阶段，应当着手实践。这些方法对我们来说仍然属于新方法之列。当然，我们不应像心理史学家、计量史学家那样，把心理分析方法、计量方法的作用过于夸大，但也应承认它们在一定范围、一定程度内的有效性。比较新的符号学，我国已有个别学者用它来研究中国的儒学、伦理学。我们只有在使用的过程中，才能判断新方法的效用如何。不能只停留在介绍阶段，或者在介绍阶段就对其优劣长短做出过早的判断。

最后，我想谈谈理论问题。我认为，马克思主义仍然是我们研究历史的指导理论，至今没有什么更新的理论可以代替它。当然，马克思主义是在不断发展的，列宁主义、毛泽东思想、邓小平理论都是它各个阶段的发展，同样是我们研究历史的指南。马克思主义今后仍然需要继续发展，这不仅是政治家的事，各门科学的专家，包括历史学家，都有责任参加这项伟大的工作。今天，有些青年史学工作者不重视马克思主义理论，但资产阶级学者中的有识之士却不是这样的。英国著名史学家巴勒克拉夫认为，马克思主义作为哲学和总的观念，从五个方面对历史学家的思想产生了影响。“首先，它既反映又促进了历史学研究方向的转变，从描述孤立的——主要是政治的——事件转向对社会和经济的复杂而长期的过程的研究。其次，马克思主义使史学家认识到需要研究人们生活的物质条件，把工业关系当作整体的而不是孤立的现象，并且在这个背景下研究技术和经济发展的历史。第三，马克思促进了对人民群众历史作用的研究，尤其是他们在社会和政治动荡时期的作用。第四，马克思的社会阶级结构观念以及他对阶级斗争的研究不仅对历史研究产生了广泛影响，而且特别引起了对研究西方早期资产阶级社会中阶级形成过程的注意，也引起了对研究其他社会制度——尤其是奴隶制社会、农奴制社会和封建制社会——中出现类似过程的注意。最后，马克思主义的重要性在于它重新唤起了对历史研究的理论前提的兴趣以及对整个历史学理论的兴趣。"①巴勒克拉夫对于列宁也是很称赞的。他写道："布尔什维主义既作为一种政治理论，又是一种政治运动，这是列宁的天才创造。""在最本质的才能方面，历史上很少有人能够与列宁并驾齐驱，更没有人能超过他。"②

(二)要提倡严谨的学风

凡是想在科学上取得成就的人，都必须养成严谨的学风。马克思的严谨学风是后人永远值得学习的榜样。拉法格在《忆马克思》一文中说："马克思对待著作的责任心，并不亚于他对待科学那样严格。他不仅从不引证一件他尚未十分确信的事实，而且未经彻底研究的问题他决不随便谈论。凡是没有经过他仔细加工和认真琢磨的作品，他决不出版。他不能忍受把未完成的东西公之于众的这种思想。要把他没有作最后校正的手稿拿给别人看，对他是最痛苦的事情。他的这种感情非常强烈，有一天他对我说，他宁愿把自己的手稿烧掉，也不愿半生不熟地遗留于身后。"③我们再举一个例子。季羡林先生的老师是德国著名梵文学者瓦尔德施米特教授。他的专门研究范围是新疆出土的梵文贝叶经。季先生说，瓦尔德施米特教授关于梵文贝叶经的两本厚厚的大书，"有好几百页，竟然没有一个错字，连标点符号，还有那些希奇古怪的特写字母或符号，也都是个个确实无误，这确实不能不令人感到吃惊"④。瓦尔德施米特教授的严谨学风给季先生留下了终生难忘的印象，使他终生受用不尽。现在，一

① 杰弗里·巴勒克拉夫：《当代史学主要趋势》，27页，上海，上海译文出版社，1987。

② 杰弗里·巴勒克拉夫：《当代史导论》，201页、203页，上海，上海译文出版社，1996。

③ 《摩尔和将军》(《回忆马克思和恩格斯之一》)，102页，北京，人民出版社，1982。

④ 季羡林：《朗润琐言》，45～46页，上海，上海文艺出版社，1997。

些青年学生有心浮气躁的毛病。写完论文，自己不多看几遍，留下了不少错别字、错误的标点符号、任意改动的引文，等等。陈垣先生生前常说，写完文章，不要立刻发表，先搁一搁，多请人看看，提出意见，多改几遍以后，再拿出来。前辈的这些教导，我们应当认真领会并照办。

(三)要提倡刻苦的学风

搞学问，要想有点成就，都必须刻苦钻研，“速成”、“急就”的东西，必然短命。学习理论、积累材料、掌握工具，都必须长年累月地下功夫，然后才能写出有分量的东西。恩格斯说得好：“即使只是在一个单独的历史事例上发展唯物主义的观点，也是一项要求多年冷静钻研的科学工作，因为很明显，在这里只说空话是无济于事的，只有靠大量的、批判地审查过的、充分地掌握了的历史资料，才能解决这样的任务。”①以研究世界历史为例，光是掌握外语工具，需要多年的功夫。一门外语是起码的要求，对现在的青年一代应当要求掌握两门或两门以上的外语(因为他们现在有良好的学习条件)。积累材料，更是无尽无休。研究世界近现代史中任何一个稍微大一点的问题，都有看不完的材料，即使只选择其中比较重要的一部分，也要花费多年的时间。至于理论，由于历史的内容涉及经济、社会、政治、文化各个方面，需要多学科的理论知识，也要花力气一门又一门地去学习。有些学问，如数学，在二十几岁就可取得很大的成就。历史学则不行，在这个年龄段，即使人非常聪明，非常刻苦，也只能“初露头角”，不可能很成熟的。我希望青年史学工作者要记住顾炎武的话，不要“速于成书，躁于求名”②。

二、学术批评问题

学术批评问题在我国长期以来总是开展得不好，高质量的书评很少。不少书评是“捧场之作”，大量的篇幅说某本书如何如何之好，最后加几句“当然还有不足之处”之类不痛不痒的话，就算终篇。要把学术批评开展好，有三种错误观念首先需要纠正。

第一种错误观念是批评某人的著作，就是对某人不利，为难某人。形成这种看法，与“文革”前，特别是“文革”中的“大批判”有很大关系。“文革”前的“批判”已经有乱扣帽子的毛病，到了“文革”时期，“无限上纲”的歪风邪气达于

---

① 《马克思恩格斯选集》，中文第2版，第2卷，39页，北京，人民出版社，1995。

② 《与潘次耕书》，见《顾亭林诗文集》，77页，北京，中华书局，1983。

极点，以致至今留有后遗症。此外，我们民族有一种“隐恶扬善”的伦理传统，不赞成公开说别人的缺点。实际上，认真的、严肃的批评，是“与人为善”，对对方有利，对促进学术发展有利，而不是什么和某人过不去。

第二种错误观念是某人一受到批评，他的研究就一定有错误，有问题，至少是水平不高。实际上，任何著作都不可能是百分之百地绝对正确。一本高质量的著作也会有缺点和不足之处，甚至有个别的错误，但从总体看来它仍然值得肯定，值得阅读。这样的书或文章，经过别人的批评后，加以修改，质量就会进一步提高。即使没有再版的机会，大家也能从批评中得到提高。何况，还有一种情况，就是批评者的意见并不正确，而原作者是对的。所以，决不能一看到某人的研究成果受到批评，就主观主义地判断被批评者一定有了什么错误。在国外，著名史学家的著作受到批评的例子很多，人们都习以为常，并不大惊小怪。反批评也很多，也不被认为是不谦虚的表现。

第三种错误观念是批评者一定比被批评者高明。写书评的人如果怀有这种想法，写出的东西往往给人以盛气凌人的感受，而被批评者也会相应地反唇相讥，结果打起了激烈的笔墨官司，于推进学术毫无益处。往往有这样的情况：批评者的意见即使正确，也只是在某一点或某几点上正确，而从总体水平上不见得就一定超过被批评者。我国已故著名目录学家余嘉锡先生是一个谦虚的学者，他给我们树立了一个良好的榜样。他有一部名著《四库提要辨证》，纠正了《提要》的不少错误。但是，他认为他的水平从总体上说来还是赶不上主持写定《提要》的纪昀。他说：“纪氏之为提要也难，而余之为辨证也易。……纪氏于其所未读，不能置之不言，而余则惟吾之所趋避。譬之射然，纪氏控弦引满，下云中之飞鸟，余则树之鹄而后放矢耳。易地以处，纪氏必优于作辨证，而余之不能为提要决也。”①这段话体现了一个大学者的风范，真值得我们学习。

在纠正上述几种错误观念的同时，我们应当树立一种正确的对待学术批评的态度，即把学术批评看作促进学术发展、繁荣的不可缺少的手段。学术批评应该是明辨是非正误，达到共同提高目的的园地，而不是较量高低，直到把一方打下去的擂台。我们不仅要欢迎别人的批评，也要做自我批评，一些大学者如郭沫若就是这样做过的。

高质量的书评写起来很难，首先要求评者对所评书籍的内容，必须具备丰富的知识和透彻的了解，否则就无法着笔。其次，对所评书籍的优点、缺点都

① 余嘉锡：《四库提要辨证》，52页，北京，中华书局，1980。

要说得清清楚楚，不能做模棱两可之言。美籍华人史学家杨联陞先生的书评在国际上是有名的，其书评的一个特点就是明确，决不模糊。例如，他对吉川幸次郎等人所著的《元曲选释》一书的评价，举两例以说明作者的博雅，又举 8 例以补正作者的失误，全篇没有空话①。评者没有高水平，是不敢这样做的，否则就要露出自己的马脚。最后，书评不应仅仅局限于原书的具体内容，有时应就原书所涉及的重要问题发表自己的看法，把问题引向深处。例如，陈寅恪对冯友兰的《中国哲学史》(上册)所作的审查报告，认为冯书“能矫附会之恶习，而具了解之同情”。为什么写中国哲学史的人必须对古人的学说应具“了解之同情”呢？陈寅恪就这个重要问题发表了自己的看法，说：“盖古人著书立说，皆有所为而发。故其所处之环境，所受之背景，非完全明了，则其学说不易评论，而古代哲学家去今数千年，其时代之真相，极难推知。吾人今日可依据之材料，仅为当时所遗存最小之一部，欲藉此残余断片，以窥测其全部结构，必须备艺术家欣赏古代绘画雕刻之眼光及精神，然后古人立说之用意与对象，始可以真了解。”接着，陈寅恪对于什么是“真了解”讲了一段话，这段话常常被人引用。“所谓真了解者，必神游冥想，与立说之古人，处于同一境界，而对于其持论所以不得不如是之苦心孤诣，表一种之同情，始能批评其学说之是非得失，而无隔阂肤廓之论。”②我们这里不对陈先生的这段话本身进行讨论，引证这段话，只是为了说明书评的这种写法富于启发意义，比单纯的就事论事更能引人深思。

总之，如果我们都能对学术批评抱正确的态度，久而久之，学术批评就会蔚然成风，受到大家的欢迎了。

---

① 《杨联陞论文集》，229～232 页，北京，中国社会科学出版社，1992。

② 陈寅恪：《金明馆丛稿二编》，247 页，上海，上海古籍出版社，1980。

教学札记三则*

白寿彝先生不仅是一位卓越的历史学家，而且是一位卓越的历史教育家，十分重视历史学的教育功能，并十分关心青年历史学者的成长。今值先生九十华诞之际，敬撰教学札记数则，主要是介绍马克思主义经典作家和史学前辈有关治学的“前言往行”，希望能对学习历史的青年起到一些启发作用。

一、后来居上与尊重前人

白寿彝先生在 1961 年写过一篇文章——《治学如积薪，后来者居上》，其中说：“无论一门学问有多么深或多么浅，一门学问有多么久或多么新，你想在这门学问上‘后来居上’吗？总离不开这个‘积’字。不注意一门学问的积累过程，不总结已有的研究成果，却要想平地起高楼，这种作法总不能算是对头。”①我完全同意白先生这个看法。

马克思主义是一个博大精深的体系，这门学问很深。正由于此，虽然它的创始人是天才，马克思主义仍然离不开这个“积”字，绝非平地起高楼的。列宁说得好：“为什么马克思的学说能够掌握革命阶级的千百万人的心灵，那你们只能得到一个回答：这是因为马克思依靠了人类在资本主义制度下所获得的全部知识的坚固基

* 原载北京师范大学史学研究所编：《历史科学与理论建设——祝贺白寿彝教授九十华诞》，北京，北京师范大学出版社，1999。

① 《白寿彝史学论集》(上)，419 页，北京，北京师范大学出版社，1994。

础；马克思研究了人类社会发展的规律，认识到资本主义的发展必然导致共产主义，而主要的是他完全依据对资本主义社会所作的最确切、最缜密和最深刻的研究，借助于充分掌握以往的科学所提供的全部知识而证实了这个结论。凡是人类社会所创造的一切，他都有批判地重新加以探讨，任何一点也没有忽略过去。”①列宁在《关于无产阶级文化》的决议草案中还指出：“马克思主义这一革命无产阶级的思想体系赢得了世界历史性的意义，是因为它并没有抛弃资产阶级时代最宝贵的成就，相反却吸收和改造了两千多年来人类思想和文化发展中一切有价值的东西。”②

语言文字学家杨树达先生在 1937 年 2 月 20 日的日记中写道：“先因后创，余虽不克任，然治学次第当如此，则笃论也。余恒谓温故而不能知新者，其人必庸；不温故而欲知新者，其人必妄。”③在继承的基础上创新，这确实是治学应当遵循的次第，前辈学者的甘苦之言，不可忽视。

“后来居上”，是合乎科学发展规律的，否则社会就停滞不前了。但后人不可因此而轻视前人，相反应该清醒地认识到没有前人打下的基础，自己的“高楼”是立不起来的。尊重前人，是一个学者应有的谦虚态度。目录学家余嘉锡先生在《四库提要辨证》一书的序录中，有一段话说得非常好：“纪氏之为提要也难，而余之为辨证也易，……纪氏于其所未读，不能置之不言，而余则惟吾之所趋避。譬之射然，纪氏控弦引满，下云中之飞鸟，余则树之鹄而后放矢耳。易地以处，纪氏必优于作辨证，而余之不能为提要决也。”④余先生并不因为纠正了《提要》的一些错误，就自以为比纪晓岚高明，相反他认为自己总的说来不如纪氏远甚。前辈学者的这种风范，真值得后人学习。

法国年鉴派第三代史学家勒高夫说：“让我们保持谦逊的态度。12 世纪初年，大教堂学校的保护人和督学贝尔纳·德·夏特尔(Bernard de Chartres)说道：‘我们就像侏儒站在巨人的肩上而比他们看得更多更远。’这同样适用于我们。研究，科学，是一条长长的链子。我们得承认自己的智力债务并懂得：如果我们应当力求总是看得更远，那么仅仅因为我们是一个伟大的过去的继承

① 《列宁选集》，中文第 3 版，第 4 卷，284 页，北京，人民出版社，1995。

② 同上书，299 页。

③ 杨树达：《积微翁回忆录·积微居诗文钞》，129 页，上海，上海古籍出版社，1986。

④ 余嘉锡：《四库提要辨证》序录，北京，科学出版社，1958。

人，我们方能做到。”①前修未密，后学转精。青年学者有了超越前辈的成就以后，千万不要忘了自己的“智力债务”，要承认那个“伟大的过去”。

二、多改几遍，不厌其烦

这些年看硕士生、博士生论文，常常发现文章中的一些错误和缺点是他们自己就可以改正的。有些纯属技术性的问题，例如错别字、引文页码不对、乱改引文，等等，只要作者多看几遍，多查查字典，就很容易发现，这些地方根本不需老师去一一指出。但由于他们没有养成严谨的学风，掉以轻心，就马马虎虎地把论文交上来了。

恩格斯十分敬佩马克思的科学责任心和著作责任心，写道：“只要列举一下马克思为第二卷(按：指《资本论》第二卷)留下的亲笔材料，就可以证明，马克思在公布他的经济学方面的伟大发现以前，是以多么无比认真的态度，以多么严格的自我批评精神，力求使这些伟大发现达到最完善的程度。正是这种自我批评的精神，使他的论述很少能够做到在形式和内容上都适应他的由于不断进行新的研究而日益扩大的眼界。”②

拉法格在《忆马克思》一文中，对马克思的治学态度做了如下的描述：“马克思对待著作的责任心，并不亚于他对待科学那样严格。他不仅从不引证一件他尚未十分确信的事实，而且未经彻底研究的问题他决不随便谈论。凡是没有经过他仔细加工和认真琢磨的作品，他决不出版。他不能忍受把未完成的东西公之于众的这种思想。要把他没有作最后校正的手稿拿给别人看，对他是最痛苦的事情。他的这种感情非常强烈，有一天他向我说，他宁愿把自己的手稿烧掉，也不愿半生不熟地遗留于身后。”③

我国史学界有卓越成就的前辈学者都对发表著作持非常慎重的态度，要求一改再改，不厌其烦。启功先生在《夫子循循然善诱人》一文中写道：“老师(按：指陈垣先生)常说，一篇论文或专著，作完了不要忙着发表。好比刚蒸出的馒头，需要把热气放完了，才能去吃。蒸的透不透，熟不熟，才能知道。还常说，作品要给三类人看：一是水平高于自己的人，二是和自己平行的人，三

① 勒高夫：《关于史学的若干问题》，载《史学理论研究》1994年第4期。

② 《马克思恩格斯全集》，中文第1版，第24卷，4页，北京，人民出版社，1972。

③ 《摩尔和将军》(《回忆马克思恩格斯之一》)，102页，北京，人民出版社，1982。

是不如自己的人。因为这可以从不同角度得到反映，以便修改。”①另一位学生回忆说，陈垣先生要求“文章须三四次易稿”，说他自己“作文章至少七八次易稿”②。

陈寅恪先生在《朱延丰〈突厥通考〉序》一文中说：“朱君延丰前肄业清华大学研究院时，成一论文，题曰《突厥通考》。寅恪语朱君曰，此文资料疑尚未备，论断或犹可商，请俟十年增改之后，出以与世相见，则如率精锐之卒，摧陷敌阵，可无敌于中原矣。盖当日欲痛矫时俗轻易刊书之弊，虽或过慎，亦有所不顾也。朱君不以鄙见为不然，遂藏之箧中，随时修正。迄于今日，忽已十年。”③

马克思主义经典作家、卓有成就的史学大师都对科学研究和发表著作持如此慎重的态度，我们这些“后生小子”的学问比他们差得远，怎么敢掉以轻心呢！顾炎武曾经沉痛地说：“今世之人速于成书，躁于求名，斯道也将亡矣。”④让我们经常用顾炎武的这几句话警惕自己，切记不要因躁于求名而速于成书。

三、先放一放，过后再读

经常遇到一些学生问我：“老师，这本书(或这篇文章)我已经连续读了好几遍，还是不懂，怎么办?”我说，你把它先放一放，等到你的知识更丰富一些以后，再读就能懂了。

列宁在《论国家》的讲演中说：“今天要讲的题目是国家问题。……如果我没有弄错，你们的训练班刚开课，你们是第一次有系统地研究这个问题。既然如此，这个困难的问题的第一讲，就很可能做不到使你们中间很多人都充分明白，充分了解。要真的是这样，我请你们不要懊丧，因为国家问题是一个最复杂最难弄清的问题，也可说是一个被资产阶级的学者、作家和哲学家弄得最混乱的问题。因此，绝对不要指望在一次短短的讲课中就把这个问题完全弄清楚。听了这个问题的第一次讲课以后，你们应该把不理解或不明白的地方记下来，三番五次地加以研究，将来在看书、听讲中进一步把不明白的地方弄清楚。……第一次阅读时不明白的地方，下次再读的时候，或者以后从另一方面

① 陈智超编：《励耘书屋问学记》，96页，北京，生活·读书·新知三联书店，1982。

② 同上书，118页。

③ 陈寅恪：《寒柳堂集》，144页，上海，上海古籍出版社，1980。

④ 《与潘次耕书》，见《顾亭林诗文集》，77页，北京，中华书局，1983。

来研究这个问题的时候，就会明白的。”①

吕思勉先生在《论基本国文》一文中，认为给初学者的文章应有讲解批评，而讲解批评应该遵守四个条件，其中第四条为：“较高的问题，如源流体制等，可察看学者的程度，能懂者告之，不能者不必。偶有过高之论为学者所不能懂，亦无妨。因为目前虽不懂，将来总是可以懂得的。在此等情形之下，最要者为不懂则置之，徐俟其自悟，切戒穿凿求通，一穿凿就入于歧途了。尤其紧要的是高深之理，虽可出以通俗之辞，使人易悟，然仍以不失真相为主。过求通俗以致失其真相，变成不知道什么话，这是最要不得的。”②

蒙文通先生在《治学杂语》中记述了欧阳竟无读《俱舍论》的前后经过，也很有启发性。“欧阳先生尝言：读俱舍三年，犹未能通。于沪上见沈乙庵，沈谓：君当究俱舍家，毋究俱舍学。归金陵，觅俱舍前诸书读之，又觅俱舍后诸书读之；又觅与俱舍同时他家诸书读之，读三月而俱舍之义灿然明白。盖自前后左右之书比较研读，则异同自见，大义顿显。章太炎先生尝言：近人读书尚多未至‘不懂’处。旨哉斯言。能如欧阳大师之三年犹知其未能通者鲜矣。大师读俱舍之法，用于它书，何独不然。”③这里指出的读一书与前后左右之书比较研读的方法，很值得注意。

前人有“读书百遍，而义自见”的说法。这不是说在较短的一段时间内抱住一本书，连续读上百遍，其义就能自见的。这个“百遍”，应当是在较长的一段时间内并同时读若干部相关的书籍来完成的。知识有一个积累的过程，认识是不断深化的。读一本书，不能懂，是因为还不具备读懂这本书的知识，所以要放一放。等到各方面的知识丰富了，回过头来再读这本书，就豁然贯通了，而且对它的优缺点也能分辨了。

读书有时要先放一放，其实搞研究工作，也有同样情形。据殷南(金石学家马衡的笔名)回忆，王国维主张：“研究一样东西，等到感觉沉闷的时候，就应该暂时搁开，作别样的工作，等到过一些时，再拿来去作，那时就可以得到一种新见解，新发明。否则单调的往一条路上走去，就会钻牛角尖里去，永远钻不出来的。”④

---

① 《列宁选集》，中文第3版，第4卷，24～25页，北京，人民出版社，1995。

② 俞振基：《蒿庐问学记》，197页，北京，生活·读书·新知三联书店，1996。

③ 蒙默编：《蒙文通学记》，3页，北京，生活·读书·新知三联书店，1993。

④ 殷南：《我所知道的王静安先生》，《国学月报·王静安先生专号》。

论学术评定工作中过分量化、过分硬性规定的危害*

近些年来，我国学术评定工作中有一种过分量化和过分硬性规定的趋势，而且这种趋势还在发展，应当引起人们的注意和认真研讨，并对其中不合理的部分予以切实的纠正。

过分量化的表现是多样的，例如有的单位要求专业人员在一定期限内发表(注意：是发表而不仅仅是写成)若干文章或专著(教材)，对不同级别的专业人员各有非常明确、具体的规定。此外，还规定必须有几篇文章发表在“核心期刊”或“权威核心期刊”上。如果达不到要求的指标，则不能晋级，或不能领到岗位津贴，甚至予以降级。尤有甚者，对硕士生和博士生也有严格的规定，要求攻读学位期间必须发表若干篇论文，否则不能进行最后的学位答辩。

我认为，这种过分量化、过分硬性的评定办法虽然便于操作，但至少有以下几点不妥。

第一，人的思维活动与机械运动不同。机器只要完整无损，就可保证如期出产一定数量的产品，从而人们就可以向某一厂家定货，而且被订货的厂家也一定能够如期交出对方所订的货物。人不是机器。学术研究是一种十分复杂的脑力活动。思想这个“工厂”很特殊，有时“思如泉涌”，下笔不能自休；有时文思涩滞，一字不出。今年可以写三篇文章，明年就可能一篇也写不出来。这是常有的事。写不出来的时候，必须放一放，不可硬挤。史学大师王国维说：“研究一样东西，等到感觉沉闷的时候，就应该暂时搁开，作

* 原载《高校理论战线》2002年第7期。

别样的工作，等到过一些时候，再拿来去做，那时就可以得到一种新见解，新发明。否则单调的往一条路上走去，就会钻牛角尖里去，永远钻不出来的。”①研究过程中“卡壳”的原因多种多样，有时是因思路不对头，有时是因学力未到。古文字学家杨树达在1937年2月2日的日记中曾举一例，说他昔年与吴检斋讨论《淮南子·诠言篇》中“昆山之玉瑱，尘垢不能入”中的“瑱”字，不得正解。“今日读之，瑱当读为……缜，惟缜密，故尘垢不能入也。当日苦思而不得者，今日一见即明之。学力深浅有赖于时间，于此得一切证矣。”②杨氏的例子说明，搞学问，火候不到，不可强求索解，需要等待一段时间。

第二，治学有一个积累的过程。在写一篇文章或一本书前，必须有准备期，用于搜集材料、分析材料、形成观点、反复论证等，准备期的长短要视问题的大小难易而定。以我的本行世界史而论，高质量的学术论文，一年能写出一篇就不错了。两年写一篇，也不算少。我在60岁以前，最多时一年写过两篇论文。70岁以后，大约要两年才能写出一篇论文。至于发表感想，或就某一具体问题写作笔谈之类的小文章，几天之内写出一篇自然是不费事的。写一本学术著作，总要准备几年。某人在今年出版了一本，一般说来不可能在第二年又出一本。对于年年有书出版，甚至一年出版几本书的人，对其内容大可怀疑，不妨拿来看看其中到底有多少学术内容。

一些权威著作，是学者多年研究的结晶，准备期是相当长的。史学大师陈寅恪在1939年以前只有论文发表，到1939年才撰写《隋唐制度渊源略论稿》，于1944年出版。第二本书《唐代政治史述论稿》则作于1941年，于1943年出版。按照现在许多单位规定的办法，陈先生最早也要到1943年才能评上正教授，因为此前没有专著出版。

第三，科学研究的成果，必须有创新的内容，故应把质量标准摆在首位。最近江泽民主席在考察中国人民大学时，要求哲学社会科学工作者“厚积薄发，出精品，出上品”。什么是精品、上品呢？明末清初大学者顾炎武对著作有严格的要求，他的一个提法很值得参考，即“其必古人之所未及就，后世之所不可无，而后为之，庶乎其传也与？”③他还有一个生动的比喻，即“采山之铜”与

① 殷南：《我所知道的王静安先生》，《国学月报·王静安先生专号》。

② 杨树达：《积微翁回忆录·积微居诗文钞》，128页，上海，上海古籍出版社，1986。

③ 《日知录》卷十九“著书之难”条。

“废铜”的区别。他写道：“尝谓今人纂辑之书，正如今人之铸钱。古人采铜于山，今人则买旧钱，名之曰废铜，以充铸而已。所铸之钱既已粗恶，而又将古人传世之宝，舂剉碎散，不存于后，岂不两失之乎？承问《日知录》又成几卷，盖期之以废铜；而某自别来一载，早夜诵读，反复寻究，仅得十余条，然庶几采山之铜也。”①

现在的问题在于：出精品，要“采山之铜”而不要“废铜”，原则上大家都赞成，无人反对。但不少单位实际执行的规定却使精品无法产生。“十年磨一剑”，不乏先例。陈寅恪在20世纪20年代任教清华大学国学研究院时，有一位叫朱延丰的学生。此人肄业时，成一论文《突厥通考》。陈寅恪对他说：“此文资料疑尚未备，论断或犹可商，请俟十年增改之后，出以与世相见，则如率精锐之卒，摧陷敌阵，可无敌于中原矣。”朱延丰虚心接受了老师的意见，确实在十年之后才把这部经过详细补正的书稿拿出来，准备出版。陈氏满意地给这本书写了一篇序，说明“当日欲痛矫时俗轻易刊书之弊，虽或过慎，亦有所不顾也。”②今天在一些单位，如果某人真正朝着“十年磨一剑”的方向努力，那么在这十年当中他就不可能升为教授，岗位津贴也会大打折扣。

数量与质量相比，不能把数量摆在第一位，首先应讲质量。有些著名学者，一生正式发表的著作很少，国学大师黄侃即是一例。他不肯轻易发表文章，连他的老师章太炎都着急了，屡次催促他，说：“人轻著书，妄也。子重著书，吝也。妄，不智，吝，不仁。”③黄侃答应年五十当著纸笔，可是就在五十岁的时候去世了。至今，人们并不因他留下的著作很少而不尊敬他，因为他确实有学问。日本著名汉学家吉川幸次郎在中国留学时，有一个问题向北京的一些教授请教都不得其解，后到南京请教黄侃，黄不看原书立即给吉川以满意的答复，使吉川十分佩服。④ 比黄侃晚一辈的语言学家丁声树，著作也不多，但质量很高，故能在两年内由前中央研究院史语所的助理研究员连升副研究员、正研究员，开中央研究院未有之先例。季羡林先生抗战胜利后自德国回国，开始任北大副教授，但仅仅过了一个来星期，至多不过十天，就升为正教授。⑤ 在这短短的期间内，他肯定没有新作发表，但哲学大师汤用彤对他十分

① 《顾亭林诗文集》，93页，北京，中华书局，1983。

② 《寒柳堂集》，144页，上海，上海古籍出版社，1980。

③ 《量守庐学记：黄侃的生平和学术》，2页，北京，生活·读书·新知三联书店，1985。

④ 吉川幸次郎：《我的留学记》，62页，北京，光明日报出版社，1999。

⑤ 乐黛云编：《三真之境：季羡林散文精选》，285页，深圳，海天出版社，2001。

赏识，认为他的学问确够教授，只是当时北大、清华这类的有名大学对刚回国的教师最多只能给副教授称号，故第一次未立即给季先生以教授职称。

此外，文章必须发表在哪一级期刊的规定，也是道理不充足的。许多单位规定：升正教授，必须有一篇(或几篇)文章登载在“权威核心期刊”上。但是，发表在普通刊物上的文章未必就不如发表在所谓“权威核心期刊”上的文章，而发表在“权威核心期刊”上的文章也未必就每篇质量都高。还是应当对每篇文章做具体的、实事求是的分析。况且，每一学科被定为“权威核心期刊”的廖廖可数，投稿的又大有人在，因此要在它上面发一篇文章，实在相当困难，于是“请托”之事就难以避免了。

有人或许会说：有些大师著作数量既多，质量又精，可见二者可以兼备，《马克思恩格斯全集》不是有几十卷之多吗？但这是罕见的例外，而非通例。马克思、恩格斯既是天才(全世界罕见的天才)，又异常勤奋。不论如何勤奋，如无他们那样的天才，也留不下那么多的鸿篇巨制。如果只有天才，而不特别勤奋(马克思晚年忍着剧烈的病痛撰写《资本论》第二卷)，也只能闪光一时，而不可能长远照耀人间。对于一般人来说，我们只能要求一个人在一生中留下几件精品。

总体来看，学术评定工作中过分量化、过分硬性规定的后果，就是既不科学，不能起到真正提拔人才的作用，又助长了学术界的浮躁与浮夸之风。某人的能力本来一年可以写一篇好文章，但为了满足有关的规定，就得造出三篇文章来。三五年甚或十年出一本高质量的书，本来不算少，但在竞相以量取胜的情况下就不能不再炮制出几本来，特别是在有了电脑的情况下，“攒”书也不困难。不以质量为第一标准，就不能产生有创造性的科研成果，而了无新意的作品又如何能称得起科学研究呢？当前，有不少粗制滥造的东西出现于图书市场，学术界、教育界的各级领导应当认真思考这个问题，研究一下除了作者本身不负责任的问题外，一些规定是否合理，有无需要改进的地方呢？

总之，我不反对在学术评定中规定在一定限期内完成一定数量的著作，因为没有一定的量，质又如何得以体现？当然，过去也有一些终生“述而不作”的饱学之士，他们同样受到尊重，不过这毕竟是少数。我只是不赞成过分的量化和过分的硬性规定，而主张无论在数量上还是在期限上都要有相当的弹性和灵活性，只有这样才能促进我国科学事业的繁荣。质量第一，这是不可动摇的原则。学术评定是一项十分严肃的工作，要求认真，细致，多动脑筋，万万不可为了操作方便、少惹麻烦而简单、草率从事。

关于编写中学历史教材的几点意见*

编写中学历史教材，是一项十分艰巨的任务。笔者仅在新中国成立初期教过几年中学，又缺乏编写中学历史教材的经验，本来没有资格就这项工作发表意见，但编辑同志一定要我谈谈看法，只得作为一名热心的读者，提出几点希望，聊供编写教材的同志参考而已。

一、内容方面

人类已经进入 21 世纪，我们编写的教材是供生活在 21 世纪的青少年阅读的。回顾人类几千年的历史，他们从无数的事件和人物中最应当知道的是些什么呢？更进一步说，历史教材应当给他们一些什么样的智慧和启发，帮助他们形成一种什么样的世界观和人生观呢？

从根本意义上说，编写中学历史教材的目标应当是使学生通过学习历史，坚信人类历史是发展的、进步的，从而形成一种历史唯物主义的世界观和一种积极向上、乐观进取、为建设有中国特色社会主义、为人类美好未来而奋斗的人生观。20 世纪物质文明有很大发展，但未免“物欲横流”，不少青年缺乏理想，这是一种世界现象，千万不可漠然视之。马克思主义者是革命的乐观主义者，坚信人类不管经历多少艰难曲折，最终必将走向共产主义。恩格斯曾经深刻地谈到人类历史的内容，要求把历史看作“人的启示”，而不是

* 原载《历史教学》2003 年第 1 期。

“神的启示”，“为了认识人类本质的伟大”，应当“了解人类在历史上的发展，了解人类一往直前的进步，了解人类对个人的非理性的一贯有把握的胜利，了解人类战胜一切似乎超人的事物，了解人类同大自然进行的残酷而又顺利的斗争，直到具备自由的人的自觉，明确认识到人和大自然的统一，自由地独立地创造建立在纯人类道德生活关系基础上的新世界”①。西方一些卓有成就的历史学家虽然与我们的世界观不同，但也对人类历史的未来充满信心。已故英国历史学家爱德华·霍列特·卡尔写道：“就我说来，我依然是个乐观的人。刘易士·纳米尔爵士警告我，叫我远远避开计划和理想，奥克肖特教授告诉我，我们不是朝一个特定的目标进发，最重要的就是小心别让人把船弄得摇晃不定，波珀教授想依靠小小的点滴管理，在路上保留下那个原有的亲爱的 T 字形拐角，特罗弗·罗珀教授对准大嚷大叫的激进派人士的鼻子打了一拳，而莫里森教授则呼吁以理智的保守精神写出历史，在这时候，我将展望这个在动乱中的世界，在阵阵剧痛中的世界，而且将借用一位伟大科学家(伽利略)的大家用得有些陈旧了的词句回答说：‘可是地球还是运行呀！’”②

以上谈的是编写中学历史教材的目的。下面接着要谈的是：根据这样的目的，我们应如何组织教材的内容呢？我想提出三条标准。

第一条是服务于时代要求的标准。

我们今天编写中学历史教材，应当立足于21世纪的现状，看一看挑选什么样的内容，才有益于广大的中学生。已故著名历史学家张荫麟在其《中国史纲》这部著名中国历史高中教科书的“自序”中说：“显然我们不能把全部中国的史实，细大不捐，应有尽有的写进去。姑勿论一个人，甚至一整个时代的史家没有能力去如此做。即使能如此做，所成就的只是一部供人检查的‘中国史百科全书’，而不是一部供人阅读的中国通史。”于是他提出“笔削”的五条标准，其中一条就是“现状渊源的标准”(Standard of Genetic Relation with Present Situations)。他说：“我们的历史兴趣之一是要了解现状，是要追溯现状的由来，众史事和现状之‘发生学的关系’(Genetic Relation)有深浅之不同，至少就我们所知是如此。按照这个标准，史事和现状之‘发生学的关系’愈深则愈重

① 《马克思恩格斯全集》，中文第1版，第1卷，650页，北京，人民出版社，1960。

② 爱德华·霍列特·卡尔：《历史是什么》，171页，北京，商务印书馆，1981。

要，故近今通史家每以详近略远为旨。”①张荫麟的这种看法很有道理，可资参考。

21 世纪刚刚开始，对其未来的种种细节，我们当然不可能预知。但对于21 世纪的发展趋势，至少要有一个大致的估计，否则就谈不上教育要“面向未来”了。据我个人的浅见，21 世纪有三种值得注意的趋势，对于其中的每一种趋势，作为中国的历史学家和历史教材编写者，我们应有自己的立场和看法。(1)科学技术将更加迅速发展，经济在历史上的决定性影响将日益明显。经济全球化是工业革命以来历史发展的必然结果，但它从来就是一把双刃剑，既给各个国家提供了发展机遇，又给它们带来了风险。经济全球化是由发达国家主导的，因此它们处于优势的地位，而广大发展中国家则相对处于不利的地位。我们必须采取趋利避害的相应对策，迎接挑战。(2)在政治上，两极格局终结，世界正在走向多极化。但与此同时，美国力图独霸世界，建立单极秩序。多极化格局的最终形成将是一个充满复杂斗争的漫长过程，但无论如何不可逆转。(3)在文化上，各国文化将呈现发展的多样性，世界各种文化之间既有吸纳、融合，又有排斥、斗争。我们只有立足本国优秀文化成果，而又充分吸收世界文化优秀成果，才能在文化方面的竞争中立于不败之地。

从第一条标准出发，我们就可从无穷无尽的历史事实中首先选择那些与上述三种趋势关系比较密切的内容加以叙述。

例如，既然经济全球化是今天的一种时代潮流，我们就应在世界现代史的教材中说明它形成的历史过程。15、16 世纪，资本主义生产方式在西方产生。出现于 15 世纪末的地理大发现，把东西方两个世界联系在一起，开始了“历史向世界历史的转变”②。18 世纪后半期到 19 世纪初期发生的英国工业革命，使英国成为“世界工厂”。1850 年至 1870 年间，以英国为中心形成了世界市场。1871 年以后，资本主义工业飞跃发展，19 世纪末 20 世纪初资本主义发展到帝国主义阶段，资本主义的经济势力伸张到世界各个角落。与此同时，资本主义列强终于把世界瓜分完毕。到这时，世界已经形成一个互相联系、互相影响的整体。20 世纪 50 年代，经济国际化有了更进一步的发展，于是出现了今天人们通常所说的经济全球化。讲明以上内容，可使学生了解经济全球化的历史形

---

① 张荫麟：《中国史纲》，自序 2 页、6 页，上海，上海古籍出版社，1999。

② 《马克思恩格斯选集》，中文第 2 版，第 1 卷，89 页，北京，人民出版社，1995。

成过程。不论人们的喜恶如何，它已经不可逆转，我们只能面对这一现实。同时，也可使学生了解，经济全球化从一开始就是由资本主义发达国家主导的，过去的殖民地、半殖民地受它们的剥削，今天的发展中国家仍然处于弱势地位，如不奋发图强，采取有效的趋利避害的对策，仍将沦为西方列强的经济附庸。根据以上所述，两次工业革命、帝国主义的形成和二战后资本主义经济的发展，应当成为世界近现代史教材中的几个重点。

又如，美国的霸权主义者反对政治多极化的主张，竭力宣扬21世纪(甚至再过几个世纪)是美国的世纪，世界只有一极，其他各国都必须听命于美国。但是，古代的亚历山大帝国、罗马帝国，近代的拿破仑帝国都曾辉煌一时，最终却覆灭了。大英帝国在19世纪臻于鼎盛，号称“日不落帝国”，它的殖民地遍及全世界。可是就在19世纪末20世纪初“英国病”已经在身。英国是第一次世界大战的胜利者，它虽然赢得了胜利，却输掉了优势。英国也是第二次世界大战的胜利者，不过当它走出战争时，已沦为二等国家了。当1897年英国举行维多利亚女王在位60周年庆典，万民欢呼的时候，许多人不是认为大英帝国将永世长存吗？反动透顶的希特勒第三帝国，当其崛起时，自诩为“千年帝国”，实际上只存在了短短的12年。纳粹军队曾经横扫欧洲，只用了6个星期就打败了拥有庞大陆军的法兰西。希特勒在巴黎手舞足蹈，但曾几何时就龟缩于柏林地堡之下，手足震颤，步履蹒跚，终于畏罪自杀。据此，在世界古代史、世界近代史和世界现代史教材中，对这些大帝国的兴衰起伏都应加以说明，以便让学生了解一个国家无论多么强大，如果想以全世界人民为奴役对象，终归是要自取灭亡的。

第二条是中外历史互相联系的标准。

中学历史教材分作中国历史、世界历史两大部分，各有其专门的写作对象，但不应截然分开、互不相涉。我们在编写世界史时，心中应当不忘中国在世界历史中各个时期和若干大事件中占有什么地位；我们在编写中国史时，心中应当想到世界历史这个大环境对我们有什么影响以及反过来，我们对它又发生什么影响。这样编写出来的历史教材，有分有合，最终成为一部真正的全球史，能使学生视野开阔，对世界全局了然于胸，无论将来从事什么工作，都将大受其益。

例如，在世界现代史教材中写到第二次世界大战的历史时，我们必须提到中国抗日战争在第二次世界大战中的地位和作用，篇幅虽然不要像写中国现代史时那么多，但绝对不能丝毫不谈。因为中国在八年的艰苦卓绝的斗争中，使日本将近百万大军陷于中国，中国是在亚洲大陆上反对日本侵略者的主要国家，中国的抗战为世界反法西斯战争的胜利做出了重大贡献。

再如，在中国现代史教材中写到抗日战争后国民党反动派发动全面内战这个问题时，必须结合当时的国际形势，才能深刻认识到中国共产党和毛泽东决定进行针锋相对的斗争的伟大决策。1946 年 4 月，毛泽东写了《关于目前国际形势的几点估计》一文。当时，国民党政府在美帝国主义支持下即将发动全面内战，敢不敢以革命战争反对反革命战争，除了要估量国民党的力量外，还要对国际形势做出正确的判断。当时美国的经济实力雄厚，世界其他国家无法比拟，而且独家掌握着原子弹生产的秘密。一些同志由于过高地估计了美帝国主义的力量，过低地估计了人民的力量，因而心存疑惧，在美蒋反动派武装进攻的面前表示软弱。在国际上，苏联领导人对形势也做了悲观的估计，害怕中国内战将引起第三次世界大战的爆发，于是主张中国共产党应加入蒋介石的政府，并解散自己的军队。在这个决定中国命运的关头，毛泽东指出：第三次世界大战的危险是存在的，但世界人民的民主力量正在向前发展，必能克服战争危险。美、英、法和苏联之间，或早或迟将实行妥协。不过，“这种妥协，并不要求资本主义世界各国人民随之实行国内的妥协。各国人民仍将按照不同情况进行不同斗争”①。这个关系中国革命前途的判断，是建立在对世界形势的准确分析的基础之上的。所以，在中国现代史教材中，应简明扼要地说明当时的国际背景，才能使学生更加认清中国和世界之间的关系，认清中国的革命和建设都需要对世界的现状和历史有深刻的了解。

第三条是历史唯物主义的标准，也是最基本的一条标准。

马克思主义创始人关于经济基础决定上层建筑，上层建筑反过来又对经济基础起作用的唯物史观，至今经得起实践的检验，是颠扑不破的真理，是编写教材必须遵循的基本标准。对于历史唯物主义，我们应做全面的把握。“文革”前的教材过于强调阶级斗争，中国古代史写了许多次农民起义，这是一种偏向。近来又有人主张多写文化方面的内容，少讲甚至不讲阶级斗争，这是另一种偏向。就一部教材的总体而言，经济、政治、文化三个方面都应讲到，至于具体到每一章节，写什么不写什么，则应视具体情况而定，不可拘泥。

在有的地方，应突出说明经济的重要性。例如，在讲到中国共产党十一届三中全会，关于全党工作的着重点应该转移到社会主义现代化建设上来，这个

① 《毛泽东选集》，第 4 卷，1185 页，北京，人民出版社，2003。

有伟大历史意义的决定时，就应强调指出发展生产力是社会主义的根本任务。邓小平说："多少年来我们吃了一个大亏，社会主义改造基本完成了，还是'以阶级斗争为纲'，忽视发展生产力。'文化大革命'更走到了极端。"①结果，从1957年起，我国生产力的发展非常缓慢。和国际相比，差距越来越大。1978年10月，邓小平对一个外国新闻代表团讲话时说："六十年代前期我们同国际上科学技术水平有差距，但不很大，而这十几年来，世界有了突飞猛进的发展，差距就拉得很大了。同发达国家相比较，经济上的差距不止是十年了，可能是二十年、三十年，有的方面甚至可能是五十年②。拨乱反正以后，到今天，我国国力大大增强，人民生活水平大大提高。2000年，我国国内生产总值首次突破一万亿美元，2001年经济总量排名世界第六，居发展中国家首位。

在纠正以往政治史内容讲得过多的偏颇时，也不能走向另一极端，即把政治方面的内容削减得过多。恩格斯在1890年10月27日致康·施米特的信中写道："如果巴特尔认为我们否认经济运动的政治等等的反映对这个运动本身的任何反作用，那他就简直是跟风车作斗争了。他只需要看看马克思的《雾月十八日》，那里谈到的几乎都是政治斗争和政治事件所起的特殊作用，当然是在它们一般依赖于经济条件的范围内。或者看看《资本论》，例如关于工作日的那一篇，那里表明立法起着多么重大的作用，而立法就是一种政治行动。或者看看关于资产阶级的历史的那一篇(第二十四章)。再说，如果政治权力在经济上是无能为力的，那么我们何必要为无产阶级的政治专政而斗争呢？暴力(即国家权力)也是一种经济力量！"③

现在，有的中国古代史教材只讲陈胜、吴广一次农民起义，实在太少了。"中国历史上的农民起义和农民战争的规模之大，是世界历史上所仅见的"④。无论如何，应把明末李自成这次农民起义加进去。这次起义推翻了腐朽的明专制王朝，但它的最终失败也给后人留下了深刻的历史教训。毛泽东高度评价郭沫若所写的《甲申三百年祭》一文，特意致函郭沫若说："你的《甲申三百年祭》，我们把它当作整风文件看待。小胜即骄傲，大胜更骄傲，一次又一次吃亏，如

---

① 《邓小平文选》，第3卷，141页，北京，人民出版社，1993。

② 《邓小平文选》，第2卷，132页，北京，人民出版社，1983。

③ 《马克思恩格斯选集》，中文第2版，第4卷，704～705页，北京，人民出版社，1995。

④ 《毛泽东选集》，第2卷，625页，北京，人民出版社，1991。

何避免此种毛病，实在值得注意。”①毛泽东对太平天国农民起义也很重视，并曾建议郭沫若总结它的经验。

在文化方面，现在许多课本都增加了科学技术、思想文化方面的内容，这是正确的。科学技术是生产力，到了现代则成为第一生产力。把中外历史上的一些重大科技发明创造写入教材，很有必要。文化的影响，有些能延续几百年、几千年，比政治，甚至比经济的影响还要持久。毛泽东曾以艺术为例，说：“艺术的民族保守性比较强一些，甚至可以保持几千年。古代的艺术，后人还是喜欢它。”②贝多芬的音乐，产生于资本主义社会，到社会主义，人们仍然喜爱它，列宁就很欣赏贝多芬的《热情奏鸣曲》。

在中国史和世界史教材中写到思想文化的内容时，我们应当把握的原则是：人类文明是多元的，各有其价值；各种文明之间的交流促进了人类的进步。江泽民同志说：“世界是丰富多彩的，不可能也不应该只有一种模式”，“各种文明相互交流和借鉴，是人类进步的动力。”③

在中国史教材中，应当说明中华文明成就辉煌，对人类进步做出了伟大贡献。例如，“四大发明”是必须提到的。还要通过历史事实说明，立足本国优秀文化成果，而又充分吸收世界文化优秀成果，才能发扬光大中华文明，建设有中国特色社会主义的文化。史学家陈寅恪在总结我国思想史上对外交流的经验后，得出结论说：“其真能于思想上自成系统，有所创获者，必须一方面吸收输入外来之学说，一方面不忘本来民族之地位”，这是一种“相反而适相成之态度”，是“二千年吾民族与他民族思想接触史之所昭示者也”④。哲学史家汤用彤也说：“本地文化虽然受外边影响而可改变，但是外来思想也须改变，和本地适应，乃能发生作用。所以印度佛教到中国来，经过很大的改变，成为中国的佛教，乃得中国人广泛的接受。”⑤中国现代史更有力地证明了：马克思主义必须与中国革命的实践相结合，才能发挥伟大的作用。

在世界史教材中，应当肯定自古至今存在过和存在着的多种文明都对人类的发展进步做出了贡献。因此，对于上古的埃及文明、巴比伦文明、印度文明、希腊文明；对于中古的伊斯兰文明、拜占廷文明；对于中古近代之交的文

① 《毛泽东文集》，第3卷，227页，北京，人民出版社，1996。

② 《毛泽东文集》，第7卷，77页，北京，人民出版社，1999。

③ 江泽民：《论有中国特色社会主义》，524页，北京，中央文献出版社，2002。

④ 陈寅恪：《金明馆丛稿二编》，252页，上海，上海古籍出版社，1980。

⑤ 《汤用彤学术论文集》，189页，北京，中华书局，1983。

艺复兴；对于近代的启蒙运动、自由主义思潮，特别是科学社会主义，都应该用适当的篇幅给以介绍。没有一种文明是“一枝独秀”的。美国文化扩张主义者所鼓吹的“天定命运论”是违背历史事实、完全错误的。我们要着重说明文化交流对人类发展进步所起的作用，例如中日文化交流、中印文化交流、阿拉伯文化对欧洲的影响，等等。在编写世界现代史时，应提到第二次世界大战后流行起来的通俗文化。今天，随着报纸、广播、电影、电视、因特网等现代传媒工具的迅速发展与普及，通俗文化的影响越来越大，对青少年一代的影响已远远超过“精英文化”。许多中学生(中外皆然)不知道莎士比亚、巴尔扎克、托尔斯泰、达·芬奇、贝多芬是何许人物，但对当代的足球明星、摇滚乐歌星却“如数家珍”。通俗文化商业气息浓厚，庸俗成分甚多，但也不能一概抹杀。对它进行分析，是一大难题，但不可回避，因为它确实活生生地存在着，并日益深入到青少年的心灵之中。

二、文字表达方面

中学历史教材应力求做到内容与形式的完美统一。内容确定后，如何表达，历来是令编写者十分头痛的事。提出以下几点建议，不知是否妥当。

1. 准确性。教材面对的是广大中学生，要使他们从历史课中受到教育，首先要求教材具有科学性，不以科学性为基础的“思想性”是站不住的。因此，应力求避免“硬伤”。保尔·拉法格在《回忆马克思》一文中说：“他(指马克思)所引证的任何一件事实或任何一个数字都是得到最有威信的权威人士的证实的。他从不满足于间接得来的材料，总要找原著寻根究底，不管这样做有多麻烦。即便是为了证实一个不重要的事实，他也要特意到大英博物馆去一趟。反对马克思的人从来也不能证明他有一点疏忽，不能指出他的论证是建立在受不住严格考核的事实上的。”①

2. 通俗易懂，生动饱满。好的教材应写得通俗易懂、深入浅出。还要写得生动饱满，使学生爱看。过去有一种分“大小字”的办法，大字的内容表示“最重要”，小字的内容表示“次重要”，这种写法很可能造成内容的不连贯，使学生在阅读过程中思维被多次打断，效果似乎并不好。不要因为每节节省几十个字或几百个字，就把教材写得干瘪瘪的，只有骨头没有肉。与其如此，宁可每节略多一些字，也要写得生动饱满，引起学生的兴趣。张荫麟的《中国史

① 保尔·拉法格等：《回忆马克思恩格斯》，11 页，北京，人民出版社，1973。

纲》，内容深刻，文字生动，可资效法。

3. 寓论断于叙事之中，不作空论，少发议论。上乘的历史著作，如《史记》《汉书》，都是夹叙夹议，寓议论于叙事之中，教科书尤应注意这一点。刘师培说："夹叙夹议之文，以《史记》最为擅长"，"《魏其武安侯列传》，通篇记事，并无评论，而是非曲直即存于记事之中"，又说："《汉书·食货·郊祀》两志及《王莽》诸传，并为孟坚聚精会神之作，观其叙议相参，实堪与史迁伯仲。"①白寿彝写有《司马迁寓论断于序事》一文，说明司马迁的这种笔法很值得我们参考②。

以上所说，未必有当，不过作为一名读者表示自己的希望而已。好像一名很想看到好戏的观众，虽然自己连龙套也跑不好，却在那里说长道短不休，只好请演员谅其热爱戏剧之诚而恕其妄议了。

① 刘师培：《中古文学论著三种》，139页，沈阳，辽宁教育出版社，1997。

② 白寿彝：《中国史学史论集》，80～98页，北京，中华书局，1999。

略谈中学历史教材编写方法的几个原则

金冲及同志在《课程·教材·教法》2010 年第 2 期发表了题为《中学历史教育：意义深远的大事》的文章，内容很好，我完全同意。拙文不再谈历史教育的意义问题。仅就中学历史教材编写方法的几个原则略陈浅见，敬希指正。

一、历史教材的编写，必须遵循时间顺序

马克思和恩格斯在《德意志意识形态》一书中指出："历史不外是各个世代的依次交替。"①这是就客观的历史的性质而言的。客观的历史本身既然是各个世代的依次交替，那么研究客观历史的历史科学就理所当然地必须按照时间顺序来研究。恩格斯在《反杜林论》一书中把整个认识领域分成三大部分，在谈到第三类历史科学时说："在第三类科学中，即在按历史顺序和现今结果来研究人的生活条件、社会关系、法的形式和国家形式及其由哲学、宗教、艺术等等组成的观念上层建筑的历史科学……"②。恩格斯还说过："现代唯物主义把历史看作人类的发展过程，而它的任务就在于发现这个过程的运动规律。"③

总之，马克思主义认为研究历史必须按照时间顺序，说明人类

---

① 《马克思恩格斯选集》，中文第 2 版，第 1 卷，88 页，北京，人民出版社，1995。

② 《马克思恩格斯选集》，中文第 2 版，第 3 卷，429 页，北京，人民出版社，1995。

③ 同上书，738 页。

的发展过程及其规律。

从历史观念来看，我国史学有一个优良的传统，就是十分重视"通古今之变"。伟大的史学家司马迁在《报任少卿书》中，自述他撰史的宗旨是："网罗天下放失旧闻，考之行事，综其终始，稽其成败兴坏之理。……亦欲以究天人之际，通古今之变，成一家之言。"①要做到通古今之变，必须重视历史的时间顺序。《史记》的十二本纪，依照时间顺序编次，是全书的纲，使八书、三十世家、七十列传都有时间顺序上的定位。进一步看，《史记》有十表之作，每一个表就是要说明这个历史时期的特点，它在"古今之变"的长河中有什么变化。十表分三种形式：世表、年表和月表。三代久远，年代不可得而纪，故只纪世。秦汉之际，变化急剧，一月之事，多于一年，故不以年纪而以月纪。年表则是常规。② 傅斯年高度评价司马迁的这一成就，说："年代学 *chronology* 乃近代史学之大贡献，古代列国并立，纪年全不统一，子长独感其难，以为十二诸侯六国各表，此史学之绝大创作也。我国人习于纪年精详之史，不感觉此功之大，若一察希腊年代学未经近代人整理以前之状态，或目下印度史之年代问题，然后知是表之作，实史学思想之大成熟也。"③

法国年鉴学派的创始人之一马克·布洛赫在《为历史学辩护》一书中说："我们已把历史学称为'人类的科学'，那还是太含糊，有必要加上'时间中的'定语。史学家并非抽象地思索人类，在他们的思想中总是自然而然地注入时代的气息。"④他还说："脱离特定时间，就难以理解任何历史现象。这一点在我们人类和其他事物进化的每一个阶段都不例外。"⑤

我国中学历史教材的编写，1949 年以后普遍采用划分章节的通史体，即按时间顺序，把历史分为若干阶段，在每一阶段中叙述若干重要历史事件和人物，或以事系人，重在讲事之本末原委而牵涉到人，或以人系事，重在讲人之生平事迹而涉及于事，采用以事系人的时候较多。这种体例，我认为至今大体可行。中学生开始较系统地学习中外历史(小学无专门的历史课程)，必须让他

---

① 严可均辑：《全上古三代秦汉魏晋三国六朝文》，272 页，北京，中华书局，1985。

② 参见翦伯赞：《论司马迁的史学》，《中国史论集》(合订本)，347 页，北京，中华书局，2008。

③ 傅斯年：《傅斯年全集》，第 2 卷，368 页，长沙：湖南教育出版社，2003。

④ 马克·布洛赫：《为历史学辩护》，22 页，北京，中国人民大学出版社，2006。

⑤ 同上书，29 页。

们具体地知道一些历史事件和人物，但同时要交待清楚历史事件发生和历史人物存在的时间，才能加深理解。如果只是简单地记住一些事和人，意义不大。例如，清朝有个大官僚，叫倭仁。在经过两次鸦片战争，清朝大败之后，他拿不出任何稍微有效的对策，却一味唱高调，说什么“立国之道，尚礼义，不尚权谋；根本之图，在人心而不在技艺。”教材在提到倭仁这个人的时候，必须结合晚清政局的特定历史背景来讲，这样同学们才会对倭仁言论的荒谬性和反动性加深理解，因为在中国面对西方列强侵略狂潮的危急时刻，顽固派官僚仍然抱残守缺，抗拒一切外来事物，甚至连西方的科学技术也予以排斥，真是误国到了极点。

马克·布洛赫说：“正是在时间的长河中，潜伏着各种事件，也只有在时间的范围内，事件才变得清晰可辨。”他举了两个例子：“恺撒花了8年的时间征服高卢，爱尔福特的路德从正统的见习修道士转变为维滕贝格的改革者经历了15年时间，但没有一个历史学家会以讲述这些事实为满足。对历史学家来说，更为重要的是，在欧洲社会变迁的背景下确定征服高卢在编年史中的地位，史学家丝毫不否认马丁·路德的精神危机之类不变因素，但唯有将这场运动发生的确切时刻放在其主角的人生履历中，以及与作为背景的欧洲文明联系起来考察，他才认为自己绘制了一幅逼真的图画。”①我国南宋时期史学家袁枢以《资治通鉴》所记史事为素材，撰成以事件为中心的《通鉴记事本末》一书。这不仅包含了时间顺序的要求，而且揭示了历史事件的因果关系。

其他一些国家的中学教材也采用按时间顺序编写的通史体。例如，《美国国家历史课程标准》指出：“标准应以年代顺序为基础，因为这种组织方式有助于学生明了历史上的发展模式和因果关系。”“时序思维能力是历史推理的核心。如果没有历史地看待时间的明确意识，学生肯定会把诸多事件看作一大堆杂乱无章的东西。没有强烈的年代学意识，学生就不可能考察它们之间的相互关系或解释历史因果联系。年代学是组织历史思维的智力前提。”

二、文字表达方面的要求

优秀的中学教材应做到内容与形式的完美统一。内容确定后，如何表达，历来是令编写者十分头痛的事。但无论如何困难，我们总应力求做到：

1. 准确。这里讲的准确，有两层含义。一是内容要准确。教材中提到的

① 马克·布洛赫：《为历史学辩护》，23页，北京，中国人民大学出版社，2006。

史实，必须准确无误，在此基础上进行分析，得出的观点，才能站得住。中学教材的读者对象，是千百万青少年，绝不能在他们接受基础教育的阶段，给以错误的知识。因此，教材编写者要慎之又慎，力求没有“硬伤”。我们应当向马克思学习。他的《资本论》及其他著作是建立在严格考核的事实之上的。他说：“我的《资本论》一书引起了特别大的愤恨，因为书中引用了许多官方材料来评述资本主义制度，而迄今为止还没有一个学者能从这些材料中找到一个错误。”①我们还要向大史学家陈垣学习。他在20世纪三四十年代在辅仁大学等校开过一门叫作“史源学实习”的课程，选择几部史学名著做教材，让学生“一一追寻其史源，考正其讹误，以练习读史之能力，警惕著论之轻心。”②他布置学生作练习，自己也写一篇，事后印发或张贴，以为示范。现在陈垣的这些文章已结集成书出版，名《陈垣史源学杂文》。其中《书〈十七史商榷〉第一条后》这一篇，值得我们编教材的人认真看几遍。他指出，王西庄(即王鸣盛)好骂人，每轻薄昔贤，但《十七史商榷》第一条仅400余字，就有4处错误，而且误在全书第一卷第一行第一句，所谓“开口便错”。陈垣的这本书，告诉我们“警惕著论之轻心”多么重要。

准确的第二层含义，是指表述的文字要准确，不含糊，使学生准确地了解作者的意思。英国史学家马考莱说：“所有写作的第一法则，是作者所用之辞，能完全的正确的传达其意义予广大的读者。所有其他法则，对于这一法则而言，都居于附属的地位。”③

2. 简要明了。中学教材篇幅有限，每课写多少字，大致有个规定，略超一点可以，但过多则不允许，“简”是基本要求。不过，也不能为简而简。重要的事件和人物，该讲的一定讲到，这才是简要；反之，只顾控制字数，该讲的也予以省略，那就不是简要，而是简陋了。还要防止“压缩饼干”式的“简”，即力图在有限的字数内包含更多的内容，不肯“割爱”。这势必造成学生的“消化不良”。真正做到简要，很不容易。用有限的字数，把事情说清楚，就得去掉累赘的重复、浮夸的词句等等。郑天挺在《中国的传记文》中有一段话，对写人物如何“尚简”做了很好的说明。他指出：“有时候已经叙述了一个人的才行，

① 《马克思恩格斯全集》，中文第1版，第22卷，165页，北京，人民出版社，1965。

② 陈智超编注：《陈垣史源学杂文》(增订本)，79～83页，北京，生活·读书·新知三联书店，2007。

③ 马考莱的话，转引自杜维运：《史学方法论》，182页，北京，北京大学出版社，2006。

就不必再罗列事迹；有时候已经用事迹衬托出一个人的才行，就不必再用抽象的话笼统地赞美；有时候对于才行事迹全不说，而把当时的言语记出来，因为言语有所关涉，事实也就显露了。他们绝不同时并写，以免虚费文字。假如说一个人昼夜读书，又何必再说他笃志学习？已经说了下笔千言，又何必再说文章敏速？既然已把一件事情发生时有关系的对话记下来了，又何必再把这件事情的经过重说一遍？这是历史家尚简的理由。因为尚简，所以他们更主张省字省句，不妄加，不烦复，但是却要简要合理。他们要做到'骈枝尽去，尘垢都捐，华逝实在，渣去沈在'。"①

与简要密切相关的，是文字要明了易懂。司马迁的《史记》在这方面树立了一个范例。他绝不故作深奥之辞，引用古籍时，多改为汉代时通用的言语。例如，他引《尚书》"曰若稽古，帝尧曰放勋"一句时，就改为"帝尧者，放勋"。范文澜的《中国通史简编》(修订本)，也是这样做的。例如，他在讲到"贞观之治"时，不是照录《贞观政要》的原文，而是改成今天通行的白话文，既通俗，又生动。人民教育出版社在20世纪50年代出版的《中国历史》(汪篯等编写)，同样有这个优点。简单要与明了结合起来。求简，不能影响达意。顾炎武说："辞主乎达，不论其繁与简也。"②他反对刻意求简，强调表达意见的清楚明白，是正确的。

3. 生动感人。我国史学有重文笔的传统。司马迁的《史记》、司马光的《资治通鉴》既是史学名著，也有文学价值。他们善于在写重大历史事件时，结合人物的活动来写，给读者以深刻的印象。例如，《史记》写巨鹿之战，首先生动地描写了项羽在战前沉船破釜，烧庐舍，持三日粮，示死无还的对敌决心；中间又用诸侯军莫敢纵兵，皆从壁上观的怯懦来反衬项羽的胆力和英武；最后写已破秦军，诸侯见项羽无不膝行而莫敢仰视，项羽遂霸诸侯的结局。这一大段写得太精彩了，后世常用的典故"破釜沉舟"、"作壁上观"就是从此而来的。《史记》还善于通过写人物的语言来说明历史事件或揭示历史现象的本质。例如，《酷吏列传》中，写杜周任廷尉时，完全看皇帝的眼色行事。当别人问他："君为天子决平，不循三尺法，专以人主意指为狱。狱者固如是乎?"杜周回答："三尺安出哉？前主所是著为律，后主所是疏为令。当时为是，何古之法

---

① 郑天挺：《探微集》，269页，北京，中华书局，1980。

② 《日知录》，卷一九，"文章烦简"条。

乎!”①司马迁通过这段对话，自然地揭露了封建社会法律的虚伪性，指出它唯统治者的意志是从，根本没有公正可言。通过描述细节，也能增强生动性。例如，《资治通鉴》写淝水之战，在前秦军大败之后，末尾加了一个谢安得捷报后的故事。“谢安得驿书，知秦兵已败，时方与客围棋，摄书置床上，了无喜色，围棋如故。客问之，徐答曰：‘小儿辈遂已破贼。’既罢，还内，过户限，不觉屐齿之折。”②“屐齿之折”这一细节描写出谢安表面从容实则内心异常激动的情态，是“点睛之笔”，说明此役对东晋存亡攸关的重大意义。

近几十年出版的中学历史教材，有许多优点，但有一个比较普遍的弱点，就是人物讲得少，即便出现，也写得单薄，言行都不够具体。事情是人做出来的，没有人，事件就显得干巴巴的，提不起学生阅读的兴趣。人民教育出版社已故资深编审李纯武写过一篇题为《舞台·人物·声色》的文章，专门谈写历史人物的问题。他说：“教材里写历史人物比写历史事件单薄，这或许是体例的局限，或许是一种通病而应加以矫正的。如何写好历史人物，是写教材的一个难题。”他还说：“这里要强调的是，在现有的可容量之内，在现在讲述的历史事件的范围之内，是否可以适当增加一些历史人物，或者把已经讲到的人物讲得比较丰满一些。”他还举了一些例子，说明如何把历史事件与历史人物联系起来写，以及突出人物的哪些特点以体现他在历史事件进程中的作用。③ 李纯武的这些建议很有参考价值。

4. 寓论断于序事。写教材，应当做到观点与材料的统一。表达的形式可以是夹叙夹议，也可以是在叙述后专门有一些议论，还可以在史实的叙述中引导读者自然而然地得出结论，不再专门说一些议论的话，这就是顾炎武所说的寓论断于序事。《日知录》卷二十六说：“古人作史，有不待论断而于序事之中即见其指者，唯太史公能之。”④他举了五个例子，都是司马迁在篇末借一个人的话点明自己的看法。《史记》的“寓论断于序事”，并不限于篇末，放在篇目中的时候更多。白寿彝写有《司马迁寓论断于序事》一文，专论太史公的这种笔法。

在白文之外，我想补充两个例子。刘邦在定天下后，与列侯诸将讨论他之

---

① 《史记》，卷一二二，《酷吏列传》。

② 《资治通鉴》，卷一〇五，“晋孝武帝太元八年”。

③ 李纯武：《历史文稿选存》，24～31页，北京，人民教育出版社，1997。

④ 《日知录》，卷二六，“《史记》于序事中寓论断”条。

所以有天下，而项羽之所以失天下的原因。刘邦认为能否用人，是关键。《高祖本纪》写道："夫运筹策帷帐之中，决胜于千里之外，吾不如子房。镇国家，抚百姓，给馈饷，不绝粮道，吾不如萧何。连百万之军，战必胜，攻必取，吾不如韩信。此三者，皆人杰也，吾能用之，此吾所以取天下也。项羽有一范增而不能用，此其所以为我擒也。"①司马迁借刘邦的话，说明了刘胜项败的一个重要原因，不必他自己再做什么论断而读者自能明了。刘邦成帝业，还有一个重要原因，就是他能在关键问题上，采纳正确的意见，纠正自己的错误。刘邦进咸阳，本想入居秦宫，后经樊哙、张良劝阻，乃还军霸上。刘邦本是一个酒色之徒(《史记・高祖本纪》记其"好酒及色")，入秦宫，看到"宫室帷帐狗马重宝妇女以千数"，当然动心，"意欲留居之"。"樊哙谏沛公出舍，沛公不听。良曰：'夫秦为无道，故沛公得至此。夫为天下除残贼，宜缟素为资。今始入秦，即安其乐，此所谓'助桀为虐'。且'忠言逆耳利于行，毒药苦口利于病'，愿沛公听樊哙言。'沛公乃还军霸上。"②随后，刘邦除秦苛法，与秦父老约法三章，"秦人大喜"。刘邦如果不听樊哙、张良的劝阻，坚持驻进秦宫，这个"酒色之徒"很快就会腐化，哪里还有后来的帝业。读者看了这段生动的叙述，自己就会得出结论：刘邦勇于纳谏，改正自己的错误，所以最后能得天下，司马迁不用再多说什么了。寓论断于序事的笔法，可资教材编写者借鉴。

三、重复问题的处理

我国中学历史课程的设置，1949 年以前基本上是中国史、外国史(有时叫西洋史)，在初、高中各讲一遍。1949 年以后至今，多数情况是中国史、世界史在初、高中各讲一遍。这样就产生了重复问题。

重复的问题，总的说来，应按人的认识是由感性认识到理性认识、由浅入深的原则处理。初中历史教材的内容应多传授一些感性知识。随着年龄的增长，高中学生的理性思维能力提高了，因此，高中历史教材应在初中教材提供的感性知识基础上适当增加理性知识的内容。具体讲，可按以下三种情况分别对待：

1. 初中教材中有关历史事件和人物的一些细节，不必在高中教材中再予重复。例如，讲到古埃及时，初中教材有关金字塔的一些细节已经讲过了，高

① 《史记》，卷八，《高祖本纪》。

② 《史记》，卷五五，《留侯世家》。

中教材对这些细节可予省略，只需点明金字塔象征法老至高无上的王权，也是古埃及文明的卓越成就，便足够了。又如，初中教材对秦朝建立后采取一系列巩固统一的措施讲得比较清楚，高中教材就可讲得简要一些，而着重讲专制主义中央集权的建立及有关制度。

2. 一些较深的内容，初中学生难以理解，可放到高中教材去讲。例如，春秋战国时期的史书《春秋》、《左传》等，以及汉代文学如汉赋和乐府诗，都是要求学生具备一定的理解能力和欣赏能力的内容，可考虑在高中教材中讲授。又如，唐朝实行的租庸调法，清朝实行的"摊丁入亩"制度，都比较难懂，只宜在高中讲授。

3. 最难处理的是：有些历史事件和人物，虽然初中教材已经讲过但在高中教材仍不能不有者。有些重大历史事件，例如，第二次世界大战，假如从高中教材中删去，那么战后当代世界史的许多内容都无法讲清楚了。有些重要历史人物，例如列宁，假如从高中教材中略掉，那么苏联史上的十月革命、新经济政策这样重要的历史事件就无法让学生明白，因为它们都是根据列宁的决策，在列宁的领导下实现的。那么，如何避免重复呢？办法是不做简单的重复，而在内容的深浅上加以区别。

人的认识是逐步深化的。列宁在《论国家》的演讲中说："你们是第一次有系统地研究这个问题。既然如此，这个困难的问题的第一讲，就很可能做不到使你们中间很多人都充分明白，充分了解。要真的是这样，我请你们不要懊丧，因为国家问题是一个最复杂最难弄清的问题，也可说是一个被资产阶级的学者、作家和哲学家弄得最混乱的问题。因此，绝对不要指望在一次短短的讲课中就能把这个问题完全弄清楚。听了这个问题的第一次讲课以后，你们应该把不理解或不明白的地方记下来，三番五次地加以研究，将来在看书、听讲中进一步把不明白的地方弄清楚。我希望我们还能再谈一次，那时可以就所有提出的问题交换意见，检查一下究竟哪些地方最不明白。我也希望除听讲以外，你们还花些时间，把马克思和恩格斯的主要著作至少读几本。"①列宁在这段话中所讲的道理，也适用于教材的编写。同一个问题，学生在初中阶段只能了解到一定程度，不可能全懂。到了高中阶段，各方面知识比以前丰富了，阅历也增加了，再回到原来的问题，就会弄懂先前不全明白或知之不深的地方。例如，关于第二次世界大战的意义，在初中教材里，可初步指出它拯救了人类文

① 《列宁选集》，中文第3版，第4卷，24页，北京，人民出版社，1995。

明，恢复了世界和平，推动了人类社会的进步。但在高中教材里，则应深入一步，说明第二次世界大战改变了国际格局，为一系列欧亚国家走上社会主义道路创造了条件，促进了殖民地半殖民地人民的解放运动，并推动了科学技术的发展。又如，关于中华人民共和国成立的意义，初中教材可指出它推翻了帝国主义、封建主义和官僚资本主义的统治，中国人民从此站立起来。高中教材则应进一步说明它的国际意义，即冲破帝国主义在东方的战线，改变了世界政治格局，壮大了和平、民主和社会主义的力量。又如，初中教材的中国古代史部分，依照历史顺序讲清楚各个历史时期的基本面貌及其要点，便于学生理解和记忆；高中教材的中国古代史部分，可考虑按照较长时段的历史分期方法，把它划分为几个大的历史阶段并概括各个阶段的主要特点，从而加深学生对历史进程规律的认识，进一步提高学生认识历史的能力。

四、中外历史互相联系的问题

中学历史教材分作中国历史、世界历史两大部分，各有其专门的对象。这种办法有利于学生的学习，所以解放前后我国绝大部分中学历史教材都是这样编写的，今天仍宜如此。但是，中国历史与世界历史不应截然分开，互不相涉。我们在编写世界史时，应当不忘中国在世界历史中各个时期和若干重大历史事件中占有什么地位；我们在编写中国史时，应当想到世界历史这个大环境对我们有什么影响以及反转过来我们对它又发生了什么影响。概括说来，就是要努力编写出包含中国史在内的世界史和具有世界史背景的中国史。这样有分有合，最后成为一部真正的全球史，能使学生视野开阔，对世界全局了然于胸，无论将来从事什么工作都将大受其益。

例如，在世界史教材中写到第二次世界大战的历史时，我们必须指出中国抗日战争在第二次世界大战中的地位和作用，篇幅虽然不要像写中国近代史时占有那么多，但绝对不能丝毫不谈。教材应当说明中国在八年的艰苦卓绝的斗争中，使日本将近百万大军陷于中国，中国是在亚洲大陆上反对日本侵略者的主要国家，中国的抗战使苏联得以避免两线作战，能够集中力量对付德国，也大大减轻了日本对美英等国的压力。又如，在中国近代史教材中写到抗日战争后国民党反动派发动全面内战这个问题时，除了说明国内形势外，还必须结合当时的国际形势，才能深刻认识到中国共产党决定进行针锋相对的斗争的伟大决策。国民党发动全面内战时，得到美国政府的大力支持，而苏联由于害怕中国内战引起世界大战的爆发，对中国革命持消极态度。在这个决定中国命运的关头，毛泽东指出，第三次世界大战的危险是存在的，但世界人民的民主力量正在向前发展，必能克服战争危险。他同时又指出，帝国主义国家和社会主义国家有可能取得某些妥协，但是这种妥协，“并不要求资本主义世界各国人民随之实行国内的妥协。各国人民仍将按照不同情况进行不同斗争”。① 这个关系中国革命前途的判断，是建立在对世界形势准确分析的基础之上的。扼要地说明当时的国际背景，就能使学生认清中国和世界之间的密切关系，从而受到启发，以后更加关心世界大事。

总之，编写中学历史教材是很有意义但又十分困难的事情，其难度不亚于撰写专著和论文，甚或过之。但是，只要我们大家努力，总会编得越来越好的。笔者从事历史教育工作虽达 60 年，但只编过四次中学教材，既少经验，更乏学力。以上所谈，至多是一孔之见，仅供史学界同仁和关心历史教育的同志参考而已。

① 《毛泽东选集》，第 4 卷，1184～1185 页，北京，人民出版社，1991。

要促进历史知识的普及工作*

这次会议专门讨论历史研究与历史知识社会化和社会进步的问题，题目抓得好，会议开得也很及时。我也有两点想法，提出来向各位请教。

第一点，历史专业工作者必须重视历史知识的普及工作，并精心撰写高水平的历史知识普及读物。

改革开放以来，历史学有很大进步，但美中不足的是：历史知识的普及工作做得很不够，这在相当程度上影响了历史的社会功能的发挥。毛泽东《在延安文艺座谈会上的讲话》中论述文艺作品的提高与普及的统一问题，说："现在是'阳春白雪'和'下里巴人'统一的问题，是提高和普及统一的问题。"这个原则，对于历史著作也是适用的。这些年，具有科学内容而又文字优美、生动的历史知识普及读物实在是太少了。我们现在急需的是拥有广大读者的"下里巴人"式的作品，没有这样的作品，只抱怨历史学不受重视，是无济于事的。

20世纪，有不少著名专家亲自动笔写通俗的历史知识普及读物，例如林汉达的《东周列国故事》、胡绳的《二千年间》、许立群的《中国史话》，等等。还有吴晗主编的一套"中国历史小丛书"和陈翰笙主编的一套"外国历史小丛书"。这些读物写得深入浅出，受到广

* 本文是作者在北京师范大学历史学院和首都师范大学历史学院联合召开的讨论历史研究与历史知识社会化和社会进步的会议上的发言，原载《历史教学》2011年第1期。

大读者的欢迎，充分发挥了历史著作的社会功能。

深入浅出，是一个很高的标准，做到很不容易。能深入者未必能够浅出。另一方面，没有深刻内涵的浅出，便不可避免地流于简单粗糙。"浅出"的基本要求是明白易懂。但如能更上一层楼，再添些文采，就更好了。"正史"二十四史中，《史记》的影响最大，除《汉书》差堪比美外，其他各史都远远不如。原因何在？《史记》不仅内容丰富、深刻，而且文字表述流畅生动，极富感染力。它的许多名篇，能令人一读再读，仍有兴味。鲁迅称《史记》为"史家之绝唱，无韵之离骚"，它确实是历史和文学统一的范例。司马迁很注意通俗化问题。他在引用古书时，常把已经僵化或含义不明的词句改成明白、通畅、当时人易懂的语言。《史记》在叙事和记言中还经常引用民谣、谚语和俗语。这些做法，我们今天仍当借鉴。

在普及历史知识工作中，写好中学历史教科书十分重要。中学历史教科书面对千百万青少年，如能引起他们对历史的兴趣，并从中受到教育，可谓功莫大焉。20世纪有几部著名的历史教科书，是由大专家撰写的。被誉为天才历史学家的张荫麟(不幸37岁英年早逝)，精心撰写了《中国史纲》(未写完，只写到东汉的建立)，印行后好评如潮。本书在内容方面既有独到的见解，在表述方面又具文学的优美。试看第三章"霸国与霸业"中的第一节"楚的兴起"。本节首先说明楚有两种安全，接着写道："这两种的安全使得楚人的生活充满了优游闲适的空气，和北人的严肃紧张的态度成为对照。这种差异从他们的神话可以看出。楚国王族的始祖不是胼手胝足的农神，而是飞扬缥缈的火神；楚人想象中的河神不是治水平土的工程师，而是含睇宜笑的美女。楚人神话里，没有人面虎爪、遍身白毛、手执斧钺的蓐收(上帝的刑神)，而有披着荷衣、系着蕙带、张着孔雀盖和翡翠旌的司命(主持命运的神)。适宜于楚国的神祇不是牛羊犬豕的羶腥，而是蕙肴兰藉和桂酒椒浆的芳烈；不是苍髯皓首的祝史，而是采衣姣服的巫女。再从文学上看，后来战国时楚人所作的《楚辞》也以委婉的音节，缠绵的情绪，缤纷的词藻而别于朴素、质直、单调的《诗》三百篇。"①李埏在《张荫麟先生传略》中说："这读起来，简直是一篇无韵的史诗。然而它没有诗人的虚构与夸张，而是无一句无来历的史家之作；当然也不是排比寻章摘句

① 张荫麟：《中国史纲》，55～56页，上海，上海古籍出版社，1999。

得来的史料，而是‘作者玩索所得’的自然表述。”①

陈衡哲为高级中学编写的《西洋史》，也是一部深入浅出、很受读者欢迎的中学历史教科书。胡适对陈的这本书有很高的评价：“陈衡哲女士的《西洋史》是一部带有创作的野心的著作。在史料的方面她不能不倚赖西洋史家的供给。但在叙述与解释的方面，她确然做了一番精心结构的工夫。这部书可以说是中国治西史的学者给中国读者精心著述的第一部《西洋史》。在这一方面说，此书也是一部开山的作品。”胡适还说：“陈女士本是喜欢文艺的，所以她作历史叙述的文字也很有文学的意味。”②陈衡哲常用我国诗句来描述西洋史中的事件。例如，她说，“第三时期的希腊(笔者按：指希腊化时期)，在政治方面，不过如昙花一现，结果却仍免不了分崩覆灭。但在文化方面，希腊却是已经到了‘绿叶成荫子满枝’的时代了。”再如，讲到意大利文艺复兴的历史意义时，她写道：“但是诗人说得好，‘落红不是无情物，化作春泥更护花’。上古的末年，西罗马帝国既遭蛮族的蹂躏，而罗马的文化，却并不曾以此忘其天职。结果是中古末年古文化的大复活。意大利的文艺复兴，又何尝是无情之物呢？他虽受了外来武力的摧残，化为泥土，但他却不曾因此绝了希望。这泥土怀着文化的种子。却跟着他的摧残者。走入了西欧各土，后来便在那发芽展叶起来，为近代产生一个灿烂的文化。”③周一良先生老年追忆几十年前读陈氏《西洋史》时的印象，说：“记得几十年前读陈衡哲先生编写的欧洲史读本，她常常用中国诗句来描述或概括外国历史事件，分外引起读者兴趣，这也许是我国文史本一家的传统吧。”④可见，此书感人之深。

第二点，如何处理历史知识普及读物中的趣味性与历史真实性的问题。

研讨会提出这个问题，很重要，二者之间的关系确实要处理得恰当。我个人的意见，总起来说是：历史真实性是第一位的，在符合历史真实性的原则下，适当穿插一些作者想象的生动的、有趣味性的具体情节，是允许的，也是需要的。历史真实性是基础，否则就不成其为历史了。有一阵子，“戏说”泛

① 广东省东莞市政协主编：《张荫麟先生纪念文集》，259页，上海，汉语大辞典出版社，2002。

② 胡适：《介绍几部新出的史学书》，《现代评论》第4卷第91、92两期，1926年9月4日至11日。

③ 陈衡哲：《西洋史》，60、157页，沈阳，辽宁教育出版社，1998。

④ 周一良：《西安历史风情》(日文版)序言，见《郊叟曝言》，北京，新世纪出版社，2001。

滥。“戏说”的情节虽然能吸引人，但对于那些历史知识贫乏或几乎没有的人，则危害极大。例如，有些电视片把封建皇帝到民间污辱妇女的丑行，“戏说”成“爱情”故事，颠倒黑白，毒害人心。诸如此类的“趣味性”，是绝对要不得的。

在遵守历史真实性的大前提下，作者构思一些在当时的历史条件下有可能发生的具体情节，而这些情节又是在本质上与基本事实相一致的，二者水乳交融，不是硬拼凑在一起的，用这样的办法增强趣味性，以吸引广大读者，是允许的。我国古代一些很有名的史书，就采用过这种办法。例如，《左传》僖公二十四年讲介之推(《史记·郑世家》作介子推)逃禄，与母偕隐的事。晋重耳流亡19年后，终于回国，登上侯位。晋侯赏从亡者，介之推不言禄，他说：“献公之子九人，唯君在矣。……天未绝晋，必将有主。主晋祀者，非君而谁？天实置之，而二三子以为己力，不亦诬乎？窃人之财，犹谓之盗，况贪天之功以为己力乎？……”其母曰：“盍亦求之？以死，谁怼？”对曰：“尤而效之，罪又甚焉。且出怨言，不食其食。”其母曰：“亦使知之，若何？”对曰：“言，身之文也。身将隐，焉用文之？……是求显也。”其母曰：“能如是乎？与汝偕隐。”①遂隐而死。介之推与母偕隐前的母子对话，是不可能有第三者听到的，因为介之推既然耻于像其他人那样摆功争禄，决心逃隐，就不会让别人知道。因此，可以说这段对话是《左传》的作者虚拟出来的。但这种虚拟可算作一种合理的想象，因为它与介之推逃隐的基本事实相一致，又符合介之推这个人物不愿居功受禄的高尚人品。我们在撰写历史知识普及读物时，为了增加趣味性，可以借鉴《左传》的这种写法。《史记》中也有一些类似的例子，限于时间，不再讲了。

顺便说一下历史小说的问题。我个人认为，历史小说属于文艺作品，不应把历史小说等同于历史知识普及读物。有些历史小说拥有广大读者，但我们不能用写历史小说的办法来普及历史知识。举例说，《三国演义》有很高的艺术性，虽以陈寿《三国志》及裴松之注为依据，但又有不少作者虚构的内容。章学诚说它是“七分实事，三分虚构”(《丙辰札记》)，大体不差。只看过《三国演义》而未看过《三国志》的人很多，他们为《三国演义》的艺术性吸引，便把《演义》虚构的故事也当作历史上实有其事了。甚至一些有名的文人也犯了这样的错误。清初一位有名的诗人有一首咏落凤坡的诗，他居然把《三国演义》中虚构的写庞统死在落凤坡的故事当做真事了。其实，《三国志》“宠统法正传”关于庞统之死，只有短短的一句话：“进围雒县，统率众攻城，为流矢所中，卒。时年三

① 杨伯峻：《春秋左传注》(修订本)，418～419页，北京，中华书局，1990。

十六。”又，注《襄阳记》曰：“诸葛孔明为卧龙，庞士元为凤雏，司马德操为水镜，皆庞德公语也。”罗贯中根据这点材料，在《演义》第六十三回中，编了一段生动的故事，大意说庞统率军来到一个地方，见“两山逼窄。树木丛杂”，心下甚疑，勒马问“此处是何地?”有军士告以“此处地名落凤坡”。庞统惊曰：“吾道号凤雏，此处名落凤坡，不利于吾。”令后军疾退，但已来不及了，“只见山坡前一声炮响，箭如飞蝗”，庞统竟死于乱箭之下。这样写历史小说，是可以的。但写历史知识普及读物则不可，因为根本没有庞统死于落凤坡这件事。总之，历史知识普及读物是历史著作的一种，跟属于文艺作品性质的历史小说、历史剧是有区别的。

以上两点意见，未必恰当，敬希各位指正。

中外文化交流的若干问题(提纲)

(一)研究中外文化交流问题的出发点

文化交流对我国历史曾经产生过重大影响，例如古代佛教和现代马克思主义的传入。今天，伴随经济的全球化，各个国家、民族之间的文化交流，在规模上和深度上都是前所未有的，从而其影响也是至为巨大的。如何处理好中外文化交流问题，事关建设中国特色社会主义的根本大计，必须慎重对待。党的十六大报告指出，“文化的力量，深深熔铸在民族的生命力、创造力和凝聚力之中”；“在当代中国，发展先进文化，就是发展面向现代化、面向世界、面向未来的，民族的科学的大众的社会主义文化，以不断丰富人们的精神世界，增强人们的精神力量”。《中共中央关于构建社会主义和谐社会若干重大问题的决定》的第五部分是“建设和谐文化，巩固社会和谐的思想道德基础”。其中第一项是“建设社会主义核心价值体系，形成全民族奋发向上的精神力量和团结和睦的精神纽带”。第二项是“树立社会主义荣辱观，培养文明道德风尚”。根据报告和决定的精神，我想谈谈如何通过中外文化交流，建设中国特色社会主义新文化，构建中国社会主义和谐社会的问题。这个问题很大，我的一些看法是极粗浅的，极不成熟的，有些甚至谈不上是什么看法，只是自己困惑不解的问题，提出来向大家请教。

(二)文化有很强的继承性和延续性

新文化的建立，不可能置原来的旧文化于不顾。列宁说：“无产阶级文化并不是从天上掉下来的，也不是那些自命为无产阶级专家的人杜撰出来的。……无产阶级文化应当是人类在资本主义社会、地主社会和官僚社会压迫下创造出来的全部知识合乎规律的发展。"①还要注意的是：新文化的建立，不能脱离旧文化的素材。恩格斯在讲到现代社会主义时说："就其内容来说，首先是对现代社会中普遍存在的有财产者和无财产者之间、资本家和雇佣工人之间的阶级对立以及生产中普遍存在的无政府状态这两个方面进行考察的结果。但是，就其理论形式来说，它起初表现为18世纪法国伟大的启蒙学者们所提出的各种原则的进一步的、似乎更彻底的发展。同任何新的学说一样，它必须首先从已有的思想材料出发，虽然它的根子深深扎在物质的精神的事实中。"②

文化还有很强的延续性。一种社会经济制度消亡了，但产生于这种社会经济制度之上的文化不会跟着立即消亡，还会存在很长一段时间，几十年，几百年，甚至几千年。优秀的文学艺术作品，生命力极长。《诗经》、楚辞，李白、杜甫的诗，小说《红楼梦》等至今有仍吸引力。莎士比亚的戏剧，巴尔扎克、托尔斯泰的小说，不仅西方人爱读，中国人也爱读。消极的、落后的东西，由于历史的惰性，也能往下延续下去。中国有几千年的封建社会历史，在思想方面的影响如封建帝王思想、等级观念等等，至今存在。

总之，建设中国特色社会主义文化，不能离开人类文明的人道，必须从中国的传统文化和外来文化中吸取养料。

(三)建设中国特色社会主义新文化，当然首先要立足中国，具有民族的特点

中国有悠久的文明历史，有宝贵的文明遗产，必须批判地继承。毛泽东说："中国的长期封建社会中，创造了灿烂的古代文化。清理古代文化的发展过程，剔除其封建性的糟粕，吸取其民主性的精华，是发展民族新文化提高民族自信心的必要条件；但是决不能无批判地兼收并蓄。必须将古代封建统治阶级的一切腐朽的东西和古代优秀的人民文化即多少带有民主性和革命性的东西区别开来。"③区别精华与糟粕，需要进行深入细致的研究，需要展开讨论和争鸣，不是靠独断和行政命令可以解决的。什么是中国传统文化中的精华呢？这是个大课题。从五四运动到今天，见仁见智，各有各的看法，一直争论不休。

① 《列宁选集》，中文第3版，第4卷，385页，北京，人民出版社，1995。

② 《马克思恩格斯选集》，中文第2版，第3卷，719页，北京，人民出版社，1995。

③ 《毛泽东选集》，第2卷，707～708页，北京，人民出版社，1991。

我觉得这是个绕不过去但又十分难以取得共识的问题。例如，儒家思想中有无精华呢？如果把孔子学说说得一钱不值，甚至是完全害人的东西，这种极端的看法恐怕太过分了，站不住脚的。儒家思想讲“仁”，“夫仁者己欲立而立人，己欲达而达人”(《雍也·第六》)，讲的是推己及人，人己兼顾。“樊迟问仁，子曰：‘爱人’。”(《颜渊·第十二》)“仲弓问仁，子曰：‘……己所不欲，勿施于人。……’”(《颜渊·第十二》)孔子在讲到“恕”的时候，也说过：“己所不欲，勿施于人。”(《卫灵公·第十五》)“仁”的思想值不值得继承呢？恐怕是值得的。又如，孔子讲“中”，“中”的真正含义是既不太过，又不不及，“恰到好处”。子贡问孔子，子张和子夏哪个贤，孔子说：“师也过，商也不及。”子贡说，那么是子张强一些了？孔子说：“过犹不及。”(《先进·第十一》)“中”的思想有无价值呢？我认为有。“大跃进”的错误，就是“过犹不及”。中国传统文化中的人文价值与道德规范，经过推陈出新，很有可能为塑造一个新的理想的社会主义社会起到相当的作用。

中国传统思想也有糟粕，例如三纲五常中的君为臣纲的思想，至今犹有余毒。“文革”中林彪、“四人帮”提倡写“效忠信”、跳“忠字舞”、“献忠心”，等等。现在一些电视剧，大肆歌颂封建帝王，奴才主子叫得山响，令人恶心。辛亥革命打倒皇帝，至今有近一百年了，可是皇帝又吃香起来了，应当引起人们的警惕。

(四)改革开放已经定为国策。闭关自守，盲目排外，不仅在经济、政治上行不通，在文化上也行不通，是死路一条

中国要实现现代化，建设中国特色社会主义，在文化上也必须面向世界。但决不能走“全盘西化”的路子，而是要吸收精华，抛弃糟粕。但什么是我们今天应当吸取的有益于我国社会主义建设的西方文化的精华呢？这也是个大难题，需要深入研究、讨论。我认为，西方的科学，特别是他们的科学精神，就值得学习。恩格斯说：“在马克思看来，科学是一种在历史上起推动作用的、革命的力量。任何一门理论科学中的每一个新发现——它的实际应用也许还根本无法预见——都使马克思感到衷心喜悦，而当他看到那种对工业、对一般历史发展立即产生革命性影响的发现的时候，他的喜悦就非寻常了。例如，他曾密切注视电学方面各种发现的进展情况，不久以前，他还密切注视马赛尔·德普勒的发现。”①今日人们常说要学习西方的科学技术，但在实践中往往从狭隘

① 《马克思恩格斯选集》，中文第2版，第3卷，777页，北京，人民出版社，1995。

的功利主义出发，重技术而轻科学，在科学中又重视应用科学而轻视基础科学。可是，自然科学是技术之本，自然科学不发达，技术虽一时可有成就，终不能赶上西方，因为西方的技术是以科学为基础的。早在1919年，陈寅恪对吴宓说："中国古人，素擅长政治及实践伦理学。与罗马人最相似。其言道德，唯重实用，不究虚理。其长处短处均在此。长处即修齐治平之旨；短处即实事之利害得失，观察过明，而乏精深远大之思。……今则凡留学生，皆学工程实业……而不知实业以科学为根本……境遇学理，略有变迁，则其技不复能用。所谓最实用者，乃适成为最不实用。"①

西方文化的糟粕，必须抛弃，决不能令其在中国泛滥。"金钱拜物教"及其种种衍生物，已深入我国，必须引起警惕。

(五)中国是一个传统的社会经济结构牢固和传统文化根深蒂固的国家，因此在与外来文化接触和融合时，往往使外来文化不得不在相当程度上改变其内容，才能为中国接受

举例来说，佛教输入中国后，经过中国吸收改造的宗派，能够流传较久并发生重大影响；完全保存印度本来面目者，则只能短期存在，而且影响甚微。陈寅恪说："释迦之教义，无父无君，与吾国传统之学说，存在之制度，无一不相冲突，输入之后，若久不变异，则决难保持。是以佛教学说，能于吾国思想史上，发生重大久远之影响者，皆经国人吸收改造之过程。其忠实输入不改本来面目者，若玄奘唯识之学，虽震动一时之人心，而卒归于消沉歇绝。近虽有人焉，欲燃其死灰，疑终不能复振。"②汤用彤、蒙文通、冯友兰也都有同样看法。

与上述类似的例子还有一些。问题在于，当我们引进一种外来的有价值的学说或思想时，如何使它在中国升华为一种更有价值的东西，而不是徒有虚名而无其实，更不是经过错误的嫁接后，变成一种异质的东西。我认为这是一个值得我们十分注意的大问题。嫁接的结果，可能好，也可能坏，两方面的例子，是都有的。

今天我们研究文化问题要站得更高一些：不能只着眼于文化因素如何推动经济增长，如果着眼点仅限于此，很可能走向一个误区。要把文化问题提到为建立一个以人的全面发展为中心的、和谐的社会主义服务这样一个高度来看待。

---

① 吴学昭编：《吴宓与陈寅恪》，9页，北京，清华大学出版社，1992。

② 陈寅恪：《金明馆丛稿二编》，251页，上海，上海古籍出版社，1980。

德意志中心论是比较文化形态学的比较结果

——评斯宾格勒著：《西方的没落》*

《西方的没落》一书出版后，曾经名噪一时，但由于本书内容庞杂，文笔晦涩，又有许多杜撰的术语概念，许多人并未仔细阅读，至今仍有人只从书名就以为其内容是在讲西方的没落。这其实是一种误解。本文明确指出：斯宾格勒的著作表面在讲西方的没落，实则在鼓吹西方的复兴，特别是妄想在未来建立一个统治世界的德意志大帝国。本文还揭穿了斯宾格勒的历史哲学和反动政治主张对纳粹主义的影响，这也是不少读者所忽略的。

斯宾格勒(1880～1936)，德国历史哲学家。他年轻时曾就读于哈雷、慕尼黑、柏林等大学，毕业后任教中学。代表作是《西方的没落》。据他自称，这部书构思于1914年以前，到1917年春天重新加工整理，在某些细节上予以增补和修饰。第1卷于1918年出版，第2卷于1922年出版。在第2卷中，已经涉及第一次世界大战后德国的一些问题，因此我们可以把《西方的没落》一书看作基本上反映斯宾格勒在1917年以前的思想，但也部分地反映他在战后初期的思想著作。他的其他著作有《普鲁士精神与社会主义》(1920年)、《人和技术》(1931年)、《决定的时刻》(1934年)等。

---

* 《西方的没落》中译本(以下简称“中译本”)由齐世荣等6人译出，商务印书馆1963年1月第1版，1993年7月第3次印刷。中译本只包括全书的第2卷和第1卷的“导言”以及作者第一版序言、作者修订版序言。

斯宾格勒在《西方的没落》的“导言”中，说他写作这本书的目的是：“这本书是第一次的大胆尝试，想去预断历史，想去研究一种文化宿命中的迄未被人经历过的各个阶段，特别是关于那在我们这一时代和我们这一星球上唯一正处于完成状态的文化，即西欧美洲文化的各个阶段。”①但是斯宾格勒并未单纯就这个主题予以论述，而是把它包裹在一个哲学体系中，并大言不惭地说，他是在撰写一个“我们当代的唯一哲学”。② 斯宾格勒的这种做法，并非自他作始，德国人一向有“创造体系”风气。恩格斯说：“我们德国人有一种非常严肃的Gründlichkeit，即彻底的深思精神或深思的彻底精神，随你怎么说都行。当我们每个人在阐述他认为是新学说的那种东西的时候，他首先要把它提炼为一个包罗万象的体系。他一定要证明，逻辑的主要原则和宇宙的基本规律之所以存在，历来就是为了最后引到这个新发现的绝妙理论上来。”③恩格斯还指出，像杜林先生那样“创造体系”的人在德国并非个别现象，各式各样的“体系”如雨后春笋出现在德国，甚至大学生也要创造一个完整的“体系”。恩格斯讽刺说：“这种高超的胡说是德国智力工业最具特色和最大量的产品。”④斯宾格勒就是杜林之流的人物，他的“高超的胡说”也可看作“德国智力工业”的一种产品，甚至可以说是一种“名牌”产品。

斯宾格勒既然对他的哲学体系十分自负，下面就让我们首先看一看这个“当代的唯一哲学”究竟包含一些什么内容吧。斯宾格勒把他的哲学体系叫作“比较文化形态学”。他认为全人类的历史是不存在的，只有各个文化的历史。研究世界历史，就是研究各个文化的历史。伟大的文化是根源于灵性的最深基础之上的，每一文化都有其基本的象征，表现于这个文化的各个方面。“每一种文化各有自己的观念，自己的情欲，自己的生活、愿望和感情，自己的死亡”，“在其本质的最深处，它们是各不相同，各有生存期限，各自独立的”。⑤他甚至认为，“没有单一的数学，而只有不同的数学。”印度数学思想、阿拉伯数学思想、古典数学思想、西方数学思想各不相同，与这每一种数学思想相对

① 中译本，上册，13页，北京，商务印书馆，1963。

② 同上书，33页。

③ 《马克思恩格斯选集》，中文第2版，第3卷，695页，北京，人民出版社，1995。

④ 同上书，344～345页。

⑤ 中译本，上册，39页，北京，商务印书馆，1963。

应的是一种数字类型。① 而且，各个文化之间是互不了解的。“两种不同文化的人，各自存在于自己精神的孤寂中，被一条不可逾越的深渊隔开了。”②

斯宾格勒认为，要研究由各个文化组成的世界历史，必须采用与过去截然不同的全新的研究方法，他称之为“文化形态学”的方法，即“把一种文化的各个部门的表现形式内在地联系起来的形态关系”③予以考察和理解。抓住这种形态关系以后，“即使平凡单调的政治事实也具有一种象征的、甚至形而上学的性质”。④ 于是，在他看来，“在微积分和路易十四时期的政治的朝代原则之间，在古典的城邦和欧几里得几何之间，在西方油画的空间透视和以铁路、电话、远距离武器制胜空间之间，在对位音乐和信用经济之间，原有深刻的一致关系”。⑤ 我们认为，世界上不同的文化各有自己的特征，确是事实。但斯宾格勒所概括的各个文化的基本“象征”是没有物质基础的，是“先验”地存在的，不需要科学地说明，只需凭“本能”、“直觉”去理解。需要指出的是：既然斯宾格勒认为各个文化之间是根本互不理解的，他自己又如何能理解西方文化以外的其他文化呢？

斯宾格勒还把文化看作一个有机体，都要历经前文化时期、文化时期和文明时期，即青春、生长、成熟、衰败等阶段，有如人的童年、青年、壮年与老年。文化是一个被他看作正在成长的、创造的、上升的阶段。文明则是各个文化的结束阶段。他是在一种贬义的意义下使用文明这个概念的，它的含义是已成、僵化、结束、死亡等等。由于各个文化不论具有如何不同的特点，但都要遵循同样的轨道，历经生长盛衰，最终走向死亡的归宿，因此只要两件事是在各自文化的严格一样(相关)的位置上发生，就是“同时代的”，就是可以比较的。⑥

例如海克索人统治埃及时期和19世纪的欧洲是“同时代”的，因为都处于他所说的“文明”的开始时期。他有时又称这种研究方法为“比较形态学”。

总之，斯宾格勒关于世界历史只是各个文化的历史，它们各具特质、互不

① 查理·弗兰西斯·爱金孙的英译本《西方的没落》(以下简称“英译本”)，第1卷，59、61页，1926。

② 中译本，上册，153页，北京，商务印书馆，1963。

③ 同上书，18页。

④ 同上书，19页。

⑤ 同上书，18页。

⑥ 英译本，第1卷，112页。

了解的说法，实质上是否认世界历史的统一性，否认人类的统一发展，这一否认后来变成了法西斯种族主义的历史观的一个教条。卢卡奇正确指出：这种“历史‘形态’的唯我主义本质对于法西斯的种族主义说来是一个方法论上的范例。法西斯对待其他种族的那种野蛮的非人道态度的‘哲学’根据就是建立在这样一种唯我主义的种族结构上的：种族之间完全陌生、互相敌对、壁垒森严、互不沟通的情况恰恰就像斯宾格勒的文化圈之间的关系一样。”①斯宾格勒把文化看作有机体，都要经历生长盛衰，最终走向死亡的看法，则是否认人类历史的不断进步，但在这里他又埋下了一个伏笔，即世界上其他文化都已死亡，唯独西方文化尚有生命，关于这点我们在下面将加以论述。

斯宾格勒的书名为《西方的没落》，实则是宣扬西方文化的优越，核心内容是德意志民族统治世界的历史“宿命”。

斯宾格勒表面上否认各个文化之间存在孰优孰劣的问题，但通过强调西方文化的特殊精神而实质上突出西方文化的优越。他说：“这种使各大文化都把我们当做全部世界事变的假定中心，绕着我们旋转的流行的西欧历史体系的最恰当的名称可以叫做历史的托勒密体系。这本书里用来代替它的体系，我认为可以叫做历史领域中的哥白尼发现，因为它不承认古典文化或西方文化比印度文化、巴比伦文化、中国文化、埃及文化、阿拉伯文化、墨西哥文化等占有任何优越地位。”②斯宾格勒一面做这样的表白，另一面则说西方文化具有一种特殊的“浮士德心灵”，“它的原始象征是纯粹的和无限度的空间”。③ 他赞扬西方文化的地理眼界之广人，是其他文化无与匹敌的。“祖国的广袤是一个个人很少看到它的边界、可是要保卫它并为它而死的地区，它的象征性深度和力量是其他各个文化的人类所永远不能理解的。”④“浮士德文化对扩展——政治的、经济的或文化的——的倾向是无法抗拒的。”⑤于是，西班牙、葡萄牙殖民主义者对于美洲人民的血腥屠杀，对于墨西哥和秘鲁的征服，在他看来，不是西欧资本主义原始积累阶段的结果，而是由于“浮士德文化的人”的“不可抑制的向远方发展的冲动”。⑥ 显而易见，斯宾格勒是把西方资本主义国家的殖民扩张、

---

① 卢卡奇：《理性的毁灭》，419 页，济南，山东人民出版社，1997。

② 中译本，上册，34 页，北京，商务印书馆，1963。

③ 英译本，第 1 卷，183 页。

④ 中译本，上册，319 页，北京，商务印书馆，1963。

⑤ 英译本，第 1 卷，335 页。

⑥ 中译本，上册，141 页，北京，商务印书馆，1963。

对外侵略行为冠以“浮士德精神”的美名，并把它们说成了西方文化的必然的外在表现。①

斯宾格勒强调西方文化有一种特殊的“宿命”。“宿命”在他的历史哲学体系中占有十分重要的地位。他首先从自然和历史的对立入手，然后导出他的“宿命”哲学。自然和历史，在他看来，是高级文化的人类用以综合和解释他的直接感官印象的两种形状，或者说是在人的醒觉意识中轮流出现的两种世界图景。当把一个人的周围的现实作为已成的事物而加以整理时，所得出的世界图景就是作为自然的世界；反之，当把现实作为方成的事物加以整理时，所得出的世界图景就是作为历史的世界。在作为自然的世界里，适用的是因果关系，即无机的逻辑，而在作为历史的世界里，它的活生生的相互依存关系不是因果律所能说明的，在这里，起支配作用的是宿命，是有机的(本能的)逻辑。理解自然靠理性，理解历史则要要靠本能，靠直觉，靠类比。② 斯宾格勒强调，只有通过历史和自然的对立，才能理解历史的本质。③ 那么，历史的本质又是什么呢？他说：生活中的有机的必然性，即宿命的必然性“构成了全部历史(与自然相对而言)的实质和核心”。④ 真正的历史是充满宿命，却摆脱了定律的。因此，深刻的和纯粹的历史研究，决不会寻求与因果律相一致。⑤至此，我们可以清楚地看出：斯宾格勒是一个十足的反理性主义者，他的历史观充满了神秘主义、蒙昧主义，他坚决反对历史的客观规律，只承认历史的宿命，而这种宿命又不是认知的对象，只能靠本能、直觉、靠生命体验去捕捉。把宿命强调到全部历史的实质和核心的地步，其实质是要把剥削阶级的所行所欲都归之于宿命的决定，从而赋予它们以一种天启、宗教的力量。希坡主教奥古斯丁把“神的意志”看作是最后的决定因素，其实“神的意志”和“宿命”都是一回事，不过是剥削阶级的意志的代名词而已。

斯宾格勒从他的“宿命哲学”中推导出一种什么样的西方文化的“宿命”呢？

---

① 斯宾格勒经常歪曲歌德的思想。歌德所写的诗剧《浮士德》反映了资产阶级进步思想与反动的、蒙昧的中世纪封建意识的斗争。歌德所创造的浮士德，是一个追述真理，追求宇宙意义而又热爱人生的人物。这种真正的浮士德精神，完全被斯宾格勒歪曲了。

② 参见，英译本，5、8、25、49、95、100、102、107 页。

③ 中译本，上册，79 页，北京，商务印书馆，1963。

④ 同上书，19 页。

⑤ 英译本，第 1 卷，95 页、118 页。

斯宾格勒武断地说，世界上共有过八个文化，其中七个（埃及文化、巴比伦文化、印度文化、中国文化、古典文化、阿拉伯文化、墨西哥文化）已经死亡，只是“作为一些死尸、一些无定形、无精神的人群，一种伟大历史的碎片而存在下去。”①只有西方文化还处在文明的第一个时期——“战国时期”。这个时期的特点是连绵不绝的大战和革命，一个文化区内的各个国家经过互相攻伐以后，最终合并于一个大帝国的统治之下。从拿破仑的统治起到第一次世界大战爆发是西方文化的“战国时期”的序幕，20 世纪则是真正战国的世纪。下面是斯宾格勒关于“真正的战国世纪”的形势所做的描绘以及他认为西方人所应持的态度：“各个大陆将被孤注一掷，印度、中国、南非、俄罗斯、伊斯兰将被召集，……主要的世界都市的权力中心将随意处置较小的国家——它们的领土、它们的经济以及它们的人民。……在这些血和恐怖的灾难中，一再响起了要求民族和解、世界和平的呼声。……我们可以尊重追求这一切的愿望，但是我们必须有勇气面对事实的真相……生活如果要成为伟大的，应是坚强的；它只允许在胜利与毁灭之间进行选择，而不允许在战争与和平之间进行选择，胜利的牺牲品是属于胜利的。”②继战国时期以后出现的一个阶段，是“帝国时期”，这时战国的对峙局面结束，大一统的帝国出现。在此阶段，“血统的权力，未受破坏的身体力量，恢复了它们从前的统治地位。种族出现了，纯粹而不可抗拒——强者战胜，赘余的人则成为他们的战利品。”③斯宾格勒还强调：“帝国主义是不论何种文明的十分必要的产物，因而当一个民族不肯承担主人任务的时候，它就为他人所掌握，置于统治之下。”④其他各个文化的这个时期都已过去，西方文化的这个时期尚未到来，约在 2000 年至 2200 年间。斯宾格勒给这个时期的政治组织形式，起了一个名称——“恺撒主义”。“恺撒主义”的特征是：“真正的重要性集中在完全个人的权力，行使这种权力的人是恺撒，或其他任何能在自己的位置上行使它的人。”⑤我们还需知道，斯宾格勒是把德国民族看作西方最后一个民族的，它负有完成西方历史最后一个阶段的伟大使命。⑥ 把以上几点联系在一起，就可清楚地看出《西方的没落》这部洋洋百万言

① 中译本，上册，61 页，北京，商务印书馆，1963。

② 中译本，下册，677～678 页，北京，商务印书馆，1963。

③ 同上书，681 页。

④ 同上书，667 页。

⑤ 同上书，680 页。

⑥ 中译本，上册，226 页，北京，商务印书馆，1963。

的巨著，无非就是要说明一个核心思想：西方文化是世界上唯一还有生命的最优越的文化，20世纪是西方人的世纪，德意志民族的历史宿命就是主宰全球，建立起一个世界大帝国。

在《西方的没落》一书中，还有作者鼓吹其政治主张的许多内容，必须认真研究这些部分，才能了解斯宾格勒编造他的哲学体系的政治目的，以及《西方的没落》为何能在出版后风行一时的原因。不少评论这本书的人几乎不涉及书中的政治内容，这是错误的。因为单就哲学体系而言，斯宾格勒相当浮浅，不值得多费笔墨。卢卡奇说得对："按照狄尔泰甚至席美尔的尺度来衡量，斯宾格勒连作为一个客串艺人或业余爱好者也时常不能算是有才华的，在绝大多数情况下只能说是浅薄和轻率的。"①

斯宾格勒怀着"最激烈、最卑鄙、最恶劣的感情"，② 对马克思主义、工人运动和社会主义肆意谩骂，无所不用其极。他攻击的中心是马克思主义关于阶级斗争的学说，认为这完全是马克思主义者别有用心的捏造，因为根本就没有工人阶级这样一个阶级的存在："在经济方面并没有工人阶级；那是一些专门注视着英国——一个处于过度状态的、工业发达的、无农民的国家——的工厂工人的地位的理论家的一种捏造，随后他们又信心百倍地把这种捏造的体系扩展到一切文化和一切时代，使政客们得以采用这种体系，把它当作自己建立政党的一种手段。"③斯宾格勒在他的另一部著作《决定的时刻》中，干脆就把工人阶级叫作"人类的寄生虫"，主张他们每日至少应当劳动12个小时，如同在资本主义制度早期那样。④ 他百般丑化、诋毁工人运动、社会主义、马克思主义政党及其领袖。他一口咬定"工人运动是它的领袖们制造出来的"，"实际的共产主义及其'阶级战争'……不过是那十分知道如何利用这种共产主义的大资本的忠实随从而已。"⑤他还诽谤"群众领袖中百分之五十是可以用金钱、职位、或'从底层进来'的机会加以收买的，他们把他们的整个政党都带过来。"⑥"没

① 卢卡奇：《理性的毁灭》，410页，济南，山东人民出版社，1997。

② 这里借用马克思在《资本论》第一版序言中的话。（见《马克思恩格斯选集》，中文第2版，第2卷，102页，北京，人民出版社，1995。）随着资本主义腐朽程度的加深，资产阶级学者反对认真的科学研究的这种卑劣感情更加激烈了。

③ 中译本，下册，739～740页，北京，商务印书馆，1963。

④ 《决定的时刻》(*The Hour of Decision*)，145、151页，纽约，1934。

⑤ 中译本，下册，774页注①，北京，商务印书馆，1963。

⑥ 同上书，722页注①。

有一件无产阶级的甚至共产主义者的运动不是为了金钱的利益而举行的，不是按金钱所指明的方向而开展的，不是在金钱所许可的时限内进行的。”①

19世纪后半期，德国工人运动在欧洲处于中心地位，德国社会民主党在工人群众中有很多拥护者。为了对抗社会主义在工人运动中日益深入的影响，斯宾格勒提出了一种他所主张的社会主义，他给这种社会主义所下的界说是：“一种超越所有阶级利益的伟大政治经济制度在人生中实现的意志……这是一个具有高尚思想和责任感的体系，它使整个社会为它的历史的决战保持良好的状态。”②他还说，在目标方面有最大可能成就生命感的，是伦理社会主义，“不管伦理社会主义在前景中的外观如何，它都不是一个有关同情、人性、和平和热情关切的体系，而是一个权力意志的体系……它的目标是十足帝国主义的；它所讲的福利，是扩张意义上的福利，也就是说，不是病人的福利，而是精力旺盛的人的福利，他们应该被赋予并必须被赋予行动自由，而不顾财富、出生和传统的障碍。”③他强调：“我再说一次，社会主义就意味着权力，权力，还是权力。”④按照他所说的这种社会主义的标准，最早的社会主义者是普鲁士国王威廉一世，而不是马克思。⑤ 在《普鲁士与社会主义》一书中，他赤裸裸地把社会主义与普鲁士主义等同起来，主张真正的社会主义国家就是一种军事化了的国家，在那里每个工人和业主都成了国家的公职人员，在严格纪律和普鲁士式的严峻环境中为整个民族的利益而工作。他鼓吹，“德国劳工中的优秀部分要与持有旧的普鲁士国家观念的最优秀的人物实行联合，因为这两类人都有决心要建立严格的社会主义国家……都愿意为了统治别人而服从，为了征服别人而付出生命”。⑥

站在德意志军国主义的立场上，斯宾格勒极力鼓吹强权政治和侵略战争。他说：“世界历史就是世界法庭。……它总是为了强权和种族而牺牲真理和正

① 中译本，下册，638页，北京，商务印书馆，1963。

② 同上书，774～775页。

③ 英译本，第1卷，361～362页。

④ 转引自阿瑟·赫尔曼：《文明衰落论：西方文化悲观主义的形成与演变》，264页，上海，上海人民出版社，2007。

⑤ 英译本，第1卷，138、347页。

⑥ 转引自科佩尔·S. 平森：《德国近现代史》，下册，616页，北京，商务印书馆，1987。

义，把那些相信真理和正义、藐视业绩和权威的人们和民族置之死地。"①"战争是一切伟大事物的创造者。生存之流中一切有意义的事物，都是通过胜利和失败显现出来的。"②在他看来，民族之间的关系，是不为刀俎，必为鱼肉。要想不为鱼肉，必须先发制人。"一个民族在世界上不是孤零零的，它的前途将由它对其他民族和强国的力量对比，而非由它的纯粹内部安排来决定。"因此，政治家要把对外政治的地位摆在对内政治之上。"对内政治全然是为对外政治而存在的，而非相反。"③

斯宾格勒的研究方法是十足的主观唯心主义。他的认识论是极端肤浅而又极端武断的。他否认真理的存在，说："对于一个动物来说，没有真理，只有事实；人们的生活经验和知识只和事实打交道。有行动、有意志、有斗争的积极的人物天天衡量自己在事实的威力跟前的力量，他把纯粹的真理看得很不重要。真正的政治家只知有政治的事实，不知有政治的真理。"④他还说："在事实的世界中，真理只是手段，它只有主宰精神从而主宰行动时才是有效果的。它们的历史地位并不取决于它们是不是深刻的、正确的、或仅是合乎逻辑的，而是取决于它们发不发生作用。"⑤斯宾格勒既然否定在历史的世界里存在真理，就必然走向不可知论和信仰主义。"植物生活着，但并不知道它自己是在生活着。人类则被他的生活所惊，并环绕他的生活发生种种问题。但是，人类也不能对他自己的问题作出解答，他只能相信他的解答是正确的，在这方面，亚里斯多德和最卑贱的野人是没有区别的。"⑥还必须指出的是：斯宾格勒在认识论上是彻头彻尾反理性主义的。他强调"本能"、"直觉"、"天生的嗅觉"等等，大言不惭地向人们推荐他的一种独特的研究方法，就是"相术的机智"。什么是"相术的机智"呢？经过他的一番解释后，原来就是那种相人相马的本领。"天生的政治家……具有一种毫不踌躇地和不屈不挠地领悟全部可能性的'眼力'。马匹的鉴定者在一瞥中就能了解一匹马，就知道这匹马在竞赛中能有什么希望。不认识一件事情就能正确地做好那件事情，双手不知不觉地把马衔勒紧或放松——这种才能与理论家的才能是恰好相反的。一切存在的秘密节奏在

① 中译本，下册，775页，北京，商务印书馆，1963。

② 同上书，580页。

③ 同上书，699页。

④ 中译本，上册，96页，北京，商务印书馆，1963。

⑤ 中译本，下册，637页，北京，商务印书馆，1963。

⑥ 中译本，上册，96页，北京，商务印书馆，1963。

他身上和在历史事件中是同一样的。”①斯宾格勒为了建立他的比较文化形态学体系，硬是把一堆堆杂乱的材料经常地、大量地通过“类比”的方法，生拉硬扯地把它们串联在一起。如前所述，斯宾格勒既然认为每一种文化都是独具特质的和互不理解的，那么在它们之间就不可能发生任何的关系。但这样一来，比较文化形态学就无法建立起来了。因此，他首先独出心裁地杜撰了一个“同时代的”概念(见前)，然后不同的事实、不同的人物，不论在真正的年代学上相距多远，只要是在斯宾格勒的形态学分期上处于“同一时代”，就可以拿来相比。于是，亚历山大可比拿破仑；柏拉图可比拉普拉斯，如此等等，任意摆弄，有如儿戏。类比是一种研究方法，在历史科学里，类比必须以相同的历史发展阶段为基础。马克思在《路易·波拿巴的雾月十八日》一书第2版序言中说：“我希望，我这部著作对于清除那种特别是现今在德国流行的所谓凯撒主义的书生用语，将会有所帮助。在作这种肤浅的历史对比时，人们忘记了主要的一点，即在古罗马，阶级斗争只是在享有特权的少数人内部进行，只是在富有的自由民与贫穷的自由民之间进行，而从事生产的广大民众，即奴隶，则不过为这些斗士充当消极的舞台台柱。……由于古代阶级斗争同现代阶级斗争在物质经济条件方面有这样的根本区别，由这种斗争所产生的政治怪物之间的共同点也就不可能比坎特伯雷大主教与最高祭司撒母尔之间的共同点更多。”②列宁在《论民族自决权》一文中，在谈到把各个国家的政治经济的发展情况和马克思主义纲领加以比较时，说：“这样的比较必须作得适当。这里有一个起码的条件，就是要弄清所比较的各个国家的历史发展时期是否可比。”③不仅在历史科学中，在比较文学中，也要有历史观念。陈寅恪说：“盖此种比较研究方法，必须具有历史演变及系统异同之观念。否则古今中外，人天龙鬼，无一不可取以相与比较。荷马可比屈原，孔子可比歌德，穿凿附会，怪诞百出，莫可追诘，更无所谓研究之可言矣。”④斯宾格勒的“同时代的”，是非历史的，因而他以“同时代”为基础运用的类比法，其结果也就只能是“穿凿附会，怪诞百出”的。

总之，斯宾格勒认为，凭借理性、科学是不能洞察历史的奥秘的，“一个

① 中译本，下册，691页，北京，商务印书馆，1963。

② 《马克思恩格斯选集》，中文第2版，第1卷，580～581页，北京，人民出版社，1995。

③ 《列宁选集》，中文第3版，第2卷，379页，北京，人民出版社，1995。

④ 陈寅恪：《金明馆丛稿二编》，223～224页，上海，上海古籍出版社，1980。

历史研究者致力于真正的科学越差，他的历史学反而就更有价值。”①

《西方的没落》一书，就哲学思想而言，是浅薄的，根本谈不上“创造性”，绝对不像斯宾格勒自我吹嘘的那样是什么“当代的唯一哲学”。他公开承认歌德和尼采对他的影响，② 但实际上尼采对他的影响最大。尼采的“超人”哲学、“权力意志”和非理性主义、文化与文明对立的学说、对战争的歌颂、对社会主义和工人阶级的仇视，都是斯宾格勒思想的来源。斯宾格勒的其他一些重要论点，例如作为历史的世界与作为自然的世界的区别，则来源于狄尔泰关于自然科学和精神科学有着根本不同的研究对象和方法的看法；每一种文化各具特质、各自独立的文化观则是由李凯尔特的文化乃是以独特的价值为取向的定义引申而来的，③ 只是他的自负使他不愿意承认而已。退一步说，即使斯宾格勒没有受过狄尔泰等人的影响，但无论如何在他之前已经有人发表过类似的看法，因此他的哲学就算不得独一无二了。《西方的没落》一书的内容从自然科学谈到社会科学，从文艺谈到宗教，似乎十分丰富，如不仔细去看，就会觉得斯宾格勒是一个百科全书式的学者。其实不然。就知识而言，他比较熟悉的还是西方文化，而对书中涉及的其他文化，只有一知半解，甚至盲无所知。例如，他竟把李斯的老师荀子当作孙子，④ 这暴露了他的中国历史知识贫乏到了何等的程度，可是他却敢在书中多处侈谈中国文化。那么，为什么这样一本就哲学思想而言十分浅薄，就知识内容而言错误百出的著作，竟能在出版后风行一时呢？原因究竟何在呢？

第一，《西方的没落》迎合了第一次世界大战后战败的德国重整旗鼓的政治需要。战争结束后，德帝国主义不甘心于自己的失败，力图卷土重来。另一方面，十月革命胜利后，社会主义理想日益深入人心，马克思主义广泛传播，德国革命运动在1919～1923年几度高涨，德国统治阶级对此深感恐惧，惶惶不可终日。在这种形势下，垄断资产阶级和容克地主迫切需要各式各样的反动理论，为自己鼓气，以便对内镇压革命，对外进行复仇。《西方的没落》恰恰在此时出版，它以学术巨著的面目出现，表面上似在讲西方的没落，实则企图通过对整个人类历史的宏观描述，论证德意志民族的前途绝非暗淡，而是大有希

① 英译本，第1卷，154页。

② 中译本，上册，6页，北京，商务印书馆，1963。

③ 参见伊格尔斯：《德国的历史观》，329页，南京，译林出版社，2006。

④ 中译本，下册，662页注，北京，商务印书馆，1963。

望，它将在“帝国时代”实现统治全世界的历史“宿命”。斯宾格勒本来寄希望于德国的胜利，1914 年 10 月 25 日他在写给一个朋友的信中说：“我是个彻头彻尾的乐观主义者，我们会赢。”①在《西方的没落》的第一卷(1917 年已完稿)中，他说“普鲁士—德意志民族有过三次伟大的时刻”，1914 年就是其中的一次(另两次为 1813 年和 1870 年)。② 德国战败，出乎斯宾格勒的预料，但他并未因此而沮丧。战后，他发表了一篇题为《悲观主义》的文章，对布鲁克等人对《西方的没落》一书所提出的批评进行回击。布鲁克指责斯宾格勒是时下流行的阴暗论与毁灭论的传播者。斯宾格勒反驳说，恰恰相反，他是预言家，预言了德意志民族的复兴以及随之而来的包括魏玛共和国在内的腐败西方的最后一幕的终结。③ 斯宾格勒在《西方的没落》一书中说：“如果注定要失望的恰恰是人们所最珍视的希望，那么，一个稍有价值的人是不会因此手足无措的。”“我觉得，告诉后代的人什么是可能的——因而也是必需的——什么是他们的时代的内在可能性所没有包含的，这教训对他们是有益的。”他希望新的一代能被他的书打动，“从而委身于技术而不委身于抒情诗，委身于海洋而不委身于画笔，委身于政治而不委身于认识论。”④

正是斯宾格勒这种顽强的“复兴精神”，使他成为德国垄断资产阶级、容克地主以及一切右派分子的宠儿，成为右翼青年心目中的英雄。纳粹分子在夺取政权成功以前曾经有过一种心态，他们说：“虽然我们可能是没有希望的，然而我们却具有劫数已定的人们的希望。”“充分意识到摆在我们面前的文化和文明的没落，我们仍然要求每一个骄傲的战士的权利——为了一个目的去战斗，尽管那个目的似乎是失去了。”⑤这样的心态与斯宾格勒的心态正好是合拍的。

第二，斯宾格勒宣扬的西方文化优越论，也使一般西方资产阶级在心理上得到安慰。就在第一次世界大战刚刚开战时，西方有识之士已经感到前景不妙。英国外交大臣葛雷悲叹说：“灯光正在整个欧洲熄灭。我们这一辈子是看不到它再亮起来了。”战后，同盟国的统治阶级固然因失败而沮丧，协约国的统

---

① 阿瑟·赫尔曼：《文明衰落论》，257 页，上海，上海人民出版社，2007。

② 中译本，上册，61 页，北京，商务印书馆，1963。

③ 阿瑟·赫尔曼：《文明衰落论》，260 页，上海，上海人民出版社，2007。布鲁克是《第三帝国》一书的作者。

④ 中译本，上册，66～67 页，北京，商务印书馆，1963。

⑤ 杜德：《法西斯主义和社会革命》(R. Palme Dutt，*Fascism and Social Revolution*)，第 2 版，229 页，纽约，1935。

治阶级也被巨大的战争损失、经济的残破和战后风起云涌的革命运动搞得焦头烂额。法国历史学家西蒙在《精神的历史》一书中写道："在1914年的炮声中，对现在所抱的信心和对历史威力的信仰完全毁灭了。人们胆战心惊地意识到，历史不仅是过去的事，就连他本人也是绝望无援地挣扎在历史的洪流中，不知道这个洪流要把他带到哪里去。历史作为这样的一个阶段已经过去了，那时它曾可能是一条美丽的河流，人们饶有兴趣地沿着它上溯航行，或是心情愉快地从大地上向它眺望。现在人们对历史，是从它的实际状况来理解的，也就是把它理解为使人随波而走的一种流动的元素，把它理解为海洋，在这个海洋里人们的意志和厄运的力量结合在一起，细心地描绘出一条曲折的航路，而航行的目标则从来不能预知，而且总是在什么地方可能遭难。"①这段话生动地描绘出在西方资产阶级及其知识界中弥漫着的悲观气氛，他们对前途已经不再像战前那样充满希望和信心。斯宾格勒的著作虽然也讲西方的没落，但又断言与世界上已经死去的七个文化比较，西方文化尚未走到尽头，仍有生命，这就使那些感到前途莫测的西方资产阶级及其知识界至少仍怀有希望。

斯宾格勒的历史哲学对后来的影响，有两个方面。第一，斯宾格勒的历史哲学以及由这种哲学导出的政治主张，是纳粹意识形态的一个来源。斯宾格勒的种族主义学说与纳粹党的种族主义是基本一样的。斯宾格勒认为种族的基石是血与土。血与土具有一种神秘的性质，是理性、科学的分析所无法说明的。一个纳粹作家也写道："只有德国土壤——块状土壤——的出产物才能制造德意志人的血液。那种决定德意志人种型的微妙颤动，只有通过这种出产物才能传送到血液，再从血液传送到身体和灵魂中去。德意志人种型之所以是全世界独一无二的种型，是因为世界上只在一处有德国土壤。"根据这种理论，当1935年德国因需要大量进口军事物资而不得不消减进口柠檬时，这个作家就主张服用土产的大黄叶梗，这不仅因为它味道可口，"更重要的是，它是一种清血药剂，特别是用于德国人种型。"②斯宾格勒和纳粹党的日耳曼种族优秀论，是荒谬绝伦的，在科学上毫无根据的。但正如纳粹德国的一位教授所坦言的："血和种族的世界观的强调在阿道夫·希特勒的运动中并不意味着科学的

① 转引自王晴佳：《西方的历史观念——从古希腊到现代》，162页，上海，华东师范大学出版社，2002。

② 科佩尔·S. 平森：《德国近现代史》，下册，658～659页，北京，商务印书馆，1987。

理论，而是意味着反对国际列强的最愤激的战斗。”①斯宾格勒的社会主义与纳粹党的社会主义绝妙地一致，虽然一个的招牌是“普鲁士社会主义”，另一个的招牌是“民族社会主义”，但二者都是在“社会主义”旗号的掩盖下，驱使广大劳动人民为德国垄断资产阶级和容克地主的利益服务，只是斯宾格勒对纳粹党通过蛊惑群众的手段建立起来的法西斯专政这种政权形式(不是实质)和它的“暴发户”的领袖不甚满意而已。此外，对群众的贱视，对理性的贬低，对战争的歌颂，对服从和迷信的赞扬等等，都是斯宾格勒与纳粹分子的共同思想。纳粹党的一些头目对斯宾格勒十分尊敬，罗森伯格向希特勒强调斯宾格勒作为德国“真正的”思想家的重要性。斯特拉瑟曾于1925年写信给斯宾格勒，表示敬意，请他对纳粹党思想和斯宾格勒自己思想之间的相似性给予重视。斯特拉瑟说，纳粹党也希望“通过德国社会主义进行一场德国革命”。斯宾格勒的思想在本质上与纳粹党的思想是一致的，他也曾在1932年的选举中投了希特勒的票，但他鄙视群众，从而也看不起纳粹党通过群众运动夺取政权的办法，他也看不起希特勒，说“他不是一个英雄的男高音”。他认为有资格充当领袖的，应当是普鲁士军官团中的将军或钢盔团首领之流的人物。② 纳粹党掌权后，斯宾格勒没有正式与他们合作，担任什么文化和教育职务，但这并不能否定斯宾格勒的历史哲学对纳粹党的思想影响。③

第二，斯宾格勒的比较文化形态学说虽不受专业历史学家的重视，但对某些历史哲学家、社会学家和文化人类学家则有相当的影响。著名的英国历史学家汤因比的《历史研究》一书就继承了斯宾格勒的文化形态史观。汤因比自称1920年从纳米尔教授那里得到一部《西方的没落》，当他“展读这部闪烁着真知

---

① 见《第三帝国和它的思想家：文件集》(*Das Dritt Rrich und Seine Denker, Doknmente*)，50页，柏林，1959。

② 参见阿瑟·赫尔曼：《文明衰落论》，262、265～266页，上海，上海人民出版社，2007；卡尔·狄特里希·布拉赫：《德意志专政：民族社会主义的起源、结构和后果》(K. D. Bracher, *The German Dictatorship: The Origins, Structure and Consequences of National Socialism*)，46页，纽约，1970。

③ 一些西方学者也指出了斯宾格勒的思想对纳粹意识形态的影响。参见纽曼：《巨兽，民族社会主义的结构与实践》(F. Neumann, *Behemoth, The Structure and Practice of National Socialism*)，198页，牛津大学出版社，1944。

灼见的历史著作时，就像是在黑暗中见到点点萤光。”①关于文明是历史研究的单位的说法，关于每一文明都要历经四个阶段的说法，都脱胎于斯宾格勒。同斯宾格勒一样，汤因比表面上也是反对“西欧中心论”的，说什么各种文明“在价值上是相等的”，各有短长，但他又说在现存的五种文明中(他认为世界上共存在过 21 种文明，后来又增加到 31 种文明)有四种正在走向死亡，只有西方基督教文明仍保持着“创造性的活力”。斯宾格勒与汤因比二人都在表面上反对“西欧中心论”，但骨子里却是十足的“西欧中心论”者。如果说《西方的没落》还有一些积极的意义的话，那就是与作者的本意相反，它扩大了历史学家的视野，使他们更宏观地观察历史。巴勒克拉夫正确指出：“正是因为他(指汤因比)较早发动了对欧洲中心论的猛烈批判(尽管他的全部历史观充满了他所攻击的那种欧洲中心论的‘异端邪说’)，才使他名满天下。”②除汤因比外，美国社会学家索罗金、文化人类学家克罗伯尔、诺尔斯罗甫等人，也受到斯宾格勒的一定影响。

总之，斯宾格勒是一位披着历史哲学外衣的反动思想家和政论家。他批评当今的哲学家“人格多么贫乏”、“政治眼界和实际眼界又多么平凡”。他强调现实感“是哲学的内在需要、哲学的硕果和哲学的象征重要性的百不失一的征候”。③ 他要求认清德国人的宿命，“关于这种宿命，我们虽则可以欺骗我们自己，但是我们逃避不了。谁不衷心承认这一点，谁就不能算是他的时代的人，就只是一个没有头脑的人、一个大言不惭的人、或者一个书呆子。”④这种宿命究竟是什么，我们在前面已经说明，就是德意志民族在未来建立起一个统治世界的大帝国。《西方的没落》一书在今天已经没有多大影响了，但“西方的没落”这一话题还不时被人提起。1961 年 6 月 1 日，美国总统肯尼迪在一次讲演中说：“在西方，有许多人采纳了斯宾格勒先生和其他一些人的长远观点，谈论着没落问题，而且他们到处搜集材料用以证明他们的论点，我认为，近几年来的局势已经证明他们是错了。我并不认为，西方在没落。我认为，西方是在上升。”今天，美国统治者更是大吹特吹起美国负有“领导整个世界”的使命来了。

---

① 汤因比：《考验中的文明》(A. J. Toynbee, *Civilization on Trial*)，9 页，纽约，1948。

② 杰弗里·巴勒克拉夫：《当代史学主要趋势》，211 页，北京，北京大学出版社，2006。

③ 中译本，上册，70～71 页，北京，商务印书馆，1963。

④ 同上书，73 页。

但是，正如欧洲在20世纪丧失了世界霸权一样，美国的超级大国地位也不可能永久保持，“美利坚帝国”的迷梦更绝对不可能实现。世界走向多极化的趋势是阻挡不了的，人类进步的走向也是不可逆转的。

《世界五千年纪事本末》[①]前言

我国的世界史学科，建立较晚，严格说来是在 1949 年以后。这么重要的一个学科到如此晚的时间才出现，根本原因是中国在近代大大落后了。一个国家在它强盛和发展的时期，总能关注它以外的世界，并具有一种勇于吸收异域文化的雄伟气魄和开阔胸怀。及至式微时，便闭关自守，害怕与外界接触，因而对世界形势和外国事务茫无所知。已故史学大家吕思勉先生回忆他幼年时读过《瀛寰志略》和《海国图志》这两部书，但因“该两书中均无德意志之名，所以竟不知德国之所在，由今思之，真觉得可笑了”。他还回忆说：“这时候的人，见闻是很窒塞的。还记得甲午战时，有些人根本不知道日本在哪里，只约略知道在东方罢了。”[②]

1949 年新中国成立以后，我国的世界史学科逐步建立起来。这是因为我国的国际地位空前提高，中华人民共和国是一个屹立于亚洲的东方大国，在世界舞台上占有重要的地位。我国不能再像旧中国的统治者那样只把眼睛盯住欧美列强，做它们的尾巴，而必须放眼世界，既要了解它的现状，也要了解它的历史。1978 年党的十一届三中全会以后，改革开放成为国家的一项基本政策。邓小平说：“现在的世界是开放的世界”，“现在任何国家要发达起来，闭关自守都不可能。我们吃过这个苦头，我们的老祖宗吃过这个苦

① 该书由齐世荣主编，2005 年由人民出版社出版。

② 俞振基：《蒿庐问学记》，350 页，北京，生活·读书·新知三联书店，1996。

头。”①江泽民总书记在纪念中国共产党成立75周年座谈会上发表的《努力建设高素质的干部队伍》这篇讲话中，着重讲了学习中外历史的问题。他说：“希望我们的各级领导干部，认真地读一点历史，首先要了解中国的历史。中国的发展离不开世界，为了适应扩大国际交往的需要，更好地学习借鉴世界各国的长处，还要了解世界的历史。以史为鉴，可以知兴替。”总之，正在建设有中国特色社会主义的我国人民迫切需要丰富自己的世界历史知识。

为此，我们编写了这部《世界五千年纪事本末》，以期能对普及世界历史知识起到一定的作用。“纪事本末”是我国有悠久传统的一种史书体裁，创始于南宋袁枢（1131—1205）所著的《通鉴纪事本末》，这种体裁以记事为主，把历史上的大事详其首尾，予以表述，其优点是“文省于纪传，事豁于编年”。本书的开篇尽管上溯至人类的起源，但有比较可靠纪年的则为“埃及的统一”（约公元前3000年）等事件，从那时起迄今大约是5000年，故以《世界五千年纪事本末》为名。如此命名，也是为了配合本书的姊妹篇：《中华五千年纪事本末》（已于1996年出版）。

本书按照时间顺序，列条1100余件叙述世界历史上发生的重大事件，始自人类的起源，止于20世纪末。本着“略古详今”的原则，古代史和近代史约占400余件，现代史和当代史约占700余件，这样可以使读者对人类历史上变化最大、最快、最剧烈的20世纪有更详细的了解。“略古”决不意味着轻视古代，而是在历经久远之后，以史家的眼光，选择具有重要影响的主要事实，以求体现历史发展的趋势。犹如一幅《万里长江图》，并不需要万里之长卷，只需画师笔下的山重水复、云遮雾罩，便可令人领略到大江东去的意境。我们毕竟是生活在20世纪的人，对本世纪的认识理应超过以往各个世纪。如果颠倒过来，越是远古的事情，我们了解得越多，那么历史的重担就要把我们压垮了，我们对现实的认识反而会模糊不清了。

本书的古代史部分包括自远古有人类以来直至1500年左右的历史。从社会形态看，古代史包括奴隶社会和封建社会的历史。由于严格意义的世界历史在古代尚未形成②，各个地区、国家和民族之间的联系还相当松散，各有不同的发展水平，故就世界范围而言不应再找出一个年代的断限，以区别古代和中

① 《邓小平文选》，第3卷，64、90页，北京，人民出版社，2001。

② 马克思说：“世界史不是过去一直存在的；作为世界史的历史是结果。”见《马克思恩格斯选集》，中文第2版，第2卷，28页，北京，人民出版社，1995。

世纪。近代史包括自1500年左右至19世纪末的历史。世界近代史主要是一部资本主义在西方上升、发展、向全世界扩张并由之在全世界产生巨大影响和反响的历史，而导致资本主义在西方上升、发展的一系列重大事件，如地理大发现、文艺复兴、宗教改革，等等，都发生在1500年左右，故以1500年作为世界近代史的开端是比较合理的。马克思说："资本主义时代是从十六世纪才开始的。"①

世界现代史包括自20世纪初至1945年第二次世界大战结束的历史。20世纪初，资本主义发展到帝国主义阶段。两大帝国主义军事集团为重新瓜分殖民地、势力范围和争夺世界霸权而展开激烈的斗争，最后导致了第一次世界大战的爆发。在大战的过程中，俄国无产阶级进行社会主义革命，建立了人类历史上第一个社会主义国家。由于帝国主义力量在战争中的削弱，由于十月革命的影响，战后出现了殖民地半殖民地民族解放运动的空前高涨。大战也使国际格局发生了重大变化。19世纪欧洲资本主义列强支配世界的局面告终。美、日两个新兴的帝国主义国家崛起于北美和东亚。社会主义国家苏联在地跨欧、亚两大洲的俄罗斯帝国废墟上兴起。这一系列的重大事件和历史剧变都发生在20世纪初期，故把20世纪初作为世界现代史的开端，是比较合适的。从20世纪初，到第二次世界大战结束，从全球范围看，这是世界经济发展缓慢(个别国家如苏联除外)、充满暴力(革命的和反革命的)的阶段。世界工业的年增长度，1900～1913年为4.2%，1913～1929年降为2.7%，1929～1938年再降为2.0%。1929～1933年还爆发了世界经济危机，其波及范围之广，破坏程度之大，前所未有，至今无继。在政治方面，暴力与战争是这一阶段的重要内容。继俄国十月社会主义革命之后，国际无产阶级和殖民地半殖民地的人民多次向资本主义世界发动冲击，但后来都被镇压下去。在一些帝国主义国家中，还建立了法西斯专政，对内残酷镇压劳动人民，对外发动侵略战争。国际垄断资产阶级为重新瓜分殖民地、势力范围和争夺世界霸权，在不到半个世纪的时间里，引发了两次世界大战。世界当代史包括自第二次世界大战结束后至20世纪末的历史。从全球范围看，这是世界经济发展迅速、相对和平的阶段。1953年—1973年20年间，世界工业总产量相当于1800年以来一个半世纪的工业产量的总和。造成这一阶段经济迅速发展的原因很多，其中最重要的一条

① 《马克思恩格斯选集》，中文第1版，第2卷，222页，北京，人民出版社，1972。

是科学技术的飞速进步。由于经济的繁荣发展，资本主义国家的统治比前一阶段巩固，没有受到大的革命冲击。各种类型和性质的战争尽管仍不断发生，但自 1945 年到现在已经半个世纪尚未爆发新的世界大战，而第一次世界大战与第二次世界大战之间仅仅相隔了 20 年。

我们尽可能从经济、政治、军事、思想文化、科学技术等各个方面选取历史事件，叙述力求准确、具体，观点寓于叙事之中，而不做空论，但限于水平，所定的标准未必能够达到，还请读者多多提出批评，以便在适当的时候予以修订。

人民出版社的领导对本书的出版给予了积极支持，编辑对本书的审读付出了辛苦的劳动，我们在此谨向他们表示谢意。

“经济社会史研究丛书”总序①

“经济社会史研究丛书”第一辑即将出版，主编侯建新邀我写一篇序言。写序实不敢当，但我对作者们勇于开拓史学新园地的精神十分赞赏，故愿借此机会略谈一些感想。

传统的史学，无论中外，都以政治史为中心。在西方，经济社会史作为史学的一个新分支已经逐渐成熟，并取得了相当的成就。在我国，这个新分支正在兴起，还处于初期阶段。但是一门学科，不论多新，都不可能是平地起楼台的，必有它的渊源。

在西方，一般意义上的经济史、社会史早就存在了。把经济和社会联系在一起做综合的研究，西方史学界一般认为可追溯到19世纪末和20世纪初。1893年，维也纳的学者们创办了《社会经济史季刊》。1929年，吕西安·费弗尔和马克·布洛赫创办了《经济社会史年鉴》。在创刊号的《致读者》中，明确提出了要打破史学研究的专业局限和学科局限。其实，对历史中经济、社会因素的重视，首先应归功于马克思主义的创始人。马克思在《〈政治经济学批判〉序言》中，把生产关系从一切社会关系中分离出来，指出生产关系是决定其他一切关系的基本关系，并对唯物史观做了经典性的表述。《资本论》第一卷是经济学理论著作，但在一定意义上也是经济社会史著作，因为其中许多地方讲到工作日、工厂制度以及工资立法的发展历史等问题。关于马克思主义对经济社会史研究的贡献，英国学者巴勒克拉夫说：“马克思主义作为哲学和总的观念，从五

① 原载侯建新主编“经济社会史研究丛书”，济南，济南出版社，2001。

个主要方面对历史学的思想产生了影响。首先，它既反映又促进了历史学研究方向的转变，从描述孤立的——主要是政治的——事件转向对社会和经济的复杂而长期的过程的研究。其次，马克思主义使历史学家认识到需要研究人们生活的物质条件，把工业关系当作整体的而不是孤立的现象，并且在这个背景中研究经济发展的历史。"①美国学者伊格尔斯说："马克思主义史学明显地影响了非马克思主义史学家，把他们的视线引到历史中的经济因素，引导他们研究被剥削者和被压迫者。但是马克思主义对现代史学最重要的贡献也许是强调了社会作为一个各种因素相互关系的整体而运动的思想以及力图找到历史现象在其中发生的结构要素，把这些同生产和再生产的过程联系起来，系统地阐述可以分析造成变革的各种因素的概念模式。"②

在中国，传统史学虽然也是以政治史为中心，但古代一些卓越的史学家相当重视经济和社会因素在历史上的作用，这在其他国家的史学史上是很罕见的。司马迁著《史记》，在八书中有《平准书》，在列传中有《货殖列传》。他试图用经济现象说明社会问题和社会意识问题，并把经济发展状况同政治上的治乱兴衰联系起来，具有卓识。班固著《汉书》，在十志中有《食货志》和《沟洫志》，前者为研究周至王莽时期的经济制度和社会生产状况提供了丰富的材料，后者系统地叙述了秦汉的水利建设。杜佑著《通典》，分为九类，把叙述经济财政的《食货典》列于首位。

以上简略地说明了经济社会史这门学科的学术传承。我之所以作这样的说明，是有感而发的。今天有些青年好骛新奇，看到一种新学说、新理论，就以为旧学说、旧理论一文不值，可以抛弃了。有人甚至认为马克思主义产生于19世纪，已经过时了。这种不加分析的、盲目的"喜新厌旧"是十分错误的。在人文社会科学领域里，新学说、新理论有时胜过旧学说、旧理论；有时反倒不如旧学说、旧理论，只是昙花一现，很快就被人忘掉了；有时新旧可以并存，并无代替的关系。所以，我们在看到一种新学说、新理论、新学科的时候，正如对待一切事物一样，要采取分析的态度，认真研究它的内容。

纠正传统史学以政治史为中心的偏颇，并不等于说政治史就不重要。经济是基础，政治则是经济的集中表现，又反作用于经济。重视经济基础的研究，

---

① 杰弗里·巴勒克拉夫：《当代史学主要趋势》，27页，上海，上海译文出版社，1987。

② 伊格尔斯：《历史研究国际手册》，14～15页，北京，华夏出版社，1989。

决不意味着可以忽视政治以及其他上层建筑的研究。恩格斯在 1890 年 10 月 27 日致康·施米特的信中写道："如果巴特尔认为我们否认经济运动的政治等等的反映对这个运动本身的任何反作用，那他就简直是跟风车作斗争了。他只需看看马克思的《雾月十八日》，那里谈到的几乎都是政治斗争和政治事件所起的特殊作用，当然是在它们一般依赖于经济条件的范围内。或者看看《资本论》，例如关于工作日的那一篇，那里表明立法起着多么重大的作用，而立法就是一种政治行动。或者看看关于资产阶级的历史的那一篇(第二十四章)。再说，如果政治权力在经济上是无能为力的，那么我们何必要为无产阶级的政治专政而斗争呢？暴力(即国家权力)也是一种经济力量!"①今天，跨学科的研究日益受到重视。有人认为经济社会史是历史学中的一个新分支，有人认为它是一门独立的新兴学科。不管把它定位在前者还是后者，我们在研究历史时都应当注意经济、社会因素与政治、文化等其他因素之间的关系，否则就会把错综复杂的历史现象简单化，就不能从其他学科吸取营养。

"经济社会史研究丛书"第一辑的五位作者都是中青年学者，各有专长，又互相切磋。我希望他们能逐渐扩大队伍，在我国形成一个研究经济社会史的科学群体，把这门学问发扬光大起来。我对经济社会史没有做过专门研究，以上赘语聊述所感，权以为序。

2001 年 5 月 3 日于北京

① 《马克思恩格斯选集》，中文第 2 版，第 4 卷，704～705 页，北京，人民出版社，1995。

“帝国史译丛”总序

青海人民出版社邀请一些专家，翻译出版《帝国史译丛》，这是一件很有意义的事情。

在人类漫长的历史上，出现过并至今存在着一些帝国，它们大都统治广大的地区和人口，具有称霸的野心和力量，并由一个皇帝作为最高的统治者。但“皇帝”之外，帝国最高统治者还有“元首”、“哈里发”等其他称号，① 甚至有些共和国因其霸权地位也自居或被人们称作帝国。例如美国前总统里根就公开叫嚣苏联是“邪恶的帝国”；而美国自己也在正反两种意义上也被人称作“美利坚帝国”、“自由帝国”、“新罗马帝国”等等。帝国是客观存在的历史实体，不论我们对它们采取何种态度，都有研究的必要，总结其兴衰成败的经验教训，可供今天的治国者参考和借鉴。由于认识上的分歧，要想给“帝国”下一个精确的定义，几乎是不可能的。以“帝国”作为称号的国家实际上有各种类型，如以时代划分，则古代的奴隶制帝国、封建帝国与近现代的资本主义帝国有很大的区别，而某些衰落的封建帝国已失去昔日的力量和光辉，徒有虚名，实际上已沦为资本主义帝国的殖民地或半殖民地。在本序言的有限篇幅内，不可能对这些既大而又复杂的问题进行讨论，只能就帝国的最一般特征略加讨论而已。帝国都是通过一连串的战争和兼并而建立起来的庞大

① 罗马帝国的创始者屋大维采用“元首”(princeps civitatis)的称号，意为罗马第一公民。直到公元 284 年，戴克里先才正式称“君主”(dominus)。阿拉伯帝国的最高统治者称“哈里发”(阿拉伯语“继承人”一词的音译)。

国家，其中包括母国和众多被征服、被奴役的民族。在帝国建立的过程中，征服者对被征服者进行了大规模的屠杀，征服以后又对被征服者实行政治上的高压和经济上的剥削。罗马帝国在每次战争胜利后，都把俘虏的士兵和被征服地区的居民变卖为奴隶。罗马奴隶主残酷剥削奴隶，力图在最短时间内从奴隶身上榨取尽量多的利润。罗马法明确指出"奴隶不是人"，"是另一种牲畜"。蒙古大军所到之处，烧杀劫掠，动辄"屠城"。成吉思汗对他的将领说："人生最大的乐事莫过于战胜和杀尽敌人，夺取他们所有的一切，乘其骏马，纳其妻妾。"1258年蒙古军队攻陷巴格达后，屠城7日之久，数十万居民死于非命。葡萄牙人在建立东方帝国的过程中，于1510年攻占果阿，处死了城内所有的阿拉伯男子、妇女和儿童。西班牙征服秘鲁、墨西哥后，开办银矿，征发印第安人从事奴隶般的采矿劳动，印第安人成批地死去。据估计，整个拉丁美洲在1500年有土著人口4000万，到1650年就只剩下1200万人了。印第安人的成堆白骨换来了大量金银流向西班牙。1500～1650年从美洲流入西班牙帝国的白银多达16000吨，黄金180吨。西方殖民者在16～19世纪的大西洋奴隶贸易中，给非洲大陆造成了极其深重的灾难。1666～1776年英国奴隶商向英、法、西三国殖民地输入了300万奴隶，另有25万人死于海运途中。马克思说："美洲金银产地的发现，土著居民的被剿灭、被奴役和被埋葬于矿井，对东印度开始进行的征服和掠夺，非洲变成商业性地猎获黑人的场所：这一切标志着资本主义生产时代的曙光。"①

但是，在一些大帝国的建立过程中，战争除具有破坏性的作用外，还具有对闭塞状态的突破性作用。亚历山大远征给东方各国人民带来了深重苦难，但客观上也使希腊文明与埃及、巴比伦和印度文明得以接触、交流和融会，是人类历史由分散走向整体过程的一个环节。蒙古的征服运动严重破坏了许多国家的生产，杀戮了无数人民。但征服的后果也促进了东西交通与文化交流。蒙古帝国建立后，东西交通畅通无阻，各地商人、使臣、僧侣、旅行家来往十分频繁。中国四大发明中的印刷术、火药和指南针就是在这个时期传入西亚，进而传入欧洲的。西方各地人士东来，也把拜占廷、阿拉伯文明带到东方。大英帝国征服印度后，毁灭了印度的文明，但也开始了重建工作。马克思说："英国在印度要完成双重的使命：一个是破坏的使命，即消灭旧的亚洲式的社会；另

① 《马克思恩格斯选集》，中文第2版，第2卷，265页，北京，人民出版社，1995。

一个是重建的使命，即在亚洲为西方式的社会奠定物质基础"。英国"充当了历史的不自觉的工具。"①

一些大帝国在其存在期间，在政治、经济、文化的一个方面或几个方面卓有建树，给后人留下了宝贵的遗产。例如，罗马在司法方面建立了严密的体系，对私人(不包括奴隶)权益的保障有详细、明确的规定，确立了私有财产不可侵犯的法律地位，因而能为后世资产阶级所利用，拿破仑制定的《法国民法典》就处处以罗马法为蓝本。阿拉伯—伊斯兰文化以巴格达为中心，往西经开罗和科尔多瓦传播到北非和整个欧洲；往东传到中亚、印度和东南亚，对世界文化产生了深远的影响。阿拉伯—伊斯兰文化在天文学、数学、医学、地理学等方面都有很高的成就，是世界文化宝库中的重要组成部分。拿破仑帝国曾经称霸欧洲，拿破仑所进行的一些著名战役虽然在世界军事史上留下了范例，但他最引以自豪的还是在他主持下制定的《法国民法典》(1807 年改称《拿破仑法典》)。这部《法典》在法国第一次将涉及人身自由、财产权、个人之间的关系和家庭成员之间关系的规则整理为成文的法律，尤其强调对私有财产的保护，是"典型的资产阶级社会的法典"。② 后来世界各国资产阶级在制定相关法典时，往往以它为范本。不列颠帝国是世界上最大的殖民帝国，第一次世界大战结束时，大英帝国的领地遍及亚、非、欧、美、澳五大洲，号称"日不落帝国"。但大英帝国给人类历史留下的最宝贵的遗产，还是它在政治、经济和思想文化方面的辉煌成就。英国是"议会之母"，自 13 世纪创立后又经过不断的改革，终于成为各国资产阶级议会民主制的圭臬。英国又是工业革命的发源地，从英国开始的工业革命的浪潮席卷世界，引起了人类社会的重大变革。英国还是"17 世纪以来，全部现代唯物主义的发祥地"。③

历史上也有一些大帝国，没有任何积极建树，只起了毁灭人类文明的消极作用。希特勒的"第三帝国"在德军占领区残酷剥削当地人民，榨取了至少 1040 亿马克(约合 260 亿美元)的贡金，掠夺的各国文物珍宝还不在以上计算内。第三帝国还在占领区实行奴隶劳动制度。到 1944 年 9 月底，强迫运往德

---

① 《马克思恩格斯选集》，中文第 2 版，第 1 卷，768 页、766 页，北京，人民出版社，1995。

② 《马克思恩格斯选集》，中文第 2 版，第 4 卷，253 页，北京，人民出版社，1995。

③ 《马克思恩格斯选集》，中文第 2 版，第 3 卷，698 页，北京，人民出版社，1995。

国的外国劳工已达750万人，另有700万劳工在自己的国家为德国的战时经济从事生产。大批劳工因缺衣缺食和超强度的劳动而死亡。最残酷的是第三帝国的种族灭绝政策，约600万犹太人遭到杀害。希特勒对德国人民也不放过，1945年3月他下达“焦土令”，要把所有德国的军事、工业、交通设备以及一切储备统统毁掉。他认为战争已经证明德意志民族是软弱的民族，战争以后留下来的人都是“劣等货”，优秀的人已经战死，因此没有必要给德意志民族留下一个维持最原始的生存基础。罪恶的第三帝国原来自命是“千年帝国”，但只存在了12年就被埋葬了。

第二次世界大战后，德、意、日战败国家被迫交出了殖民地。英、法老牌帝国主义实力大大削弱，已降为二等国家，面临汹涌澎湃的民族解放运动，虽欲保持原有的庞大殖民帝国已不可能，荷兰、比利时更不用说。在这种形势下，出现了老殖民主义向新殖民主义的转化。新殖民主义是发达资本主义大国在不进行直接殖民统治的情况下，通过各种方式，特别是通过经济手段对落后国家和地区进行控制、干涉与掠夺的政策与活动，美、英、法等国是推行新殖民主义的主要国家。新殖民主义与老殖民主义在本质上是一样的，只是在形式与手段上有所不同。因此，我们在研究“帝国”这种历史现象时，可以在一定意义上把新殖民主义作为“新帝国”的一种表现形式加以研究。

以上用举例的方式说明了一些大帝国在历史上所起的正反两方面的作用。最后，再谈一谈帝国的兴起与衰亡问题。任何大帝国的兴起，都有一个过程。它最初只是一个小国，甚至只是一个部落，首先实现了内部的统一，然后以此为基础向外发展、扩张。以阿拉伯帝国为例，穆罕默德在迁到麦地那后，建立了一个以共同信仰为基础的穆斯林公社，在公社内部不分氏族部落，皆以兄弟相待并互相援助，禁止互相仇杀。成吉思汗首先完成了统一蒙古各部的大业，为蒙古帝国的建立和发展奠定了基础。葡萄牙、西班牙在欧洲最早形成统一的民族国家。继之而起的荷兰也是先摆脱了西班牙的统治，然后建立起民族独立国家。18世纪英、法的崛起，仍然是从建立民族国家开始的。恩格斯指出，欧洲在中世纪晚期所取得的巨大进步之一，就是“一个挨着一个形成的富有生命力的大民族”，这种实质上以民族为基础的君主国就是“现代的欧洲民族和现代的资产阶级社会”发展起来的基础。①帝国兴起的时候，统治者朝气蓬勃，

① 《马克思恩格斯选集》，中文第2版，第4卷，229页、261页，北京，人民出版社，1995。

励精图治，并富有创新精神，故能开疆拓土，极一时之盛。有为的继承人也都能做到兢兢业业，守成不坠，更有为者则能在创业的基础上继续前进、发展。

各大帝国衰亡的原因不一，但也有若干共同之处，这里只谈两点。

(一)穷兵黩武，逞强称霸

大帝国统治者的野心总是不会满足的。他们在征服了广大地区以后，还要继续扩张，称霸全球。但是占领的地盘越大，战线就会拉得越长，军费开支就会越来越大，以致兵力分散，财力枯竭。而且，压迫越大，反抗越强。例如，西班牙帝国卷入了连绵不断的战争：从15世纪末延续到16世纪中叶的意大利战争；16世纪上半叶与德国新教诸侯的战争；16世纪下半叶与英国的海战；同时又出兵干涉法国国内的宗教战争。整个16世纪，西班牙还与奥斯曼帝国不断发生冲突。17世纪上半叶，西班牙又卷入30年战争而不能自拔。一场接一场的战争耗尽了国家的财力，流尽了国民的鲜血，西班牙帝国就在这些战争中走向衰落。又如，拿破仑在征服了大半个欧洲以后，还不满足，在1812年率大军远征俄国。他狂妄地估计，在3周之内可以速战速决，迫使俄国投降，但不料攻下莫斯科后，竟是一座空城。俄国拒绝议和。于是，拿破仑大军纪律涣散，又因战线太长得不到后勤供应，不得不狼狈逃回巴黎，大帝国从此开始瓦解。1941年希特勒进攻苏联前，德军横扫欧洲大陆，所向无敌，也是骄狂到了极点。他认为苏联不堪一击，在冬季到来之前就可以结束战争。但结果恰恰相反，莫斯科会战中，德国陆军遭到了第二次世界大战开战以来第一次沉重打击，德国的闪电战破产了。德国一旦面临持久的东西两线作战，最终战败就不可避免了。日本以一个小小的岛国，强盛后野心恶性膨胀，竟把战线从中国大陆一直拉到太平洋上，焉能不败。总之，从古至今，任何一个帝国，不管它曾经多么强大，要想征服全世界，是绝对办不到的，是必然要灭亡的。我国古代兵书上说：“故国虽大，好战必亡”，在今天仍是至理名言。

(二)统治阶级骄奢淫逸，日趋腐败

大帝国的统治阶级对征服地区横征暴敛，搜刮了大量财富，供其享乐。骄奢淫逸的生活使他们日益腐败堕落下去。罗马帝国的尼禄(公元54～68年在位)是历史上罕见的暴君。他不问政事，终日沉溺于声色犬马和宴庆游赏之中。公元64年夏，罗马发生大火，大火之后，罗马留下一片废墟，尼禄竟抢先修建奢华的“金宫”。尼禄挥霍无度，很快使国库枯竭。面临财政危机，他增加苛捐杂税，并杀死一些元老贵族，没收他们的财产。尼禄的暴政造成民怨沸腾，众叛亲离，近卫军也不再听命于他，他终于自杀。罗马帝国衰落时期的统治者，或荒淫无道，或庸懦无能，再也没有屋大维这样雄才大略的君主了。香料、奴隶贸易和在东方、美洲的殖民地给葡萄牙帝国带来了巨大的财富，但也起了很坏的腐蚀作用。劳动受到鄙视，好逸恶劳成为时尚。一向游手好闲的贵族拥向宫廷，捐一个闲差，便能领取丰厚的年俸。16 世纪三四十年代，庞大的冗官冗员已使国家财政难以支持。奢靡之风盛行，购买外国货成为时尚，富人消费的服装、家具、艺术品、香水等全是进口货。早在 16 世纪就有葡萄牙人指出，东方的香料和珠宝不是拯救而是毁灭了葡萄牙。拿破仑是一世之雄，以革命起家，但在称帝以后，便大搞家天下，封其兄弟为王，并娶奥皇之女为皇后。拿破仑拜倒在正统主义面前，背叛了法国大革命的原则，越来越丧失人心，腐蚀了国家的政治基础，这是拿破仑帝国覆灭的一个重要原因。

研究以往大帝国的历史，有助于我们认识今天的美国。美国是一个“帝国”吗？它能永远称霸吗？这是人们十分关注的问题。在美国的政治传统中，“帝国”通常被作为贬义词。但在“9·11”事件发生后，美国是“新帝国”、“自由帝国”、“新罗马帝国”，种种说法骤然热闹起来，而且被当作褒义词使用。美国明明是一个共和国，为什么今天许多人又把它称作帝国呢？美国究竟是共和国，还是帝国呢？我认为，今天的美国无帝国之名，而有帝国之实。美国是一种新型的、有自己特点的帝国。

早在第二次世界大战刚刚结束以后，杜鲁门就一再宣称：“美国在世界上处于领导地位。”后来在 40 多年时间里美苏争霸，美国独霸世界的野心一直未能得逞。苏联解体后，美国成为世界上唯一的超级大国。它认为独霸世界的时机已经到来。为此，1992 年 1 月，老布什总统声称：“美国已从西方的领袖变成世界的领袖。”1993 年克林顿也说：“美国在世界上的领袖地位从来没有这样重要过。”2001 年“9·11”恐怖袭击事件本是一个悲剧，但小布什政府利用这一事件变本加厉地推行霸权主义。在 2002 年 9 月公布的《国家安全战略》报告中，美国政府公开宣称“不允许任何一个敌对军事强国崛起”，“不允许任何外国势力像在冷战时代一样挑战美国的力量”。2002 年 6 月，布什在西点军校的讲话中还提出了“先发制人”的战略，可谓霸道到了极点。

美国作为一个“新帝国”，有它自己的一些特点，如假借自由、民主的名义，推销美国的意识形态和价值观，以解除对方的思想武装；打着“人道主义”的幌子，干涉别国内政；通过经济全球化，对不发达国家进行种种经济侵略，其中跨国公司是推行新殖民主义的主要机构；美国虽然没有正式的殖民地，但到处建立军事基地，它们实际上是美国的军事殖民地，等等。在上述手段之外，美国也和历史上的大帝国一样发动战争，如对朝鲜、越南、阿富汗、伊拉克等国的侵略战争。可以说，今天美国的帝国行为，其蛮横霸道的程度、打击范围的广阔，已经远远超过了历史上的一切大帝国。

美利坚帝国能像它的辩护士所宣传的那样永久存在下去吗？当然不能。有一种规律是新老帝国都无法违反的，那就是：哪里有压迫，哪里就有反抗；压迫越大，反抗越强。罗马帝国、拿破仑帝国、第三帝国都因穷兵黩武、逞强称霸一一覆灭了。今天美利坚帝国妄图做世界霸主，到处树敌，必将遭到全世界人民的反对。俄罗斯学者杰拉金指出：“2001 年 9 月 11 日的惨剧完成了从苏联解体后开始的苏联后世界的形成过程。在长达十年时间里，人类已从两个国家的对抗转向本质上的另一种对抗——世界上最发达的国家美国和所有其他人的对抗。而且，越是在文化和经济发展上离美国越远的社会，这种对抗就越尖锐。”①美国学者约翰逊说：“像 20 世纪的其他帝国一样，美国选择了不是审慎地生活于和平和繁荣中，而是成为一个与愤怒、抵制的世界相违反的大规模军事帝国”，“我们发动的事业将把我们引向新版的猪湾惨败和最新的提速的越南战争情形的重演。”② 这些都是很有见地的观点。一个国家站在全世界人民的对立面，不论它自居什么样的帝国，现在还有多么大的力量，难道能够长久保持下去，不走向衰落吗？

2005 年 12 月

① 齐世荣主编：《15 世纪以来世界九强的历史演变》，435 页，广州，广东人民出版社，2005。

② 查默斯·约翰逊：《帝国的悲哀·黩武主义、保密与共和国的终结》，362 页，上海，上海人民出版社，2005。

《20世纪世界文化》序*

张象等同志编写了一本《20世纪世界文化》，这是一项很有意义的研究工作。作为中国世界近现代史研究会的一名成员，看到同行们的新成就，我十分高兴，并愿借此机会谈点浅见。

世界现代史在我国是一门新兴学科，是在1949年以后才建立起来的。迄今为止，人们的研究重点都放在政治方面，经济方面的研究则相当薄弱，而文化方面的研究在很长一段时间内几近于零，近几年才刚刚起步。但是，文化在历史上的作用是很大的，不可低估的。毛泽东说："一定的文化(当作观念形态的文化)是一定社会的政治和经济的反映，又给予伟大影响和作用于一定社会的政治和经济"。① 举例来说，在世界史上，文艺复兴和宗教改革沉重地打击了中古的天主教会势力，从思想上和精神上为西欧资本主义的兴起开辟了道路。文艺复兴、宗教改革，同地理大发现一起，构成了世界近代史的开端。恩格斯说："现代的自然研究，和整个近代史一样，是从这样一个伟大的时代算起，这个时代，我们德国人由于当时我们所遭遇的民族不幸而称之为宗教改革，法国人称之为文艺复兴，而意大利人则称之为五百年代。"②在中国历史上，五四运动所进行的文化革命是中国有史以来从未有过的伟大而彻底的文化革

* 原载张象、黄若迟主编：《20世纪世界文化》，成都，四川人民出版社，1994。

① 《毛泽东选集》，第2卷，663～664页，北京，人民出版社，1991。

② 《马克思恩格斯选集》，中文第2版，第4卷，260～261页，北京，人民出版社，1995。五百年代，即16世纪。

命。“当时以反对旧道德提倡新道德、反对旧文学提倡新文学为文化革命的两大旗帜，立下了伟大的功劳”。① 这样的事例，还有很多。

社会存在决定社会意识，一定的意识形态是一定社会的政治和经济的反映，但是意识形态一经产生，就具有相对的独立性。恩格斯说：“任何意识形态一经产生，就同现有的观念材料相结合而发展起来，并对这些材料作进一步的加工；不然，它就不是意识形态了，就是说，它就不是把思想当作独立地发展的、仅仅服从自身规律的独立存在的东西来对待了”。② 这种具有相对独立性的意识形态往往能够产生长期的影响。毛泽东曾以艺术为例，说“艺术的民族保守性比较强一些，甚至可以保持几千年。古代的艺术，后人还是喜欢它。”③意识形态的影响，有时比政治的影响还要持久得多。某些政治条约举世瞩目，当时看起来似乎作用很大，但不久便“灰飞烟灭”了。1925 年《洛迦诺公约》签字后，英国外交大臣奥斯汀·张伯伦赞扬它是“战争年代与和平年代的真正分水线”，乐观地估计欧洲的均势至少能维持 20 年，但曾几何时，1936 年 3 月 7 日德国重新武装莱茵非军事区，便彻底撕毁了这一公约。《慕尼黑协定》更是短命。1938 年 9 月 30 日签字，转过年来的 3 月 15 日，德国便吞并了捷克斯洛伐克，尼维尔·张伯伦所梦想的一代人的和平便全成泡影了。因此，对具有相对独立性的意识形态的研究是十分必要的。但是这种研究相当困难，意识形态不像政治、经济事实那样具体，它对人们的影响主要是精神方面的，确实存在，但又不易捉摸，更难用量化的材料来说明。这就要求我们付出艰巨的努力。

不同文化之间的交流，自古就有，起初限于周边国家和地区，间或及于较远的地带。但文化交流的影响即使在古代也是很大的，例如印度佛教对中国的影响，中国儒家文化对日本的影响，等等。进入近代以后，随着资本主义大工业的出现，人类的文化交流具有了世界性。《共产党宣言》说：“资产阶级，由于开拓了世界市场，使一切国家的生产和消费都成为世界性的了……过去那种地方的和民族的自给自足和闭关自守状态，被各民族的各方面的互相往来和各方面的互相依赖所代替了。物质的生产是如此，精神的生产也是如此。各民族

① 《毛泽东选集》，第 2 卷，700 页，北京，人民出版社，1991。

② 《马克思恩格斯选集》，中文第 2 版，第 4 卷，254 页，北京，人民出版社，1995。

③ 《毛泽东文集》，第 7 卷，77 页，北京，人民出版社，1999。

的精神产品成了公共的财产。民族的片面性和局限性日益成为不可能，于是由许多种民族和地方的文学形成了一种世界的文学。”①到了20世纪，由于科学技术的飞速进步，人类的文化交流的范围越来越广，规模越来越大，次数越来越多，因而互相影响的程度也越来越深。在地球日益“变小”的今天，任何一个国家要采取闭关主义，包括文化上的闭关主义，都是办不到的。因此，我国如何在发扬本民族优秀文化传统的基础上，既能吸收外来文化的有益成分，又能不为外来文化的糟粕所污染，这是建设有中国特色社会主义的一个重要课题，值得我们大家认真研究。撰写20世纪文化史，必须运用马克思主义的基本观点，深入分析各国文化特点，区别精华与糟粕，以收到外为中用的效果。

《20世纪世界文化》是草创之作，可贵之处在于作者们明知困难重重，却敢于知难而进。这本书包括的范围较广，主要写狭义的文化，如史学、文学、哲学、艺术以至宗教等等，但也写广义的文化，如科学技术和物质文化。还有两章专门谈国际文化的交流。内容包罗如此丰富的一本书，涉及的又是我国学者过去很少注意的一个领域，是不可能没有缺点的。但是，我相信在作者们坚持不懈的努力下，本书再版时一定会更加成熟。我也希望：我国世界近现代史研究会的会员中今后能有更多的同志致力于文化史的研究。

① 《马克思恩格斯选集》，中文第2版，第1卷，276页，北京，人民出版社，1995。“文学”一词德文是“Literatur”，这里泛指科学、艺术、哲学、政治等等方面的著作。

《阎宗临作品》序

阎宗临先生的文集即将出版，哲嗣守诚同志让我写篇序言，写序实不敢当，只能谈点拜读后的领会和感想，以表我对这位前辈学者的敬仰。

阎先生治学的范围很广，涉及中西交通史、世界古代中世纪史、欧洲史、古籍笺注诸多方面，其中尤以中西交通史的成就最大。《杜赫德的著作及其研究》是阎先生在瑞士伏利堡大学攻读博士学位时所写的论文，以此于 1936 年获瑞士国家文学博士学位。该文史料翔实，多发前人未发之覆，是我国学者系统深入研究 18 世纪法国汉学大家杜赫德的第一篇论文(原文为法文)，发表后随即引起了西方汉学家的重视。阎先生在巴黎、剑桥、梵蒂冈及布鲁塞尔等地图书馆辛勤查阅资料，收获甚丰，内中若干文件为我国学者向所不知。例如在《清初中西交通若干史实》一文中，阎先生根据他在罗马传信部档案中发现的资料，弄清了雍正三年(1725 年)教皇本笃十三世遣使来华的一些事实。阎先生还在《从西方典籍所见康熙与耶稣会之关系》一文的"附录三"中，抄录了康熙时传教士在华购置产业的契约 20 件，颇可注意。尤其需要指出的是：阎先生写于 1962 年的《17、18 世纪中国与欧洲的关系》，是一篇体大思精之作，生前没有发表，估计作者对这篇文章十分重视，还要继续修改。总之，阎先生关于中西交通史，特别是明清时期基督教与中国关系的研究，至今仍有重要参考价值，属于第一流水平。

阎先生于 1937 年回国后，在各大学多次讲授"希腊史"、"罗马史"、"世界古代中世纪史"、"欧洲史"等课程。在有关图书资料十分缺乏的情况下，他仍编写了《欧洲文化史论要》、《近代欧洲文化之研究》、《罗马史》、《希腊罗马史稿》、《欧洲史稿》、《世界古代史讲稿》等一系列书稿，其中除《欧洲文化史论要》和《近代欧洲文化之研究》外，大多数没有正式发表。这些书稿所达到的水平，自然不如中西交通史方面，但由于阎先生对西方历史和文化的深刻理解，仍不乏一些独到的见解。例如他认为："构成中世纪文化的要素，概括地说，首先是希腊、罗马文化的遗惠，其次为新兴民族飞跃的活力，最后而且最重要的是基督教对物质与精神的支配。这三种动力的接触，并非水乳交融，他们互相冲击，互相排拒，受五六百年时间的锻炼始冶而为一，产生了一种新的意识与秩序。"①他还认为："文艺复兴却是由 12 世纪文化蜕变出来的。"②在《罗马史》讲稿中，他指出："罗马的伟大，不在它的武力，而在它的法律。""恃强凌弱，必然要淘汰的。"当然，阎先生在 1949 年以前还未接受唯物史观，所写的文章不免带有唯心主义文化史观的影响，这也是不必为贤者讳的。

古文献的笺注，是阎先生致力研究的另一个重点。其中《身见录》是我国第一部欧洲游记，阎先生于 1937 年在罗马国立图书馆发现其原稿，拍照带回，笺注刊布，弥补了中西交通史研究的一个空白点。《北使记》与《西使记》，王国维在《古行记校录》中虽有校注，但较简略，阎先生的笺注较王氏为详，为研究中古中亚史提供了重要史料。

阎先生之所以能取得上述成就，得力于他在国学、西学两方面都有深厚的功底，称得起中西会通，这也是我国许多老一辈有成就的史学家共有的优点。阎先生留学瑞士 8 年，回国后一直教世界史方面的课程，不但精通法文、英文、拉丁文，而且他的国学修养也很深。例如，他在《古代波斯及其与中国的关系》一文中，利用《册府元龟》摘录了太安元年(455 年)至大历六年(771 年)的波斯来华使节，还利用《本草纲目》，摘录了波斯产物及其输入之品物。《册府元龟》这部类书，因其仅采"正史"，不采杂书，曾为前人所轻，但实则有极高的史料价值。史学大师陈垣说，利用它，"可以校史，亦可以补史"。还说："《册府元龟》书唐事，多据实录，按事按年排纂，与《新唐书》等之调弄笔墨者

① 阎宗临：《欧洲文化史论要》，见《阎宗临先生诞辰百周年纪念文集》，274～275 页。太原，山西人民出版社，2004。

② 同上书，第 294 页。

不同，其史料最为忠实。”[①]《本草纲目》是医药学宝典，但亦可用以证史。史学大师陈寅恪在《狐臭与胡臭》[②]、《天师道与滨海地域之关系》[③]等文中，均曾引用《本草纲目》。由此可见，阎先生虽主攻外国史，但引用中国文献时，也得心应手，甚为到位。今天的中青年应当向阎先生等老一辈史学家学习，打好基础，拓宽知识面，然后才能由博返约，达到一流水平，而不可一开始就在很窄的知识范围内阅读研究，更不可“速于成书，躁于求名”。

我们还应当学习阎先生对于著作精益求精的态度。他有不少论著已经达到相当高的水平（上述《17、18世纪中国与欧洲的关系》即其中一例），但生前一直未正式发表。明末清初大学者顾炎武对自己的著作持十分严格的态度，他的标准是：“其必古人之所未及就，后世之所不可无，而后为之。”阎先生和许多前辈学者都是这样严格要求自己的。

根据阎先生的学养和刻苦精神，他本来有可能达到更高的成就，留下更多的传世之作。但不幸的是，他抗战时期回国，颠沛流离，以微薄的薪金养活一大家人，无法安心进行学术研究。解放后虽然生活安定，但又有一连串的思想批判运动，兼以地处山西，外文资料奇缺，“巧妇难为无米之炊”。20世纪50年代末，阎先生曾对山西大学一位教师说：“连《圣经》都见不到，不能读，还学什么中世纪史！”拜读阎先生的文集以后，既对他的大著不胜钦佩，又对他的坎坷遭遇和未尽其才深感惋惜。今天，我国经济日益发展，政治环境宽松，社会和谐，中青年学者比前辈享有优越得多的条件，深望他们刻苦钻研，做出更多更大的成绩。

阎先生是我尊敬的前辈学者，浅学如我，岂敢为他的文集作序，无奈守诚同志盛意难违，只得遵命，好在读者自能品鉴，远胜于我的介绍。

2006年12月29日

---

① 陈垣：《书内学院新校慈恩传后》，见《陈垣学术论文集》第一集，414页，北京，中华书局，1980。

② 陈寅恪：《寒柳堂集》，140～141页，上海，上海古籍出版社，1980。

③ 陈寅恪：《金明馆丛稿初编》，38页，上海，上海古籍出版社，1980。

《朱庭光集》序

朱庭光同志是一位出色的学术工作组织者，又是一位有成就的学者。我同他虽然不在一个单位工作，但有过许多业务交往，相知有年，故愿在他的文集即将出版之际，就我所了解的他治所治学的情况，略述一二，亦可从点滴见其精神。

庭光同志在担任中国社会科学院世界历史研究所所长期间，把世界历史研究所办得有声有色，成绩卓著。他十分重视中青年研究人员的培养，想方设法帮助他们在业务上成长起来。就我个人的经历而言，他曾让学意大利语出身的陈祥超同志问业于我；让武寅同志投考我的博士研究生。在他的关怀下，一批中青年学者日益成熟，今天已成为我国世界史学界的骨干。庭光同志坚持开门办所的方针，广泛联系国内各大专院校的世界史工作者。他很尊重吴于廑先生这些老学者，曾计划请他们主持编写多卷本世界通史的工作，后虽未果，但足以反映出他的远见卓识。在他的赞助下，华东师范大学历史系成立了专门研究第二次世界大战的机构。类似的例子还有不少。

庭光同志在担任《世界历史》杂志主编期间，勇于解放思想，打破禁区。在他的大力支持下，《世界历史》于1984年第4期发表了郑异凡所写的《论布哈林社会主义经济建设思想》一文。当年，重评布哈林这个被斯大林定为叛徒的人物，是要冒相当风险的，但庭光同志毅然发表郑文，体现了一位老共产党员追求真理、不计个人得失的品质。庭光为此还写了一篇短评：《没有必要作茧自缚》，认为马克思主义必须随时代的推移和实践的积累而发展；历史科学也不例外，要勇于并且善于开拓新的研究领域，选择新的历史课题，对多年争论不休或者不敢问津的老问题提出新的答案。在这篇短评中有这样一段话："当我们在崎岖陡峭的山径攀登的时候，走过某些弯路，出现一些失误，这是不可避免的。谁也不能保证进行一项新的研究能够从一开始就百分之百的正确。谁也无权自命为一贯正确的马克思主义的历史学家。要研究新问题，就要允许出点差错。千万不要重蹈以往轻易就对某种新的观点和新的学科视为异端邪说的覆辙了。原地踏步看起来循规蹈矩，但也不会前进，无所以称之为科学研究。"我认为，这段话说得非常好，在今天仍有其现实意义。

庭光同志服膺马克思主义，他以马克思主义为指导原则，主编了《法西斯主义与第二次世界大战》、《法西斯新论》和《法西斯体制研究》三部著作，对法西斯主义进行了系统的研究。这三部著作史料扎实，观点鲜明，颇具新意。《法西斯体制研究》一书，在我国尤其具有开拓性的价值。庭光同志也十分重视历史知识普及工作，他邀集所内外的同志，编写了多卷本的《外国历史名人传》和《外国历史大事集》。这两套书总的说来写得深入浅出，对普及外国史知识起了相当大的作用。

庭光同志出身革命家庭，他的父亲朱镜我是一位老革命文化工作者、老党员，早年参加创造社，是后期创造社的主要骨干，后入新四军任政治部宣传教育部部长，在皖南事变中壮烈牺牲。庭光同志幼承家学，早受革命教育，于1938年参加新四军，在党的宣传工作岗位上辛勤工作多年。他在戎马倥偬之际，不废书卷，在薛暮桥等老同志的指导下，终于成长为一个文武兼备的革命干部。他既熟习马克思主义理论，又有丰富的革命经验和广博的学识，故能兼具革命工作者和学者的素质于一身。他有极强的事业心，抱着促进科学事业发展的决心去办好世界历史研究所，而不是把办所当作炫耀个人、"升官进阶"的工具。时至今日，我们看到不少华而不实、浮光掠影、纯属"作秀"的"政绩工程"，相比之下，庭光同志这样具有高度革命责任感、踏踏实实工作的老同志就显得更难能可贵了。

庭光长我两岁，我平日以兄事之，从他身上学习到不少东西。为他的文集作序，实不敢当，聊表我对他的敬意而已。

总结历史经验　争取新的胜利

——评金冲及著《二十世纪中国史纲》

在进入21世纪的第9个年头，金冲及同志的《二十世纪中国史纲》（以下简称《史纲》）及时出版了。20世纪刚刚过去，金冲及同志就对它进行了初步的概括和总结，这既体现了一个老历史学家的责任感，也说明他有知难而进的勇气。读完全书以后，深感这是一部当代人写当代史的佳作，值得向广大读者，特别是中青年读者推荐，故不揣冒昧，草此评论，以做介绍。

就内容而言，金著的主要优点是：

一、纲举目张

20世纪是一个充满动荡和巨变的世纪。众多的历史事件有如汹涌波涛，滚滚而至，令人目眩。因此，首先要厘清20世纪的脉络，然后具体写入相关的历史事件和人物，才能使读者看清这个世纪的特点和它在整个中国历史上所占的地位。金著做到了这一点。《二十世纪中国史纲》提纲挈领地指出：20世纪的中国历史可概括为一个主题、两大历史任务和三次历史性巨大变化。一个主题是为实现中华民族的伟大复兴而奋斗。两大历史任务是求得民族独立和人民解放；实现国家的繁荣富强和人民的共同富裕。后者是人们憧憬和奋斗的目标，前者是后者的必要前提。三次历史性巨大变化是辛亥革命、中华人民共和国成立和改革开放。以上是全书的总纲，下分29章，叙述从20世纪前夜至20世纪末的重大历史事件，最后以历史的启示结尾，可谓纲举目张，为20世纪的历史勾绘出一幅清晰的画卷。

二、总结了重要历史经验

正确总结历史经验，可供现实的借鉴，并察看未来的趋向。20 世纪离我们最近，有切身之感，尤应从中吸取经验教训，以利于社会主义现代化建设。《史纲》以夹叙夹议的方式在不少地方谈到了历史经验，在最后一章“历史的启示”里又专就中华民族在 20 世纪走过的路程谈了四个问题，是作者尤其着意总结的历史经验。

第一个问题是实现中华民族的伟大复兴；第四个问题是建设有中国特色的社会主义。这两个问题是密切关联的。《史纲》通过 20 世纪的全部历史，说明只有走社会主义道路，走中国特色社会主义道路，才能实现中华民族的伟大复兴。指出这一点，十分必要。今天，在经济全球化的浪潮下，有人震慑于资本主义的经济势力，企图让中国放弃社会主义，回头走资本主义道路，这是完全错误、根本行不通的。

《史纲》还指出：“实现中华民族伟大复兴的真正含义，就是‘中国应当对人类有较大的贡献’。”为什么要这样提出问题呢？中国是一个文明古国，曾经站在世界的前列，对人类做过重要贡献。今天，肩负中华民族伟大复兴使命的现代中国人，理应比先辈做出更大的贡献。需要说明的是，“复兴”是一个漫长的、逐步实现的过程，当我们在民族复兴道路上迈出每一重大步骤的同时，也就对人类做出了贡献。1949 年中华人民共和国成立，“占人类总数四分之一的中国人从此站立起来了”。我们打击了帝国主义的力量，壮大了社会主义和第三世界的力量，从而大大改变了世界政治格局，这就是我们对人类做出的贡献。改革开放，既有利于中国人民，也有利于世界的和平与发展。2006 年 4 月 19 日胡锦涛同志在美国西雅图午餐会上的讲话中说：“目前，中国对世界经济增长的贡献率在 10%以上，对全球贸易增长的贡献率超过 12%。”2008 年 5 月 8 日，胡锦涛同志在日本早稻田大学的演讲中又说：“坚持开放，就要打开国门来建设，在互利互赢的基础上同所有国家开展经济技术合作，吸收和借鉴人类社会创造的一切优秀文明成果，既通过维护世界和平发展自己，又通过自身发展维护世界和平。”到 21 世纪中叶，也就是新中国成立 100 年时，我们将基本实现现代化，建成富裕、文明、和谐的社会主义现代化国家。到那时，中华民族的伟大复兴可以说跨入了一个新的更高的阶段，我们对人类将做出更大的贡献。邓小平说：“到下一个世纪中叶，我们可以达到中等国家的水平。如果达到这一步，第一，是完成了一项非常艰巨的、很不容易的任务；第二，是真正对人类做出了贡献；第三，就更加能够体现社会主义制度的优越性。”①

《史纲》在第二个问题中对现代化与革命的关系做了透彻的说明。中青年读者要特别注意作者所说的这段话：“急风暴雨式的革命通常是人民被反动统治者‘逼上梁山’而做出的万不得已的选择。这是一种正确的选择，舍此没有其他办法可以从根本上改变人们已无法忍受的旧秩序和旧生活。”有些没有经历过旧社会苦难和压迫的中青年往往天真地设想：“如果不走革命道路，而走改良道路，不是更好吗？”这种“如果”的主观设想，不顾既成历史事实，是没有意义的。还是多读一点历史，看看那拉氏是怎样扼杀改良主义的戊戌变法的，袁世凯是怎样暗杀只不过想走议会道路的宋教仁的，等等；多访问一些现仍健在的革命老同志，请教他们当年是如何被“逼上梁山”的，必会大有收获。1990 年在西班牙马德里举行了第 17 届国际历史科学大会，“革命与改良”是讨论的主题之一。西方和东方的一些学者竞相发言，贬低革命(从法国资产阶级革命到俄国十月社会主义革命)在历史上的作用。这是一股逆流，至今在国内仍有余波，或形诸文字，或以电影、电视剧的形式出现，为害非浅。

《史纲》的第三个问题讲“在不断探索中前进”。作者指出，总结历史经验不应采取轻率的态度，也不应做简单的情绪发泄，而要十分严肃认真，研究当时的具体历史条件，重视对过程的分析，从而找出犯错误的原因，以利于今后继续前进。我很赞同作者的这个看法。任何错误都没有犯过的人，是不存在的。找出犯错误的真正原因，就增强了“免疫力”，以免再犯同样的错误。正如列宁所说的：“一个挨过打的抵得上两个没有挨过打的。”②

三、材料扎实，立论平允

《史纲》参阅了大量的档案、文件集、回忆录、书信、日记等官私第一手史料，经过严格选择，最后采用的材料是扎实可靠的。《史纲》还参考了许多专著，吸取了其中有价值的内容。在这样的基础上，作者提出自己的见解，做到了信而有据，立论平允。例如，在谈到抗日战争的两个战场时，《史纲》指出：“以国民党为主体的正面战场和以共产党为主体的敌后战场，是互相配合、互为支持的。如果没有其中的任何一方，日本侵略者都会腾出手来，全力压迫另一方，增加另一方的困难。这两个战场结合在一起，构成中华民族抗日战争的

① 《邓小平文选》，第 3 卷，224 页，北京，人民出版社，1993。

② 《列宁全集》，中文第 2 版，第 34 卷，13 页，北京，人民出版社，1985。

完整的壮丽画卷。”又如，作者说“政治改良”、“实业救国”、“教育救国”等主张，“尽管不能从根本上解决改造中国的问题，不能在时代潮流中处于主导地位，仍然在某些方面起过有益的作用。在这些方面做过一些切实工作的人，如严复、梁启超、张謇、蔡元培、范旭东、卢作孚、荣宗敬兄弟等等，仍然是值得我们纪念的。”这样讲，是公道的。这里再补充一个涉及一批人的例子。抗日战争时期西南联大的许多教师并非革命家，但他们忠诚教育事业，辛勤地培育了一批又一批的人才，其中很多人后来在新中国建设中发挥了重要作用。

金冲及同志是老党员。看得出，他是怀着革命热情撰写这部《史纲》的，但他同时保持了科学的冷静，实属难能可贵。

《史纲》在内容上也有不足之处。主要有两点。一是对一些重大历史事件未从国际角度进行分析，或分析得不够深透。人类进入 20 世纪以后，在经济、政治、文化各个方面日益密切联系起来。因此，在写 20 世纪中国历史的一些重大事件时，必须联系国际背景和国际关系，才能说得清楚。例如，在讲 1946 年 6 月国民党挑起全面内战，中国共产党坚决进行自卫时，《史纲》没有谈到毛泽东当时对国际形势所做的深刻透彻的分析。国民党发动全面内战时，得到美国政府的大力支持，而苏联由于害怕中国内战引起世界大战的爆发，对中国革命持消极态度。在国民党全面进攻的前夕，毛泽东在 1946 年 4 月写了《关于目前形势的几点估计》一文，在党中央一部分领导同志中传阅。毛泽东指出，第三次世界大战的危险是存在的，但世界人民的民主力量正在向前发展，必能克服战争危险。他同时又指出，帝国主义国家和社会主义国家有可能取得某种妥协，但是这种妥协，“并不要求资本主义世界各国人民随之实行国内的妥协。各国人民仍将按照不同情况进行不同斗争。”①1946 年 8 月 6 日，毛泽东在和美国记者安娜·路易斯·斯特朗的谈话中，又提出了“一切反动派都是纸老虎”的著名论点。② 这个论点，武装了中国人民的思想，加强了中国人民的胜利信心，在人民解放战争中起了极其重要的作用。这些关系中国革命前途的判断，是建立在对世界形势准确分析的基础之上的。又如，《史纲》在讲到社会主义初级阶段时，没有联系国际经验教训来谈。社会主义初级阶段是邓小平对马克思列宁主义、毛泽东思想的一个重要发展。江泽民同志在党的十五大报告中指出：“在党的纲领中明确提出社会主义初级阶段的科学概念，这在马克思

① 《毛泽东选集》，第 2 卷，1184～1185 页，北京，人民出版社，1991。

② 同上书，1191～1195 页。

主义历史上是第一次。”苏联和其他社会主义国家一般都把社会主义看作一个短暂的阶段，以为经过几十年的时间就可以进入共产主义社会了。1936 年 11 月，斯大林在《关于苏联宪法草案》的报告中过早地宣布：“我们已经基本上实现上共产主义第一阶段，即社会主义。”实际上，这时苏联的生产力水平还落在欧美发达国家后面。在经历了第二次世界大战和战后恢复时期以后，苏联在 1952 年又宣布：“苏联社会主义建设任务已经完成”，已处于“从社会主义逐渐过渡到共产主义”的时期，这种认识仍然是不符合实际的。赫鲁晓夫上台后，1961 年 10 月苏共二十二大通过了一个新党纲，提出了在 20 年内苏联基本上建成共产主义社会的计划，这纯属主观的空想。我国在 1958 年“大跃进”时，也犯过急于向共产主义过渡的错误。邓小平总结了国内外的历史经验，提出了社会主义初级阶段的理论。他说：“社会主义是个什么样子，苏联搞了很多年，也并没有完全搞清楚。可能列宁的思路比较好，搞了个新经济政策，但是后来苏联的模式僵化了。”“我们都是搞革命的，搞革命的人最容易犯急性病。我们的用心是好的，想早一点进入共产主义。这往往使我们不能冷静地分析主客观方面的情况，从而违反客观世界的发展规律。”①结合国际共产主义经验，才能更加深刻领会社会主义初级阶段的理论创新价值。

第二个不足之处是写了人物，但不够饱满。近一个世纪以来，我国的历史著作，无论是通史，还是断代史，大都采取章节体，以叙事为主，带出人物。采取这种体裁，如不特别注意，很容易把人物写得简略，不能充分看出人物的作用，更不用说人物的个性和特点了。应该说，和许多通史和断代史相比，《史纲》在写人物这方面是做得比较好的。作者在写一些重大事件时，常常结合当事人的回忆和感想，从而能加深读者的理解。例如，写到戊戌“百日维新”时，结合吴玉章的回忆，说明当时赞成变法的人对一道道诏书，如何“欣喜若狂”。后来看“那时对光绪帝的迷信，是何等的幼稚可笑，但在当时，尤其是在我的家乡，我的思想要算是最进步的了”。写人物，应当有具体的细节，才能使人物的形象更加饱满，更能打动读者。《史纲》写遵义会议，指出了它在危急关头挽救了中国共产党、红军和中国革命的重大意义，但没有具体写毛泽东、张闻天、王稼祥的发言内容。无论如何，也应当择要写一些，才能看出他们对博古的尖锐批评是何等的正确，以及为什么与会多数人同意他们的批评。通过写人物的对话，可以使读者如见其人、如闻其声，比单纯的叙事更有说服力。

---

① 《邓小平文选》，第 3 卷，139～140 页，北京，人民出版社，1993。

把人物写好，能提高人生修养，起到启迪、教育人的作用。白寿彝说："史学工作在教育上的作用，第一条，就是通过历史的阐述，讲清楚做人的道理，做一个社会主义新人的道理。"①这是十分正确的。

重视写人物，是我国史学的一个优良传统。《史记》既是史学巨著，也是传记文学杰作。司马迁笔下的人物形象丰富饱满，生动鲜明，具有极强的艺术感染力量。采用章节体体裁的通史或断代史是否就不容易写人物呢？并非如此。马克思主义史学家范文澜的著作就很注意写人物。《中国通史简编》修订本，写唐太宗的总结隋亡教训，和用人纳谏，给人以盛世贤君的深刻印象。写五代"长乐老"冯道的精于计算利害和长享富贵，令人对"这个特殊的官僚典型"感到憎恶。

总之，冲及同志以个人之力，撰写一部20世纪的中国历史，实属难能可贵。不足之处，也是必不可免的。若干年后，后人对20世纪的历史会从新的视角，做出新的解释。但无论如何，《史纲》是值得后之修史者参考的一部重要著作，这就是我对全书的总评价，不知当否？

评《史纲》既竟，最后我还想就当代人写当代史的问题略谈一点意见。冲及同志一向主张当代人写当代史，他在《史纲》后记中已说明理由。我也素持此议。这里要补充一点，即重视写当代史，也是我国史学的一个优良传统。司马迁的《史记》虽是通史，但详今略古，当代史的性质十分突出。历来有人专就当代人写当代史的局限(局限确有)立论，而不谈当代人写当代史的长处，这是不全面的。我希望当代史学工作者鼓起勇气，打消多种顾虑，尽自己的最大力量，写好当代史，为后人留下一份他们撰写前代史时不可不读的重要史学遗产。

① 白寿彝：《中国史学史论集》，369页，北京，中华书局，1999。

陈祥超著《墨索里尼与意大利法西斯》序

陈祥超同志的大作《墨索里尼与意大利法西斯》即将出版，索序于我。我只对墨索里尼的外交政策做过一些研究，其他方面不过略有普通的知识而已，本不敢应命，但因与祥超同志相交二十余年，对他的治学精神以及写作本书的过程还有相当的了解，故愿借此机会略做一番介绍，以供读者了解作者的参考。

祥超同志读大学时是学意大利语言的，历史本非他的专业。但他在进入中国社会科学院世界历史研究所后，即以刻苦钻研的精神，排除一切困难；他又虚心好学，不耻下问，这样不久便熟习了业务，可谓精诚所至，金石为开。经过一二十年的努力，祥超终于得到克里奥女神的青睐，获允进入历史学的殿堂了。摆在读者面前的这本《墨索里尼与意大利法西斯》，是他二十年来研究意大利法西斯主义史的结晶，史料丰富，见解亦有独到之处，堪称上乘之作。有些人对非历史专业出身的人抱有偏见，总以为他们不是“正途出身”，难有大的成就。他们忘了，史学大师陈垣、郭沫若年青时都是学医的；史学名家岑仲勉原曾供职税务部门，陈直则是银行职员，这类的例子还有很多。至今，“唯资格论”还有相当的市场，例如有的学校进人强调必须具有博士学位等等，这妨碍了对人才的发现与提拔，是必须破除的一种思想。

祥超同志写作本书，是在他退休以后。不少同志退休后，便“告别”了多年从事的专业，这也是很自然和无可奈何的。祥超同志则不然。在世界历史研究所领导的支持和一些朋友的鼓励下，他申请到了国家哲学社会科学基金的研究项目，费时四年，写出了现在这样一本高水平的专著。其间，他曾大病两次，但并未因年老体衰而退却。他为的是什么呢？既非图名(一本书难成大名)，亦非图利(现在许多历史著作拿不到稿费)。他为的是忠于所学，要把自己多年研究的成果奉献给读者，为世界史学科的大厦添砖加瓦。这种“春蚕到死丝方尽”的精神是十分可贵的。

今天，我国正处在改革开放的时代。中国是世界的一部分，中国的发展离不开世界。建设中国特色社会主义，需要我们了解世界，既要了解它的现状，还要进一步了解它的历史。我国的世界史学科是一门年轻的新学科，我们研究的深度和广度都很不够，甚至还有不少空白点。我国在世界所处的重要地位，要求世界史应有一个大发展。希望寄托在中青年一代身上。“雏凤清于老凤声”，中青年同志们定能在前辈的研究基础上，肩负起历史赋予他们的使命，发扬光大我国的世界史学科，使之在不久的将来达到世界水平。

我自 70 岁以后，屡有“封笔”之意，今虽尚涂鸦不已，不过积习难忘，自知已无甚新意了。承老友祥超同志不弃，索序于我，岂敢佛头着粪，聊以报命而已。

2004 年 3 月 2 日

王敦书著《贻书堂史集》序

敦书同志的大作即将出版，索序于我，作序实不敢当，但很愿借此机会谈几点感想。

敦书同志幼承家学，长事名师，学有根底，本可在大学毕业后一展身手，但不幸连遭打击，埋没多年，直到 1976 年“文革”结束后，才得以“摆脱逆境，苦尽甘来”，在教学、科研、行政几方面都做出了显著的成绩。特别值得指出的是：敦书同志虽处逆境，意气并未消沉，仍在极其困难的条件下有所作为，如选译了李维的《罗马史》、希罗多德的《历史》等历史名著，还写了若干篇很有分量的文章，如《1941 年的日美谈判》等等。《太史公自序》说：“西伯拘羑里，演《周易》；孔子厄陈蔡，作《春秋》；屈原放逐，著《离骚》；左丘失明，厥有《国语》；孙子膑脚，而论兵法；不韦迁蜀，世传《吕览》；韩非囚秦，《说难》、《孤愤》；《诗》三百篇，大抵贤圣发愤之所为作也。”敦书处逆境而发愤有为的精神，是可比上述古人的。

敦书同志专长世界古代史，但在日本史、国际关系史、史学理论等方面也有相当深的造诣。有这样一种人，治学的路子很窄，但并不认为这是缺点，反而以此自豪，并讥讽那些治学方面比较宽广的学者为“杂家”。实际上，第一流的大学者都是博古通今、中西会通的。陈寅恪先生是魏晋南北朝、隋唐史方面的专家，但他对明清史也十分熟悉，否则不会在目盲以后还写出了《柳如是别传》这样一部巨著。研究学问，宏观与微观，博与专，综合与分析，是相辅相成、缺一不可的。恩格斯在《反杜林论》一书中说：“真正的自然科学只是从 15 世纪下半叶才开始，从这时起它就获得了日益迅速的进展。把自然界分解为各个部分，把各种自然过程和自然对象分成一定的门类，对有机体的内部按其多种多样的解剖形态进行研究，这是最近400年来在认识自然界方面获得巨大进展的基本条件。但是，这种做法也给我们留下了一种习惯，把自然界中的各种事物和各种过程孤立起来，撇开宏大的总的联系去进行考察，因此，就不是从运动的状态，而是从静止的状态去考察；不是把他们看作本质上变化的东西，而是看作永恒不变的东西；不是从活的状态，而是从死的状态去考察。这种考察方法被培根和洛克从自然科学中移植到哲学中以后，就造成了最近几个世纪所特有的局限性，即形而上学的思维方式。”(《马克思恩格斯选集》中文第2版第3卷，第359～360页)近代以来，科学的分工越来越细，门类越来越多，这一方面是巨大的进步，另一方面也带来了“只见树木，不见森林”的缺点。进入20世纪，特别是第二次世界大战以后，跨学科研究纷纷兴起，是绝非偶然的。历史学是以整个人类社会的既往为研究对象的，它既需要专门史、国别史、区域史、断代史的研究，也需要通史的研究。我希望在今天的中青年学者中，既能涌现出一批专家，还要产生少数“通人”。作专家不易，成“通人”更难。

敦书同志具有我国尊师重道的传统美德。他是雷海宗先生晚年传衣钵的关门弟子，师生之情甚笃。雷先生病危时，已无力行走，是由敦书同志背负医院的。我也有幸得聆夫子教诲，与敦书有同窗之谊。我比敦书年长数岁，但论学则为后进，大作当前，岂可佛头着粪。然相交有年，难违雅意，遂聊赘数语，以表祝贺，非敢以为序也。

2003年6月25日

《仓孝和教育思想言论集》序

在伟大的社会主义建设事业中，我们需要各方面的专家，但有一种专家是社会十分需要却又极难产生的，那就是教育家。成为一个教育家，既要有丰富的实际经验，又要有渊博的知识，还要有不慕名利的高尚情操。教育工作者的收入是较少的，成名也很难，因为办教育涉及社会的各个方面，与个人钻研一门学问不同，不是单凭苦读就可以成家的。我十分敬佩的仓孝和同志，就是一个具备了以上条件并做出了重大贡献的教育家。

孝和是我的老友，几十年来我一直在他的领导下工作，深知他的学识、才干与抱负。他是学化学的，新中国成立初本来想到工业界大干一番，后来由于工作需要，党派他在一所有名的中学里担任校长兼党支部书记，他欣然接受了。从 1949 年起直到 1984 年逝世，他除短期在科学战线担任领导工作外，把毕生精力都献给了教育事业，培养了一批又一批的优秀人才，称得起桃李满天下。如今，他的许多学生已成为各行各业的专家和各级领导干部。

孝和具有丰富的办学经验，这得力于他的深入实际。他不是一个安于坐办公室的人。尽管会议很多，他仍能拔出身来，深入教学第一线。20 世纪 50 年代初，他担任育英中学校长期间，经常听课，从数理化到文史地，无所不听，有时还亲自主持评议会，做中肯的总结。在北京师范学院担任教务长时，他仍然大量听课，广泛参加各系的教学活动，并一度主讲物理、化学课程。1983 年出任院长后，虽然体弱多病，还是像年轻时那样活跃在教学第一线，保持密切联系实际、密切联系群众的优良作风。我平生还见过另外一种类型的领导干部，他们也很辛苦，每日披阅公文，听取汇报，召开会议，但案牍劳形而无所成就。因为足不出办公室之门，高高在上，不了解下情，又如何能实行有效的领导呢。

孝和对理论一贯十分重视，从不满足于简单地描述经验，总是要把它们上升为理论。他的一些调查报告，都是实际与理论相结合的产物。1961 年 3～8 月，他到物理系蹲点，进行调查研究，最后写出了一份长达 36 页的详尽的报告，其中的四点基本认识至今仍有参考价值。可惜，他工作太忙，又慎于笔墨，留下的著作不多。但仅从这本思想言论集中，已经可以看出他的理论修养。关于“教育是科学的人才储备”、“师范教育是振兴教育的根本”、“高师应加强基础课教学”这些精辟见解，在集中比比皆是，读者自能领会，无需我赘言。

孝和博闻强记，自然科学、社会科学、文学艺术都有所涉猎，尤专精于自然科学史，堪称大家。今天，科学的分类越来越细，学者的知识越来越专，但如果只是沿着专精的道路走下去，而不去做综合概括的工作，有微观而无宏观，那就有只见树木不见森林的危险。孝和泛览群书，我想并非只是由于兴趣广泛，也是有鉴于时弊，决心做一些博通的工作，所以在晚年精心撰写了一部自然科学通史。

孝和离开我们已经三年了。如果不是由于在“文革”期间身心都受到了严重的摧残，他是能为人民教育事业做出更大贡献的。先行者已逝，后继者有责任完成他们的未竟事业。让我们也像仓孝和同志那样，忠诚于人民的教育事业，培养出一批又一批的优秀师资，以此作为对他的最好纪念吧。

1987 年 6 月 24 日

后继有人　后来居上

——祝《新生代历史学者访谈录》出版

《历史教学》编辑部近几年来对一批中青年历史学者进行了访问，现在把这些访问录汇为一编，即将出版，这是一件很有意义的事，借此机会，我想谈几点感想。

第一，人才能否脱颖而出，与政策有很大的关系。1978 年以后成长起来的这批中青年学者，受惠于高考制度的恢复。1977 年 5 月 24 日，邓小平在一次谈话中，明确提出“今年就要下决心恢复从高中毕业生中直接招考学生，不要再搞群众推荐。从高中直接招生，我看可能是早出人才、早出成果的一个好办法”①。这是一个十分英明的决定，今后写中国教育史，必须记上这一笔。1977 年、1978 年两年以及稍后考入大学的学生大都有过“上山下乡”的经历，长则七八年，短则三五年，他们业务基础扎实，又聪明好学，高考制度一恢复，就考入大学，经过二十年左右的努力，今天已有相当成就了。中青年学者还受惠于改革开放的国策。1978 年以后，我国打破了闭关自守的状态，走向世界，大批青年被送往国外学习。《新生代历史学者访谈录》里的许多位中青年学者都曾到国外学习或访问，有人还不止一次；了解世界学术的进展情况，开阔眼界，当然大有好处。1949 年以前，出国求学是很困难的；1949 年到 1978 年，机会也不多，而且出国的范围主要限于苏联和东欧。我重提以上这些旧事，并非无的放矢，意图在于说明个人与国家之间的关系。国家兴旺发达，个人才有前途；个人有了前途，反过来也应报

① 《邓小平文选》，第 2 卷，55 页，北京，人民出版社，1993。

效祖国。个别中青年把自己的成就完全归功于个人奋斗，这种看法是片面而不正确的。

第二，我希望中青年历史学者努力钻研，埋头苦干，抓紧时间，攀登历史科学的高峰。现在人们的寿命长了，活到七八十岁，不算稀奇，故而往往把四五十岁的人还戏称作“小青年”。其实，从历史上看，不少大学者在中年时代，甚至青年时代已经卓有成就了。王国维先生(1877～1927 年)的《殷卜辞中所见先公先王考》和《续考》，是利用甲骨文重建殷代信史的开山之作，也是他利用“二重证据法”研究历史的典范之作，写成于 1917 年，当时王国维才 41 岁。陈垣先生(1880～1971 年)的名篇《元也里可温教考》，写于 1917 年，时年 37 岁。享誉中外史学界的《元西域人华化考》，成书于 1923 年，陈时年未满 43 岁。陈寅恪先生(1890～1969 年)，关于隋唐史的两部影响深远的名著《隋唐制度渊源略论稿》和《唐代政治史述论稿》，前者于 1940 年定稿，陈时年 50 岁；后者于 1941 年定稿，陈时年 51 岁。郭沫若先生(1892～1978 年)的《中国古代社会研究》，是运用马克思主义研究中国历史的开创之作，出版于 1930 年，郭当时才 38 岁。顾颉刚先生(1893～1980 年)的开一代史学研究新风气的《古史辩》第一册于 1926 年出版，顾时年 33 岁，是地地道道的青年。备受老一辈学者赏识的天才学者张荫麟先生(1905～1942 年)(陈寅恪在致傅斯年的信中称张荫麟为“清华近年学生品学俱佳者中之第一人”，“其人记诵博洽而思想有条理”)，所著《中国史纲》(第一册)要言不烦、内容深刻、文字优美，初版于 1941 年，张时年 36 岁，也是一位青年作者。对元史、中国近代史深有研究的邵循正先生(1909～1972 年)，所著《中法越南关系始末》，是他在清华研究院读书时的毕业论文，刊于 1933 年，邵那年 24 岁，按今天的标准来说，应算“青少年”中的“排尾”了，但《始末》一书至今为研究中法越南关系史者必读之作。我之所以不厌其烦地列举了以上事例，就是恳切希望现在的中青年历史学者要珍惜大好时光，献身于历史科学，千万不要为一时名利所动，务必写出像前辈学者那样垂之久远的鸿篇巨制。这是完全可以办到的，事在人为！事在人为！

第三，我希望中青年学者树立一种互相尊重、互相学习的良好学风。真正有成就的学者，从本质上讲，都是虚心学习的，不仅向前人学习，也向同辈学习。明末清初的大儒顾炎武在《亭林诗文集》卷六《广师》中例举了许多位他佩服的当代学者，如说：“学究天人，确乎不拔，吾不如王寅旭”；“坚苦力学，无师而成，吾不如李中孚”，等等。陈寅恪先生推崇陈垣先生的史学成就，在《陈垣〈元西域人华化考〉序》一文中说：“盖先生之精思博识，吾国学者，自钱晓徵以来，未之有也。”①杨树达先生佩服陈寅恪先生的学问，在赋诗谢陈寅恪为其著作写序中有句云：“朋交独畏陈夫子”②，这确实是他的由衷之言。他也佩服王国维的学问，在1951年5月1日的日记中写道：“阅《观堂集林》。胜义纷披，令人惊绝。”③人类至今，学科之多几乎无法计算。单以史学一科而论，就有全球史、地区史、国别史、专门史、断代史，等等，任何一个人也只能懂得其中的一小部分，因此一定要知道自己知识的局限性，知道自己还有许多许多不懂的东西，必须向他人学习。也有少数大学者，十分骄傲，这是不可以为法的。

我对于写序，一向视为畏途，勉为其难。这次应《历史教学》编辑部之邀，很快就答应下来，主要是因为看到一批中青年学者成长起来(其中有些同志是我很熟悉的)，我国的史学事业后继有人，心中十分快慰，故不再考虑我是否合格了。以上几点感想，不过略陈拙见，聊供参考，非敢真以为序也。

2005年4月

① 陈寅恪：《金明馆丛稿二编》，239页，上海，上海古籍出版社，1980。

② 杨树达：《积微翁回忆录·积微居诗文钞》，196页，上海，上海古籍出版社，1986。

③ 同上书，173页。

一个极其谦虚的前辈学者*

——追忆沈炼之先生二三事

沈炼之先生是中国世界史学界的前辈学者，德高望重。遗憾的是，解放前我在北方读书，未能亲受沈老的教诲。解放后，因都从事世界史教学工作，有过一些来往，不过每次接触的时间都很短，但仍然留给我深刻的印象。

给我印象最深的一件事，是沈老不愿申请法国史的博士点，也不愿做博士生导师。以杭州大学法国史的群体力量而论，是具备申请博士点的条件的。至于沈老个人的学识修养，作为第一批博士生导师，更是公认的人选。但沈老认为，在中国培养法国史博士生，要特别慎重，还要积蓄力量，多购图书资料，充分做好准备。其实，世界史同行都盼望沈老能亲自培养一批法国史的博士生。前辈学者的这种谦虚风范，值得我们很好地学习。

另一件事，是杭州大学历史系申请一个世界史方面的国家级研究项目时，我曾表示赞同。杭州大学的同志本来就具备申请的条件，而我所做的事也是应该做的，但沈老知道后，还表示了对我的感谢。对别人的一点点帮助，也不忘记，这是我国的一种传统的做人准则，它在沈老的身上充分体现出来。

第三件事是一次我到杭州大学访问，准备去看望沈老，系里有关同志事先通知了他。等我到他家，走上楼梯时，发现他竟在楼梯快到中间的地方迎我，并说："我年老不能下楼迎你了。"他当时身体已经相当不好，竟然还要对一个晚辈如此多礼，实在是值得我好

* 原载楼均信选编：《沈炼之学术文选》，杭州，杭州大学出版社，1998。

好学习的。我国自古就有讲礼貌的优良传统。讲礼貌的深刻含义之一，就是尊重别人。这是一种很有必要的行为规范，万万不能等闲视之。今天有些青年，粗野无文，不讲礼貌，甚至把讲礼貌看作虚伪的事，这是非常错误的。

以上几件事都是“小事”，但它们是汪洋大海中几颗晶莹的水珠，从中可以看出沈老谦虚的精神和宽大的胸怀。我对法国史缺乏研究，不敢谈沈老的学术成就，谨述以上几点追忆，以表我对沈老的怀念之情。

永不磨灭的印象*

——深切怀念历史学家、历史教育家白寿彝先生

1966 年以前，我已久闻白寿彝先生的大名，但交往较多却是在 1978 年以后了。在向白先生学习的二十多年中，我深深感到白先生既是一位杰出的历史学家，又是一位杰出的历史教育家，而贯穿二者之间的则是他始终把历史作为一门对祖国、对人民、对子孙后代大有益处的科学来对待，并为之贡献了毕生的精力，真可谓鞠躬尽瘁，死而后已。

白先生是一位杰出的历史学家。关于他的学术成就，许多研究中国历史的同志要比我了解得多，这里不敢妄加议论，仅就先生的治学精神谈点感受。1980 年北京市史学会重建，白先生出任会长，我任副会长兼秘书长，协助他工作。80 年代初，我常到白先生家请示工作，多次碰到他正在为多卷本《中国通史》组稿，同各分卷主编商讨聘请撰稿人员、拟定大纲等事项。我心中有时不免暗想：白先生已经七十高龄了，这么大的工程要许多年以后才能完成，他怎么就没有想到这一点呢？他能在生前把全书编成吗？可是每当我这样想的时候，就看到白先生充满乐观主义、勇往直前的精神面貌，他根本没有想到“老之已至”的问题。白先生的老友臧克家先生曾经赠给他一首诗，其中一句是“该罢休时不罢休”。我认为这句话十分深刻地道出了白先生追求真理、勤奋治学、至死方休的精神。

我今年已经 74 岁了。70 岁以后，“封笔”的念头常常出现。但每当我一想到白先生的一句名言：“我 70 岁以后才开始做学问”的

* 原载《史学史研究》，2003 年第 3 期。

时候，我就对自己的懒惰深深愧疚，不能不打消"封笔"的念头。现在，我每天仍在读书学习，并不时写点东西，白先生和其他学术前辈的榜样给了我很大的激励。

白先生还是一位杰出的历史教育家，十分看重历史科学的社会功能，多次发表演说和撰写文章，论述这方面的问题。给我印象最深的一次是他于1982年5月19日在北京市史学会上的讲话，题为《史学工作在教育上的重大意义》。① 他一共讲了6条，第1条就是通过历史的阐述，讲清楚做人的道理，做一个社会主义新人的道理。结合今天一些青少年的品德行为方面所存在的问题，回过头来再读读白先生这篇文章，对他的真知灼见、语重心长，不由得产生敬佩之心。

白先生对大学历史系的教学改革也很重视。在他的倡议下，北京市各大专院校历史系的同仁曾聚集一起，共同商讨如何把历史系的教学和科研搞得更好。我记得他特别强调要把四年的大通史（所谓"八大块"），改成一部小通史，然后腾出时间去开设专门史、断代史、国别史、名著研究等课程。他还专门讲了培养青年教师的问题，语重心长地说多数青年是好的，是有培养前途的，一般老年人中间流行的"后继无人"的想法，并不完全符合实际。白先生的这个看法，今天已经得到证明。以世界史学界而论，在改革开放以来的二十多年中，涌现出来一批优秀的、大有发展前途的中青年史学工作者。当然，他们必须继续努力，不断努力，才能攀登科学的高峰。

白先生已归道山，但他的治学精神和高尚品德将永远是我们学习的榜样。我国的历史科学事业必将如他生前所盼的那样繁荣昌盛起来。先生安息吧。

---

① 《白寿彝史学论集》，上册，241～252页，北京，北京师范大学出版社，1994。

学习何兹全先生

今天是何先生治学七十周年，又是他九十华诞，参加庆祝会感到十分荣幸。何先生是我敬佩的前辈学者。他在中国古代史，特别是魏晋南北朝史方面的卓越成就，研究中国史的同志比我知道的要深刻得多，我这里就不讲了。

我想讲的是：第一，我看了何先生的《爱国一书生：八十五自述》一书后，我深感何先生是一位真正的历史学家。这本书坦率地叙述了自己的一生，包括经历与思想。有些人的自传只讲“过五关斩六将”的事，而不讲“走麦城”。何先生的自传不是这样，成功的事，失败的事都讲；得意的事，不得意的事，也都讲。可谓信史，当之无愧。

第二，何先生在2000年第4期《历史研究》发表了一篇大作《傅斯年的史学思想和史学著作》，这篇文章堪称中国史学史和中国学术思想史中的上乘之作。何先生对自己的老师傅斯年的学术成就和对学术事业的贡献做了充分的肯定与赞扬，但同时本着“吾爱吾师，吾尤爱真理”的精神，对傅斯年的一个很有影响的“史学即史料学”史学观点提出了不同的看法。傅斯年的这个观点在过去是一直被否定的，近年来又有一些老先生说这个观点没有什么错误。我还是同意何先生的看法，史料学不等于史学。傅斯年反对疏通，说只要把材料整理好，“事实自然显明”。请问，根本不要疏通，材料如何能整理好呢？傅斯年的一些名作，如《夷夏东西说》、《周东封与殷遗民》，如果不把他使用的史料做疏通，做联系，做分析，又怎么能够写得出来呢？对前辈学者，包括对自己的老师的学术成就，如同对待万事万物一样，都应当采取分析的态度。鲁迅在《关于太炎先生二三事》一文中，对自己老师章太炎的革命业绩，做了充分的肯定，但也指出太炎先生晚年“既离民众，渐入颓唐”，“用自己所手造的和别人所帮造的墙，和时代隔绝了”。何先生的上述文章和鲁迅先生的这篇文章，在精神实质上是完全一致的。

我每一次参加庆祝前辈学者学术成就的会议，都是抱着学习的目的而来的。上述两点就是我要向何先生好好学习的地方。希望在何先生百岁华诞的时候，我仍能有幸参加，再一次向何老学习。

学贯中西的谦虚学者

——深切怀念周一良先生

当我在电话中听到周先生去世的噩耗时，十分惊愕。因为此前不久我刚刚收到先生赐寄的《郊叟曝言》，觉得先生虽已久病，但思维清楚，仍能口述文章，想必寿过九秩是不成问题的。但不幸的事还是发生了。

周先生是我的业师。我先后读过燕京大学和清华大学，进的都是历史系。在教过我的老师中，周先生最年轻。1948 年我选修了他开的日本史课程，当时先生才三十五六岁，但已是著名的历史学家了。周先生是真正堪称学贯中西的学者。他年青时即受知于陈寅恪、洪业、邓之诚等前辈，才华亦为同辈所推服。他的好友吴于廑先生在一次闲谈时对我说，当年周先生与吴先生、杨联陞先生同在哈佛大学读书，杨先生曾对吴先生说："周公是史学界我们这一辈人的未来领袖人物。"周先生的本行是魏晋南北朝史，上大学时就发表了《魏收之史学》一文，刊于《燕京学报》，时年才 21 岁。此后，陆续发表了《领民酋长与六州都督》等论定之作，史学界公许为寅老的衣钵传人。解放后，先生服从组织调配，专攻亚洲史和日本史，后又奉命与吴于廑先生共同主编《世界通史》，复成为我国研究亚洲史和日本史的权威。打倒"四人帮"后，先生回到魏晋南北朝史的老本行，不久就写出了《魏晋南北朝史札记》。此书蒙先生赐寄一本，我读后大感惊讶，因为先生不搞魏晋南北朝史已二十余年，一旦重操旧业，就能拿出这样的"干货"，可见当年功底多么扎实，读书又多么"心细如发"。我曾和先生其他几位弟子说，如果让我们在改行几十年后，再写原来行当的文章，肯定是空话连篇，有许多水分，要想拿出先生这样的“干货”来，是绝对办不到的。日本学者吉川忠夫称此书“是卓越见解与渊深广博知识的精彩结晶，堪以名著相称”。

周先生国学功底深厚，又精通日语、英语，梵文亦下过大功夫，法文、俄文均能阅读专业书籍，以这样的条件，本可做出更大的成绩，成为陈寅恪、陈垣、汤用彤这样大师级的学者。但解放后先生大量的时间精力花费在行政事务上，而这本非先生所长。北大历史系副主任一干就是十年，翦老挂帅，日常具体工作都落在先生身上。先生组织性又很强，党组织让干什么就干什么，而且是心悦诚服，毫无怨言。我听说在“文革”中，先生还参加了“拉练”，真是令人吃惊。后来又身陷“梁效”之中，浪费了宝贵生命，而且蒙受不白之冤很久，以致晚年不免心情忧郁，影响了健康。这不仅是先生个人的悲剧，也是他这一代知识分子和他的学生一代知识分子的悲剧。所幸 1978 年后天日复晴，万象更新，大家从此可以安心搞业务了。

先生有一个很大的优点，就是十分谦虚。他逝世前不久写了一篇文章《哈佛大学中国留学生的“三杰”》。“三杰”指任华先生、吴于廑先生和杨联陞先生。其实应当是“四杰”。按我上面所述吴先生的话，周先生甚受同辈推重，是当然够“一杰”资格的。但是周先生自谦，不敢居“一杰”之位。先生不仅对任、吴、杨推崇备至，对其他同辈也是常常言人之美的。先生曾两次对我说：“邵循正、张政烺两位都是一级教授的材料。”这是原话。为什么用“材料”二字呢？据我体会，这是因为在 50 年代评级时，邵、张二位都被评为二级教授，但据周先生看，他们的水平实在够一级教授，只是由于某些原因，当时未能评为一级教授而已。邵先生也是我的业师，确实聪明绝顶，才华盖世，文章不多，但质量很高。对张先生，我未亲受教诲，不敢妄言。张先生是古文字学家，对此道我茫无所知。但从胡适先生 1936 年 6 月 10 日致张政烺的信中可以看出，张先生对小说亦颇有研究，在做学生(时为大四学生)时即已博学如此。周先生和邵、张二位是同一水平的学者，却能在晚辈面前由衷地称人之美，这是何等的气量，何等的虚心啊！

周先生对他的学生们总是爱护备至，稍有成绩，即予肯定。1982 年我去美国讲学，在纽约州立大学布法罗分校讲了两个纯粹是外国史的题目：《论“不干涉”政策的创始者及其动机》和《论 1939 年英国对波兰保证的原因及其破产》。周师知道后，十分高兴，于 1983 年 10 月 29 日赐函说：“你这次堂而皇之，正经八百地对外国人讲世界史问题，亮出我们的观点与水平，在某种意义上，与打球同样是为国争光也，可贺可贺！将来有机会，当再仔细聆教。”1989 年年初，我写了一篇小文《杨妃入道之年考读后——兼论考据在史学研究中的作用和地位》，发表前向周师请教。同年 2 月 12 日先生赐函说：“大著读过。所提四点极是，从二陈小文论证考据作用、意义，甚有理据……我前此也有小文，想为考据讲几句公道话，与尊著有相近处，附上乞指正。”周先生的大作题为《日本推理小说与清朝考据之学——一种文化比较》，是中外会通之作，实非浅学如我这样的弟子所能写出的。以上先生两次来函所讲内容，我从未对人谈过，恐有借先生之名自我吹嘘之嫌。今为追怀先生，说明先生对弟子辈的爱护与奖掖，才写出来，非敢以先生的过奖而自居不疑也。先生的谦虚是发自内心的，即使在顺境时也从不骄傲，这就尤为难能可贵。

先生已归道山了，但他的光辉业绩将永远存在，他的高尚人格将永远是我们学习的榜样。

2001 年 10 月 26 日

吴于廑先生与我国世界史学科的建立

我国世界史学科的建立，严格说来是在1949年以后。此前，各大学历史系的外国史课程主要是西洋史(即欧美史)，包括西洋通史、西洋断代史和一些欧美国家的国别史。开设东洋史(如日本史、印度史等)课程的学校很少。似乎没有一所大学的历史系专门开设过非洲史和拉丁美洲史。总之，那时还没有世界史。中学的外国史内容主要也是讲西洋史。造成这种现象的根本原因在于旧中国的执政者和知识界上层崇拜欧美，以欧美为榜样，西洋史自然便占有中心地位了。

1949年中华人民共和国成立后，情况发生了重大变化。中国的国际地位空前提高。中华人民共和国是一个屹立于亚洲的东方大国，在世界舞台上占有重要的地位。我们不能再像旧中国统治者那样只把目光集中于欧美列强，必须放眼世界，既要了解它的现状，还要追溯它的历史。在这样的大背景下，我国世界史学科终于一步步建立起来，并得到了较快的发展。各大专院校一般设有世界史课程，分做四大段(上古、中古、近代、现代)讲授，此外还有一些区域史、国别史、专题史等。中学也设置了世界史课程。从1949年到1959年，各高等院校的世界史课程大都采用苏联教材，那时把苏联史学看得很重，中国教授们即便在某些方面有不同看法，但在当时的政治条件下不敢也不可能发表。1959年中苏关系破裂，此后"言必称苏联史学"的情况开始发生变化。1962年，周一良、吴于廑主编的四卷本《世界通史》出版，这是新中国成立后我国世界史学者首次编写的世界通史类著作，代表了当时中国世界史研究所到达的水平，产生过相当大的影响。这部书加强了亚非拉部分的内容，增加了中国与外国文化交流的章节，比苏联教材有所改进，但整个框架仍未脱苏联教材窠臼。

改革开放以后，政治环境改善了，学者们既敢于打破苏联世界史的框框，也敢于参考西方学者的看法了，于是人们热烈议论起世界史究竟应当是一门什么样的学问以及世界史如何编写的问题。吴于廑先生从1978年起大力投入世界史学科的建设工作，取得了卓越的成就。以下从四个方面试做一些介绍：

一、什么是世界史学科

吴先生给世界史下了一个定义："世界历史是历史学的一门分支学科，内容为对人类历史自原始、孤立、分散的人群发展为全世界成一密切联系整体的过程进行系统探讨和阐述。"他多次引用马克思在《政治经济学批判导言》中说的一句话："世界史不是过去一直存在的，作为世界史的历史是结果。"他还引用马克思和恩格斯在《德意志意识形态》中说的另一句话："各个相互影响的活动范围在这个发展进程中越是扩大，各民族的原始封闭状态由于日益完善的生产方式、交往以及因交往而自然形成的不同民族之间的分工消火得越是彻底，历史也就越是成为世界历史。"用以说明他给世界史学科所下定义的根据。

吴先生还进一步指出，世界史的概念不应庞杂，它不是囊括一切国家、民族和地区的一口大麻袋。"就世界史作为历史学中 门单独的分支学科而言，它的探索目标必然要求从多方面涉及包括我国在内的各国历史，但它不是一门中国域外史，也不是包括一切国家、地区历史的总汇。"①实际上，要把一切国家、地区的历史都写在一起，不仅在篇幅上要无限扩大(而这是做不到的)，更重要的是这样写出来的世界历史让读者根本无法看清楚世界历史的形成过程和它的全貌，只能见一棵一棵的树木，而不见森林。

吴先生强调指出世界历史的宏观性。他说："世界史是宏观历史。宏观历史的特点之一就是视野要比较广阔，把国别史、地区史、专史的内容加以提炼、综合、比较，相同的地方看到它是一，有特殊的地方看到它是多，做到一和多的统一，来阐明世界历史的全局发展，阐明各个时期世界历史的主潮。世界史要勾划的，是长卷的江山万里图，而非团团宫扇上的工笔花鸟。国别史、

① 吴于廑：《世界史学科前景杂说》，见《吴于廑学术论著自选集》(以下简称《自选集》)，42页，北京，首都师范大学出版社，1995。

地区史、专史的精密研究成果，必须要理解、吸收，而且不足的还要作认真的补充研究。但是必须超越国别史和地区史，绝不是把国别史、地区史以一定的结构汇编在一起就是世界史了。”①

二、世界历史的纵向发展和横向发展

有些人对吴先生给世界史学科所下的定义产生了一种误解，以为他只强调世界历史的横向发展。其实完全不是这样，吴先生对纵向发展和横向发展有十分全面的论述。他说：“在历史发展为世界历史的漫长过程中，纵向发展和横向发展并不是平行的、各自独立的。它们互为条件，最初是缓慢地、后来是越来越急速地促成历史由分散的发展到以世界为一整体的发展。”“纵向发展制约着横向发展。纵向发展所达到的阶段和水平，规定着横向发展的规模和广度。”“横向发展一方面受纵向发展的制约，一方面又对纵向发展具有反作用。横向发展与一定阶段的纵向发展相适应，就往往能促进和深化纵向发展。”他特别指出“在历史向资本主义过渡的时代，横向发展对纵向发展的反作用表现得尤其明显。”吴先生的结论是：“历史的纵向发展和横向发展是历史发展为世界历史过程中的两个基本方面。它们共同的基础和最终的推动力量是物质生产的进步。”②今天，西方的全球史学者十分重视世界历史的横向发展，对人类跨文化互动的历史做了不少有价值的研究，但他们比较忽视历史的纵向发展，是一个缺点。马克思和恩格斯在《共产党宣言》中写道：“大工业建立了由美洲的发现所准备好的世界市场。世界市场使商业、航海业和陆路交通得到了巨大的发展。这种发展又反过来促使了工业的扩展”③。马克思和恩格斯还说：它(指大工业)首次开创了世界历史，因为它使每个文明国家以及这些国家中的每一个人的需要的满足都依赖于整个世界，因为它消灭了各国以往自然形成的闭关自守的状态”④。这些话说明了纵向发展和横向发展的相互作用，不应只强调其中的一个方面而忽视另一个方面。

---

① 吴于廑：《关于编纂世界史的意见》，见《自选集》，28页，北京，首都师范大学出版社，1995。

② 吴于廑：《世界历史一为〈中国大百科全书·外国历史卷〉作》，见《自选集》，61～66页，北京，首都师范大学出版社，1995。

③ 《马克思恩格斯选集》，中文第2版，第1卷，273页，北京，人民出版社，1995。

④ 同上书，114页。

三、世界历史的专题研究

吴先生认为，在世界史这门学科中，有不少重要的超出地区史、国别史范围的专门课题，有待研究。不研究这样的课题，就难以从全局来考察世界历史。他举例说，“一种是对某一特定时期不同地区的历史进行综合比较研究，考察这个时期世界历史的全局发展。”另一类是关于特定地区和世界历史全局之间相互关系的研究。再一类是有些重大的历史运动，许多国家或地区都曾经历过，从世界全局对这类共同现象进行综合比较研究，必然有利于阐明一个时期的世界历史的潮流①。吴先生不仅从理论上提出专题研究的重要性，而且自己也就若干重要专题撰写了论文，例如《世界历史上的游牧世界与农耕世界》、《世界历史上的农本与重商》、《历史上农耕世界对工业世界的孕育》、《亚欧大陆传统农耕世界不同国家在新兴工业世界冲击下的反映》②。这四篇论文说明了人类历史发展为世界历史这一悠久行程中的诸大历史运动，材料丰富，分析深刻，堪称鸿篇巨制。

四、对世界史分期的重要看法

吴先生对世界史分期有独到的见解。他反对“剑桥三史”(即英国剑桥大学出版社出版的《剑桥上古史》、《剑桥中古史》、《剑桥近代史》)关于上古、中古、近代三个时期的划分标志，写道：“西罗马帝国灭亡了，上古史就完了，中古史就开始了。1453年，土耳其人打下了君士坦丁堡，西方正当文艺复兴，中古史就完了，近代史就开始了。这种分期的标志，很清楚是欧洲历史分期的标志”，是“欧洲中心论在分期问题上的表现”。他认为苏联科学院主编的多卷本《世界通史》按社会形态划分世界历史的各个时期在原则上是对的，但其具体的划分方法“实际上是自16世纪以来西方传统的三分法再加一头一尾，头是原始社会，尾是1917年以后社会主义时代的开始”，仍然保留着西方资产阶级史学以欧洲历史分期决定世界历史分期的浓厚色彩③。

吴于廑先生主编的六卷本《世界史》把古代史作为一编，而不是像过去周、

① 吴于廑：《关于编纂世界史的意见》，见《自选集》，25～28页，北京，首都师范大学出版社，1995。

② 同上书，91～225页。

③ 同上书，19～22页。

吴本那样把古代史、中古史明确地各自划分为一卷。他认为，“前资本主义的两个阶级社会，即奴隶制社会与封建制社会，都很难以某一地区历史实例作为典型，也很难以某一实例所达到的发展阶段作为世界历史上划分两个社会形态的标准。而且，古代社会生产关系中处于依附地位的劳动者，与中古时代的封建依附农民往往不易分清界限。”“不仅依附劳动者是这样，将分别存在于古代世界和中古时代的自由劳动者作相互对照，其情况也是这样。”①他还说，采取统一的超越地区差别的划分界限，把早于此限的纳入奴隶制，晚于此限的纳入封建制，是不妥的。除少数如西方古典奴隶制的一些中心而外，这种划限的方式很难说明前于此限的依附劳动者和自由劳动者怎样一越此限，就成为后于此限的依附农民和自由农民。总之，在世界历史上区分奴隶制社会与封建制社会确是一个十分复杂的问题，是马克思主义史学必须深入探讨的重大课题。雷海宗先生在《世界上古史讲义》中写道：“就今日所已知的来讲，我们暂时可以说，奴隶社会与封建社会之间的差别，还不如氏族社会与奴隶社会或封建社会与资本主义社会之间的差别那样巨大，奴隶社会与封建社会之间多有交错，各地情况也都歧异，整个的问题仍待历史学者彻底的分析研究。”②雷、吴两位的看法有某种相同之处。

六卷本《世界史》的《近代史》编以1500年为起点。吴先生认为：“十五、十六世纪是历史发展为世界历史的重大转折时期。转折之所以发生，是因为在亚欧大陆农耕世界的内部，首先在西欧，社会经济发生了前所未有的根本变化。人类历史的前资本主义时期因这个变化而归于结束，资本主义开始以其新的生产力和生产关系出现在历史的地平线上。”③有人认为，这仍然是欧洲中心论的一种反映。这种看法是不对的。吴先生是从生产力和生产关系的变化立论的，并非故意夸大欧洲的作用。我们批判“欧洲中心论”，只是反对用欧洲的价值观念衡量一切，反对那种认为只有欧洲历史才具有推动全人类进步的意义的观点，但并不抹杀自工业革命以来欧洲在世界历史上曾经占有的优先地位和起过的重要作用。在人类历史的长河中，在一个时期里，某个国家或某几个国家走在前面，对周边地区产生较大的影响，于是便成为“中心”。“中心”有时是一

---

① 吴于廑：《世界历史》，见《自选集》，69～70页，北京，首都师范大学出版社，1995。

② 雷海宗：《伯伦史学集》，605页，北京，中华书局，2002。

③ 吴于廑：《世界历史》，见《自选集》，77页，北京，首都师范大学出版社，1995。

个，有时不只一个，而且“中心”不是一成不变的。例如，8世纪中期以后约一百年，阿拉伯帝国臻于极盛，与此同时正值中国隋唐时代，它们在东西方各自占有“中心”的地位。19世纪是欧洲力量的鼎盛时期，西欧自然成为一个具有世界影响的“中心”。还有一种情况，即某个国家、某个民族的某一部门在一定时间内成为世界的中心。马克思说：“世界贸易中心在古代是泰尔、迦太基和亚历山大，在中世纪是热那亚和威尼斯，在现代，到目前为止是伦敦和利物浦，而现在的世界贸易中心将是纽约和旧金山，尼加拉瓜的圣胡安和利奥，查理斯和巴拿马。”①

吴先生十分重视研究十五、十六世纪的历史，为此在武汉大学成立了一个“十五、十六世纪世界史研究室”，并主持出版了《十五、十六世纪东西方历史初学集》三编，刊载了几十篇颇有价值的论文。

总之，吴于廑先生对于建立我国世界史学科的贡献是巨大的、多方面的，从理论到体系到具体内容都发表了深刻的、有启发性的见解。当然，他所做的工作基本是开拓性的，他提出了问题，指出了方向，但要达到目的地，还要走很远很远的路，这是需要后继者用几代时间去实现的。他在《十五、十六世纪东西方历史初学集》前言中说：“我们研究室在近两三年所做的点滴工作，仅仅是借光于他人工作的一些有关的研究，为自己探路。这所借的光，也只是我们目前所能接触到的那一星半点，微弱而又不集中，因之所探的路也就很狭窄、很有限，只是某一方面的某些问题，说不上宽广，更说不上在宽广的范围里为比较重要的问题厘清眉目。这本集子是一小册真正意义的初学集。”他还说：“这本初学集只是我们研究问题的开始。发表这本初学集，并不是我们已经得到什么可以自信的结论，而是把我们的设想，把我们试图为之努力的研究方向，通过对一些具体问题的探索，提出来就正于读者。”②这些话体现了一个严肃学者的谦虚精神，但也是实事求是的。

世界史学科目前还处在它的幼年时期。由于这门学科的内容异常丰富、异常复杂，要使它成熟起来，还要经过几代人的努力，这个任务就历史地落在了今天中青年学者的身上。他们未来的成就一定也应当超过前人，但先驱者的筚路蓝缕之功是永远值得纪念的。

---

① 《马克思恩格斯全集》，中文第1版，第7卷，263页，北京，人民出版社，1959。

② 《吴于廑学术论著自选集》，543～546页，北京，首都师范大学出版社，1995。

怀念卓越的教育家傅任敢先生

傅任敢先生是我国著名的教育家，曾任重庆清华中学校长(1938～1949年)。1954年北京师范学院(首都师范大学前身)建院后，傅先生调任我院教育学教授，直至1981年逝世。

我于1943年冬季考入重庆清华中学，插班入高一下学期，到1945年夏季高中毕业。在两年半的时间里，我深受傅任敢先生的教导，至今怀念不已。今年是傅先生诞辰100周年，特撰此文，敬述先师任职重庆清华中学校长期间苦心办学的事迹及其教育思想和办学经验，以志纪念。由于我当时还是中学生，领会能力有限，60年后追忆，更难免有误。不当之处，尚希师友指正。

首先谈一下我是怎样考入重庆清华中学的。1942年我随一位亲戚涉险从北平来到重庆。我在北平就读的是一所水平不高的中学，管理不严，自由放任。我喜欢中文、英文而怕数学，置之不学，但因考题易答，每次仍能过关。到重庆后为了考入一所好中学，便补习了一段时间的数学。1943年冬经我父亲的一位朋友(他是傅先生的清华大学同学)介绍，去投考清中高二下学期插班生。当时考期已过，傅校长为我专门找教师出了中文、英文和数学(大代数)三科考题。考试的结果是英文100分，中文99分，数学0分。傅先生说：你前两门成绩很好，但数学成绩太差，读高二肯定跟不上班，但如愿降一班，从高一下学期读起，可以收你。清华中学当时是重庆一所十分有名的中学，建校虽仅数年，但已声誉卓著，所以我当即表示同意，随后插入高一下学期就读。傅校长的破格录取，对我一生影响极大。由于在清中打下了扎实的基础，以后我才能考入燕京大学和清华大学。傅先生打破常规，根据具体情况破格录取学生，这样的校长实在值得敬佩！

傅先生是一位理论联系实际、兼具学者和实干家品格的教育家。他精通中西教育理论和教育史，译有夸美纽斯的《大教学论》、洛克的《教育漫画》等多部西方教育学名著。他还把《学记》译成白话文并加以注释，达到了很高的水平。他曾于1933年任清华教职工会办的成府小学校长，从1938年到1949年一直担任重庆清华中学校长，其间还兼任长沙清华中学校长。他把教育理论同办学实践结合起来，注意学生的德、智、体全面发展，取得了丰硕成果。下面谈谈我在校学习时感受最深的几点：

在德育方面，傅先生提倡民主思想，坚决顶住国民党的压力，不许“三青团”在学校公开活动。对于国民党派来的军训教官，傅校长决不允许他借军训之机替国民党进行政治宣传，至于办学的大政方针更不允许他过问。由于傅先生在教育界和社会上的威望（傅先生毕业于清华大学第一期，许多师友都是各界有影响的人物），这个军训教官不得不对傅校长毕恭毕敬。更难能可贵的是，学生能在校园内读到《新华日报》，这在当时的中学里是很少见的，傅先生为此要冒很大风险。为培养学生的劳动观念和爱校精神，傅先生组织全校学生参加建校劳动。我还记得我们班列队从山下排到山顶运砖的热烈情景，我们兴奋、自豪，因为亲手建设了自己最热爱的母校校园。为让学生了解社会、了解生活，傅先生还让学生参加学校伙食管理，定期轮流负责采购。在轮值这天，一名学生和一名厨师一起上市场购买主副食品。

在智育方面，傅先生首先重视教师的聘请。重庆清华中学的教师大都毕业于清华大学和西南联合大学等著名大学，阵容很强。傅先生并不就此满足，还从一些大学聘来了兼任教师，例如请中央大学中文系教授黄淬伯先生（清华国学研究院第二期学生，专攻古代音韵学）担任高二语文课教师，交通大学副教授王先生担任高三物理课教师，等等。这些业务水平很高的老师为学生打好了学习基础，使我们受益一生。为了扩大学生的眼界和知识面，傅先生利用他广泛的社会关系，聘请各界名人来校演讲，我记得的有戏剧家曹禺（万家宝）、名记者龚德柏（外号“龚大炮”）、联合国救济总署中国分署署长蒋廷黼（20世纪30年代曾任清华大学历史系教授兼系主任、中国近代史专家）等人。名家来校演讲是清中一大特色，许多中学是办不到的。清中的考试制度十分严格，主科（语文、数学、英语）有一门不及格就要降班。前面已经谈过，我数学基础太差，来清中后虽努力学习，仍然考试勉强及格而已，因此始终提心吊胆。从那时起直到我大学毕业后数年，每隔一段时间就要做一次噩梦，梦中情景大致都是我的数学题刚刚做了一点，就已到下课时候，考卷被老师突然抓走。清华中学还有写家信的特殊规定：每星期写一封家信，向家长报告一周的学习和生活情况(当时学生都住校)。这种办法既能使家长及时了解子弟在校情况，不必担心；又可锻炼学生写应用文的能力。事情虽小，但可以反映出傅先生时时处处都在研究如何办好学校的苦心。清华中学的另一个优良传统是重视培养学生看报的习惯和演说的能力。傅先生认为："看报的习惯和演说的能力，依理是每个公民所当具有的，至少受过中等教育的青年是不能不有的……因为每一个公民若是没有看报的习惯，他对于国家的大事便不会关心，便无法知道，他对于时代的潮流便不能够赶上，对于新兴的知识便难获得；一个公民若是没有当众说话的能力，他有意见便难得表出，他有痛苦便难得申述。"①根据这种理念，清中规定每天降旗以后，除了教师的精神讲话、生活指导、校务报告之外，每次挪出 5 分钟时间，临时任意指定一个学生，站到教师所站的位置，报告时事或者分析时事。这种办法一方面可以促使学生养成看报的习惯，另一方面又可以发展学生的演说能力，可谓"一举两得"。

傅先生对体育十分重视。他说："无论从个人的福利着想，或从民族的前途着想，在学校的训练中，健康的增进无疑是最基本，是第一位。"(《彻底强迫的课外运动》，载《傅任敢教育文选》)。清中重视正规的体育课，更重视每日的课外运动。每天下午都有一段课外运动时间，人人必须参加，届时教室宿舍全都封闭，没有可以逃避的地方。久而久之，学生从课外运动中尝到甜头，也就主动参加锻炼了。为维护学生健康，清中要求学生严格遵守作息时间，早操升旗点名绝不允许迟到，晚 10 点一律就寝，由训导主任旷璧城先生查宿舍，不许任何人开夜车。清中还有一项特殊规定：高中毕业前要测验游泳成绩。当时花滩溪(一条小河)有一处正好宽 100 米，学生必须游完这 100 米才能毕业。我学游泳很晚，毕业前刚能游 100 米。我还记得在我游这 100 米时，旁边有几位同学保护，等我到达对岸时，他们大声欢呼为我庆祝，我也庆幸终于过了游泳关，可以毕业了。

我自清中毕业到今天已整整 60 年，现已年近八旬，但清中往事仍然一桩桩

① 傅任敢：《看报和演说》，见《傅任敢教育文选》，北京，教育科学出版社，1990。

历历在目，使我浸沉在幸福的回忆之中。我常常想：重庆清华中学从 1938 年创办到 1945 年我毕业时，只用短短七八年时间，就办成了一所水平很高的中学，原因何在？我认为，这是由于诸位老师的集体努力，由于社会的大力支持，但不可否认的是，还有一个十分重要的原因，就是傅校长领导有方。傅先生有很强的事业心，有丰富的教育学和人文社会科学知识，有刚毅果敢、不怕困难、勇于实验的实干精神，还有很高的办事效率。他不追名逐利，不搞花架子，不搞短期效应和浮光掠影的“首长工程”，踏踏实实，一步一个脚印。他把办好清华中学真正当作一项崇高的事业，为国育才，清华中学就是他生命的寄托。正由于此，重庆清华中学和傅先生本人才能在我国教育史上留下光辉的一页。傅先生离开我们已经二十多年了，但他的办学精神永存。我们今天纪念他，就应当继承他的教育遗产，学习他为教育事业奋斗一生的光辉榜样，把建设有中国特色社会主义的宏伟事业不断推向前进。

2005 年 10 月 10 日

一个不朽的人*

——深切悼念仓孝和同志

人总是要死的，但有些人是不朽的。不朽的人并非都是历史上的伟人，有些普普通通的工人、农民、干部、教师、医生……同样是不朽的。仓孝和同志也是一个不朽的人。

我从青年时代起就同仓孝和同志一起工作。三十多年来，我从他身上学到很多东西：他既是我的益友，又是我的良师，虽然他只比我长三岁。

孝和有极强的事业心。他从事教育工作将近四十年，一生培育过成千上万的学生。他热爱教育事业，有理想，又有办法。当我们都是二十几岁的青年时，他在育英中学担任校长兼党支部书记，我担任教导主任兼历史和政治教员。他既抓政治，又抓业务。我虽然是教导主任，可是他听的课比我多得多。他是学化学的，但语文、历史、政治等方面的课程也都听。1949 年 9 月我担任政治教员不到半个月，他就到我的班上来听课。课后他对我说："你教政治课能联系历史事实，这样做不错。"那时，我的知识十分浅薄，教学经验还一点没有，但他的鼓励给了我勇气，使我敢于继续教下去。那天的谈话，时隔三十多年，我至今记忆犹新。1954 年戚国淦同志邀我来师院任教。那时正是学校开创时期，孝和担任教务长和党支部书记。人很少，全院教职员工加在一起不过二百多人。没有一名正教授，只有四名副教授，因而被某人讥笑为"世界上教授最少的大学"。物质条件也很差，满院坑穴，走路要搭跳板。但大家的干劲

* 原载《首都师范大学高教研究》2000 年 3、4 期合刊。

十足，不畏难，不怕苦，经过四五年的奋战，终于为师院奠定了一个坚实的基础。1959年第一批本科生毕业了，这一批人，今天大多数已成为中学的骨干教师，有些人还当了大学的副教授或省社会科学院的副院长。成绩是大家干出来的，但孝和作为当时的校领导之一，自有其不可磨灭的功绩。“文革”时期，孝和备受迫害，身体被摧垮了。但他这次出任院长后，不顾多种疾病，仍然像青年时代那样处处活跃在第一线。他是院长，又是教师，亲自给研究生和中青年教师讲自然科学史。他还带病写了近七十万字的一部巨著《自然科学史简编》。一个人干这么多工作，如果没有极强的事业心，是不可想象的。

孝和是党的好干部。他十分重视政治，但从不搞空头政治，总是强调政治要同业务紧密地结合起来。他是化学、自然科学史方面的专家，但他从来反对业务脱离党的领导，总是强调业务要为无产阶级政治服务，为社会主义事业服务。他是“能文能武”类型的干部。他博览群书，自然科学、社会科学、文学、艺术等方面的书都看。西方古典音乐也精通。我常和一些老朋友开玩笑说：“孝和是全才，只有一样不行——体育活动。”他常和我议论中外历史，给我的突出感觉是：我如果稍一不用功，就会在他面前变成历史学方面的外行。但孝和不是书呆子。他有丰富的政治工作经验和很强的办事能力。新中国成立前，他在中原解放区还做过政治工作人员，后来又到北平做党的地下工作。我多么希望师院的中青年干部和教师都能像他那样又红又专、能文能武，最好是比他还强。这样，我们的教育事业就一定能蓬蓬勃勃地发展起来。

孝和对同志极端热忱。当年育英中学的一位老教师在“文革”期间被错划为“反革命分子”，赶出北京，回乡劳改。粉碎“四人帮”后，孝和主动为他四处奔走平反，再加上其他同志的努力，这位老教师终于回到北京，恢复工作，安享晚年。类似的例子不知道还有多少。我爱人是搞化工的，曾要向他请教化工史方面的问题。我替她约时间，孝和说：“我有空去找她吧。”我说：“哪有这个道理，何况你比她要忙得多。”不料，在一个星期六的晚上孝和与凤娟突然来访，而极不凑巧的是那晚我爱人和我都外出看朋友了。孝和的工作那样多，身体又不好，却主动到我家里来解答我爱人的问题，这种助人为乐的精神是多么值得学习呀。他真是一个对同志“披腹心，输肝胆”的人。

在他这次访美前数周，有一天他对我兴奋地谈到师院的远景规划，并说要借访美机会为师院多联系一些国外的大学，以便今后广泛开展学术交流。在他行前数日，外事办公室邸路同志问我：“老仓就要出国访问了，你去不去机场送他？”我开玩笑说：“他既不是外宾，又非代表政府出国访问，我送他干什么?”我终于没有去，我知道他是不会为此见怪的。痛心的是：我再也见不到他了。我怎能料到，怎能料到这竟使我失去了最后再见他一面的机会呢！

世间没有完人，孝和也不例外，他还有一些缺点。但仅是上面略举的他的一些事迹已足以使他永远活在我心中了。他没有死，他的生气勃勃的精神将永远鼓励我们去战斗。让我们继承他未竟的遗志，把人民的教育事业办得越来越好吧！

我最近血压高。院刊命我撰文，为纪念亡友，虽患病亦不容辞，但仓促成文，实未能表彰孝和的德行于万一也。

记 20 世纪 40 年代末清华大学历史系的几位外国史教授

一些中青年朋友多次敦促我写回忆录，我都一一谢绝了，因为我觉得自己的那些事情很普通，不值得记录下来。但他们认为并非如此。他们说，我对他们讲的那些事，有些是他们不知道的，有些他们虽然大体上知道，但不如我说的那么具体、生动，所以还应当写下来。我接受了他们的意见，决定先写一篇回忆清华大学几位教外国史教授的小文试试看。本文的内容包括听课的印象、课外的接触、我所知道和听到的有关他们的事迹以及当时学界的某些风气，为青年朋友了解那个时代的史学界提供一鳞半爪的信息，或许不无用处吧。

1947 年 9 月我由燕京大学历史系转学入清华大学历史系，1949 年 7 月毕业。两年期间，教过我的外国史老师共有五位，他们是：刘崇鋐先生、孔繁霱先生、雷海宗先生、周一良先生、噶邦福先生。

首先要说明的是：1949 年以前，各大学历史系的教师队伍都以中国史教师为主，中国史教师中又以中国古代史为主。在一个系中，专教外国史的教师很少，一般只有一二人，有的系一个也没有。清华大学历史系有五位外国史教师，其中三位专教外国史(刘、孔、噶)，两位中外史兼教(雷、周)，这在当时是很少有的。

先谈刘崇鋐先生。他生于 1897 年，福建人。1921 年获哈佛大学硕士学位。回国后长期在清华大学历史系任教(包括西南联大时期)，专教外国史，开过多门课程。我听过他三门课：西洋近代史

(必修)、英国史(选修)、美国史(选修)。刘先生备课很认真，讲授内容充实、丰富，但口才不太好，表达能力一般。他讲课有一个特点，就是每节课都要评介一些重要著作及其作者，这部分内容至少要占到1/3时间。因此，喜欢这门课而又程度好的学生就爱听，因为这对于进一步学习用处很大。单为凑学分而选课的学生就不大爱听了，因为满堂不断出现作者和书名，感到乏味。另外，刘先生和当时许多教授一样，不注意系统性、完整性。例如，美国史讲不到20世纪就结束了。不过，那时的学生并不在意这些地方，只要教授真有学问，讲出自己的心得就行。

刘先生西洋史知识渊博，但一生述而不作，学术文章极少，我在《清华学报》上只见过他几篇书评。他曾计划写一本关于西方自由主义的专著，积累了大量材料，不过最后没有写成。他出名早，资格老，20世纪20年代就已是清华正教授，桃李满天下，于是就愈来愈慎重，不愿动笔了。

刘先生对中国史也很熟。我作毕业论文时，想写一篇有关戊戌变法的文章。系主任雷海宗先生指定刘先生做我的论文导师。我心里想，为什么不指定邵循正先生做导师呢？(邵先生专长元史和中国近代史)后来才知道，刘先生曾计划写一本带有一定普及性的著作《历次变法与革命运动》。这是1947年清华大学《中国近百年史研究委员会》拟出版的一套丛书的一本。刘先生的一本及其他几本都未写成。刘先生熟习戊戌变法，还有家世的原因。他的祖父刘齐衔是林则徐的女婿，官至布政使(藩台)，相当今天一个省的“二把手”，地位仅次于巡抚。他的父亲刘宣甫是张之洞的侄女婿。刘先生的夫人叫沈钟应，是两江总督沈葆桢的孙女。刘先生家世如此，想必知道有关戊戌变法的一些内幕，是书本上未曾记载的。附带说一下：刘师母善国画，我在刘府看过她作画。刘师母是“解放脚”(与胡适夫人相同)，刘先生伉俪情深，不以为意。

刘先生为人十分谦虚。他有一次对我说：“你应当好好听雷先生的课。他讲课有哲学意味，我做不到。”常说文人相轻，未必都是这样。

清华大学于1949年1月迎来解放。刘先生于1948年12月随梅贻琦校长离开北平。1949年年初到台湾大学任教授，1973年退休。刘先生在台湾史学界声望很高，学生尊称他为寿民先生(刘先生字寿民)。到台后，他仍全力教学，计划中要写的那本有关自由主义的书始终没有写成。

第二位专教外国史的老师是孔繁霱先生(字云卿)，生于1894年，山东人。孔先生先到美国留学，后又到德国留学。我选过他开的“西洋中古史”课程。孔先生身体很弱，给我们上课时不过五十多岁，已经显得老态龙钟了。他讲课效果较差。先用英文把一堂课的大纲写在黑板上，然后按大纲说明一下，少有发挥。单从讲课的内容来说，感觉不到孔先生有多大学问。但系里的一些老师都说孔先生对西洋中古史很有研究。一次刘崇鋐先生对我说，单就西洋中古史这一段来论，孔先生要比雷先生更有研究(雷先生教"西洋近古史")。还有的老师说，孔先生精通拉丁文。我们学生中没有一个学过拉丁文的，听了也未在意。六十年后，我有一次看《朱自清日记》，竟然发现有这么一段谈孔先生的。1933 年 3 月 4 日："叶公超(按：时任清华大学外文系教授)宴客，座有寅恪。……又谈(指陈谈)孔云卿先生每日读拉丁文籍。"选孔先生课的人越来越少，后来只有一位姓王的研究生(年岁比我们大很多，尊称她王大姐)选了他的"西洋中古史研究"。一个老师开一门课，只有一两个学生选，这种情况在文学院、法学院其他系中也有，不过很少就是了。我只去过孔先生家一次，看到他家中的中文线装书很多，西文书倒不多。

按照西方大学的学术标准，教中古史，必须掌握拉丁文，要精通，至少也得熟练。孔先生的拉丁文很好，但我们学生对此一窍不通，因而也就无法向先生请教，学不到老师的长处了。

20 世纪 50 年代院系调整后，孔先生转入北大历史系，但已不上课。现在，活在世上听过孔先生课的人，恐怕只有一两个了。孔先生的例子说明，在 1949 年以前的名牌大学中，教师只要真有学问，课堂教学效果即使很差，也能受聘。

第三位专教外国史的是噶邦福先生，俄国人。他毕业于圣彼得堡大学，十月革命后离开母国，来到中国。我听过他两门课："希腊史"和"罗马史"。他用英语讲课。他的英语发音带有俄语发音特点，如把 three 读成"特利"。听他课时，开始不懂他在说什么，过了一段时间才大致能听清楚。课堂上，他常提到俄国大史学家罗斯托夫策夫(M. Rostovtzeff)，并让我们课下看罗氏的两本名著：《希腊化世界社会经济史》和《罗马帝国社会经济史》。此前，我虽看过 Brested 的《Ancient Times》一类的西方古代史名著，但没有看罗氏这样的大部头专著，颇有"大开眼界"之感。据何兆武同志说，噶先生对史学理论和方法也很有研究，出过一本书，但当时我不知道。(噶先生还开过史学方法之类的课。我读书时，这门课由雷先生教)。

噶先生大概是不认真看学生作业的。他的课结束时，让学生写一篇文章，作为考试成绩，不采用当堂闭卷考试方式。(那时许多课都采作 Paper 的方式)我的"希腊史"和"罗马史"作业文章(用英文写，噶先生不懂中文)，后来被低班选这两门课的两位同学借去各用了一次。这两位同学的英文差，自己写不成，故借我的一用。可能稍微改一改，但不可能大改。噶先生如认真看作业，肯定能发现她们的抄袭，但后来这两位都过关了，所以我才肯定噶先生是不认真看作业的。也有可能看了她们的作业，发现抄袭，但不在乎，高抬贵手，放她们过关了。这样的情况，在新中国成立前的大学中并不罕见。据说，著名学者钱玄同、黄侃都不看作业，随便打个分就算了。噶先生虽非名学者，但也不看作业，这类事系主任是不过问的。我在燕京大学读书时，有一位教"政治学概论"的教授，他崇洋，凡学生用英文答卷，必得高分；用中文答卷，照例降等。

噶先生在北平解放后，去了澳大利亚，因他女儿嫁到澳大利亚，他随女儿到那里定居了。

兼教外国史的老师有两位：雷海宗先生和周一良先生。

先说雷先生。雷先生生于 1902 年，河北人。由清华学堂赴美留学，毕业于芝加哥大学，获博士学位。雷先生学贯中西。我在校时，中国史方面，他讲"商周史"、"秦汉史"、"中国通史"几门课。外国史方面，讲"西洋近古史"、"西洋文化史"两门课。这两门课我都选过。雷先生的讲课内容丰富多彩，表达又很有条理，口才是一流的。在我听过课的教授中，论教学方法，他数第一。雷先生记忆力极强，上课不带笔记、讲义、书籍之类的东西，连一张卡片也没有，只有两支粉笔，开口即讲。人名、地名、书名、年代随时写在黑板上，绝无差误。还有一点，给我印象很深。他从不拖堂，铃一响就下课，下课时正好告一段落。我想，能做到这一点，不光是凭记忆力好，还得在课前做一番准备：讲多少，讲到那里为止。单由这一点，可见他备课是多么认真了。

雷先生的讲课富有吸引力，至今我还记得一些。例如，在"西洋近古史"这门课上，讲到宗教改革时，不仅说明基督教在政治上、经济上的巨大势力，而且说明它在社会生活和精神生活上对人们的无孔不入的控制。他以"七礼"(或称"七圣事")为例，说明在信奉基督教的国家，一个人从出生到死，都离不开教会。婴儿一出生，要受洗礼。长大成人，结婚时要由教士主持婚礼。临终时要由教士将特制的油膏涂在病人身上，是为终敷礼。然后，再讲教会的腐败，如出卖赎罪卷等，接着很自然地引出了路德的宗教改革。"西洋文化史"这门课采用讨论班方式，每周由一位同学做读书报告(书由雷先生指定)，然后大家讨论，最后由雷先生总结。指定我做读书报告的两本书是：《墨西哥的征服》和《秘鲁的征服》。那时，我英文阅读速度还不够快，看起来吃力，但对内容很感兴趣，读后获益不少。

1949 年以前，雷先生的著作主要是中国史方面的，外国史方面的很少，基本是书评，如《评汉译韦尔斯著〈世界史纲〉》。雷先生对韦氏的这本书完全否定，评为“书虽名为世界史，实只头绪错乱参杂质的西洋史”。雷先生文风犀利，一贯如此。雷先生深受斯宾格勒比较文化形态学的影响。斯氏认为，全人类的历史是不存在的，只有各个文化的历史。每一文化都有其基本的象征，“在其本质的最深处，它们是各不相同的”。雷先生在写这篇书评时(1928)受斯宾格勒的影响，认为“除国际外交史与文化沟通史以外并没有别样可能的世界史。世界通史是无论怎样也写不出来的”。1949 年以后，雷先生学习了马克思主义，就不再认为世界史无法写了。

雷先生记忆力极强，他从不做卡片。有一次我去他家，谈到做卡片的事，雷先生说他不做卡片。我问为什么，他说，如需查找、核对材料时，可利用西文书后的索引(index)，然后再看正文。西文历史书后一般都有详细的索引。为什么他也不做中国史方面的卡片呢？我未再问。当时，历史学教授们大都做卡片，我在吴晗先生家看到他的卡片非常多，分门别类，整理得很有条理。更老一辈的教授(我的太老师一辈)则习惯在中文线装书的头上做眉批。

雷先生很关心学生，一次下课后，他对我说：美国波莫那大学的一个学生来咱们系进修中国近代史，他是研究梁启超的。你是否愿意给他补习中文？可借机提高英语水平，还可增加点收入。我当然愿意。那时，金圆券刚刚发行。教他中文后，用第一个月的报酬买了一双皮鞋。但金圆券很快就贬值了。到第二个月，我的报酬连半双鞋也买不了了。我对他说，我的报酬必须在月初给，如在月底给，我就不教了。他同意了我的要求。

与许多老教授一样，雷先生有安贫乐道的精神。执教西南联大期间，西语系美籍教授温德(Winter)推荐他赴美讲学一年(今清华大学历史系教授刘桂生同志存有推荐书的复印件)，但雷先生坚决不去，说抗战期间不出国，在国内尽国民一分子的力量，打败日本后再出去。要知道，那时物价飞涨，教授们的收入大大降低，生活十分困苦。如去美国讲学，可得一笔美金，大大改善生活。但雷先生安贫乐道，不为所动，值得钦佩。

雷先生担任历史系主任多年，但主任的工作用不了多少时间，对他的业务影响很小。据我所知，他每天只去系里办公室一两个小时，便回家了。那时的系主任大都如此。他不在办公室时，有位助教(系里只一位助教)值班，或由几位研究生(给予一定报酬)轮流值班。他们没有多少“公事”可办，大部分时间自己看书。学生自治能力很强，很少有事找系方。系方也很少有事找学生，不派班主任、辅导员之类的人员。一个系如此，整个学校呢？校长是梅贻琦，没有一个副校长，更不用说校长助理，即使办公室主任也没有。只有秘书一人，协助校长处理一般事务。我的中学(重庆清华中学)校长傅任敢先生在20世纪30年代做过梅的秘书。校长秘书只有一人，是否就忙得不可开交呢？也不是。傅先生还有一些时间搞自己的业务(教育学)，写了若干篇文章，翻译了几本西方教育学名著。清华大学这样一所名牌大学，只有这么少的行政人员就把事办了，原因何在，值得研究。现在人们都在谈高等学校"去行政化"的问题。去什么？怎么去？这是一个大难题，必须仔细认真研究，并下最大的决心，否则是解决不了的。

第二位兼教外国史的是周一良先生，1913年生，安徽人。周先生是当时历史系最年轻的正教授，才三十多岁。周先生是由燕京大学转来清华大学的。在燕大时，是副教授，来清华后，由于陈寅恪先生的推荐，立即任正教授(陈寅恪、胡适、傅斯年、赵元任对周都很赏识)。周先生为什么要离开燕大呢？燕大的规定，刚由美国回来的，开始只能任副教授，但燕大不给周先生正式分住房，只给一间小屋，则是极不合理的。据我推测，是派系斗争的结果。周先生是洪煨莲先生的得意门生。燕大另一位掌权的人物(洪与那一位都是华人教授中有大影响的)便对洪的学生给以歧视。周先生自己说，洪先生那时在美国讲学，不在国内，如在，他不会分不到房。周先生只讲到这种程度，但已隐然道出被歧视之意。故我的推测也非毫无根据。

周先生的专长之一是魏晋南北朝史，但他的老师陈寅恪先生当时在历史系开这门课，他就不能讲了。他开的课是"日本史"。周先生对日本史也很有研究。他十几岁就在家塾中学外文，先学日文(日本人教)，后学英文。大学毕业后到哈佛留学，学日本语言文学，导师是叶理绥(1889～1975)，日本名英利世夫，俄裔法国人。叶留学日本，是东京帝国大学国文学科第一个外国毕业生，有西方日本学奠基人之称。周先生问业叶氏五年，深得其传。周先生的"日本史"课，主要讲古代史，近代史的内容不多，设有现代史部分。周先生懂古日语，晚年翻译了新井白石的自传《折焚柴记》。在中国的日本史研究者中，懂古日语的极少。我的一个专攻日本史的学生曾对我说，在一次有日本学者参加的讨论会上，当涉及古日语时，在座的中国学者只有周先生一人懂得。我想，周先生的日本史研究，功夫可能主要下在古代一段。周先生上课点名，叫Mr.某某，Miss某某。其他教授上课都不点名，周先生是独一人。

清华大学规定教授要开三门课。周先生除在历史系开"日本史"外，还在外语系开“高级日文”，在中文系开“佛经翻译文学”。

周先生有一业余爱好，即搜集楹联。他旧学功底深厚，但不作旧诗(偶或为之)而喜欢楹联，自己作得不多，但搜集了不少对仗工整、构思巧妙、独特的楹联。他辑有号称“联圣”的“大方”(方地山)所撰楹联多副。方地山曾在袁世凯家任家庭教师，与袁的次子袁寒云师生之情甚笃。

周先生学贯中西，堪称一流学者，但为人很谦虚，是发自内心的谦虚。他曾两次对我说：“邵循正、张政烺两位都是一级教授的材料。”20 世纪 50 年代高校评职称时，邵、张两位在北大都评为二级教授。周先生的意思是：按照他们的实际学术水平，完全够一级教授。周先生当时也评为二级教授，自己心悦诚服。周先生还写过一篇文章《哈佛大学中国留学生的“三杰”》。“前三杰”是陈寅恪、汤用彤、吴宓三位。“后三杰”指任华(清华大学哲学系教授)、吴于廑(武汉大学历史系教授)、杨联陞(哈佛大学历史学教授)三位。周先生专门给我写过一封信，让我详细介绍吴先生的世界史成就。1976 年以后，周先生不再搞外国史，而我又继周先生之后与吴先生共同编 6 卷本《世界史》，还有许多业务来往，故让我详细介绍。其实，“后三杰”应当是“后四杰”，其中之一应是周先生自己。吴、杨两位对周先生都是很推崇的。周先生治学范围甚广，包括魏晋南北朝史、佛教史、敦煌学、日本史、中日文化交流史等方面，都有高质量的著作，但他总喜欢引用一句西方的谚语以自况：“Jack of all trades, master of none”，意思是：各行各业的小伙计，没有一行是老师傅。周先生实在是太谦虚了。

周先生对学生爱护备至，稍有成绩，即予肯定。1983 年，他给我主编的《世界通史资料·现代部分》做了如下的鉴定：“本书的总体安排、章节棵法、繁简取舍方面，体现了正确的立场观点”；“本书取材比较广泛。不是仅从某几种外文史料汇编中翻译，而是从一些原始文献中选择、翻译，付出了较大劳动，也反映了主编者在本门学科中较高的学力和修养。”对我 1982 年赴美讲学，敢选外国史的题目，他更高兴。

周先生身体素健。1993 年，院系调整前清华大学历史系的学生们举行一次小型聚会，庆祝周先生八十华诞，那时他身体仍然相当好。不料后来得了帕金森症。他患病后，每年春节我都去拜年。他已行走不便，但思维仍很清楚，见到老学生来看他，很高兴，谈话兴致颇高。患病后，他用口述而由学生笔录的方式继续写了不少文章，我印象中的两篇有关《郑孝胥日记》和《王文韶日记》的书评，就是这样写出来的。一次他对我说，有四件事是不可久恃的，就是

“春寒、秋热、老健、君宠”。据说，他晚年对其他人也常说这一点。后来，我看周先生的《学术论著自选集》，才知道“四事不可久恃”出自《袖中锦》一书。

周先生功底深厚，学贯中西，本可在学术上有更大发挥。但新中国成立后他做了大量行政工作，任北大历史系副主任长达十年，耽误了大量时间。又，新中国成立后运动不断。周先生认为自己出身不好（曾祖父周馥是清两江总督，父亲周叔弢是民族资本家），必须加强改造，便抱着赎罪（“赎罪”是他的原话）的心理，积极参加运动，又用去了很多时间。如果不是由于以上的原因，他本可以有更大的成就。我这样说，并非抽象推理，而是有事实根据的。1985 年，先生出版了《魏晋南北朝史札记》一书，蒙先生赐我一本，读后敬佩不已。因为先生不搞魏晋南北朝史研究已二十余年（新中国成立后根据组织安排改搞亚洲史），一旦重操旧业，就能拿出这样的“干货”。如非功底深厚，怎能办到。我曾对先生的另一位学生田珏（北大历史系 1955 年毕业）说，如果让我们在改行几十年后再写原来行当的文章，肯定空话连篇，大有水分。田深以为是。据说，新中国成立前史学界公认周先生可传陈寅恪的衣钵。

最后，要说明的是：由于我学识浅薄，对几位老师的学问了解很少，对他们的嘉言懿行也仅略知一二。我今年已 88 岁，回忆六十多年前的往事，肯定有不准确、甚至错误的地方。片面性、主观性也一定存在。回忆录性质的东西很难免这些缺点，我的尤甚。尽管如此，回忆录还是可以利用的一种私人史料，关键在于要审慎鉴别取舍，不可全信，也不可一概不信。

2014 年 10 月 30 日草就，
时年八十有八

记20世纪40年代中期燕京大学历史系的几位教授

1945～1947年我在燕京大学读历史系（1945～1946年在成都、1946～1947年在北平），听过邓之诚、齐思和、翁独健、贝德（英国人）几位老师的课，现在把听课的印象以及我所知道的有关几位老师的事迹追记如下，虽是一鳞半爪，对了解当年史学界的情况也许有点用处。

先谈邓之诚先生。邓先生生于1887年，原籍江苏。我听过他两门课："秦汉史"、"魏晋南北朝史"。他给我们上课时，刚刚60岁，但已显得老态龙钟。冬天穿两件皮袍，戴风帽（这种帽子现已看不到，年轻人可看中国画上的人物），棉裤扎腿。进教室后，脱一件皮袍。

邓先生讲课内容丰富，口才也好，教材用他编的《中华二千年史》。《中华二千年史》的写法是：正文以大字为纲，简明扼要地叙述中国历史的发展脉络；小字为目，每段正文之后附以若干则史料。这种编撰方法既可看出作者的观点，又可为学生进一步学习提供线索。顾颉刚先生在《当代中国史学》一书谈到通史的撰述时，认为写通史很难，"将近理想的"有几种，邓著是其中一种。邓先生所讲两门课的考试，都采用作论文的方式。但他有两点要求：一要用文言文写；二不许看现在人的著作，要根据史料写。他说，如发现你们不遵守这两点，就给不及格。我和班上其他同学的程度，还能写浅近的文言文，总算及格了。

邓先生博闻强记，文史兼擅。《中华二千年史》外，《骨董琐记全编》是一部文史工作者经常从中取材的名著。《全编》约四五百条，内容十分丰富。胡适考证《醒世姻缘》的作者即著《聊斋志异》的蒲松龄，便受《骨董琐记全编》中一条材料的启发。邓先生在燕京文、法学院有“活字典”之称。因为这两院学生做毕业论文时，都常常向他请教。邓先生对清史尤有研究，门生王钟翰先生能传其衣钵。北京大学历史系许大龄同志从邓先生治明清史，亦颇有成就。

邓先生对燕大历史系有很大贡献，他与洪业（煨莲，1893 年生）先生和衷共济，培养了一大批学生，其中不少人后来成为著名学者。我的老师齐思和、翁独健、周一良三位先生都是他的学生。我虽然直接听过邓先生的课，但我一直尊他为太老师。

邓先生性情狷介，对同辈人多所臧否。他很讨厌胡适。给我们上课时，隔一段时间就数落胡适几句。开头总是说：“你们知道城里有一个叫胡适的吗？”然后就说胡适怎样没学问。十几年前，我看周一良师的《毕竟是书生》一书，竟然发现在邓先生给周一良师上课的时候，也经常贬斥胡适，而且开头的一句也是“城里有个胡适”。邓先生对燕大掌权的洋人极为不满。一次他在家中对我们几个学生说：“齐思和的薪水居然比我高。”齐是他的学生，他认为应低于他才对。但燕大是美国人出钱办的大学，齐是哈佛大学博士，邓无学位，故无论如何也不会给他的薪水高于齐。

邓先生虽然学问博通，但他认为自己也有不足之处。一次，他在上课时说：“我不是历史学家，因为我不懂天文历法。”开始我不理解他为什么这样说。后来我想，他大概是按古代史官的标准要求自己的。中国古代史官不仅修史记事，而且掌管天文历法。司马谈、司马迁父子都精天文律历。后世史家就未必都精于此道了。邓先生当然也懂天文历法，不过他认为自己在这方面的修养还不够精，故谦虚地说自己不是历史学家。邓先生藏书很多，还存有民国时期的许多照片，十分珍贵。（晚年售予科学院图书馆）希望有关方面能予以充分利用。

第二位是齐思和先生，1907 年生，河北人。齐先生燕大历史系毕业后，赴美留学，获哈佛大学博士学位。我听过他两门课：“战国史”、“西洋现代史”。西周、春秋战国的历史是齐先生的专长。我从听齐先生的“战国史”，深深感到他学贯中西的素养。至今，我还记得他让我们看《金枝》（*Golden Bough*），这是一本研究巫术与宗教的西方经典著作。还介绍了一些西文书，我已忘记了。我的课程作业是《崔述〈考信录〉读后》。受先生的启发，我也参考了一些西方著作，得了很高等级分 8 分。“西洋现代史”这门课程尤其独特，在当时全国各大学开这门课的，恐怕只有齐先生一人。这门课很受欢迎，听讲者还有许多法学院的学生，教室经常满座。先生为这门课还编了一本英文的资料选辑。限于当时的条件，内容不多，而且只限于欧美几个大国，但它是首创之作，值得纪念。齐先生讲课风趣，几乎每堂必有一个笑话，引起学生大笑，但他自己从来不笑。齐先生对中国近代史也有研究，写过《魏源与晚清学风》等重要文章。解放前，齐先生的著作主要是中国史方面的。解放后他在北大教"世界中古史"，著作有《匈奴西迁及其在欧洲的影响》、《中国和拜占庭帝国的关系》等，都是体大思精之作。

齐先生很尊师。据说，每年春节他给邓之诚先生(邓是他的老师)拜年时，都行跪拜的中国古礼。

齐先生晚年身体不好，患严重的糖尿病。上世纪 60 年代，我为翻译《西方的没落》一书中的若干问题，向他请教，那时身体还好。后来，病就越来越重了。我院戚国淦同志(燕大毕业，也是齐先生的学生)一次告诉我，他去看望齐先生，他躺在床上，但床上还摆着西文书，说明老先生病中仍不废读，治学精神实在令后学敬佩。

第三位是翁独健先生，1906 年生，福建人。我听过他讲的"远东史"。翁先生口才很好，善于议论发挥，具体材料讲得不多。翁先生是元史专家，"元史"课我未听过。他对元史很有研究，是比陈垣先生晚一辈的"元史三大家"之一(另两人是邵循正、韩儒林)。他下笔极慎，平生只写过六七篇学术论文，但质量很高。"文革"后，一次对我说："得赶紧写东西了，要不然来不及了。"他夫人邝平章在旁边插话："你老师太慎重了，看了又看(指看材料)，还是不肯动笔。"有一次，先生对我说："搞学问，要小心又小心。我刚把点校的几卷《元史》(翁继邵循正先生之后标点《元史》)送出去，又发现有问题。"又一次，他对我谈起邓之诚先生的《东京梦华录注》，说邓先生的书受到日本人入矢义高的严厉批评，可得小心。其实，《东京梦华录》这类书极难注，宋朝的衣食住行、社会生活等等，事隔一千多年，谁能完全清楚？后来日本学者自己注的《东京梦华录》也有许多错误和注不出来的地方。翁先生为什么要提到这件事呢？翁先生那一辈的学者受实证史学影响很深，最怕著作中出"硬伤"，似乎一出"硬伤"，被人抓住，便"永远翻不了身"。我认为，当然要力求避免"硬伤"，但因为怕出"硬伤"而不敢下笔，就不对了。一个人一辈子所写的东西，要想一处"硬伤"都没有，我看几乎是不可能的。

翁先生很佩服陈寅恪先生，曾在课堂上说："如果能请陈先生来燕大，即使不上课，也是我们的光荣。”对西方学者，他最佩服伯希和。他对我说，伯希和真厉害，《马可勃罗游记诠释》中的一个注，就是一篇考据的大文章。翁先生晚年尽管说要抓紧时间写文章，但由于种种原因，还是没有写出来，就因心脏病突发，抢救不及而去世了。

翁先生待人宽厚，一生帮助过许多人。试举数例如下。他的老师邓之诚先生为人耿直，议论无所顾忌。解放后，翁先生很怕他因发言不慎惹出事来，便劝邓先生退休，邓先生同意了。1957年反右派运动后，翁先生对我说，邓先生幸亏退休了，否则很难过这一关。还有他保护几位教授的事。解放后，燕大在合并于北大前，发生过一个“骂人团”事件。有几位教授在私下议论，说些政治上的错话，后被人揭发。一些学生闻之大怒，在一次批判会上有人要动武打人。翁先生在场，当时他是燕大代理校长，左派教授，在学生中有较大威信，经他极力劝阻，才把事态平息下来。还有一次，我在他家遇到一位客人，这人走后，他对我说，这就是鼎鼎大名的萧乾。萧是《大公报》名记者，1957年被错划为“右派”。萧也是燕大校友。后来我知道，萧被划“右派”后，翁先生毫不歧视他，待之如常，而且多次帮助过他，故萧对翁很感激，常去翁宅看望。

翁先生人际关系很好。我每次去他家，不是先已有人在，就是在我离开前，又有客来。他为人好客，又健谈，故经常高朋满座。在我的老师中，我去翁府次数较多。一则我常向他请教；二则先生坦率，师生可随便聊天。1958年，我翻译苏联学者兹拉特金的《蒙古近现代史纲》，其中一个问题解决不了，向他请教。他从琳琅满目的书架中，找出《五体清文鉴》(满文、蒙文、藏文、维吾尔文、汉文)，很快为我解决了问题。

解放前，翁先生给燕大地下党很多帮助。地下党的一些会就在他家中秘密召开。他还帮助不少学生去了解放区。因此，解放后彭真市长亲自去他家，请他出任北京市教育局长，屡辞不获，终于出任。翁先生有自知之明，不宜长期担任行政领导工作，后来坚决辞职，到中央民族学院(今中央民族大学)专任教授，又在科学院民族研究所任研究员。“文革”发生后，幸亏他已辞去教育局长之职，否则很难不被扣上“走资派”或“与党争夺领导权”之类的帽子，遭到折磨。他逃过了这一劫，比较平安地度过了“文革”风暴，实是幸事。

翁先生任北京市教育局长时，有一件事很有趣，与我有关。我那时(1954年)在北京市第25中学(前育英中学，极有名)任教导主任。我校举行了一次全市性的大规模观摩教学，出席的有中学教师、北京师范大学的几位教授，还有苏联专家崔可夫(上级机关请他来)。翁先生以教育局长的身份参加指导。

听的那节课是讲爱琴文化的，教师是金启孮同志(后任内蒙古大学教授，满学专家)。最后，做评议，由崔可夫总结。崔不懂中文，由翻译在身边讲给他听，但其实只能译出讲课内容的一小部分，还不见得完全正确。用这种方法，一个外国人如何总结呢？但当时，"一边倒"，苏联专家地位很高，为表示尊重，一定得由他总结。我也请翁先生发言，他虽身为教育局长，北京市中小学界的最高领导，但他不讲。这是他非常高明的地方，一般人是做不到的。

第四位是贝德女士，英国人，她教"西洋通史"。她的学术水平一般，我随堂听课，没多大兴趣，凑学分而已。她的课有一个特点，即考试时必有一两道题是考年代的。她出一个人名(如拿破仑)，要学生答出 5 个有关拿破仑的年代，并写出这一年发生了什么与拿破仑有关的大事。因为我记忆力一般，最怕这种考试方法。每次考前，要试选若干人物，背许多年代，苦不堪言。

最后，借这篇文章的机会，我想谈一谈培养学术接班人的问题。我的三位老师齐思和、翁独健、周一良都是燕大历史系毕业。他们是师兄弟。齐先生 1931 年毕业，翁先生 1933 年毕业，周先生 1935 年毕业。他们又都先后留学哈佛大学，获博士学位。这是巧合吗？不是，是他们的老师洪煨莲先生精心培养的结果。洪先生于 20 世纪 20 年代毕业于哈佛大学(硕士学位)后，即回国任教于燕京大学，执掌历史系多年。洪又是燕京哈佛学社的中方负责人，有权推荐学生赴美留学。洪是一个十分难得的学术领导人，既有远见，又有魄力和办法。他有一整套培养历史人才的计划。据我所知，经他选拔培养成为历史学界名学者的，有郑德坤(考古)、齐思和(商周)、瞿同祖(汉)、周一良(魏晋南北朝)、聂崇歧(宋)、冯家昇(辽)、翁独健(元)、王钟翰(清)、侯仁之(历史地理)、朱士嘉(方志)、陈观胜(佛教史)、邓嗣禹(制度史)，等等。他想把中国历史的每一段都安排一个有学术前途的学生去搞，他的计划终于基本实现了。这是多么大的贡献。我认为，真正够得上称为大师级的人物，不仅要自己学问大，而且要培养出一批杰出的接班人。学术不能中断，后继是否有人，至关重要。

附记：

成都燕大一年，有一事可记，即茶馆的读书生活。四川人酷爱喝茶，大街小巷，都有茶馆。茶馆不仅是休闲的场所，也是谈生意、谈种种公私事项的场所，起着重要的社交作用。战时大学的设备简陋，北京燕大在太平洋战争爆发后，被日本封闭。成都燕大是临时办起来的，设于成都陕西街，面积有限，教室、图书馆都很小。于是，茶馆便成为学生课外学习的一个场所。我们几乎每天都要到茶馆读书。那时一杯茶的价钱很便宜，对学生还有特别优待。上午买一杯茶，可留到下午继续喝，不再要钱。如果一杯茶也买不起，还可买白开水，名曰“来一杯玻璃”。茶馆中虽然人声嘈杂，但习惯了照常可以看书。读书疲倦了，就玩，打桥牌，或下棋。我就是在成都茶馆学会下围棋的。这样的大学生活是今天的青年无法想象的。了解历史，很有必要。今天大学生的学习条件要远远优于过去，同学们理应学得更好。

2014 年 11 月 6 日草就，

时年八十有八

杂忆育英中学

——我执教的第一个单位

北京育英中学是一所资格很老的中学，2014 年是它建校 150 周年。育英中学是美国人办的教会学校，1949 年后由人民政府接管，不久改名市立第 25 中学。解放前，校长一直是李如松先生。

1949 年夏，我从清华大学历史系毕业后，由北京市委学校支部工作科派到这所学校任政治教员，几个月后又兼教历史，一度还做过教导主任。1954 年离开 25 中，到北京师范学院(今首都师范大学)历史系任教至今。我在育英中学工作一共 5 年，对它有一定的了解，现将这一段的经历回忆如下，对如何办好一所中学或许有些用处。

育英中学的教学质量相当高，关键是有一批高水平的教师。试举数学、历史和体育三个教研组为例，说明如下。

数学课的领军人物是杨仲兰先生和黄子彦先生。杨先生资格很老，民国初年已在俄文专修馆教数学，教过瞿秋白、耿济之(俄国文学翻译家)等人。他在高中三年级开一门课，叫“温习数学”，内容是把中学六个年级的数学系统地复习一遍，并做若干典型的习题。据学生讲，听过这门课，到考大学时便不害怕了。北京东城区教育局请杨老总结“温数”的设计思路与数学经验，可惜他年事已高，未及完成就谢世了。杨老对青年教师十分爱护。我报到后，在上课前的某一天在教员休息室见到杨老。谈话中他亲切地对我说：“齐先生您要在上课前把学生的点名簿仔细看一遍，遇到不认识的字一定要查清楚。学生的姓名有时出现很不常见的生字，你如果点名时念错了，就会引起哄堂大笑，以后就没威信了。”我按杨老的嘱咐，查了一遍点名簿，果然有不认识的字。如无杨老的嘱咐，就不免出丑了。教高三解析几何的是黄子彦先生，年龄比杨老略小。我做教导主任时，听过他的课，讲得清楚极了。听了这样的课，课下做习题当然就不困难。现在，很多学生课后做习题，感到十分吃力，我认为这与老师在课堂上未讲透有一定关系。教初中数学的周学朴和刘祖植两位先生教学效果也很好，刘祖植后被评为特级教师。

历史组的教师都是中青年，但阵容齐整。我任教研组长，清华大学毕业。我的教学效果大概还可以。2014 年育英中学 150 周年校庆，1952 届的学生年龄在 80 岁左右了，其中有一位对我说："我还记得您当年讲雅各宾专政的情形。"又，十几年前，1952 年毕业生，曾任中央音乐学院院长的于润洋同志也曾对我说："还记得您讲绥靖政策的情形。"教高一"中国古代史"的是漆侠同志。他那时是北京大学历史系的研究生，在育英是兼课教师。漆侠是邓广铭先生的入室弟子，后来成为有名的宋史专家。多年前，他在一次会后还和我开玩笑，称我是他的"顶头上司"。教初三的是金启孮同志。金先生长我 8 岁，那时算中年教师，上世纪 40 年代初读日本东京帝国大学文学部东洋史学科，专攻中国古代史。金先生于 1958 年奉调内蒙古大学，"文革"后于 1982 年又调辽宁省民族研究所。他是满学专家，又是女真文专家，与其父金光平合著的《女真语言文字研究》一书享誉中外。在育英中学共事时，金曾想教我满文，我兴趣不大，未学。金先生很受学生欢迎，受他影响后来考入大学历史系的有几个人，杨泓同志是其中之一。杨后来任考古研究所研究员，对古代兵器很有研究。教初二的是赵立森先生。他也是日本留学生，为人自负，对我这样一个刚由大学毕业的青年担任教研组长不服，常以请教的方式拿一些题来考我。我年轻气盛，无容人之量，对他也不客气。今天想来，当时的这种做法，实在幼稚可笑。

体育组的阵容很强。组长贾玉瑞，外号"贾大爷"，擅长水上运动、冰上运动，解放后不久调中央体育学院任教授。教师常英，外号"常黑子"(皮肤黑)，是篮球名将("后小五虎"之一，比他们长一辈的有"前五虎"，更有名)，排球、足球也不错，堪称全面手。孙洪年是足球名将，解放后被评为国家级裁判。此外，还有篮球名将李宝华(校长李如松之子)等人。育英中学的体育闻名全市，在每年的市学生运动会上，都得到许多奖牌。

育英中学十分重视学生的课外活动。在教师指导下，成立了许多课外活动小组，例如无线电小组、航空模型小组、航海模型小组等等，还有书法小组、围棋小组。围棋小组每周活动一次，常请北京市围棋名家指导，我记得过惕生来过。育英中学的歌咏队全市有名，指挥是音乐教师刘俊峯先生(燕京大学毕业)。课外活动小组对于培养学生的学习兴趣，扩展学生的知识面，都有很大的好处。这种办法值得推广。

育英中学的许多学生是官宦富家子弟，但学校管理严格，绝不放纵。训导主任由黄子彦先生兼任，他极认真，对违反校规、犯错误的学生绝不宽假。一些学生恨他，给他起了个很坏的外号“黄狗”。但这些学生毕业成人后，醒悟过来，都非常感激黄先生，认为黄先生使他们走上了正道，这样的教师才是好教师。有人还专门到黄府看望老师。

育英中学教师的待遇相当高。校长李如松懂得，要使教师安心工作，全力投入，必须使他们的生活有保障。解放前，物价飞涨，上午与下午都不一样，法币已经彻底崩溃。育英中学采取发实物的办法。最高的待遇给予杨仲兰这样的老教师，每月十袋进口的美国洋面(大袋，牌子似乎叫“金豹”)。那时的十袋面粉，对于一个教师来说，可算一笔不小的财富。我在1949年8月到育英中学报到，还按旧办法领了一两个月的实物工资。党支部决定：政治教员一律领最低工资，必须低于旧社会过来的老教师；给我们定的标准是六袋面粉。我领到后给家里送去，街坊邻居看到的人大吃一惊，纷纷议论：齐家的儿子怎么有了这么多袋面粉。不久，人民政府稳定了物价，育英中学教师的工资也不再发实物了。

总之，育英中学的办学质量相当高，位居全市前列，是没有问题的。北京市委很重视这所中学。解放后，以化学教员掩护身份的地下党支部书记仓孝和同志准备去工业部门工作。刘仁同志(时任北京市委组织部长，后升市委副书记)知道后，要仓不要走，说育英中学是一所很有影响的中学，你要代表党接管好这所中学。仓孝和留了下来，不久出任校长。(按：李如松解放前夕去了台湾，继任者是英语教员年景丰先生，年后是仓孝和。)

最后，我要讲两件与我有关而又值得专门记载下来的事情。第一件是我任教导主任时主持的一次全市性的观摩教学。1954年，北京师范大学历史系某届学生行将毕业，毕业前照例要到中学实习。他们选择了育英中学。上级决定，借此机会要举行一次全市性的观摩教学。除学生外，出席的有北师大的几位教授，带队人是副教务长董渭川先生，还有若干所中学的教师和行政领导。特别请来了苏联专家崔可夫。教育局长翁独健先生(我在燕京大学的老师)作为北京市基础教育的最高领导人亲自出席会议。规模可谓盛大。讲课的教师是金启孮先生，观摩课的内容是“克里特文明”和“迈锡尼文明”。讲课中发生了意外。金先生由于过度紧张，看错了手表，提前五六分钟把课的内容讲完了。这犯了极大的错误。因为按照苏联的“五段教学法”，下课铃声一响，就得准时下课，而且要把这节课完整讲完，不多不少。不许拖堂，晚半分钟也不行，提前讲完更不行。怎么办？幸亏金先生有教学经验，他临时加了一个提问步骤，他问几位同学，让他们答。他做得很巧，态度自然，不露痕迹，完全合乎“五段教学法”的标准。这堂课由苏联专家崔可夫总结。崔可夫不懂中文，由翻译在他耳边说，这样他其实只能知道讲课内容的一小部分，而且翻译得是否完全正确，也很难说。但当时“一边倒”，苏联专家的地位至高无上，所以非由他总结不可。这样，崔可夫当然发现不了金先生提前讲完内容的问题，评价还相当高。金先生和我于是都如释重负。在苏联专家总结前，还有一个环节，即由北京师范大学带领学生实习的一位教授发言，评金先生的这堂课。据有人说这位先生留学法国时原是学艺术的，不知怎么后来到北师大历史系当了教授，教“世界古代史”。他很骄傲，看不起中学教师，挑了金先生许多“毛病”，说这也未讲，那也未讲，其实对中学生根本就不应当讲过多的内容。我当时才二十五六岁，年轻气盛，大为不满。我以教导主任的身份发了言。按一般惯例，我应说几句客气话，就算了。但我忽然讲起有关爱琴文明的某些内容，并说西方新近有些什么研究，线形文字B有人释读，但尚未取得公认，意思是你所知太旧，不要觉得自己了不起。我虽然没有直接批评他，但谁都能听出来我讲话的矛头所指。事后，董渭川先生还专门就这位先生的发言向我道歉，因为是来我们学校实习，不能得罪东道主。我的发言引起相当大的反响。北师大的几位青年助教平日就对这位先生压制他们不满，也看不起他的学问，他们认为我的发言替他们解了气(有一位助教以后和我成为好友)。我的发言还引起了事后我才知道的一个反应。那时，戚国淦先生正在筹备建立北京师范学院历史科的工作。他听了我的发言后，觉得这位青年教导主任的学问不错，想调我去任教。另一位同志警告他说，齐某某连北师大的教授都看不起，你要小心。但戚国淦先生肚量很大，不以为意，仍向教师进修学院副院长、筹建北京师范学院的总负责人仓孝和同志推荐了我。仓孝和同志本来就了解我(他曾任25中校长兼党支部书记，我是政治历史教员)，便通过教育局发出了调令。从1954年起我调到北京师范学院(今首都师范大学)，到今天已整整60年了。

第二件事是我与老教师如何逐步接近的。我做政治教员的时候，解放前育英中学的老教师(泛称，多半是中年人)认为我们这些政治教员是代表共产党来“管”他们的，这些年青人不懂人情世故，因此不愿和我们接近。如果长此下去，影响团结，当然不好。不料，生活上的几件小事竟使他们对我有了新的看法。有一次我去吉祥剧院听京戏，国文教员闻国华先生碰到了我，后来对别的老教师说，原来齐世荣也听京戏啊。大概他认为我们这些青年党团员是看不起旧戏的。再有，在一次教师联欢会上，我和另一位教师合说了一段相声，更在老教师中引起“轰动”。我喜欢下围棋，一些老教师也有此好，便成了棋友。就这样，老教师和我之间的隔阂便逐渐消除了。这几件小事，说明一个道理：做政治思想工作，必须平易近人，万万不可一味板起脸来说教。要找到“共同语言”，可以有许多途径。不仅是谈政治、谈思想，还要交流业务知识，日常生活交往也不可小看。我虽然和老教师逐渐接近起来，但当时年轻自负，仍时有盛气凌人的表现，这是一些老教师后来告诉我的。

我和世界现代史与世界通史研究

一、简历和师承

我祖籍河北省南皮县，1926年生于江苏省连云港市。1942年寒假我投考重庆清华中学，想插班高中二年级下学期。考试结果，英语100分，国文99分，数学零分。校长傅任敢先生(清华大学第一期毕业生，著名教育家)对我说："你中英文不错，数学太差，如愿降一班，从高一下读起，可以收你。"我当时喜出望外，连忙同意，从此进入有名的重庆清华中学(排序五级)，直到1945年毕业。如果不是傅先生破格收我，我上不了这样一个好中学，以后也很难考上好大学。我所以要追述这样一件事，既是为了表达我对恩师傅先生的感激之情，也是为了说明傅先生不愧是一个教育家，他敢于针对特殊情况做特殊处理。

1945年我考入成都燕京大学历史系，1946年随校返平，1947年考入清华大学(历史系三年级招转学生1名)，1949年7月毕业。我在燕大读书时，对我影响最大的是邓之诚、齐思和、翁独健三位先生。我听过邓先生讲的"魏晋南北朝史"，他要求学期论文必须用文言文写，必须看原始材料，绝对不许抄袭近人著作，否则给不及格。翁先生讲"远东史"，视野开阔，口才很好。齐思和先生讲"战国史"和"西洋现代史"，我从他那里受益最多。齐先生学贯中西古今，我非常佩服。齐先生讲"战国史"，引过不少西方名著，我至今记得有弗雷泽所著《金枝》(*The Golden Bough*)。1947年我转入清华大学历史系，那里的名师更多了，我听过课的老师有陈寅恪、雷海宗、刘崇鋐、邵循正、孙毓棠、周一良诸位先生。清华历史系学风的特点是中西会通，上述各位先生虽各有专精，但都学贯中西，眼界宽广。史学大师陈寅恪先生的情况，近年来已出过许多专著介绍，无须我辞费。雷海宗先生一生开过十几门课，我在清华读书这段期间，他既开"秦汉史"，也开"西洋近古史"、"西洋文化史"(我听过这两门课)，还有"史学方法"等。邵循正师专长"元史"和"中国近代史"，精通英、法两种语言(还有波斯文等)。周一良师专长"魏晋南北朝史"和"日本史"，精通英、日两种语言(还有梵文等)。

大学读书四年，培养了我对历史的浓厚兴趣，决心终生研究历史。在治学方面，我从老师们的言传身教中，懂得了什么是高标准；懂得了博与专的关系；懂得了中外历史的相互关系——研究中国史，必须了解外国史，研究外国史，必须了解中国史；懂得了学无止境，用今天习用的话，就是"活到老，学到老"。陈先生当时已经目盲，但坚持上课，坚持研究，使学生们十分敬佩。

大学毕业后，根据组织分配，我到北京育英中学任政治教员，不久即兼教高三"外国史"。1954 年调到北京师范学院(今首都师范大学)历史系，任教至今，四五十年来主要从事世界现代史的教学和研究工作。

二、世界现代史研究

世界现代史是古老的世界史学科中一门年轻的分支。第二次世界大战以前，无论中外，历史学家都"竞言古史"，轻视现代史。20 世纪以来，特别是第二次世界大战后，历史发生种种剧变，历史学家再也不能躲进"象牙之塔"，无视当代历史了。再加上各国档案保密期限缩短(一般为 30 年)，史学家们有可能看到更多的原始材料，"世界现代史"遂日益受到重视，成为专门学科。我对中外历史有广泛的兴趣，但最初教"世界现代史"，却是由于组织分配，因为新中国成立初我才二十几岁，老教师不愿教现代史，怕犯错误，就把这门课派给我了。我从事"世界现代史"的教学与研究，虽已历半个世纪，但除去"文革"十年外，还有很多时间用于参加各种运动，故至今成绩寥寥。

世界现代史从什么时候开始，历来多有争论。过去苏联史学家都以 1917 年十月革命作为世界现代史的开端，西方史学家则或以 1914 年第一次世界大战爆发，或以 1919 年凡尔赛和会召开作为世界现代史的开端。我认为这些分期方法虽都有一定的道理，但比较片面，不如综合多种重要因素，把开端定在 20 世纪初为妥。这是因为：(1)20 世纪初，资本主义发展到了帝国主义阶段；(2)两大帝国主义集团为重新瓜分殖民地、势力范围和争夺世界霸权而开展的激烈斗争导致了第一次世界大战；(3)在大战的过程中，俄国无产阶级进行社会主义革命，建立了人类历史上第一个社会主义国家；(4)由于帝国主义力量在战争中被削弱和十月社会主义革命的影响，战后出现了殖民地半殖民地民族解放运动的高潮；(5)国际格局发生了重大变化，19 世纪欧洲资本主义列强支配世界的局面告终，美、日两个新兴的帝国主义国家崛起于北美和东亚，社会主义国家苏联在地跨欧亚两大洲的俄罗斯帝国废墟上兴起。我以 20 世纪初作为世界现代史开端的分期方法，已得到不少同行的赞同。

世界现代史有若干特征，但最主要的特征是什么呢？我认为这就是从 20 世纪起，特别是 1945 年二战结束以后，世界在经济、政治、文化各个方面日益联系成为一个息息相关的整体，也就是世界历史的全球化运动。近代资本主义大工业创造了世界市场，从而“首次开创了世界历史，因为它使每个文明国家以及这些国家中的每一个人的需要的满足都依赖于整个世界，因为它消灭了各国以往自然形成的闭关自守的孤立状态”①。世界史虽然从近代已经开始，但到了 20 世纪，特别是 1945 年以后，随着经济的全球化，世界才在经济、政治、文化各个方面密切联系起来，因此，在一定意义上可以说世界史(完整意义的世界史)就是现代史。反过来说，现代史只有用全球眼光去观察，才能认清它的实质和各种问题，因此在这个意义上又可以说现代史就是世界史。

在人类历史的全球化运动的过程中，社会主义制度与资本主义制度的互相依赖、互相渗透、互相影响和互相斗争，是关系到人类未来走向的全局性大问题，它们之间的优胜劣败不能根据一两个或几个重大事件来下结论，至少要到几个世纪以后才能最终见出分晓。过去我们把十月革命的发生看作敲响了资本主义的丧钟，显然是过分乐观了。今天，资本主义的辩护士把苏联的解体看作社会主义的灭亡，难道不是他们的臆想和妄断吗？根据几十年的研究经验，我认为判断现代史上的重大事件，不要匆忙下结论，应当放在一个长期的历史过程中来观察。搞现代史的人，吃匆忙下结论的亏的例子实在太多了。以上这些看法，见于我所写的《关于开展世界现代史研究的几个问题》、《世界史和世界现代史》、《世界史·现代史编》一书及其“前言”等著作和论文中。

我对现代国际关系史，特别是绥靖政策问题研究较多。从 20 世纪 30 年代起直到今天，70 年来西方资产阶级学者对绥靖政策的研究兴趣一直不衰，绝

① 《马克思恩格斯选集》，中文第 2 版，第 1 卷，114 页，北京，人民出版社，1995。

大部分人是为绥靖政策辩护，而且辩护的论点越来越“精细”。针对他们的种种谬论，我写了一系列的论文，如《20 世纪 30 年代英国的重整军备与绥靖外交》、《意埃战争与英国的“双重政策”》、《论“不干涉”政策的创始者及其动机》等。我从政治、经济、军事各个方面论述了绥靖政策产生的原因。在政治方面，英、法资产阶级不仅害怕对德战争引起本国革命，也担心为苏联所利用，而且把纳粹德国看作防止共产主义在欧洲扩张的屏障，在这个意义上，希特勒非但不是他们打击的对象，反倒是必须联合的盟友。在经济方面，日益没落的英、法资产阶级一心要保住既得的经济利益，害怕战争会破坏经济复兴，在大敌当前的时候，仍然不肯加大财政拨款，加速扩充军备。在军事方面，英国充满失败主义情绪，认定自己没有力量同时对付德、意、日三个敌人，又不愿团结法、美和中小国家，因而采取消极防御的战略方针，并企图通过绥靖外交来弥补国防力量的不足。法国则盲目相信并依赖马其诺防线，错误地以为借此可以自保。我给绥靖政策下了一个定义：绥靖政策是 20 世纪 30 年代走向衰落的英、法帝国主义，面临德、意、日三个法西斯国家的挑战，为了保存自己的既得利益所采取的一种以牺牲其他国家为手段换取与对手妥协的政策。其严重后果是绥靖政策推行得越彻底，法西斯国家就越是得寸进尺，和平就越是受到威胁，第二次世界大战终于来临。

我的上述论文，每一篇都针对着西方学者的有代表性的观点，论战性很强。例如，关于“不干涉”政策的起源问题，西方学者一派认为这一政策是法国政府主动提出的，另一派则认为它的真正策源地是伦敦。我根据大量史料，得出结论：就实质而言，英、法是这一政策的共同创始者。又如，西方学者大多数认为 1939 年 3 月英国对波兰的保证结束了绥靖外交。我从“应付国内的压力”、“防止德国的西进”、“勾结德国的新策略”几个方面说明了英国对波兰保证的真正原因，并指出英国在宣布保证波兰的独立以后，在军事上、经济上都未给波兰以实际援助，而且一再要求波兰对德国让步，结束绥靖政策一说，不过是西方资产阶级学者为已经破产的绥靖政策所做的一种无力的辩护而已。1982 年我访问美国纽约州立大学布法罗分校时，应邀做了两次演讲。如果讲中国史的题目，比较保险，但我有意讲了上述两个问题，想和他们展开辩论。结果，反对者有之，赞成者亦有之。一位在波兰长大、后加入美籍的老年教授非常同意我的看法，激动地说英国就是出卖了波兰，做出保证后什么援助也未给，开战后又按兵不动，坐视波兰被德国征服。

我对第二次世界大战史也感兴趣，有两篇文章影响较大，一篇是 1985 年向第16届国际历史科学大会提交的论文《论中国抗日战争在第二次世界大战中的地位和作用》。西方资产阶级学者历来贬低中国抗日战争在二战中的作用，在他们写的二战史中对中国战场或轻轻一笔带过，或者根本就只字不提。我根据战后出版的中、日、美、英、苏各国的官方文献材料以及回忆录等私人文件，论证了中国抗日战争的重大国际贡献。我详细说明了中国战场在使苏联避免两线作战，从而能集中力量打击纳粹德国方面；在推迟德、意、日三国同盟形成，从而大大减轻英、法在远东受到的打击并有利于欧洲和北非战场的盟军行动方面；在推迟太平洋战争爆发，使美、英争取到更多的备战时间方面；以及在太平洋战场上中国牵制日本百万大军方面所起的至关重要的作用。这篇论文获得了参加大会的一些国家的学者的好评。日本茨城大学伊集院立教授在日本杂志《历史学研究》上撰文评论说："这个报告是把中国历史中的抗日战争放到世界史中而做的分析。报告把中国人民对于欧洲、东亚及美洲大陆的国际反法西斯战线所做的贡献及所占的地位进行了冷静的分析论述。这一分析，给予人们深刻的印象。"1987年，我还写了一篇题为《中国抗日战争与国际关系(1931～1945)》的论文，提交该年在日本京都、东京两地举行的"卢沟桥事变五十周年中日学术讨论会"，受到不少与会日本学者的赞同。专门研究中国现代史的日本茨城大学石岛纪之教授评论说："该报告对美、英等国以及苏联对中日战争所采取的态度进行了精确的分析，明确了中国抗战在国际关系中的地位，把抗日战争看作中国全民族的抗战，这些都给人留下了深刻的印象。"

苏联史也是我注意的一个方面。我曾编译过3册《苏联历史论文选》(合译)和一本《西方资产阶级学者论苏联历史学》，并写过若干篇文章，其中我自己最满意的一篇就是1980年写的《列宁论无产阶级专政的实质》。列宁关于无产阶级专政"是由无产阶级对资产阶级采用暴力手段来获得和维持的政权"的观点①，几乎是尽人皆知的，"文革"十年尤其时时强调无产阶级专政的暴力方面。但是列宁关于无产阶级专政的实质主要不在于暴力的论点却被许多人忽视了，或有意不讲，或根本不知道。列宁说："无产阶级专政不只是对剥削者使用的暴力，甚至主要的不是暴力。这种革命暴力的经济基础，它的生命力和成功的保证，就在于无产阶级代表着并实现着比资本主义更高类型的社会劳动组织。实质就在这里。共产主义的力量源泉和必获全胜的保证就在这里。"②我的

① 《列宁选集》，中文第3版，第3卷，594～595页，北京，人民出版社，1995。

② 《列宁选集》，中文第3版，第4卷，9～10页，北京，人民出版社，1995。

文章详细地阐明了列宁的这个重要论点，并指出：列宁关于无产阶级专政实质的精辟论述，不仅对于一切无产阶级专政国家具有普遍指导意义，而且对于那些革命前经济、文化比较落后的国家尤其具有特殊的重要意义。落后国家在建立无产阶级专政后，应当清醒地看到自己向社会主义过渡的长期性和特殊困难，更有必要竭尽一切努力不断完善新的社会劳动组织，大大发展生产力，体现出社会主义的优越性。在1980年，"文革"时期极"左"的影响还未肃清，一位编辑在审阅我的稿件时颇为犹豫，我坚持不做修改，后来还是登出来了。我还写了《从国际共产主义运动史看社会主义初级阶段理论的伟大意义》和《从俄国十月革命到中国社会主义初级阶段——纪念十月革命80周年》两篇文章，从总结国际共产主义运动和苏联历史的经验教训的角度，论证社会主义初级阶段理论的伟大意义。

苏联解体，举世震惊。世界上第一个社会主义国家而且是超级大国之一的苏联，为什么只存在了74年就灭亡了呢？这是20世纪最难解的两大"历史之谜"的一个(另一个是资本主义国家经济在第二次世界大战后的迅速发展)，是各国现代史学家无不瞩目的问题。当然研究的难度极大，恐怕要几十年后才能看得比较清楚，但也不能不从现在起就着手。我也就自己的认识，在主编的《15世纪以来世界九强的历史演变》一书中写了《苏联的建立、兴衰和解体》一章，初步总结了苏联兴亡的5点历史经验教训：(1)社会主义的根本任务是发展生产力；(2)社会主义制度建立以后必须不断改革，才能继续发展；(3)在不发达国家建设社会主义，必须学习和借鉴资本主义，为此要对外开放；(4)必须发展社会主义民主，充分发挥人民群众的政治积极性；(5)加强和改进党的建设，始终保持党的先进性，是关系到社会主义事业兴衰成败的头等大事。

20世纪是人类迄今为止变化最大的一个世纪。我和廖学盛同志共同主编了《20世纪的历史巨变》一书。该书集近20位专家之力，费时8年，始告完成。它以百年来世界上所发生的重大事件为线索，分为20世纪主要资本主义国家的历史变革、社会主义制度的形成与发展、殖民体系的瓦解和发展中国家的发展、百年来国际关系的演变四个部分，对20世纪的历史变化做了全景式的系统论述。这是国内第一部对20世纪历史进行总结和反思的学术著作，颇受史学界同行的好评，并已列入"国家社科基金成果文库"，作为首批优秀成果10本书中的一本，于2005年出版。

我十分重视世界现代史的资料建设。搞中国史，找原始材料比较容易；搜集世界史，特别是世界现代史的原始材料，就相当困难了。新中国成立前，我的老师齐思和先生编过一本英文的西洋现代史资料汇编，但范围只限于欧美，而且当时能收集到的材料是很有限的。我从20世纪50年代起，就决心编译一套大型的世界现代史史料汇编，所收必须是第一手史料，既包括官方文书，也包括私人文件(回忆录、日记、书信等)。经过十几年的努力，材料大致收齐。"文革"结束后，我主编的《世界通史资料选辑·现代部分》第一、二分册分别于1980年和1982年出版了。我的老师周一良先生给以肯定，评为："本书的总体安排、章节提法、繁简取舍等方面，体现了正确的立场观点。""取材丰富，反映出主编者在本学科中较高的学力和修养。"此后，在90年代，我又主编了《当代世界史资料选辑》第一、二、三分册。此外，我还主编了《世界史资料丛刊·现代部分》8本(美、法、德、苏、印度、朝鲜等国)。丛刊现代部分原拟出20种，后因出版社考虑销售量少，无利可赚，遂半途停止。我希望这项工作将来仍能继续下去，因为世界史的原始材料很难搜集，翻译也不容易，而且任何人也不可能各种文字都会，所以编译并出版史料汇编，对教学和研究工作都是很有帮助的。我在编译世界现代史资料方面做了一些奠基性的工作，至今引以为慰。

世界现代史是一门年轻学科，需要深入研究的问题很多。过去几十年，大家研究的重点都放在政治、外交、军事几个方面，对经济、文化的研究相当薄弱。现代经济十分复杂，不下大功夫是搞不清的。但我们与专门研究现代经济的人不同，应注重研究经济与政治、经济与外交、经济与军事之间的关系。例如，研究绥靖政策，经济绥靖就是一个空白点，国外有关经济绥靖的有分量的著作也不过两三本，我们则连论文也没有。现代文化丰富多彩，可研究的题目很多。我们不能只研究精英文化(这当然也是重要的)，也要研究大众文化、通俗文化，例如，"足球文化"就是一个大可研究的新题目。一场重要的国际足球比赛，亿万人收看，影响巨大。今天我国许多中学的女孩都是足球迷，能说出一连串外国足球明星的名字，这在我年轻时是不可想象的事。又如"影视文化"。美国企图用影视推广它的意识形态、价值观，征服人心，我们绝不可麻痹大意，必须认真研究、对待。

三、世界通史研究

在我读大学的时候，西方历史学者一般走专精道路，很少有人研究世界通史。英国小说家威尔斯写的《世界史纲》，深受普通读者欢迎，但被断代史专家、国别史专家挑了许多"硬伤"，可是他们自己也不敢做此尝试。至今，仍有少数人认为撰写世界通史是不可能的(在 2000 年举行的第 19 届国际历史科学大会上就有这类主张)。但时代毕竟变了，随着二战后经济的全球化，世界各国在经济、政治、文化上的联系日益密切，交往日益频繁，人们不能只关心本国的事情，世界通史或称全球通史遂成为一门新的独立的历史学分支，重视者日益增多。我国在 60 年代，由周一良、吴于廑两位先生主编，出版了 4 卷本的《世界通史》，具有全国影响。80 年代，国家教委鉴于这套书是 20 年前出版的，内容需要更新，遂让吴先生和我主编一套新的 6 卷本《世界史》，后于 1992～1994 年陆续出版(周一良师于“文革”后回到魏晋南北朝史专业)。吴先生是我的师辈，全书的体系主要是他提出的，我和其他分卷主编提供了一些意见。1993 年吴先生逝世后，我具体负责编完了全书。

6 卷本《世界史》具有以下几个特点：(1)在分期上，上古、中古不分作两个阶段，统一为古代部分；近代以 1500 年为起点，不以英国资产阶级革命为起点；现代以 20 世纪初为起点，不以十月革命为起点。(2)冲破了苏联学者沿用多年的某些观点，例如不再用巴黎公社划分世界近代史的两个阶段等。(3)包括中国部分，把中国放在世界范围内定其地位和作用，是完整意义的世界史，当然具体写法与专门的中国史有所不同。(4)包括现代史，一直写到 90 年代。周、吴本由于当时的环境，写现代史很容易犯政治错误，故上级有关部门决定只写到近代为止。1978 年后，学者们不再有此顾虑，6 卷本《世界史》率先打破禁区，起了带头作用。(5)增加了科学技术和社会生活的内容。这套书今天已被许多高等院校采作教材，具有广泛的影响。

继 6 卷本《世界史》之后，我主编了一套 4 卷本的《世界史》，于 2006～2007 年由高等教育出版社出版。这套书的作者绝大多数是中年学者。他们学识专精，并熟悉国外史学界同行的研究成果，故能在书中提出不少新见解。这是本书的一个特色。我有幸和比我晚一辈的同行合作，向他们学习，是晚年的一大快事。

我也重视普及工作。我认为由于我国多年闭关自守，我国大众缺乏世界史知识，因此我们必须大力普及，在普及的基础上才能谈到真正的提高。现在有的世界史文章，看者不过几十人，能起到多大作用呢？于是，我主编了一套 20 本的《精粹世界史》，论述的都是历史上的重大事件，时间上从古到今，地域上包括欧、美、亚几大洲。每本约 20 万字，写法上力求深入浅出，以期吸引更多的读者。作者大都是中青年学者，也有少数老专家。总的说来，这套书基本上达到了预期的目标。

我还同马克垚、朱龙华、刘宗绪、张象四位教授合编了两卷本带插图的《人类文明的演进》。马克垚等同志都是研究断代史的有成就的专家，肯应我之邀，惠然撰稿，足见他们也很重视普及工作。另外值得一提的，就是我主编了一部大型的工具书《世界五千年纪事本末》，列条1100余件，200万字左右。

世界史(或称全球史)这门历史学的新兴分支前程远大，是生活在21世纪的人们所不可缺少的知识，定将日益受到广大读者的欢迎，希望我国有更多的历史学家去从事它的研究和写作。

四、几点经验之谈

我从1945年进大学读历史系，到今天已六十多年了。回顾大半生，光阴虚度，垂老无成，但也有几点经验之谈，想对中青年世界史学家一倾。第一，中国人研究外国史，一定要有独立见解，不能跟在外国学者后面亦步亦趋。单从材料说，他们比我们掌握的多(一般如此，但也不尽然)，但本国人研究本国史，未必就处处看得深，看得准。“不识庐山真面目，只缘身在此山中。”这样的事是不稀见的。英国已故史学家卡尔写的多卷本《苏俄史》，已成为西方史学的经典之作，我看就比一些苏联史学家写的本国史要好一些。中华文明底蕴深厚，又有优秀的史学传统，如能很好利用这笔宝贵的遗产，定能取得丰硕的成果，这不仅指中国史方面，也包括世界史方面。第二，研究外国史，必须懂得中国史，反之亦然。历史有共性，也有特性，我们要能从共性中看出特性，从特性中看出共性。中西会通，才能成为一流学者，上述我的诸位老师都是这样的史学家。再说一个最简单的道理：我们中国人研究外国史，首先要为中国读者服务，不懂中国史怎么能行呢？第三，要刻苦钻研，功夫到了，自然有成。我读大学时，老师们告诫说：“你们毕业后，一年能写一篇高质量的学术论文就不错了，不要贪多。”明末清初大学者顾炎武批评当时的一种不良学风，就是“速于成书，躁于求名”，我们今天仍应引以为戒。第四，学问是毕生事业，一息尚存，就要研究下去。已故北京师范大学教授白寿彝先生在90岁的时候出齐了他主编的《中国通史》(12卷，22本)，但他开始这项工作时已经70岁了，这是何等的气魄，何等的毅力，何等的献身科学的精神！我在80年代初协助他搞北京史学会工作，故对这件事了解得非常清楚，深受教育。以上几点，不过老生常谈。迟暮之年，也提不出什么高明见解，姑且写出，以供中青年学者参考罢了。

2008年2月

平生最值得纪念的两件事

我生于1926年，到今年10月已满80周岁，有为者到这个岁数已经做出了许多成绩，值得庆贺。但要为我这样一个成就甚微的人举行庆祝80岁生日之类的活动，就是多余的事了。因此，当我的一些学生最初向我提议庆祝并出一本纪念文集时，我毫不犹豫地谢绝了他们的美意。但他们仍然认为有此必要，于是我做了让步，条件是文集只收作者已写过的文章，一律不要为庆祝我的生日而写新文章，以免浪费他们的时间和精力。如果把作者已经发表过的文章汇为一集，则可以看出我的学生和年轻朋友们的成就，特别是可以看出他们超过我的地方，以显后来居上、新陈代谢之迹，那就值得一做了。

我于1945年考入燕京大学历史系，1947年转入清华大学历史系，1949年7月毕业，大学阶段基本上于新中国成立前完成(北平于1949年1月解放)。1949年8月被分配到育英中学担任政治教员，后兼教历史。1954年调入北京师范学院(今首都师范大学)历史系，工作至今。由于以上的经历，我是新中国成立前史学界的一个学徒，新中国成立后史学界的一名兵卒，故在一定意义上可算一个过渡人物。作为历史学界的一个过渡人物，我有两个虽不算很特殊但也难得的机遇。

第一，我曾受教于一些名师。在燕京大学读书时，我的老师有齐思和、翁独健先生；太老师有邓之诚先生。在清华大学读书时，老师有刘崇鋐、雷海宗、邵循正、孙毓棠、周一良先生；太老师有陈寅恪先生。以上各位，我都听过他们的课，未听过课的先生，就不列举了。邓之诚、陈寅恪两位先生，我虽直接听过他们的课，但不敢自居弟子之列，因为我的许多位老师都是邓、陈二位的学生，所以我尊这二老为我的太老师。以上各位先生在学问上都卓有建树、自成一家，陈寅恪先生尤为享誉中外的一代史学大师，他们的学术成就，史学界早有定评，不用我在这里多说。各位先生的人品也很高尚。例如，邓之诚先生在日本占领北平时，曾被逮捕下狱，坚贞不屈。陈寅恪先生在香港时拒受日军送来的大米，掷之门外。雷海宗先生在西南联大任教时，辞谢赴美讲学的邀请，表示国家危难之际，誓不出国门一步。各位先生忠诚教育事业之心，决不因物质生活的困难而受影响，更不受高薪的诱惑而放弃神圣的教育工作。孙毓棠、周一良先生都是在1947年左右回国的，那时国统区物价飞涨，大学教授的实际薪资已很低，清华大学发给每位教授的一袋白面，就是他们最值钱的收入。但孙、周二位先生毅然放弃在美国的优厚待遇(与国内比)，回国任教。我受过这么多名师的教导，是很难得的机遇。

我深受老师的影响，始终以他们为榜样。在坚守教育岗位、忠诚教育事业这一点上，基本做到了。但在学问方面，远远不及老师，成就很少。一则天赋有限；二则后天刻苦努力不够；三则从1949年大学毕业到1976年“文化大革命”结束，20多年不断卷入政治运动，没有较长的一段时间静下心来钻研业务，“文化大革命”10年更是光阴虚度。我自知成就甚微，因此常对我的学生说：治学要取法乎上，你们要向我的老师学习，他们才是真正的大学问家。在课堂内外，我把自己所了解的诸位老师的学术成就和治学方法详细讲给学生，他们感到好多内容是书本上体会不到的，收获很大。诸位老师的爱国主义精神和高尚情操也令学生深为感动。我的学问虽然距老师甚远，但他们的治学精神还是学到了一点。我自70岁以后，屡有“封笔”之念，但每一想到几位老师年已八九十岁仍著述不断，就憬悟起来，于是继续学习，并时或写点小文，虽无佳作，一砖一瓦之用如能起到，日子就不算白过了。

我另一个引以为幸的机遇，是教过一些优秀的学生。1949～1953年我任教育英中学时的学生，后来出了不少优秀的中学老师、教授、工程师、医生、文艺工作者和国家公务员。1954年调入北京师范学院后，专教历史至今。“文化大革命”前教的学生，毕业后大都从事中等教育工作，其中不少人因工作成绩优异已评为特级和高级历史教师，他们对普及历史教育做出了贡献。

“文化大革命”结束后，恢复高考。1977年、1978年两届学生虽然上山下乡多年，但他们在劳动期间仍能抓紧工余时间努力学习，考入大学后一般都刻苦读书，珍惜得来不易的学习机会。我在北京师范学院教这两届学生的时候(1981年前还在北京大学、北京师范大学兼教“现代国际关系史”)，50岁刚过，精力饱满，且在10年罢废之后重登讲坛，其乐可知。我全力以赴授课，学生亦勤奋学习，确实起到了教学相长的作用。今天，这两届学生当中的一些人已在各自的历史研究领域取得了相当的成就，这给我以极大的安慰。我常对他们说：你们这一代拥有比上一代优越得多的条件。第一，你们不再受许多“左”的政治运动的干扰，得以专心治学。第二，今天的政治环境民主、宽松，学者可以发表自己的心得而不致因学术问题被扣上政治帽子。第三，物质生活不断改善，无衣食之虑。第四，国家重视科教事业，大专院校和科研机构有较充裕的经费购买图书资料，有专款派人出国留学考察，有人获得不止一次机会，出国三五次者大有人在，这十分有利于开阔学术视野。以上四点，只是就其大者而言，其实不止这些。有了这么多的好条件，你们理应比上一代做出更大的成绩。我认为今昔对比，很有必要，有对比，中青年才会知道今天良好的学习和工作条件得来不易，才会对它们倍加珍惜，否则就会过分强调客观条件而不去自省主观努力如何。此外，我还认识了校外的一些中青年学者，结为忘年之交，对他们的创新精神甚为赞佩，从他们身上看到了我国世界史学界的光明前景。我衷心希望我的学生和中青年朋友立大志，下大功夫，在继承前辈学术成就的基础上勇攀史学的高峰。学问之道，有一规律，不可违反，那就是“先因后创”，即在继承的基础上创新、发展。没有继承，就谈不上发展；但只有继承，而无创新，学术的发展就会停止，学术就会丧失生命力。

我一生也有许多坎坷遭遇，但既曾有幸师事名师，又培育过一些英才(我的作用当然只是一小部分)，单是这两件事就堪以自慰了。编者一定要我为《文集》写篇“序言”之类的东西，踌躇再三，觉得平生最有意义的事莫过上述这两件，遂决定概括写出，如果能对读者起到一点参考作用，就是对我极大的鼓舞了。

最后，我要向为《文集》提供大作的诸位，表示衷心的感谢。其中有两篇文章，情况特殊，需予说明。一是张宏毅同志的大作。他在文中对我做了介绍，其中颇多溢美之词，实不敢当，所以最初我觉得《文集》似不收此文为好。但后来考虑到文中所讲的事实部分，可供中青年同志了解一个过渡性史学工作者所处的时代背景、师承关系、教学与科研的经历和想法等，或者不无一点借鉴价值，便终于同意了。另一篇是陈祥超同志的大作。祥超只比我小10岁左右，是同一辈人。他因在研究意大利史的过程中，我曾起过一点引路作用，故一再谦称是我的学生。今收入他的大作，意在纪念我们之间的真诚友谊与合作关系，非敢以师自居也。

2006 年 4 月 15 日